WiSo-Lehr- und Handbücher
Herausgegeben von Prof. Dr. Harald Dettmer

Lieferbare Titel:

Dettmer, Eisenstein, Gruner, Hausmann, Kaspar, Oppitz, Pircher-Friedrich, Schoolmann: Managementformen im Tourismus
Dettmer, Degott, Hausmann, Kausch, Schneid, Schulz, Witt: Marketing-Management im Tourismus
Dettmer, Hausmann, Schulz: Tourismus-Management
Rothlauf: Interkulturelles Management
Witte: Allgemeine Betriebswirtschaftslehre

Marketing-Management
im Tourismus

von
Prof. Dr. Harald Dettmer
Paul Degott, RA
Dr. Thomas Hausmann, MBA
Dr. Ralph Kausch
Werner Schneid
Julia M. Schulz, M.A.
Werner Witt, Dipl.-Ökonom

unter Mitarbeit von
Alexander Melle, Dipl.-Ing.

Oldenbourg Verlag München

Bibliografische Information der Deutschen Nationalbibliothek

Die Deutsche Nationalbibliothek verzeichnet diese Publikation in der Deutschen
Nationalbibliografie; detaillierte bibliografische Daten sind im Internet über
http://dnb.d-nb.de abrufbar.

© 2011 Oldenbourg Wissenschaftsverlag GmbH
Rosenheimer Straße 145, D-81671 München
Telefon: (089) 45051-0
www.oldenbourg-verlag.de

Lektorat: Thomas Ammon
Herstellung: Constanze Müller
Titelbild: thinkstockphotos.de
Einbandgestaltung: hauser lacour
Gesamtherstellung: Druckhaus „Thomas Müntzer" GmbH, Bad Langensalza

Dieses Papier ist alterungsbeständig nach DIN/ISO 9706.

ISBN 978-3-486-70150-0

Vorwort

Das Buch **MARKETING-MANAGEMENT IM TOURISMUS wendet sich gleicherma-ßen an Studierende wie Lehrende** von Hochschulen, Tourismus- und Hotelfachschulen sowie Berufsakademien. Darüber hinaus eignet sich das Werk **für Praktiker in Gastgewerbe und Touristik** sowie Berufsfachschulen.

Aufgrund der spezifischen Besonderheiten im Tourismus hat sich ein professionelles Marketing-Management hier erst verhältnismäßig spät - Anfang der neunziger Jahre - entwickelt. Als Reaktion auf die Wandlung des Tourismusmarktes vom Verkäufer- zum Käufermarkt mit zunehmender Marktsättigung hat die Kommunikationspolitik im Tourismus seit den achtziger Jahren ständig an Bedeutung gewonnen.

Es ist ein besonderes Anliegen der Autoren, dem fachlichen sowie primär strategischen Nachholbedarf im Tourismus-Marketing zu begegnen. Dieser dienstleistungsbezogene, zentrale Bereich der Tourismuswirtschaft setzt ein **hohes Maß an gästeorientiertem Handeln** voraus; nicht zuletzt aufgrund der permanenten Weiterentwicklung des Tourismus. Das Marketing-Management im Tourismus hat sich dem zu stellen. **Kreativität, Aktualität, Teamfähigkeit und Serviceorientierung** sind Grundvoraussetzungen für die effiziente Arbeit im Tourismus-Marketing.

Nur durch einen geplanten, abgestimmten **Einsatz der Marketinginstrumente in Form einer Marketingstrategie** kann ein Tourismusunternehmen am Markt kundengerecht handeln und damit im neuen Jahrtausend trotz steigenden Wettbewerbs erfolgreich agieren.

Handlungsorientiert und praxisnah werden daher in diesem Buch die **Grundlagen** wie die **Methodik des betrieblichen Marketings** in Verbindung mit dem **Management** dargestellt; insbesondere Situationen im Rahmen der **Informationsbeschaffung, -aufbereitung und -bewertung** berücksichtigen die Aktualität dieser Bereiche.

Die dargestellten Einsatzmöglichkeiten der einzelnen Marketinginstrumente im Unternehmen zeigen detailliert Möglichkeiten und Wege auf, z. B. wie **modernes Marketing als Denkweise** funktioniert.

Die zahlreichen **praxisorientierte (Fall-)Beispiele zu Beginn eines jeden Kapitels** und im Text sowie die **Aufgaben am Ende der einzelnen Kapitel** ermöglichen einerseits für den Lernenden eine **zielgerichtete Selbstkontrolle** und **Vorbereitung auf Tests/Prüfungen,** andererseits bieten andererseits den Lehrkräften ein Instrument der **Lehrvorbereitung**.

Lösungshinweise zu den Aufgaben stehen für die Leser **online** zum Download bereit. Die Internetadresse des Oldenbourg-Verlags lautet:

http://www.oldenbourg-wissenschaftsverlag.de.

Der **Link zum Download der Lösungshinweise** lautet:

http://www.oldenbourg-verlag.de/wissenschaftsverlag/marketing-management/9783486701500

So bieten das Buch und das online bereit stehende Begleitmaterial **Ideen und Anregungen sowohl für Lehrende und Lernende** als auch **für die tägliche Praxis im Beruf**.

Natürlich gehört die Fortentwicklung des Marketing-Management im Tourismus zu den vorrangigen Aufgaben von Herausgeber und Autoren, so dass Anregungen zur Verbesserung und konstruktive Kritik der Leser gern entgegen genommen werden.

Herausgeber und Autoren

Inhalt

1. Einleitung: Marketing-Management im Tourismus. Bedeutung, Entwicklung, Perspektiven und Elemente

„Der Gast muss im Mittelpunkt der touristischen Anstrengungen stehen."

Das drückt sich auch aus im **Grundrecht auf Erholung des Menschen** (§ 24 Menschenrechtskonvention).

So ist es nicht verwunderlich, dass die **Tourismusindustrie** zum größten Wirtschaftszweig der Welt avancierte; mehr als 100 Millionen Menschen verdienen unmittelbar in diesem Dienstleistungssektor ihr Geld. Mehr und mehr steigt die Bedeutung des Wirtschaftsfaktors Tourismus. Wenn auch die Entwicklung des Tourismus in den letzten Jahren unregelmäßig verlief, deuten die Prognosen bis 2020 dennoch daraufhin, dass die gegenwärtige Krise kompensiert und der internationale Tourismus steigen wird.

Die **Entwicklungsgeschichte des Tourismus** bis heute wird epochal in der nachstehenden Übersicht dargestellt:

Epoche	Zeit	Transportmittel	Motivation/ Beispiele	Teilnehmer
Altertum	bis ca. Ende des ersten Jahrtausends	• zu Fuß • zu Pferd • z. T. per Schiff	• Reisetätigkeit der Griechen und Römer/ aktive und passive Teilnahme an Sport-Veranstaltungen • Olympiaden • Wallfahrten zu Göttertempeln • Badreisen zu Thermalquellen • Kriegszüge • Handelsgeschäfte	• Geschäftsleute • Sportler • Pilger • Kranke • Krieger
Mittelalter	ca. 1100 bis ca. 1700	• zu Fuß • zu Pferd • per Kutsche • per Schiff	• Wallfahrten • Handelsgeschäfte • Bildung • Wanderjahre • Entdeckung • Kriegszüge	• Studenten • Beamte • Kaufleute • Pilger • Handwerker • Adlige • Krieger

Aufklä-rung	ca. 1700 bis 1800	• zu Fuß • zu Pferd • per Kutsche • per Schiff • per Bahn (Inland) • per Dampf-schiff (Aus-land)	• Naturerlebnis • Erholung • Geschäfte • Bildung • Entdeckung	• Bürger (neue Mittelklasse) • Handwerker • Dichter • Schriftsteller • Adlige • Geschäftsleute
19. Jahr-hundert	1801 bis 1899	• per Bahn • per Auto • per Bus • per Schiff • zu Pferd • zu Fuß	• Kur • Erholung • Kommerz • Bergwanderun-gen • Wintersport • Erste Reisever-mittlung • Verbesserung der Verkehrs-systeme • Industrialisie-rung • Ausbau des Beherbergungs- und Verpfle-gungswesens	• Arbeiter (KdF) • Handwerker • Bürger • Oberschicht • Adlige • Kaufleute • Gruppenreisen-de
20. bis Anfang 21. Jahr-hundert	1900 bis heute	• per Auto • per Flugzeug (Linie und nach 1946 Charter) • per Fahrrad • per Motorrad • per Bus • per Schiff • per Bahn	• Regeneration • Erholung • Freizeit • Handel	• alle Schichten des Volkes in Industrieländern • Individualreisen • Pauschalreisen • Geschäftsreisen

Abb. 1.1: Entwicklung des Tourismus (Dettmer [Hrsg.] 2005, S. 13 f.)

Die großen Entwicklungsschritte leiten sich aus einem Szenario der wirtschaftlichen, gesellschaftlichen und demographischen Entwicklung ab. Attraktive Angebote z. B. All-inclusive-Angebote, Gesundheitsurlaub oder Events verschiedener Art werden den Markt stimulieren, sind jedoch ständig den Gegebenheiten anzupassen.

Entsprechend erfordert die Marktsituation im Tourismus ein spezielles, dienstleistungsbezogenes Marketing. Die besondere Bedeutung der Marketingfunktion im Rahmen des betriebswirtschaftlichen Instrumentariums findet seinen Ausdruck in der modernen Marketingkonzeption tourismusbezogener Unternehmen. Zwar erhebt die nachstehende Besprechung des Marketing-Management keinen Anspruch auf Vollständigkeit, es werden jedoch relevante Problemstellungen und Aufgaben in den tourismusbezogenen Sektoren dargestellt und verschiedene Lösungsansätze aufgezeigt.

1.1 Fundamentale Aspekte eines Tourismus-Marketing-Managements

„Nicht verkaufen, was man produziert, sondern produzieren, was man verkaufen kann."

(Ulrich Grohues)

Marketing zu betreiben ist ein herausragender Grundsatz, um touristische Unternehmen zu steuern, und zwar unabhängig von ihrer Größe oder Bedeutung am Markt. Während größere Reiseveranstalter/Hotelketten beispielsweise auf ihre gleich bleibende, unverwechselbare Angebotspalette hinweisen, setzen sich kleine Anbieter z. B. durch besonders enge Kontakte zum Tourist/Gast ab. Marketing kann wahre Gastfreundschaft nicht ersetzten; aber es kann diese erfolgreich unterstützen. Gastfreundlich sein heißt, Leistungen von Mensch zu Mensch zu erbringen. Der Anbieter touristischer Leistungen hat sich dementsprechend auf den Touristen einzustellen und nicht umgekehrt. Somit steht der Gast im Zentrum touristischer Bemühungen, was jedoch nicht heißt, dass Marketing es allen Gästen recht machen soll. Nicht genormtes Denken und angelernte Verhaltensweisen bestimmen den Alltag der Branche, sondern **Marketing, das von Herzen kommt**. Für die touristischen Anbieter gilt es, rechtzeitig bestehende oder sich verändernde gesellschaftliche Rahmenbedingungen, wirtschaftliche, soziale oder demographische Trends zu erkennen, z. B. Einkommensveränderungen oder zunehmende Freizeit, steigendes Durchschnittsalter, verbesserter Lebensstandard. Dementsprechend wird es für jeden Touristiker immer wichtiger, seinen potenziellen Markt und damit den Bedarf seiner Kunden/Gäste zu analysieren.

Das **Schlüsselwort** dafür heißt **Marketing**.

Versteht man **Marketing als unternehmerische Haltung und praktische Tätigkeit** gleichermaßen, so bildet es die Voraussetzung, um den touristischen Betrieb an die aktuellen Geschehnisse anzupassen.

Marketing soll helfen:
- das eigene Angebot mit den Wünschen der Kunden / Gäste in Einklang zu bringen,
- das Unternehmen von den Mitbewerbern abzusetzen,
- mit Hilfe geeigneter Maßnahmen die Nachfrage der Kunden auszubauen,

- durch Kreativität und Flexibilität das unternehmerische Risiko auszugleichen
- den Erfolg zu steigern.

Bestimmendes Kennzeichen für den **Touristen** ist, dass er sich eine gewisse Zeit vom normalen Wohnort entfernt aufhält. Zwischen dem Ort der Leistungserstellung und der Inanspruchnahme der Leistung liegt also ein zu überbrückender Raum. Um an diesen Ort zu gelangen muss der Tourist zunächst eine Entfernung überwinden. Im Vorfeld und zum Zurücklegen dieser Distanz nimmt der Gast im Allgemeinen bereits touristische Dienstleistungen in Anspruch. Die vorstehende Aussage zeigt, dass es zunächst gilt, für diese Dienstleistungsbranche grundlegende Aussagen/Definitionen zu treffen.

Wenn auch der Begriff „Dienstleistung" der Allgemeinheit bekannt ist, so gibt es dafür keine einheitliche Definition. Allerdings sind die folgenden **Kriterien** bestimmend **für Dienstleistungen:**

- Dienstleistungen stiften Nutzen
- Dienstleistungen werden am Ort ihrer Verwertung produziert
- Dienstleistungen sind nicht lagerfähig: keine Vorratsproduktion, der Verbrauch erfolgt zum Zeitpunkt der Entstehung
- Dienstleistungen sind häufig individualisierte und einmalige Leistungen
- Dienstleistungen sind meist personalintensiv und schwer standardisierbar.

Das **Tourismus-Marketing** ist ein spezieller Teilbereich des Dienstleistungsmarketings. Eine Abgrenzung gegenüber dem Konsumgüter- und Investitionsgütermarketing ist in der nachstehenden **Abb. 1.2** dargestellt.

Auch wenn die Tourismusbranche zur Dienstleistungsbranche zählt, so ist Tourismus-Marketing zum Beispiel vom Marketing der Banken oder Versicherungen aufgrund seiner außerordentlichen Leistungsvielfalt abzugrenzen.

Tourismusleistungen sind immer:
- zeitliche Abläufe, an denen sich der Tourist aktiv oder passiv beteiligt
- individuelle, durch sehr unterschiedliche rationale und emotionale Beurteilung gekennzeichnete Leistungen
- in ihrer Gesamtheit schwer messbare Leistungen, so dass eine Beurteilung sich auf Leistungselemente beschränkt oder Bewertungsmodelle,
  z. B. Scoring Modelle, eingesetzt werden müssen.

Tourismus beinhaltet nicht nur Freizeitgestaltung, sondern umfasst nach der Definition der Welt Tourismus Organisation (**UNWTO**) die Aktivitäten von Personen, die an Orte außerhalb ihrer gewohnten Umgebung reisen und sich dort zu Freizeit- und Geschäftszwecken oder bestimmten anderen Anlässen nicht länger als ein Jahr ohne Unterbrechung aufhalten. Die UNWTO (engl. United Nations World Tourism Organization) ist eine Sonderorganisation der Vereinten Nationen (UN) mit Sitz in Madrid (Spanien). Mit ca. 100 Mitarbeitern ist die WTO die kleinste Sonderorganisation der Vereinten Nationen.

Kenn-zeichen	Konsumgüter-Marketing	Investitionsgüter-Marketing	Dienstleistungs-Marketing
Angebot	Massenprodukte eher niedrigpreisig standardisiert	oft individuell gestaltet oft hochpreisig	immaterielle, unter-schiedliche Qualität nicht lager-/transport-fähig
Anbieter	Handel: indirekter Absatz	Hersteller: direkter Absatz	Dienstleistungsunter-nehmen: Hersteller und Makler
Käufer	Privatpersonen	Unternehmen	Privatpersonen und Unternehmen
Kaufent-scheidungs-prozess: Zeitdauer Kaufmotive	kurz häufig emotional	kurz bis sehr lang meist rational	kurz bis sehr lang oft eher emotional
Marketing: Werbung Preispolitik Persönlicher Verkauf Produkt-politik Service	„Massenmarketing" sehr wichtig sehr wichtig keine Bedeutung wichtig, Massen-produkte geringe Bedeutung	„Individualmarketing" auch wichtig weniger wichtig große Bedeutung wichtig, Individual-produkte große Bedeutung	„Imagemarketing" (Corporate Identity) sehr wichtig bedeutsam große Bedeutung bedeutsam, zielorientiert Individual- und Massen-marketing sehr große Bedeutung

Abb. 1.2: Marketing nach Güterarten (vgl. Weis, H.-Ch.: Marketing, Ludwigshafen 2009, S. 43)

Ähnlich wie die Begriffsbestimmung der UNWTO (vor der Abb. 1.2) lautet die **Tourismus-definition** im angelsächsischen Raum:

Tourismus ist eine temporäre Bewegung, oft eine Reise, von Personen in Zielgebiete außer-halb ihrer normalen Arbeits- und Wohnstätte.

Das **Studium des Tourismus** ist demzufolge das Studium von Personen außerhalb ihres normalen Lebensraums, der Einrichtungen, die den Erfordernissen der Reisenden entspre-chen und der Wirkungen, die sie auf das ökonomische, physische und soziale Wohlergehen des Untersuchten haben.

Dementsprechend lässt sich der **Begriff des Tourismus** grafisch – bezogen auf seine Merk-male – zielführend abgrenzen:

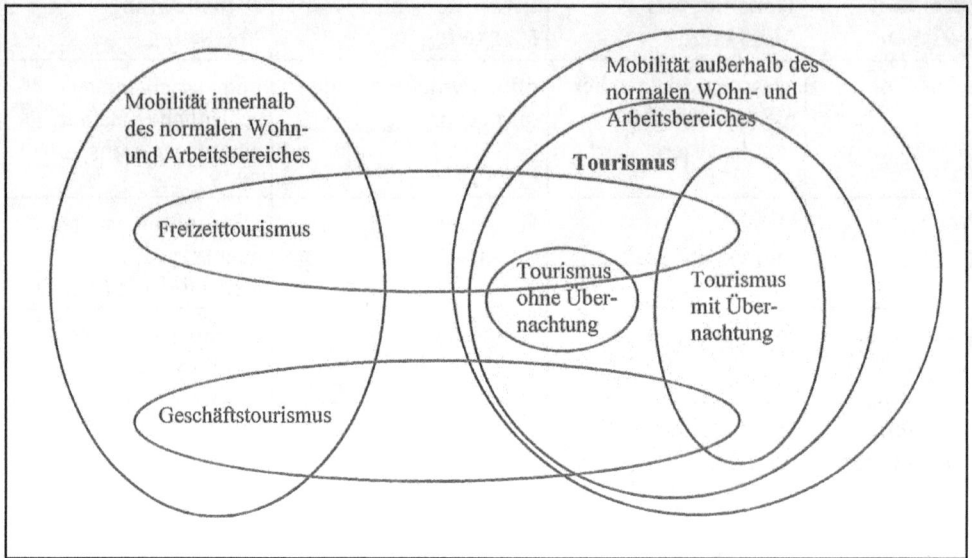

Mobilität außerhalb des
normalen Wohn- und
Arbeitsbereiches

Tourismus

Mobilität innerhalb
des normalen Wohn-
und Arbeitsbereiches

Freizeittourismus

Tourismus
ohne Über-
nachtung

Tourismus
mit Über-
nachtung

Geschäftstourismus

Abb. 1.3: Abgrenzung des Tourismusbegriffs (vgl. Bieger, Th.: Management von Destination und Tourismusorganisation, München/Wien 2008, S. 2)

Ziel des Tourismus Marketing ist es, die Wünsche der Gäste zu erkennen und die von den
Anbietern erstellten touristischen Leistungen am Markt gewinnbringend zu veräußern. Die
Tourismusunternehmen, z. B. Reiseveranstalter/-mittler und Gastgewerbe werden sich be-
mühen, möglichst günstige Voraussetzungen für den Verkauf ihrer Produkte zu schaffen, um
am Tourismusmarkt bestehen zu können. Dazu ist eine Grundhaltung notwendig, die das
Unternehmen auf den Markt ausrichtet und führt.

Der **Begriff „Marketing"** wurde aus dem anglo-amerikanischen Sprachraum nach Deutschland transferiert. Ursprünglich war Marketing nur ein aktueller Ausdruck für die Funktion
der betrieblichen Leistungsverwertung, den Absatz, die neben der Leistungserstellung und
Finanzierung die dritte betriebliche Grundfunktion darstellte. Bis heute hat Marketing einen
enormen Bedeutungswandel erfahren, der für den Tourismus von besonderer Relevanz ist.

Marketing ist integrativer Bestandteil. Betrachtet man Marketing in diesem Sinne, versteht es
sich als eine Instanz, die alle Funktionsbereiche eines Unternehmens markt- und damit auch
gästeorientiert ausrichtet.

Marketing stellt eine Konzeption des Planens und Handelns dar, bei der aufgrund systematisch gewonnener Informationen alle Aktivitäten eines Unternehmens konsequent auf die
gegenwärtigen und künftigen Erfordernisse der Märkte auszurichten sind, und zwar mit dem
Ziel, die Gästebedürfnisse zu erkennen und zu befriedigen. Mit Marketing wird das jeweilige
Unternehmen – also der gastgewerbliche Betrieb / Reiseveranstalter / Reisemittler/ der Ort /
die Region – marktgerecht „gesteuert". Dabei ist gleichzeitig das wirtschaftliche Oberziel
des touristischen Unternehmens zu erfüllen.

Ausgangspunkt	Mittel			wirtschaftliches Oberziel
Gästebedürfnisse	Markt- forschung →	Marketing- planung →	Marketing- instrumente	Erzielen von Gewinnen über die nachhaltige Befriedigung der Gästebedürfnisse.
	direkter Bezug			

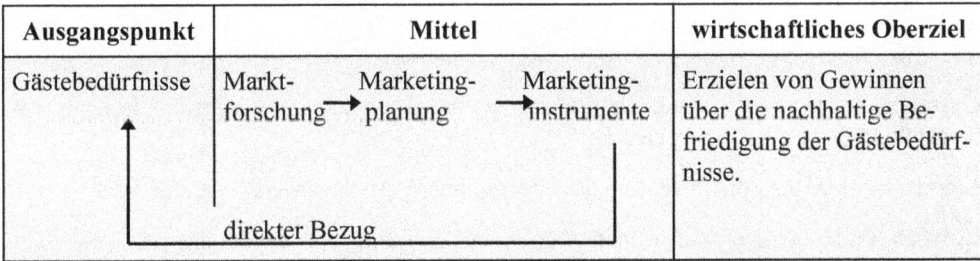

Abb. 1.4: Marketing heute (vgl. Dettmer, H.; Hausmann, Th. [Hrsg.]: Wirtschaftslehre für Hotellerie und Gastronomie, Hamburg 2009, S. 267)

Beim integrativen Ansatz wird Marketing zum Führungsinstrument, so dass sich vom Management des Unternehmens interne Schnittstellen zwischen den Fachbereichen – also den Funktionen – und innerhalb derselben, nutzen lassen. Voraussetzung dafür ist, dass der Marketinggedanke von allen Mitgliedern des Managements, d.h. von der gesamten Unternehmensführung, verinnerlicht wird.

Ein erfolgreiches Tourismus-Marketing-Management lässt sich nach vier Grundsätzen ausrichten:

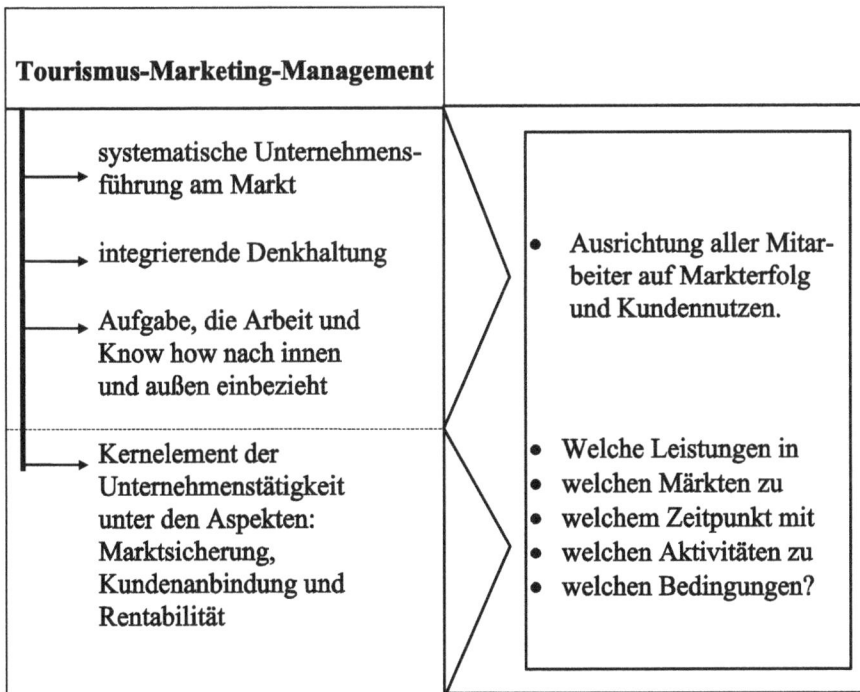

Tourismus-Marketing-Management

- systematische Unternehmensführung am Markt
- integrierende Denkhaltung
- Aufgabe, die Arbeit und Know how nach innen und außen einbezieht

- Kernelement der Unternehmenstätigkeit unter den Aspekten: Marktsicherung, Kundenanbindung und Rentabilität

- Ausrichtung aller Mitarbeiter auf Markterfolg und Kundennutzen.

- Welche Leistungen in
- welchen Märkten zu
- welchem Zeitpunkt mit
- welchen Aktivitäten zu
- welchen Bedingungen?

Abb. 1.5: Marketing als zentrales Element im Tourismusmanagement (vgl. Müller, H.: Service Marketing, Berlin u.a. 1995, S. 5)

Entsprechend den vorstehenden Ausführungen soll Management hier als Gestalten, Lenken und Entwickeln von zweckorientierten sozialen Systemen verstanden werden.

Gestalten bedeutet das gedankliche Entwerfen eines Modells, wie die Institution als handlungsfähige Einheit zu konzipieren ist.

Lenken bewirkt, dass die Institution nach bestimmten Verhaltensweisen geführt wird.

Entwickeln sagt aus, dass eine Institution nicht kurzfristig und ein für alle Mal festgelegt werden kann, sondern entsprechend den Verhältnissen einer laufenden Entwicklung bedarf.

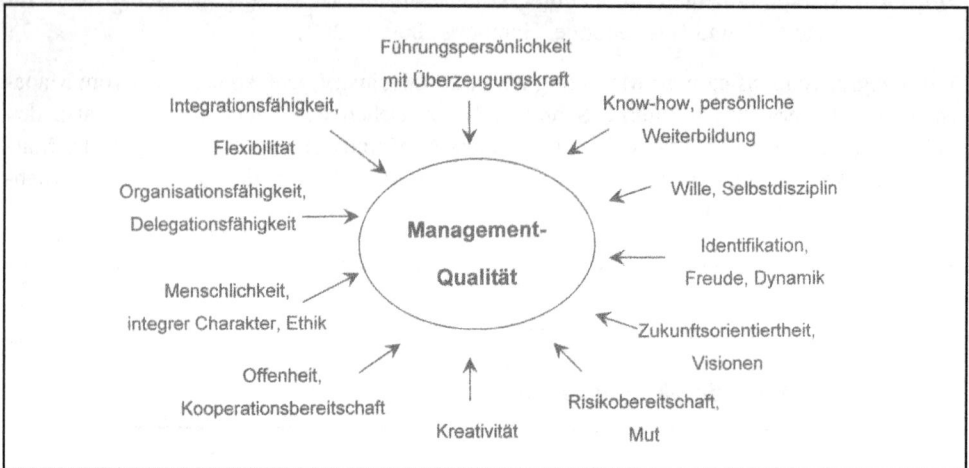

Abb. 1.6: Managementqualitäten (Dettmer, Harald (Hrsg.): Managementformen im Tourismus, München/Wien 2005, S. 2)

Manager sollen über möglichst viele Managementqualitäten verfügen, denn sie stellen im Allgemeinen die Führungskräfte eines Unternehmens dar. Sie wirken in arbeitsteiliger Weise an der Zielerreichung mit, und zwar mit unterschiedlichen Kompetenzen (Machtbefugnissen). So hat ein Manager die Aufgabe, die Mitarbeiter

- zu koordinieren (Zusammenarbeit regeln),
- zu unterstützen (beraten, informieren)
- zu fördern
- zu kontrollieren,
- aufzubauen
- zu beurteilen
- optimal einzubauen sowie

selbständig Entscheidungen zu treffen.

Damit bezieht sich das Führungsverhalten im Unternehmen sowohl auf sachbezogene als auch personenbezogene Führungsaufgaben.

Zu den typischen Sachaufgaben von Managern in Tourismusunternehmen zählen:

- In einem Hotel: Das Setzen konkreter mengen- und qualitätsmäßig definierter Ziele für die jährliche Absatzplanung gastgewerblicher (Dienst-)Leistungen; das Anordnen, Überwachen oder Durchführen der jährlichen/saisonweisen Planung der Leistungserstellung resp. des Absatzes für einen Teilbereich des Unternehmens; die laufende Planung des Personaleinsatzes für einen Teilbereich, beispielsweise die Rezeption, die Etage, die Küche oder das Restaurant; das Gestalten des Speisenangebotes für eine Periode; die regelmäßige Zimmerkontrolle.

- In einem Heilbad: Das Aufstellen und Erlassen von qualitätsbezogenen Richtlinien für die Hydrotherapie sowie für die physikalische Therapie; das Überwachen des Bäderbetriebs einschließlich Therapie.

- Bei einem Reisemittler: Das Setzen konkreter Ziele für die Marketingplanung des Vermittlungs- und Veranstaltungsgeschäfts; das Planen von Einkauf und Absatz für einen Teilbereich der Leistungserstellung: das Überwachen des effektiven Absatzvolumens gemessen am geplanten Volumen.

- In einem Tourismusbüro einer Destination: Festlegen der Marketingplanung, vor allem der der Marktbearbeitung (Werbung/SP/PR), erarbeiten der Informations- und Kooperationskonzepte.

Das Realisieren der unternehmerischen Ziele ist ein wesentlicher Aspekt der Managementtätigkeit. Hierzu gehören die Organisation aller Tätigkeiten im Unternehmen sowie das Einwirken auf die operativ Tätigen, damit die Ausführungsaufgaben zielgerecht erledigt werden.

Zwar sind Organisation und Führung einerseits streng auseinander zu halten, andererseits stehen sie in gegenseitiger Abhängigkeit zueinander. Ein Unternehmen lässt sich ohne die geeignete Organisation kaum effizient führen. Planung und Organisation jedoch sind durch eine durchdachte Management-Konzeption zu ergänzen. Dementsprechend ist diese so zu entwickeln, dass die Einheitlichkeit der Führung auf allen Hierarchieebenen sichergestellt wird; auch die direkten Beziehungen zwischen Vorgesetzten und Mitarbeitern sind einheitlich zu regeln. Je mehr dabei die sachliche und personelle Komponente berücksichtigt wird, umso praxisnäher ist die jeweilige Managementkonzeption, für die folgende Grundsätze gelten:

Eine Managementkonzeption sollte

- von den Mitarbeitern gut zu verstehen sein und sich ohne größere Hilfsmittel realisieren lassen,
- nicht nach den Regeln des Perfektionismus aufgestellt werden,
- in sich schlüssig sein,
- in anderen Funktionen bzw. Unterfunktionen realisierbar sein,
- flexibel und für ständige Veränderungen oder Verbesserungen von Führungs- und Organisationsgebilden offen sein,

- das objektive Ermitteln der Leistungen aller Mitarbeiter ermöglichen und diese in das Managementkonzept integrieren.

Die nachstehenden Elemente von Managementkonzeptionen sind als Gestaltungshilfen für die Führungskräfte im Tourismus anzusehen, die eine Reihe von Führungsrezepten und Handlungsvorschriften sammeln. Diese unterstützen die Entwicklung einer Management-konzeption.

Die verschiedenen in eine Managementkonzeption aufzunehmenden Tätigkeits- bzw. Verantwortungsarten lassen sich wie folgt unterscheiden:

- eindeutig beschreibbare Tätigkeiten (Handlungsverantwortung),
- komplexe Tätigkeiten (Handlungs-, Entscheidungs- und Führungsverantwortung),
- Realisieren ökonomischer Ziele (Entscheidungs- und Führungsverantwortung).

Dem Tourismus-Marketing-Management kommt die Aufgabe zu, die mit der Tätigkeit verbundenen Marktprobleme/-risiken zu überwinden, z. B. Nachfrageschwankungen, Saison-schwankungen, und zwar im in der **Abb. 1.7** dargestellten Spektrum:

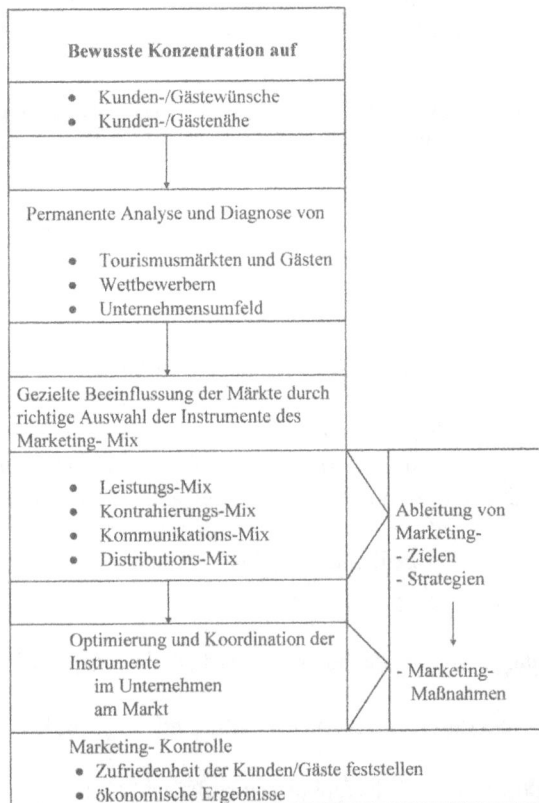

Abb. 1.7:   Aufgabenspektrum eines Tourismus-Marketing-Management (vgl. Dettmer, H.; Hausmann, Th. u. a.: Tourismus-Marketing-Management, München 1999, S. 5)

Die Zufriedenheit der Gäste wird sich dann erhöhen, wenn das Management nach dem Grundsatz handelt:

„Outcome is what output does."

Da Outcome-Orientierung Gastorientierung ist, kommt damit das Gegenteil von Sachorientierung zum Ausdruck: die Input(Leistungs-)orientierung im Leistungsprozess.

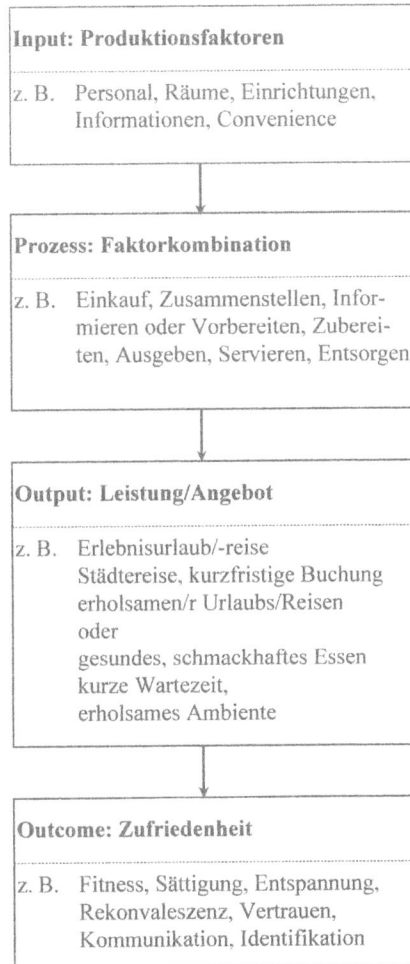

| **Input: Produktionsfaktoren** |
| z. B.   Personal, Räume, Einrichtungen, Informationen, Convenience |

↓

| **Prozess: Faktorkombination** |
| z. B.   Einkauf, Zusammenstellen, Informieren oder Vorbereiten, Zubereiten, Ausgeben, Servieren, Entsorgen |

↓

| **Output: Leistung/Angebot** |
| z. B.   Erlebnisurlaub/-reise Städtereise, kurzfristige Buchung erholsamen/r Urlaubs/Reisen oder gesundes, schmackhaftes Essen kurze Wartezeit, erholsames Ambiente |

↓

| **Outcome: Zufriedenheit** |
| z. B.   Fitness, Sättigung, Entspannung, Rekonvaleszenz, Vertrauen, Kommunikation, Identifikation |

Abb. 1.8:   Inputorientierung im Leistungsprozess (vgl. Bober, S.: Marketing-Praxis in der Gemeinschaftsgastronomie, Frankfurt/M. 2001, S. 37)

Die in vorstehend dargestelltem Leistungsprozess involvierten Ziele von Unternehmen der Tourismusbranche lassen sich erreichen durch

- das Setzen von Marketing-Zielen

- eine auf die Marketing-Ziele abgestimmte Marketing-Planung, der konkrete Vergangenheitsdaten und Zukunftserwartungen zugrunde liegen,

- durch Aufstellen einer Marketing-Konzeption sowie

- den abgestimmten Einsatz des Marketing-Instrumentariums.

1.2 Marketingträger in der Tourismuswirtschaft

Zu den Betrieben der Tourismuswirtschaft im engeren Sinne zählen alle, die direkt beim Erstellen des touristischen Grundproduktes (z. B. der Reise) beteiligt sind. Hierzu wird üblicherweise zwischen den **Leistungsträgern** (Verkehrs-/Transportbetriebe und Gastgewerbe) sowie den **Reiseveranstaltern und Reisemittlern** unterschieden.

Eine gewisse **Zwitterfunktion** nehmen **Destinationen** und die damit verbundenen Organisationen ein. Da sie Transport und Unterkünfte zur Verfügung stellen, erfüllen sie einerseits Aufgaben als Leistungsträger:
wenn sie Pauschalreisen zusammenstellen und anbieten sowie Unterkünfte und Transportleistungen vermitteln, andererseits übernehmen sie Aufgaben als Reiseveranstalter bzw. -mittler.

Für den Touristen steht jedoch im Vordergrund, dass seine Bedürfnisse/Wünsche vom gesamten, in **Abb. 1.9** dargestellten **System Tourismus** soweit wie möglich erfüllt werden.

Der Individual- sowie der Pauschaltourist erwarten vom System Tourismus, dass ihren Bedürfnissen nach Urlaub, Erlebnis, Event, usw. soweit wie möglich entsprochen wird.

Die zu erbringende touristische Leistung besteht aus einem Leistungsbündel (sach- und personenbezogene Leistungen – s.o.). Der Tourist nimmt dieses Bündel im Rahmen seiner Ortsveränderung bzw. während seines Aufenthaltes in der gewählten Destination in Anspruch oder konsumiert diese. Dazu zählen die Unterbringung im Hotel mit ihren Bewirtungsleistungen, z. B. Halbpension, All inclusive, wie auch verschiedene Leistungen der Destination.

	Leistungsträger	
Wirtschaft	als Subsystem	**Politik**
setzt monetäre und materielle Rahmenbe- dingungen voraus (z. B. Infrastruktur, Ausmaß der touristischen Entwicklung)	• Beförderungsunterneh- men • Unterkunfts-/ Verpfle- gungsbetriebe • Zielortagenturen • Kur- und Bäderbetriebe • Sportunternehmen • Fahrzeugvermittlung	bestimmt Rahmen- bedingungen (z. B. Währungspolitik, Umweltpolitik, regi- onale Strukturpoli- tik)
Zulieferer		**Zulieferer**
als Subsystem	**Kernsystem**	als Subsystem
• Werbe- und Marktfor- schungsagenturen • Druckereien/Verlage • Banken • Tourismusvereine • Unternehmensberater • Verkehrsbüros • Tourismusinformationen	**Tourismus** • Touristen • Reiseveranstalter • Reisemittler	• öffentliche Körperschaf- ten • Interessenvereinigun- gen • Ausbildungs- und For- schungseinrichtungen • Medien • Aktionsgruppen
	Attraktionen	
	als Subsystem	
Umwelt (natürliche) als Grundpotential des Tourismus (z. B. Klima, Landschaft, geographische Lage, Flora und Fauna)	• natürliche Faktoren (z. B. Klima/Landschaft) • soziokulturelle Faktoren (z. B. Kultur, Lebensstil, Brauchtum) • Infrastrukturanlagen (z. B. Erlebnisbäder, Kur- und Freizeitparks, Skilifte) • arrangierte Ereignisse • Souvenirs (z. B. Folklore)	**Gesellschaft** in Quell-/Zielgebieten beeinflusst den Touris- mus (z. B. Einstellung gegenüber Fremden, Lebensweisen, Prob- lembewusstsein)

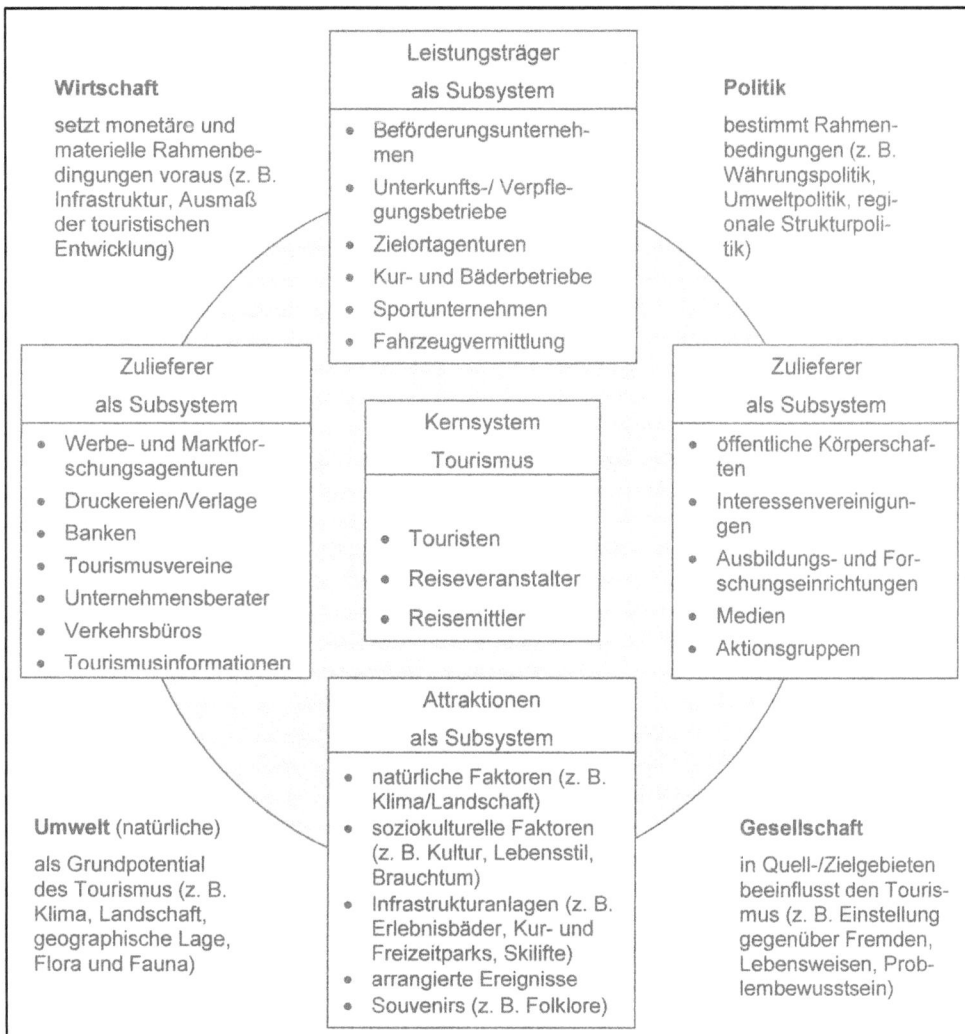

Abb. 1.9:   Das System Tourismus (Dettmer, H.; Hausmann, Th., Schulz, J.: Tourismus-
Management, München und Wien 2008, S. 10)

Die Reiseindustrie hat bei der Realisierung der vor Abb. 1.9 genannten Leistungen die Aufgabe, das touristische Gesamtprodukt aus den verschiedenen Bausteinen respektive Produkt-
komponenten zusammenzusetzen. Letztere sind optimal aufeinander abzustimmen, um zu
einem effizienten Ergebnis zu führen. Die anzubietenden Leistungen werden von den unterschiedlich strukturierten Tourismusbetrieben für die Touristen/Gäste erstellt:

a)   alle Bereiche, die sich mit der Reiseplanung, -organisation, -vermittlung und der
schnellen Distanzübermittlung vom Aufenthaltsort zum Zielort bzw. -gebiet befassen,
sowie

b)   die in der Destination ansässigen Betriebe, die vornehmlich von Touristen nachgefragte
      Leistungen befriedigen, z. B. Unterkunft und Verpflegung.

Mit dem Entstehen der unter a) genannten Bereiche des organisierten Reiseverkehrs Mitte
des 19. Jahrhunderts wurde der Begriff **Touristik** geprägt, der alle Betrachtungen zu Reiseveranstaltern und -mittlern, Tourismusregionen, -orten, -verbänden und -vereinen sowie zu
Transportunternehmen beinhaltet.

Den vorstehenden Darstellungen folgend stellen sich die Interdependenzen der **Leistungserstellung** respektive -trägerschaft wie folgt dar:

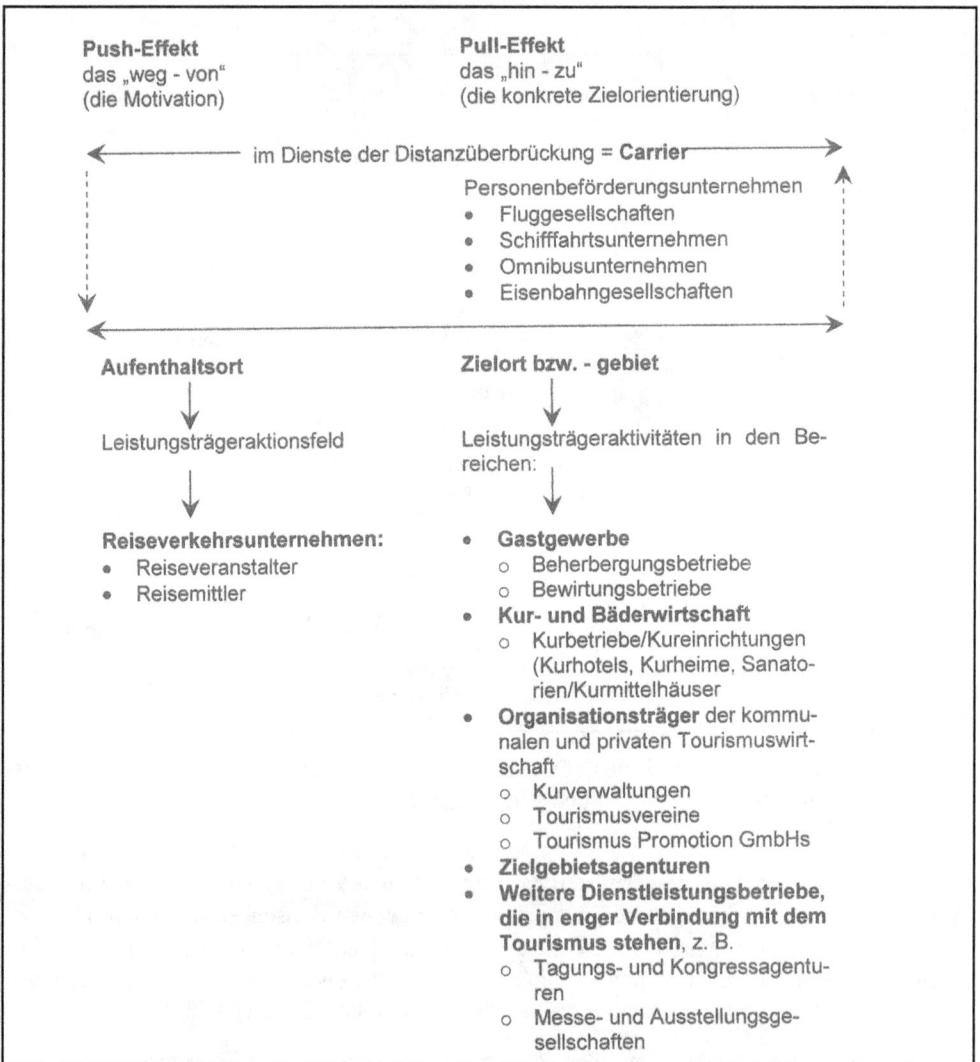

Push-Effekt   **Pull-Effekt**
das „weg - von"   das „hin - zu"
(die Motivation)   (die konkrete Zielorientierung)

← ——————— im Dienste der Distanzüberbrückung = **Carrier** ——————— →

                                              Personenbeförderungsunternehmen
                                              • Fluggesellschaften
                                              • Schifffahrtsunternehmen
                                              • Omnibusunternehmen
                                              • Eisenbahngesellschaften

←——→

Aufenthaltsort   **Zielort bzw. - gebiet**

Leistungsträgeraktionsfeld   Leistungsträgeraktivitäten in den Be-
                                              reichen:

Reiseverkehrsunternehmen: • **Gastgewerbe**
• Reiseveranstalter   ○ Beherbergungsbetriebe
• Reisemittler   ○ Bewirtungsbetriebe
                                              • **Kur- und Bäderwirtschaft**
                                                ○ Kurbetriebe/Kureinrichtungen
                                                  (Kurhotels, Kurheime, Sanato-
                                                  rien/Kurmittelhäuser
                                              • **Organisationsträger** der kommu-
                                                nalen und privaten Tourismuswirt-
                                                schaft
                                                ○ Kurverwaltungen
                                                ○ Tourismusvereine
                                                ○ Tourismus Promotion GmbHs
                                              • **Zielgebietsagenturen**
                                              • **Weitere Dienstleistungsbetriebe,
                                                die in enger Verbindung mit dem
                                                Tourismus stehen**, z. B.
                                                ○ Tagungs- und Kongressagentu-
                                                  ren
                                                ○ Messe- und Ausstellungsge-
                                                  sellschaften

---

Abb. 1.10:   Die Tourismuswirtschaft und ihre Leistungsträger (Dettmer, H.; Hausmann,
                  Th. u.a.: Tourismus 1. Tourismuswirtschaft, Köln 1998, S. 16)

Die einzelnen Leistungsbereiche im Tourismus sowie deren Ausprägungen werden nachstehend gegliedert dargestellt:

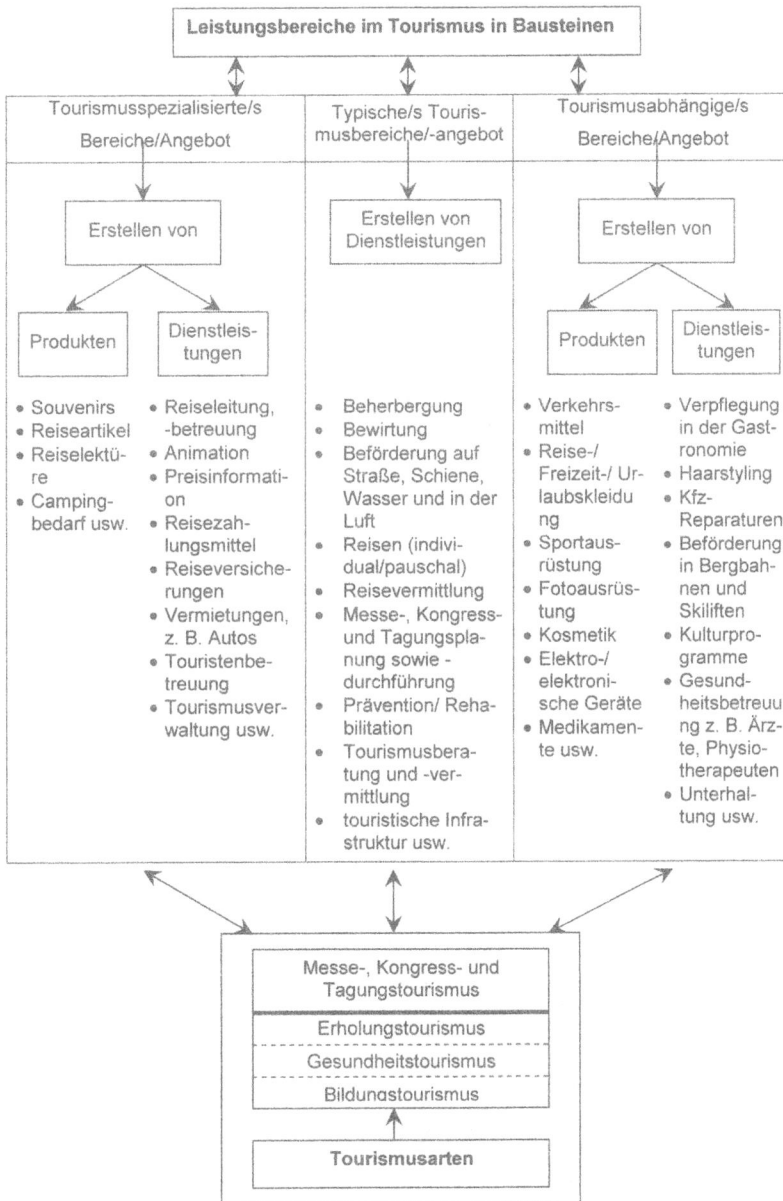

Leistungsbereiche im Tourismus in Bausteinen		
Tourismusspezialisierte/s Bereiche/Angebot	Typische/s Tourismusbereiche/-angebot	Tourismusabhängige/s Bereiche/Angebot
Erstellen von	Erstellen von Dienstleistungen	Erstellen von
Produkten / Dienstleistungen		Produkten / Dienstleistungen

Tourismusspezialisierte/s Bereiche/Angebot – Produkten:
- Souvenirs
- Reiseartikel
- Reiselektüre
- Campingbedarf usw.

Dienstleistungen:
- Reiseleitung, -betreuung
- Animation
- Preisinformation
- Reisezahlungsmittel
- Reiseversicherungen
- Vermietungen, z. B. Autos
- Touristenbetreuung
- Tourismusverwaltung usw.

Typische/s Tourismusbereiche/-angebot – Dienstleistungen:
- Beherbergung
- Bewirtung
- Beförderung auf Straße, Schiene, Wasser und in der Luft
- Reisen (individual/pauschal)
- Reisevermittlung
- Messe-, Kongress- und Tagungsplanung sowie -durchführung
- Prävention/ Rehabilitation
- Tourismusberatung und -vermittlung
- touristische Infrastruktur usw.

Tourismusabhängige/s Bereiche/Angebot – Produkten:
- Verkehrsmittel
- Reise-/ Freizeit-/ Urlaubskleidung
- Sportausrüstung
- Fotoausrüstung
- Kosmetik
- Elektro-/ elektronische Geräte
- Medikamente usw.

Dienstleistungen:
- Verpflegung in der Gastronomie
- Haarstyling
- Kfz-Reparaturen
- Beförderung in Bergbahnen und Skiliften
- Kulturprogramme
- Gesundheitsbetreuung z. B. Ärzte, Physiotherapeuten
- Unterhaltung usw.

Messe-, Kongress- und Tagungstourismus
Erholungstourismus
Gesundheitstourismus
Bildungstourismus
Tourismusarten

Abb. 1.11: Leistungsbereiche im Tourismus in Bausteinen (Dettmer, H.; Hausmann, Th., Schulz, J.: Tourismus-Management, München und Wien 2008, S. 16)

Da die Grunddefinition des Tourismus die Ortsveränderung beinhaltet, gilt es zunächst, den Touristen von seinem Wohnort zur Destination zu befördern.

Den Leistungsträgern, insbesondere den Verkehrsträgern/ Transportbetrieben, kommt die Aufgabe der Distanzüberbrückung zu. So wird der Reiseveranstalter in kooperativer Zusammenarbeit mit dem jeweiligen Verkehrsträger/den Verkehrsträgern den Touristen einen möglichst kurzen Reise-/Transportweg aussuchen bzw. zusammenstellen. Dabei gilt, die Transportwege so umweltbewusst wie möglich zu gestalten.

Einen Überblick wichtiger touristischer Transportbetriebe gibt nachstehende Abbildung:

Verkehrs- und Transportbetriebe			
Flugreisen	**Bahnreisen**	**Straßenverkehr**	**Schiffsreisen**
• Linienverkehr • Charterverkehr • Regionalflug- verkehr • Flughäfen • Verkaufs- stationen	• Fahrplanmäßiger Verkehr • Charterverkehr (Ferienzüge) • Regionalbahnen • Bahnhöfe • Verkaufsbüros	• Busverkehr • Autovermietung • Individual- verkehr (Pkw) • Busbahnhöfe	• Linienschifffahrt • Charterschifffahrt • Häfen • Reedereien

Abb. 1.12: Touristische Verkehrs- und Transportbetriebe im Überblick (vgl. Freyer, Walter: Tourismus-Marketing, München/Wien 2009, S. 19)

Ein weiterer im Tourismus-Marketing zu berücksichtigender Leistungsträger ist die **Beherbergungs- und Bewirtungsindustrie.** Diese ist Vertragspartner

• des Gastes/Touristen während der Reise bzw. am Zielort,

• der Reiseveranstalter und /oder Tourismusdestinationen, um adäquate Unterbringung und Verpflegung im Rahmen der Arrangements für die Gäste vorzuhalten.

Beherbergungs- und Bewirtungsindustrie	
Hotellerie/Gastronomie als Hauptbetriebe	**Hotellerie/Gastronomie als Nebenbetriebe**
Beispiele: • Hotel, z. B. Kur-Hotel, Aparthotel • Hotel garni • Pension • Gasthof • Gaststätte • Restaurant • Café • Bar • Diskothek • Schnellimbiss	Beispiele: • Ferienhaus, -wohnung • Privatunterkunft • Ferienlager • Campingplatz • Jugendherberge • Sanatorium/Klinik • Vereinsheim • Kantine • Cafeteria • Trinkhalle/Kiosk

Abb. 1.13: Gliederung der Beherbergungs- und Bewirtungsindustrie (vgl. Dettmer, H.; Hausmann, Th. [Hrsg.]: Wirtschaftslehre für Hotellerie und Gastronomie, Hamburg 2009, S. 248 ff.)

Aufgrund der international hohen Reiseintensität kommt den touristischen Leistungsträgern eine hohe volkswirtschaftliche und betriebswirtschaftliche Bedeutung zu.

Angebote der **Reiseindustrie** lassen sich am Markt nur realisieren, wenn die Kapazitäten in quantitativer und qualitativer Hinsicht rechtzeitig geplant und festgelegt werden, z. B. Transport-, Beherbergungs- und Serviceleistungen.

Preispolitische und saisonstrategische Überlegungen gehen in Form einer Betriebsplanung in das Marketingkonzept ein.

Dementsprechend ist das Marketing der Reiseindustrie zielführend in dieser Branche. In einem Überblick lassen sich die Typen der Reiseindustrie wie folgt darstellen:

Reiseveran-stalter (RV)	nach Größe	• Großveranstalter • mittlere Veranstalter • Klein- und Gelegenheitsveranstalter
	nach Angebotsregion	• multifunktionale Reiseveranstalter • überregionale Reiseveranstalter • regionale Reiseveranstalter • lokale Reiseveranstalter
	nach Programm-spezialisierung	• Generalisten • Sortimenter • Spezialisten
	nach wirtschaftlichem Status	• kommerzielle Reiseveranstalter • gemeinnützige Reiseveranstalter • „Schwarzveranstalter"
Reise-mittler (RM)	selbstständiges Reise-büro mit eigenen Lizenzen/Agenturen	mit Vermittlungsfunktion oder
	unselbstständiger Fili-albetrieb	mit Veranstaltungsfunktion oder
	Franchisebetrieb	mit Mischfunktion (RV und RM)
Destinatio-nen	nach Größe	• Kontinente • Länder • Regionen • Städte, Gemeinden, Orte
	nach geografischen Aspekten	• Klimazonen • Landschaftsform (Berge, Mittelgebirge, Flüsse und Seen, Inseln und Küste) • Besiedlungsstruktur (Land, Wüste und Wildnis, Stadt, Ballungsgebiete)
	nach touristischer Angebotsart	• ursprüngliches Angebot (Natur, Kultur, allgemeine Infrastruktur) • immaterielle Aspekte (Attraktivität, Image, Event, Erholung)
	nach Trägerschaften und Rechtsform	• Tourismusvereine • Tourismusverbände • Körperschaften des öffentlichen Rechts • GmbH • Privatbetriebe

Abb. 1.14: Typen der Reiseindustrie (Vgl. Freyer, Walter: Tourismus-Marketing, München/ Wien 2009, S. 21 ff.)

Wichtige Marketingträger im Rahmen des Tourismus-Marketing-Management sind die **Destinationen** (Tourismusorte). Sie treten nicht nur als Leistungsträger (s.o.) sondern auch als Reiseveranstalter oder Reisemittler am Tourismusmarkt in Erscheinung.

Sachlogisch zwingend setzt das Marketing von Destinationen seine Ausrichtung adäquat dem jeweiligen Aufgabenbereich.

Ein besonderer Schwerpunkt von Tourismusdestinationen liegt heute im Bereich der computergestützten Buchungs- und Reservierungsverfahren. Wenn auch das jeweilige Destinations-Marketing-Management sich entsprechend seiner Ausrichtung unterschiedlich verhält, wird aus ökonomischer Sicht immer versucht werden müssen, das Gesamtangebot einer Destination im Sinne eines Marketing-Verbundes gemeinsam zu präsentieren.

1.3 Elemente eines Tourismus-Marketing

Vorrangig ist jedoch die Erkenntnis, dass jeder **Marketingprozess beim Gast** beginnt, bevor es zu einem Angebot kommt.

Zunächst sind Vorüberlegungen i. R. der Unternehmensziele anzustellen, und zwar mit Hilfe der **Marketingplanung.** Sie umfasst die realisierbaren Marketingziele, sowie die zu wählenden Mittel und Wege zur Zielrealisierung (s. Kap. 5.1).

Der sich ergebende Marketingplan ist ein Teilplan des Unternehmensplans, der sich wiederum an den Marketingzielen auszurichten hat.

Die Marketingziele (s. Kap. 4) werden ihrerseits aus den Unternehmenszielen abgeleitet. Dadurch wird es möglich, dem Verkauf genaue Soll-Werte vorzugeben, die mit den Ist-Werten verglichen eine wirkungsvolle Marketingkontrolle darstellen.

Beim Aufstellen eines Marketingplanes sind alle verfügbaren **Vergangenheitsdaten** (z. B. Reisestatistiken) sowie die **Zukunftserwartungen**, wie betriebliche Leistungsfähigkeit, finanzielle Mittel, marketingpolitische Mittel (z. B. Werbung, Branchenumsätze, allgemeine Wirtschaftsentwicklung) in die Planungsüberlegungen einzubeziehen.

Anschließend sind diese Daten mit den anderen betrieblichen Teilplänen abzustimmen, so mit dem Beschaffungs-, Produktion- und Finanzplan.

Die vorzunehmende Planung ist dabei kurz-, mittel- und langfristig anzulegen.

Beim Erstellen eines Marketingplanes ist zu berücksichtigen, dass er sich als präsentationsfähiges Dokument für interne und externe Zwecke verwenden lässt, z. B. für die Gesellschafter, die Hausbank und das Top-Management.

Der Marketingplan sollte deshalb mit einer Zusammenfassung der im Plan enthaltenen Hauptziele, Erkenntnisse und Empfehlungen beginnen.

Der **Aufbau eines Marketingplanes** im Tourismus kann wie folgt aussehen:

- Kurze Zusammenfassung der wichtigsten Ergebnisse
- Analyse der aktuellen Marktsituation sowie Marktchancen
- Untersuchen und auswählen von Zielmärkten
- Planen von Marketingstrategien
- Abstimmen des Einsatzes der Marketinginstrumente unter Berücksichtigung der Marke-tingziele im Rahmen von Marketingprogrammen
- Erfassen des Budgets
- Organisatorisches Umsetzen und Steuern der Marketingprogramme einschließlich Kon-trolle.

Ein derartig aufgebauter **Marketingplan** hat hauptsächlich drei **Ziele**:

1. Er ist ein Instrument, für das Ausgestalten sowie die Kommunikation der Strategie

2. er begründet das Budget und die Ressourcen für die entsprechende Planungseinheit

3. er ist ein Instrument den Plan zu überwachen und während der Plandurchführung korri-gierend einzugreifen.

Somit umfasst der Marketingplan strategische, d.h., generelle Marketingziele und taktische Maßnahmen (= Instrumente wie Werbung, Sales Promotion oder Preisveränderungen).

Das Zusammenfassen der Marketingaktivitäten in einem Plan ist praktisch und zeitsparend.

Ein gastronomischer Betrieb kann den auf das Haus zugeschnittenen Marketingplan in den nachstehenden Schritten erstellen:

Entwicklung der Marketingplanung im Gastgewerbe		
Information **(Step 1)**	Basis: Marketinginformationssystem Informationsbeschaffung und Auswertung	
	Nachfrageanalyse	Konkurrenz- analyse	Produkt- und An- gebotsanalyse
	• Gesamtmarkt • Gästeanalyse	• Wettbewerbssi- tuation • Marktstellung	• Leistungsanaly- se eigenen Un- ternehmens • Qualitätsüber- prüfung
Prognose **(Step 2)**	Prognose der kurz-, mittel- und langfristigen Marktentwicklung	
	Beurteilung eigener Marktchancen	
Zielsetzung **(Step 3)**	Formulierung und Koordination der Marketingziele	
	Volumen/Gewinn	Marktstellung	Zielgruppen
	Qualität/Service	Identität/Image	Absatzmarkt
Planung **(Step 4)**	Optimierung der Marketingstrategien (Marketing-Mix)	
	kreative Instrumente • Gästepolitik • Preispolitik • Distributionspolitik • Leistungspolitik • Qualitätspolitik	kommunikative Instrumente • Verkaufsförderung • Werbung • Öffentlichkeitsarbeit • Verkauf
Realisation **(Step 5)**	flexible Maßnahmentaktik und Durchführung des jährlichen Marke- tingplanes, monatliche Aktivitätenpolitik	
	Ermittlung und Verteilung des Marketingetats; detaillierte Maßnahmen-, Zeit- und Kostenpläne; Verantwortung im Marketingplan; Durchführung des Maßnahmenkatalogs	
Kontrolle **(Step 6)**	dynamische Marketingkontrolle	
	Wirkung der Markteinflüsse; Budget-Durchführungskontrolle des Plans; Ergänzung, Änderung, Einschränkung der Marketingmaßnah- men; Marketingergebnisanalyse (Feedback)	

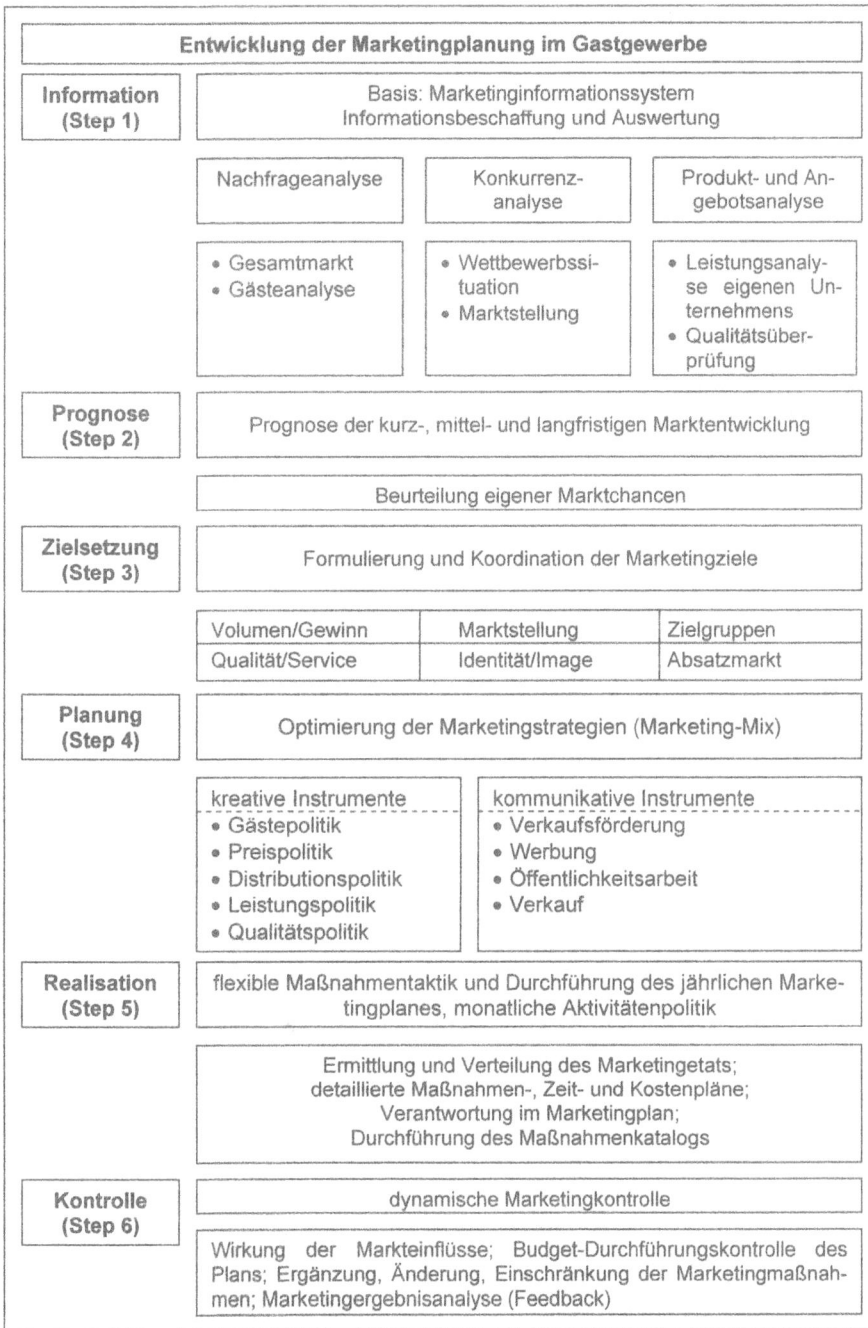

Abb. 1.15: Marketingplanung im Tourismus (Dettmer, H.; Hausmann, Th. [Hrsg.]: Betriebswirtschaftslehre im Gastgewerbe, Hamburg 2010, S. 285)

Aus der vorstehenden Marketingplanung lässt sich ersehen, dass darin künftige Zustände und Verhältnisse sowie die in diesem Zusammenhang notwendigen Marketingmaßnahmen festhalten werden. Um von den Zielen über die Planung zu einer wirksamen **Marketing-Konzeption** für den Tourismusmarkt zu kommen, ist schrittweise vorzugehen:

1. Schritt: Aufstellen der Unternehmensziele und -grundsätze (= langfristig)
2. Schritt: Entwickeln eines Marketingkonzeptes (= mittelfristig)
3. Schritt: Jährlich den Marketingplan einschließlich Aktionen erstellen (= kurzfristig)
4. Schritt: laufende Marketingkontrolle.

Die im Rahmen der Unternehmensziele realisierbaren Marketingziele bilden also die Grundlage einer **Marketing-Konzeption**. Das liegt darin begründet, dass auch die zu entwickelnden Einzelmaßnahmen des Konzepts sich nach den Unternehmenszielen und der darauf fußenden **Strategie** richten. Somit prägen die Unternehmensziele auch die Strategie der Zielrealisierung. Für die Entwicklung einer **Marketingstrategie** können die folgenden Schritte eine gute Orientierung liefern:

1. Schritt. Die tragende **Marketing-Idee** formulieren: Hier ist in einem Satz oder gar in einem Wort die zu den Unternehmenszielen passende Marketing-Idee niederzulegen. So könnte z. B. die Vision eines Strandhotels lauten:

Umsetzung der maritimen Tradition des Standortes mit Orientierung zur Gemütlichkeit. Eine daraus abgeleitete, tragende Marketing-Idee für die Gastronomie des Hauses könnte wie folgt genannt werden: Umwandlung des zum Haus gehörenden Bootsschuppens zu einer „Seemanns- und Strandbar" unter Beibehaltung des ursprünglichen Ambiente. Darauf baut dann die Entwicklung einer entsprechenden Vorgehensweise zur Umsetzung der Idee auf. Diese Überlegungen sollen zu einem totalen Überblick führen, der die Tragweite entsprechender Maßnahmen genau aufzeigt.

2. Schritt. Die **Zielgruppen** beschreiben: Die am Markt und am Umfeld orientierte Marketing-Idee mit den entsprechenden Umsetzungsgedanken definiert die anzusprechende Zielgruppe bereits ein. Es können niemals die Wünsche aller befriedigt werden. Es gibt jedoch viele Menschen, die gleiche oder ähnliche Wünsche haben. Hier ist es wichtig mit dem vorgesehenen Angebot eine möglichst große Gruppe ansprechen zu können, für die das Angebot einen Zusatznutzen bietet. Dazu ist es erforderlich, mögliche Gäste zu **segmentieren** (gliedern). Ein Motto der Segmentierung lautet: Lieber wenigen Gästen viel bieten als vielen Gästen wenig (= **enge Segmentierung** oder **Übersegmentierung**).

Dabei muss jedoch eine wirtschaftliche Auslastung des gastgewerblichen Betriebes gewährleistet bleiben. Will man es dagegen sehr vielen Gästen recht machen (= **weite Segmentierung** oder **Untersegmentierung**) besteht die Gefahr, dass der Betrieb sein Profil verliert. Eine gesunde Mischung herbeizuführen ist auch hier wieder die Kunst der Planer.

3. Schritt. Die gewünschte **Positionierung** bestimmen: Ziel der Positionierung ist es, dass die Gäste das Unternehmen mit seinen Leistungsbereichen und Leistungen im gewünschten Sinne wahrnehmen. Die Gäste sollen sich also das vom Marketing beabsichtigte Bild des Unternehmens machen. Dies ist nur möglich, wenn sich das Unternehmen von den Mitbewerbern „positiv" unterscheidet. Eine wichtige Erkenntnis im Rahmen der Positionierung ist, dass touristische Angebote von den Gästen meist ganzheitlich aufgenommen werden; viele Eigenschaften werden von den Gästen auf relativ wenige Vor- und Nachteile gebracht – der Gesamteindruck hat zu stimmen.

Eine weitere Entscheidungsstufe bildet das Bestimmen der Marketing-Maßnahmen in ihrer Art und abgestimmten Anwendung (**Marketing-Mix**), Diese Stufe ist die Konsequenz der Strategieentwicklung mit der sie harmoniert.

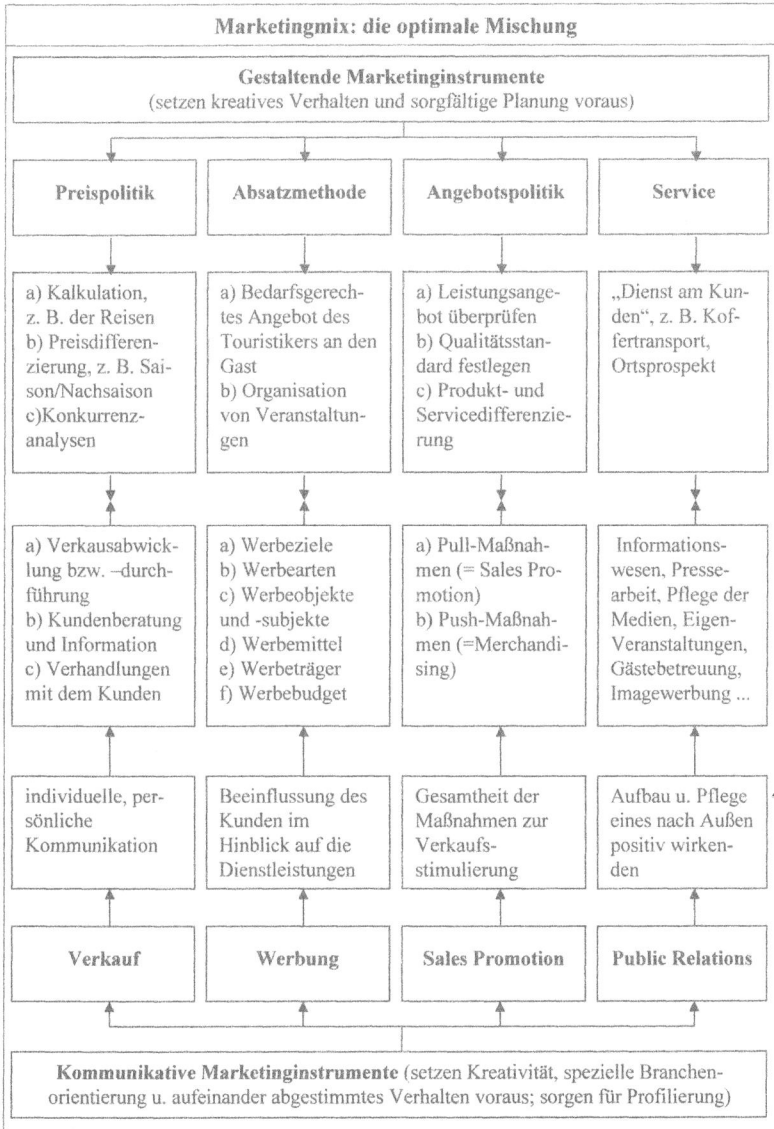

Marketingmix: die optimale Mischung			
Gestaltende Marketinginstrumente (setzen kreatives Verhalten und sorgfältige Planung voraus)			
Preispolitik	**Absatzmethode**	**Angebotspolitik**	**Service**
a) Kalkulation, z. B. der Reisen b) Preisdifferenzierung, z. B. Saison/Nachsaison c)Konkurrenzanalysen	a) Bedarfsgerechtes Angebot des Touristikers an den Gast b) Organisation von Veranstaltungen	a) Leistungsangebot überprüfen b) Qualitätsstandard festlegen c) Produkt- und Servicedifferenzierung	„Dienst am Kunden", z. B. Koffertransport, Ortsprospekt
a) Verkausabwicklung bzw. –durchführung b) Kundenberatung und Information c) Verhandlungen mit dem Kunden	a) Werbeziele b) Werbearten c) Werbeobjekte und -subjekte d) Werbemittel e) Werbeträger f) Werbebudget	a) Pull-Maßnahmen (= Sales Promotion) b) Push-Maßnahmen (=Merchandising)	Informationswesen, Pressearbeit, Pflege der Medien, Eigen-Veranstaltungen, Gästebetreuung, Imagewerbung ...
individuelle, persönliche Kommunikation	Beeinflussung des Kunden im Hinblick auf die Dienstleistungen	Gesamtheit der Maßnahmen zur Verkaufsstimulierung	Aufbau u. Pflege eines nach Außen positiv wirkenden
Verkauf	**Werbung**	**Sales Promotion**	**Public Relations**
Kommunikative Marketinginstrumente (setzen Kreativität, spezielle Branchenorientierung u. aufeinander abgestimmtes Verhalten voraus; sorgen für Profilierung)			

Abb. 1.16: Marketing-Mix (Dettmer, H.; Hausmann, Th. [Hrsg.] 2010, S. 272)

Es stellt sich die Frage, welches Instrument den Marketing-Mix des zu betrachtenden Unternehmens dominieren soll. Es beeinflusst nämlich die Kaufentscheidung der Touristen/Gäste wesentlich, ob die Leistungen, die Kommunikation oder die Preise im Vordergrund stehen. Die Zielgruppe reagiert im besonderen Maße auf das prägende Marketing-Instrument, z. B. auf die als vorteilhaft empfundene Leistung, die Kommunikation, die dem Haus ein förderliches Bild verleiht, den als günstig empfundenen Preis. Das dominierende Marketing-Instrument sollte zielgerichtet von einem anderen Marketinginstrument flankiert werden.

Beispiel: Ein Luxushotel konnte sich durch gezielte Anwendung des Marketing-Mix am Markt positionieren. Das dominierende Marketing-Instrument war/ist die außerordentlich gute

Food & Beverage-Leistung. Das flankierende Marketing-Instrument war/ist imagebildende Kommunikationspolitik.

Im Tourismus-Marketing sind mehrere optimale Kombinationen denkbar; dieses ist möglich, da die einzelnen Marketing-Instrumente austauschbar sind resp. sich in ihrer Wirkung ergänzen.

Bei der Vermarktung des Dienstleistungsangebotes im Tourismus, einem Angebot ganz spezieller immaterieller Leistungen, ist ein Handlungsfeld gegeben, dass es noch weiter auszuschöpfen gilt.

Aufgrund dessen wird diesem Werk nachstehend auf relevante Marketinginstrumente explizit eingegangen, die in diesem Einführungskapitel lediglich erwähnt worden sind.

Aufgaben Kapitel 1:

1. Der Begriff des Tourismus ist bezogen auf seine Merkmale; eine diesbezügliche Fixierung wird in Abb. 1.3 vorgenommen.
   Interpretieren Sie die Abbildung indem Sie die dort vorgenommene Begriffsbestimmung in Ihre Worte fassen. Gehen Sie dabei insbesondere darauf ein, welche Besonderheiten dem Tourismus zuzuordnen sind und welche nicht.

2. Als Praktikant/in der Tourismus GmbH einer Kurstadt erhalten Sie den Auftrag:
2.1 die allgemeinen Ziele der Tourismuswirtschaft unter Berücksichtigung der Struktur des Tourismussystems aufzustellen;
2.2 herauszufinden in welcher Beziehung die Ziele der Tourismuswirtschaft zueinander stehen.
Legen Sie Ihre Ergebnisse schriftlich nieder.

3. Im Eingangsproblem dieses Kapitels ist Ulrich Grothues mit der folgenden Aussage zitiert: „Nicht verkaufen, was man produzieren kann, sondern produzieren, was man verkaufen kann."
   Interpretieren Sie dieses Zitat.

4. Ein weiteres Zitat finden Sie zur Abb. 1.8 (im Einführungstext zur Abbildung):
   „Outcome is what output does."
   Erklären Sie diese Aussage unter Zuhilfenahme der genannten Abbildung.

5. Im Rahmen der Tourismuswirtschaft wird eine Vielzahl von Leistungen unterschiedlicher Anbieter erbracht. Erläutern Sie
   a. wer am Wohnort der Touristen
   b. während der Reise vom Wohnort zur ausgesuchten Destination und
   c. am Zielort
   touristische Leistungen erbringt.

6. Tourismus-Marketing-Management hat die Aufgabe, die touristischen Märkte soweit wie möglich zu unterteilen, um diese mit adäquaten Marketingmitteln zielgerichtet ansprechen zu können. Ordnen Sie den Kriterien Entfernung, Dauer, Transportmittel, Motiv, Gepäckstück und Kosten exemplarisch passenden Tourismustypen (Reisearten) zu.

7. Stellen Sie die Aufgaben der Marketingplanung prägnant zusammen.

8. Was verstehen Sie unter den Begriffen
   8.1 Übersegmentierung
   8.2 enge Segmentierung
   8.3 Untersegmentierung
   8.4 weite Segmentierung?

9. Zählen Sie acht Qualitäten auf, die ein Manager besitzen sollte.

10. Was bedeuten die Begriffe Gestalten, Lenken und Entwickeln von zweckorientierten sozialen Systemen im Hinblick auf den Managementbegriff.

11. Nennen Sie die drei Führungsstufen, durch die das Management definiert wird.

12. Skizzieren Sie die drei Aufgabenbereiche des Managements eines Unternehmens und listen Sie auf, was Sie beinhalten.

13. Differenzieren Sie die Inhalte der betriebsmittelorientierten und marktleistungsbezogenen Funktionsbereiche.

14. Welche unternehmensübergreifenden bzw. welche unternehmensbezogenen Vorgehensstrategien des Managements bzw. der Managementsysteme kennen Sie?

15. Fallstudie:

15.1 Annica Helfrich und Matthias Neumann haben nach ihrer Ausbildung zum Hotelkaufmann und einer eineinhalb- bzw. zweijährigen Praxis in verschiedenen Hotelkonzernen die einmalige Chance, im neu zu eröffnenden Ferienpark IVC (International Vacation Club) die Marketingabteilung aufzubauen und zu leiten. Da sie beide während ihrer Praxis mit den Aufgaben des Marketing bereits konfrontiert wurden, sind ihnen die Grundbegriffe sowie die Zielsetzung bekannt.

Beschreiben Sie mit einem Satz die Aufgaben (den Begriff) des Marketings.

15.2 Um die Unternehmenspolitik des Ferienparks IVC umzusetzen, haben Annica und Matthias einen Zeitraum von fünf Jahren.
Welche Ziele und Ergebnisse sollten in dieser Zeit angestrebt und realisiert werden?

15.3 Selbstverständlich sind Annica und Matthias nicht immer einig, wenn es um die Umsetzung von der Idee zur Tat geht. In diesem Zusammenhang gebrauchte Annica einmal folgende Aussage, um Matthias das Problem zu verdeutlichen: „Der Wurm muss dem Fisch schmecken, nicht dem Angler."
Welche Aufgaben innerhalb der Marketingkonzeption hat Annica damit angesprochen?

2. Management- und Marketingkreislauf im Unternehmen

In einer Großstadt mit erfolgreichem Messestandort und einem differenzierten und national und international bedeutsamen Kulturangebot soll ein Hotel in zentraler Lage unweit des Hauptbahnhofes und der erst vor kurzem ausgewiesenen und verkehrsberuhigten Einkaufs- bzw. Fußgänger-Zone gebaut und betrieben werden.

Erste Marktuntersuchungen haben ergeben, dass es im 4 - 5-Sterne Bereich angesiedelt werden sollte, da die 1 - 3-Sterne-Kategorie schon überproportional vertreten ist. Andererseits gibt es aber auch im gleichen Sternesegment bereits Wettbewerber.

Für dieses Marktsegment muss vom „zukünftigen" Hotelbetreiber deshalb ein entsprechendes Marketingkonzept entwickelt werden, das diese Tendenzen von gesättigten Märkten und bereits vorhandener Produktvielfalt berücksichtigt, um das Hotel dauerhaft erfolgreich am Markt zu positionieren.

Zugleich ist die konkrete Umsetzung dieses Marketingkonzeptes im späteren Hotelbetrieb durch das Management und die Mitarbeiterinnen/Mitarbeiter über daraus abgeleitete Planungen, Entscheidungen und Kontrollen notwendig.

Dabei muss das Management berücksichtigen, dass das Hotel in ein gesellschaftliches Umfeld mit unterschiedlichen Faktoren eingebettet ist, das sich selbst ständig und dynamisch verändert und insofern das Marketingkonzept nicht statisch ist, sondern „lebt" und sich daraus auch ständig neue Herausforderungen an die Tätigkeit des Managements ergeben. Das erfordert unter anderem eine gezielte Informationsgewinnung, -aufbereitung, -analyse und -bewertung der Daten, die markt- und wettbewerbsrelevant sind.

Die Erstellung und Umsetzung des Marketingkonzeptes folgt grundsätzlich einem gleich bleibenden Algorithmus – dem Marketingkreislauf –, das gleiche gilt für das Management in jedem touristischen Unternehmen; hier ist der gleich bleibende Algorithmus der Managementkreislauf.

2.1 Marketingkreislauf

Der Marketingkreislauf wurde im vorstehenden Absatz als ein allgemeingültiger Algorithmus für das betriebliche Marketing definiert; in einem periodischen Prozess werden die Unternehmensaktivitäten den jeweiligen konkreten Bedingungen und Möglichkeiten auf dem Markt angepasst:

Abb. 2.1: Marketingkreislauf

Die grundsätzliche Funktion des Managements bzw. der Führungskräfte im Unternehmen besteht darin,

- verbunden mit entsprechender Verantwortungsübernahme und

- entsprechenden Entscheidungs- und Kontrollbefugnissen

- Unternehmens- und Marketingziele zu bestimmen,

- deren Umsetzung ggf. gemeinsam mit den Mitarbeitern zu planen,

- gemeinsam mit den Mitarbeitern die konkrete Leistungserstellung des Unternehmens zu gestalten,

- die tatsächlich erreichten Ergebnisse mit den angestrebten Zielen zu vergleichen und bei Abweichungen entsprechende zielgerichtete Entscheidungen zur Veränderung/ Anpassung zu treffen.

Insofern handelt es beim Marketing in diesem Sinne um einen kybernetischen, d.h., **selbst regulierenden Prozess**, der vor allem vom bzw. über das Management vollzogen wird (ausführliche Darstellung zum Marketingkreislauf und seinen Bestandteilen siehe ab Kapitel 4 bis zum Rechtskapitel).

2.2 Managementkreislauf

Diese genannte Managementfunktion wird in der Einheit von Sachaufgaben und Führungsaufgaben erfüllt.

Die **Sachaufgaben** folgen dabei wesentlich der qualifikationsorientierten Einordnung der Führungskräfte in die jeweilige Aufbauorganisation der Unternehmen (bspw. durch die Führungsfunktion in den einzelnen Unternehmensbereichen wie Logis, Küche, Service).

Die **Führungsaufgaben** dagegen werden aus zeitlicher Sicht unabhängig von den jeweiligen Sachaufgaben von einem weitgehend einheitlichen Prinzip bestimmt, das als „Managementkreislauf" bezeichnet wird:

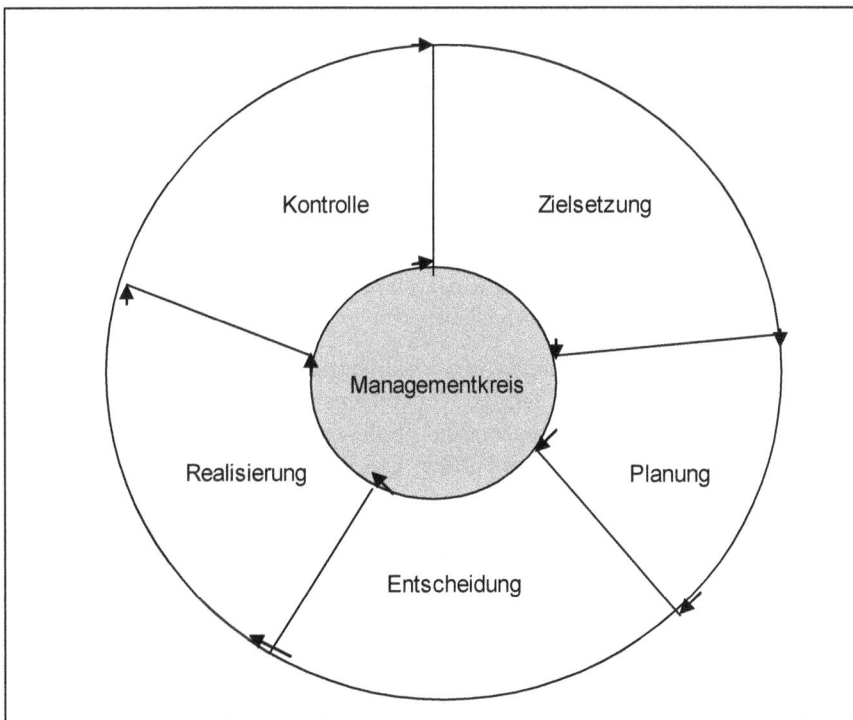

Abb. 2.2: Managementkreis (Jung 2008, S. 434)

Die Analogie des Managementkreislaufes zum Marketingkreislauf ist klar erkennbar. Auch der Begriff „Managementkreislauf" zeigt, dass Management bzw. die Unternehmensführung ebenfalls ein periodischer und kybernetischer Prozess sein muss.

Aus diesem Charakter des Managementkreislaufes ergibt sich zugleich, dass er stets auch **Lernprozess** ist, in den die im Managementprozess erworbenen Kenntnisse, Fähigkeiten und Fertigkeiten in die künftige Führungstätigkeit einfließen.

Weitere Zusammenhänge und Unterschiede von Marketingkreislauf und Managementkreislauf im Unternehmen:

- Die in der Marketing-Kontrolle ermittelten Abweichungen von den Ziel- bzw. Sollvorgaben sowie die Ergebnisse der Marketing-Analyse bilden die objektive Grundlage für entsprechende Managemententscheidungen; insofern lassen sich Marketingkreislauf und Managementkreislauf als zwei von einander abhängige bzw. untrennbar verbundene Aspekte der Führungstätigkeit auffassen;

- andererseits unterscheiden sich Marketingkreislauf und Managementkreislauf dadurch, dass der Marketingkreislauflauf vor allem „**maßnahmebezogen**" ist, d.h., konkrete Festlegung, Umsetzung und Kontrolle der **Sachaufgaben** zur Erfüllung der Unternehmens- und Marketingziele erfolgen; der Managementkreislauf beinhaltet dagegen weit stärker eine **methodische Komponente**, die über die Bestimmung und Umsetzung der **Führungsaufgaben** die entsprechenden Führungsmodelle, -stile und -prinzipien einbezieht.

2.2.1 Planung im Managementkreislauf

Der Begriff „Planung" wird in Theorie und Praxis sehr differenziert betrachtet und gebraucht. Er findet sich sowohl im Marketingkreislauf (ausführliche Darstellung siehe auch Kapitel 5.3) als auch im Managementkreislauf.

Planung heißt systematisches zukunfts- und zielorientiertes Durchdenken der Ist-Situation sowie der Entwicklungsmöglichkeiten des Unternehmens im wirtschaftlichen und gesellschaftlichen Umfeld und daraus abgeleitet die Festlegung des unternehmerischen Handelns (Maßnahmen, Budgetierung, Mittelbeschaffung usw.) zum effizienten Erreichen der angestrebten Ziele.

In diesem Sinne trägt die Planung stets zunächst verbindlichen Charakter für Management und Mitarbeiter im Unternehmen. Andererseits unterliegt sie aufgrund der genannten inneren und äußeren Einflussfaktoren entsprechendem Anpassungsdruck, wenn ihre Beibehaltung bzw. Fortführung die Realisierung der Unternehmens- und Marketingziele nicht mehr oder nicht mehr in ausreichendem Maße sichern kann, d.h., die Planung selbst ist ein dynamischer Prozess.

Aus zeitlicher und inhaltlicher Sicht lassen sich unterscheiden:

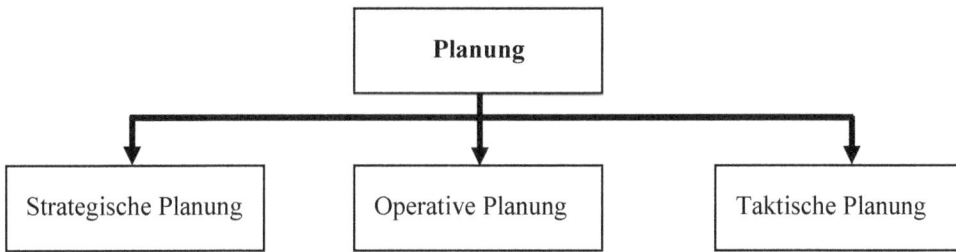

Abb. 2.3: Einteilung der Planung

a) Strategische Planung:

- langfristig (mehrere Jahre)

- an der **Unternehmensvision** und den damit verbundenen Unternehmensgrundsätzen und -leitlinien orientiert (vgl. Kap. 4.) sowie die damit verbundene grundsätzliche Ausrichtung der Unternehmensressourcen

- grundsätzliche Handlungs- und Entscheidungsvorgaben

- Managementaufgabe der Führungsspitze des Unternehmens mit vergleichsweise allgemeinen und undifferenzierten Planungsvorgaben.

Operative Planung:

- ist mittelfristig angelegt, d.h., im Regelfall für einen Zeitraum von einem bis maximal fünf Jahre

- orientiert sich an den mittelfristigen Unternehmenszielen

- umfasst Flexibilität und Spannbreiten hinsichtlich der Zielvorgaben.

Taktische Planung:

- Zeitraum bis zu einem Jahr

- verbindliche Handlungs- und Entscheidungsrahmen bei der konkreten laufenden Umsetzung der Marketingziele

- ist detailliert und umfasst bereits die konkreten Zielvorgaben, Maßnahmen und Mittel (Budgets) für die einzelnen Unternehmensbereiche (Logis, Küche, Service, Wellness usw.).

Für den **Planungsprozess** gibt es drei Varianten:

```
                         ┌─────────────────────────┐
                         │    Planungsprozess       │
                         └─────────────────────────┘
```

Top-down-Planung	Bottom-up-Planung	Down-up-Planung

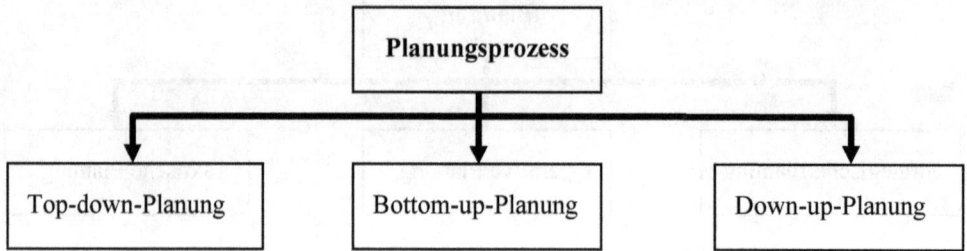

Abb. 2.4: Varianten des Planungsprozesses

Top-down-Planung:

- Vor- bzw. Weitergabe der Planungsziele „von oben nach unten" (deshalb auch „hierar-chische" oder „retrograde" Planung), d.h., von der Unternehmensführung bzw. Füh-rungsspitze jeweils auf die nächst niedrigere Hierarchieebene

- Weitergabe als weitgehend verbindliche Vorgaben ggf. bis zur untersten Mitarbeiter-ebene

- von Ebene zu Ebene jeweils weitere Differenzierung und Präzisierung der Vorgaben

- die Vorgaben können von den unteren Führungsebenen und den Mitarbeitern „an der Front" als unrealistisch, diktatorisch und „von oben" fremdbestimmt empfunden wer-den, so dass Widerstände und/oder Motivationsverluste möglich sind

Bottom-up-Planung:

- Ausgangspunkt ist die Überlegung, dass die Planung immer dort vorgenommen werden sollte, wo die größte Nähe zu Markt und Kunden gegeben ist sowie die entsprechende Handlungsumsetzung erfolgt (deshalb auch als „progressive" Planung bezeichnet)

- die Planungsvorschläge der unteren Hierarchieebenen, d.h., „von unten" werden jeweils auf den nächst höheren Führungsebenen zusammengefasst („aggregiert"), ggf. auf Ziel-konflikte geprüft und entsprechend modifiziert

- Probleme können insofern entstehen, dass die Planungsvorschläge „von unten" die Ge-samterfordernisse im Unternehmen (bspw. Liquiditätserfordernisse) nicht ausreichend erfassen und berücksichtigen und /oder „zu vorsichtig", d.h., zu niedrig angesetzt sind.

Down-up- oder Gegenstrom-Prinzip:

- Kombination (sowohl Planungsvorgaben „von oben" als auch Planungsvorschläge „von unten")

- die Nachteile der beiden erstgenannten Planungsvarianten sollen dadurch vermieden werden, in dem

- die Vorgaben der Unternehmensführung bzw. Führungsspitze („down") von den jeweils folgenden Hierarchieebene konkretisiert und auf Realisierbarkeit geprüft und

- nach Abschluss dieses Prozesses (auf der untersten Hierarchieebene) die jeweils „übergeordneten Planungen" korrigiert, nach „oben" („up") in die übergeordnete(n) Führungsebene(n) weitergereicht und zugleich in die dann verbindlichen Gesamtpläne integriert werden.

Von den Führungsmodellen, -techniken und -stilen sowie von der Größe des Unternehmens als auch seiner Organisations- und Führungsstrukturen hängt ab, welche Variante des Planungsprozesses im Unternehmen genutzt wird.

Wesentlicher Bestandteil der Planung ist unabhängig von der konkreten Form des Planungsprozesses die Aufstellung von **Gesamtplänen** (Gesamtbetrachtung des Unternehmens) und **Teilplänen** (für einzelne Unternehmensbereiche, Aufgabenbereiche, Projekte usw.).

Beispiele für Gesamtpläne und Teilpläne sind:

- Umsatz- und Gewinnpläne (für das Gesamtunternehmen und/ oder einzelne Unternehmensbereiche)
- Kostenpläne (für das Gesamtunternehmen und/ oder einzelne Unternehmensbereiche)
- Liquiditätsplan (für das Gesamtunternehmen)
- Personalpläne (für das Gesamtunternehmen und/ oder einzelne Unternehmensbereiche)
- Investitionspläne (für das Gesamtunternehmen und/ oder einzelne Unternehmensbereiche)
- Finanzierungspläne (für das Gesamtunternehmen und/ oder einzelne Unternehmensbereiche)
- Beschaffungspläne (Lagerwirtschaft für das Gesamtunternehmen und/ oder einzelne Unternehmensbereiche)
- Marketingpläne (für das Gesamtunternehmen und/ oder einzelne Unternehmensbereiche (siehe auch Marketingplanung in Kapitel 5.3)
- Maßnahmenpläne für einzelne Vorhaben und Projekte (bspw. für größere Investitionsvorhaben, Projekte und Veranstaltungen

Sowohl für die Teilpläne als auch die daraus „aggregierten" Gesamtpläne sollten folgende **Prinzipien** beachtet werden:

Prinzip der Vollständigkeit	alle intern und extern verfügbaren und relevanten Daten und Informationen zum Unternehmen und des wirtschaftlichen und gesellschaftlichen Umfeldes werden aufbereitet, analysiert und bewertet und dann in die Planung einbezogen

Prinzip der Genauigkeit	alle intern und extern verfügbaren und relevanten Daten und Informationen zum Unternehmen und des wirtschaftlichen und gesellschaftlichen Umfeldes werden auf ihre Richtigkeit und Zuverlässigkeit überprüft
Prinzip der Kontinuität	die Planung erfolgt mittel- und langfristig in kontinuierlich und permanent nach einheitlichen Vorgaben, Maßstäben und Abläufen
Prinzip der Flexibilität	die Planung berücksichtigt die vielen inneren und vor allem äußeren Einflussfaktoren auf das Unternehmen („Störgrößen") bspw. durch Variantenplanung, „Bandbreiten" bei Kennziffernvorgaben" und muss deshalb flexibel handhabbar sein
Prinzip der Wirtschaftlichkeit	die Planung bzw. der betriebliche Planungsprozess unterliegt selbst dem Wirtschaftlichkeitsprinzip, d.h. der (personelle, zeitliche und/oder finanzielle) Aufwand der Planung muss in einem akzeptablen Verhältnis zum anwendbaren Ergebnis der Planung stehen

Insbesondere bei komplexen, zeit- und ressourcenintensiven Vorhaben des Unternehmens (bspw. große Ersatz- und Erweiterungsinvestitionen, Vorbereitung und Durchführung großer Veranstaltungen, Einführung neuer Produkte und Leistung) kann insbesondere bei der Zeitplanung die **Netzplantechnik** genutzt werden.

2.2.2 Entscheidungen im Managementkreislauf

Entscheidungen in Unternehmen sind **Festlegungen künftigen Handelns zur Planung und Umsetzung** einzelner Phasen oder des gesamten betrieblichen Prozesses der Leistungserstellung und -austausches in möglichst weitgehender Übereinstimmung mit den objektiven Voraussetzungen und Gegebenheiten im Unternehmen, am Markt und im jeweils relevanten gesellschaftlichen Umfeld.
Im Regelfall bestehen für die Führungskräfte und Mitarbeiter nicht nur eine, sondern mehrere Handlungsvarianten. Entscheiden heißt deshalb letztlich, aus verschiedenen Alternativen eine Handlungsvariante bewusst und zielgerichtet auszuwählen.

Entscheidungen sind durch folgende Merkmale gekennzeichnet:

- Entscheidungen haften immer Ungewissheiten hinsichtlich ihrer Richtigkeit an

- Entscheidungen sind deshalb grundsätzlich mit Risiken / Wagnissen behaftet

- Entscheidungen sind immanenter Bestandteil der Führungstätigkeit („keine Führung ohne Entscheidung")

- Entscheidungen sind immer Alternativen zwischen verschiedenen Handlungsoptionen (auch „Nichthandeln" ist immer eine Option / Alternative)

- Entscheidungen sind Stellungnahmen zum erforderlichen Verhalten in der Zukunft

2.2.2.1 Arten der Entscheidung

Entscheidungen können zunächst hinsichtlich ihres Zeithorizontes, meist verbunden mit entsprechenden Entscheidungsgrundlagen sowie dem Aufwand ihrer Vorbereitung und ihrer Informationsgrundlagen in drei Gruppen unterteilt werden.

Arten der Entscheidung	Vorbereitung/Grundlage	Zeitraum
perspektivische Entscheidungen (oft **einmalige „Grundsatzentscheidungen"**)	prognoseorientierte und konzeptionelle Vorbereitung (Unternehmensvision, Unternehmensgrundsätze und -leitlinien, Marktforschung, Rahmenpläne)	langfristig (i.d.R. mehr als ein Jahr)
rhythmisch bzw. periodisch wiederkehrende Entscheidungen	Jahrespläne (Gesamt- und Teilpläne), Arbeitspläne, Kontrollpläne, Algorithmen, Checklisten, Schemata	mittelfristig (i.d.R. bis zu einem Jahr)
operative Entscheidungen	Tagesinformationen	kurzfristig, umgehend, „ad-hoc"

Durch die Führungskräfte in den unterschiedlichen Führungsebenen müssen die zu treffenden Entscheidungen entsprechend analysiert und eingeordnet werden:

- welche Entscheidungen grundsätzlicher Natur sind,

- welche Entscheidungen periodisch erfolgen sollen bzw. müssen,

- welche Entscheidungen „dezentral" bzw. „vor Ort" (d.h., von Führungskräften oder Mitarbeitern in den unteren Ebenen) getroffen werden können, sollen und müssen.

Rhythmisch bzw. periodisch wiederkehrende Entscheidungen können oft bzw. in bestimmtem Umfang „**standardisiert**" werden, d.h., mit den deshalb möglichen „algorithmische Hilfsmitteln" (Checklisten, Kontrollprogramme usw.) können erhebliche Ressourcen gespart werden (Zeit, Kapital usw.).

Kurzfristige bzw. umgehende Entscheidungen zu laufenden betriebliche Prozesse sind in der Regel operative („ad-hoc") Entscheidungen. Auch hier müssen die Führungskräfte auch bei bzw. trotz häufigen Zeitdrucks, sichern, dass die Entscheidungen den Unternehmenszielen, Unternehmensleitlinien und -grundsätzen nicht zuwider laufen.

Ansonsten kann das Problem entstehen, dass mittel- und langfristig die Verbindlichkeit und Wirksamkeit dieser Ziele und Entscheidungen ausgehöhlt und/ oder die Führungskompetenz des Managements beeinträchtigt wird. Das gilt vor allem dann, wenn diese ad-hoc-Entscheidungen ggf. trotz bestehender Entscheidungsvorgaben und -hilfen diesen nicht folgen bzw. widersprüchlich sind („Bauch"-Entscheidungen, bspw. bei Kundenreklamationen).

2.2.2.2 Grundlagen der Entscheidungsfindung

Wichtigste Grundlage der Entscheidungsfindung in der unternehmerischen Praxis ist die Differenzierung zwischen

- **dringenden Entscheidungen** und

- **wichtigen Entscheidungen.**

Dringende und wichtige Entscheidungen werden häufig insofern undifferenziert behandelt, dass aus der Dringlichkeit von Problemen – meist unberechtigt – zugleich die Wichtigkeit bzw. Wertigkeit des Problems geschlussfolgert wird und umgekehrt.

Eine wichtige Aufgabe des Managements ist deshalb, hinter den operativen Problemen bzw. Tagesproblemen sowie teilweise auch hinter den periodischen Problemen die „tieferen" Ursachen und Gründe zu erkennen, um sie zukünftig von vornherein zu vermeiden. Das gilt vor allem angesichts der meist knappen zeitlichen Ressourcen des Managements, beim Bewältigen der vielen dringenden, aber häufig eher unwichtigen Probleme und Entscheidungsaufgaben.

Tatsächlich sind (Tages-)Probleme zwar oft dringend, müssen deshalb aber nicht zwangsläufig besonders wichtig sein. Vielmehr stehen hinter den vielen kurzfristigen dringenden Problemen oftmals unaufschiebbare Probleme, die sofort gelöst werden müssen.

So ist bspw. witterungsbedingt ein akuter Personalengpass möglich. Das Management muss selbstverständlich dieses dringende Problem rasch lösen. Wenn ein solcher Engpass aber häufiger auftritt, stehen offenbar grundlegende Fragen der Personalplanung und des Personaleinsatzes im Unternehmen zur Diskussion bzw. müssen vom Management grundsätzlich andere Personaleinsatzlösungen gefunden werden. Deshalb wäre dann der genannte „Personalengpass" zwar zunächst ein dringendes, prinzipiell aber vielmehr ein wichtiges Problem.

Die Entscheidungsfindung selbst kann in vier Phasen eingeteilt werden:

- 1. Phase   Problemerkennung

- 2. Phase   Problemdefinition / -beschreibung

- 3. Phase   Suche, Bewertung und Ermittlung der Konsequenzen der Entscheidungsalternativen

- 4. Phase   Entscheidungsfindung und Kommunikation der Entscheidung

Phase	Merkmale/Inhalte
1. Phase	Charakterisierung des Problems, bspw.: wichtig – dringend, extern- intern, einzel-häufig, primär oder abgeleitet, operativ-perspektivisch
2. Phase	genaue Darstellung / Beschreibung des Problems (Analyse und Bewertung)
3. Phase	Erstellung verschiedener Lösungsvarianten für das Problem einschließlich ihrer Wirkungen, Konsequenzen und möglicher Zielkonflikte anhand vorgegebener Kriterien. Bewertung und Abwägung der Varianten
4. Phase	Festlegung der optimalen Lösungsvariante und stringente Kommunikation dieser Lösungsvariante gegenüber anderen Führungsebenen und den Mitarbeitern

2.2.3 Umsetzung im Managementkreislauf

Nach Planung und Entscheidung von Unternehmensführung bzw. Führungsspitze bzw. der Führungskräfte in den einzelnen Unternehmensbereichen folgt die Realisation bzw. und Umsetzung der festgelegten Aufgaben, Prozesse, Maßnahmen und Tätigkeiten zur konkreten Leistungserstellung (Erstellung von Gütern und Leistungen für Austauschprozesse) im Unternehmen

Die Leistungserstellung ist primär keine Aufgabe der Führungskräfte, sondern der Mitarbeiter im Unternehmen.

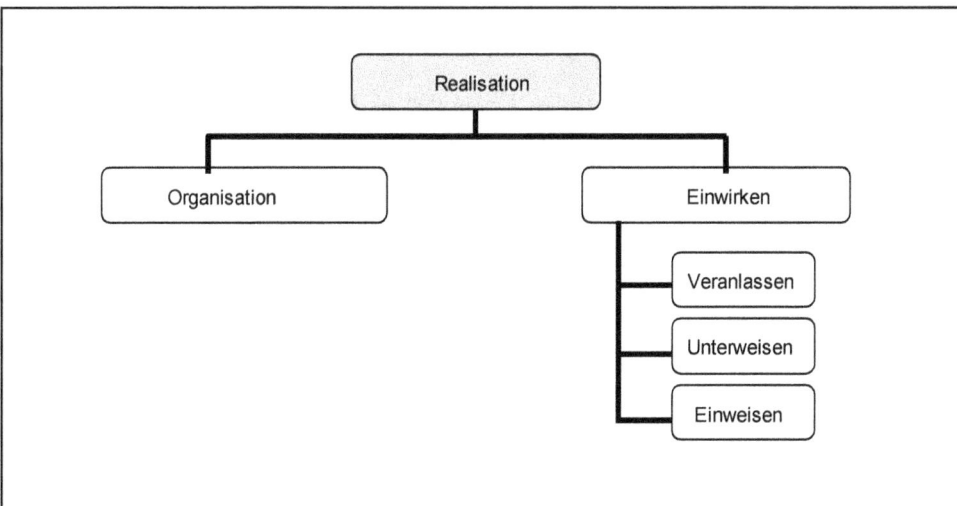

Abb. 2.5: Die Realisationsfunktion (vgl. Jung 2008, S. 438)

Die Funktion des Managements in der Umsetzung:

- Organisation der innerbetrieblichen Prozesse und Maßnahmen (vor allem im Bereich der Produkt- und Leistungserstellung) und Veranlassung entsprechender Handlungen bei den Mitarbeitern

- Übermittlung der erforderlichen Informationen und Kenntnisse zur Bewältigung der Aufgaben und Maßnahmen an die Mitarbeiter

- Feststellen unerwünschter Abweichungen und Reibungsverluste bei den innerbetrieblichen Prozessen und Maßnahmen vom geplanten Verlauf

- Behebung und künftige Vermeidung dieser unerwünschten Abweichungen und Reibungsverluste durch entsprechende Entscheidungen

Die gewählten Führungsmodelle, -techniken und -stile im Unternehmen sind gerade bei der Umsetzung wichtig, da von ihnen erhebliche Wirkungen auf die Motivation und damit Leistungsbereitschaft der Mitarbeiter ausgehen.

Sofern die erforderlichen Informationen und Kenntnisse bei den Mitarbeitern zur Erfüllung ihrer Aufgaben bei der Leistungserstellung nicht in ausreichendem Maße gegeben sind (bspw. bei neuen Aufgaben, Maßnahmen und Tätigkeiten), sind entsprechende **Unterweisungen** der Mitarbeiter durch die Führungskräfte erforderlich. Bei neuen Mitarbeitern wird nicht von Unterweisung, sondern von **Einweisung** gesprochen.

2.2.4 Kontrolle im Managementkreislauf

Die Kontrollfunktion ist eine der **wichtigsten Managementfunktionen** und zugleich untrennbar mit den anderen Managementfunktionen, insbesondere der **Entscheidung** verbunden. Die Kontrolle von Entscheidungen ist unerlässlich, um überprüfen zu können, ob die angestrebten Ziele und Wirkungen tatsächlich eingetreten sind bzw. ob Abweichungen vorliegen („keine Entscheidung ohne Kontrolle").

In diesem Sinne wird hier der Begriff der „Kontrolle" als **Teilfunktion** im Managementprozess bzw. im Managementkreislauf aufgefasst und dargestellt, während der Begriff des „Controlling" erheblich komplexer gefasst ist.

Das Controlling wird heute als der auf interne Informationssysteme gestützte permanente, dynamische Prozess der Planung, Steuerung, Entscheidung, Überwachung und Kontrolle als **Führungskonzeption** von Organisationen und Unternehmen zum Erreichen der Unternehmens- und Marketingziele verstanden und geht insofern über die Kontrolle als eine Teilfunktion in diesem Prozess weit hinaus.

Die **allgemeine Funktion** der Kontrolle ist deshalb zunächst durch den Plan/Soll-Ist-Vergleich charakterisiert. Dabei erfolgt eine Gegenüberstellung von angestrebten Zielen, Aufgaben, Plänen und Entscheidungen mit dem tatsächlich erreichten Zustand.

Zugleich endet die Kontrolle nicht mit dem Feststellen von Abweichungen, sondern beinhaltet zugleich

- die Analyse der festgestellten Abweichungen (Soll-Ist-Analyse),

- die Aufbereitung und Darstellung der Kontrollergebnisse,

- die Fixierung der sich aus den Kontrollergebnissen ergebenden Schlussfolgerungen und Konsequenzen sowie

- die erforderlichen Maßnahmen zur Beeinflussung der Abweichungen bzw. zur Veränderung von Entscheidungen und des bisherigen Handelns.

Die große Bedeutung der Kontrolle im Managementprozess zeigt sich auch darin, dass durchschnittlich etwa 20 bis 25 % der Arbeitszeit der Führungskräfte auf die Kontrollprozesse in ihrem jeweiligen Verantwortungsbereich entfallen.

Notwendigkeit und Funktionen der Kontrolle

Die Notwendigkeit der Kontrolle besteht deshalb darin

- die angestrebten Ziele mit den tatsächlichen Ergebnissen von Entscheidungen bzw. der Realisation festgelegter Aufgaben, Maßnahmen und Tätigkeiten zu vergleichen

- die Effektivität von Entscheidungen bzw. der Realisation festgelegter Aufgaben, Maßnahmen und Tätigkeiten sichtbar und transparent zu machen

- bei Abweichungen von Zielen und Ergebnissen erforderliche Korrekturen von Entscheidungen bzw. bei der Realisation von festgelegten Aufgaben, Maßnahmen und Tätigkeiten vorzunehmen

Die Kontrolle erfüllt zwei wesentliche Funktionen:

Abb. 2.9: Funktionen der Kontrolle

Die wirtschaftliche Funktion der Kontrolle besteht vor allem in

- der Erfassung der tatsächlichen Ergebnisse von Entscheidungen bzw. der Realisation festgelegter Aufgaben, Maßnahmen und Tätigkeiten

- der Feststellung möglicher Abweichungen der Ergebnisse von den angestrebten Zielen und Vorgaben

- der Einschätzung der Wirksamkeit von Entscheidungen

- der Einschätzung und Bewertung der wirtschaftliche Leistung einzelner Unternehmensbereiche und ihres Anteils an der Gesamtleistung von Betrieb / Unternehmen der Messung und Bewertung des individuellen und kollektiven Beitrages der einzelnen Führungskräfte und Mitarbeiter (insbesondere der einzelnen Bereiche oder Abteilungen) an der betrieblichen Leistungserstellung und an deren Ergebnis

- der Verallgemeinerung und Nutzung erfolgreicher Entscheidungen bei künftigen Entscheidungsprozessen

Die erzieherische und soziale Funktion der Kontrolle ergibt sich daraus, dass

- Kontrolle Voraussetzung der objektiven Beurteilung von Führungs- und Entscheidungskompetenzen ist

- Kontrolle als Mittel der Überprüfung der eigenen Leistung dient

- Kontrollergebnisse und -bewertungen Voraussetzung der objektiven Beurteilung der Arbeitsleistungen der Führungskräfte und Mitarbeiter und damit auch für „Lob und Tadel" sind

- Kontrolle die Voraussetzung bei erzieherischen und arbeitsrechtlichen Entscheidungen ist

- Kontrollergebnisse und -bewertungen Grundlage und Voraussetzung für die Bemessung der Entgelte bei leistungsorientierten Entlohnungssystemen (Motivation, Arbeitsanreize) sind

- Kontrollergebnisse und -bewertungen bei unternehmensinternen Wettbewerben oder im betrieblichen Vorschlagswesen Grundlage und Voraussetzung für die entsprechenden Vergleiche zwischen den Bereichen (ggf. Betrieben) des Unternehmens sind

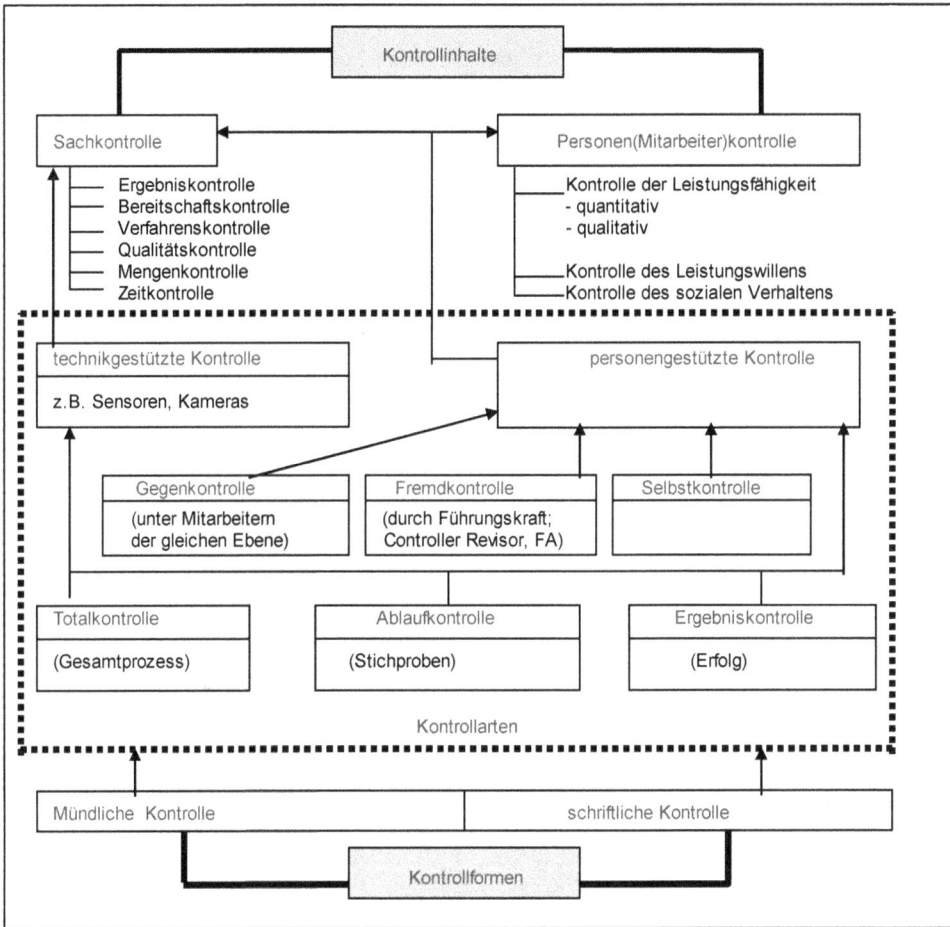

Abb. 2.10: Gesamtübersicht über Inhalte, Arten und Formen der Kontrolle

2.3 Information und Kommunikation im Managementkreislauf

Informationen sind zweckorientiertes Wissen, mit dem der „Empfänger" der Information zugleich seinen Wissensstand und damit auch ggf. seine Entscheidungsmöglichkeiten verbessern kann.

Unter **Kommunikation** wird der dynamische (wechselseitige) Informationsaustausch zwischen „Systemen" – hier zum Beispiel zwischen Führungskräften und Mitarbeitern – verstanden. Kommunikation heißt in diesem Sinne immer **Rückkopplung**, ggf. auch vermittelt über technische Systeme, z. B. Telefon, Internet, Post, Kontroll- und Überwachungsanlagen.

Der Managementkreislauf stellt – wie die Kapitel 2.1 und 2.2. bereits zeigen – zugleich einen **dauerhaften Informations- und Kommunikationsprozess** dar, und zwar hinsichtlich

- er Information und Kommunikation zwischen den Führungskräften im Management

- der Information und Kommunikation zwischen den Führungskräften und den Mitarbeitern in ihrem jeweiligen Kompetenzbereich und

- der Information und Kommunikation zwischen den Mitarbeitern

- der Information und Kommunikation zwischen Führungskräften sowie Mitarbeitern und technischen Systemen

Die Informationsgewinnung und der Informations- und Kommunikationsfluss müssen deshalb ebenfalls als permanente und professionell zu bewältigende Managementaufgabe im Unternehmen gesehen werden

Als Informationsquellen stehen **interne** und **externe** Informationsquellen zur Verfügung (Beispiele):

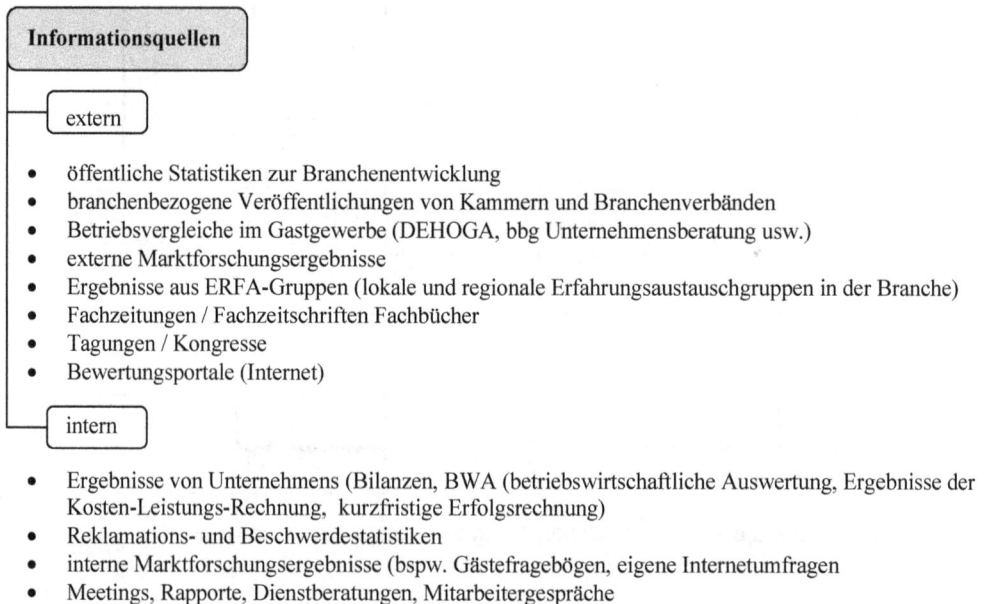

Informationsquellen

extern

- öffentliche Statistiken zur Branchenentwicklung
- branchenbezogene Veröffentlichungen von Kammern und Branchenverbänden
- Betriebsvergleiche im Gastgewerbe (DEHOGA, bbg Unternehmensberatung usw.)
- externe Marktforschungsergebnisse
- Ergebnisse aus ERFA-Gruppen (lokale und regionale Erfahrungsaustauschgruppen in der Branche)
- Fachzeitungen / Fachzeitschriften Fachbücher
- Tagungen / Kongresse
- Bewertungsportale (Internet)

intern

- Ergebnisse von Unternehmens (Bilanzen, BWA (betriebswirtschaftliche Auswertung, Ergebnisse der Kosten-Leistungs-Rechnung, kurzfristige Erfolgsrechnung)
- Reklamations- und Beschwerdestatistiken
- interne Marktforschungsergebnisse (bspw. Gästefragebögen, eigene Internetumfragen
- Meetings, Rapporte, Dienstberatungen, Mitarbeitergespräche

Zugleich wird nochmals deutlich, dass diese einzelnen Planungen bzw. die erstellten Pläne mit einander abgestimmt werden bzw. einer inneren Logik folgen müssen. Sofern bereits bei der Zielsetzung Zielkonflikte erkannt und vermieden worden sind, erleichtert dies die anschließende Planung. Das erfolgreiche Management bzw. die möglichst reibungslose Durchführung, Umsetzung und Kontrolle der Entscheidungen und Maßnahmen des Leistungsprozesses im Hotel erfordern eine entsprechende innerbetriebliche Kommunikation.

Der Gestaltung dieses Informations- und Kommunikationsprozesses kommt deshalb von vornherein eine große Bedeutung zu. Insbesondere im Zusammenhang mit der Gestaltung der Aufbau- und Ablauforganisation müssen insofern die Informations- und Kommunikationswege so geplant werden, dass die Führungskräfte und Mitarbeiter stets und zeitnah über die für sie erforderlichen Informationen für ihre konkreten Entscheidungen, Maßnahmen und Handlungen verfügen.

Die effektive Gestaltung der unternehmensinternen Informations- und Kommunikationswege und des erforderlichen Informationsflusses ist deshalb eine wesentliche Funktion des Managements.

Die Effizienz der unternehmensinternen Informations- und Kommunikationswege wird dabei wesentlich bestimmt von

- der Schnelligkeit der Informationsübermittlung und damit der Kommunikation,

- dem Grad des Informationsverlustes im Informations- und Kommunikationsprozess,

- den Investitions- und laufenden Betriebskosten für die genutzte Informations- und Kommunikationstechnik.

Dabei bestehen enge Beziehungen insbesondere zur Aufbau- und Ablauforganisation des Unternehmens bzw. Betriebes (siehe auch Gliederungspunkt 2.2). In stark hierarchisierten Unternehmen besteht häufig das Problem, dass Informations- und Kommunikationsprozesse vergleichsweise lange dauern, die Informationsverluste durch die vielen Hierarchieebenen wachsen und damit werden mitunter erforderliche rasche Entscheidungen oder Maßnahmen be- oder verhindert. Das ist einer der Gründe, weshalb Unternehmen und Betriebe ihre Führungshierarchien zunehmend „flacher" gestalten.

Die Informations- und Kommunikationswege müssen dabei so gestaltet sein, dass

- die Führungskräfte stets über die erforderlichen Informationen für Zielsetzungen und Entscheidungen verfügen und

- die Mitarbeiter durch Informationen der Führungskräfte stets über den Wissensstand verfügen, der für die Erfüllung der ihnen übertragenen Aufgaben sinnvoll und notwendig ist.

Praxisprobleme sind dabei die mitunter zu beobachtenden Vorkommnisse

- des Zurückhaltens von Informationen bzw. Wissen (sowohl bei Führungskräften als auch Mitarbeitern),

- der „Monopolisierung" von Informationen bzw. Wissen (sowohl bei Führungskräften als auch Mitarbeitern in Form von „Macht- und Herrschaftswissen"),

- der Einseitigkeit des Informationsflusses (gegenüber den Führungskräften „unterer Ebenen" und der Mitarbeitern, die damit häufig zu Informations- bzw. Befehlsempfängern reduziert werden und in diesem Sinne keine Kommunikation erfolgt),

- der „Übertechnisierung" der Informations- und Kommunikationsprozesse (überzogener Einsatz von Informations- und Kommunikationstechnik, obwohl ggf. die persönliche Information und Kommunikation sinnvoll und ausreichend wäre),

- die überzogene Bürokratisierung bzw. Dokumentation der innerbetrieblichen Kommunikation, ggf. gepaart mit fehlenden einheitlichen Ordnungs- und Dokumentationsprinzipien bei Führungskräften und Mitarbeitern.

Für die Kommunikation zwischen Führungskräften und Mitarbeitern bestehen folgende Möglichkeiten (**Beispiele**):

- (regelmäßige) Dienstberatungen

- Rapporte

- Meetings

- Arbeitseinweisungen

- interne Schulungen

- Mitarbeiterinformationen (Aushänge, per e-Mail, Post)

- (regelmäßige/periodische) schriftliche Berichte (Berichtswesen)

- Intranets in Betrieb bzw. Unternehmen (ggf. mit differenziert ausgestalteten Zugriffs- und Bearbeitungsrechten)

- Mitarbeiterzeitungen oder -zeitschriften

Die konkrete Auswahl derartiger Möglichkeiten hängen vor allem ab von

- der Größe des Betriebes/ Unternehmens,

- der jeweiligen Aufbau- und Ablauforganisation,

- dem in Betrieb/Unternehmen gewählten Führungsmodell und den vorhandenen Führungsstilen,

- den verfügbaren technischen, finanziellen und personellen Ressourcen in Betrieb / Unternehmen.

Die konkrete Entscheidung für oder gegen bestimmte Formen der Information und Kommunikation bzw. die betriebsinterne Organisation der Informations- und Kommunikationswege und -technik fällt deshalb in der Praxis sehr differenziert aus.

Aufgaben Kapitel 2:

Marketingkreislauf

1. Für das geplante 4-5-Sterne-Hotel in der Messestadt (s. Eingangssituation zu diesem Kapitel 2) ist unter anderem ein großer und moderner Kongress- und Tagungsbereich vorgesehen.

a) Erläutern Sie konkret am Beispiel des geplanten Kongress- und Tagungsbereichs den Marketingkreislauf.

b) Stellen Sie im Rahmen der Marketinganalyse die Möglichkeiten und Wege der Informationsbeschaffung zur Vorbereitung und Durchführung dieser Investition dar.

2. Erstellen Sie für den künftigen Food- and Beverage-Manager des Hotels einen detaillierten Kontrollplan für seine Abteilung nach folgendem Muster

Lfd. Nr.	Kontrollbereich	Art und Inhalt der Kontrolle	Terminstellung der Kontrolle	Bemerkungen
1	Küche	Hygienestichproben	wöchentlich	lt. HACCP-Konzept
2	Service	Stichproben Wareneingang	14-tägig	
3				
usw.	usw.	usw.	usw.	usw.

3. Informationsgewinnung und -bewertung

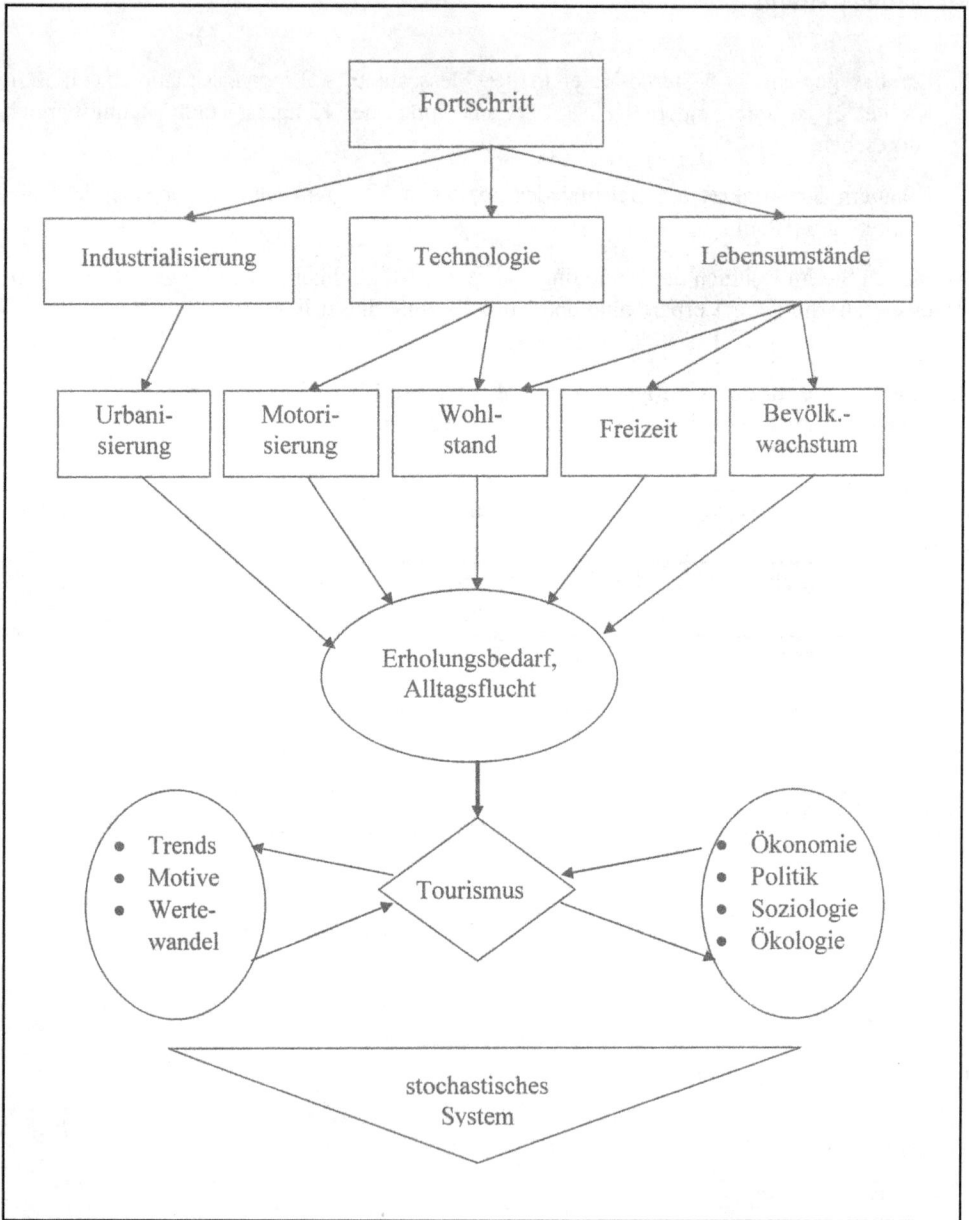

Abb. 3.1: „Harte" und „weiche" tourismusrelevante Informationen (Hausmann, Th.: Touristische Markt- und Marketingforschung, Stuttgart 2008, S. 18)

Aufgrund der in der vorstehenden, situativ einleitenden Grafik gezeigten Vielschichtigkeit stellt das touristische Produkt besondere Anforderungen an die Informationsgewinnung. Zur Messung der genannten Faktoren sind unterschiedliche Techniken erforderlich. Wenn beispielsweise die richtigen Maßnahmen zur Angebotsvermarktung einer Destination oder Tourismusunternehmung ergriffen werden sollen, ist es für diese notwendig, eine ständige Untersuchung des Marktes und der Struktur der Gästebedürfnisse durchzuführen. Nur auf Basis der daraus resultierenden Informationen ist es möglich, auf Veränderungen des Marktes situationsgerecht zu reagieren. Dazu reicht die zur Marktuntersuchung gehörende unsystematische **Markterkundung** nicht aus, denn hierbei handelt es sich lediglich um ein überwiegend zufälliges, gelegentliches Untersuchen des Marktes. Um die Unwägbarkeiten des Tourismusmarktes abschätzen zu können, bedienen sich touristische Einheiten der **Marktforschung**. Hierbei handelt es sich um eine planmäßige, wissenschaftliche Marktuntersuchung. Sie stellt den Tourismuseinheiten Informationen darüber zur Verfügung, wie die Leistungsangebote bei den Gästen ankommen bzw. wie der zukünftige Bedarf aussehen wird.

Für strategische Umsetzungen spielt der Gewinn von Erkenntnissen über die potenziellen Besucher also eine sehr wichtige Rolle. Sie schafft gute Voraussetzungen für ein effektives Marketing. In der Praxis wird die Datenerhebungsmethode „Besucherbefragung" beispielsweise oft ungenau vorbereitet und durchgeführt. Doch die Einhaltung von wissenschaftlichen Standards, wie eine genaue Zielsetzung der empirischen Untersuchung, ist unabdingbar, um die Ergebnisse für umfassende Management-Entscheidungen nutzen zu können.

Daher empfiehlt es sich, die einzelnen Arbeitsschritte einer empirischen Untersuchung unter Berücksichtigung der **Phasen des Marktforschungsprozesses** zu bearbeitet und durchzuführen. Da jedoch in der Literatur in Bezug auf die Bezeichnungen wie auch bei den Inhalten der Phasen Unterschiede existieren, sei die Nutzung des so genannte 5-D-Modell der Marktforschung, das auf FREYER/GROß zurückgeht, empfohlen:

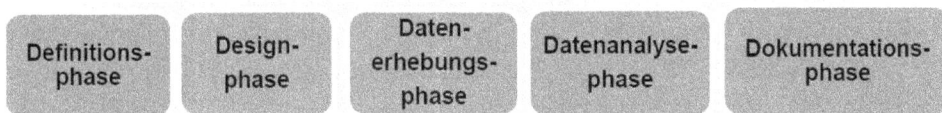

Abb. 3.2:   Die Fünf Phasen des Marktforschungsprozesses

(vgl. Freyer, Walter; Groß, Sven: Gästebefragungen in der touristischen Marktforschung, Dresden 2006, S. 38)

3.1 Definitionsphase

In der Definitionsphase findet die Problemformulierung der Untersuchung statt. Des Weiteren werden die Ziele der jeweiligen Marktforschung festgelegt und die Frageninhalte definiert:

a) Untersuchungsart

Bevor ein Marktforschungsprojekt begonnen werden kann, muss klar definiert sein, aus welchen Quellen die Informationen bezogen werden. Es wird zwischen der Sekundärforschung und der Primärforschung differenziert (s. Kap. 3.5.1). Bei der Sekundärforschung wird auf bereits bestehendes internes und externes Datenmaterial zurückgegriffen. Bei der Primärforschung werden eigens für das zu untersuchende Projekt neue Daten unter Berücksichtigung festgelegter Zielvorgaben erhoben. Aus Zeit- und Kostengründen wird empfohlen, zunächst die Erfassung und Bewertung von existierendem Datenmaterial vorzunehmen und damit die Sekundärforschung der Primärforschung vorzuziehen. Wenn das bereits bestehende Datenmaterial nicht die gewünschten Informationen liefern kann, muss eine erstmalige originäre Datenerhebung mit anschließender Analyse erfolgen. Letzteres hat zum einen den Vorteil, dass aktuelle Daten erhoben werden. Zum anderen hat die Unternehmung/die Organisation, die die Erhebung durchführt das exklusive Zugriffsrecht auf die Daten. Des Weiteren sind die Ergebnisse exakt auf die spezifische Problemstellung und die expliziten Untersuchungsziele abgestimmt.

b) Problembeschreibung und Untersuchungsziele

Eine zentrale Frage im Tourismus beinhaltet in aller Regel, ob die Bedürfnisse und Interessenschwerpunkte der (potentiellen) Gäste adäquat berücksichtigt sind. Zusätzlich gilt es in den meisten Untersuchen auch herauszufinden, ob die potentiellen Besucher hinsichtlich ihrer demographischen Angaben und Interessensaussagen charakterisiert werden können (z. B. Zusammenhang zwischen Herkunft und Interessenschwerpunkt). Demgemäß sind die Erhebungsinhalte so zu konzipieren, dass Ergebnisse zu **soziodemographischen Daten** (z. B. Alter, Geschlecht, Berufsgruppe), **Einstellungsmerkmalen** (z. B. Vorlieben, Einstellungen, Meinungen) und zu **Verhaltensmerkmalen** (z. B. Nutzungszeiten) gewonnen werden können.

3.2 Designphase

In der Designphase wird zunächst die Datenerhebungsmethode bestimmt. Dann wird die Auswahl und Entwicklung des Erhebungsinstrumentes aufgezeigt, eine Einsicht in die Bestimmung der Erhebungseinheiten gegeben und die Erstellung eines Erhebungsplanes dargelegt.

a) Datenerhebungsmethode

Für eine Primärforschung ist die in der Literatur vorgeschlagene Differenzierung der Datenerhebungsmethode in Befragung, Beobachtung und Experiment (auch als Test bezeichnet) üblich (s. Kap. 3.5.1). Die Befragung wird in der Literatur als die wichtigste angewandte

Datenerhebungsmethode in der Primärforschung beschrieben, die durch mündliche oder schriftliche Fragen verlässliche und valide Informationen von ausgesuchten Zielgruppen liefert. Die Befragung findet besonders häufig in der Besucher-/Gästeforschung Anwendung und ist auch Grundlage dieser empirischen Arbeit.

b) Einhalten der Gütekriterien

Die Gütekriterien Objektivität, Reliabilität (Zuverlässigkeit) und Validität dienen als Zielvorgabe und zur Qualitätssicherung einer empirischen Untersuchung.

Um die **Objektivität** der Forschung zu gewährleisten, müssen die Messergebnisse unabhängig von ausführenden Personen, z. B. Interviewer oder Tester, bzw. Auswerter sein, d. h. sie dürfen ihre subjektiven Empfindungen und Bewertungen nicht einfließen lassen. Um die Durchführungsobjektivität garantieren zu können, werden in der Regel Handlungsrichtlinien für die ausführenden Personen entwickelt, denn die Sicherung der Auswertungs- und Interpretationsobjektivität ist oberstes Gebot; es darf daher nur wenig Spielraum bei der Interpretation der Messergebnisse zugelassen werden.

Bei wiederholter Messung unter identischen Bedingungen sollten die gleichen Ergebnisse erzielt werden. Da eine Wiederholung von Messungen aus ökonomischen Gründen häufig nicht realisierbar ist, wird die **Reliabilität** der Messergebnisse verstärkt durch die formale Genauigkeit der Merkmalserfassung angestrebt, so können z. B. bei einer Befragung mit einem standardisierten Fragebogen, der die Einhaltungskriterien für die Frageformulierung zu Grunde legt, zuverlässige Messergebnisse gewährleist werde.

Die **Validität** der Ergebnisse ist gegeben, wenn sie mit Hilfe der Messmethode die relevanten Sachverhalte erfasst.

Zwischen den drei Gütekriterien besteht ein Abhängigkeitsverhältnis, d. h. nur im Zusammenspiel können diese erfüllt werden. Objektivität ist Voraussetzung für Reliabilität, diese ist wiederum Voraussetzung für die Validität der Ergebnisse. Durch die Einhaltung der Gütekriterien bei der Durchführung, Auswertung und Interpretation der empirischen Untersuchung kann trotz stets auftretender geringfügiger Ergebnisabweichungen eine nahezu hundertprozentige Erfüllung von objektiven, zuverlässigen und validen Ergebnissen erreicht werden.

Beispiel Gästebefragung:

Bevor eine empirische Untersuchung mittels einer Befragung durchgeführt werden kann, ist eine klare Definition erforderlich, wie die **Auswahl der zu rekrutierenden Befragten** erfolgen soll.

Je nachdem, ob die Grundgesamtheit (alle Einheiten der zu untersuchenden Gruppe) oder nur Teile davon befragt werden, wird zwischen einer Voll- bzw. Teilerhebung unterschieden.

Bei einer **Teilerhebung** stellt sich die Frage nach dem Auswahlverfahren. Häufig wird das **willkürliche Auswahlverfahren** angewendet. Dies bedeutet, dass eine unkontrollierte Entscheidung bezüglich der Probandenauswahl, d. h. welche Einheiten der Grundgesamtheit in die Stichprobe aufgenommen wurden, getroffen wird. Es ist besonders wichtig, die Ergebnisse einer solchen auf willkürlicher Auswahl basierenden Stichprobe nicht zu verallgemeinern. Das Ziel der empirischen Untersuchung kann in diesen Fällen also nur sein, **Tendenzaussagen** machen zu können.

Für das **Erstellen des Erhebungsplans** müssen der **Befragungszeitraum**, die **Auswahl der Befragungspersonen** und der **Befragungsort** klar definiert werden. Bezüglich des **Befragungszeitraums** kann es z. B. sinnvoll sein, an unterschiedlichen Wochentagen und zu verschiedenen Uhrzeiten zu befragten, um so eine große Anzahl unterschiedlicher Gästegruppen mit der Befragung zu erreichen (vor allem in Hinblick auf die demographischen Faktoren wie Alter, Herkunft und Beruf). Als **Befragungsort** werden häufig Ballungspunkte gewählt oder Orte, an denen touristische Sonderveranstaltungen stattfinden.

3.3 Datenerhebungsphase

Nachdem in den ersten Phasen des Marktforschungsprozesses Grundlagen für die empirische Untersuchung geschaffen werden, besteht nun der Fokus auf der eigentlichen Datenerhebung, auch als „Feldarbeit" bezeichnet.

a) Organisation einer Datenerhebung

Vor dem Start einer **Face-to-Face-Befragung als Beispiel** muss mindestens ein Interviewer gewonnen und eingewiesen werden. Freyer vertritt die Position, dass alle Interviews von einem Interviewer durchzuführen sind. Der Vorteil dieser Methode besteht in einer annähernd gleichen Suggestion bei allen durchgeführten Interviews. Somit kann nur eine geringfügige negative Beeinflussung des Gesamtergebnisses auftreten.

Bei größeren Gästebefragungen die z. B. durch den Tourismusverband eines Bundeslandes beauftragt werden ist das natürlich aufgrund der Quantität nicht möglich. Bei mehreren Interviewern sind jedoch unbedingt Interviewer-Anweisungen erforderlich, um eben die negative Beeinflussung des Gesamtergebnisses durch die verschiedenen Suggestionen der unterschiedlichen Interviewer weitestgehend zu vermeiden.

b) Durchführung einer Datenerhebung

Nachdem die organisatorischen Aspekte einer Datenerhebung geklärt wurden, sollte ein Test der Datenerhebung durchgeführt werden, damit auftretende Probleme vor der tatsächlichen Durchführung beseitigt werden können.

Ein in der Marktforschung üblicher **Pretest** (Vortest) soll einen konstruierten Fragebogen auf seine Qualität und Brauchbarkeit überprüfen. Zum einen kann bei diesem Probedurchlauf mit Hilfe von Probanden die tatsächliche Bearbeitungsdauer festgestellt und auch bewertet werden. Zum anderen lassen sich Informationen zur Verständlichkeit des Inhaltes herauskristallisieren. Anregungen, die bei einem Pretest entstehen, sollten ernst genommen und überdacht werden. Gegebenenfalls werden die Erkenntnisse in den Fragebogen bzw. in den Befragungsablauf eingearbeitet, bevor dieser gedruckt wird und mit der Befragung begonnen werden kann.

In der Literatur wird bei einer Gesamtbefragung mit einem Mindestumfang von ca. 400 bis 500 Probanden ein Pretest mit mindestens 20 bis 30 Personen empfohlen, was einem Pretest-Umfang von gut 5 % entspricht.

Unter Durchführung/Ablauf einer Datenerhebung muss im Beispiel des Interviews noch angemerkt werden, dass die Gäste natürlich stets freundlich anzusprechen sind, um sie zur Teilnahme an der Befragung einzuladen. Um die Motivation zur Teilnahme zu erhöhen, sollte die **Vertraulichkeit** und die **Anonymität** gewahrt bleiben, was vom Interviewer zu betonen ist, z. B. durch einen einleitenden Informationstext (der jedoch nicht monoton, ablesend vorgetragen werden sollte). Außerdem kann der Hinweis auf eine Belohnung (Incentive), die z. B. am Ende des Interviews als Dankeschön für die Teilnahme übergeben wird, motivierend wirken.

3.4 Datenanalyse- und Dokumentationsphase

Nach Beendigung der Datenerhebungsphase erfolgt die Auswertung in Form einer Datenanalyse und -dokumentation. Dazu gehört in der Regel eine grafische Aufbereitung und Interpretation der Ergebnisse. Abschließend erfolgt die Dokumentationsphase mit der Übermittlung eines Berichts an den Initiator der Datenerhebung. Dieser Bericht sollte die Ergebnisse und das methodische Vorgehen der Analyse beinhalten.

Bereits bei der Konstruktion der Erhebung muss mit Blick auf die Datenanalyse großer Wert auf die Operationalisierung gelegt, d. h. die theoretischen Begriffe sollten in eine Beobachtungssprache übersetzt werden und somit den empirischen Bezug und die Messbarkeit herstellen.

Die auszuwertenden **Daten einer Gästebefragung** unterliegen einem Skalierungsverfahren (= Methode zur Konstruktion von Skalen), das zwischen nominalen, ordinalen und kardinalen Merkmalsarten unterscheidet. Nominal skalierte Daten können auf Gleichheit und Ungleichheit geprüft werden. Ordinal skalierten Daten wiederum lassen sich nach einer Wertigkeitsskala vergleichen, z. B. nach bestimmten Ausprägungen. Dagegen gibt es Merkmale, die kardinal skaliert sind und den Rechenregeln der Zahlenarithmetik unterliegen; ein Merkmal ist die Eigenschaft einer statistischen Einheit, z. B. Alter.

Bevor die Daten mittels einer speziellen Statistiksoftware, z. B. SPSS, ausgewertet werden können, muss zunächst eine Codierung der Fragen des Fragebogens der Gästebefragung vorgenommen werden. Das heißt, bei den Fragen wird jeder Antwortmöglichkeit ein Code zugeordnet. Eine Codierung bei offenen Fragen vorzunehmen, ist bedeutend schwieriger. Daher werden die Antworten der offenen Fragen oft wortgetreu in das Auswertungssystem eingegeben und erst später werden die Antworten in Kategorien eingeordnet.

Neben der Berechnung der absoluten und relativen Häufigkeitsverteilungen werden, abhängig vom jeweiligen Skalentyp, statistische Größen wie das arithmetische Mittel, die Standardabweichung und die Spannweite berechnet. Meyer, Horst Otto (2009), S. 192 definiert die **Standardabweichung** wie folgt: „ Ist ein Maß für die Streuung der Werte einer Zufallsvariable um ihren Mittelwert". Die **Spannweite** ist die Differenz zwischen dem niedrigsten und dem höchsten Beobachtungswert; weiterführende Literatur zu den Verfahren finden sich z. B. bei Meyer (2009); Götze; Deutschmann u. a. (2002) und Raab-Steiner; Benesch (2008).

Die ermittelten Daten werden danach i.d.R. in ein Datenbanksystem übertragen und zu tabellarischen und grafischen Darstellungen aufbereitet. Für die Hervorhebung der Unterschiede werden dann zumeist Balken-, Säulen und Kreisdiagramme ausgewählt. Das Hauptaugenmerk sollte jedoch nicht in der visuellen Darstellung, sondern in der Auswertung und Interpretation der Daten liegen.

3.5 Marktuntersuchung im Tourismus aus der Sicht der betrieblichen bzw. organisatorischen Abteilung

Die Struktur des folgenden Kapitels spiegelt die nachstehende Abbildung wider; die Inhalte der Grafik werden in den Gliederungspunkten 3.5.1 bis 3.5.4 ausführlicher dargestellt und erläutert:

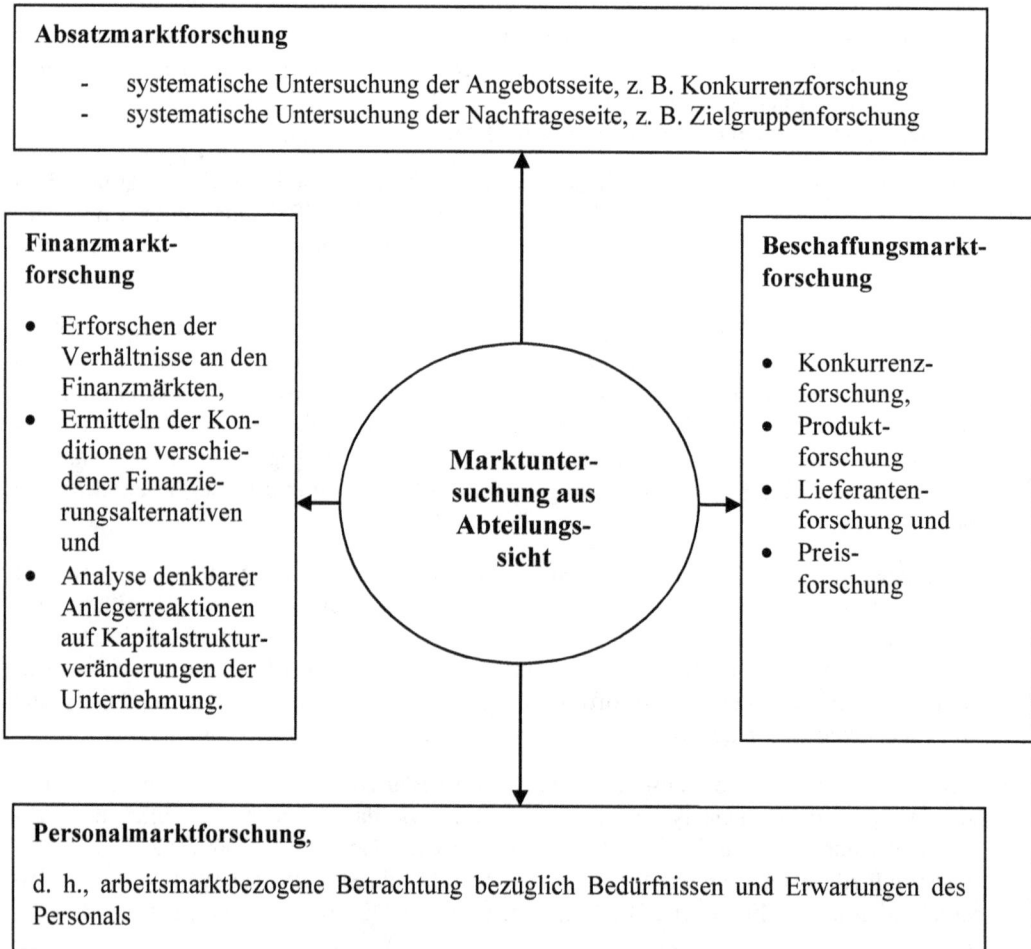

Absatzmarktforschung

- systematische Untersuchung der Angebotsseite, z. B. Konkurrenzforschung
- systematische Untersuchung der Nachfrageseite, z. B. Zielgruppenforschung

Finanzmarkt-forschung

- Erforschen der Verhältnisse an den Finanzmärkten,
- Ermitteln der Konditionen verschiedener Finanzierungsalternativen und
- Analyse denkbarer Anlegerreaktionen auf Kapitalstrukturveränderungen der Unternehmung.

Marktuntersuchung aus Abteilungssicht

Beschaffungsmarkt-forschung

- Konkurrenzforschung,
- Produktforschung
- Lieferantenforschung und
- Preisforschung

Personalmarktforschung,

d. h., arbeitsmarktbezogene Betrachtung bezüglich Bedürfnissen und Erwartungen des Personals

3.5.1 Absatzmarktforschung

Da es den Anbietern in der Tourismuswirtschaft lange Zeit möglich war, auch ohne Markt-forschung beständige Zuwächse zu erreichen, hat die Marktforschung im Tourismus eine relativ junge Geschichte. Die aus zahlreichen Tourismusunternehmen, Organisationen und Verbänden bestehende »Arbeitsgemeinschaft Reiseanalyse« schloss sich unter der Leitung des Studienkreises für Tourismus zusammen. So wurde die „Reiseanalyse" mit der erstmali-gen Durchführung im Gründungsjahr der Arbeitsgemeinschaft (1970) entwickelt, und zwar als Reaktion auf die Wandlung des Tourismusmarktes vom Verkäufer- zum Käufermarkt.

Die Marktforschung ist seither zu einem der wichtigsten Informationsinstrument touristischer Leistungseinheiten geworden. Sie hilft, zweckmäßige Entscheidungen vorzubereiten; kann allerdings die Entscheidung selbst nicht vorwegnehmen. Nur bei der Absatzmarktforschung wird speziell von Marketingforschung gesprochen.

Nach dem Konkurs (heute: Insolvenz) des Studienkreises für Tourismus im Jahre 1993 über-nahm die Forschungsgemeinschaft Urlaub und Reisen (F. U. R.) im Juli 1994 die Nachfolge-untersuchungen der Reiseanalyse in Deutschland. Die Untersuchung „Urlaub und Reisen" basiert auf einer breiter angelegten Fragenformulierung: Für die Urlaubsreisen der vergange-nen drei Jahre wird für jede Reise abgefragt

- Ziel,

- Zeitpunkt,

- Dauer,

- Organisationsform,

- Verkehrsmittel,

- Unterkunftsart,

- Reisebeteiligung und

- Stellenwert der Reise.

Weiterhin erhebt der Deutsche Reisemonitor (DRM) kontinuierlich Daten des deutschen Reisemarktes. Seit dem Befragungsjahr 2006/2007 gibt es den sog. **Qualitätsmonitor Deutschland-Tourismus**; dabei handelt es sich um ein Projekt der ERV (Europäische Rei-seversicherung AG) und der Deutschen Zentrale für Tourismus e.V. (DZT) Ziel des Quali-tätsmonitors ist es, durch die Befragung in- und ausländischer Gäste die touristischen Ange-bote von Bundesländern, Regionen, Gemeinden oder auch größeren Städten sowie das An-gebot von Hoteliers, Gastgebern, Restaurants und Freizeiteinrichtungen kontinuierlich zu ver-bessern und so das Reiseland Deutschland für Urlaubs- und Geschäftsreisende noch attraktiver zu gestalten (s. Homepage: http://www.qualitaetsmonitor-deutschland-tourismus.de).

Von einer **Marktbeobachtung** wird gesprochen, wenn eine touristische Einheit laufend die Marktlage verfolgt; wird hingegen einmalig der Markt untersucht, liegt eine **Marktanalyse** vor, z. B. die Untersuchung des Marktes, um ein neue Dienstleistung einzuführen.

Mit Hilfe dieser beiden **Teilbereiche der Marktforschung** erarbeitet die touristische Leistungseinheit Unterlagen über:

- die Wettbewerbssituation am Markt (Konkurrenzverhalten),

- neue Absatzwege,

- Absatzchancen am Markt (Marktaufnahmefähigkeit, Gewohnheiten von Gästen),

- die Struktur eines Marktes (z. B. Bedarf nach Gebieten).

Bei einer Erhebung der Marktdaten wird aus Gründen der Wirtschaftlichkeit zunächst versucht, bereits **vorhandene Ergebnisse** aufzufinden. Diese werden häufig extern erlangt (können aber auch intern bereits vorhanden sein) und sind für den jeweiligen Untersuchungszweck auszuwerten (= **Sekundärforschung**).

Reichen die aus der Sekundärforschung gewonnenen Informationen nicht aus, sind eigene Marktuntersuchungen durchzuführen. Diese sog. **Primärforschung** kann durch die touristische Leistungseinheit selber durchgeführt oder speziellen Marktforschungsinstituten übertragen werden. Im Rahmen der Primärforschung können z. B. Gäste, Reiseveranstalter und Reisemittler befragt werden. Marktforschung kann demnach auf zweierlei Weise durchgeführt werden; beide Methoden schließen sich gegeneinander nicht aus, sondern sie ergänzen sich im Allgemeinen:

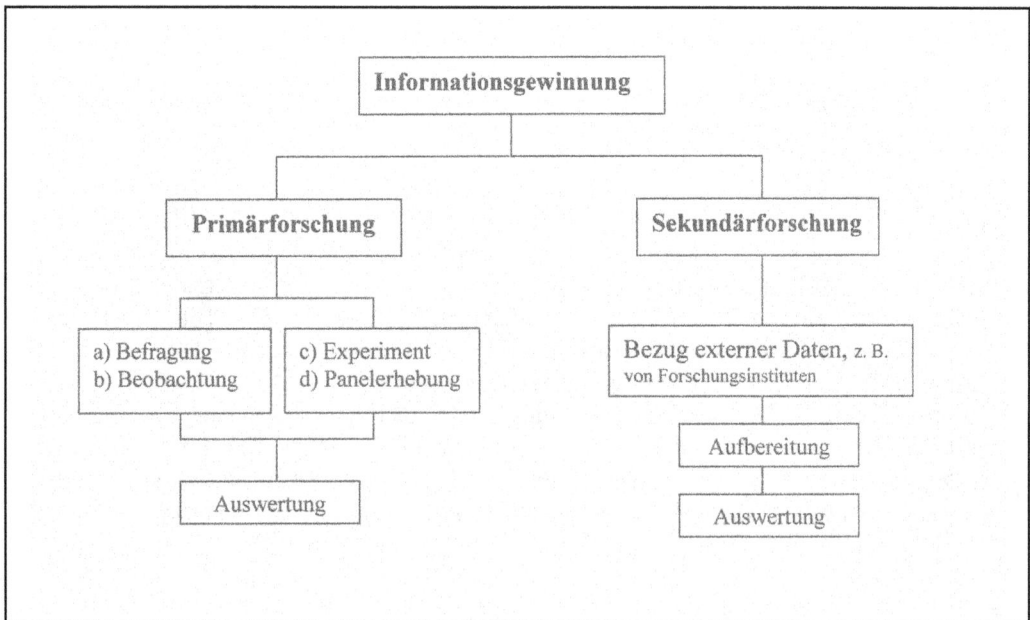

Das Auswerten vorhandener Sekundärquellen steht aus den folgenden Gründen an erster Stelle:

- Häufig führt bereits das Auswerten der Sekundärinformationen zu Problemlösungen, so dass sich zusätzliche Primärerhebungen erübrigen.

- Im Einzelfall kann durch Sekundärerhebungen nicht das gesamte Problem gelöst werden; sie bieten jedoch Unterstützung bei der Problemdefinition für eine Primärerhebung, der Planung der Primärerhebung und der Stichprobenauswahl.

Im Rahmen der Primärerhebungen lassen sich Informationen durch Befragung, Experiment oder Beobachtung gewinnen. In der nachfolgenden Abbildung werden die einzelnen Methoden in Abhängigkeit von der Erhebungshäufigkeit im Überblick dargestellt (vgl. auch 3.2 a) Datenerhebungsmethode):

Häufigkeit der Erhebung	Erhebungs- methode	Inhalt
einmalig	**Befragung**	systematisches Vorgehen, bei dem Personen durch gezielte Fragen zur Abgabe verbaler Informationen (Aussagen) veranlasst werden sollen
	Beobachtung	planmäßige direkte Erhebung von Gegebenheiten und Verhaltensweisen, die nicht auf Fragen und Antworten beruht
	Experiment	Verändern der Wirkung einer oder mehrerer Größen und Aufzeigen der Auswirkungen dieser Veränderungen auf andere Größen
periodisch	**Panelerhebung**	mehrfaches Durchführen von Erhebungen über einen längeren Zeitraum, um Entwicklungen zu erkennen

Abb. 3.3: Erhebungsmethoden im Überblick
(vgl. Weis, H. Ch.: Marketing, Ludwigshafen 2009, S. 163 ff.)

Jede Informationsgewinnung erfordert eine genaue Festlegung der Grundgesamtheit, über die Erkenntnisse gewonnen werden sollen. Diese Festlegung wird ganz wesentlich durch die Zielgruppe der Untersuchung bestimmt.

Eine **Vollerhebung** stellt die umfassendste Untersuchungsbasis dar, denn sie bezieht alle Elemente der Grundgesamtheit ein. Die **Teilerhebung** hingegen beschränkt sich auf einen ausgewählten Teil der Grundgesamtheit. Sorgfältige Planung und Durchführung der Teilerhebung kann zu genaueren Ergebnissen führen als eine unzureichend ausgeführte Vollerhebung. Die Teilerhebung ist sinnvoll, wenn die zu erwartenden Informationen den tatsächlichen Informationsanforderungen entsprechen. Auch sind Vollerhebungen kostenintensiver, denn sie verlangen einen höheren Organisationsaufwand und sind in der geforderten Qualität erheblich schwerer zu realisieren. Der Zeitfaktor, der die Teil- und Vollerhebung wesentlich unterscheidet, ist ein weiteres Kriterium, das vor Beginn einer derartigen Untersuchung beachtet werden muss.

Den sog. **Erhebungsfehlern** sollte immer eine besondere Beachtung zukommen, denn bei jeder Befragung kann es zu zufällig auftretenden Fehlern kommen. Diese können einerseits durch eine falsche Fragestellung im vorliegenden Fragebogen, aber auch durch unkorrekte Hinweise zum Beantwortungsmodus hervorgerufen werden. Die Zufallsfehler können aber auch auf die Teilerhebung zurückgeführt werden, da hier nicht die vollständige Grundgesamtheit als Untersuchungsbasis genutzt wird. Jede Aussage, die eine Teilerhebung liefert, ist grundsätzlich mit einem Fehler behaftet. Mit Hilfe der zur Verfügung stehenden Kenntnisse und Methoden kann lediglich erreicht werden, dass der auftretende Fehler klein gehalten und sein Ausmaß abgeschätzt wird; beseitigen aber lässt er sich nicht.

3.5.1.1 Systematische Untersuchung der Angebotsseite

Für die Ortsanalyse und analog für die Gebiets- bzw. Landesanalyse empfiehlt sich die Anwendung der folgenden Gliederung:

- Übersicht der landschaftlichen Lage (Relief, Klima) und der natürlichen Voraussetzungen (natürliche Heilmittel);
- siedlungs- und wirtschaftsgeografische Lage;
- Infra-, Suprastruktur;
- kulturelle und gesellschaftliche Einrichtungen und Veranstaltungen;
- historische Entwicklung (historischer Vergleich);
- Eignung für bestimmte Arten des Tourismus.

Um die Wirkung von touristischen Angeboten auf die Gäste/Zielgruppen zu ermitteln und zu veranschaulichen, ist das **Polaritätenprofil** (Semantische Differenzial) ein hervorragendes Messverfahren (Polarität = Beziehung zwischen zwei Extremen). Befragten Versuchspersonen werden zwei Extreme eines Begriffspaares vorgegeben, z. B. freundlich, unfreundlich.

Innerhalb dieser Vorgabe werden dann Assoziationen der Probanden zugelassen, die in einer Skala zwischen den beiden Extremwerten ausdrückbar sind.

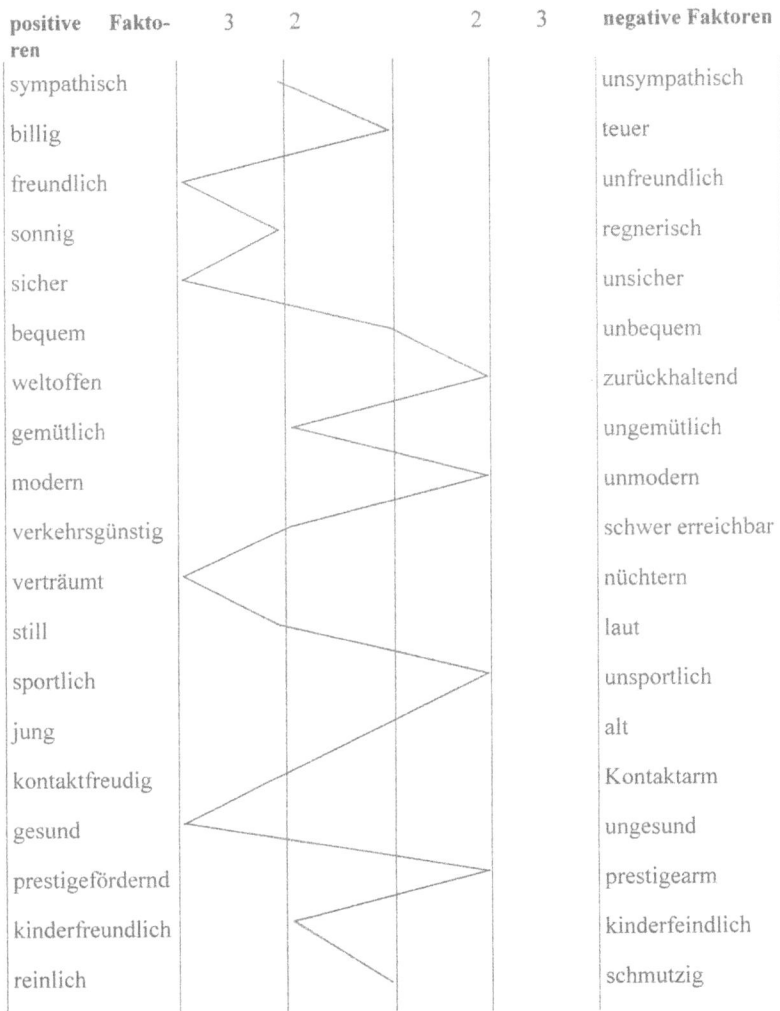

positive Faktoren	3	2		2	3	negative Faktoren
sympathisch						unsympathisch
billig						teuer
freundlich						unfreundlich
sonnig						regnerisch
sicher						unsicher
bequem						unbequem
weltoffen						zurückhaltend
gemütlich						ungemütlich
modern						unmodern
verkehrsgünstig						schwer erreichbar
verträumt						nüchtern
still						laut
sportlich						unsportlich
jung						alt
kontaktfreudig						Kontaktarm
gesund						ungesund
prestigefördernd						prestigearm
kinderfreundlich						kinderfeindlich
reinlich						schmutzig

Abb. 3.4: Beispiel eines Polaritätenprofils für das Angebot eines Tourismusortes (Hausmann, Th.: Touristische Markt- und Marketingforschung, Stuttgart 2008, S. 8)

In der Praxis hat es sich bewährt, ein Eigenimage (Wunschprofil) festzulegen und mit dem erhobenen Fremdimage zu vergleichen. Die negativen Abweichungen zeigen, in welchen Bereichen Verbesserungen notwendig sind; zu berücksichtigen ist dabei, dass alle Handlungen darauf abzustellen sind, das erhobene Polaritätsprofil im Sinne der festgelegten Marketingziele zu verbessern.

Dieses Messverfahren setzt jedoch voraus, dass die Versuchspersonen mehrere Faktoren aus Erkenntnissen heraus beurteilen, die sie zum Befragungsthema gemacht haben und nicht allein Zustimmung oder Ablehnung zu einem Stimulus äußern; daher gehört das Polaritätenprofil zu den Methoden der mehrdimensionalen Einstellungsmessung.

Als eindimensionale Methode der Einstellungsmessung werden häufig **Rating-Skalen** (Einschätzungs- oder Zuordnungsskalen) genutzt. Assoziationen werden mit Ratingskalen verknüpft, indem befragte Individuen dem Einstellungs- bzw. Untersuchungsobjekt einen Messwert zuordnen, den sie aus einer vorgegebenen Antwortskala entnehmen können.

Frage: Wie schätzen Sie die Infrastruktur des Ostseebades x ein?	
Sehr gut	+ 3 (1)
Gut	+ 2 (2)
Weniger Gut	+ 1 (3)
Mittelmäßig	0 (4)
Eher schlecht	- 1 (5)
Schlecht	- 2 (6)
Sehr schlecht	- 3 (7)

Abb. 3.5:   Beispiel einer Rating-Skala (vgl. Hammann, P.; Erichson, B.: Marktforschung, Stuttgart u.a. 2006, S. 342)

3.5.1.2 Systematische Untersuchung der Nachfrageseite

Eine regelmäßige Analyse von Marktstrukturen und -entwicklungen ist wesentlich, um Veränderungen zu erkennen, d.h., wer gegenwärtige Marktstrukturen nicht kennt oder nicht analysiert, kann Veränderungen nicht wahrnehmen. Jeder Gäste-/Kundenkontakt kann dabei ein Mosaikstein sein, der dabei hilft, die Struktur und die Veränderung der Gesamtheit zu erkennen.

Einflussfaktoren auf die touristische Nachfrage entwickeln sich aus dem gesamten Spektrum der menschlichen Lebensbereiche; die Erforschung des Nachfragemarktes erfasst daher die folgenden Kriterien:

- soziodemografische Kriterien, z. B. Alter, Beruf, Herkunft, Einkommen, Familie

- touristische Verhaltenskriterien, z. B. Reisegewohnheiten, -art, -ziel, -häufigkeit, Unterkunftwahl, Ausgaben

- psychologische Kriterien, z. B. Meinungen, Motivationen.

Ziel der touristischen Marktforschung ist es, relativ stabile Nachfragegruppen aus dem touristischen Gesamtmarkt auszugrenzen. Auf diese Nachfragegruppen (Zielgruppen) werden dann die segmentspezifischen Marketingmaßnahmen ausgerichtet. Die soziodemografische Marktsegmentierung hat die Anfänge der touristischen Marktforschung bestimmt. Später wurden vermehrt Motive des Kauf- und Reiseverhaltens in den Mittelpunkt dieser spezifischen Untersuchungen gerückt. Vor allem in der empirischen Tourismusforschung dienen die Verhaltenskriterien der Gäste der Marktbestimmung; dies dokumentiert die Vielzahl der durchgeführten Urlauberbefragungen. Seit kurzem gewinnen die psychologischen Kriterien in der touristischen Marktforschung vermehrt an Bedeutung.

Bei der Analyse von Marktstrukturen und -entwicklungen kommt es jedoch nicht nur auf das Erkennen der Struktur und der Veränderung der Gesamtheit an, sondern auf die Vorausschau entsprechender Entwicklungen. Individuelle Erfolgsreserven touristischer Einheiten können auf Basis einer solchen Vorausschau gebildet werden, indem frühzeitig erkannte Entwicklungen gemeinsam mit den Gästen gestaltet werden.

Liegen die Resultate aus der bislang dargestellten Marktforschung vor, ist damit zwar ein wichtiger Schritt getan. Ein entscheidender Schritt muss jedoch noch folgen, denn die gewonnen Ergebnisse sind so zu verarbeiten, dass sich daraus eine **Marktprognose** (= Marktvorschau) erstellen lässt (vgl. Abb. 3.6). Die Marktprognose hat demzufolge die zukünftigen Marktverhältnisse abzuschätzen und vorzuberechnen, um dadurch die Grundlagen für die **Absatzplanung** und den Einsatz der **Instrumente des Marketing** zu legen.

3.5.2 Beschaffungsmarktforschung

Auch den Anbietern touristischer Leistungen ist klar, dass Erfahrung und Intuition als Basis optimaler Beschaffungsentscheidungen nicht ausreichen; im Gegenteil – ein genauer Überblick der Beschaffungsmärkte mit Hilfe der Beschaffungsmarktforschung ist unabdingbare Voraussetzung eines effizienten Einkaufs. Die Beschaffungsmarktforschung ist nichts anderes als eine systematische Sammlung und Auswertung aller Informationen und Erkenntnisse über die Situation und Entwicklung auf den Beschaffungsmärkten mit dem Ziel, fundierte und zweckmäßige Beschaffungsentscheidungen zu treffen.

Im Rahmen einer systematischen Untersuchung touristischer Beschaffungsmärkte lassen sich nachstehende Forschungsschwerpunkte bilden, die grundlegend für die Markt-forschungs-arbeit sind:

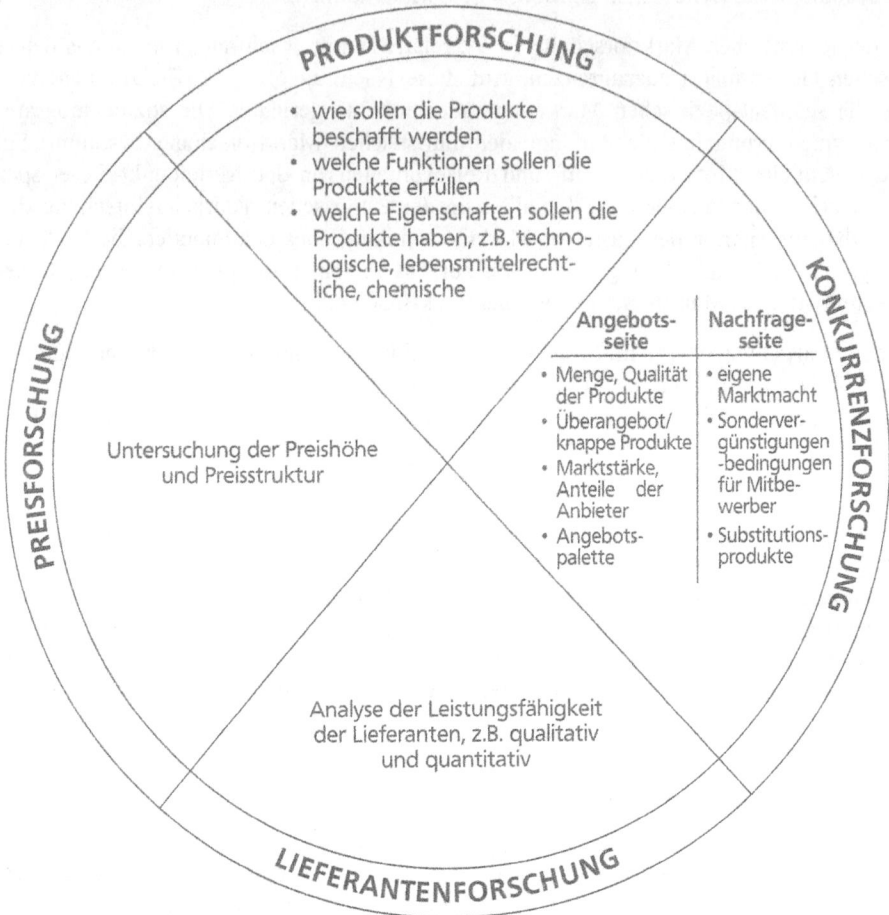

PRODUKTFORSCHUNG

- wie sollen die Produkte beschafft werden
- welche Funktionen sollen die Produkte erfüllen
- welche Eigenschaften sollen die Produkte haben, z.B. technologische, lebensmittelrechtliche, chemische

KONKURRENZFORSCHUNG

Angebots-seite	Nachfrage-seite
• Menge, Qualität der Produkte	• eigene Marktmacht
• Überangebot/ knappe Produkte	• Sonderver-günstigungen -bedingungen für Mitbe-werber
• Marktstärke, Anteile der Anbieter	
• Angebots-palette	• Substitutions-produkte

PREISFORSCHUNG

Untersuchung der Preishöhe und Preisstruktur

Analyse der Leistungsfähigkeit der Lieferanten, z.B. qualitativ und quantitativ

LIEFERANTENFORSCHUNG

Abb. 3.6:   Schwerpunkte einer systematischen Beschaffungsmarktforschung (Hausmann, Th.: Touristische Markt- und Marketingforschung, Stuttgart 2008, S. 11)

Die Zahl der Informationsquellen für die Beschaffungsmarktforschung ist äußerst vielfältig, so dass eine vollständige Aufzählung der Quellen hier weder möglich noch sinnvoll ist. In Anlehnung an das Kapitel „Absatzmarktforschung" erfolgt auch für die Marktforschung der Beschaffungsseite eine prägnante Einführung nach der Einteilung in die Primär- und Sekundärforschung:

Im Rahmen der **Primärforschung** spielen die direkten Kontakte mit Verkäufern, die systematische Auswertung von Messebesuchen und der Besuch beim Lieferanten eine große Rolle. Hierbei ist jedoch ein gewaltiger Unterschied zwischen dem leider häufig vorzufindenden Einkäufertourismus und einer systematischen Hinterfragung und Auswertung. Hinterfragung und Auswertung sind wichtige Erfordernisse der **Sekundärforschung.** Im Rahmen der Schreibtischforschung erhaltenen Materialien werden, regelmäßig ausgewertet, strukturiert und gespeichert. Dieses erleichtert die Forschungsarbeit immens; gerade in der Beschaffung sind stochastische Daten von besonderer Bedeutung, da viele relevante Grunddaten des Beschaffungsmarktes im Zeitgeschehen relativ konstant bleiben, z. B. Standorte und Angebot von Lieferanten; außerdem werden Produkte mit einem geringen Wertanteil am Gesamtbedarf (C-Produkte) häufig auf der Basis vergangenheitsorientierter Daten beschafft. Überdies gilt eine systematische Hinterfragung, Auswertung, Erfassung und Speicherung von Daten aus der Sekundärforschung natürlich für alle betrieblichen Funktionsbereiche.

Als wichtige Quellen der Sekundärforschung in der Beschaffung gelten:

- Datenbanken über Beschaffungsmarktdaten und das Geschehen am touristischen Beschaffungsmarkt,

- Datenbanken über Lieferanten und

- Preisindices als Ergebnis der Marktbeobachtung.

Wann und wie oft in der Praxis Beschaffungsmarktforschung betrieben wird, hängt von bestimmten Kriterien ab:

Kriterien	lfd. BMF	fallw. BMF	lfd. oder fallw. BMF
Angebotsverknappung		X	
Bedeutung des Beschaffungsgutes für die Aufrechterhaltung des Leistungsprozesses	X		
Beschaffung eines „neuen" Gutes		X	
Häufigkeit einer Veränderung der Marktsituation	X		
Häufigkeit des Beschaffungsvorgangs			X
Höhe der jährlichen Beschaffungsaufwendungen			X
Marktstellung des eigenen Unternehmens am Beschaffungsmarkt			X
Preissteigerungen			X
Lieferantenzuverlässigkeit, z. B. hinsichtlich Termintreue und Qualität		X	

Abb. 3.7:   Kriterien der Produktauswahl für eine laufende (lfd.) bzw. fallweise (fallw.) Beschaffungsmarktforschung (vgl. Hausmann, Th.: Tourismusmarketing; in: Dettmer, Harald (Hrsg.): Tourismus 1. Tourismuswirtschaft, Köln 1998, S. 155)

Nachstehend werden wichtige Informationen aufgeführt, die Beschaffungsmarktforschung einem Tourismusunternehmen liefert:

- Konkurrenzbeobachtung hinsichtlich der in einer Destination vorhandenen Hotels;

- Quantitative und qualitative Entwicklungen der Hotellerie einer Destination;

- Informationen über Preisentwicklungen in der Hotellerie und bei sonstigen touristischen Leistungsträgern;

- Situation eigener Vertragshotels, z. B. Verkaufs- und Reklamationsstatistik, Bewertung durch Verkauf und Gäste;

- Entwicklung der eigenen Währung gegenüber der Währung in der Destination und ggf. anderer Vertragswährungen.

3.5.3 Personalmarktforschung

Die Einstellung von Personal gehört gerade in Dienstleistungsbranchen, wie dem Tourismus, zu den wichtigsten Investitionsentscheidungen. Diesbezügliche Fehlinvestitionen können für eine Tourismuseinheit verheerende Folgen haben. Die in der Begriffsdefinition des Perso-nalmarketings dargestellte arbeitsmarktbezogene Betrachtung bezüglich der Bedürfnisse und Erwartungen des Personals darf daher keinesfalls unterschätzt oder gar durch intuitive Ein-schätzungen ersetzt werden. Personalmarktforschung beschäftigt sich mit

- die potentiellen Mitarbeiter (Arbeitsmarkt, Bewerber),

- (sich verändernde) Arbeitsaufgaben und -systeme,

- den Wandel von personalwirtschaftlich relevanten Institutionen, z. B. dem Arbeitsamt,

- die Bedeutsamkeit sozialer Veränderungen,

- Abwandlungen gesetzlicher, tariflicher und informeller Regeln,

- die Wirksamkeit personalwirtschaftlicher Instrumente, z. B. Ermitteln effizienter Anreizsysteme und das Herausfinden von Fehlerquellen der Leistungsbeurteilung.

Bezüglich der grundlegenden Methoden der Personalmarktforschung sei auf die vorstehen-den Ausführungen zur Absatzmarkt- und Beschaffungsmarktforschung verwiesen. An dieser Stelle soll jedoch noch einmal auf die Marktanalyse, hier speziell der Arbeitsmarktanalyse, eingegangen werden; Kenntnisse über die Richtung, das Ausmaß und Tempo zu erwartender arbeitsmarktstruktureller Veränderungen bilden nämlich einen wichtigen Baustein eines vorausschauenden, zukunftsorientierten Personalmarketings. Eine differenzierte Untersu-chung des Marktes ist zweckmäßig nach Sektoren, Schulbildung und Abschluss zu gliedern:

Sektoren	für den Tourismus ist vornehmlich der tertiäre Sektor (Dienstleistungen) von Interesse; beim sekundären Sektor handelt es sich um die Produktion und beim primären Sektor um Land-/ Forstwirtschaft und Fischerei
Schulabschluss	hier werden die in den deutschsprachigen Ländern relevanten Schulabschlüsse unterschieden
Qualifikation	es werden die folgenden Qualifikationen differenziert: • abgeschlossene Berufsausbildung, • Abschluss auf Meister-Ebene, • Fachschulabschluss, • Fachhochschulabschluss, • Universitäts-/Hochschulabschluss

Abb. 3.8: Differenzierte Untersuchung des Personalmarktes nach Sektoren, Schulbildung und Abschluss (vgl. Himmelreich 2001, S. 31)

Weiterhin lässt sich eine Abgrenzung nach räumlichen Gesichtspunkten vornehmen, denn Arbeitskräfte sind oft eingeschränkt mobil und an ihren Wohnsitz gebunden. Deshalb ist es nicht erforderlich, zum Zwecke der Personalbeschaffung den gesamten Arbeitsmarkt zu analysieren.

3.5.4 Finanzmarktforschung

Im Rahmen des Finanzmarketing wird eine kapitalorientierte Qualitätspolitik betrieben.

Die wichtigste Prämisse für die Qualitätsgestaltung von Kapitalüberlassungsverhältnissen als Chance/ Risiko- Kombination ist die Kenntnis der Risikoeinstellung der Kapitalgeber. Die Finanzmarktforschung ist die Grundlage der möglichen finanzpolitischen Maßnahmen, z. B. Prognose der Zinsentwicklung und Einführung von Aktien. Dabei spielen folgende Aufgaben eine wesentliche Rolle:

• Erforschung der Verhältnisse an den Finanzmärkten,

• Ermittlung der Konditionen verschiedener Finanzierungsalternativen und

• Analyse denkbarer Anlegerreaktionen auf Kapitalstrukturveränderungen der Unternehmung.

Besonders die Aufteilung in institutionelle und individuelle Anleger ist für das Finanzmarketing von Bedeutung, weil die Verhaltensmuster in diesen Marktsegmenten unterschiedlich sind und somit eine entscheidende Prämisse für ein effektives Zielgruppenmarketing gegeben ist.

3.6 Online-Marktforschung

Ein Online-Reisebüro möchte gerne in Erfahrung bringen wie die Kunden auf ihr Reisebüro aufmerksam werden und will zu diesem Zweck die Besucher der Webseite befragen. Das Online-Reisebüro überlegt nun auf welche Art und Weise sich eine solche Befragung auf der Webseite durchführen lässt.

Unter Online-Marktforschung wird im Allgemeinen diejenige Marktforschung verstanden, die sich des Internets als Medium zur Datenerhebung bedient. Wie auch in der klassischen Marktforschung wird zwischen Primär- und Sekundärforschung unterschieden. Befragungen, Beobachtungen und Experimente (Primärforschung) werden bei dieser Art der Marktforschung online durchgeführt. Die Sekundärforschung findet hier im Internet statt und bedient sich z. B. Online-Datenbanken, die neben numerischen Fakten z. B. auch Volltextzugriffe auf das Handelsblatt o.ä. ermöglichen. Zusätzlich kann auch Marktforschung, die das Internet als Forschungsgegenstand versteht, unter dem Begriff Online-Marktforschung subsumiert werden. Im Folgenden wird jedoch nur die Primärforschung betrachtet, die das Internet als Medium betrachtet.

Die Vorteile der Online-Marktforschung liegen vor allem in der schnellen Durchführbarkeit von Erhebungen sowie der schnellen Verfügbarkeit der Daten, aber auch die vergleichsweise niedrigeren Kosten für eine online Erhebung gegenüber den Methoden der klassischen Marktforschung zählen zu den Vorzügen. So fallen bspw. keine Porto- oder Telefonkosten sowie Kosten für die Erfassung der Daten an. Auch lassen sich Online-Erhebungen zeit- und ortsunabhängig durchführen und ermöglichen so bspw. internationale Umfragen ohne großen zusätzlichen Aufwand durchzuführen.

Doch trotz der vielen Vorteile, die die Online-Marktforschung bietet, ist sie nicht für jede Fragestellung die richtige Herangehensweise. So bestehen häufig nicht genug Möglichkeiten die Auswahl der Stichprobe zu kontrollieren oder zu beeinflussen oder tatsächlich die geplante Zielgruppe über das gewählte Medium zu erreichen. Nicht jede Bevölkerungsgruppe ist gleich stark im Internet vertreten, so ist bspw. der Anteil jüngerer Menschen, die im Internet unterwegs sind höher als der, der älteren Generationen.

In den folgenden Abschnitten werden die einzelnen Online-Erhebungsformen näher betrachtet und ihre Vor- und Nachteile gegenüber der klassischen Entsprechung aufgezeigt.

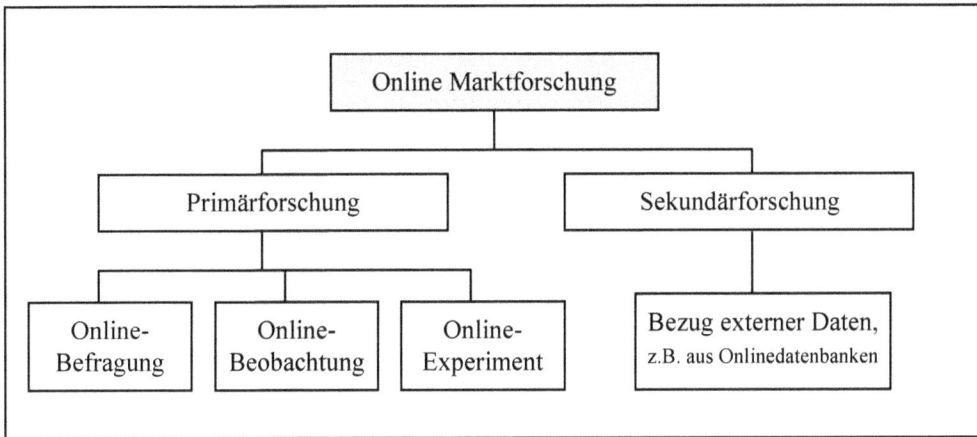

Abb. 3.9: Erhebungsmethoden der Online-Marktforschung (vgl. Dettmer u.a. 1999, S. 565)

Online-Befragung

Wie auch in der klassischen Marktforschung werden auch bei dieser Methode der Datener-hebung die Personen einer bestimmten Zielgruppe direkt nach ihrer Meinung zu einem The-ma befragt. Dazu kann entweder ein Fragenkatalog herangezogen werden (strukturierte Be-fragung) oder ein Interview geführt werden, bei dem die Antworten des Befragten die Struk-tur der Befragung mit beeinflussen (unstrukturierte Befragung). Auch können Befragungen sowohl von Einzelpersonen, als auch von Gruppen durchgeführt werden. Im Folgenden wer-den die einzelnen Methoden der Online-Befragung näher betrachtet.

Einzelbefragungen

Im Rahmen der Online-Marktforschung werden für Einzelbefragungen i.d.R Fragebögen verwendet. Bei der Erstellung dieser ist die gleiche Sorgfalt anzuwenden, wie bei der Erstel-lung von Fragebögen für den Offline-Gebrauch.

Befragung per E-Mail

Bei dieser Art der Befragung wird ein elektronischer Fragebogen per E-Mail an die Teilneh-mer gesendet. Diese senden dann den ausgefüllten Fragebogen ebenfalls per E-Mail zurück. Viele touristische Unternehmen setzen diese Art der Befragung z. B. im Anschluss an eine Urlaubsreise ein, um so die Zufriedenheit der Reisenden zu ermitteln. Das Versenden von Fragebögen per E-Mail ist gegenüber der postalischen Versendung kostengünstiger, da keine Porto- und Druckkosten anfallen. Ferner sind die Vor- und Nachteile dieser Befragungsme-thode mit der schriftlichen Befragung vergleichbar: Es gibt keinen Interviewereffekt, die Rücklaufquote ist jedoch häufig gering. Ebenso stimmt die Identität der teilnehmenden Per-son nicht zwingend mit der Zielperson überein, da z. B. ein E-Mail-Konto von mehreren Personen genutzt wird.

Gegenüber anderen Online-Befragungsformen ist besonders auf die geringere Automatisierung bei der Datenerfassung hinzuweisen. Die Informationen aus den Fragebögen müssen vor einer Analyse in eine Datenbank, eine Tabellenkalkulation o.ä. übertragen werden. Außerdem bietet die Befragung per E-Mail keine Möglichkeiten interaktive Elemente zu integrieren und auch die Einhaltung der Reihenfolge der zu beantwortenden Fragen kann nicht kontrolliert werden.

WWW-Befragung

Eine WWW-Befragung ist dadurch gekennzeichnet, dass der Fragebogen den Teilnehmern auf einer Webseite zugänglich gemacht wird. WWW-Befragungen werden im allgemeinen Sprachgebrauch häufig mit Online-Befragungen gleichgesetzt. Dies lässt sich eventuell damit erklären, dass viele Anbieter von sogenannten Tools zur Erstellung von Fragebögen für WWW-Befragungen ihre Dienste unter dem Begriff Online-Fragebogen zur Verfügung stellen und so eine Vermischung der Begriffe WWW-Befragung und Online-Fragebogen entstanden ist. Es handelt sich bei dieser Befragungsform jedoch um eine Unterart der Online-Befragung.

Die WWW-Befragung bietet eine Vielzahl von Gestaltungsmöglichkeiten. So besteht die Möglichkeit mittels automatischer Filterführung dem Befragten in Abhängigkeit von seinen Antworten nur die jeweils relevanten Fragen zu präsentieren. Im Vergleich zu anderen schriftlichen Befragungen können auf diese Art sehr viel komplexere Fragebogenstrukturen aufgebaut werden, ohne den Teilnehmer durch Unübersichtlichkeit zu verwirren. Fragen können außerdem mit Hilfe weiterer medialer Inhalte, wie durch Bildern, Ton- oder Videoeinspielungen unterstützt und erläutert werden.

Darüber hinaus bieten WWW-Befragungen auch die Möglichkeit die Dauer der Bearbeitungszeit für einzelne Fragen und den gesamten Fragebogen zu erheben. Außerdem kann genau verfolgt werden, wann ein Nutzer bspw. die Beantwortung des Fragebogens abbricht. Überdies können die Fragen verschiedenen Teilnehmern in unterschiedlicher Reihenfolge präsentiert werden, um Reihenfolgeeffekte bei der Ausfüllung des Fragebogens zu vermeiden.

Um Teilnehmer für eine WWW-Befragung zu gewinnen, bestehen verschiedene Möglichkeiten. Diese können entweder gezielt zur Teilnahme an der Umfrage eingeladen werden, z. B. per E-Mail oder per Post, oder aber ungezielt im Internet bspw. mit Hilfe von Bannern auf Webseiten angesprochen werden. Eine weitere Möglichkeit der ungezielten Ansprache von potenziellen Teilnehmern besteht im Versenden von Rundmails oder Bekanntgaben in Newsgroups oder Mailinglisten.

Ein grundlegendes Problem bei der Bildung von Stichproben liegt in der Selbstselektion der Teilnehmer bei WWW-Befragungen. Das bedeutet, die Teilnehmer einer solchen Umfrage entscheiden selber, ob Sie an der Befragung teilnehmen. Eine echte, repräsentative Zufallsstichprobe kann bei WWW-Befragungen nur durch passwortgeschützte Umfragen erreicht werden, bei denen ausgewählte Teilnehmer per E-Mail o.ä. zur Teilnahme aufgefordert werden.

Online-Panel

Bei einem Online-Panel handelt es sich analog zu einem Panel, um einen Personenkreis, der sich bereiterklärt hat wiederholt an Online-Untersuchungen teilzunehmen. Im Gegensatz zu herkömmlichen Panels muss der Untersuchungsgegenstand bei verschiedenen Erhebungen eines Online-Panels nicht derselbe sein. Es können demnach auch Umfragen zu verschiedenen Themen durchgeführt werden.

Mit den Online-Panels will man den Problemen, die Online-Befragungen mit sich bringen, insbesondere der Selbstselektion und der mangelnden Repräsentativität, begegnen. Um ausgewählten Teilnehmer eines Online-Panels zum Mitmachen bei einer Umfrage zu motivieren, werden häufig Anreize in Form von Gutschriften für Einkäufe im Internet ausgelobt.

Gruppenbefragungen

Bei Gruppenbefragungen werden im Gegensatz zur Einzelbefragung mehrere Teilnehmer gleichzeitig befragt, meist in Form einer Gruppendiskussion, bei denen die Teilnehmer auch miteinander interagieren dürfen. Diese Art der Befragung ist der qualitativen Forschung zuzuordnen und wird z. B. bei explorativen Studien verwendet. Im Bereich der Online-Befragung sind hier vor allem die Befragung von Newsgroups und Online-Fokusgruppen zu nennen.

Newsgroups

In diesen thematisch und häufig auch geographisch aufgeteilten Diskussionsforen (auch als Bulletin Board / Schwarzes Brett bezeichnet), kommunizieren die Teilnehmer mittels eines Newsreaders, der es ihnen ermöglicht die Nachrichten anderer Teilnehmer zu lesen und auf diese zu antworten, oder direkt online. An eine Newsgroup können nun entweder eine oder mehrere Fragen gestellt werden, die dann in der Diskussion beantwortet werden, oder aber ganze Fragebögen bzw. der Aufruf zur Teilnahme an einer Umfrage. Wichtig ist hier die Beachtung der Netiquette (korrektes Verhalten im Internet) , da viele Newsgroups Aversionen gegen diese Art der Befragung haben. Dem Nachteil, dass auch bei dieser Art der Befragung nur eine mangelnde Kontrolle über die tatsächliche Identität der Teilnehmer vorhanden ist, steht der Vorteil gegenüber, dass so auch sonst schwierig zu erreichende Personenkreise befragt werden können.

Online-Fokusgruppen

Diese Art moderierter Gruppendiskussion kann sowohl synchron, z. B. im Chat, oder asynchron in Foren oder Mailinglisten durchgeführt werden. Auch Newsgroups können als Umgebung für Online-Fokusgruppen dienen. Der Vorteil gegenüber den herkömmlichen Fokusgruppen ist vor allem in den entfallenden Kosten für Reise, Aufenthalt und der Bereitstellung von entsprechenden Räumlichkeiten zu sehen. Nachteilig bei einer synchronen Durchführung kann sich jedoch z. B. die unterschiedliche Tippgeschwindigkeit verschiedener Teilnehmer auswirken, durch die eine Verzerrung der Diskussion auftreten kann, und stellt so eine besondere Herausforderung an den Moderator.

Beobachtung / Webanalyse

Gegenstand der Beobachtung im Bereich der Online-Marktforschung ist das Surf- und Nut-
zungsverhalten der Gäste auf einer Webseite, um so Informationen über die Wirksamkeit von
Werbemaßnahmen oder zur Gestaltung der Webpräsenz zu erhalten. Zur Analyse des Benut-
zerverhaltens wird eine Webanalyse-Software verwendet. Diese verwendet die dem Nutzer
zugeordnete IP Adresse zur Analyse.

Datenschutz

Unter gewissen Umständen lassen sich über die IP Adresse Rückschlüsse auf eine bestimmte
natürliche Person ziehen. Aus Datenschutzgründen sollten diese daher, ähnlich einer Telefonnummer, teilweise maskiert werden. Aus Datenschutzgründen ist darauf zu achten, dass
die eingesetzte Lösung der deutschen Rechtsprechung entspricht. Dies kann z. B. durch ein
TÜV-Prüfsiegel der Analyselösung angezeigt werden. Die Nichtbeachtung von Datenschutz-
bestimmungen kann erhebliche rechtliche Konsequenzen nach sich ziehen.

Logfile-Analyse

Bei einer Logfile-Analyse handelt es sich um die statistische Auswertung der Logfiles-
Protokolldateien, die Informationen über den Zugriff auf den Webserver enthalten.

Beispiel eines Logfile Eintrages:

```
10.100.10.100 - anonymous [30/Aug/2010:17:35:20 +0100] „GET /fact_sheet.pdf HTTP/1.0" 200 1025
```

Die einzelnen Logfile Einträge in ihrer Reihenfolge 1) IP Adresse der Anfrage, 2) Angemel-
deter Benutzer, 3) Zeitstempel, 4) Anfragetyp und Dokument, 5) Server Status Code, 6)
Dateigröße.

Zusätzlich können in der Logfile weitere Informationen wie der verwendete Browser, das
Betriebssystem oder die verweisende URL enthalten sein.

Um eine Webseite per Logfile analysieren zu können müssen keine Änderungen an der Webseite vorgenommen werden. In den meisten Fällen existieren bereits Logfiles, sodass bei
Beobachtungsbeginn historische Daten verarbeitet werden können. Die Auswertung der
teilweise sehr umfangreichen Logfiles übernehmen spezielle Anwendungen, z. B. AW-Stats
oder Urchin. Mit Hilfe dieser Analysetools können aus den Logfiles Informationen wie Ein-
und Ausstiegsseite, Verweildauer, besuchte Seiten und weitere Informationen ermittelt werden. Zwei Faktoren sind bei der Logfile-Analyse zu beachten. Es ist nicht möglich eindeutige
Benutzer zu ermitteln, da in der Logfile ausschließlich die aufrufenden IP Adressen protokolliert werden. Teilen sich mehrere Benutzer eine IP-Adresse, z. B. in Firmennetzwerken so ist
eine benutzergenaue Auswertung nur schwer möglich. Caching Mechanismen unterbinden
die Anforderung der Webseite beim Webserver, sodass solche, gecachten Webseiten, nicht in
der Logfile protokolliert werden. Die Logfile-Analyse wird immer weniger eingesetzt. Ein
besseres Verfahren stellt die Zählpixel basierte Analyse dar.

Zählpixel-Analyse oder „Web-bugs"

Bei der Zählpixel Analyse werden kleine 1x1 Pixel große transparente Bilddateien in die Webseite integriert. Bei der Darstellung der Webseite im Browser wird diese Bilddatei von einem Analyse Server angefordert und dort registriert. Ein Zählpixel kann ebenfalls in eine versendete HTML E-Mail eingebunden werden und ermöglicht somit z. B. das Beobachten des Leseverhaltens bei Newslettern oder elektronischen Mailing-Aktionen. Unter Zuhilfenahme von Javascript können zusätzliche Informationen wie Bildschirmauflösung, Inhalte von Warenkörben bei Webshops, das Klicken in interaktive Komponenten oder das teilweise Ausfüllen von Formularen registriert werden. Durch die immer häufiger werdende Verwendung von Techniken des „web 2.0" (AJAX) und die damit verbundene dynamische Änderung von Seiteninhalten, ohne direkten Zugriff auf den Webserver, wird diese Technik heute meistens bevorzugt. Für alle gängigen Browser existieren sogenannte Plug-In's, z. B. Counterpixel für Mozilla Firefox, die dem Nutzer einer Webseite anzeigen ob und welcher „web-bug" auf der Webseite integriert ist. Ebenso sind Plug-In's verfügbar die die Ausführung von „web-bugs" unterbinden.

Heat Maps

Als Heat Map bezeichnet man wärmebildähnliche Momentaufnahmen des Klickverhaltens auf einer Website. In der Web Analyse können anhand von Heat Maps Klickhäufigkeiten auf Webseiten beobachtet und grafisch dargestellt werden. Diese Heat Maps geben einen schnellen Aufschluss über das Klickverhalten und eignen sich hervorragend für die Analyse der visuellen Umsetzung der Webseite. Klicken Nutzer z. B. häufig auf in der Webseite eingebundene Grafiken die keine Verlinkung besitzen so kann mit Hilfe dieser Information das Benutzererlebnis verbessert werden und ein Umsatzplus erreicht werden. Beispiel einer Heat-Map mit dem Open-Source Tool Clickheat von labsmedia:

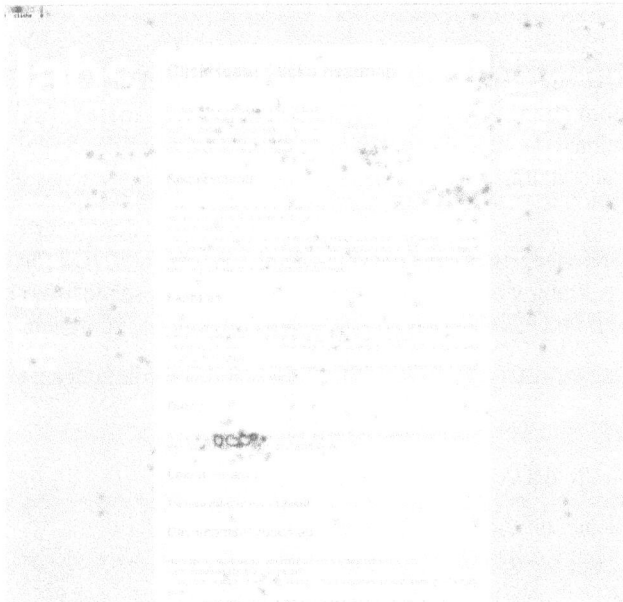

3.7 Marketinganalyse

> *„Wer wissen will, welche Beweggründe Kunden/Gäste haben, wenn sie in Ihr Unter-*
> *nehmen kommen, und was sie dort erwartet, der muss sie befragen!"*
>
> *„Wer erfahren will, was die Konkurrenten am Markt anbieten, welche Preise sie zum*
> *Beispiel für ihre Produkte/Leistungen verlangen, und womit sie ihre Kunden/Gäste nicht*
> *nur besonders beeindrucken, vor allem aber locken, der muss seine Mitbewerber nicht*
> *nur beobachten, sondern sie analysieren!"*
>
> *„Wer heraus finden bzw. wer ständig darüber informiert sein will, über welche speziellen*
> *Vor- oder Nachteile sein Unternehmen Vorort, also am Standort, verfügt, oder welche*
> *Vor- und Nachteile sich in der Destination oder darüber hinaus für sein Unternehmen*
> *zeigen, der muss den entsprechenden Einflüssen auf den Grund gehen!"*
>
> *Und:*
>
> *„Wer wissen will, wie leistungsfähig sein Unternehmen ist, oder wo es Leistungsreserven*
> *im Unternehmen gibt, der muss sein Unternehmen in regelmäßigen Abständen unter die*
> *Lupe nehmen!"*

Nachdem in den Abschnitten 3.1 bis 3.6 die erforderlichen Fragen zur methodischen Beschaffung von Informationen beantwortete wurden, geht es in diesem Abschnitt nun um die
konkrete Informationserfassung, Informationsaufbereitung und Informationsbewertung als
eine wichtige Voraussetzung für ein erfolgreiches marketingstrategisches Handeln im Unternehmen.

In diesem Zusammenhang ist es notwendig darauf hinzuweisen, dass durch eine konkrete
Erfassung und Bewertung von Informationen das unternehmerische Risiko bei allen weiteren
Entscheidungen, die im Unternehmen getroffen werden müssen, minimiert werden können.

Erst durch eine gezielte Analyse der am Markt bestehenden Bedingungen, z. B.

- der Struktur der Ziel- und Bedürfnisgruppen,

- der Anzahl und die Art der Mitbewerber,

- die wirtschaftlichen und sozialen Rahmenbedingungen vor Ort

oder

- die Stärken bzw. Schwächen ihres eigenen Unternehmens,

wird es gelingen, alle Voraussetzungen für ein effektives und damit erfolgreiches Marketing im Unternehmen zu schaffen, denn jede zielgerichtete Entscheidung setzt umfangreiche und vor allem richtige Informationen voraus.

Aufgrund dieser Tatsache beginnt immer die Entwicklung von Maßnahmen im Unternehmen mit der Informationserfassungs- und Analysephase.

Dabei geht es weniger um das bloße „Beschaffen" oder „Sammeln" von Informationen, vielmehr geht es um eine zweckgerichtete Analyse von Informationen, um Rückschlüsse bzw. Erkenntnisse für das eigene Handeln zu ermöglichen.

Erst eine „schonungslose Analyse" der eigenen Marketingsituation bewahrt vor Misserfolgen.

Es ist unbedingt zu vermeiden, Entscheidungen zu fällen, die auf unsicheren Annahmen bzw. auf ein „Hörensagen" aufgebaut sind.

Folgende methodische Vorgehensweise im Rahmen der Marketinganalyse hat sich bewährt:

1. Analyse der Rahmenfaktoren

   (Welche allgemeinen Rahmenfaktoren bestimmen das Marketing des Unternehmens?)

2. Analyse der Marktfaktoren

3.7.1 Analyse der Rahmenfaktoren

Nicht nur die Konkurrenten und die Zielgruppen sind wichtige Objekte der Marketinganalyse.

Ebenso bedeutsam sind die Rahmenfaktoren, d.h., das gesellschaftliche Umfeld sowie die konkreten Standortbedingungen (der „Rahmen"), in denen sich das eigene Unternehmen bzw. Betrieb bewegt und agiert. Diese Rahmenfaktoren haben beachtlichen Einfluss auf Investitionen und damit den Finanzierungs- und Kapitalbedarf, auf die Produkt- und Leistungspolitik bis hin zur Kommunikations- und Preispolitik.

Die Rahmenfaktoren lassen sich zunächst in zwei Bereiche einteilen:

- Politik / Staat / gesellschaftliches Umfeld

- Destination / Unternehmensstandort

3.7.1.1 Rahmenfaktoren Politik – Staat – gesellschaftliches Umfeld

Für die Existenzgründung und -sicherung ist es zunächst unerlässlich, ständig die branchen-spezifischen politischen Entwicklungen und Veränderungen sowie die sich daraus ergeben-den **staatlich-verwaltungstechnischen** und **rechtlich-juristischen** Bedingungen und Mög-lichkeiten systematisch zu erfassen und auf Relevanz für das eigene Unternehmen zu prüfen.

Das gilt sowohl auf Bundesebene über die Länderebene bis hin zur kommunalen Ebene, da jede von diesen über wirtschaftspolitische, steuerliche und rechtliche Gestaltungs- und Hand-lungsspielräume verfügt.

Diese Daten und Informationen müssen dann entsprechend aufbereitet, analysiert und bezüg-lich ihrer Relevanz bewertet werden. Das ist insbesondere mit Blick auf die Entwicklung sowie den Chancen und Risiken für das Unternehmen im gesellschaftlichen Umfeld geboten.

Die folgenden Beispiele sollen diese Aussagen verdeutlichen:

a) Beim Thema Umwelt- und Klimaschutz ist – unabhängig von konkreten politischen Machtkonstellationen- mittel- und langfristig sowohl in der Rechtsprechung als auch in der Förderpolitik zu erwarten, dass umwelt- und ressourcenschonende Pro-dukte und Leistungen zum einen vorgeschrieben, zum anderen gefördert werden.

   Das kann und wird sich bspw. in folgenden Maßnahmen und Bedingungen nieder-schlagen:

   - neue Bauvorschriften zur Errichtung und Dämmung von Immobilien

   - abfallrechtliche Vorschriften und Regelungen (bspw. Erfassung, Trennung und Aufbereitung von Wert- und Abfallstoffen)

   - neue Vorschriften zur Energieeffizienz von Anlagen zur Strom- und Wär-meerzeugung

   - veränderte steuerliche und fördertechnische Prioritätensetzung und Be-handlung von Mobilität und damit Veränderungen in der Verkehrsinfra-struktur und bei den Verkehrsträgern (Beispiel: Umweltzonen)

b) In der Stadt- und Regionalplanung sowie in der Raumplanung der Kommunen und Länder werden wichtige perspektivische Entscheidungen vorbereitet oder gefällt, die mittel- und langfristig unternehmensrelevant sein können.

   Beispiele hierfür sind:

- Planungen für den künftigen Auf- und Ausbau von Verkehrswegen und -verbindungen (z. B. Autobahnen, Bundesfernstraßen, Umgehungsstraßen, Bahnverbindungen, Häfen, Flughäfen)

- Planung und Entwicklung von Gewerbegebieten und Einkaufszentren

- Ausweisung von Schutzgebieten (Biotope, Naturparks, Naturschutzgebiete, Landschaftsschutzgebiete usw.)

c) Aber auch steuer- und abgabenrechtlich sind immer wieder politische und rechtliche Entwicklungen und Entscheidungen möglich und zu erwarten, die das Gastgewerbe und die Tourismusbranche durchaus erheblich tangieren können.

Beispiele hierfür sind:

- Veränderungen bei der Höhe und den Anwendungsbereichen der Umsatzsteuer (sowohl als Vorsteuerabzug als auch beim Endkundenpreis) und bei anderen Steuerarten (z. B. Gewerbe- und Einkommensteuer)

- die Erhebung und Gestaltung tourismusspezifischer Abgaben und Gebühren (sog. Fremdenverkehrsabgabe, Kurtaxe, Gaststättenerlaubnisse usw.), die Erhebung und Gestaltung von Abgaben und Gebühren, die auch das Gastgewerbe betreffen (z. B. Stellplatzablösegebühren[1] *, Vergnügungssteuer,)

- Veränderungen bei der Gestaltung von Abschreibungsmöglichkeiten der Wirtschaftsgüter hinsichtlich Abschreibungsmethoden und -sätzen

d) Im Bereich Rechtssetzung und Rechtssprechung ergeben sich ebenfalls Bedingungen und Entscheidungen, die Gastgewerbe und Touristik berühren.

Dazu folgenden Beispiele:

- branchenspezifische Bauvorschriften (Gaststättenbaurichtlinien der Bundesländer u.a. für Hotelzimmergrößen, Galeräume, Toiletten usw.)

- Vorschriften zur Größe, Gestaltung und Öffnungszeiten von Freisitzen im öffentlichen Verkehrsraum und deren Gebühren (meist Sondernutzungsgebührensatzungen)

---

[1] In der Stadt Leipzig betrug bspw. 2009 die Stellplatzablösegebühr für einen Kfz-Stellplatz in der Zone 1 (Innenstadtbereich) 10.000 €, dabei wird für 6 bis 12 Gaststättenplätze und bei Hotels auf 2 bis 6 Betten ein Stellplatz gefordert. Das zeigt, dass hieraus erheblicher Kapital- und Finanzierungsbedarf erwachsen kann bzw. entsprechende Wirkungen auf die ortsüblichen Mieten und Pachten zu erwarten sind.

-       Vorschriften und Entscheidungen zu Rundfunkgebühren und Urheberrechts-
        fragen (das betrifft u.a. die Höhe und die Anwendungsbereiche der GEMA-
        Gebühren)

Bereits an diesen Beispielen wird deutlich, dass diese sich verändernden Rahmenbedingungen durchaus erhebliche Konsequenzen auf die Höhe der Investitionen, die Höhe und Struktur des Kapitalbedarfs, aber auch die laufenden Betriebskosten haben, sowie differenziert
nach jeweiligen Bundesland und Kommune betrachtet werden müssen.

Zudem können durch sie grundsätzlich auch die Gast- und Kundenströme und damit die
Umsatz- und Gewinnpotentiale beeinflusst werden (etwa durch die denkbaren positiven oder
negativen Wirkungen einer Umgehungsstraße für den eigenen Unternehmensstandort, das
dem Kostenniveau folgende Preisniveau, Öffnungszeiten der Gastronomiebetriebe).

Darüber hinaus sollten in der Analyse der Rahmenfaktoren auch die **allgemeinen gesellschaftlichen Veränderungen bzw. übergreifenden gesellschaftlichen Trends** („Megatrends") und ihre Wirkungen analysiert und bewertet werden.

Dazu gehören

a) im sozialen Bereich

- die Veränderung von Verhalten, Normen und Einstellungen (bspw. „neue Beschei-
  denheit")

- neue Arbeitszeitsysteme und ihre Auswirkungen auf das Konsumverhalten

- Veränderungen der Beschäftigungsstrukturen (Beschäftigungs- und Berufsgruppen,
  wachsende bzw. Erwerbstätigkeit von Frauen) und ihre Auswirkungen auf das Konsumverhalten

- Veränderungen in den Sozialstrukturen (Sozialstatus, Beschäftigungs- und Berufsgruppen demographische Entwicklung, Haushaltgrößen) und ihre Auswirkungen
  auf das Konsumverhalten

b) im technologischen Bereich

- branchenspezifische Produkt- und Prozessinnovationen (z. B. Garverfahren, Conve-
  nience-Produkte) und ihre Auswirkungen auf Nachfrage und Wettbewerb

- branchenübergreifende Produkt- und Prozessinnovationen wie bei den Informati-
  ons- und Kommunikationstechnologien und ihre Auswirkungen auf Nachfrage und
  Wettbewerb (bspw. das Internet als Kommunikations- und Vertriebsinstrument,
  aber auch als Kommunikationsplattform von und zwischen Kunden, Gästen, Konkurrenten, Lieferanten, Geschäftspartnern)

3.7.1.2 Destinationsanalyse

Die Destinationsanalyse ist ein wichtiges Instrument der Analyse und Bewertung sowohl bei

- bereits gegebenen Standort des Unternehmens
- der Standortsuche für Unternehmensansiedlungen

Im ersten Fall ist das Ziel die Stärken und die USPs (Unique Selling Proposition) und / oder SEPs (Strategische Erfolgspositionen) der Destination sichtbar zu machen. Sie bieten dann entsprechende Möglichkeiten, das eigene Marketingkonzept auf diese Stärken auszurichten, zugleich ggf. identifizierte, relevante Schwächen abzubauen.

Sofern bereits das Marketingkonzept für das eigene Unternehmen in den Grundzügen oder bereits vollständig gegeben ist und ein / mehrere geeignete/r Unternehmensstandort/e gesucht werden, d.h., er / sie frei gewählt werden kann / können, ist eine Destinationsanalyse sinnvoll und notwendig.

Der Begriff „Destination" reflektiert, dass hier das Umfeld des zu wählenden oder bereits gegebenen Unternehmensstandortes nicht an politisch-administrative Grenzen, sondern an das Nachfrageverhalten der Kunden und Gäste gebunden ist.
Insofern kann eine Destination durchaus beachtliche räumlich-geographische Ausdehnungen aufweisen.

Bestandteile der Destinationsanalyse:

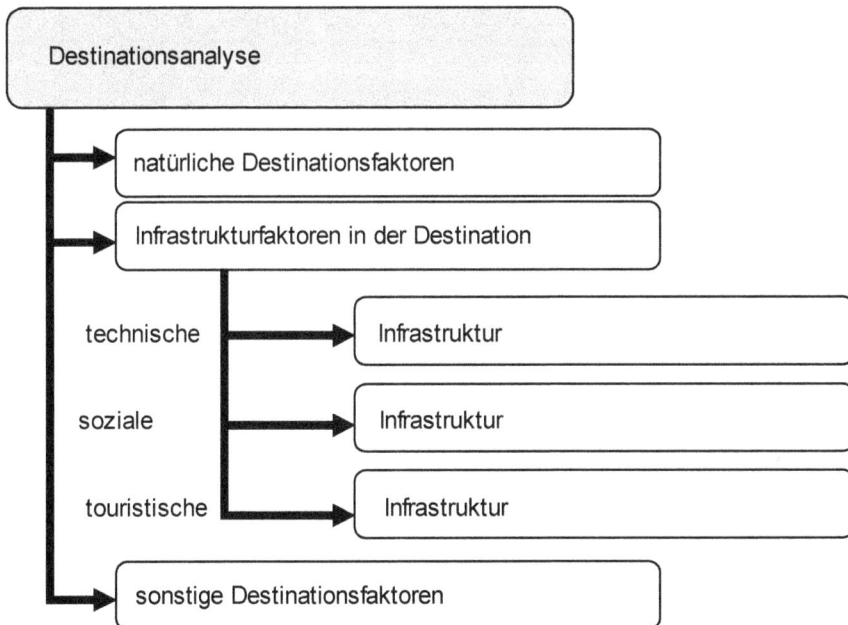

a) natürliche Destinationsfaktoren

- Fauna

- Flora

- Klima (Temperaturen, Regentage, Sonnentage, Windstärken usw.)

- Landschaftstyp und -bild

Die natürlichen Angebotsfaktoren sind im Regelfall gegeben und vergleichsweise un-
veränderlich. Sie haben teilweise erhebliche Wirkungen auf das Marketingkonzept als
auch auf die Höhe der Investitionen, die Höhe und Struktur des Kapitalbedarfs, aber
auch die laufenden Betriebskosten.

Beispiele:

- destinationsspezifische Fauna und Flora bieten die Möglichkeiten für regionale Bezüge im Produkt- und Leistungsangebot (vor allem beim Speisenangebot)

- das Klima (bspw. Sonnenscheindauer, Niederschlagsmenge, Windverhältnisse) beeinflusst die Nutzungsdauer und die Auslastung von Freisitzen und Sport- und Frei-
zeitanlagen im Freien sowie deren Beanspruchung; daraus ergeben sich entsprechende Umsatzpotentiale, aber auch ein entsprechender Investitions- und Kapitalbedarf

- das Klima beeinflusst zudem die konkreten Freizeit- und Sportmöglichkeiten in der
Destination und damit das unternehmenseigene Produkt- und Leistungsangebot
(Nebenleistungen)

- der Landschaftstyp und das Landschaftsbild bieten ggf. die Möglichkeit für den
USP der Destination gegenüber anderen Destinationen, das wiederum beeinflusst
die Wettbewerbsfähigkeit der gastgewerblichen Betriebe in der Destination gegenüber denjenigen in anderen Destinationen

b) Infrastrukturfaktoren in der Destination

Dazu zählen:

- **die technische Infrastruktur:**

  - Verkehrsinfrastruktur:

    - Straßennetz, Flugplätze, Bahnhöfe, Häfen einschließlich der Quantität
    und Qualität der Verbindungen (bspw. ICE-Anschluss, Direkt- oder
    Nonstop-Verbindungen im Flugbereich und deren Taktfrequenzen);
    Parkflächen

  - Struktur und Qualität der Informations- und Kommunikationsmedien,

  ○ Ver- und Entsorgung

    ■ Energie-, Strom-, Wasserversorgung, Entsorgung von Wert- und Abfallstoffen

- **die soziale Infrastruktur:**

  Schulen, Hochschulen, Universitäten, Krankenhäuser / Kliniken, (öffentliche) Kultureinrichtungen, (öffentliche) Sport- und Freizeiteinrichtungen usw.

- **die touristische Infrastruktur:**

  Tourismusstellen, Lifte, Bergbahnen, Wanderwege, Radwanderwege, Lehrpfade, Kur- und Erholungseinrichtungen, Seilbahnen, sonstige touristische Verkehrsverbindungen usw.

Die Infrastrukturfaktoren sind Ergebnis bereits erfolgter öffentlicher und privater Investitionen und unterliegen damit ständigen Veränderungen. Sie haben ebenfalls erhebliche Wirkungen auf das Marketingkonzept als auch auf die Höhe der Investitionen, die Höhe und Struktur des Kapitalbedarfs, aber auch auf die laufende Betriebskosten.

Beispiele:

- die technische Infrastruktur beeinflusst bei Hotels die Wahl und das Potential der Quellmärkte (insbesondere durch die Verkehrsanbindungen und deren Frequenzen)

- die Struktur der Ver- und Entsorgung hat erheblichen Einfluss auf die Kosten (insbesondere Wasser und Energie) bzw. auf die Preisgestaltung

- Umfang, Struktur, Differenziertheit und Qualität der Kultur-, Sport- und Freizeiteinrichtungen haben wesentlichen Einfluss auf die Attraktivität und das Image der gesamten Destination und damit auf das Gästepotential in den Quellmärkten sowie auf die Lebensqualität „vor Ort"; zudem lassen sich entsprechende kulturelle und/oder sportliche „Zugpferde" in der Kommunikationspolitik gut nutzen

- für bestimmte Marktsegmente wie etwa den Geschäfts- und Tagungstourismus ergeben sich aus der möglichen Zusammenarbeit mit Hochschulen usw., im freizeitorientierten Tourismus (gemeinsame Events, Hotelpauschalen, Catering usw.)

- die touristische Infrastruktur bestimmt zunächst ebenfalls Attraktivität und Image der Destination wesentlich mit; zugleich ergeben sich daraus Ansatzpunkte für das unternehmenseigene Marketingkonzept, insbesondere bei der Produkt- und Leistungspolitik sowie in der Preispolitik

c) sonstige Destinationsfaktoren

Weitere Destinationsfaktoren können bspw. sein:

- Destinationsgeschichte

- Stadtbild(er) / Stadtstruktur(en) / Architektur

- Denkmäler / Sehenswürdigkeiten

- Umfang und Qualität der Tätigkeit der touristischen Vermarktungsorganisationen in der Destination

- Mentalität der einheimischen Bevölkerung

Destinationsgeschichte Stadtbild(er), Architektur bieten ebenfalls Ansatzmöglichkeiten im Rahmen der Marketinganalyse und dem sich daraus ergebenden Marketingkonzept.

Insbesondere historische Bezüge können von der Gestaltung des Ambientes, über Firmen- und Betriebsnamen, historische und/oder destinationstypische Speisen und Getränke bis hin zur Planung und Organisation von Events – mit entsprechendem USP -, Rundgängen und Rundfahrten für spezifische Zielgruppen genutzt werden.

Damit zusammenhängend ist auch die touristische Vermarktung der Destination durch die Vermarktungsorganisation(en) – Tourismusstellen, -vereine und -verbände, Tourismus- und Marketinggesellschaften (mit unterschiedlichen Gesellschaftern und Trägern) – zu analysieren.

Die Mentalität der einheimischen Bevölkerung, z. B. offen, kommunikativ und gastfreundlich oder eher zurückhaltend, kann bei der Personalakquisition und im Personaleinsatz eine Rolle spielen, sie ist aber auch für das Image der Destination durchaus von Belang.

3.7.1.3 Wichtige Analyse- und Bewertungsmethoden von Rahmen- und Destinationsfaktoren

Die Rahmenfaktoren und insbesondere die Destinationsfaktoren können mit verschiedenen Analyse- und Bewertungsmethoden untersucht und dargestellt werden.

Wichtig dabei ist, dass zum einen die Analysekriterien dem Ziel der Marketinganalyse bzw. dem Unternehmenskonzept logisch folgen und entsprechend ausgewählt werden.

Weiterhin sollte ein Bewertungsmaßstab gewählt werden, der eine möglichst objektive, nachvollziehbare und aussagefähige Bewertung und damit den Vergleich der unterschiedlichen Rahmenfaktoren und /oder Destinationsfaktoren erlaubt.

Wichtige Methoden der Analyse und Bewertung von Rahmen- und Destinationsfaktoren:

- Stärken-Schwächen-Profile mit Bewertungsmaßstab (Stand)

- SWOT-Analyse (Zukunft)

a) Stärken-Schwächen-Profile mit Bewertungsmaßstab (IST-Zustand)

Bei der Methode der Stärken-Schwächen-Profile werden gleiche Analysekriterien auf unterschiedliche Destinationen angewendet, mit einem einheitlichen Bewertungsmaßstab beurteilt und entsprechend grafisch dargestellt (Verbindungslinien).

Die Stärken-Schwächen-Profile beschreiben weitestgehend den IST-Zustand der Destinationen und berücksichtigen weniger derene künftige Entwicklungen.

Zugleich lassen sich Einzelnoten für bestimmte Analysekomplexe, aber auch für die gesamte Destination bilden (Summe der Einzelnoten durch die Anzahl der bewerteten Analysekriterien).

Ist der Unternehmensstandort bereits gegeben, erfolgt eine entsprechende Anpassung des eigenen Marketingkonzept entsprechend der identifizierten Stärken und Schwächen, verbunden mit den daraus abgeleiteten Managemententscheidungen im Marketing-Mix.

Dient die Destinationsanalyse der Standortauswahl und -entscheidung, werden die Stärken- und Schwächenprofile der verschiedenen potenziellen Destinationen miteinander verglichen und die optimale Destination ausgewählt.

Beispiele: Stärken- und Schwächen-Profle (vereinfachte Dars tellung /Auswahl)

a) mit Notenbewertung: (bspw. 1-6)

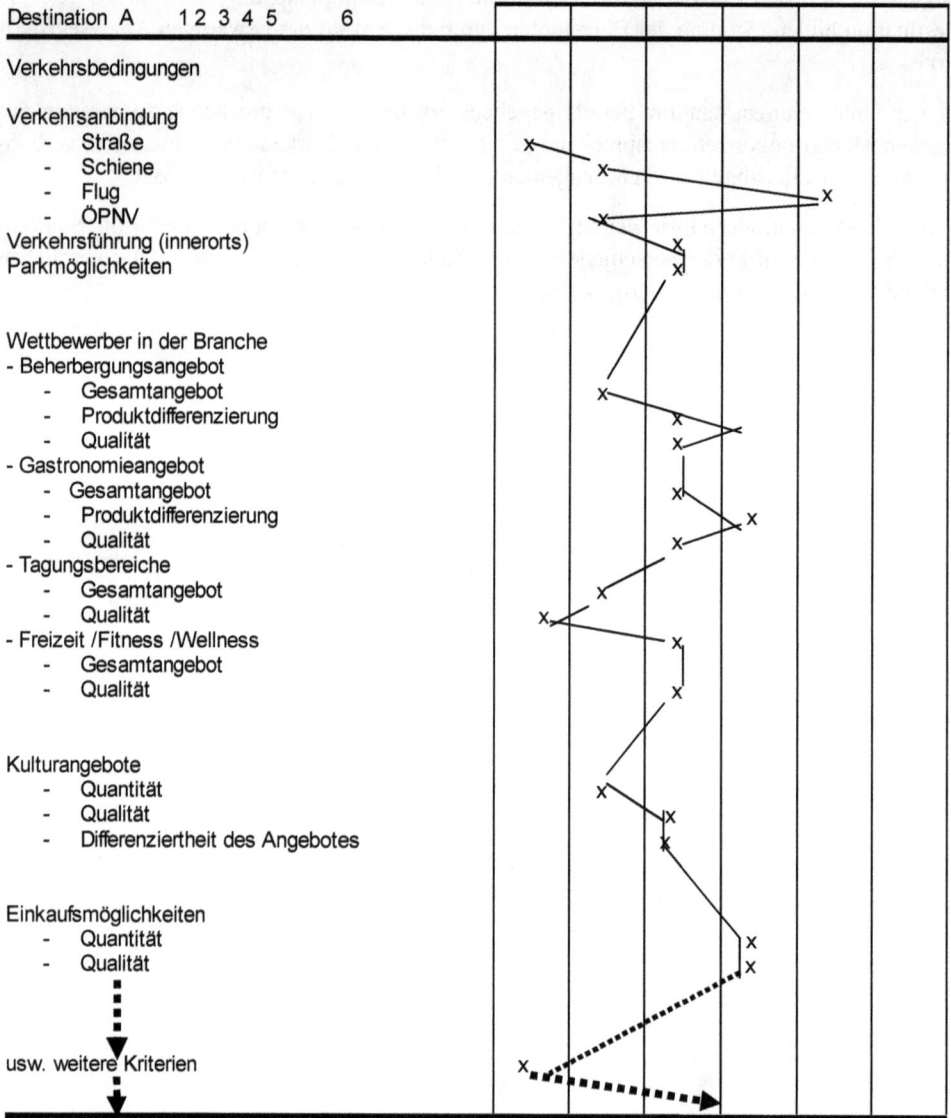

Destination A   1 2 3 4 5   6

Verkehrsbedingungen

Verkehrsanbindung
-   Straße
-   Schiene
-   Flug
-   ÖPNV
Verkehrsführung (innerorts)
Parkmöglichkeiten

Wettbewerber in der Branche
- Beherbergungsangebot
-   Gesamtangebot
-   Produktdifferenzierung
-   Qualität
- Gastronomieangebot
-   Gesamtangebot
-   Produktdifferenzierung
-   Qualität
- Tagungsbereiche
-   Gesamtangebot
-   Qualität
- Freizeit /Fitness /Wellness
-   Gesamtangebot
-   Qualität

Kulturangebote
-   Quantität
-   Qualität
-   Differenziertheit des Angebotes

Einkaufsmöglichkeiten
-   Quantität
-   Qualität

usw. weitere Kriterien

Gesamtprofil / Note: 2,8

Auswertung / Nutzung

- Herausarbeiten der Stärken (USP/SEP) **bei gegebenem Standort** oder
- Vergleich mit den Stärken-Schwächen-Profilen anderer Destinationen (**Standortsuche/Standortauswahl**)

b) SWOT-Analyse (zukunftsorientiert)

Die SWOT-Analyse ist ein Analyse- und Bewertungshilfsmittel für zukunftsorientierte, strategische Standortfragen und -entscheidungen sowie die strategische Produkt- und Leistungspolitik.

SWOT-Analyse Strategische Stärken - Schwächen - Chancen - Risiken - Analyse		
S	Strength Stärken	Stärken der Destination (d.h. in Vergangenheit und Gegenwart)
W	Weaknesses Schwächen	Schwächen der Destination (d.h. in Vergangenheit und Gegenwart)
O	Opportunities Chancen	Ausloten der Chancen der Destination in der Zukunft (d.h. was sind erfolgversprechende Bedingungen, Entwicklungen und Potentiale in der Zukunft der Destination)
T	Threats Gefahren	Gefahren und Risiken der Destination in der Zukunft (d.h. welche negativen Indikatoren, Trends, Entwicklungen sind erkennbar bzw. absehbar, wodurch könnten Entwicklungspotentiale gefährdet werden)

Die Stärken und Schwächen reflektieren dabei eher die **internen Bedingungen** in der Destination, sowie die Möglichkeiten und Potentiale, während die Chancen und Risiken insbesondere die Rahmenfaktoren darstellen, **die von außen** auf die Destination **wirken** könn(t)en.

Grundlagen der SWOT-Analyse (Bsp.):

- allgemeine Statistiken der öffentlichen Hand (Länder, Regionen, Kommunen)

- touristische Statistiken (Vereine, Verbände, Vermarktungsorganisationen)

- Markt- und Trendanalysen (Angebot / Nachfrage)

- Strategieanalysen (Konkurrenzverhalten) (Unternehmens- und Marketingstrategien von anderen Destinationen)

Beispiel für eine SWOT-Analyse für die Destination A (vereinfachte Darstellung):

Externe Faktoren	
Chancen - Opportunities	**Risiken - Threats**
- Trend zum Kurzzeittourismus (Zweit-, Dritt(städte)reise) - anhaltende Nachfrage nach vielfältigen und differenzierten Kulturleistungen - Senkung der Werbe-, PR- und Vertriebskosten durch neue Medien - Entwicklung neuer interessanter Informations- , Kommunikations- und Vertriebskanäle (bspw. Reise- und Vertriebsportale, Reise-TV)	- Veränderungen der Nachfrage zu anderen Segmenten (Wellness, Gesundheit) - stagnierende Einkommensentwicklung der Gäste / Kunden und damit der Reiseintensität - Konzentration der Fluggesellschaften und Reiseveranstalter auf wenige große Flughäfen - neue Wettbewerber im eigenen Marktsegment (In- und Ausland)
Interne Faktoren	
Stärken - Strength	**Schwächen - Weaknesses**
- günstiges Preis-Leistungsverhältnis der touristischen Leistungsanbieter in der Destination - gut ausgebaute Verkehrsinfrastruktur und günstige überregionale Verkehrsanbindungen - Events mit nationaler und internationaler Bedeutung - Verkehrsführung in der Destination - vielfältiges und differenziertes Einzelhandelsangebot	- erheblicher Finanzierungsaufwand für Kulturleistungen bei schwierigem wirtschaftlichen Umfeld - Budgetprobleme im Bereich des kommunalen und privaten touristischen Marketings - (zu) wenig Sehenswürdigkeiten mit nationaler und internationaler Bedeutung - zu wenig Direkt- und Nonstop-Verbindungen im Flugbereich - Imageprobleme der Destination (Bekanntheitsgrad, Ruf)

Übungen zum Abschnitt 3.7.1

1	Übung: Destinationsanalyse						
	Aufgabenstellung (Erarbeitung in Schülergruppen)						
	Erstellen Sie anhand der folgenden Kriterien für die Destination_____ ein Stärke-Schwächen-Profil!						
		Noten 1 - 6 *					
	Destination:	1	2	3	4	5	6
	1 Bevölkerung / Wirtschaftliche Situation						
	Bevölkerungsentwicklung - Zahl - Struktur						
	Wirtschaftliche Entwicklung - Wirtschaftskraft - Entwicklung der Unternehmenszahl - Arbeitslosenrate						
	2 Verkehrsbedingungen						
	Verkehrsanbindung (überregional / national) Innerstädtische Verkehrsführung touristische(s) Leitsysteme Parkplätze und -möglichkeiten						
	3 städtebaulich-architektonisches Erscheinungsbild der Destination						
	Sanierungsgrad Stadtgestaltung (städtebaulich-architektonisch) Erscheinungsbild						
	4 Einkaufsmöglichkeiten (Einzelhandel)						
	Gesamtangebot (Zahl der Geschäfte, Fläche) besondere Angebote (USP)						
	5 Kulturangebot (Hoch- und Basiskultur)						
	Gesamtangebot besondere Angebote Museen / Ausstellungen						
	6 Sport- und Freizeitangebot (öffentliche und private Unternehmen)						
	Gesamtangebot - Zahl - Qualität						
	besondere Angebote (USP)						

7 Leistungen des Gastgewerbes

Beherbergungsangebot
- Zahl
- Qualität / Preis- Leistung

Gastronomieangebot
- Zahl
- Qualität / Preis-Leistung

Tagungs- und Kongressangebot

8 natürliche Angebotsfaktoren

Klima

Landschaftsbild

Wandermöglichkeiten

Wasserflächen / Nutzbarkeit

9 touristische Produkte

Pauschalangebote
- Gesamtangebot
- Preis-Leistungsverhältnis

Events
- Gesamtangebot
- Bekanntheitsgrad
- touristische Bedeutung

10 Image der Destination

Bekanntheitsgrad

Wirtschaftsstandort

Umwelt /Natur

touristischer Standort

Gesamtnote:

Hinweise:

1. Die Kriterien können anhand der konkreten Destination ggf. verändert und / oder erweitert werden.
2. Die Benotungen / Bewertungen sollen anhand objektiver Grundlagen begründet werden!
3. Notenmaßstab:

* 1 = ausgezeichnet / sehr gut   2 = gut
   3 = befriedigend   4 = ausreichend
   5 = mangelhaft   6 = ungenügend

Die Gesamtnotewird ermittelt, indem die Summe aller Einzelnoten für die 10 Hauptpunkte (bspw. Verkehrsbedingungen) durch die Zahl der vergebenen Noten, d.h. der bewerteten Kriterien dividiert wird („Durchschnittsnote").

2	Übung: <u>SWOT-Analyse für die Destination A</u>

<u>Aufgabenstellung (Erarbeitung in Schülergruppen)</u>

Erstellen Sie anhand des folgenden Schemas für die Destination_____ eine SWOT-Analyse!

Externe Faktoren	
Chancen - Opportunities	Risiken - Threats

Interne Faktoren	
Stärken - Strength	Schwächen - Weaknesses

3.7.2 Analyse der Marktfaktoren

Auf Basis der Ergebnisse einer Rahmenfaktorenanalyse untersucht die Marktfaktorenanalyse alle relevanten Faktoren für das touristische Marketing. Hierzu werden aus der Sicht der Wichtigkeit all die Faktoren behandelt, die für das einzelne touristische Unternehmen von Bedeutung sind.

Damit verfolgt die Marktfaktorenanalyse die Zielsetzung, die für die auf dem Markt wirkenden Faktoren und die entsprechenden Informationen zu erfassen, aufzubereiten sowie zu bewerten.

Folgende Übersicht zeigt die für den gastgewerblichen/touristischen Markt relevanten Analysefaktoren:

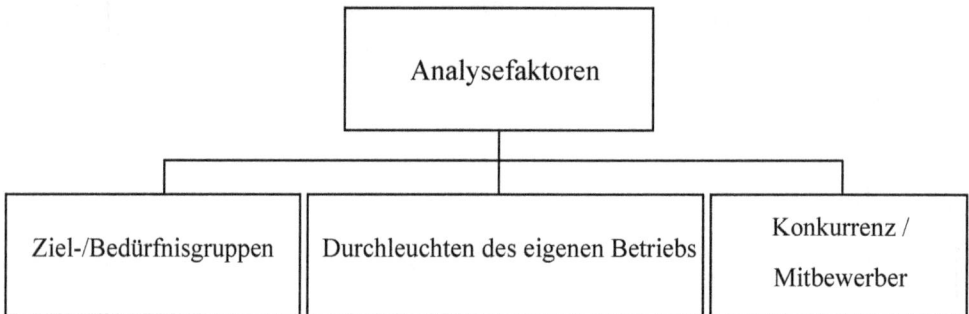

```
                        ┌─────────────────────────┐
                        │    Analysefaktoren      │
                        └─────────────────────────┘
        ┌───────────────────────┬──────────────────┐
┌──────────────────┐ ┌──────────────────────────┐ ┌──────────────────┐
│ Ziel-/Bedürfnis- │ │ Durchleuchten des        │ │ Konkurrenz /     │
│ gruppen          │ │ eigenen Betriebs         │ │ Mitbewerber      │
└──────────────────┘ └──────────────────────────┘ └──────────────────┘
```

3.7.2.1 Analyse der Ziel-/Bedürfnisgruppen

Betrachtungen zu den Ziel-/Bedürfnisgruppen stehen in den häufigsten Fällen im Vordergrund bei der Marktfaktorenanalyse, d. h., bei der Analyse der Nachfrageseite.

Die Ziel-/Bedürfnisgruppenanalyse wird somit zu einem wichtigen Instrument bei der Bestimmung und Interpretation der Ziel-/Bedürfnisgruppen. Dabei ist die Interpretation besonders wichtig für alle gezielt eingesetzten kommunikativen Maßnahmen im Unternehmen.

Aus diesem Grund sollen/müssen die Ziel-/Bedürfnisgruppen mittels der Analyse möglichst scharf differenziert und anschließend beschrieben werden.

Dabei geht es vor allem um die Beantwortung solcher Fragen, wie:

1. Kennen Sie Ihre Ziel-/Bedürfnisgruppen wirklich oder basiert Ihr Wissen nur auf Annahmen?

2. Welche Ziel-/Bedürfnisgruppen können Sie für Ihr Unternehmen erreichen bzw. wollen Sie gewinnen?

3. Wer gehört zu welcher Ziel-/Bedürfnisgruppe?

Darüber hinaus geht es bei der Beantwortung dieser Fragen auch und vor allem um eine kunden-/gästebezogene Segmentierung im Bereich des Marketings. Im diesem Zusammen-

hang erfolgt eine Aufteilung des Gesamtmarktes in abgrenzbare, möglichst homogene Teil-
märkte.

Denn:

**„So lassen sich die Ziel-/Bedürfnisgruppen besser erfassen und zielgenauer
bearbeiten!"**

Die Vorgehensweise bei der Erfassung und Aufbereitung der Informationen im Rahmen der
Analyse siehe Abschnitte 3.1 bis 3.6 „Methoden der Marktforschung".

Folgende Beispiele für Segmentierungskriterien dienen als Grundlage für die Analyse und
die Bestimmung der Ziel-/Bedürfnisgruppen:

a) Allgemeine Segmentierungskriterien:

- Buchungsquellen
- Reisemotive
- Ökonomische Merkmale
- Psychografische Merkmale
- Life-Style
- Slice of Life
- Urlaubertypologie

b) Segmentierung nach soziodemografischen, psychosozialen und geografischen Merkmalen:

- Soziodemografische Merkmale

  (Alter, Geschlecht, Familienstand, Einkommen, Beruf, berufliche Stellung, Lebens-
  phasen)

- Psychosoziale Merkmale

  (Werte, Normen, Erwartungshaltungen, Persönlichkeitsmerkmale, Prestige- und
  Imagebedürfnis, Mentalität)

- Geografische Merkmale

  (Unmittelbares Umfeld, Wohngebiet, Stadt, Region, Destination, Inland, Ausland,
  Quellmärkte)

c) Segmentierung nach Bedürfnisgruppen

Bei dieser Segmentierung werden die Bedürfnisgruppen im Wesentlichen nach Ihrem
Konsumverhalten unterschieden. Das bedeutet, dass die Beurteilung auf der Grundlage
ihres unterschiedlichen Verhaltens in unterschiedlichen Situationen erfolgt.

Beispiel: Einerseits teure Kreuzfahrt im Urlaub, andererseits Last-Minute-
Städtereise

Die Bedürfnisgruppe (die anvisierten zukünftigen Kunden/Gäste) orientiert sich
entweder am Produkt- und Leistungsangebot des Unternehmens, oder das Produkt- und
Leistungsangebot des Unternehmens wird auf die Bedürfnisgruppen ausgerichtet.

Beispiel: Wellness, spezielle Sport- und Freizeitangebote, Discotheken

Im Ergebnis einer guten Auswahl und Kombination können dann möglichst homogene Bedürfnisgruppen bei gleichzeitiger Abgrenzung vom Mitbewerber gebildet werde!

Beispiele für Bedürfnisgruppen:

- Wellness- und Entspannungssuchende
- Genießer von Essen und Trinken
- Sport- und Fitnessorientierte
- Kommunikationsorientierte Jugendliche
- Action- und Abenteuersuchende
- Umweltorientierte und -bewusste Urlauber
- Suche nach Erlebniskonsumenten
- Bildungsorientierte Urlauber
- Kurorientierte

d) Segmentierung nach Motiven

In den seltensten Fällen ist die Existenz eines Unternehmens der Grund für die Inanspruchnahme von Produkten und Leistungen, sondern vielmehr die Produkte und Leistungen selbst.

Beispiele für Motive:

- Geschäftsreise
- Besuch einer Messe
- Teilnahme an einem Kongress, einer Tagung
- Kombination von Geschäftsreise und Freizeit
- Ferienaufenthalt
- Bildungsreise
- Wochenendausflug

c) Segmentierung nach Kundentypologie (Auswahl):

- Gut verdienende Paare ohne Kinder (DINKS – Double Income, No Kids)
- Junge, gut verdienende Beschäftigte in einer entsprechenden beruflichen Position (Yuppies – Young urban professional people)
- Spaßliebende Jugendliche, relativ wenig Einkommen, aber ausgabefreudig (Flyers – Fun loving youth)
- Schulkinder mit Einkommen und Kaufkraft (SKIPPIES – School Kids with Income and Purchase)
- Generation in der zweiten Lebenshälfte, oft mit großer Kaufkraft (SELPIES – Second Life People)

„Analyse-Formular zur Erfassung von Gästegruppen/Kennzahlen" (Beispiel)

Segmentierungs-Kriterien	Erfassungs-Zeitraum 2011	Erfassungs-Zeitraum 2012	Erfassungs-Zeitraum 2013
Soziodemografische Merkmale • Alter, Geschlecht • Familienstand • Konfession Psychosoziale Merkmale • Werte, Normen • Erwartungshaltung Geografische Merkmale • Wohngebiet, Region • Inland, Ausland			
Ökonomische Merkmale • Einkommen • Beruf, Ausbildung			
Nach Bedürfnissen • Bildungsorientierte • Erholungssuchende • Kommunikations-orientierte Jugendliche			
Nach Buchungsquellen • Reisebüro • Reiseveranstalter • Rezeption (Walk in)			
Kennzahlen des Unternehmens • Anzahl der Ankünfte • Anzahl der Übernachtungen • Durchsch. Zimmerbelegung • Umsatz im Restaurant usw.			

3.7.2.2 Durchleuchten des eigenen Betriebes

> **„Um zu wissen, woran man ist,**
>
> **ist eine permanente innerbetriebliche Bestandsaufnahme unerlässlich!"**

Um die Zukunft eines Unternehmens in allen denkbaren strategischen und auch operativen Geschäftsbereichen planen und gestalten zu können, ist eine fundierte Betriebs-/Eigenanalyse und dies nicht nur in wirtschaftlich schwierigen Situationen erforderlich.

Ein konsequentes und vor allem regelmäßiges Durchleuchten des Unternehmens wird zu einer unabdingbaren Aufgabe des Marketings, damit die Zukunftsfähigkeit des Unternehmens gesichert bzw. gewährleistet wird.

In diesem Zusammenhang werden im Unternehmen ständig Entscheidungen notwendig, die nicht nur die Lösung von operativen Problemen bedeutet, sondern es geht vor allem um ein zukunftsorientiertes Handeln.

Mögliche Entscheidungsfelder können z. B. sein:

- häufig wechselnde Rahmenbedingungen Vorort, Veränderung der Vertriebswege

- ständig wechselnde Veränderungen im Nachfrageverhalten/Gästestruktur

- steigender Kostendruck für Energie, Warenbeschaffung, Wareneinsatz

- sinkende Rentabilität im Unternehmen

- notwendig werdende Modernisierungsmaßnahmen, Diversifikationen im Unternehmen

- zunehmende Liquiditätsprobleme im Unternehmen

- starker Konkurrenzdruck

- Probleme in der Kommunikationspolitik im Unternehmen

- notwendige Veränderungen in der Produkt- und Leistungspolitik im Unternehmen

Methodische Herangehensweise im Rahmen der Bestandsaufnahme im Unternehmen:

Schritt 1:   Feststellen, über welche Ressourcen das Unternehmen verfügt.

Schritt 2:   Festgestellte Ressourcen werden den Anforderungen des Marktes im Stärken-Schwächen-Profil gegenübergestellt.

Schritt 3:   Kunden-/Gästenachfrage analysieren (Vorgehensweise siehe Ziel-/Bedürfnisgruppenanalyse).

Schritt 4:   Eigene Stärken/Schwächen werden mit denen der wichtigen Konkurrenten am Markt verglichen.

Schritt 5:   Stärken-Schwächen-Profil des Unternehmens wird mit dem Chancen-Risiko-Profil verknüpft (SWOT-Analyse).

Schritt 6:   Informationsauswertung und Präsentation der Informationsdaten vor möglichem Auftraggeber.

Nachdem Sie sich über die methodische Herangehensweise bei der Bestandsaufnahme im Unternehmen Klarheit verschafft haben, gilt es nun, sich den Fragen zu stellen, deren notwendige Antworten durch die Bestandsaufnahme, sprich Betriebs-/Eigenanalyse, erhalten werden sollen.

Fragen in diesem Zusammenhang können z. B. sein:

- Stimmt meine Produkt- und Leistungspolitik, oder sind hier Veränderungen notwendig?

- Stimmt meine Preispolitik, welche preisstrategischen Maßnahmen bedürfen einer Neukalkulation?

- Welchen Stellenwert haben betriebswirtschaftliche Aspekte, wie Kostenorientierung, Rentabilität usw. im Unternehmen?

- Sind meine Vertriebswege den zeitgemäßen Abläufen angepasst?

- Stimmt meine Kommunikationspolitik, ist sie auf dem neuesten Stand, erreichen wir unsere Ziel- und Bedürfnisgruppen?

- Wie ist die Eigenkapitalausstattung im Unternehmen?

- Wie ertragreich/ertragarm ist der cashflow?

- Welchen Standard hat die technische Ausstattung im Unternehmen?

- Wie ist die personelle Besetzung im Unternehmen, Eigentümer, Inhaber, Mitarbeiter bezüglich ihrer fachlichen Kompetenzen?

- Bestehen Möglichkeiten der Ausdehnung, Diversifikation im Unternehmen?

Fazit:

Die Bestandsaufnahme im eigenen Unternehmen muss sowohl kostenorientiert, als auch marketingorientiert, d. h., aus der Sicht des Marketing, erfolgen, wie folgende Beispiele zeigen:

Kostenorientierung	Marketingorientierung
• Personaleinsatz	• Ziel-Bedürfnisgruppenstruktur
• Energieverbrauch	• Qualität der angebotenen Produkte und Leistungen
• Materialgebrauch, Materialverbrauch	• Preisstruktur, Preisstrategien i. R. der angebotenen Produkte und Leistungen
• Wareneinsatz für Speisen und Getränke	• Umsatzstruktur der Produkte und Leistungen
usw.	• Einsatz der Kommunikationsinstrumente, wie Werbung, Öffentlichkeitsarbeit, Verkaufsförderung

Vorgehensweise bei der Erfassung von Informationen im Rahmen der Betriebs-/ Eigenanalyse, dargestellt am Beispiel eines Beherbergungsbetriebes.

(1) Analyse des Produkt- und Leistungsangebots

Dabei geht es zum einen

- um die Erfassung der allgemeinen Betriebsdaten, wie

  - Betriebstyp
  - Kategorie des Betriebs
  - Standortbeschreibung des Betriebes im Umfeld bzw. Destination
  - Infrastrukturelle Verkehrsanbindungen

- und zum anderen um die quantitative und qualitative Produkt- und Leistungsangebote

  - im Beherbergungsbereich (Einrichtung und Zustand der Zimmer, der Aufenthaltsräume)
  - im F & B-Bereich (Speisen- und Getränkeangebot, Serviceleistungen usw.)
  - in allen Nebenbereichen (Schwimmbad, Sauna, Fitnessbereich, Sportanlagen, Spielbetriebe usw.)
  - persönliche Dienstleistungen (Wäschedienst, Etagenservice, Gepäcktransport, Kinderbetreuung usw.)

(2) Analyse der Kosten und Preise

Dabei geht es einerseits

- um kosten- und erlösorientierte Kennziffernvergleiche, wie

- Umsatzstruktur		den ganzen Betrieb
- Personalkosten		den Logis-Bereich
- Wareneinsatz	**für**	den F & B-Bereich
- Energiekosten		alle Nebenbereiche
- Renditen		persönliche Dienstleitungen

- und andererseits um die bisherige Preispolitik, wie
  - Preisstruktur im Logis-Bereich
  - Preisstruktur im F & B-Bereich
  - Preisdifferenzierungen
  - Preisverhalten der Konkurrenten

(3) Analyse der Vertriebswege (Vertriebskanäle)

Dabei geht es vor allem

- um die Erfassung der bereits vorhandenen Vertriebskanäle/Buchungsquellen, wie
  - Buchungen über eigene Repräsentanten
  - Buchungen über Hotelverbände
  - Privatbuchungen
  - Walk-in
  - Firmenbuchungen
  - Buchungen über Reisebüros, Reiseveranstalter, Busunternehmen bzw. Fluggesellschaften

(4) Analyse der Marketingkommunikation

Dabei geht es um das Erfassen aller Maßnahmen, die im Zusammenhang stehen mit der Darstellung des Unternehmens in der Öffentlichkeit, der Ansprache und dem Umgang mit den Kunden/Gästen, wie

- Maßnahmen der Werbung

- Öffentlichkeitsarbeit

- Verkaufsförderung

Dabei geht es um die Beantwortung der Frage, was bereits unternommen wurde, damit die Kunden/Gäste von den Leistungen/Produkten des Unternehmens erfahren.

(5) Analyse der Kunden/Gästenachfrage

Untersuchungen hierzu konzentrieren sich vor allem auf die Erfassung und Bewertung solcher Informationen wie:

- Verteilung der Kunden/Gäste nach Anzahl der Übernachtungen

- Durchschnittliche monatliche Zimmerbelegung

- Verteilung der Kunden/Gäste nach Herkunftsgebieten

- Verteilung der Übernachtungen nach Buchungsquellen

Fazit:

Wer über das eigene Unternehmen stets unterrichtet ist, hat damit einen wichtigen Schritt für den Erfolg getan.

Wer ständig über die Stärken, aber auch Schwächen/Reserven des Unternehmens informiert ist, kann zukunftsorientiert handeln und die Bedingungen des Marktes im entsprechenden Segment mitbestimmen.

Wer mit Hilfe der Stärken- und Schwächen-Profil-Analyse arbeitet und als Ergebnis der Analyse ein Chancen-Risiko-Profil für das Unternehmen erstellt, gibt den Schlüssel für den Erfolg im Unternehmen nicht mehr aus der Hand.

3.7.2.3 Konkurrenz-/Mitbewerberanalyse

„ Das Wissen um die Mitbewerber wird zu einer wesentlichen Voraussetzung für die effektive, eigene Marketingplanung!"

Neben der Analyse der Ziel-/Bedürfnisgruppen und dem Durchleuchten des eigenen Betriebes kommt der ständigen Beobachtung der unmittelbaren Konkurrenz in dem Marktsegment, in dem sich das Unternehmen befindet, eine erhebliche Bedeutung zu.

Durch eine gezielte Analyse werden Informationen erfasst, die für den Einsatz absatzpoliti-scher Maßnahmen im eigenen Unternehmen wichtig sind.

Das Wissen um die Konkurrenten ist damit eine wesentliche Voraussetzung um in seinem Unternehmen eine effektive Marketingplanung zu realisieren.

Bedauerlicherweise investieren die meisten Unternehmen noch zu wenig in eine Analyse der Mitbewerber, denn solche Meinungen wie:

„Ich kenne meine Konkurrenten, schließlich befinde ich mich tagtäglich mit ihnen im Wettbewerb, warum also beobachten, analysieren...“

oder

„es ist überhaupt nicht möglich, seine Konkurrenten richtig zu kennen, warum also soll ich sie beobachten, analysieren und einen so großen Aufwand betreiben...“

sind noch immer in den Köpfen vieler Unternehmer fest verankert.

Bei der Konkurrenzanalyse geht es nicht um die Kopie guter Ideen, sonders es geht vielmehr um die Beantwortung solcher Fragen, wie:

(1) Wer sind eigentlich unsere Konkurrenten?

(2) Welche Ziele verfolgen sie?

(3) Was sind ihre Strategien bei der Verfolgung ihrer Ziele?

(4) Was haben die Konkurrenten zu bieten, was planen sie in Bezug auf

- ihre Produkt- und Leistungspolitik?

- ihr Produkt- und Leistungs-Portfolio?

- ihre Preispolitik, Preisstrategie?

- ihre Kunden-/Gästestruktur?

- ihre Absatzwege?

- ihre Kommunikationsmaßnahmen?

(5) Wo liegen die Stärken und Schwächen der Konkurrenten?

(6) Wie zeigt sich das Reaktionsprofil der Konkurrenten am Markt?

Besonders die Kenntnis über das Reaktionsprofil, das den richtigen Umgang mit den Kon-kurrenten ermöglicht, kann im rauen Alltagsgeschäft von Vorteil sein.

Folgende Übersicht verdeutlicht das:

Mögliches Reaktionsprofil	Erläuterungen
Der zurückhaltende Konkurrent	• Reagiert oft weder schnell noch intensiv auf das Marktgeschehen. • Er glaubt, dass ihm seine Kunden/Gäste treu bleiben. • Initiativen am Markt nimmt er nur mit Verzögerung wahr. • Oft fehlen ihm auch die Ressourcen für eine Initiative. Merke: Gründe für die Zurückhaltung ermitteln
Der selektive Konkurrent	• Reagiert nur auf bestimmte „Angriffsformen" • Reagiert er auf Preissenkungen, will er damit signalisieren, dass er sie nicht fürchtet, bzw. dass sie zu nichts führen. • Reagiert er gar nicht auf eine Erhöhung von Werbekosten, hält er dies für nicht bedrohlich. Merke: Herausfinden, worauf der Konkurrent überhaupt reagiert
Der unberechenbare Konkurrent	• Er zeigt keine vorhersehbaren Reaktionen • Er könnte in bestimmten Situationen zu Maßnahmen greifen, aber auch nicht. • Auch anhand von Daten und Fakten ist eine Aussage nicht möglich. Merke: Gezielt „reizen" und analysieren
Der Tiger	• Er reagiert schnell und intensiv auf alle „Übergriffe in seinem Territorium" • Er signalisiert dem Konkurrenten, dass es besser für ihn wäre, von vornherein auf jeglichen Angriff zu verzichten. Merke: Mit Vorsicht betrachten, er kämpft bis zum bitteren Ende

Fazit:

Auch wenn nicht jeder Konkurrent ein „potentieller Feind" ist, stehen im Zusammenhang der Konkurrenzanalyse nicht zuletzt solche Fragen im Mittelpunkt des Geschehens:

Welchen Konkurrenten kann man mit fairen Mitteln „bekämpfen", und welchen Konkurrenten sollte man von vornherein meiden?

Je ähnlicher der Konkurrent dem Analysierenden in seinem Unternehmensprofil ist, desto intensiver ist auch das Konkurrenzverhältnis.

Das zentrale Anliegen in diesem Zusammenhang muss deshalb lauten:

Die Konkurrenz nicht „vernichten" zu wollen, sondern sich mit Hilfe einer zielgenauen Analyse bewusst von der Konkurrenz abzuheben, um so einen deutlichen Wettbewerbsvorsprung herauszuholen, denn ohne Konkurrenz funktioniert der Markt nicht.

Es ist immer zu beachten:

Seriöse Konkurrenten

- halten sich an „die Spielregeln" der Branche
- schaffen für alle Beteiligten eine vernünftige Preisstruktur
- beschränken sich auf „ihre Marktsegmente"
- und akzeptieren bzw. respektieren die eigene Marktposition.

Unseriöse Konkurrenten dagegen

- gehen oft hohe Risiken ein, um sich Vorteile zu verschaffen
- investieren häufig in Überkapazitäten
- bringen nicht selten durch ihr Verhalten das Gleichgewicht in der Branche durcheinander und
- arbeiten nicht selten mit subventionierten Preisen.

Vorgehensweise im Rahmen der Konkurrenzanalyse

Nicht alle am Markt und der Destination agierenden Unternehmen sind Mitbewerber für das eigene Angebot, d. h., in der Regel ist nur eine Teilmenge der Gesamtanbieter als Konkurrenz anzusehen.

Aus diesem Grund ist es im Rahmen der Konkurrenzanalyse hilfreich, in einem **ersten Schritt** zunächst eine Unterscheidung der Konkurrenz zwischen

indirekter und **direkter** Konkurrenz am unmittelbaren Standort bzw. in der Region/Destination vorzunehmen.

1. **Indirekte Konkurrenz:** dies sind Anbieter, die mit einer ähnlichen Produkt- und Leistungspolitik am Markt agieren. Bei diesen Anbietern muss man sich jedoch fragen, ob sie überhaupt mit ihren Produkten/Leistungen als Mitbewerber für das eigene Unternehmen in Betracht kommen.
2. **Direkte Konkurrenz:** bei diesen Mitbewerbern geht es darum, dass sie sich mit ihrer Produkt- und Leistungspolitik am Markt im gleichen Segment, zur gleichen Zeit und am gleichen Ort oder in der gleiche Region/Destination befinden. Diese Gruppe von Anbietern wird somit Gegenstand der Untersuchungen im Rahmen der Konkurrenzanalyse.

In einem **zweiten Schritt** werden nun die Beurteilungskriterien festgelegt, auf deren Grundlage die **direkten** Mitbewerber analysiert werden.

Mögliche Beurteilungskriterien am Beispiel eines Beherbergungsbetriebes:

Untersuchungsbereich	Beurteilungskriterien
Hotelbetrieb gesamt	• Standort des Hotelbetriebes • Leistungsstruktur des Hotelbetriebes • Erreichbarkeit des Hotelbetriebes • allgemeine Infrastruktur • Ambiente der öffentlichen Räume des Hotelbetriebs, usw.
Beherbergungsbereich	• Ausstattungszustand der Zimmer • Ausstattungszustand der Aufenthaltsräume • Qualität der Dienstleistungen, wie Rezeption, Conciergerie, Etagendienste • Realisierbarkeit der Gästebedürfnisse, usw.
Restauration	• Ambiente im Restaurant • Leistungsstruktur im Restaurant • Qualität des F & B-Angebots • Qualität Mitarbeiter Service • Qualität Sozialräume Restauration • Realisierbarkeit der Gästebedürfnisse usw.

Nebenbetriebe
  • Schwimmhalle, Sauna
 	
  • Spielbetriebe
 	
  • Unterhaltungs- angebote generell
	• Sauberkeit, Verfügbarkeit, Wohlfühlfaktor
	• Unterhaltungsangebot, zeitliche Verfügbarkeit
	• Qualität, Quantität
	usw.

In einem **dritten Schritt** erfolgt nun mit Hilfe der ausgewählten Beurteilungskriterien die Erfassung der Informationen zu den einzelnen direkten Konkurrenten, d. h. die Informationen werden in „**Stärken-Schwächen-Profilen**" der analysierten Mitbewerber dargestellt und ausgewertet.

Die so erhaltenen Informationen liefern Erkenntnisse für das eigenen Unternehmen und werfen in diesem Zusammenhang Fragen auf, wie z. B.:

In welchen Bereichen gibt es wesentliche Unterschiede (Vor- Nachteile) im Vergleich zum eigenen Unternehmen?

Welche Kunden/Gästestruktur hat die Konkurrenz z Z. „**noch**" besser erfasst?

Welche Kunden-/Gästegruppen können/müssen für das eigene Unternehmen noch rekrutiert werden?

Wo ist die Produkt- und Leistungspolitik der Konkurrenz effektiver?

Mit welchen Kommunikationsinstrumentarien muss das eigene Unternehmen den Kunden/Gast noch besser ansprechen?

Gibt es Kooperationsmöglichkeiten mit den Unternehmen der Konkurrenz; wenn ja, welche?

Fazit:

Die Antworten auf diese Fragen ermöglichen es, besondere Gefahren,

vor allem aber Chancen zu erkennen und effektiv zu nutzen, d. h., zu erkennen,

- wo die marktrelevanten Stärken im Unternehmen liegen,
- wo die Schwächen im Unternehmen liegen,
- wie schwach die strategischen Mitbewerber dort sind, wo das eigene Unternehmen seine Stärken hat;
- wie stark die strategischen Mitbewerber dort sind, wo das eigene Unternehmen seine Schwächen hat.

Das so erhaltene „**Chancen-Gefahren-Profil**" gibt somit konkrete Hinweise für die Marketingarbeit im Unternehmen – von der Planung bis hin zur Realisierung.

Aufgaben Kapitel 3:

1. Erklären Sie die Begriffe Marktforschung und Markterkundung im Zusammenhang mit der Marktuntersuchung. Nennen Sie Beispiele aus dem touristischen Dienstleistungsbereich.

2. Welchen Teilbereichen der Marktforschung können folgende Tätigkeitsmerkmale zugeordnet werden:
   a) kontinuierliche Untersuchung,
   b) einmalige bzw. in bestimmten Abständen durchgeführte Untersuchung,
   c) Vorhersagen über zukünftige Entwicklungen?

3. Unterscheiden Sie hinsichtlich des Untersuchungsgegenstandes Marktforschung von Marketingforschung.

4. Definieren Sie Desk research und Field research als unterschiedliche Erhebungsarten der Marketinginformationsbeschaffung.

5. Erklären Sie die Datengewinnung durch Sekundärerhebung aus betriebsinternen bzw. externen Quellen, und erläutern Sie exemplarisch (an einem Beispiel) die Bedeutung daraus gewonnener Informationen für die marktorientierte Betriebsführung.

6. Ein Reiseveranstalter möchte sein Angebot an Pauschalreisen in die Türkei ausweiten. Um sicher zu sein, dass diese Destination eine ausreichende Nachfrage hervorruft, beabsichtigt der Reiseveranstalter, den Markt genauer zu analysieren. Welche Informationen sollte ihm die Marktuntersuchung liefern?

7. Führen Sie mit einer Gruppe von 8-12 Personen wahlweise eine synchrone oder eine asynchrone Gruppendiskussion als Online-Fokusgruppe zu folgender Frage durch: „Online-Marketing eignet sich auch für kleine regionale Tourismusunternehmen mit einer starken regionalen Verortung". Bestimmen Sie zunächst einen Moderator und protokollieren Sie Ihre Erfahrungen in den verschiedenen Rollen. Diskutieren Sie diese anschließend im Plenum.

8. Erläutern Sie die Vor- und Nachteile einer Befragung per E-Mail gegenüber einer WWW-Befragung.

9. Im Internet sind eine Vielzahl kostenloser Werkzeuge für Logfile-Analysen verfügbar. Schauen Sie sich an was für Kennzahlen solche Werkzeuge anbieten und überlegen Sie sich, welche Aussagen mit Hilfe dieser Kennzahlen getroffen werden können.

10. Welche Antworten auf welche Fragen stehen zu Beginn der Ziel- Bedürfnisgruppenanalyse?

11. Erläutern Sie folgende Segmentierungsmöglichkeiten von Ziel- und Bedürfnisgruppen nach Merkmalen:

- allgemeine Kriterien

- nach Bedürfnissen

- nach Motiven

- nach Typologie

12. Was soll im Rahmen der Ziel- und Bedürfnisgruppenanalyse mit einer Segmentierung der Ziel- und Bedürfnisgruppen erreicht werden?

13. Erläutern Sie die Bedeutung der Eigen-/Betriebsanalyse im Rahmen der Marketinganalyse.

14. Stellen Sie die Schritte der Eigen-/Betriebsanalyse im Rahmen der Bestandsaufnahme im Unternehmen dar.

15. Welche Bedeutung hat die Erarbeitung eines Stärken- und Schwächen- sowie eines Chancen-/Risiko-Profils im Rahmen der Analyse im Unternehmen?

16. Was verstehen Sie unter kosten- und marketingorientierter Bestandsaufnahme?

17. Stellen Sie am Beispiel eines Hotelbetriebes dar, welche wesentlichen Informationen im Rahmen der Eigen-Betriebsanalyse zu erfassen sind.

18. Auf welche inhaltlichen Schwerpunkte muss sich die Konkurrenzanalyse zur Erfassung von Informationen beziehen?

19. Welche Bedeutung hat die Kenntnis über das Reaktionsprofil von Konkurrenten für den Umgang mit ihnen am Marktgeschehen?

20. Erläutern Sie die methodischen Schritte im Rahmen der Konkurrenzanalyse.

21. Was verstehen Sie unter indirekter Konkurrenz?

22. Was verstehen Sie unter direkter Konkurrenz?

23. Welche Bedeutung kommt der Auswahl der Beurteilungskriterien bei der Konkurrenzanalyse zu?

24. Welche Erkenntnisse sind aus dem Stärken- und Schwächen-Profil der Konkurrenten für das eigene Unternehmen abzuleiten?

25. Welche Probleme bei der Erfassung von Informationen im Rahmen der Konkurrenzana-
    lyse können auftreten?

26. Mit der Eröffnung eines „Speiserestaurants" an der Peripherie einer Großstadt wollen Sie
    sich einen lang ersehnten Wunsch, die Selbständigkeit, erfüllen. Die hierfür notwendigen
    Voraussetzungen wie Berufserfahrung und berufliche Qualifikationen erfüllen Sie hinrei-
    chend. Um dieses Ziel zu erreichen, beabsichtigen Sie, eine Erfassung möglicher Konkur-
    renten im genannten „Bannkreis" vorzunehmen.
    Stellen Sie die methodischen Schritte für die Realisierung dieser Aufgabe dar, begründen
    Sie Ihre Vorgehensweise.

4. Zielfindung im strategischen Marketing-Management-Prozess

> „Nur wer die unternehmerischen Ziele kennt, ist in der Lage, die entsprechenden Marketingziele und Marketingstrategien zu entwickeln und zum Erfolg zu führen."
>
> „Wer vom Ziel nichts weiß, der wird den Weg nicht finden!"
>
> (Christian Morgenstern)

Jegliches Handeln in einem Unternehmen ist immer darauf gerichtet, die optimalen Wege und Methoden zur Realisierung der unternehmerischen Zielsetzung anzustreben.

Das Management eines Unternehmens ist abhängig von einer effektiven Zielsetzung, d. h., erst die Ziele ermöglichen die Planung des Unternehmensgeschehens und werden somit zu einem wichtigen Steuerungsinstrument für den Entscheidungsprozess.

Darüber hinaus bilden die Ziele auch den Maßstab für die Beeinflussbarkeit, Transparenz und nicht zuletzt Messbarkeit der angebotenen Produkte und Leistungen sowie der Mitarbeiter.

Auch wenn in diesem Prozess die Zielplanung und -festlegung im Unternehmen eher als eine strategische Aufgabe betrachtet wird, ist das Verständnis für den Gesamtprozess bei der Zielfindung von ausschlaggebender Bedeutung.

Mit der Zielplanung und -festlegung werden wesentliche, und vor allem zukunftsorientierte Daten und Informationen durch das Unternehmen vorgegeben und bilden somit für den Marketing-Managementprozess die notwendigen Voraussetzungen.

Verfügen also die Entscheidungsträger im Unternehmen über ausreichende, entsprechend ausgewertete und aufbereitete Informationen, so beginnt der eigentliche Marketing-Management-Prozess im Unternehmen, die Entwicklung der Ziele.

Die Festlegung von Zielen wird somit zur dominierenden Aufgabe der Marketingplanung.

Im Rahmen der Zielfindung lassen sich zunächst allgemein folgende Zielarten unterscheiden:

a) **Formalziele**

Dies sind übergeordnete Ziele, die für das Überleben des Unternehmens von fundamentaler Bedeutung sind.

b) **Sachziele**

Die Sachziele sind untergeordnete Ziele, die der Realisierung der Formalziele dienen und sich auf das konkrete Handeln, also auf die Produkte und Leistungen im Unternehmen beziehen.

4.1 Von der Unternehmensvision zum -leitbild

> **„Wer auf seine Vision pochen muss,**
> **hat sie schon verloren."**
>
> **„Wer aber seine Vision mit Überzeugung lebt und verkörpert,**
> **der wird erfolgreich sein!"**

Unternehmensvisionen entstehen in der Regel als Folge innovativer, bewusst durchlaufener kreativer Prozesse. Ihre Entwicklung wird damit zum wichtigen Instrument im strategischen Marketing-Management.

Unternehmensvisionen übernehmen mit ihrer Wirkungsweise hierbei vor allem Orientierungs-, Profilierungs-, Motivations- und Integrationsfunktion, das heißt, je faszinierender sich die Ideen zeigen bzw. je größer die Sinnvermittlung dieser Ideen sind, um so notwendiger wird ein Zusammenwirken aller Einflussfaktoren nicht nur für die Gestaltung einer Vision, sondern für das aktive Leben mit ihr.

Denn:
Visionen basieren stets auf zwei Ebenen, und zwar:

> Zum einen auf einer theoretischen Ebene, das heißt, dieser Teil ist Produkt geistiger Bereitschaft und Gestaltung von Innovationen.

Und

> Zum anderen auf einer praktischen Ebene, das heißt, dieser Teil ist Produkt praktischer Umsetzung von Visionen mit Hilfe der zur Verfügung stehenden Mittel und Methoden.

> Visionen sind nicht erzwingbar. Sie lassen sich nur dann zu einer konkreten Unternehmensvision entwickeln, wenn die entsprechenden Voraussetzungen durch das Management im Unternehmen geschaffen werden.

Wichtige Voraussetzungen hierbei sind eine entsprechende Partnerschaft in allen Bereichen und Ebenen im Unternehmen, die getragen ist durch Vertrauen und Wahrhaftigkeit im Handeln, um die Wirklichkeit effektiv zu gestalten.

„Ich zerbreche mir ständig den Kopf darüber, dass meine Mitarbeiter im Unternehmen nicht wissen, was sie nicht wissen. Was sie wissen, dass sie nicht wissen, daran können sie arbeiten und dafür können sie auch Antworten finden. Aber das können sie nicht tun, wenn sie nicht wissen, dass sie nichts wissen."

(Stanley M. Davis)

In diesem Zusammenhang wird die Entwicklung einer Unternehmensvision zu einer Sinnesforschung im Unternehmen, durch die es gilt, notwendige Antworten auf zum Beispiel folgende Fragen zu finden:

1. Durch welche Wertmaßstäbe soll/muss eine Unternehmenskultur gekennzeichnet sein?
2. Gibt es im Unternehmen bereits eine Vision, d. h., mittel- oder langfristige Vorstellungen oder Ideen über das Handeln?
3. Worin besteht oder soll der Unternehmenszweck bestehen, wie kann oder soll er definiert werden?
4. Welche Unternehmensziele lassen hieraus ableiten?

Sind auf diese Fragen Antworten im Unternehmen gefunden, lässt sich aus folgendem Algorithmus die Entwicklung der Unternehmensvision ableiten.

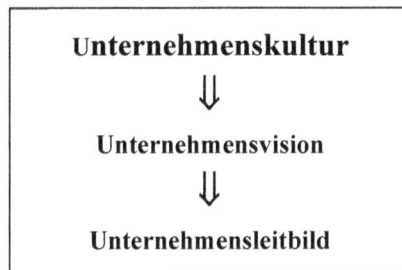

Unternehmenskultur

⇓

Unternehmensvision

⇓

Unternehmensleitbild

4.1.1 Unternehmenskultur

„Man muss davon überzeugt sein, dass in jedem Unternehmen ein gesundes Maß an Grundüberzeugungen, d. h., an kulturellen, ästhetischen Maßstäben, vorhanden sein muss, das als Orientierung bei allen Entscheidungen im Unternehmen dient".

In jedem Unternehmen gibt es bereits, teils bewusst, teils unbewusst, eine Unternehmenskultur (die Bestimmung des Begriffs befindet sich als Merksatz auf der nächsten Seite).

Nicht selten zeigt sich diese Tatsache auch dann, wenn ein Unternehmen vor wesentlichen strategischen Veränderungen steht und somit ein Wandel in den Einstellungen und Wertevorstellungen bei Führungskräften und Mitarbeitern notwendig werden. So wird es, um Strategien effektiv umsetzen zu können, unumgänglich sein, die Unternehmenskultur nicht nur zu beeinflussen, sondern, wenn nötig, positiv zu verändern.

Da dieser Prozess langwierig und permanent vollzogen werden muss, sind dafür einige Voraussetzungen zu erfüllen:

* Die Strategie im Unternehmen muss klar und eindeutig nachvollziehbar sein.

* Die bisher gelebte Unternehmenskultur muss analysiert und somit transparent gemacht werden.

Erst dann zeigt sich die Unternehmenskultur als ein gelebtes System von Wertvorstellungen und Überzeugungen und bringt das Verhalten in einem Unternehmen bezüglich der Ethik zum Ausdruck.

Im Ergebnis hieraus entwickeln und manifestieren sich dann Normen und Verhaltensregeln für alle Mitglieder eines Unternehmens.

Beispiele für Wertvorstellungen und Überzeugungen:

Wertvorstellungen im Unternehmen	Überzeugungen im Unternehmen
■ Absolute Kunden-/Gästeorientierung ■ Qualitätsorientierung in der Produkt- und Leistungspolitik ■ Uneingeschränkte Orientierung auf den Erhalt des Unternehmens ■ Bereitschaft zum Risikomanagement ■ Orientierung zum innovativen Handeln ■ Renditeorientierung ■ Kostenorientierung ■ Orientierung auf Diversifikation bzw. Expansion	• Qualität all unserer Produkte und Leistungen sowie eine ständige Verbesserung sind wesentlich für unseren Unternehmenserfolg • Die Beteiligung unserer Mitarbeiter am Gesamtgeschehen des Unternehmens, wird geprägt durch unseren Führungs- und Arbeitsstil • Die Förderung unserer Mitarbeiter und die qualifizierte Auswahl von Führungskräften im Unternehmen, hat höchste Priorität • Unsere Lieferanten sind unsere Partner • Unsere Kunden-/Gäste sind unsere Freunde und so werden sie behandelt

Die Unternehmenskultur ist eine ungeschriebene Gesetzmäßigkeit zum Handeln im Unternehmen und macht deutlich, welche Verhaltensweisen honoriert und welche Verhaltensweisen sanktioniert werden.

Die Unternehmenskultur kann somit als ein Muster von Werten, Einstellungen und Verhaltensweisen bezeichnet werden, die dem aktiven Leben im Unternehmen zugrunde liegen. Durch das Wirken der Unternehmenskultur wird auch deutlich, in welcher Qualität zwischenmenschliche Beziehungen – also Kommunikationsprozesse – ablaufen.

Die Unternehmenskultur unterliegt ständigen Veränderungen durch Beeinflussungen inner- bzw. außerbetrieblicher Faktoren.

4.1.2 Unternehmensvision

> „Wir möchten, dass unsere Kunden/Gäste stets zufrieden und begeistert von ihren Urlaubsreisen heimkehren!"
>
> „Wir sind das kinderfreundlichste Hotel in der Destination!"
>
> Bei uns kommen sie nicht auf den „Hund" und die „Katz", die ultimative Herberge für „Mensch" und „Tier"!
>
> „Die aufrichtigste Gastfreundschaft ist die Freundschaft am Gast!"
>
> (Rene' Maeder, Hotel Doldenhorn, Kandersteg)
>
> „Die Menschen im Alltag sind Gefangene ihrer Lebensgewohnheiten. Für die Urlaubszeit, für den zwölften Monat brauchen sie Weite, Licht, Inspiration, zwischenmenschliche Beziehungen!" (Gerald Blitz, Club Mediterrane'e)

Die Unternehmensvision leitet sich aus dem Wertesystem von Vorstellungen, Orientierungsmuster, Verhaltensnormen, sowie von Denk- und Handlungsweisen aller Mitarbeiter im Unternehmen ab, sprich aus der Unternehmenskultur.

Damit umfasst die Unternehmensvision alle grundlegenden, permanenten Unternehmensziele und macht zudem die prinzipielle Geschäftsauffassung, den Typus des Unternehmertums bzw. den Typus des Unternehmers, der hinter dem Unternehmen steht, deutlich.

Alle Werte und Einstellungen des Unternehmers bzw. des Managements fließen in die Unternehmensvision ein und zeigen sich als Folge innovativer Prozesse im Unternehmen, wie:

* sich allen Veränderungen am Markt zu stellen

* einen Wertewandel zu erkennen und für das eigene Unternehmen zu nutzen/positiv zu gestalten

* zu erkennen, dass Flexibilität ein wichtiges Instrument des Erfolgs im Unternehmen sein kann (Kraft durch Selbstmotivation, Selbstorganisation sowie Aufbau effektiver Netzwerke im Kommunikationsprozess).

* Einbeziehung aller Mitarbeiter im Unternehmen (das gemeinsame Ziel ist wichtig, mehr Wissen, Prestigeverhalten aufgeben zugunsten der Vermittlung des Sinns, Begreifbarmachen der Vision, der Aufgaben).

* Einflussnehmen auf neue Wirklichkeiten und sie gestalten (Offenheit für Neues, eigenständiges Denken, Betrachtungsweise für das Ganze).

Also: „Leisten wir uns doch den Luxus, eine eigene Vision zu haben!"

Bei der Gestaltung der Unternehmensvision ist darauf zu achten, dass sie sowohl internen als auch externen Einflüssen unterliegen.

Folgende Übersicht soll das verdeutlichen:

Interne Komponenten *(„der Blick nach innen")*	**Externe Komponenten** *(„der Blick nach außen")*
Festlegungen zu grundlegenden obersten Zielen wie • Börsengang, Börsenwerte • Cashflow • Umsatz / Gewinn / Profit • Erhalt und Wachstum des Unternehmens • Soziale Verantwortlichkeit durch das Unternehmen • Qualität und ihr Standard Festlegungen zu innerbetrieblichen Voraussetzungen und Gegebenheiten, wie • Unternehmens- bzw. Betriebsklima • Führungsstil • Innerbetriebliche Kommunikation • Mitarbeiterstruktur, Mitarbeiterstamm	Beziehungen und Verhältnisse zu • Kunden, Zielgruppen • Vertragspartnern, Lieferanten • Mitbewerbern • Ortsansässiger Bevölkerung • Öffentliche Verwaltungen, Behörden, Vereine Auftreten am Markt, wie ▪ Fähigkeit zur Innovation ▪ Kreativität ▪ Zuverlässigkeit ▪ Qualität der Produkte und Leistungen Auftreten in der Öffentlichkeit wie • Imagebildung • Ehrlichkeit, Korrektheit • Vermittlung von Normen und Werten

Merke:

• Die Unternehmensvision ist eine unternehmensspezifische Leitidee in verschiedenen Dimensionen mit einem Ziel- und Orientierungscharakter.

• Die Unternehmensvision hat somit eine Sinngebungs-, Koordinations-, Orientierungs- und vor allem eine Motivationsfunktion.

• Die Formulierung einer Unternehmensvision sollte aus diesem Grund in kurzen Hauptsätzen erfolgen.

• Der Zeithorizont für die Wirksamkeit einer Unternehmensvision beträgt etwa fünf Jahre, in Ausnahme auch darüber hinaus.

• Dadurch hat die Unternehmensvision einen ultimativen Termin, ein Verfallsdatum.

• Damit gilt auch für die Unternehmensvision die Forderung einer ständigen Aktualisierung und Anpassung an die Gegebenheiten des Marktes.

4.1.3 Unternehmensleitbild

Am Anfang jeder Leitbildentwicklung für eine Destination steht die Bestandsaufnahme ihrer Gegebenheiten, Stärken und Schwächen sowie Besonderheiten. Einen um die Folgeaufgaben erweiterten Ablauf der Leitbildentwicklung zeigt das einführende Schaubild:

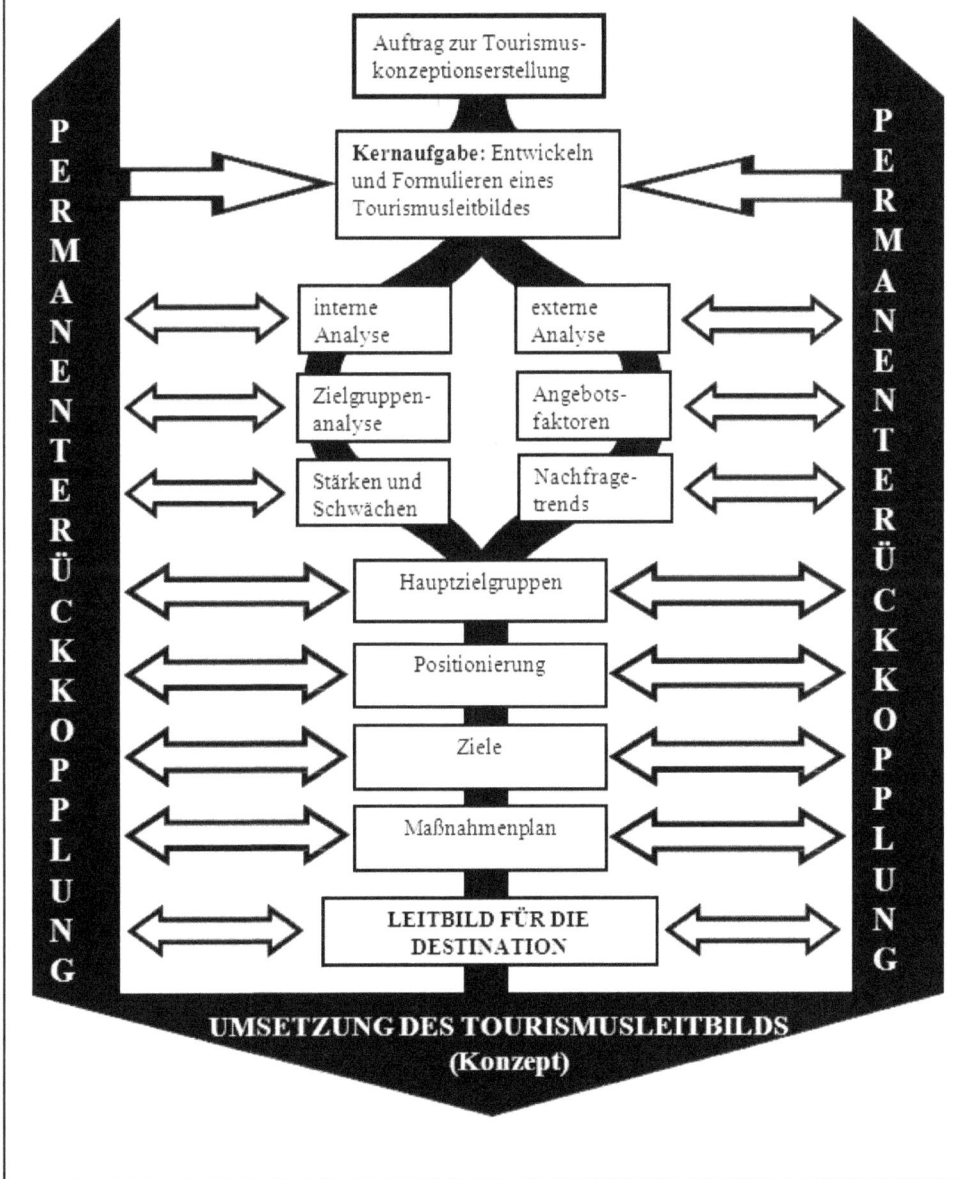

Die Unternehmensführung ist zur Vermittlung von Visionen, Werten und Überzeugungen über bzw. mit Hilfe von Unternehmensleitbildern aufgerufen.

Das Unternehmensleitbild übernimmt in diesem Zusammenhang eine wichtige Legitimations- und Orientierungsfunktion. Zeigt es doch den Weg in eine gemeinsame Zukunft nicht nur für das Unternehmen selbst, sondern auch für alle Beteiligten im Unternehmen.

Das Unternehmensleitbild wird somit zu einem bedeutenden Motivationsinstrument und bietet die Chance, sich im Wettbewerb von Mitbewerber zu unterscheiden, abzuheben, um so den Sympathiewert des eigenen Unternehmens am Markt oder in einzelnen Marktsegmenten zu erhöhen.

Letztendlich bietet das Unternehmensleitbild das Fundament für Vorgaben, die den Sinn und Zweck des Handels im Unternehmen ausmachen und verdeutlichen.

Das Leitbild wird somit zu einem roten Faden im Handeln aller Personen im Unternehmen. Es wird zu einem Leitsystem, an dem sich die gesamten unternehmerischen Aktivitäten orientieren, und es gibt Antworten auf folgende allgemeine Fragen:

- **Wer sind wir?**
- **Was wollen wir?**
- **Wie kommen wir dorthin?**

Die Gestaltung des Leitbildes hat die unternehmenspolitischen Ziel- und Grundsatzentscheidungen in konzentrierten Aussagen zum Inhalt.

Auf dieser Grundlage stellt es eine grundlegende Willenserklärung der Unternehmensleitung dar und ist damit eine allgemeine Führungsvorgabe (Orientierungsfunktion) für den gesamten Marketing-Managementprozess.

Gerichtet ist diese **grundlegende Willenserklärung** vor allem an die Mitarbeiter des Unternehmens, aber auch an die interessierte Öffentlichkeit.

Die Erarbeitung eines Leitbildes wird um so wichtiger, je strukturierter und größer ein Unternehmen ist und je mehr Personen sowie Personengruppen im Unternehmen und Institutionen an der Realisierung des Unternehmenszwecks beteiligt sind.

Antworten auf folgende Fragen ermöglichen es, entsprechend den konkreten Bedingungen im Unternehmen, das Leitbild zu formulieren:

- Welche Bedürfnisse wollen wir mit unserer Produkt- und Leistungspolitik befriedigen?

- Welche grundlegenden Anforderungen sollen unsere Produkte und Leistungen hinsichtlich Qualität, Preis, Innovation usw. entsprechen?

- Welche geografische Reichweite – lokal, regional, national, international – wollen wir mit unserem Unternehmen bedienen?

- Was sind unsere grundsätzlichen Zielorientierungen hinsichtlich Gewinnerzielung und -verwendung?

- Was ist unser wirtschaftliches Handlungsprinzip?

- Worin zeigt sich unsere gesellschaftspolitische Einstellung gegenüber dem Umweltschutz, der Kulturförderung, der Entwicklungshilfe für unsere Region und darüber hinaus?

- Wie stehen wir zu unserer sozialen Verantwortung für unsere Mitarbeiter, z. B. bezüglich Entlohnung, Mitbestimmung, Entwicklungschancen?

- Welche Grundsätze bestimmen das Handeln im Rahmen der Mitarbeiterführung?

Beispiel für ein Leitbild, dargestellt an einem Beherbergungsbetrieb:

- Das Produkt- und Leistungsangebot unseres Unternehmens ist darauf ausgerichtet, die Bedürfnisse unsere Kunden/Gäste, die Erholung als Ausgleich zum beruflichen Alltag in einer alternativen Umwelt suchen, zu befriedigen. Unsere Kunden/Gästen sollen einer Kaufkraftschicht mit gehobenen Ansprüchen angehören. Das Luxussegment wird dabei nicht berücksichtigt.

- Unser Produkt- und Leistungsangebot richtet vor allem an Kunden/Gäste aus dem Inland und Ausland.

- Wir streben einen hohen Cashflow an, der dem Unternehmen eine stabile Selbstfinanzierung im Rahmen von Erneuerungen technischer Anlagen bzw. Diversifikationen ermöglicht. Nach Möglichkeit ist eine faire Eigenkapitalverzinsung (mit einem kalkulierbaren Risiko) sicherzustellen.

- Unsere Kunde/Gäste stehen stets im Mittelpunkt unseres „Handelns!" Unser Verhalten ist geprägt durch „Offenheit", „Herzlichkeit", aber auch durch eine notwendige Distanz. Das Preis-Leistungs-Verhältnis ist gerecht und stets für den Kunden/Gast nachvollziehbar.

- Wir setzen uns für eine bestmögliche Erhaltung der natürlichen Umwelt und des ökologischen Gleichgewichts in unserer Region ein. Gleichzeitig nutzen wir die natürlichen Ressourcen in der Region.

- Unser Unternehmen zeigt stets eine loyale Haltung gegenüber der Gemeinde und dem Staat durch eine korrekte und realistische Steuerpolitik.

- Die Beziehungen zu unseren Mitarbeitern wird getragen durch eine leistungsorientierte Entlohnung. Die Auswahl und Entwicklung von Mitarbeitern für Führungspositionen erfolgt strikt nach Kompetenzen und nicht nach „eventuellen" Ansprüchen.

- Wir Führen unser Unternehmen kooperativ dann, wenn die Qualität unserer Mitarbeiter, das heißt, die Kompetenzen dies zulassen. Eine autoritäre Führung wird dann vor allem notwendig, wenn im Unternehmen Ausnahmesituationen das Handeln bestimmen.

- Wir legen auf eine ständige berufliche Weiterbildung unserer Mitarbeiter großen Wert, jeder Mitarbeiter hat im Jahr an zwei Maßnahmen teilzunehmen und dies nachzuweisen.

- Unserer Unternehmen stellt sich permanent allen neuen Herausforderungen moderner Kommunikationstechnik und bringt diese zur Anwendung.

4.2 Unternehmensziele

„Wer den Hafen nicht kennt, in den er segeln will, für den ist kein Wind der richtige."

(Lucius Annaeus Seneca)

Im Rahmen der Zielsetzung in einem Unternehmen sind mit der Entwicklung der Unternehmensvision in ihren Teilschritten die Voraussetzungen geschaffen worden, sich mit der Gestaltung der Unternehmensziele auseinanderzusetzen. Eine wesentliche Aufgabe im Marketing-Management-Prozess besteht nun darin, auf der Grundlage der Unternehmenszweckbestimmung, die dort festgelegten Vorstellungen in konkrete Ziele umzusetzen. In den Unternehmenszielen spiegeln sich alle konkreten Bemühungen, Aktivitäten und Leistungen des Unternehmens wider.

Eine effektive Unternehmensführung ist daher ohne eine konkrete Zielsetzung im Unternehmen nicht möglich.

Die Ziele müssen sich dabei unmittelbar an den Unternehmenszweck orientieren, d. h. sie müssen sich im Wettbewerb am Markt und im Wettbewerbsumfeld vergleichen lassen. In diesem Zusammenhang sind die Unternehmensziele Vorgaben und Maßstab zugleich für das gesamte Unternehmen und beziehen sich z. B. auf:

(1) Die **unternehmerische Überzeugung, das Credo,** wie

- „Unternehmen strebt an, Marktführer in der Destination zu werden."
- „Man muss das „Unmögliche" versuchen, um das „Mögliche" zu erreichen!"

Beispiel für ein **Credo:**

„Mitmenschlichkeit ja, aber wie?"

Du und ich stehen in einer Beziehung zueinander, an der mir viel liegt.
Trotzdem ist jeder von uns ein individueller Mensch, mit eigenen,
einzigartigen Bedürfnissen und Wertvorstellungen.

Damit wir besser verstehen, welche Bedürfnisse und Wertvorstellungen
jeder von uns befriedigen möchte, wollen wir offen und ehrlich
mit einander sein.

Wenn mich dein Verhalten bei der Befriedigung meiner eigenen
Bedürfnisse beeinträchtigt, werde ich dir aufrichtig und ohne Vorwürfe
sagen, wie ich empfinde, um dir die Möglichkeit zu geben, dein
Verhalten zu ändern und unter Umständen meinen Bedürfnissen
anzupassen. Ebenso aufrichtig sollst du mit mir sein, wenn mein
Verhalten für dich unannehmbar wird.

Wenn Konflikte unsere Beziehungen trüben, wollen wir uns
verpflichten, den Konflikt zu bewältigen, ohne Macht einzusetzen, um
auf Kosten des Anderen zu siegen. Wir wollen uns bemühen, Lösungen
zu finden, welche die beidseitigen Bedürfnisse befriedigen – keiner wird
verlieren, beide werden gewinnen.

Wenn dich ein Problem bedrückt, will ich versuchen, annehmend und
verständnisvoll auf eine Art zuzuhören, die es dir ermöglicht, deine
eigenen Lösungen zu finden, anstatt von meinen anhängig zu sein.
Ebenso erwarte ich, dass du mir zuhörst, wenn ich das Bedürfnis habe,
für meine eigenen Probleme eine Lösung zu finden.

Unsere Beziehung gestattet jedem von uns, das zu werden, wozu er
fähig ist. Wir können fort fahren, in gegenseitigem Respekt und
gegenseitiger Liebe, in Freundschaft und in Frieden Beziehungen
zueinander zu haben.

(Thomas Gorden)

(2) Längerfristige Unternehmensziele, wie

- „Wille zur Erhaltung der Selbständigkeit"
- „Umsatzwachstum, Rentabilität, Diversifikation."

4.2.1 Ableitung der Unternehmensziele

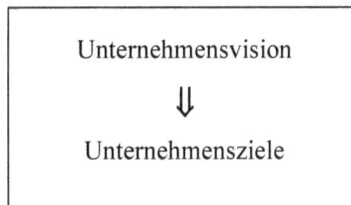

Unternehmensvision

$\Downarrow$

Unternehmensziele

Die Unternehmensziele werden in diesem Zusammenhang so formuliert, dass sie einen zwar
noch nicht realisierten, aber für die Zukunft des Unternehmens wünschenswerten Zustand
zum Ausdruck bringen. Gelingt das nur unzureichend oder bringen die Unternehmensziele
nicht die erforderlichen Aussagen, so wird eine weitere effektive strategische Arbeit im Marketing-Management kaum möglich sein.

Um geeignete Unternehmensziele zu definieren, unterliegen sie unter anderem einem System
von Anforderungen, wie:

- Ziele müssen zum Unternehmen passen und den einzelnen Bereichen des Unternehmens
  zugeordnet werden können.

- Ziele müssen realistisch, das heißt mit dem angemessenem Aufwand erreichbar sein.

- Zwischen den einzelnen Zielen muss eine Rangordnung erkennbar sein, bzw. eine Rangordnung bestehen.

- Ziele müssen aufeinander abgestimmt sein.

- Ziele müssen ständig den sich verändernden Bedingungen angepasst werden.

- Ziele müssen nachvollziehbar, eindeutig und vor allem überprüfbar sein.

- Mitarbeiter müssen hinter den Zielen stehen, sie respektieren.

Wurden im Sinne der Zielfindung diese Anforderungen gedanklich verfestigt, so sind alle Voraussetzung für die Formulierung der Unternehmensziele erfüllt;

einige **Beispiele**:

(1) Realisierung eines bestimmten, höchstmöglichen Gewinns, einer höchstmöglichen

Rentabilität, bestimmter Deckungsbeiträge, Umsätze bzw. einer höchstmöglichen

Wirtschaftlichkeit.

(2) Sicherung der Unabhängigkeit des Unternehmens durch ein stetes Wachstum.

(3) Erlangen einer starken Machtposition durch hohe Marktanteile.

(4) Sicherung der Liquidität des Unternehmens.

(5) Erreichung eines hohen Ansehens in der Region, Destination und darüber hinaus.

(6) Optimale Versorgung unserer Kunden/Gäste mit unseren Produkten und

Leistungen in bester Qualität.

4.2.2 Gestaltung der Unternehmensziele nach der Zielhierarchie

Unternehmensziele unterliegen einem ständigen Wandel auf Grund permanenter gesell-schaftspolitischer und wirtschaftlicher Veränderungen.

Die Unternehmensziele müssen diesen Veränderungen kontinuierlich angepasst werden, um das Hauptanliegen, die Sicherung von Gewinn und Rentabilität für das Unternehmen zu gewährleisten.

Beispiele für die Gestaltung nach der Zielhierarchie:

Hierarchiebereich	Beispiele/Erläuterungen
1. Übergeordnete Ziele Unternehmenszweck („Business Mission") Unternehmensleitsätze („Policies and Practices") Unternehmensidentität („Corporate Identity")	**Was ist unser Geschäft**, z. B.: „Wir betreiben ein Beherbergungsunternehmen" **Wertmaßstäbe und Ideale**, z. B.: Umwelt, Personal, Qualität, Quantitätsansprüche, Ressourcennutzung, Mitarbeitermitbestimmung **Erscheinungsbild, Kommunikation**, z. B.: Logo, Signet, Wortbild-Marke, Unternehmensfarben, Mitarbeiterverhalten
2. Handlungsziele **Oberziele des Unternehmens** („Goals") **Ziele in den Funktionsbereichen** („Marketingziele") **Zwischenziele** („Ziele in den einzelnen Geschäftsfeldern") **Unterziele** („Marketing-Mix-Bereiche, konkrete Auswahl der Marketinginstrumente")	**Umsatz- und Gewinnentwicklung, Rentabilität, Liquidität, Marktanteile, Kundengewinnung, Kundenbindung** – Pflege des Unternehmensimages **Erarbeitung, Anpassung der Marketingziele und Marketingkonzepte** – Gestaltung und Kommunikation des Unternehmensimages **Verbesserung der Unternehmenskommunikation mit Hilfe der Kommunikationsinstrumente** – Verbesserung des Unternehmensimages **Verbesserung der Öffentlichkeitsarbeit (Public Relations)** – Imagekampagne in Printmedien, TV, Sponsoring

Beispiele für die Einteilung von Unternehmensziele nach:

Monetäre Ziele (Ziele mit vorwiegend wirtschaftlichem Bezug)	Nichtmonetäre Ziele (Ziele mit sozialem, moralischem, politischem und gesellschaftlichem Bezug)
z. B. • Optimierung von Gewinn, Profit • Optimierung des Umsatzes • Optimierung der Eigenkapital-rentabilität • Effiziente Nutzung der Ressourcen • Diversifikation des Marktanteils • Erschließung neuer Märkte • Verbesserung der Liquidität • Kreditwürdigkeit • Verbesserung des Ratings	z. B. • Images- und Prestigeorientierung • Politischer und gesellschaftlicher Einfluss • Einkommenssicherheit der Mitarbeiter • Arbeitszufriedenheit der Mitarbeiter • Kundenbindung, Kundengewinnung • Stabilisierung, Verbesserung des Beliebtheitsgrades, des Bekanntheitsgrades

4.3 Marketingziele

Die Unternehmensziele sind gesetzt.

Nun heißt es, die „Marketingziele" als unabdingbare Parameter für die einzelnen Unternehmensbereiche im Sinne der Steuerung und der Kontrolle des Marketing-Management-Prozesses festzulegen und konsequent umzusetzen.

4.3.1 Ableitung der Marketingziele

```
┌─────────────────────────────┐
│     Unternehmensziele       │
│            ⇓                │
│      Marketingziele         │
│            ⇓                │
│    Marketingstrategie       │
└─────────────────────────────┘
```

Grundsätzlich müssen die Marketingziele dazu beitragen, die Unternehmensziele nicht nur zu realisieren, sondern sie übernehmen hierbei eine wichtige Steuerungs- und Koordinationsfunktion:

- Unternehmensziele sind in diesem Prozess Parameter im Unternehmen und werden mit Hilfe unternehmerischer Maßnahmen und Aktivitäten erreicht. Unternehmensziele setzen hierbei auf eine hierarchische Gestaltung.

- Marketingziele orientieren sich an den Unternehmenszielen, legen den angestrebten Endzustand fest, die mit Hilfe von marketingpolitischen Instrumenten umgesetzt und erreicht werden, werden sollen.

- Marketingziele leiten sich somit aus den Unternehmenszielen ab und dürfen den Unternehmenszielen nicht konträr gegenüberstehen. Marketingziele müssen auch mit den Zielen der anderen Unternehmensbereiche abgestimmt sein.

- Marketingziele stellen somit den zentralen Ausgangspunkt für eine schlüssige Marketingstrategie und dem Marketing-Mix dar.

- Marketingziele sind hinsichtlich

  - Inhalte (z. B. Ihrer Marktdurchdringung),
  - Ausrichtung (z. B. Beschreibung der genauen Zielgruppe),
  - zeitlicher Realisierbarkeit (z. B. konkrete Festlegung Fristen), und
    - ihres Grades der Zielerreichbarkeit (z. B. prozentuale Angaben hinsichtlich Umsatzsteigerung, Kostensenkung)

  zu formulieren.

4.3.2 Vorgehensweise bei der Bestimmung der Marketingziele

Im Zusammenhang mit der konkreten Festlegung der Marketingziele ist es empfehlenswert bzw. ratsam, die in den folgenden Übersichten dargestellten Bestimmungsfaktoren bei der Zielfestlegung nicht nur zu beachten, sondern vielmehr auch als methodische Orientierung zu nutzen, und zwar:

(1) Bestimmung der Marketingziele nach dem Zielaspekt

Zielaspekt	Beispiele / Erläuterungen
Zielinhalt	Was wird angestrebt? **z. B.:** **ökonomische Ziele**, wie Erhöhung des Speisen- und Getränkeumsatzes, der Zimmerbelegung **qualitative Ziele,** wie Verbesserung der Produkte, Leistungen, Service **psychografische Ziele**, wie Einflussnahme auf Erwartungshaltung der Gäste, Orientierung auf Verbesserung des Images
Zielausmaß	Wie viel wird angestrebt? z. B.: **unbegrenzte Ziele**, wie maximale Umsatzsteigerung, Erhöhung der Zimmerauslastung **begrenzte Ziele**, wie Steigerung des Umsatze um 15 %, der Zimmerauslastung um 20 % im Segment Doppelzimmer

Zielaspekt	Beispiele / Erläuterungen
Zeitlicher Bezug	In welchem Zeitraum sollen die Ziele erreicht werden? z. B.: **langfristige Ziele**, wie Marktführerschaft im Bereich Familienhotel, **mittelfristige Ziele,** wie Steigerung des Bekanntheitsgrades durch Maßnahmen im Direktmarketing **kurzfristige Ziele,** Schulungen der Mitarbeiter, Umsatzerhöhung durch Maßnahmen der Verkaufsförderung
Zielbestimmung (nach der Rangordnung)	Welche Beziehungen bestehen zwischen den Oberzielen, Zwischenziele, Unterzielen? z. B. sind diese Ziele • komplementär, fördernd • konkurrierend, behindernd • antinom, verhindernd • indifferent, nicht beeinflussend
Marktsegmentierung	Mit welchen Zielgruppen soll das erreicht werden? Nach welchen Segmentierungskriterien sollen die Zielgruppen festgelegt werden, wie • geografische Lage • Reisemotive • psychografische Merkmale • soziodemografische Merkmale • ökonomische Merkmale usw.

(vgl. Meffert, H.: Marketing, Wiesbaden 2000, S. 73)

(2) Einteilung der Marketingziele nach

Merkmal der Einteilung	Beispiele
Rentabilitätszweck	Gewinn, Profit, Umsatzrentabilität, Eigenkapital-rentabilität, Gesamtkapitalrentabilität, Aktien-kurse, Börsenwerte usw.
Marktstellungsziele	Marktanteil, Marktgestaltung, Erschließung neuer Märkte, Umsatz in Marktsegmenten
Finanzielle Ziele	Liquidität, Kreditwürdigkeit, Rating, Kapitalstruktur Selbstfinanzierungsgrad
Soziale Ziele	Arbeitszufriedenheit, Betriebsklima, Einkommensentwicklung, soziale Absicherung, Soziale Integrität, Entwicklungschancen für Mitarbeiter im Unternehmen
Markt- und Presti-geziele	Unabhängigkeit des Unternehmens im wirtschaftlichen Umfeld, Image und Prestige bei den Lieferanten, Kooperationspartnern, politisches, gesellschaftliches Ansehen des Unternehmens in der Region, Ansehen bei Kunden/Gästen

Je klarer und präziser die Marketingziele formuliert sind, umso eindeutiger lassen sich alle weiteren strategischen Maßnahmen darstellen und durchsetzen; damit werden sie für das Unternehmen zu einem aktiven Instrumentarium im gesamten Marketingpla-nungsprozess.

4.4 Bestimmen der Ziel- und Bedürfnisgruppen

Wie bereits im Abschnitt 3.7.2.1 „Analyse der Ziel- und Bedürfnisgruppen" deutlich ge-macht wurde, ist die Bestimmung der Ziel- und Bedürfnisgruppen ein wesentlicher Schritt im strategischen Marketing und hier besonders bei der Auswahl und Festlegung des Marketing-Mix. In diesem Zusammenhang werden alle Entscheidungen über das mögliche Ausmaß der zu planenden Kommunikationsanstrengungen für die unmittelbare Ansprache der festgeleg-ten Ziel- und Bedürfnisgruppen getroffen.

Hieraus ergeben sich folgende Bedingungen für die Bestimmung der Ziel- und Bedürfnisgruppen:

1. Die Ziel- und Bedürfnisgruppen müssen zum Unternehmen passen, d. h., zu seiner Produkt- und Leistungspolitik. Im Prozess der Ziel- und Bedürfnisgruppenbildung ist deshalb besonders darauf zu achten, und zwar:
    –   Dass die gewählten bzw. gewünschten Segmentierungskriterien einer inneren Logik folgen sollen/müssen, und sie dürfen sich nicht widersprechen (siehe Bestimmung der Marketingziele nach dem „Zielaspekt.")
    –   Dass im Regelfall die Ziel- und Bedürfnisgruppen nicht nach einem, sondern nach mehreren Kriterien segmentiert werden.
    –   Dass durch eine mögliche Kombination von unterschiedlichen Kriterien somit gedanklich Gruppen oder Grüppchen gebildet werden können. Sie werden damit zur Voraussetzung für die Bildung der anvisierten zukünftigen Ziel- und Bedürfnisgruppen.
    –   Dass sich im Ergebnis einer guten Auswahl und Kombination unterschiedlicher Segmentierungskriterien die Ziel- und Bedürfnisgruppen intern fast homogen und damit kompatibel, jedoch extern heterogen zeigen.
2. Die Ziel- und Bedürfnisgruppen müssen die Preise des Unternehmens bezahlen können und wollen, d. h., die festgelegte Preispolitik akzeptieren.
3. Die Ziel- und Bedürfnisgruppen müssen für die Nutzung der Produkte und Leistungen, Buchungsmöglichkeiten haben, d. h., sie müssen die für das Unternehmen geltenden Distributionswege kennen.
4. Für das Unternehmen müssen die Ziel- und Bedürfnisgruppen stets ansprechbar sein, d. h, sie müssen über die Kommunikationspolitik des Unternehmens aktuell informiert sein.

Beispiel für die Bestimmung der Ziel- und Bedürfnisgruppen, dargestellt am Hotelbetrieb:

Ausgangssituation

Der mittelständische familiengeführte Hotelbetrieb „See-Blick" liegt im Umfeld eines Ballungsgebietes inmitten einer wunderschönen Berg-, Wald- und Seenlandschaft.

Der Hotelbetrieb ist einem intensiven Wettbewerb ausgesetzt, der durch stagnierende Belegungs- und Übernachtungszahlen in der Destination gekennzeichnet ist. Ständige Beobachtungen der Marktsituation und besonders die Auswertung aktueller Daten eigener Analysetätigkeit haben ergeben, dass diese Situation sich noch weiter verschärfen wird. So sind in den angrenzenden Städten in den kommenden Jahren weitere Hotelneubauten bzw. Hoteleröffnungen geplant.

In einem Positionspapier haben sich die Gesellschafter des Hotelbetriebes deshalb entschlossen, mittel- und langfristige Strategien zu entwickeln, um für das Hotel neue Umsatzmöglichkeiten zu erschließen. Hauptaugenmerk soll dabei unter anderem auf die Senkung der Kosten gelegt werden, um dafür die Voraussetzungen zu schaffen, den Gewinn dauerhaft zu erhöhen. Neben Überlegungen zur Neupositionierung des Betriebes, wie die Darstellung in der Öffentlichkeit sowohl in der Destination als auch darüber hinaus, sind weitere Schwerpunkte im Rahmen strategischer Veränderungen erforderlich.

Basisinformationen zur Destination und zum Hotelbetrieb:

- Günstige regionale und überregionale Verkehrsanbindungen- und Verkehrsverbindungen sowohl mit öffentlichen Verkehrsmitteln (Bahn, Flugzeug Bus) als auch im Individualverkehr (Autobahn, Bundesstraßen)

- Günstige natürliche Gegebenheiten wie Klima, Landschaft, Flora.

- Gut ausgebautes Netz von Wanderwegen und Klettermöglichkeiten, auch für höchste Ansprüche.

- 160 Zimmer, darunter 5 Suiten, 40 Einzelzimmer, 115 Doppelzimmer.

- Das Haus verfügt über ein Spezialitätenrestaurant mit internationaler Küche und 110 Sitzplätzen, eine Bauernstube mit regionaler Küche und einer Platzkapazität von 50 Plätzen, eine Weinstube mit 30 Plätzen.

- Tagungs- und Veranstaltungsräume für maximal 180 Teilnehmer

- Wellness-Bereich mit Sauna, Badebereich und Tepidarium

- 55 Mitarbeiter, vollbeschäftigt mit unbefristeten Arbeitsverträgen

Bestimmen der Ziel- und Bedürfnisgruppen, die besonders intensiv bearbeitet werden sollen (Auswahl):

Ziel-/Bedürfnisgruppe	Erläuterungen
Geschäftsreisende	Besuch von Messen und Kongressen, Tagungen kombiniert mit Freizeitgestaltung
Wellness- und Entspannungssuchende	Mit Wunsch nach Geruhsamkeit, Entspannung und Geborgenheit als Ausgleich zum beruflichen Alltag
Abenteuer-/Eventorientierte	Sucht den Reiz des Neuen und Fremden, will sich in unerwarteten Situationen ausprobieren, bewähren
Wald-, wander- und umweltorientierte	sind gesundheitsbewusst, suchen Aktivitäten an frischer Luft, Naturliebhaber

Ziel-/Bedürfnisgruppe	Erläuterungen
Bildungsorientierte	haben hohe ethische Wertmaßstäbe an das Leben und die eigene Persönlichkeit
Familien zwischen 25 und 45 Jahren mit und ohne Kinder	haben Bedürfnisse an gemeinsamen Erlebnissen
Verheiratete und unverheiratete Paare sowie Alleinstehende zwischen 40 und 55 Jahren	wollen das Leben genießen, da in der Regel finanziell unabhängig, haben oft keine manifestierten Hobbys, suchen die Überraschungen.
YUPPIES	junge, oft gut verdienende Beschäftigte in entsprechender beruflicher Position, haben je nach Situation, Kommunikationsbedürfnis, Lust an Abenteuer usw.
Moralisten, Puritaner im fortgeschrittenen Alter	lieben das geordnete und nachvollziehbare Leben auch im Urlaub, verfügen über gutes bzw. mittleres Einkommen, mögen keiner radikalen Veränderung
Genussorientierte	lieben gutes Essen und Trinken in angenehmer Atmosphäre

Hier schließt sich der Kreis im Prozess der strategischen Zielbestimmung und verdeutlicht:

> **„Es ist nicht genug zu wissen,**
> **man muss es auch anwenden;**
> **es ist nicht genug zu wollen,**
> **man muss es auch tun.“**
>
> (Goethe)

Aufgaben Kapitel 4:

1. Nennen und erläutern Sie die für die Zielfindung allgemeingültigen Zielarten.

2. Auf welchen Ebenen basiert die Unternehmensvision? Erläutern Sie diese Ebenen.

3. Was zeichnet eine Unternehmenskultur aus?

4. Welche Voraussetzungen müssen bei der Gestaltung der Unternehmenskultur erfüllt sein, damit sie zu einem gelebten System im Unternehmen wird.

5. Sie sind Existenzgründer eines Restaurants an der Peripherie einer Großstadt. Sie beabsichtigen für das Unternehmen eine Unternehmensvision zu erarbeiten. Gehen Sie bei ihren Überlegungen von folgenden methodischen Hinweisen aus.
   - Erarbeiten Sie eine Charakteristik für das Restaurant als Unternehmenszweck.
   - Formulieren Sie die wesentlichen innerbetrieblichen und außerbetrieblichen Komponenten als Oberziele.
   - Erarbeiten Sie für das Restaurant das Unternehmensleitbild.
   - Formulieren die Unternehmensvision, und begründen Sie Ihre Entscheidung.

6. Stellen Sie dar, welchen Anforderungen Unternehmensziele unterliegen.

7. Erläutern Sie die Gestaltung der Unternehmensziele nach der Zielhierarchie.

8. Erläutern Sie die Einteilung der Unternehmensziele nach monetär, nichtmonetär.

9. Leiten Sie aus dem Unternehmensleitbild aus Aufgabe 4 die notwendigen Unternehmensziele ab.
   - Stellen Sie die Unternehmensziele nach der Zielhierarchie dar. Trennen Sie dabei nach „übergeordneten Zielen" und „Handlungszielen".
   - Unterscheiden Sie die Unternehmensziele weiterhin nach „monetär" und „nichtmonetär". Begründen Sie Ihre Entscheidungen.

10. Stellen Sie die Bestimmung der Marketingziele nach dem Zielaspekt dar.

11. Leiten Sie aus den Unternehmenszielen aus der Aufgabe 4 die konkreten Marketingziele ab.
   - Wählen und formulieren Sie die Marketingziele nach dem Zielaspekt.
   - Verdichten Sie die Marketingziele nach Merkmalen.
   - Begründen Sie logisch und nachvollziehbar Ihre Entscheidung.

5. Marketingplanung, -instrumente und -konzept

> Erfolgreiche Produkte und Leistungen von heute können sich schon morgen als unverkäufliche Ladenhüter zeigen.
> Denn was gestern die Formel für den Erfolg war, ist nicht selten das Rezept für die Niederlage von morgen!
> Die ständige Entwicklung neuer Leistungsideen, ihre Realisierung und vor allem Durchsetzung am Markt
> wird so zu einem wichtigen Gebot unternehmerischen Handelns;
> die Marketingplanung ersetzt hierbei den Zufall durch den Erfolg!

Mit der Auswahl und Festlegung der Marketingziele und der Marketinginstrumente hat sich das Unternehmen für eine konzeptionelle und vor allem methodische Vorgehensweise im strategischen Marketing entschieden. Nun gilt es, diese Festlegungen in ein für das jeweilige Unternehmen passende Planungssystem zu bringen. In diesem System stellt die Unternehmensplanung den Ausgangspunkt für die Marketingplanung dar, das heißt, hierbei geht es zunächst um die Beantwortung folgender Fragen:

- Wer sind wir, was ist unser Unternehmenszweck?

- Wo stehen wir, wie ist unsere Positionierung am Markt?

  und

- Was wollen wir erreichen, also, wohin soll die Reise gehen?

Antworten auf diese Fragen ermöglichen es, das Unternehmensleitbild/Corporate Identity für das Unternehmen zu formulieren, das heißt, das Verhalten des Unternehmens nach innen und außen mit dem Ziel so zu steuern, dass alle Handlungsinstrumente dargestellt und zur Wirkung gebracht werden.

Im Rahmen der Marketingplanung und speziell im gesamten strategischen Marketing wird es künftig immer wichtiger werden, das gesamte Unternehmen auf eine festgelegte **Corporate Identity** auszurichten. Sie verfügt in diesem Zusammenhang über eine wichtige Querschnittsfunktion, die in ihrer Wirkungsweise durch alle Funktionsbereiche, nämlich durch den gesamten Marketing-Mix, geht.

Aus dem Unternehmensleitbild ergibt sich das Marketingleitbild. Letzteres verdeutlicht, wie in einem Unternehmen das „**Marketing**" gestaltet wird und über welchen Stellenwert es im Rahmen der gesamten Geschäftspolitik bei der Realisierung aller Unternehmensaufgaben einnimmt.

Im Rahmen der Marketingplanung übernimmt das Marketingleitbild das Ziel, die Überlebens- bzw. Konkurrenzfähigkeit des Unternehmens am Markt auf der Grundlage des Unternehmensleitbildes zu gewährleisten.

Somit wird die Marketingplanung zu einer systematischen und rationalen Durchdringung des zukünftigen Markt- und Unternehmensgeschehens. Die Qualität der Marketingplanung in einem Unternehmen zeigt sich besonders auch darin, wie die Ableitung von Richtlinien, das heißt, wie das Verhalten im Marketingbereich bezüglich der Zielrealisierung organisiert und gestaltet wird.

Die Marketingplanung wird damit im Unternehmen zum wichtigsten Bestandteil der Unternehmensplanung! Sie übernimmt in diesem Zusammenhang wichtige Aufgaben, die einerseits von einem systematischen Vorgehen und andererseits von Kreativität und Flexibilität getragen werden müssen.

Um dieser Notwendigkeit zu entsprechen, hat die Marketingplanung folgenden Anforderungen gerecht zu werden:

- Alle Planungsszenarien sind in die Zukunft gerichtet und werden auch so sichtbar gemacht.

- Marketingstrategien und Marketingziele orientieren sich konsequent an den Strategien und Zielen des Unternehmens.

- Andere Unternehmensbereiche werden dabei eingebunden und effizient koordiniert.

- Eventuelle Konflikte mit anderen Unternehmenszielen werden sichtbar gemacht, ausgeglichen bzw. beseitigt.

- Zielgruppen, Wettbewerber, Märkte bzw. einzelne Marktsegmente und das eigene Unternehmen werden kontinuierlich analysiert. Die so gewonnenen Informationen werden ausgewertet und für die weitere Marketing-Management-Tätigkeit im   Unternehmen genutzt.

- Es ist anzustreben, die Prozesse der Marketingplanung dort, wo es möglich und notwendig ist, zu standardisieren.

Marketingplanung bedeutet also, in der Gegenwart darüber zu entscheiden, was in der Zukunft zu tun ist, denn:

„Die Zukunft hat viele Namen.

Für den Schwachen ist sie das Unerreichbare, für den Furchtsamen ist sie das Unbekannte, für den Tapferen aber ist sie die Chance."

(Victor Hugo)

Wie bereits festgestellt, enthält die Marketingplanung alle gedanklichen Festlegungen zu den Marketingzielen auf der Grundlage der Unternehmensziele sowie Festlegungen über die gewählten Mittel und Wege ihrer Realisierung.

Auf der Grundlage der Komplexität im strukturellen Aufbau eines Unternehmens gibt es im Planungsprozess nicht nur eine „Planungsmöglichkeit", sondern es kann und muss hierbei differenziert werden.

Mögliche Differenzierungen zeigen die folgende Übersicht:

Art der Planung	Möglichkeit der Differenzierung	Erläuterungen/ Beispiele
Bezogen auf einen Zeitraum	• Langfristige Planung • Mittelfristige Planung • Kurzfristige Planung	• In der Regel Zeiträume über fünf Jahre • In der Regel Zeiträume von zwei bis fünf Jahren • In der Regel Zeiträume bis zu einem Jahr
Nach Unternehmensbereichen	• Absatzplanung • Finanzplanung • Ergebnisplanung	• Mit welchen Zielgruppen, in welcher Destination usw.? • Einsatz der finanziellen Mittel, Kostenplanung, Budgetplanung • Umsatz- und Gewinnplanung, Gewinnung neuer Zielgruppen, neuer Märkte
Nach dem Grad der Integration	• Integriert in die Gesamtplanung des Unternehmens • Teilplanung innerhalb des Unternehmens	• Betrachtung aller Planungsgegenstände aus sachlicher und zeitlicher Sicht im Unternehmen • Einzelne Funktionsbereiche im Unternehmen werden unabhängig voneinander betrachtet
Nach der Situation vorhandener Daten	• Bei Sicherheit vorhandener Daten • Bei Unsicherheit der Datensituation	• Notwendige Datensituation ist eindeutig und ausreichend • Verschiedene Datensituationen sind möglich und sind daher zu berücksichtigen
Nach hierarchischen Verhältnissen	• Strategische Planung • Operative (taktische) Planung	• Bezieht sich auf eine längerfristige Planung, d. h. auf Zeiträume von fünf bis zehn Jahren • Setzt sich mit Planungsinhalten auseinander, die sich auf den Erhalt bzw. Ausbau von übergeordneten Zielen beziehen • Leitet sich aus der strategischen Planung ab

Art der Planung	Möglichkeit der Diffe-renzierung	Erläuterungen/ Beispiele
		• Ihre Aufgaben ist es, die Realisierung der Strategien zu gewährleisten • Dafür werden die Vorgaben aus der strategischen Planung konkretisiert • Der Zeitraum der Planung bezieht sich in der Regel auf ein Jahr (in der taktischen Planung auf einen Monat) z. B. auf Aktionsprogramme, Maßnahmen der Werbung, Verkaufsförderung bzw. Öffentlichkeitsarbeit, Budgetplanung
Nach dem Inhalt		• Hierbei geht es um die Differenzierung der Planung, nach welchen Inhalten die Marketingpläne aufgebaut sind (siehe Art der Planung in dieser Übersicht)

Im Folgenden werden nach dem Kapitel zur Marketingplanung als Prozess die Marketinginstrumente sowie das Marketingkonzept umfangreich behandelt.

5.1 Marketingplanung als Prozess

Marketingplanung setzt entsprechende organisatorische Regelungen voraus, d. h., nichts anderes, als dass die Marketingplanung im Unternehmen als systematischer Erkennungsprozess über die gegenwärtige Situation am Markt und die Lösung von möglichen Marktproblemen zu verstehen ist.

Ein wichtiges Anliegen in diesem Prozess ist es, mit der Marketingplanung folgende Wirkungen zu erzeugen:

- Orientierung auf ein zielgerichtetes Denken und vor allem Handeln aller beteiligter Mitarbeiter im Unternehmen.

- Motivation bezüglich eines systematischen und zukunftsorientierten Denkens im Unternehmen und hier besonders aus wirtschaftlicher Sicht.

- Verbesserung in der Koordination der eingeleiteten Marketingmaßnahmen in allen beteiligten Funktionsbereichen.

- Förderung eines problemlösungsorientierten Vorgehens im Unternehmen durch ein rechtzeitiges Erkennen und Strukturieren von Problemen im Gesamtunternehmen sowie in den einzelnen Funktionsbereichen.

- Verbesserung der Kommunikation innerhalb des Unternehmens durch einen zielgerichteten Informationsfluss und Informationsaustausch.

- Schaffung notwendiger Voraussetzungen für eine systematische Kontrolle im Unternehmen.

- Entwicklung von Erwartungen und Einstellungen hinsichtlich der Wahrnehmung einer aktiveren Rolle bei der Mitgestaltung der Unternehmensaufgaben mit dem Ziel, der Förderung der **Corporate Identity** bei allen Mitarbeitern im Unternehmen usw.

5.1.1 Unterscheidung und Vorgehensweise in der Marketingplanung

Wie bereits festgestellt, umfasst die Marketingplanung alle gedanklichen Überlegungen hinsichtlich der Realisierung der Marketingziele. Dabei geht es konkret um die Übereinstimmung mit allen Festlegungen hinsichtlich der gewählten Methoden, sowie der eingesetzten Mittel und Wege im Rahmen der Zielerreichung.

Die Marketingplanung leitet sich stets aus dem Unternehmensplan ab.

Hierbei wird zwischen einer längerfristigen Planung – d. h., der Planungszeitraum liegt in der Regel zwischen drei und fünf Jahren – und der Jahresplanung unterschieden.

Die Jahresplanung weist in diesem Zusammenhang stets Verbindlichkeit für diesen Planungszeitraum auf, um so als Leitfaden für die Realisierung der Marketingziele zu dienen. Besonderheiten bei der Jahresplanung zeigen sich jedoch auch darin, das sie häufig dynamischen Prozessen des Marktes unterliegen, z. B. Veränderungen im Nachfrageverhalten, der Wettbewerbssituation hinsichtlich der Leistungs-/Preispolitik und der Mitbewerber in meinem Marktsegment.

Nicht selten wird es deshalb notwendig, die Jahresplanung (Marketingplan) den veränderten Bedingungen anzupassen.

Die unmittelbare Planungstätigkeit im Rahmen der Marketingplanung im Unternehmen wird nach verschiedenen Zeithorizonten unterschieden, und zwar zwischen **strategischer** und **operativer** Planung.

Folgende Übersicht macht diese Unterscheidung deutlich:

Unterscheidung	Erläuterungen, Beispiele
Strategische Planung	In der strategischen Planung werden die Planvorstellungen in jährliche Budgets umgesetzt.
	Sie umfasst zum Beispiel Entscheidungen über:
	• Ziel- und Bedürfnisgruppen
	• konkrete Marketingziele
	• grundsätzliche Verhaltensweisen, da Einstellungen gegenüber den Planvorstellungen
	• anvisierte Märkte, Marktsegmente
	• Angebotsprogramme
	usw.

Unterscheidung	Erläuterungen, Beispiele
Operative Planung	In der operativen Planung werden auf Grundlage der jährlichen Budgets die einzelnen Maßnahmen, die innerhalb der Jahresplanung realisiert werden sollen, umgesetzt. Bespiele für Entscheidungen in diesem Zusammenhang können sein: • Gemeinsame Veranstaltungen mit Kooperationspartnern, ortansässigen Vereinen und Behörden. • Kurzfristige Maßnahmen im Rahmen der Kommunikationspolitik im Unternehmen, wie Direktwerbung, besondere Aktionen im Rahmen der Verkaufsförderung, Tag der offenen Tür, Durchführung von Pressekonferenzen im Rahmen der Öffentlichkeitsarbeit unter dem Motto: „Gutes Tun und darüber reden"! usw.

Auf der Grundlage dieser Planungshorizonte erfolgt nun eine Differenzierung aller notwendigen Planungsmaßnahmen für die einzelnen Bereiche im Unternehmen in einem speziellen Plan, dem Marketingplan. Er ist das Dokument, in dem alle fest gelegten Aktionen und Maßnahmen zur Realisierung der Marketingziele enthalten sind. Darüber hinaus gibt er Auskunft über eventuelle Hintergründe, die für die festgelegten Aktionen und Maßnahmen von Bedeutung sein können.

Damit durch die Marketingplanung eine notwendige individuelle Zielsetzung erreicht werden kann, ist es empfehlenswert, für die einzelnen Bereiche zum Beispiel folgende Teilpläne zu erarbeiten:

- Kurz-, mittel- und langfristiger Absatzplan
- Plan zur Durchführung besonderer Aktionen im Rahmen der Verkaufsförderung
- Plan für die Durchführung spezieller Werbeaktionen, wie Direktwerbung,
- Plan zur Durchführung von Maßnahmen im Rahmen der Öffentlichkeitsarbeit
- Plan zur Durchführung von Preissenkungsaktionen
- Plan zur Gewinnung neuer Ziel- und Bedürfnisgruppen
  usw.

Beispiel für den Aufbau eines Planungsformulars „kurzfristige Aktionen"

Ziel der Aktion	Welche Zielgruppe?	Welche Maßnahmen?	Termin; Beginn Ende	Welche Kosten?	Welche Erlöse sind zu erwarten?	Verantwortlich f. Realisierung	Verantwortlich für Kontrolle

5.1.2 Aufbau und Inhalt eines Marketingplans

Die Form und die inhaltliche Gestaltung der Marketingpläne sind von Unternehmen zu Unternehmen oft äußerst unterschiedlich, d. h., diese Tatsache macht deutlich, dass Kenntnisse, Erfahrungen und das Können auf Seiten der verantwortlichen Führungskräfte nicht selten geprägt werden durch besondere Vorlieben und Interessen bei der Erarbeitung der Marketingpläne.

> **Hierin zeigt sich vor allem bei den Verantwortlichen in einem Unternehmen, inwieweit sie die Marketingplanung als einen willensbildenden, informationsverarbeitenden und als einen prinzipiell-systematischen Entscheidungsprozess verstehen mit dem Ziel, zukünftige Entscheidungs- und Handlungsspielräume problemorientiert zu strukturieren und einzugrenzen.**

Nach welchen inhaltlichen Schwerpunkten sollte ein Marketingplan aufgebaut sein?

Folgende Übersicht gibt darauf mögliche Antworten:

1. Zusammenfassen der wesentlichen Ergebnisse „als Kurzkommentar"

In diesem Schritt erfolgt schwerpunktmäßig eine Darstellung der Leitgedanken und der Leitziele, also Antworten auf die Frage: „Was soll erreicht werden?"

2. Situationsanalyse – Darstellung Marktsituation des Unternehmens

In diesem Schritt werden alle benötigten Informationen zu den Rahmen- und Marktfaktoren erfasst, verdichtet und bewertet. Die Situationsanalyse zeigt die Stärken und Schwächen in den einzelnen Funktionsbereichen auf und gibt vor, welche Richtung in der weiteren Verfahrensweise eingeschlagen werden soll (siehe Pkt. 3.2).

3. Festlegen der Marketingziele

Auf der Grundlage der Unternehmensziele werden für die einzelnen Funktionsbereiche die konkreten Marketingziele festgelegt (siehe Kap. 4).

4. Erarbeiten längerfristigerStrategien

Marketing-strategische Überlegungen verdeutlichen, in welche Richtung die Hauptanstrengungen geleitet werden müssen, damit die festgelegten Ziele realisierbar sind. Grundsätzlich geht es in diesem Schritt darum, Entscheidungen zu treffen, mit welchen Produkten/Leistungen auf welchen Märkten bzw. in welchen Marktsegmenten und in welchem Umfang das Unternehmen tätig werden will.

5. Erarbeiten operativer Maßnahmen

Auf der Basis der strategischen Festlegungen werden in diesem Schritt die konkreten Aktivitäten festgelegt (siehe Übersicht zu den Zeithorizonten in der Marketingplanung).

6. Festlegen des notwendigen Budgets

Von den Unternehmenszielen sowie Festlegungen der Strategien und operativen Maßnahmen ausgehend ,wird für die Realisierung der Marketingziele das entsprechende Budget aufgestellt und festgelegt. Das Budget stellt in diesem Zusammenhang eine projektierte Gewinn- und Verlustrechnung dar.

7. Prognose

Prognostische Betrachtungen ermöglichen es, erwartende Wirkungen zu den eingeleiteten Maßnahmen zu erhalten, um bei nicht vorhersehbaren Veränderungen schnellstmöglich zu reagieren. Damit wird die Prognose zu einem wichtigen Instrument in der Marketingplanung.

8. Kontrolle

Hier werden alle Kontrollmaßnahmen festgelegt, die zur Überprüfung bei der Plandurchführung relevant sind. Die Kontrolle stellt im Zusammenhang der Marketingplanung den letzten Schritt dar, um aufzuzeigen, inwieweit die Marketingziele der Marketingpläne erreicht wurden. In der Praxis hat es sich dabei als besonders vorteilhaft erwiesen, wenn im Prozess der Festlegung von Kontrollmaßnahmen bereits Hinweise enthalten sind, die zur Beseitigung eventueller, nicht vorhersehbarer Mängel bei der Realisierung der Marketingziele auftreten können.

Dies setzt umfangreiche Erfahrungen und ein ausgeprägtes Fingerspitzengefühl voraus.

Fazit:

Im Zusammenhang einer in der Praxis immer bedeutsamer werdenden Planung im Unternehmen ist es erforderlich, für diesen Prozess Instrumente zu entwickeln, zu erarbeiten und zu nutzen, die sich speziell mit der Lösung von Marketingproblemen und Marketingstrategien befassen.

Es geht hierbei vordergründig nicht um Unterschiede im Sprachgebrauch, das heißt, wie diese Pläne im Einzelnen bezeichnet oder gestaltet werden, sondern es geht vielmehr um die Erkenntnis, dass eine effektive Marketing-Management-Tätigkeit im Unternehmen kaum oder nur unzureichend ohne diese Pläne möglich ist.

Um eine exakte Überprüfbarkeit der Ergebnisse zu garantieren, ist darauf zu achten, dass die Erarbeitung der Pläne schriftlich erfolgt.

Die **Budgetplanung** im betrachteten Funktionsbereich, die auch zur Marketingplanung gerechnet werden kann, wird im Gliederungspunkt 6.3 behandelt.

Aufgaben Kapitel 5.1:

1. Was verstehen Sie unter Marketingplanung?

2. Welcher Zusammenhang besteht zwischen der Unternehmens- und der Marketingplanung?

3. Nach welchen Möglichkeiten kann der Planungsprozess differenziert werden?

4. Stellen Sie dar, welche Wirkungen mit der Marketingplanung erreicht werden können.

5. Nach welchen Zeithorizonten wird die Marketingplanung unterschieden?

6. Erläutern Sie die Zeithorizonte an konkreten Beispielen.

7. Für welche Bereiche ist es empfehlenswert, Teilpläne im Rahmen der Marketingplanung zu erarbeiten?

8. Nach welchen inhaltlichen Maßnahmen sollte ein Marketingplan aufgebaut sein?

5.2 Leistungs- und Produktpolitik

> „Lowry hatte ein Hotel auf der anderen Seite der Stadt. Es war ganz unbescheiden nach ihm benannt: Das „Lowry's".
>
> Kleine Zimmer, aber sauber und nett eingerichtet. Zu ihm kamen viele, die sich auch das „Ritz" hätten leisten können. Er kannte fast jeden Gast persönlich und kümmerte sich um jede Beschwerde selber. Wenn irgendwo eine Bettfeder knarrte, rief er mitten in der Nacht den Handwerker...
>
> Einmal hatte ein Barkeeper versucht, den guten Whisky gegen billigen Fusel einzutauschen, um seinen Gewinn zu machen. Der Mann fand danach keinen Shop mehr im ganzen Bezirk. So war Lowry."

Der hier genannte Hotelier hat schon damals gewusst, wie man Gäste an das Haus bindet, nämlich durch einzigartige und unverwechselbare Leistungen.

In diesem Kapitel soll schwerpunktmäßig am konkreten **Beispiel des Gastgewerbes** der absatzpolitische Instrumentenbereich der **Leistungs- und Produktpolitik** dargestellt werden. Dieser kommt innerhalb des Marketing zweifelsohne eine herausragende Stellung zu, da die Bedürfnisbefriedigung der Nachfrager vor allem durch entsprechende Leistungen/Produkte zu gewährleisten ist. Folgerichtig spricht man daher vom **„Heart of Marketing"**.

Das Angebot im Dienstleistungssektor Gastgewebe besteht aus

a)   materiellen Leistungen, z. B. Zimmer, Speisen, Getränke

b)   immateriellen Leistungen, z. B. Service, Atmosphäre, Erlebnis.

Für den Nachfrager besteht das Produkt – die Leistung – aus einem Bündel von Eigenschaften, von denen er sich die Befriedigung seiner Bedürfnisse erwarten kann.

Der **Begriff Produkt** umfasst sowohl **Sachgüter** als auch **Dienstleistungen**. Der Kaufentscheid des Gastes wird meist von „nicht fassbaren" immateriellen Leistungserwartungen mitbestimmt. Kunden haben eine **„Produkt-Dienstleistungserwartung"**, die der Betrieb zu erfüllen hat. Darum wird hier der Begriff Produktpolitik häufig durch Leistungspolitik ersetzt.

Produktpolitik beinhaltet die Entscheidung über

- die Gestaltung der Leistung (= **gestaltungsbezogene Produktpolitik**);
- Anpassung der Leistungen an sich verändernde Kundenwünsche, Wettbewerbssituationen und damit des fortschreitenden Lebenszyklus eines Produktes (= markt**prozessbezogene Produktpolitik**).

Im Rahmen einer marketingorientierten Unternehmensführung fallen die wichtigsten Vorentscheidungen bereits durch die Erstellung der Marketingstrategie. Entsprechend den ausge-wählten Gästesegmenten und deren Bedürfnissen werden die Leistungsschwerpunkte festge-legt und das Unternehmen im Markt positioniert.

Wenn heute die Wünsche auch andersartig sind, so geht es heute wie früher darum, dauerhaft Erfolg zu haben. Von einer solchen strategischen Erfolgsposition (**SEP**) ist heute als Eck-pfeiler im Rahmen der marketingorientierten Leistungspolitik auszugehen. Mit Hilfe des SEP versucht sich der Anbieter von Tourismusleistungen gegenüber den Wettbewerbern durch das Schaffen bestimmter Eigenschaften und Fähigkeiten abzusetzen. Damit bildet die strate-gische Erfolgsposition (SEP) einen zentralen Punkt bei allen Marketingüberlegungen. Dabei kann es sich um eine Vielzahl von Einzelleistungen aber auch um Kompaktangebote han-

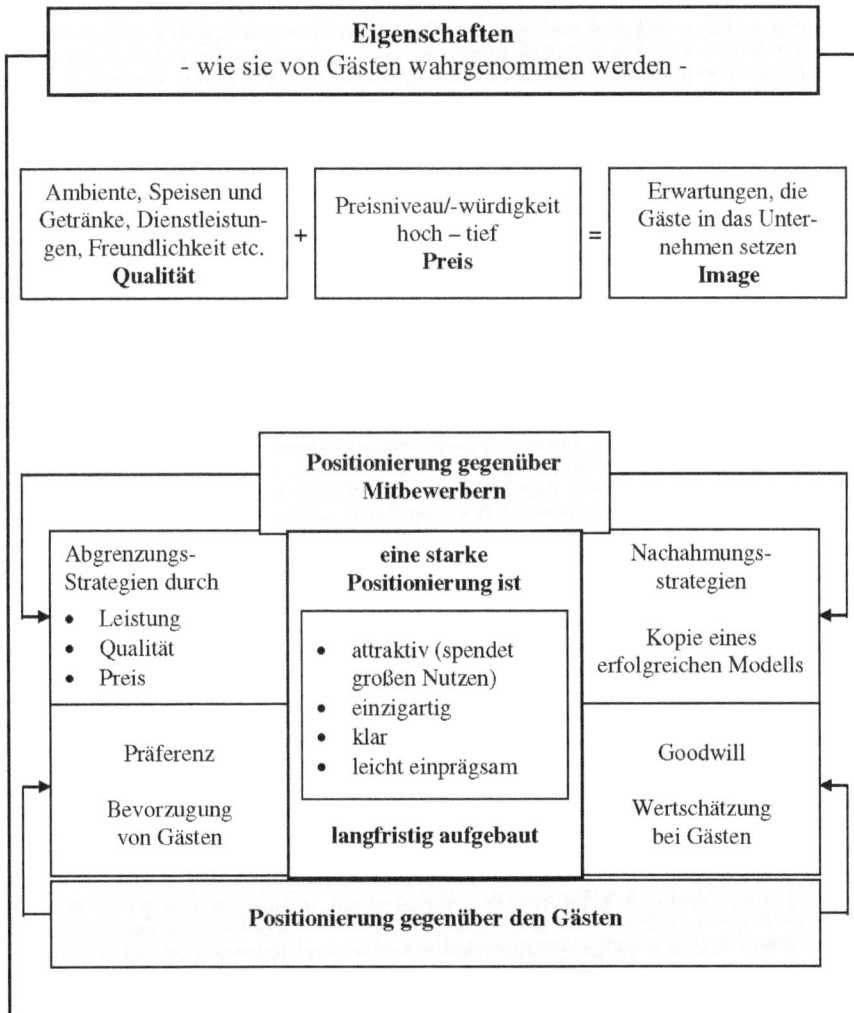

Abb. 5.2.1: Auf das Blickfeld der Gäste gerichtete Positionierung (vgl. Dettmer, H.; Haus-mann, Th.: Betriebswirtschaftslehre für das Gastgewerbe, Hamburg 2010, S. 180)

5.2.1 Leistungen den Bedürfnissen anpassen

Der Gast steht im Fokus aller Aktivitäten eines jeden touristischen Unternehmens. Nur die ständige Anpassung der Leistungen an die Bedürfnisse der Nachfrager kann langfristig den gewünschten Erfolg bringen. Die nachstehende Abbildung zeigt eine gästeorientierte Leistungsgestaltung am Praxisbeispiel „Landhotel Schindlerhof" in Bayreuth:

Bedürfnisse des Gastes	Leistungen für den Gast
für alle Marktsegmente gültig	
verkehrsgünstig gelegen	drei Städte mit insgesamt 1 Million Einwohner im Umkreis von 10 Autominuten, 5 Autominuten zum Flughafen und zur Autobahn, Bushaltestelle vor der Tür
Parkplatz in unmittelbarer Nähe	eigene, kleine Tiefgarage, eigener, beleuchteter Parkplatz, Parkmöglichkeiten rund ums Objekt
Reklamationen werden ernst genommen und nett abgewickelt	bei Reklamationen reagieren wir großzügig, mit Rechnung komplett a conto Haus, persönliches Schreiben, Gutschein für ein weiteres „Wiedergutmachungs-Essen"
Gast will erkannt und mit Namen angesprochen werden	sorgfältig geführte Gästekartei, originelle Reservierungsschilder mit Namen, tägl. Servicebesprechung: wer kennt wen/wer sitzt bei wem?
kleine Geschenke und Gimmicks	Visitenkarten der Servicemitarbeiter an allen Tischen, der Küchenchef stellt sich mittels eines Kärtchens vor nebst Amuse geule, Kinder-Malsets, Münzen mit Telefonnummer, Kärtchen mit „geheimer" Telefonnummer für Stammgäste, Eiskratzer im Winter, persönliche Geschenke für jedes Brautpaar, jeden Jubilar, jedes Geburtstagskind, jeden Konfirmanden, Spieluhr „wer soll das bezahlen" für alle höheren Rechnungen
peinlich saubere Sanitärräume, dem übrigen Standard entsprechend	Ausstattung WCs: Spiegel vom Boden bis zur Decke, Wickeltisch mit Windeln, Öl und Puder, Eau de Toilette (angekettet), Handtücher plus Trockner, Stereobeschallung, viele Aschenbecher, Hinweisschild, an wen Reklamationen zu richten sind
Gast will ausführlich über das Haus informiert werden	Inhouse-Promotion, wohin man schaut, Unternehmensphilosophie mit der Geschichte des Unternehmens liegt offen aus, Netzwerk mit den Bildern aller Mitarbeiter im Eingangsbereich, ausführliche Speisenkarte mit viel Text über das Haus
Gäste leben ernährungsbewusster	eine Seite in der Speisenkarte mit Vollwertkost und kalorienarmen Gerichten
lange Öffnungs- und Essenszeiten	von 11:30 h bis 15:00 h und von 17:30 h bis 01:00 h an 365 Tagen im Jahr geöffnet; im Sommer sogar durchgehend, kein Ruhetag
korrekte leicht verständliche Rechnung	Kassenterminals mit Guestcheck-Zwang und Volltext, auch bei einem einzelnen Getränk
Preiswürdigkeit	viele politische Preise
landschaftsbezogenes Ambiente, echter Lokalkolorit	400-jähriger, denkmalgeschützter Bauernhof

regionaltypische Angebotsgestaltung	alle fränkischen Spezialitäten, wie Bratwürste, Schäuferle, breites Brotzeitangebot, die Jahreszeiten haben einen hohen Stellenwert, Spargelzeit, Wildsaison, Enten & Gänse, fast ausschließlich einheimische Weine und Spirituosen, Speisekarten in deutscher Sprache
hohe Qualität von Speisen & Getränken	wir verwenden nur Frischprodukte, klare Rezepturen für alle zugänglich, Fotos der Gerichte am Pass, permanenter Soll-/Ist-Vergleich durch Kritikkärtchen auf allen Tischen und in allen zugeschickten Rechnungen als Messlatte unseres hohen Anspruchs, sorgfältig ausgewählte, permanent trainierte und motivierte Mitarbeiter
Prestige	wir sind seit der Eröffnung täglich ausgebucht, wir machen grundsätzlich keine bezahlte Werbung (Ausnahme: Telefonbuch). Wir haben ein Insider-Image durch den „Blend" der richtigen Marktsegmente. Angebote vom unteren bis obersten Preisbereich
„A la carte"-Bereich	
herzlicher, kommunikativer Service	Restaurantleiterin ohne Servierfunktion hat Zeit für die Gäste, gekennzeichneter Restaurant-Empfang mit ausgeklügeltem Reservierungssystem, Auswahl der Servicemitarbeiter ausschließlich nach Kriterien Herzlichkeit, sympathische Ausstrahlung, hervorragendes Betriebsklima durch Transparenz und Berechenbarkeit der Geschäftsleitung und des Kaders
langfristig die gleichen Bezugspersonen	kaum Fluktuation durch einmalige USP's für Mitarbeiter wie Dienstwagen, betriebliche Altersversorgung, 13. Monatsgehalt, Erfolgsbeteiligung, regelmäßige, ehrliche Beurteilungsgespräche nach einem speziellen Schema
bargeldlose Zahlung möglich	wir akzeptieren American-Express, Diners', Eurocard und Visa Kreditkarten sowie Schecks.
für Pfeifenraucher	Pfeifenascher mit Kork, Pfeifenreiniger, kleine Auswahl an Pfeifentabak
z. B. Geschäftsleute	
bargeldloser Zahlungsverkehr	neben dem Zahlungsmittel „Kreditkarte" genügt das Hinterlassen einer Visitenkarte (auch bei nicht bekannten Gästen), und wir schicken die Rechnung (auch bei kleinsten Beträgen) zu. Aktuelle Devisenkurse, deutlich sichtbar
Damen im Service	fast ausschließlich Damen in der Service-Equipe
Fremdsprachen	komplette Speisekarten in Englisch, bei allen Banketten Speisekarten in jeder gewünschten Sprache gratis, mehrsprachige Servicemitarbeiter
...nüchtern bleiben können	alkoholarme/freie Apéros und Cocktails, alkoholfreie Biere, mehrere Sorten Mineralwasser, Weine auch in kleinsten Mengen (1 dl)

Zigarren	Humidor mit Zigarren und Zigarillos verschiedener Preisklassen
reibungslose Spesenab-rechnung	Rechnung enthält grundsätzlich alle gesetzlichen Bestandteile, um abzugsfähig zu sein
Gastgeschenke	Der Gastgeber kann seinen Gästen unsere Weine zum Abschied im Zweier- oder Dreierpack zum Mitnehmen schenken
Repräsentation	immer aufwändiger, frischer Blumenschmuck, nie Strohblumen oder Nelken, Tischwäsche und Stoffservietten in vielen Farbzu-sammenstellungen, attraktive Menükarten individuell mit Text, Digestifs.
z. B. Familien	
Kinder werden gerne gesehen, gehen auch selbst gerne dorthin und werden „beschäftigt"	Kinderkarte, bei jedem Kinderteller ist ein Eisbecher mit Sonnenschirmchen im Preis enthalten, Malsets in DIN A3 mit dem Motiv des jeweiligen Betriebes und Malstifte zum mit nach Hause nehmen, sichere Baby- und Kinderstühle, lebende Hasen als Anziehungspunkt, sprechender Ara
Wickelmöglichkeit für Kleinkinder	Wickelkommode mit Öl, Puder und Wegwerfwindeln in der Damentoilette
Hunde sind gerne gese-hen	eigene Hunde-Bar mit Frolic und Wasser, Auslaufmöglichkeiten in nächster Umgebung, Dogi-Bags auf Wunsch
billig mit der ganzen Familie essen gehen	großes Brotzeitangebot und viele deftige Tellergerichte im unte-ren Preisbereich, große Portionen, traditionell niedrigpreisige Sonntag-Mittag-Karte
...sich wohlfühlen	keine Schwellenangst, kein Kleiderzwang, gescheuerte Tische, zwei Speisekarten mit allen Preisen im Außenbereich, Garderobe direkt zwischen den Tischen im Sichtbereich (Pelze), Fahrmög-lichkeiten bis vor den Restauranteingang (für die gehbehinderte Oma), Leihbrillenservice mit den gängigsten Stärken, fränkische Volksmusik in Hintergrundlautstärke, Fahrradparkplätze im In-nenhof.

Abb. 5.2.2: Exemplarische Leistungsgestaltung in der Hotellerie (vgl. Dettmer, H.; Hausmann, Th.: Tourismus-Marketing-Management, München/Wien 1999, S. 139 ff.)

Aus den Gästebedürfnissen sollten nach den vorstehenden Ausführungen die touristischen
Leistungen und damit der Nutzen für die Gäste entstehen:

Standardbedürfnisse + Erweiterte Bedüfnisse	Standardleistungen (Basisfähigkeiten) + Spitzenleistungen (Spitzenfähigkeiten)	Standardnutzen (Grundnutzen) + Erweiterter Nutzen (Zusatznutzen)
= Bedürfnisse	**= Leistungen**	**= Nutzen**
(vgl. Dettmer/Hausmann [Hrsg.] 2010, S. 196)		

In Bezug auf die Leistungen gibt es differenzierte Unterscheidungsmöglichkeiten, die in der folgenden Abbildung mit Beispielen unterlegt sind:

Einzelleistungen	**Kompaktleistungen**
- Produkte aus ökologischem Anbau - individueller Service - Fernseh- einschließlich Videogerät im Zimmer - Bademantel im Badezimmer usw.	- Wochenende inkl. Wellnessprogramm zum Sonderpreis - Wandertage - Schlemmerwochenende - Kulturwochenende usw.

Abb. 5.2.3: Einzel- und Kompaktleistungen in Form von Beispielen

Eine andere Möglichkeit das gesamte Leistungsprogramm zu gestalten bzw. zu unterteilen wäre, indem man in Standard- und Spitzenleistungen unterscheidet. Standardleistungen werden als **selbstverständlich** vorausgesetzt; Spitzenleistungen entscheiden nicht selten über Erfolg oder Misserfolg.

Standardleistungen	**Spitzenleistungen**
- Speisenauswahl - ständig im Angebot befindliche Getränke - hygienisch einwandfreie Zimmer - Animationsprogramm usw.	- tiefgegliederte Getränkekarte bezogen auf das Bierangebot in einer sog. „Bierschwemme"

Abb. 5.2.4: Standard- und Spitzenleistungen in Form von Beispielen

Außergewöhnliche Leistungen geben dem Unternehmen **Profil**. Während Basisfähigkeiten von allen Anbietern beherrscht werden, bringen die Spitzenfähigkeiten **entscheidende Wettbewerbsvorteile**. Man kann sie einteilen in **Strategische Erfolgspositionen (SEP)** und **Unique Selling Proposition (USP)**.

Einzelleistungen, wie Kompaktleistungen, Standard- wie Spitzenleistungen kennzeichnen einen jeden gastronomischen Betrieb und sollen ihn gleichzeitig aus der Sicht der Gäste von den Mitanbietern unterscheiden. Die vielen kleinen Dienst- und Sachleistungen verdeutlichen dem Gast klar, dass auf seine Bedürfnisse in besonderer Weise eingegangen wird.

Allerdings sind die USP für die Mitbewerber einfacher nachzumachen als die SEP (Strategische Erfolgsposition); daher sind die USP immer wieder zu überprüfen, zu aktualisieren oder im Rahmen einer Kreativitätsphase zu erneuern.

5.2.2 Strategische Erfolgspositionen

SEP sind bewusst geschaffene Eigenschaften und Fähigkeiten, die im Wettbewerb **nachhaltig Überlegenheit** schaffen und somit überdurchschnittliche Ergebnisse ermöglichen. Solche SEP können sein:

- Produktinnovationen (Entwicklung und Einführung neuer Produkte): Trendfrüherkennung und entsprechende Angebotsgestaltung (entweder als „Trendsetter" die Richtung bestimmen oder einfach „die Nase vorne haben");

- Segmentierung und konsequente Spezialisierung auf Bedürfnisse und Nutzenerwartungen der Gäste (z. B. das professionelle Seminarzentrum);

- Qualität, besondere Architektur, außergewöhnlicher Komfort, stimmungsvolles Ambiente der Räumlichkeiten;

- rationelle Produktion (bei gleicher Qualität niedrigere Kosten);

- attraktives Betriebskonzept;

- Mitarbeiter: Dank systematischer Mitarbeiterschulung, attraktiver Entlohnung, guter Motivation und Führung die fähigsten Mitarbeiter der Branche beschäftigen;

- Standort (abhängig von Betriebsart, z. B. an einem Verkehrsknotenpunkt oder einmalig gelegen inmitten eines Naturparks).

Strategische Erfolgspositionen müssen sich in den Rahmen einer Gesamtstrategie einfügen. Da sie nicht kurzfristig kopiert werden können, verschaffen sie eine bevorzugte Stellung bei den Zielgruppen.

Beispiel:
„Schon wieder *Pflaum*!" Von ehrlicher Bewunderung bis purem Neid reichen die Reaktionen, wenn die alte Posthalterei im fränkischen Pegnitz mal wieder positive Schlagzeilen produziert. *Pflaums Posthotel Pegnitz* – das „*PPP*" schaffte vor Jahren auf der weltgrößten Designer-Messe in New York eine noch nie dagewesene Sensation: Als einziger Teilnehmer errang das „*PPP*" für die Designer-Suiten „Venus in Blau" und „Parsifal" gleich Silber und Bronze. Das „*PPP*" war weltweit das erste Hotel mit einem Prospekt auf CD-Rom, und als erstes Hotel in Deutschland schuf es eine „Internet-Bar"; es lockt mit Gourmet-Opern, mit Golfen, mit Wagner ebenso wie mit vegetarischer Kost.

5.2.3 Unique Selling Proposition (USP)

Der von einer New Yorker Werbeagentur bereits 1923 geprägte Begriff bezieht sich auf **Wettbewerbsvorteile** aufgrund einer einzigartigen und unverwechselbaren Leistung. Es können zahlreiche Einzelleistungen sein, die dazu beitragen, den positiven Gesamteindruck bei Gästen zu erhöhen (z. B. CD-Player im Gästezimmer; exklusives Geschirr; von bekanntem Künstler gestaltete Karte; frische Blumen auf dem Tisch; frische Produkte, evtl. aus ökologischem Anbau; die persönliche Art freundlicher und kompetenter Mitarbeiter, den Gast beim Namen zu nennen, ihn zu grüßen und zu verabschieden).

USP sind im Unterschied zu SEP leichter kopierbar, oft von Moden beeinflusst und müssen deshalb ständig durch neue ersetzt werden.

Beispiel: Die wunderbare Verwandlung: Das Hotel *Hochschober* am österreichischen Turrachsee war ein Allerweltshotel in alpiner Umgebung, das sich von der Konkurrenz nicht abheben konnte. Durch kreative Problemlösung gelang es dem Besitzerehepaar, die Nachfrage so zu verbessern, dass die Kapazität ausgeweitet werden konnte – und das gegen einen insgesamt negativen Trend im österreichischen Umfeld.

Da die Individualgastronomie durch die Person des Gastwirts/Hoteliers in besonderem Maße geprägt wird, ist sie selbstverständlich auch eher in der Lage, ausgehend von einem festgeschriebenen Angebot mit ständigen Anpassungen zu reagieren, indem z. B. besonders auf Früchte der Saison im Rahmen der Erstellung eines Speiseangebotes eingegangen wird. Diese Mobilität bei den angebotenen Leistungen räumt der Individualgastronomie gegenüber der Systemgastronomie einen wichtigen Vorteil ein. Es bleibt dem jeweiligen gastgewerblichen Betrieb selbst überlassen, welches Leistungsmix und welches Leistungssortiment er bezüglich Breite und Tiefe in seinem Lokal anbietet; allerdings in Abhängigkeit von der bereits oben besprochenen Strategie des Leistungsangebotes.

Unabhängig von den bisherigen Ausführungen ist es eine permanente Aufgabe eines jeden Gastronomen, soweit wie möglich kreativ tätig zu sein. So schnell wie sich die Geschmäcker der Gäste wandeln, so schnell muss der Gastronom mit seinem Angebot darauf reagieren, um auch Morgen noch am Markt präsent zu sein; gleichzeitig ist es seine ständige Aufgabe, die eigene Leistungs-/Angebotspalette zu überprüfen und nach Marktnischen Ausschau zu halten, um mit innovativen Leistungen potentielle Gäste anzusprechen/anzulocken. Diese Überlegungen beziehen sich allerdings nicht nur auf den reinen Leistungsbereich im Hause, sondern auch auf Faktoren, die außerhalb seines eigentlichen Betriebes zu suchen sind (z. B. Kooperation mit regionalen Anbietern, Anbieten von Garagen/Unterstellplätzen für die Gäste).

Für touristische Leistungen lassen sich neben der Kernleistung die drei Bereiche Erwartetes, Erwünschtes und Unerwartetes als Zusatzleistung anführen:

- **Grundnutzen** ist der primäre Zweck, die Funktion des Angebotes;

- **Erwartetes** sind für den Gast aus seiner Erfahrung Selbstverständlichkeiten, deren Fehlen Verärgerung hervorruft. Je reiseerfahrener die Gäste sind, um so mehr wird als „selbstverständlich" erwartet.

- **Erwünschtes** sind Leistungen, die der Gast nicht als selbstverständlich voraussetzt, die er aber kennt und als angenehm empfindet. Die Grenze zwischen Erwartetem und Erwünschtem wird fließender, je anspruchsvoller die Gäste werden.

	Kernleistung	**Zusatzleistungen**		
Beispiel	Grundnutzen	„Erwartetes"	„Erwünschtes"	„Unerwartetes"
Restaurant	Essen und Trinken	eine gewisse Auswahl an Speisen	Der Restaurantfachmann empfiehlt zusätzlich auch Tagesgerichte außerhalb der Speisenkarte	Nach dem Essen hausgemachtes Konfekt, Geschäftsführer erkundigt sich persönlich nach Zufriedenheit
Hotel	Bett und Waschgelegenheit	ausreichend großes Zimmer	Der Mitarbeiter erklärt dem Gast die Beleuchtungs- und Sanitärtechnik im Zimmer	Willkommensdrink an der Bar oder auf dem Zimmer
Tourismusort	einige Freizeitangebote	beschildertes Wanderwegenetz	Führer über örtliche Freizeitangebote auf dem Hotelzimmer	Besuch der Tourismus-Information im Quartier (Zufriedenheit und Anregungen)
Reisebüro	Prospekte und Buchungsmöglichkeiten	ein bestimmtes Versanstalter-Sortiment	Palette von Spezialveranstaltern für besondere Kundeninteressen	Anruf nach Rückkehr, ob die gebuchte Reise gefallen hat
Busunternehmen	Transport von A nach B	Getränke an Bord	Eingehen auf Sonderwünsche bei Besichtigungen	Sekt bei längerem Stau

Abb. 5.2.5: Kern- und Zusatzleistungen im Tourismus (vgl. Dettmer, H.; Hausmann, Th.: Tourismus-Marketing-Management, München/Wien 1999, S. 146)

Unerwartetes sind Überraschungsmomente, die den Gast wirklich begeistern können. In diesen „Plus-Leistungen" liegen viele Möglichkeiten der Qualitätssteigerung.

5.2.4 Angebotsbreite und Angebotstiefe

Die Zusammenstellung unterschiedlicher Leistungen oder Leistungsgruppen zu einer Angebotseinheit erfordert Entscheidungen darüber, ob ein breites Sortiment mit einer großen Anzahl von verschiedenen Leistungen oder ob ein enges Sortiment weniger Leistungen angeboten werden soll (Entscheidung über **Angebotsbreite**). Zum anderen muss auch geklärt werden, ob die im Sortiment geführten Leistungen in vielen Varianten oder nur in einer eng begrenzten Zahl von Ausführungen angeboten werden soll (Entscheidung über **Angebotstiefe**).

Beispiel:

		TIEFE			
Warenbereich	Warengattung	Warenart	Artikel	Sorte	B R E I T E
z. B. Speisen	Fleisch	Steaks	Rumpsteak	100 g / 180 g / ...	
z. B. Getränke	alkoholische Getr.	Bier	Pils	0,2 l / 0,3 l /...	

Welche Leistungen (Leistungsmix) in welcher Breite und Tiefe (Leistungssortiment) angeboten werden, wird letztendlich von der Produktstrategie, die wiederum in eine Unternehmensstrategie eingebettet ist, abhängig sein. Die Marktforschung liefert hierfür die erforderlichen Informationen.

Dementsprechend ist jedes einzelne Produkt daraufhin zu überprüfen, in welcher marktbezogenen Lebensphase es sich gerade befindet. Die einzelnen Phasen gastronomischer Leistungen/Dienstleistungen – auch als Produkt-Lebenszyklus bezeichnet – ergeben sich aus der Absatzmenge eines Produktes/einer Leistung bzw. einer Produktgruppe oder Branche und der damit im Zusammenhang stehenden Änderungen im Zeitablauf. Das Konzept des Lebenszyklus versucht, die Lebensdauer von gastronomischen Leistungen/Produkten in einzelne Phasen zu unterteilen, und zwar vor dem Hintergrund des möglichst effizienten Einsatzes des marketingpolitischen Instrumentariums von der ersten bis zur letzten Phase. In der authentischen Literatur befinden sich unterschiedliche Lebenszyklusphasen und -bezeichnungen; hier soll auf das 4-Phasen-Modell eingegangen werden:

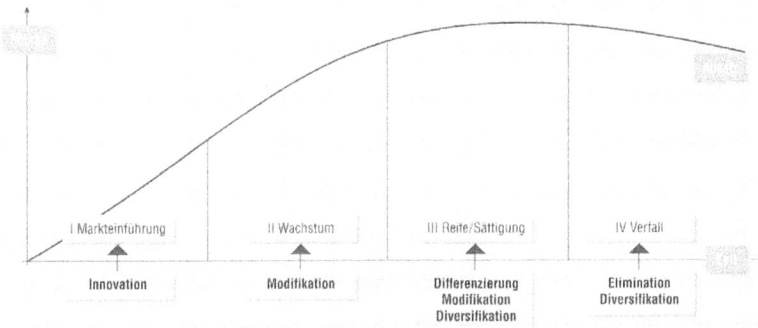

Abb. 5.2.6: Lebenszyklusmodell Kern (vgl. Dettmer/Hausmann [Hrsg.] 2010, S. 198)

Wie dargestellt, werden die einzelnen Lebenszyklusphasen durch bestimmte Phasenmerkmale charakterisiert. Natürlich sind die Phasen der Produktlebenszyklen ungleich. Während sog. „Flops" schon während der Einführungsphase aus dem Markt genommen werden, stehen dem Produkte bzw. ganze Leistungsbereiche gegenüber, die sich lange am Markt der jeweiligen Branche halten können (z. B. Wein, Dorfgasthaus). Wieder anders verhält es sich mit Leistungen, die trendbedingt am Markt auftauchen und ein erfolgversprechendes Verkaufssegment darstellen, ebenso schnell aber auch wieder nach der Phase 3 abbrechen und aus dem Markt zu nehmen sind (z. B. bestimmte Musikveranstaltungen bzw. dazugehörende Räumlichkeiten oder sog. Modegetränke). Damit wird klar, dass ein gastronomischer Betrieb nur dann erfolgreich sein kann, wenn die von ihm angebotenen Produkte/Dienstleistungen sich lange genug in der Wachstums- bzw. Reifephase befinden, folglich also über einen ausreichenden Zeitraum hinweg für genügend Gäste interessant sind und damit angemessenen Gewinn einbringen. Natürlich lässt sich eine derart erfolgsorientierte Leistungspolitik nur mit einem gut ausgebildeten und aufeinander abgestimmten Mitarbeiterteam realisieren sowie mit adäquaten Produkten, d.h., auch mit neuen (s. Abb. 5.2.7) und veränderten Produkten (s. Abb. 5.2.8):

Innovationen	
Neue Produkte:	**Neu nur im Betrieb:**
Bisher nicht in der selben Form auf dem Markt, also ganz neue Produkte **(echte Innovationvationen)**	Übernommene und dem eigenen Konzept angepasste Ideen, Nachahmungen (der sog. kreative Klau)
Mit **neuen Produkten** sind alle Produkte gemeint, die von einem Unternehmen **neu in das Sortiment** aufgenommen worden sind. Diese Produkte können aber auch schon in ähnlicher oder gleicher Form auf dem Markt angeboten werden.	
Differenzierung	**Produktdiversifikation**
Entwicklung und Vermarktung **zusätzlicher Produktvarianten** zu den schon auf dem Markt vorhandenen Produkten. Die Differenzierung kann vorgenommen werden im Hinblick auf - **eigene Produkte**: z. B. unterschiedliche Verpackung, Preise, Zweitmarken - **Angebote der Konkurrenz**: z. B. Preise, Image. Voraussetzung für erfolgreiche Produktdifferenzierungen: Sie müssen auf dem Markt als **einzigartig, unterschiedlich und bedarfsgerecht** akzeptiert werden.	Ein Unternehmen betätigt sich mit neuen Produkten/ Leistungen auf neuen Märkten. Diversifikation wird unterschieden in - **Horizontale Diversifikation:** Die aufgenommenen Produkte/ Leistungen gleichen den bisherigen und bedürfen weder in Produktion noch Vertrieb einer neuen Strategie. - **Vertikale Diversifikation:** Produkte/Leistungen der vor- und/ oder nachgelagerten Wirtschaftsstufe werden aufgenommen. - **Laterale Diversifikation:** Aufnahme von Produkten/ Leistungen, die für das Unternehmen völlig neu sind.

Abb. 5.2.7: Produktinnovationen (vgl. Dettmer/Hausmann [Hrsg.] 2010, S. 201)

Beispiel: Neu im Programm einer internationalen Hotelkette ist die Rundumbetreuung bei Veranstaltungen. Pläne/Grundrisse aller Veranstaltungsräume mit allen technischen Details werden zur Verfügung gestellt, von lokalen Lieferanten bis zur Pressekonferenz wird alles für eine Veranstaltung organisiert. Zudem zählen zur Grundausstattung bestimmter Programme schallisolierte Zimmer mit Verdunklungsvorhängen sowie Kaffee- und Teemaschine. Darüber hinaus gibt es an Zusatzleistungen einen Shuttle-Service, separate Check in- und Check-Out-Schalter sowie einen eigenen Aufenthaltsraum für Teammitglieder.

Bei der Konzeption dieser Angebote wurden zuvor in den avisierten Kundensegmenten intensive Untersuchungen über die Bedürfnisstruktur gemacht, um ein maßgeschneidertes Umfeld zu schaffen.

Variationen			
Veränderung bestehender Produkte im Zeitablauf, wobei das **veränderte Produkt an die Stelle des bisherigen tritt**. Meist sind es Produktverbesserungen (Optimierung), in manchen Fällen auch bewußte Verschlechterungen von Produkten. Variationen können sich auf verschiedene Eigenschaften beziehen:			
Ästhetische / optische Eigenschaften	**Physikalische / funktionale Eigenschaften**	**Symbolische Eigenschaften**	**Zusatzleistungen**
z. B. Design, Farbe, Garnitur	z. B. Ausstattung, Rohstoffe	z. B. Prestige, Image, Marke, Name	z. B. Angebotspakete, Gästeberatung

Abb. 5.2.8: Variationen in Bezug auf verschiedene Eigenschaften (vgl. Dettmer/ Hausmann [Hrsg.] 2010, S. 201)

Beispiel: Im *Landhotel Schindlerhof* wird jede Leistung, z. B. das Lunchbuffet, als laufendes Experiment gehandhabt. Dabei ist jedes Mitglied des Führungsteams für die Qualität und laufende Verbesserung einiger Leistungsschwerpunkte verantwortlich. Die betreffenden Mitarbeiter handeln wie Unternehmer: Sie beobachten die Leistung der Mitbewerber, sprechen mit den Gästen. Das ganze Team arbeitet an dieser permanenten Innovation mit. Für gute Vorschläge gibt es – auch materielle – Anerkennung. Das Einführen neuer und **Eliminieren** veralteter Güter und Dienstleistungen belegt das Prinzip der Vergänglichkeit, das als „Gesetz des Werdens und Vergehens" formuliert wurde. Produkte können als veraltet gelten, wenn trotz aufwendiger Marketingaktivitäten Umsatz und Gewinn rückläufig sind.

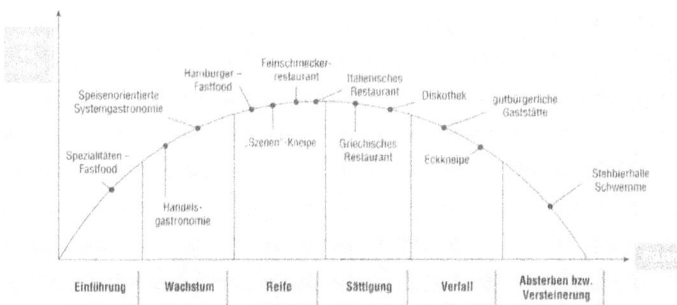

Abb. 5.2.9: Beispielhafte Einordnung ausgewählter Betriebstypen der Gastronomie in das Lebenszyklusmodell (vgl. Dettmer/Hausmann [Hrsg.] 2010, S. 199)

Nicht zu vergessen ist, dass eine positive oder negative Entwicklung gastronomischer Leistungen davon abhängt, ob der richtige Produktname gewählt wurde. Letzterer dient dazu, die gastronomische Leistung von den Angeboten der Mitbewerber abzusetzen, das Produkt/die Leistung also zu „individualisieren", um sie soweit wie möglich als „einmalig" oder „einzigartig" für den Gast erscheinen zu lassen.

Bietet ein Restaurant unter einem bestimmten Namen ein Produkt an, z. B. „Heideglut", so soll dieser

- positive Assoziationen beim Gast hervorrufen,

- produkttypisch,

- werbewirksam,

- einprägsam,

- unverwechselbar sein,

aber auch soweit wie möglich als Imageträger fungieren.

Die Weiterführung des Gedankens der Namensgebung und das damit verbundene Herausstellen eines Produktes/einer Leistung führt zur sog. Marke, z. B. Asbach Uralt/Weinbrand.

Die Phasen der Lebenszyklen sind für unterschiedliche Leistungsbereiche abweichend lang. Während sogenannte „Flops" über die Einführungsphase nicht hinauskommen, gibt es sehr langlebige Produkte oder Leistungsbereiche (z. B. Bier, traditionelles Speiserestaurant). Produkte oder Leistungsbereiche, die Moden unterworfen sind (z. B. Modecocktails, Diskotheken), erleben einen geradezu kometenhaften Aufstieg, um nach einer kurzen Reifezeit wieder zu verschwinden. Der Produktlebenszyklus hilft bei der Analyse

- von Umsatz und Erfolg einzelner Produkte und des gesamten Sortiments,

- der Einführung bzw. Elimination von Produkten,

- der Verbesserung von Produkten.

Oft kann – beispielsweise bei einer Diskothek – durch einen Wechsel der Inneneinrichtung, des Namens oder ähnlicher Maßnahmen eine Verlängerung des Lebenszyklus bzw. ein Neustart (Relaunch) erreicht werden.

5.2.5 Exkurs: Qualitätsmanagement

Dienstleistungsunternehmen leben vom Kundenkontakt. Motivierte und gut ausgebildete Mitarbeiter „produzieren" Qualität in Form positiver Kundenerlebnisse. Daraus resultierende langfristige Kundenbindung sichert den Unternehmenserfolg. Qualitätsverlust („Ausschuss") wird in der Regel nicht reklamiert, sondern mit der Abwanderung zum Wettbewerber quittiert. Unter Qualität lässt sich das Erfüllen von Anforderungen an die Beschaffenheit eines Produktes im Hinblick auf dessen Ge- oder Verbrauch verstehen.

5.2.5.1 Total Quality Management (TQM)

Das in den 80er Jahren in Japan und in den USA entworfene *umfassende* = *Total* Quality Management Konzept **(TQM)** richtet sich an Mitarbeiter auf allen Ebenen sowie alle Bereiche eines Unternehmens.

Anwendungsbezogen	Herstellungsbezogen
Ergebnisqualität Entsprach die gebotene Leistung den Erwartungen des Kunden (z. B. ruhige Übernachtungen zu angemessenen Preisen)?	**Prozessqualität** Wie hat der Kunde die erbrachte Leistung erlebt (z. B. freundliche Mitarbeiter, gute Atmosphäre)
Kundenorientierung	

TQM ist in erster Linie ein **Führungsmodell**. Die notwendige Identifikation mit dem TQM beziehen die Mitarbeiter aus dem motivationsfördernden Führungsverhalten: Information, Leistungs-Feedback, Einbindung der Mitarbeiter in Entscheidungsprozesse, Erweiterung der Handlungskompetenzen, identifikationsfördernde Arbeitsgestaltung und Strukturierung sowie Anreizsysteme in Form qualitätsbezogener Prämien.

Zielesetzung: Qualität in Produkte und Dienstleistungen „hineinproduzieren", um die Fehlerkosten (Gästeabwanderung) gering zu halten. Investitionen in Qualitätsanstrengungen sind billiger als der Aufwand zur Behebung eines schlechten Service oder Einnahmeeinbußen durch einen verlorenen Gast.

5.2.5.2 TQM-Instrumente

Ist-Qualität analysieren	Marktforschungsberichte Mystery Guest (Testgäste) Gästebefragung (Lob- und Beschwerdeanalyse)
Soll-Qualität planen **und**	Von den obersten Qualitätszielen abzuleiten auf die Ebenen der unmittelbar betroffenen Mitarbeiter: „Top-down" (von oben nach unten) Die Ebenen erarbeiten in Qualitätszirkeln die entsprechenden Standards: „Bottom-up" (von unten nach oben)
Soll-Qualität umsetzen / implementieren	Ein Steuerungsgremium erarbeitet dann Unternehmens-, Betriebs- und Abteilungsstandards, die im Rahmen von Qualitätshandbüchern schriftlich niedergelegt werden und für alle verbindlich sind.

IST-Qualität	Messsysteme und Erfolgskontrollen müssen die von
messen	Kunden tatsächlich erlebte Erfahrung ermitteln;
	Indikatoren: quantitativ (z. B. Wartezeiten beim
und	check-in/out, Stornoquoten) oder
	qualitativ (z. B. Image).
laufend	Daten werden systematisch und regelmäßig erfasst,
verbessern	analysiert und aufgearbeitet (quality reports). Die
	Ergebnisse sind allen Mitarbeitern zugänglich.

5.2.5.3 Zertifizierung nach DIN ISO 9000 ff.

Die International Organization for Standardization (ISO), eine Unterorganisation der Vereinten Nationen, hat 1987 ein weltweit angewandtes System zur Bewertung von Qualitätsmanagementsystemen, das Verantwortlichkeiten, Aufbauorganisation, Prozesse, Verfahren und Mittel beinhaltet, eingeführt. Einem Unternehmen, das die Normen nachweislich erfüllt, wird in einem für drei Jahre geltenden Zertifikat bescheinigt, dass es nach einem umfassenden QM-System arbeitet.

Nutzen einer Zertifizierung:

- **Verbesserung der Wettbewerbsposition:** Das Zertifikat gilt im internationalen Tourismus als Qualitätsindikator;

- **Erhöhung der Produktivität** durch Rationalisierung der Arbeitsprozesse und Fehlervermeidung;

- **Qualitätssteigerung** durch konsequente Kundenorientierung und Eliminierung von Schwachstellen;

- **Mitarbeitermotivation:** Motivationsförderndes Führungsverhalten.

Beispiel:

Leistung und Service mit Gütesiegel

Das ALSTERHOF Ringhotel Berlin war mit seiner TQM-Anerkennung im Jahr 1997 Vorreiter der Branche

Mit Engagement und Leistungswillen hatten die Mitarbeiter und das Management des *Alsterhof Ringhotels Berlin* die Zertifizierung nach der DIN-Norm EN ISO 9001 erreicht. Die Zertifizierung bedeutet Anerkennung und Verpflichtung zugleich. Das Total Quality Management (TQM) ist eine der tragenden Säulen der Unternehmenspolitik.

Durchgeführt wurde das Audit von der Berliner Geschäftsstelle DQS (Deutsche Gesellschaft zur Zertifizierung von Managementsystemen mbH).

Mit der Zertifizierung nach den spezifisch hohen Anforderungen dieser Norm war das *Alsterhof Ringhotel, Berlin,* Vorreiter im Hotel- und Gaststättengewerbe.

Auf der Grundlage des bestehenden Qualitätsmanagementsystems hatten die 90 Mitarbeiter die qualitätsrelevanten Prozesse und Standards in 16 Handbüchern zusammengefasst, um Produkte und Dienstleistungen kontinuierlich auf hohem und serviceorientiertem Niveau zu halten und ständig zu verbessern.

5.2.6 Namensgebung

Ein Vorstandsmitglied der *Steigenberger AG* zur Namensgebung einer neuzuschaffenden Hotelkategorie: „Wenn über einem Fünf-Sterne-Haus genauso der Name *Steigenberger* steht wie an einem Vier-Sterne-Hotel, gibt es ein doppeltes Problem: Zum einen beschweren sich die Leute, dass sie bei letzterem keinen *Steigenberger*-Standard vorgefunden haben; zum anderen gehen gewisse Gäste nicht in ein solches Vier-Sterne-Hotel namens *Steigenberger*, weil sie dort teuren Luxus befürchten, den sie sich nicht erlauben können." Als künftigen Produktnamen für die Vier-Sterne-Häuser hat man den Begriff „Avance Hotel" gewählt (früherer Arbeitstitel „Garden Hotels"), wobei das Wort *Steigenberger* nur noch klein und sozusagen als Konzernhinweis darübersteht.

Wie das Beispiel zeigt, dient der Name dazu, ein **Produkt** zu **„individualisieren",** um es von anderen Angeboten zu unterscheiden und abzuheben.

Gerade im Dienstleistungsmarketing dient der Name oft als **Imageträger,** der mit einer **Botschaft** für den Konsumenten verbunden ist und in diesen entsprechende **Erwartungen weckt:**

> **„Ich würde mir über den Namen auf meinem Dach große Gedanken machen. Er erleichtert, dass unter dem Strich Geld verdient wird."**

> (Konrad de Vries, Vice Präsident bei Holiday Inn)

Produktnamen können entscheidenden Einfluss über Erfolg oder Misserfolg eines Produktes haben. Der Name soll

- einen hohen Aufmerksamkeits- und Erinnerungswert haben
- einprägsam und leicht auszusprechen sein
- werbewirksam sein
- positive Assoziationen hervorrufen
- unverwechselbar sein.

Kunden sind bereit, für Markenartikel einen **höheren Preis** zu bezahlen (=„Markenwert" bzw. brand equity) als für die eigentliche Grundleistung, die auch andere Produkte erfüllen. Die Preisdifferenz erklärt sich weitgehend aus den zusätzlichen – immateriellen – erhaltenen oder erwarteten Leistungen **(Zusatznutzen),** z. B.

- Prestige (bei „Premium-Marken");
- Spaß, Freude, Life-Style, Erlebniselemente;

- Qualität, insbesondere Qualitätsgarantien;

- Unterstützung ökologischer Maßnahmen („umweltbewusstes Hotel", „Nachhaltiger Tourismus").

5.2.6.1 Markennamen

Auch der Markenname erfüllt die Aufgabe, das markierte Objekt von konkurrierenden Angeboten unterscheidbar zu machen und abzuheben. Daneben kann der Verbraucher aber auch die **Gleichheit** (Qualität, Design) aller **einheitlich markierten Produkte** voraussetzen. Die ursprünglich personenbezogene Markierung des Produktes hat sich als Industriemarke im Markt verselbständigt und die Funktion einer **Kommunikationskonstante** übernommen.

Der industrielle Produzent hat mit der Marke die Möglichkeit, über den Handel zu verkaufen und trotzdem beim Konsumenten als Hersteller aufzutreten. Sie ist angesichts der allgemeinen Entfremdung von Käufer und Verkäufer und gleichzeitig abnehmender Warenkenntnis bei den Verbrauchern für die Entwicklung und Stabilisierung eines Vertrauensverhältnisses immer wichtiger geworden. Sie zwingt dem Hersteller bei der Qualitätsgestaltung eine Kontinuität auf, die den Konsumenten von einem Prüfungszwang entlastet.

Der Begriff Marke ist nach dem *Warenzeichengesetz* wie folgt festgelegt: „Die Marke ist ein kraft Eintragung in die Zeichenrolle geschütztes Zeichen, das einem Unternehmen dazu dient, bestimmte von ihm hergestellte oder vertriebene Waren ... von gleichartigen Waren oder Dienstleistungen anderer Unternehmen zu unterscheiden."

Die „Macht der Marke" in der internationalen Hotellerie

Der Reiseverkehr ist international. Elektronische Reservierungssysteme ermöglichen die Präsenz jeden Hotels auf dem weltweiten Markt. Für alle Reisemittler, die an ein Buchungssystem angeschlossen sind, ist das Computer-Terminal vergleichbar mit einem Schaufenster, aus dem sie Angebote auswählen und sofort Buchungen tätigen können. Das Hotelangebot in diesem Schaufenster ist so vielfältig, dass die Präsenz allein nur ein Teil des Hotelmarketing sein kann. In Verbindung mit einer bekannten Marke, als wiedererkennbares Merkmal, kann sich der Gast sofort ein Bild über das Angebot machen. Internationale Reservierungen setzen internationale Präsenz und einen weltweit bekannten Markennamen voraus.

5.2.6.2 Logo (Firmenzeichen, Signet)

Als **konstantes Erkennungszeichen** vereint das Firmenlogo graphische Elemente mit dem Schriftzug des Firmennamens. Als **Signal** mit **Informationswert** wird seine Wirkung dadurch verstärkt, dass es in seiner typischen Ausprägung möglichst oft wiederholt wird.

Typische Schriftzüge werden nicht im Sinne des Buchstabierens gelesen, sondern mit einem Blick erfasst und zugeordnet. Mit verschiedenen Schriftarten und graphischen Elementen lassen sich imagewirksam Charakter, Stil und Art des Unternehmens ausdrücken.

Typische Firmenschriftzüge lassen sich in Köpfen der Menschen speichern, sofern sie besonders merkfähig erscheinen.

Beispiel eines Firmenschriftzuges:

Ein **Firmenzeichen** sollte folgende **Kriterien** erfüllen:

- **Aufmerksamkeit** und **Interesse** der Zielgruppe wecken

- die darin enthaltene **Botschaft** verständlich transportieren

- **unverwechselbar** sein und nicht an vorhandene Logos erinnern

- bei geringem Platzbedarf kompakt wirken.

Firmenlogos mit Tradition und Prestige sind von großem Wert. Sie verhelfen dem Dienstleistungsbetrieb im Gastgewerbe zu einem Markenzeichen. Nur wenn im betrieblichen Kommunikationswesen davon konsequent Gebrauch gemacht wird, tritt beim Verbraucher der gewünschte Lerneffekt mit hohem Wiedererkennungswert ein.

Beispiel:

1,5 Millionen US Dollar für den Marktauftritt

Best Western mit der Entwicklung seines Logos

Die Geschäftsführung von *Best Western* ließ im Jahre 1991 das Unternehmenslogo modifizieren und rechnete damit, dass sich „in Nordamerika durch das neue Logo der Durchschnittszimmerpreis erhöhen lassen wird" und in Europa durch eine bessere Auslastung die Kosten der Neueinführung gedeckt werden.

Grund für die Modifizierung war unter anderem die Unstimmigkeit zwischen dem was der Gast mit dem alten Logo assoziierte, und wie sich die Qualität der *Best Western* Häuser heute darstellt.

Beauftragt mit der Entwicklung und Gestaltung des neuen Markenzeichens wurde eine Spezialagentur für Corporate Identity und Corporate Design in New York, die neben anderen auch die Markenzeichen von American Express, Citibank, Nestlé und *BP* entwickelte.

In einer dreijährigen Vorbereitungszeit hatte sich die Marktforschung mit verschiedenen Fragen zu beschäftigen:

- Wie wird das Logo derzeit in den einzelnen Hotels genutzt?

- Ist das bestehende Logo noch zeitgemäß und hält es der Gast für glaubwürdig?

- Entspricht das Logo – im Erscheinungsbild – der gestiegenen Qualität der Best Western Hotels?

- Welchen Wert hat die Marke und damit das Logo heute?

- Welchen Preis ist der Gast bereit für die Marke Best Western zu bezahlen?

In der ersten Phase der Logoentwicklung wurde die Ist-Situation von 75 Best Western Hotels in Nordamerika und Europa untersucht, wobei man eine allgemein zu geringe professionelle Markennutzung im Corporate Design festgestellt hat. Bei der Werbung wurde die „Message von Best Western" zum größten Teil nicht oder nicht richtig und für den Konsumenten ohne greifbaren Inhalt transportiert. Das alte Best Western Markenzeichen wurde international, in Printkampagnen oder bei der eigenen Nutzung des Logos (z. B. an Hotelfassaden) uneinheitlich angewendet.

Gästebefragungen ergaben unter anderem, dass *Best Western* am ehesten mit Days Inn, einer amerikanischen Hotelgruppe im Low-Budget-Segment, direkt verglichen wird – wegen der Logofarbe – nicht wegen der Qualität oder dem Preis. Beides ist bei Days Inn niedriger. Am entferntesten gesehen wurde Best Western von Hyatt und Hilton. Aufgrund der Untersuchungen ist das alte Best Western Logo den sogenannten „Sunshine Brands" zuzuordnen, die mit den Farben schwarz, gelb, rot billige Preise signalisieren.

Zwei Drittel aller Befragten sprachen sich für eine Änderung des Logos aus. Bei einem Test wurde in erster Linie nach der Akzeptanz der Farbe gefragt. Eine klare Mehrheit sprach sich gegen den gelben Hintergrund aus.

In der zweiten Phase wurden von 60 Logo-Konzepten stufenweise drei verschiedene Logo-Vorschläge in die engere Wahl gezogen und in allen Regionen der USA und Kanadas getestet. Ein letzter Logo-Test in 16 Großstädten Nordamerikas bezog sich noch auf zwei Konzepte. Hier stand vor allem die Wiedererkennbarkeit im Vordergrund. Die Frage, „welches der zwei Logos würde Sie am ehesten animieren, Best Western zu buchen?", beantworteten mehr als 50 % der Testpersonen mit dem neuen Logo. Die einzelnen Logo-Elemente – Farben, Schriftzug, Krone – wurden mittels Computertechnik weiter verfeinert und Prototypen zur Veranschaulichung erstellt.

„Best Western startete 1947 mit dem ersten Logo, das damals zeitgemäß und charakteristisch für die Hotelzusammensetzung und vor allem für die Region der Best Western Hotels war. Zwar wurden einige Veränderungen durchgeführt, doch verkörperten diese Entwürfe immer noch ein altes, angestaubtes Image. Entstanden und bis heute etabliert ist nun das neue Markenzeichen (hoher Wiedererkennungswert, klare saubere Farbgebung und Linienführung).

5.2.7 Markenstrategien in der Hotellerie

Generell wird in der Markenpolitik von **drei Grundstrategien** gesprochen.

1. Einzelmarke (Solitärmarke)

Klassische Markenartikelstrategie: Einzelnen Leistungen bzw. Produkten wird ein Markenname zugeordnet „1 Marke = 1 Produkt = 1 Produktaussage oder -versprechen"

Beispiele: „Hotel-Vier-Jahreszeiten", „Hotel Bayerischer Hof"

Mehrmarkenstrategie:

Hier entwickelt die Muttergesellschaft im Rahmen der Marktsegmentierung weitere Produkte bzw. Leistungen; diese erhalten eigene neue Markennamen mit entsprechender Marktpositionierung und eigenständigen Marketingmaßnahmen.

Beispiel: **Accor**: Ibis (preiswert), Mercure (mittelpreisig), Sofitel (First Class)

2. Markenfamilienstrategie

Mehrere Produkte werden zu einer Produktgruppe zusammengefasst und mit einer Marke versehen. Es können auch umgekehrt erfolgreiche Marken weiter durch sogenannte Produktlinien differenziert werden.

Beispiele: Zu **Mövenpick Hotels International (MHI)** gehören drei Produktlinien

- Mövenpick Hotels: Häuser der 4- und 5-Sterne-Kategorie, vornehmlich an Geschäftsstandorten
- Mövenpick Hotels Jolie Ville: Ferienhotels
- Mövenpick Hotels Cadett: Häuser in der „Upscale mid price"-Klasse, die über ein limitiertes Gastronomie- und Dienstleistungsangebot verfügen.

3. Dachmarkenstrategie

Die Dachmarke fasst alle Leistungsangebote eines Unternehmens unter einem Namen zusammen. Dachmarkenstrategien werden vor allem bei großen Unternehmen mit einer breiten Leistungspalette angewandt. Unterhalb der globalen Märkte können sich sowohl Einzelmarken als auch Markenfamilien entwickeln. Typisch hierfür sind die großen Reiseveranstalter in Deutschland, bei denen unter der Dachmarke sowohl Einzelmarken als auch Markenfamilien gebildet werden.

Beispiel:

TUI (Dachmarke); Einzelmarken sind exemplarisch Club Robinson, RIU Hotels & Resorts und 1-2-FLY. Markenfamilien sind z. B. TUI-Fernreisen und TUI-Spanienreisen.

5.2.8 Ökomanagement in der Leistungspolitik

„Und sie sägten an den Ästen, auf denen sie saßen und schrien sich ihre Erfahrungen zu, wie man besser sägen könnte. Und fuhren mit Krachen in die Tiefe. Und die ihnen zusahen beim Sägen schüttelten die Köpfe und sägten kräftig weiter."

(Berthold Brecht)

Um zu überleben, müssen Unternehmen Gewinn erwirtschaften. Da die **Umwelt** für breite Zielgruppen zu einem entscheidenden **Orientierungsfaktor und Qualitätsmerkmal für die Kaufentscheidung** geworden ist, müssen langfristige Strategien Umweltbelange integrieren. Zunehmend **umweltbewusstere Gäste** erwarten **Umweltqualität** nicht nur im **Erholungsraum Natur**, sondern auch in **Hotel und Restaurant.**

Umweltorientiertes unternehmerisches Handeln eröffnet neue Marktchancen und Innovationsmöglichkeiten, wirkt motivierend auf Mitarbeiter und Gäste. Umweltschutz verschafft der Wirtschaft Wachstumsimpulse. **Ökologische Orientierung** erschließt neue Gästekreise und sichert einen **Wettbewerbsvorsprung** vor einer ausschließlich quantitativ denkenden Konkurrenz.

Ökologische Betriebsführung (Ökomanagement) dient

- dem Schutz der Umwelt und damit der **Existenzgrundlage** des Tourismus;

- bringt **Vorteile** für die **betriebswirtschaftliche Gesamtrechnung** (Einsparpotentiale in Verbrauch und Beschaffung);

- bietet die Möglichkeit zur **Imageprofilierung** des Betriebes und der Branche an sich.

5.2.8.1 Umweltschutz in der Unternehmensphilosophie

Umweltgerechte Betriebsführung „muss in die **Unternehmensphilosophie Eingang finden** und durch Überzeugung und Schulung der Mitarbeiter bis in alle Betriebsbereiche umgesetzt werden".

Beispiel:

„Wir wissen, dass unser Familienbetrieb nur in einem gesunden Umfeld langfristig gedeihen kann. Darum hat die Verantwortung zur Umwelt in unseren unternehmerischen Entscheidungen einen sehr hohen Stellenwert. Wir verstehen ökologische Innovationen als einen kreativen Prozess. Für unsere Gäste bedeutet dies echte Qualität in Produkt und Dienstleistung, dort wo sich neue Umweltideen mit Gastgewerbetradition verbinden. Dabei können wir auf das wachsende Umweltbewusstsein unserer Gäste zählen."

Umweltleitsätze sind Ausdruck des unternehmerischen Selbstverständnisses unter Einbeziehung aller relevanten Gruppen (z. B. Mitarbeiter, Gäste). Als Instrument der Öffentlichkeitsarbeit machen sie die Öffentlichkeit mit strategischen Wertvorstellungen des Unternehmens vertraut.

5.2.8.2 Ökologie contra Ökonomie

„Nach meinem Verständnis ist Ökologie die Wissenschaft über die Zusammenhänge der Dinge dieser Erde. Ökonomie ist die Anwendung dieser Erkenntnisse. Wenn z. B. Luft, Wasser, Erdöl oder Bodenfruchtbarkeit verschwenderisch verbraucht werden, dann ist das keine Ökonomie".

Die Ziele umweltorientierter Unternehmensphilosophie bereichern und stärken die klassischen Unternehmensziele. Die Forderung nach der „Zukunftssicherung des Betriebes" wird erfüllt, wenn sich unternehmerische Grundsätze wie Qualität, Kreativität, Humanität, Rentabilität, Kontinuität und Loyalität am Umweltgedanken orientieren:

Qualität und Umweltschutz

Qualitativ hochwertige Produkte sind umweltschonend hergestellt und ebenso zu entsorgen.

Kreativität und Umweltschutz

Die Einbeziehung der Kreativität der Mitarbeiter nimmt Rücksicht auf deren Bedürfnisse. Gefördert wird die Kreativität durch Arbeitsbedingungen, die auf biologische Bedürfnisse Rücksicht nehmen (möglichst lärmarmer Arbeitsplatz, gesundes Raumklima, ergonomische Möbel und vitaminreiche Ernährung).

Humanität und Umweltschutz

Das Betriebsklima erhöht die Lebensqualität aller Beteiligten dadurch, dass Strategien, Ziele und Maßnahmen des Unternehmens sich nicht nur am ökonomischen Erfolg, sondern auch an der Verantwortung gegenüber allem Leben ausrichten.

Rentabilität und Umweltschutz

Kostensenkende Umweltschutzmaßnahmen und das Ausschöpfen neuer Marktchancen verbessern die Rentabilität.

Kontinuität und Umweltschutz

Der Fortbestand des Unternehmens erfordert eine fortlaufende Anpassung an das sich ständig verschärfende Umweltrecht. Marktrisiken – das Verbraucherverhalten verändert sich zugunsten umweltfreundlicher Produkte und Dienstleistungen – werden durch umweltfreundliche Innovationen zu Marktchancen.

Loyalität und Umweltschutz

Loyales Verhalten gegenüber der Umwelt (Nachbarschaft, Gesellschaft, Gesetzgeber, nachfolgende Generationen) erfordert eine nachhaltige Schonung der natürlichen Lebensgrundlagen.

Aufgaben Kapitel 5.2:

1.   Ordnen Sie das Getränkeangebot entsprechend der Systematik von Seite 147 nach An-
     gebotsbreite und -tiefe:

     Alkoholische Getränke: Bier: Pils, 0,2 l / 0,3 l / 0,4 l; Alt, Export,
                                               Weizenbier

                                               Wein: Moselwein, Frankenwein (Ausschank-
                                               mengen 0,1 l, 0,25 l)

     Alkoholfreie Getränke: Aufgussgetränke: Kaffee und Tee (Tasse und
                                               Portionskännchen)

2.   In einer Studie des ADAC- mit dem Titel „Neues Denken im Tourismus" wird „Urlaub
     in Deutschland" als unverwechselbares Produkt, bestehend aus den Komponenten
     „Wohnen", „Essen + Trinken", „Service", „Infrastruktur", „Ortscharakter", „Land-
     schaft", „Verkehr" beschrieben. Ordnen Sie diese Faktoren entsprechend der Systema-
     tik in Abbildung 4, S. nach „ursprünglichem Angebot" und „abgeleitetem Angebot".

3.   Unterscheiden Sie „Leistungsgestaltung im engeren / weiteren Sinn".

4.   Welche Maßnahmen zur Erhaltung des touristischen Grundkapitals könnten vom Un-
     ternehmer im Gastgewerbe ergriffen werden?

5.   Entwerfen Sie ein „Package" nach dem Baukastensystem.

6.   Erklären Sie den Unterschied zwischen Innovationen und Variationen.

7.   Wann spricht man von Produkt-Differenzierung?

8.   Welche Art von Diversifikation liegt in folgenden Beispielen vor? Begründen Sie Ihre
     Antwort.

8.1 Die Firma „Coca Cola" vertreibt neben diesem Produkt u. a. auch Sprite und Fanta.

8.2 Ein internationaler Hotelkonzern erwirbt ein Handelsunternehmen der Elektronikbran-
     che.

8.3 Ein Hotelkonzern erwirbt ein eigenes Weingut. Die Erzeugnisse werden in den Hotels
     angeboten.

9.   In einem Hotelrestaurant wird das Ambiente grundsätzlich alle fünf Jahre geändert.
     Erklären Sie diese Veränderung.

10. Welche Güter gelten als veraltet, wann sollten sie spätestens eliminiert werden?

11. Erstellen Sie die Produktlebenszykluskurve in vier Phasen und ordnen Sie den Phasen
     folgende Merkmale zu:

Marktstellung: Monopol / Oligopol / Polypol

Abnehmerschichten: Opinionleader / frühe Mehrheit / späte Mehrheit / Nachzügler

12. Erklären Sie, in welchen Phasen es zur Elimination von Produkten kommen kann?

13. Erklären Sie mittels Beispiel, was man unter „Relaunching" versteht?

14. Welche Eigenschaften sollte der Name eines Unternehmens als Imageträger haben?

15. Erläutern Sie die Vorteile einer Marke für Hersteller und Verbraucher.

16. Erklären Sie die Bedeutung eines Firmenlogos als Werbekonstanten?

17. Warum musste das Best Western Logo vor allem auch farblich neu gestaltet werden?

18. „Junge, engagierte Mitarbeiter und potentielle Nachfolger in der Betriebsführung (unsere eigenen Kinder) betrachten neben dem Finanz- und Humankapital das Umweltkapital als wesentliches Kriterium ihrer Lebensplanung"

    Analysieren Sie die hier zum Ausdruck gebrachte Philosophie eines Unternehmers hinsichtlich Umweltschutz und unternehmerische Grundsätze

5.3 Kommunikationspolitik

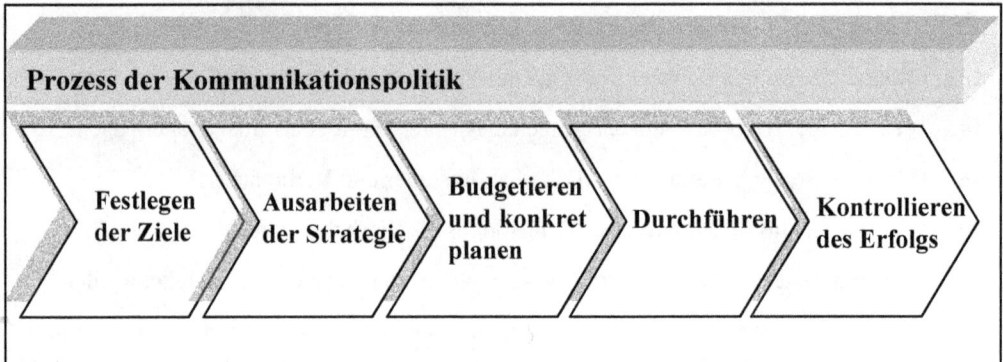

Prozess der Kommunikationspolitik

Festlegen der Ziele › Ausarbeiten der Strategie › Budgetieren und konkret planen › Durchführen › Kontrollieren des Erfolgs

Kommunikationspolitik ist die strategische Planung und die bewusste Gestaltung von Kommunikationsprozessen. Neben der Preis-, Produkt- und Distributionspolitik ist die Kommunikationspolitik eines der vier Aktionsinstrumente des **Marketing-Mixes**. Aufgabe der Kommunikationspolitik ist die Realisierung aller auf den Markt gerichteten Informationen in den Bereichen Werbung, Sales Promotion (Verkaufsförderung), Public Relations (Öffentlichkeitsarbeit) und persönlicher Verkauf. Zudem beinhaltet die Kommunikationspolitik alle **Kommunikationsmaßnahmen**, unter Verwendung sämtlicher dem Unternehmen zur Verfügung stehender **Kommunikationsinstrumente**, die die Leistungen des Unternehmens und das Unternehmen selbst auf den maßgebenden Märkten sowie in der Öffentlichkeit vorstellen. Nicht ohne Hintergrund bezeichnet man allgemein die Kommunikation als das Sprachrohr des Marketing.

Kommunikation ist keine Wissenschaft, sondern ein menschliches Bedürfnis. Wenn ein Unternehmen eine Botschaft an potentielle Kunden sendet, so kommuniziert es, d. h. es teilt etwas mit. Schließlich möchte das Unternehmen, dass seine Leistungen nachgefragt werden, denn es genügt nicht das Angebot marktgerecht zu gestalten; es muss vielmehr die Verbindung zu den Kunden hergestellt werden. Damit ist die Kernaufgabe jeglicher Kommunikationspolitik umschrieben. Sie umfasst also alle Bemühungen, die darauf gerichtet sind, die angebotenen Dienstleitungen/Produkte mit Gewinn zu verkaufen. Die Marketingmaßnahmen, die diese Bemühungen unterstützen, fördern entweder den unmittelbaren Verkauf, oder sie unterstützen als absatzfördernde Mittel die Verkaufsbemühungen.

> Die zwischenmenschliche Kommunikation ist ein Prozess bei dem ein Sender über einen Kanal eine Nachricht aussendet, die vom Empfänger zur Kenntnis genommen wird und dieser darauf antwortet. Kommunikation ist die Kunst, anderen Menschen zu beweisen, dass sie unserer Meinung sind.

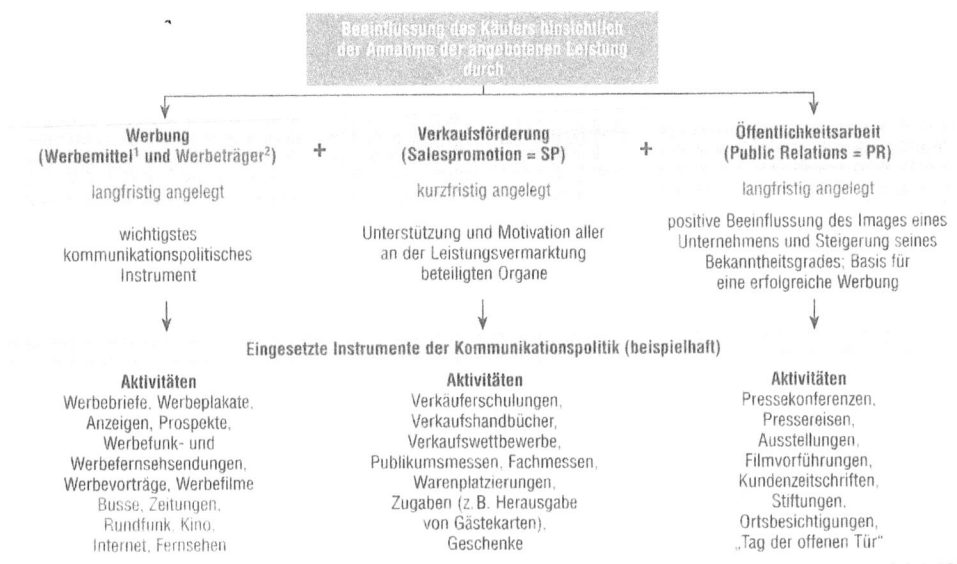

Beeinflussung des Käufers hinsichtlich
der Annahme der angebotenen Leistung
durch

Werbung (Werbemittel[1] und Werbeträger[2])	+	Verkaufsförderung (Salespromotion = SP)	+	Öffentlichkeitsarbeit (Public Relations = PR)
langfristig angelegt		kurzfristig angelegt		langfristig angelegt
wichtigstes kommunikationspolitisches Instrument		Unterstützung und Motivation aller an der Leistungsvermarktung beteiligten Organe		positive Beeinflussung des Images eines Unternehmens und Steigerung seines Bekanntheitsgrades; Basis für eine erfolgreiche Werbung

Eingesetzte Instrumente der Kommunikationspolitik (beispielhaft)

Aktivitäten	Aktivitäten	Aktivitäten
Werbebriefe, Werbeplakate, Anzeigen, Prospekte, Werbefunk- und Werbefernsehsendungen, Werbevorträge, Werbefilme Busse, Zeitungen, Rundfunk, Kino, Internet, Fernsehen	Verkäuferschulungen, Verkaufshandbücher, Verkaufswettbewerbe, Publikumsmessen, Fachmessen, Warenplatzierungen, Zugaben (z. B. Herausgabe von Gästekarten), Geschenke	Pressekonferenzen, Pressereisen, Ausstellungen, Filmvorführungen, Kundenzeitschriften, Stiftungen, Ortsbesichtigungen, „Tag der offenen Tür"

[1] Werbemittel wirken auf die Sinneseindrücke der Umworbenen; sie verkörpern die gedankliche Werbebotschaft. Es gibt grafische Werbemittel, Werbemittel-Veranstaltungen und Werbemittel-Verkaufshilfen.
[2] Werbeträger sind Kanäle, über die Werbebotschaften vom Sender zum Empfänger gelangen.

Abb. 5.3.1: Beeinflussung des Käufers hinsichtlich der Annahme der angebotenen Leistung (Dettmer/Hausmann (Hrsg.): Hotel – Theorie und Praxis, Hamburg 2007, S. 97)

Im Einzelnen kommen der Kommunikationspolitik nachstehende Aufgaben zu:

- Den Kontakt zu den potentiellen Kunden herzustellen, zu erhalten und zu vertiefen,

- die Kunden über das Angebot des Unternehmens zu informieren und zu beraten,

- das Angebot verkaufswirksam zu präsentieren,

- die Kunden zum Kauf zu bewegen sowie

- die von den Kunden erteilten Aufträge/Bestellungen entgegenzunehmen und diese aus-zuführen.

Beispiel:

Das Hotel „Belvedere" hat in den vergangenen acht Monaten eine umfassende Restrukturie-rung des Gebäudes und seiner Einrichtungen vorgenommen. Diese war unumgänglich, da das zwar sehr mondäne aber eben auch sehr alte Gebäude überwiegend eine Klientel beher-bergte, die von Jahr zu Jahr, aufgrund ihres Alters, immer weniger wurde. Es war also drin-gend geboten, wollte man nicht in einigen Jahren das Ende herbeiführen, das Haus so zu gestalten und herzurichten, dass zusätzlich zum bisherigen Kundenstamm eine jüngere Ziel-gruppe angesprochen werden konnte. Der Umbau gelang und schon lange vor der Wiederer-

Öffnung begann die Kommunikationspolitik ihre Arbeit. Was wurde an wen, im Einzelnen kommuniziert?

- Dem bisherigen Kundenstamm konnte man mitteilen, dass „IHR" Haus für sie, mit all den bisher gewohnten Annehmlichkeiten, noch schöner geworden ist und für ihr Wohlbefinden neue Einrichtungen hinzugekommen sind. Zudem hat man das Innenleben des Hauses und die allgemeinen Servicevoraussetzungen dem heutigen Standard angepasst.

- Der neu zu gewinnenden Zielgruppe stellte man ein Hotel vor, das neben einem modernen aber gediegenen Ambiente alle Voraussetzungen im Sport-, Wellness-, Kultur-, Animations- und Gastronomie-Bereich erfüllt, die von einem Haus, wie dem Hotel „Belvedere" und einem weltgewandten und weitgereisten Publikum, erwartet werden.

Erfolgskontrollen der Kommunikationspolitik, zu der in erster Linie die Werbung zählt, werden von kleinen und zum Teil auch mittelständischen Betrieben kaum durchgeführt. Ganz im Gegensatz dazu stehen die Großbetriebe, die in ihren eigenen Marketingabteilungen umfangreiche **Werbeerfolgskontrollen** durchführen, was allerdings einen nicht zu unterschätzenden finanziellen Aufwand mit sich bringt. Dieses soll jedoch nicht heißen, dass der spontane Einsatz von Instrumenten der Kommunikationspolitik durch die klein- bis mittelständischen Unternehmen nicht planvoll und zielgerecht festgelegt wird, um eventuelle finanzielle Misserfolge so gering wie möglich zu halten.

Fest steht jedoch, dass investierte Beträge in Werbung, Verkaufsförderung, Public Relations usw. unbedingt zu erfassen sind und soweit dies möglich ist mit Hilfe eines Werbekostenplans aufzufächern. Mit dieser **Aufwandskontrolle** einher geht die Kontrolle der Wirkung, d. h., es gilt jede Reaktion auf die durchgeführten kommunikativen Maßnahmen soweit als möglich zu erfassen.

Kurz: Kommunikation ist der dynamische Informationsaustausch zwischen verschiedenen Systemen (allgemeine kybernetische Definition).

Auf Grundlage der aus den Marketing- und Unternehmenszielen festgelegten Kommunikationsziele resultiert die Kommunikationsplanung.

> Man muss einfach reden, aber kompliziert denken – nicht umgekehrt!
>
> (Franz Josef Strauss)

5.3.1 Kommunikationsplanung

Kommunikationsstrategien auf verschiedenen Ebenen

Abb. 5.3.2: Kommunikationsstrategien auf verschiedenen Ebenen (vgl. Bruhn, M.; Integrierte Unternehmens- und Markenkommunikation, Stuttgart 2005, S. 61)

Die Kommunikationsplanung ist ein systematisch-methodischer sowie integrativ ausgerichteter Prozess der Erkenntnis und Lösung kommunikationspolitischer Problemstellungen und umfasst sowohl die Planung der Gesamtkommunikation (der integrierten Kommunikation) als auch einzelner Kommunikationsinstrumente und -maßnahmen.

Bei der Planung von Kommunikationsmaßnahmen bestimmen die Projektverantwortlichen die Informations- und Kommunikationsbedürfnisse der Projektbeteiligten und entwickeln den Kommunikationsmanagementplan. Dieser regelt Art, Umfang und Verteiler von Projektdokumenten und Berichten. Die Kommunikationsplanung ist daher ein fachspezifischer Teil des Kommunikationsprozesses (siehe Kapitel 5.3.2). Aus diesem Grund ist folgende Vorgehensweise zu empfehlen:

Stufen der Kommunikationsplanung

1. Ermittlung der dem Kommunikationsobjekt adäquaten Zielgruppe(n)

   Eine Zielgruppe ist die Summe der potentiellen Konsumenten, die für den Erwerb eines Produktes oder die Inanspruchnahme einer Dienstleistung in Frage kommen. Die Zielgruppe wird in vielen Fällen in Verbindung mit dem Unternehmenskonzept analysiert.

2. Bestimmen der Kommunikationsziele in Bezug auf die Zielgruppe

3. Entwicklung der Botschaft

4. Festlegung der **Kommunikationswege**

5. Budgetierung

6. Durchführung der Kommunikation (evtl. Testphase vorab)

7. Ergebniskontrolle (**Feedback-Analyse**)

zu 1.

Als Erstes muss die Festlegung der Zielgruppe(n) und deren Bezug zum Kommunikationsobjekt erfolgen. Hierbei gilt es festzustellen, ob sich die Kommunikation auf ein Produkt oder das Unternehmen bezieht. Auch ein differenziertes Kundenklientel (Stamm- oder Neukunden) erfordert eine angepasste Kommunikation.

zu 2.

Hier stellt sich die Frage: Welches Ziel kann und will ich mit der Kommunikation in Bezug auf die spezielle Zielgruppe erreichen und mit welcher Botschaft gelingt mir dies am effektivsten.

zu 3.

Die Form und Gestaltung der Botschaft setzt die zuvor getroffenen Entscheidungen fort. Hierbei hebt die Botschaft im Wesentlichen das Kommunikationsobjekt hervor und richtet sich ganz besonders an die ermittelte Zielgruppe. In diesem Zusammenhang kann auch jetzt schon der Transporteur/in der Botschaft (Sprecher/in, Sänger/in, Tänzer/in usw.) je nach Medium (Rundfunk, TV, Presse usw.) und Zielgruppe (Kinder/Erwachsene, Arbeiter/Manager, junge Menschen/Senioren usw.) festgelegt werden.

zu 4.

Die Wahl der **Kommunikationswege** beeinflusst auch die Gestaltung der Botschaft. Andersherum müssen zu den Botschaftsinhalten auch die adäquaten Multiplizierer (**Kommunikationskanäle**) gefunden werden. Über das Fernsehen wird anders kommuniziert als in einer **Printanzeige**, im Internet oder einem Werbebrief.

zu 5.

Nachdem die Zielgruppe, die Kommunikationsziele, die Botschaftsgestaltung und die Wahl der Kommunikationswege feststehen, muss jetzt das Budget, welches zur Erreichung der Kommunikationsziele sowie zur Realisierung der geplanten Maßnahmen benötigt wird festgelegt werden. Sollten die finanziellen Möglichkeiten des Unternehmens nicht den bisher geplanten Maßnahmen entsprechen, dann müssen die Ziele und Maßnahmen dem realistischen Budget angepasst werden.

zu 6.

Vor der **Realisierungsphase** des Kommunikationsobjektes ist es sinnvoll einen Test durchzuführen durch den erkennbar wird, ob z. B. die Botschaft von den Empfängern richtig verstanden wird oder ob der Inhalt oder das Layout einer Anzeige **zielgruppenadäquat** ist. Trifft dies nicht zu muss ggf. die Gestaltung der Botschaft oder die Wahl des Kommunikationsweges neu überdacht werden. Ist der Test positiv verlaufen kann die Realisierungsphase beginnen.

zu 7.

Nach der Realisierungsphase folgt die Ergebniskontrolle. Jetzt werden alle Resultate der Kommunikationsmaßnahmen statistisch erfasst, überprüft und im Hinblick auf die mit dieser Maßnahme verfolgten Kommunikationsziele ausgewertet. Danach kann festgestellt werden, ob die Kommunikationsziele erreicht wurden.

Beispiel:

Das Kosmetik-Unternehmen „Le Royal" hat einen Rasierschaum entwickelt, der die Nassrasur revolutioniert. Tests haben gezeigt, dass nach dem Einwirken des Schaums weder scharfe Klinge noch Messer nötig sind -ein stumpfer Gegenstand (z. B. die Messerrückseite) genügt-, um Schaum und Bart abzuschaben.

Nach Beendigung der internen und externen Testphase (Messen, Demonstrations-Veranstaltungen, Testpersonen), die beide zu einem positiven Ergebnis führten, begann die Kommunikationsplanung.

Da die Zielgruppe (Männer, die sich nass rasieren) feststand, musste die Botschaft, an diese Zielgruppe erstellt werden. Dabei entschloss man sich zur Gegenüberstellung zweier Männer, die unter Zeitdruck -herkömmliche Rasierweise vs. neue Rasierweise- demonstrieren. Wie nicht anders zu erwarten, hat der Mann der neuen Rasierweise seinen Flieger noch erreicht. Der Andere sah ihn nur noch wegfliegen.

Man hat also gemäß der heutigen schnelllebigen und hektischen Zeit bewusst diesen und nicht einen anderen Vorzug des neuen Rasierschaums (z. B. bequemer, softer oder angenehmer) herausgestellt, da breit angelegte Umfragen herausgefunden haben, dass Zeitgewinn bei der überwiegenden Anzahl der befragten Personen das wichtigste Kaufkriterium eines solchen Produktes wäre.

Sofort nach der Realisierungsphase folgte die Ergebniskontrolle. Die Daten gaben den Planern der Kommunikationsmaßnahme recht. Sowohl der Vorführeffekt des Kommunikationsobjektes, als auch das Hervorheben des zielgruppenadäquaten Zeitgewinns haben durch die richtig gewählten Kommunikationswege das Produkt hervorragend im Markt präsentiert und eingeführt.

Langweilige Kommunikation ist eine Beleidigung der Zielgruppe.

5.3.2   Kommunikationsprozess

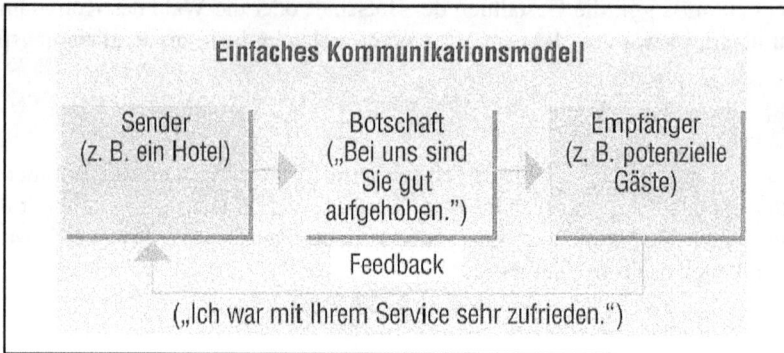

Abb. 5.3.3:   Einfaches Kommunikationsmodell (Dettmer/Hausmann/Kloss (Hrsg.): Gästemarketing, Hamburg 2008, S. 155)

Der Kommunikationsprozess ist die Art und Weise, wie Kommunikation abläuft. Anhand nachfolgender Abbildung werden die Elementarbegriffe des Prozesses dargestellt.

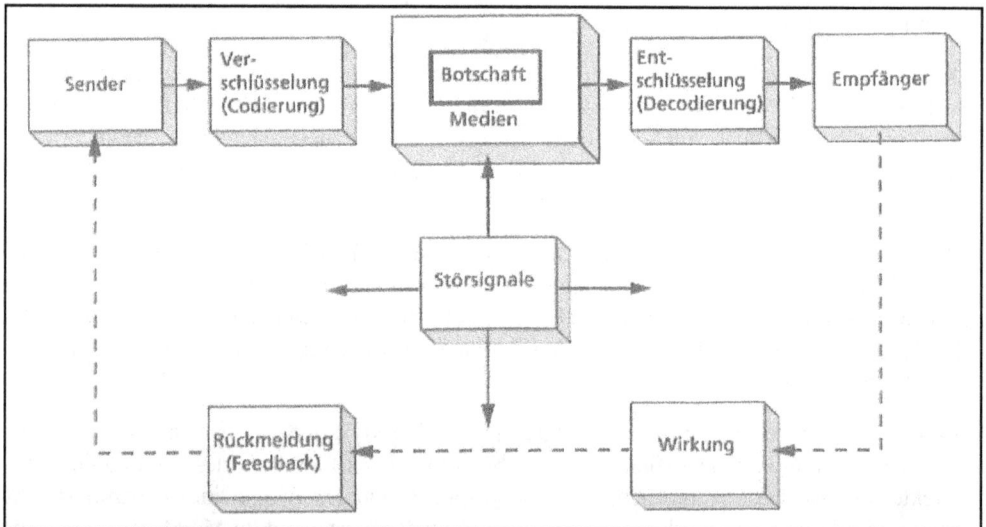

Abb. 5.3.4:   Elementarbegriffe des Kommunikationsprozesses (Kotler, P.; Bliemel, F.: Marketing-Management, München 2006)

Als Kommunikation bezeichnet man allgemein den ein- oder beidseitigen Austausch von Informationen. Es wird oft beklagt, dass zu wenig miteinander kommuniziert wird und darin die Ursache vieler Probleme zu sehen sei. Diese Aussage ist so nicht richtig, denn heute ist die Kommunikation selbst das Problem. Wir leben in einer kommunikationsüberschwemm-ten Gesellschaft. Kommunikation kann sich personal und medial vollziehen.

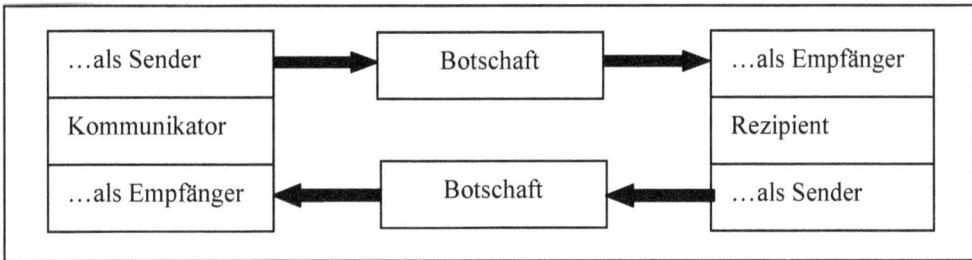

Abb. 5.3.5: Personale Kommunikation

Bei der personalen Kommunikation vollzieht sich die Kommunikation unmittelbar direkt (von Angesicht zu Angesicht) oder mittelbar direkt (mit Hilfe von IT, Funk oder Telefon): Ein Sender (**Kommunikator**) übermittelt ein Botschaft an einen Empfänger (**Rezipient**). Dieser nimmt die Botschaft wahr und kann seinerseits unmittelbar auf das Empfangene zum Sender hin reagieren (man nennt dies **Rückkoppelung** oder **feed-back**). Die personale Kommunikation ist also ein permanenter Rollenwechsel zwischen Kommunikator und Rezi-pient, wie er z. B. bei Diskussionen oder Verkaufsgesprächen oder allgemeinen Auskünften vorkommt.

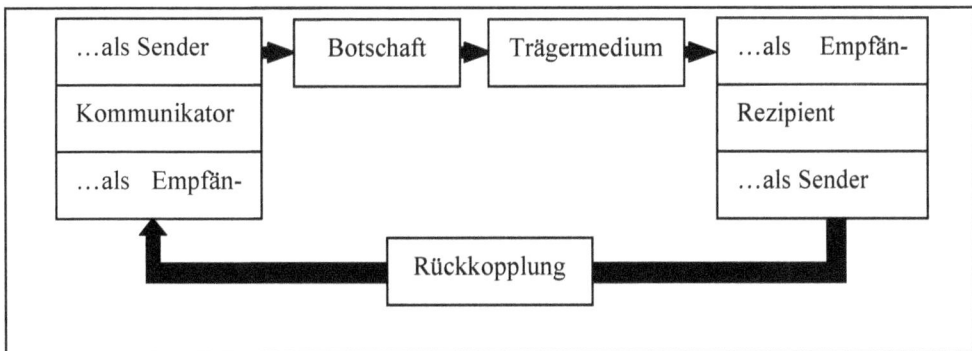

Abb. 5.3.6: Mediale Kommunikation

Bei der medialen Kommunikation hingegen ist eine unmittelbare Rückkoppelung gar nicht oder nur indirekt und zeitlich versetzt möglich. Die Kommunikation vollzieht sich unter zeiträumlichen Distanzen. Der Kommunikator gestaltet eine Botschaft, die er dann mit Hilfe eines Trägermediums (Internet, TV, Hörfunk, Tages- oder Publikumszeitschriften) an die potentiellen Rezipienten heranträgt. Mediale Kommunikation kann aber auch zwischen zwei Menschen stattfinden, z. B. das Schreiben und Empfangen eines Briefes.

Die Verbindung medialer und personaler Kommunikation wird Zweistufen-Kommunikation genannt. Bei dieser, so hat man durch Untersuchungen festgestellt, sind vor allem die soge-nannten Meinungsführer (**opinion leader**) beteiligt. Diese Meinungsführer, die als besonders kompetent für bestimmte Sachgebiete gelten, wenden sich speziell den Botschaften der Mas-senmedien zu und verbreiten diese Botschaften, versehen mit eigenen Ansichten und Mei-nungen, mit Hilfe personaler Kommunikation an ihre soziale Umwelt (z. B. Freunde, Be-kannte, Arbeitskollegen) weiter. Alle drei genannten Arten der Kommunikation finden sich auch im Bereich der Werbung wieder.

Kommunikation, vollzogen mit Hilfe der genannten Möglichkeiten, ist für die Gesellschaft sehr bedeutsam. Sie ermöglicht z. B. eine soziale, politische und wirtschaftliche Orientierung sowie die Vermittlung und Aufnahme gesellschaftlicher Werte und Normen, die für das individuelle und kollektive Verhalten wichtig sind. Es gibt also unterschiedliche Anlässe, aus denen heraus Menschen in Kommunikation treten. Diesen Anlässen entsprechen in der Regel auch die Inhalte, die vermittelt werden. Hierzu einige wichtige Beispiele aus unterschiedli-chen Bereichen der Alltagskommunikation:

- **Informierende Kommunikation:**

Hier geht es um die Vermittlung bloßer Informationen, z. B. die Information in einem Tele-fon- oder Adressbuch oder einem Messekalender.

- **Unterhaltende Kommunikation:**

Ein Konzert, ein bunter Abend im Fernsehen, CD-Musik in einer Diskothek oder ein festli-cher Opernabend, dies sind Beispiele für kommunikative Veranstaltungen mit zum Teil kul-turellem Anspruch, die dem Menschen dazu dienen, sich zu unterhalten und zu entspannen.

- **Befehlende Kommunikation:**

Überall da, wo Über- und Unterordnungsverhältnisse bestehen und entsprechende Gesetze und Verordnungen dies regeln, kann durch Anordnungen und Befehle ein bestimmtes Ver-halten erzwungen werden, z. B. im Beamtentum oder beim Militär.

- **Beeinflussende Kommunikation:**

Mit Hilfe dieser Kommunikation sollen Menschen so überzeugt werden, dass sie z. B. ihre Einstellungen oder ihr Verhalten ändern. Hierzu gehören u. a. die Werbung der politischen Parteien vor Wahlen (Propaganda), die Werbung von Hilfsorganisationen um Spenden und natürlich auch die Werbung für wirtschaftliche Produkte.

Diese längst nicht vollständige Aufzählung weist noch einmal auf die allgemeine Bedeutung der Kommunikation hin. Sie zeigt im Bereich der beeinflussenden Kommunikation aber auch, dass die Wirtschaftwerbung nicht die einzige Kommunikationsform ist, die auf Beein-flussung von Menschen angelegt ist.

Nicht alles, was wahr ist, müssen wir sagen. Aber alles, was wir sagen, muss wahr sein!

5.3.3 Kommunikationsinstrumente

Werbung	Verkaufsförderung	PR	Persönlicher Verkauf/ Direktmarketing
- Anzeigen - Verpackung - Kino-/Medien- Werbung - Broschüren - Plakate - Radio - Symbolik usw.	- Preisausschreiben - Gewinnspiele - Sonderprogramme - Gutscheine - Verbundangebote - Muster/ Kostproben - Geschenke usw.	- Pressemappen - Veröffent- lichungen - Seminare - Auftritte - Spenden usw.	- Verkaufspräsentation - Verkaufskonferenzen - Telefonverkauf - Bemusterung - Fachmessen - Handzettel - Telemarketing - Emailing usw.

Abb. 5.3.7: Instrumente der absatzfördernden Kommunikation (vgl. O.V.: Verkaufsförderung – die Strategie der Wahl in der Produktkrise, Coaching Berlin Report, 29. Juli 2009)

Für die Realisierung der Kommunikationsprozesse können unterschiedliche Kommunikationsinstrumente einzeln oder in Kombination zum Einsatz kommen. Zu den wichtigsten und am meisten genutzten gehören

die Werbung (Klassische- bzw. Media-Werbung),

die Öffentlichkeitsarbeit (**Public Relations**),

die Verkaufsförderung (**Sales Promotion**),

das **Sponsoring**,

das **Product Placement**,

das **Merchandising**

der persönliche Verkauf (**Direct Marketing**) sowie

das **Eventmarketing**.

Unternehmen müssen bei ihren täglichen Entscheidungsprozessen Veränderungen im Markt, beim Wettbewerb, den zur Verfügung stehenden Technologien und im sozialen Umfeld berücksichtigen und antizipieren. Diese Entwicklungen erfordern ein solides Verständnis der klassischen und neuesten Entwicklungen, Instrumente und Methoden bei der Bearbeitung von Märkten. Dabei kommt es auf die Analyse, Planung und Verwirklichung bei Marketing, Werbung und Public Relations sowie konzeptionelle Grundlagen des Marketing-Verhaltens und Informationsgrundlagen des Marketing an. Die Kommunikationspolitik ist Bestandteil des Marketing Mix und wird häufig auch als das „Sprachrohr des Marketing" bezeichnet.

Der Terminus „Marketing-Mix" wurde 1948 von Neil H. Borden in Anlehnung an
Cullington in die Marketingliteratur eingeführt. Er bezeichnet den Marketingmanager als
„mixer of ingredients". Da der Begriff „Marketing-Mix" inzwischen geläufig ist, wurde er in
die deutschsprachige Fachliteratur übernommen. Marketing-Mix bezeichnet die Anpassung
der einzelnen Marketinginstrumente derart, dass sich eine optimale Verbindung im Hinblick
auf die festgelegten Marketingziele ergibt (vgl. Abb. 1.16 „Marketing-Mix"). Ein bestmögli-
ches Marketing-Mix spiegelt sich dann wider, wenn die eingesetzten Marketinginstrumente
die verfolgten Marketingziele erreichen und weder durch ein weiteres Instrument, noch
durch verändern eines Instrumentes optimiert werden können.

Kommunikationsinstrumente sind in der systematischen Kommunikation die Werkzeuge,
mit denen Zielgruppen erreicht und angesprochen werden sollen. Dabei orientieren sich
die Instrumente an den Interessen, Bedürfnissen und Erwartungen der Zielgruppe.

5.3.4   Erfolgskontrolle der Kommunikationspolitik

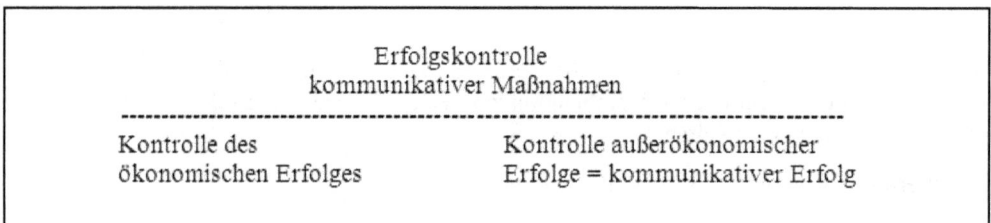

Erfolgskontrolle
kommunikativer Maßnahmen

| Kontrolle des
ökonomischen Erfolges | Kontrolle außerökonomischer
Erfolge = kommunikativer Erfolg |

Ein wesentliches Element der Kommunikationspolitik ist eine permanente, systematische
Überprüfung und Beurteilung der kommunikationspolitischen Maßnahmen hinsichtlich ihres
Beitrages zur Lösung der kommunikativen Problemstellungen. Alle kommunikativen Maßnahmen haben die Aufgabe eine Botschaft zum Empfänger zu leiten, um diesen im Sinne des
Kommunikationspolitik betreibenden Unternehmens zu beeinflussen. Der Erfolg der kommunikativen Maßnahmen ist vom Werbeziel abhängig und bringt den Grad der Aufmerksamkeit und Wirkung zum Ausdruck, den die Kommunikation erfährt.

Bekannte und ökonomisch verwertbare Methoden der Erfolgskontrolle kommunikativer
Maßnahmen sind:

- Anzeigen in Zeitschriften, die der Kunde ausfüllen, ausschneiden und danach an das
  werbende Unternehmen zurücksenden kann,

- Werbeaktionen mit einem Preisausschreiben zu koppeln, um auf Grund der Teilnehmerzahl auf den Erfolg der Werbung schließen zu können,

- Persönliche Gespräche mit Kunden führen (z. B. Fragen stellen – woher sie das Unternehmen kennen, oder aus welchem Grund sie das Unternehmen frequentieren),

- Einen Wechsel der Identität vorzunehmen (z. B. Kunde im eigenen Unternehmen zu
  sein).

Nicht zuletzt bietet es sich an die einzelnen Kosten und Resultate der Kommunikations-/ Informationspolitik in einem Erfolgsrechnungsschema gegenüber zu stellen, um mit Hilfe von Schlüsselkennzahlen (z. B. Kosten pro neuem Kunden oder Anteil der Werbekosten an den Gesamtkosten) eine Erfolgskontrolle der Kommunikationspolitik realisieren zu können.

> Kommunikation benötigt **Evaluation** (Bewertung, Funktionskontrolle). Dadurch wissen die Kommunikatoren um die Erwartungen, Wünsche und Befürchtungen der Kunden und können diese in ihre Aufgabe zielgerichtet einbinden.

5.3.5 Werbung

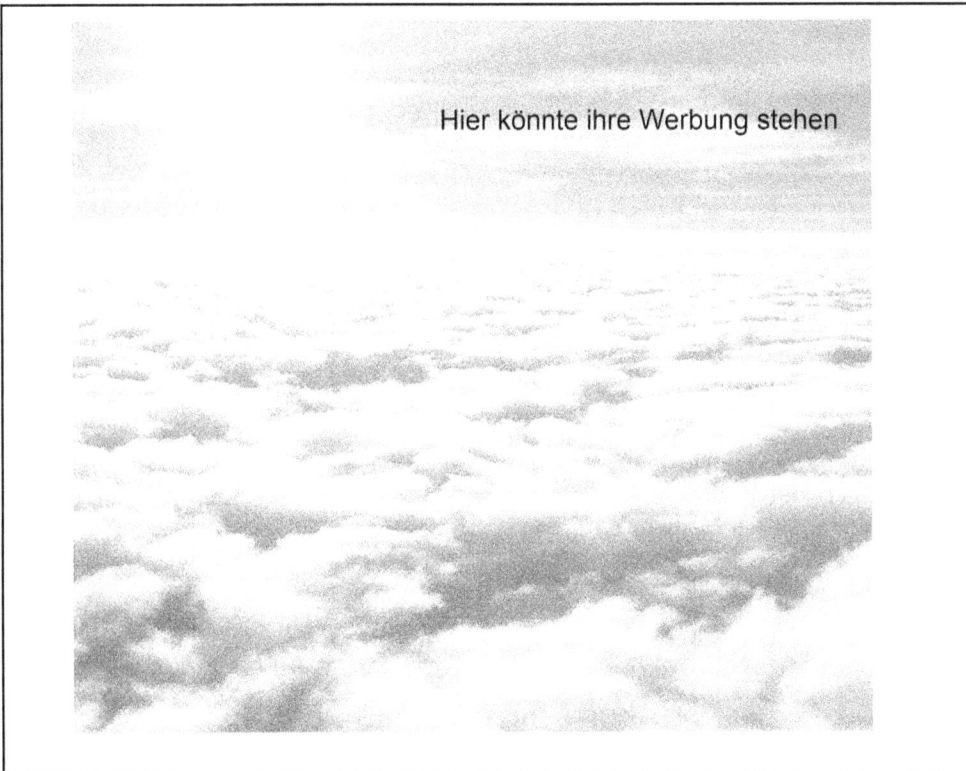

Werbung ist ein immens verflochtener Vorgang, bei dem die Wirtschaft, bedingt durch die beträchtlichen Werbeaufwendungen, permanent im Blickfeld der Öffentlichkeit steht. Nicht zuletzt deshalb, weil Werbung eines der bedeutsamsten Instrumente ist, welches im Rahmen des betrieblichen Marketing-Mix eingesetzt wird. Früher wurden die Wörter Werbung und werben ausschließlich für private und militärische Aussagen genutzt. Hier wurden Soldaten „angeworben" und dort hat man um die Braut „geworben".

Heute erscheint das Werbeziel für die Unternehmen immer gleich zu sein, nämlich den Umsatz und den Gewinn zu steigern. Wenn auch alle Werbemaßnahmen die Ertragssteigerung zum Ziel haben, so ist die Zielsetzung der einzelnen Werbemaßnahmen nicht immer gleich dem langfristigen Unternehmensziel. So kann beispielsweise bei einem Unternehmen in der Existenzgründungsphase das Werbeziel in erster Linie darin liegen, den Bekanntheitsgrad so schnell wie möglich aufzubauen und zu steigern.

Ganz anders kann es sich verhalten, wenn ein starker Mitbewerber in der näheren Umgebung auftritt, so dass es darum geht die Kunden (Stammkunden) zu halten und ein Abwandern so weit wie möglich auszuschließen. Wieder anders kann ein Werbeziel sein, wenn nach einer umfassenden Renovierungsphase ganz neue Kundenkreise akquiriert werden sollen. Damit zeigt sich exemplarisch, dass ein Werbeziel immer von den betriebswirtschaftlichen Erkenntnissen, Voraussetzungen und Überlegungen abhängt und sich auf ein ganz spezielles Objekt bezieht. Dabei ist allerdings die „**Corporate Identity**", die Firmenphilosophie, immer zu berücksichtigen.

Die Hauptaufgabe der Werbung besteht darin Einfluss auf die Meinung und die Verhaltensweise von jemandem zu nehmen.

5.3.5.1 Werbung als Begriff

Unter Werbung im eigentlichen Sinne verstehen wir die Präsentation von Produkten, Dienstleistungen oder Unternehmen. Werbung im psychologischen Zusammenhang bedeutet so viel wie jemanden zu überzeugen, in einem bestimmten Sinne zu handeln, also auf ihn Einfluss zu nehmen. Günter Schweiger und Gertraud Schrattenecker (2005, S. 109) definieren den Begriff Werbung unter dem Aspekt der Verhaltens- und Meinungsbeeinflussung wie folgt:

„Unter Werbung versteht man die beabsichtigte Beeinflussung von marktrelevanten Einstellungen und Verhaltensweisen ohne formellen Zwang unter Einsatz von Werbemitteln und bezahlten Medien."

Damit grenzen sie nach eigenen Worten die (klassische) Werbung von weiteren Formen ab, mit denen Meinungen und das Verhalten von Menschen beeinflusst werden kann.

Die (Klassische- bzw. Media-) Werbung ist deshalb der Prozess der

- Planung,
- Organisation,
- Durchführung und
- Kontrolle

sämtlicher Aktivitäten eines Unternehmens die dazu dienen durch die Absendung von unpersönlichen Massenkommunikationsbotschaften visueller, verbaler oder akustischer Gestaltung (Werbemittel), mittels ausgewählter Medien (Werbeträger) für deren Nutzung ein Entgelt zu entrichten ist, die unternehmensspezifischen Zielgruppe zu erreichen, um Kommunikations- bzw. Unternehmensziele zu realisieren.

Sie schließen die Anwendung formellen Zwangs in Form von Befehlen oder physischer Gewalt für Werbung aus, übersehen dabei aber keineswegs, dass Werbung durchaus auf andere Formen von Zwang zurückgreifen kann. Diesbezüglich treten insbesondere der soziale und der psychische Zwang in den Vordergrund.

- **Sozialer Zwang** kann dadurch hervorgerufen werden, wenn der Besitz oder die Verwendung eines bestimmten Produktes oder die Inanspruchnahme einer speziellen Serviceleistung die Voraussetzung für die Zugehörigkeit zu einer bestimmten sozialen Gruppe oder einer angesagten Lifestyle-Szene konstruiert wird.

- **Psychischer Druck** ist dann gegeben, wenn jemandem suggeriert wird, dass zur Stabilisierung eines positiven Selbstwertgefühls sowie einer besonderen sozialen Stellung der Besitz eines bestimmten Produktes unerlässlich scheint.

Werbung stellt einen Kommunikationsprozess dar, der als Marktkommunikation bezeichnet werden kann. Sie ist davon gekennzeichnet, dass die Kommunikatoren (Absender von Botschaften) Unternehmen oder Institutionen sind, die Ihre Kommunikationsaktivitäten aufgrund kommerzieller Absichten tätigen.

> Werbung ist die Kunst, auf den Kopf zu zielen und die Brieftasche zu treffen (Vance Packard).

5.3.5.2 Werbung als beeinflussende Kommunikation

(http://www.teachsam.de/pro/pro_werbung/werbung_u_marketing/pro_werbung_mark_7_1.htm)

Werbung ist gemäß der Vorstehenden Ausführungen also eine Form der Kommunikation. Sie ist Botschaftenübermittler eines Senders (Werber) an einen Empfänger (Zielgruppe). Dieser Kommunikationsprozess erfordert bestimmte Kommunikationsmittel (Werbemittel), die wiederum über unterschiedliche Kommunikationskanäle (Werbeträger) an die Zielgruppen der Werbung herangetragen werden. Hierbei fallen der Werbung zwei wichtige Aufgaben zu:

- Information und

- Motivation.

Die Information gibt Auskunft über die technische oder materielle Beschaffenheit, den möglichen Verwendungszweck sowie den Preis. Dies geschieht meist unter rationalen Gesichtspunkten. Die Motivation wird überwiegend auf emotionaler Ebene ausgelöst. Hier werden Präferenzen geschaffen (Produktvorzüge hervorgehoben), Kaufbereitschaft erzeugt, Kaufhandlungen ausgelöst und Kaufentscheidungen beeinflusst (motiviert).

Ein altes, uns allen bekanntes Sprichwort sagt „Klappern gehört zum Handwerk" und meint damit -auf sich aufmerksam machen-. Zeitgemäß ausgedrückt bedeutet dies so viel wie „Wer nicht wirbt, stirbt" oder „Ohne Werbung kein Verkauf". Daher soll Werbung ganz gezielt:

- bestimmte Zielgruppen motivieren

- Bedürfnisse wecken

- Produkte und Dienstleistungen dem Kunden publizieren

- den Absatz sichern und erhöhen

- auf wachsende Konkurrenz reagieren.

Um überhaupt Konsumenten beeinflussen und damit wirken zu können, muss Werbung eine Reihe von Hürden überwinden:

- Zunächst muss Werbung generell erst einmal wahrgenommen werden. Die Wahrnehmungsschwelle ist bei der allgemeinen Informationsüberflutung sehr hoch.

- Auch die wahrgenommene Werbung wird in der Regel sehr schnell wieder vergessen.

- Werbung trifft häufig auf Vorurteilen aufgebaute Einstellungen der Verbraucher, die schwer zu überwinden sind.

- Sehr viele Werbespots interessieren die Verbraucher nicht, da sie an der Lebensplanung (z. B. Bierwerbung/Antialkoholiker oder Luxusautos/ Geringverdiener) oder an den finanziellen Möglichkeiten der Angesprochenen vorbei werben.

- Selbst die beste Werbung kann kein schlechtes Produkt verkaufen, da das Produkt stärker wahrgenommen wird als die Werbung.

- Verbraucher nutzen neben der Werbung noch weitere Informationsquellen, wie Testberichte, Mundpropaganda.

Werbung ist keine Begleiterscheinung des Fernsehens, sie ist vielmehr als ein Urphänomen der menschlichen Existenz aufzufassen. Soziale Beziehungen sind ohne Selbstdarstellung und Rollenspiele nicht möglich. Die Selbstbeantwortung der folgenden Fragen mag das demonstrieren:

- Wer macht nicht für sich selbst auch Werbung?

- Wer will sich nicht auch bei den richtigen Leuten in der richtigen Situation in das richtige Licht rücken?

- Wer will sich nicht selbst vorteilhaft darstellen?

- Wer stellt bei einer Bewerbung seine Nachteile in gleicher Weise dar wie seine Vorteile?

- Wer will nicht andere überzeugen?

Der Wirkungsmechanismus der Werbung basiert also auf einem zutiefst menschlichen Phänomen: Weil wir wissen, dass Eindrücke unser Verhalten mitbestimmen ist unser Verhalten anderen gegenüber immer auf Wirkung ausgerichtet. Die Absicht, auf andere zu wirken, bestimmt unser Verhalten mit. Letztlich sind soziale Verhaltensweisen (Mimik, Gestik, Bekleidung, Kosmetik) Werbestrategien im Dienste konkreter Absichten. Werbung ist immer der Versuch, Angebote attraktiv zu präsentieren. Um dieses Ziel zu erreichen, bedient man sich, je nach Zielgruppe, eigener und fremder Werbemittel, Werbeträger und Medien unterschiedlicher Art.

Ohne Werbung Geschäfte zu machen ist, als winke man einem hübschen Mädchen im Dunkeln zu (Stuart Henderson Britt, Werber).

5.3.5.3 Werbung als Wirtschaftsfaktor

Die deutsche Werbewirtschaft ist mit einem Umsatz von weit über 30 Milliarden Euro und etwa 210.000 Arbeitsplätzen in den Kernbereichen und rund 400.000 in korrespondierenden Bereichen, also insgesamt rund 600.000 Beschäftigten, eine bedeutsame Industrie der deutschen Wirtschaft. Aber Werbung ist nicht nur Triebfeder der Konjunktur, sondern sie ist auch ein unentbehrliches Instrument für die Verbraucher maßgebliche Informationen über Produkte zu bekommen, um sich im abwechslungsreichen Warenangebot orientieren zu können.

Schon seit längerem hat sich wissenschaftlich erhärtet, dass das grundsätzliche Verhalten von Konsumenten durch Werbung nicht oder nur sehr gering beeinflusst wird. Jedoch hebt Werbung die Differenzierung von Marken, Produkten und Dienstleistungen hervor. Danach kann der Konsument Prioritäten setzen und sich nach eigener Wahl aus dem umfangreichen Angebot für bestimmte Waren oder Dienstleistungen entscheiden. Dabei unterliegt die Werbung nicht nur einer intakten Selbstkontrolle durch den Deutschen Werberat, sondern auch durch die Selbstverpflichtung der einzelnen Unternehmen. Bei der Selbstregulierung orientiert sich die Werbewirtschaft an strengen Prinzipien, unter Berücksichtigung ethischer, moralischer und politischer Grundsätze. Somit scheidet jede Form von Diskriminierung, Vertrauensmissbrauch oder die Gefährdung der Sicherheit der Verbraucher aus.

Zudem ist Werbung die Antriebskraft einer abwechslungsreichen und wirtschaftlich auf soliden Beinen stehenden Medienlandschaft. Sie hat positiven Einfluss auf die Medienstruktur und die Medienvielfalt und gibt damit der Pressefreiheit auch Rückhalt. Werbeeinnahmen gehören inzwischen bei allen Medien zu einem unverzichtbaren Teil der geschäftlichen Existenzgrundlage und sichern dadurch eine Vielzahl von Arbeitsplätzen.

> Die Leute wissen nicht, was sie wollen, bis man es ihnen anbietet (Terence Conran, Möbeltycoon).

5.3.5.4 Werbeziele

Voraussetzung für eine strategische Werbeplanung ist die Festlegung von Zielen. Diese sollten zunächst für alle Unternehmensbereiche im Einklang mit der Unternehmensphilosophie oder dem Unternehmensleitbild festgelegt werden (vgl. Kapitel 4). Für ein konkretes Leitbild stellen sich dem Management einer Unternehmung folgende Fragen:

- Was für ein Unternehmen wollen wir sein?

- Welche Waren oder/und bieten wir unseren Kunden?

- Welche Zielgruppe wollen wir, – mit welchen Werbeträgern – ansprechen?

- Wie, -mit welchen Werbeinhalten- wollen wir diese Zielgruppe ansprechen?

- Wo – regional oder überregional – wollen wir diese Zielgruppe ansprechen?

- Wie hoch ist der Werbeetat mit dem wir dies erreichen wollen?

- Wo liegen unsere Stärken, wo die Schwächen?

- Womit heben wir uns von den Mitbewerbern ab?

Werbung soll für die beworbenen Produkte Aufmerksamkeit erregen und sie positiv hervorheben. Überdies sollen die Meinungen und Einstellungen der Umworbenen beeinflusst werden. Werbung hat als einziges Ziel, Konsumenten dazu zu bewegen, z. B. die beworbenen Produkte zu kaufen, eine Partei zu wählen, ein bestimmtes Auto zu fahren oder sich für eines der angepriesenen Reiseziele zu entscheiden.

Die Wirkungsweise einer Werbebotschaft kann in Anlehnung an E. K. Strong („The Psychologie of Selling") mit dem sogenannten **AIDA-Prinzip** wie folgt zusammengefasst werden:

Kognitive Ebene	**A**	**1. ATTENTION** Aufmerksamkeit, Beobachtung, Wahrnehmung der Werbebotschaft
Affektive Ebene	**I**	**2. INTEREST** Interesse an dem beworbenen Produkt
	D	**3. DESIRE** Wunsch nach dem beworbenen Produkt
Konative Ebene	**A**	**4. ACTION** Handlung, Kauf des Produktes

(vgl. Zingel, H.: Planung effektiver Werbestrategien, Erfurt 2001, S. 7)

Die vier Stufen des AIDA-Modells stellen vier unterschiedliche Stimulierungsgrade des potentiellen Kunden dar. Die steigern sich von Attention zu Action kontinuierlich und korrelieren dabei mit der Marktaufteilung. Das bedeutet, dass die angestrebte Handlung eines Kunden umso eher erfolgen wird, je zielgruppenspezifischer die Werbemaßnahme produziert und durchgeführt wird.

Dies lässt sich gut mit dem sogenannten „**Vertriebstrichter**" visualisieren, der anschaulich die einzelnen sukzessiven Handlungsweisen und Marketingmaßnahmen darstellt, die von der allgemeinen Werbebotschaft bis zu spezifischen, persönlichen Interaktionen reichen. Die Kosten pro Kundenkontakt nehmen dabei mit jedem einzelnen Schritt zu:

Aktivierung des Kunden	AI DA	Der sogenannte „Vertriebstrichter"	Konkrete Beispiele, Maßnahmen, Aktivitäten usw.	Kosten
Niedriges Aktivierungs- niveau	A	ALLE KUNDEN	**Allgemeine, nicht-individuelle Aktivitä-ten:** Werbung, Internetauftritte, Messen, Werbematerial, Wurfsendungen, Artikel.	Gering
Mittleres Aktivierungs- niveau	I		**Segmentspezifische Aktivitäten:** Ziel-marktbezogene Werbemaßnahmen, Direct Mailings, Vertreterbesuche, zielmarkt-spezifische Werbemaßnahmen.	Kosten pro Kundenkontakt
	D	MARKT-SEGMENTIERUNG	Live-Produktdemonstrationen, Test-veranstaltungen (Testfahrten), Referenz-kundenbesuche, Geschenke, Proben, Persönliche Kontakte.	
Hohes Aktivierungs- niveau	A	ZIELKUNDEN	**Individualisierte Aktivitäten:** Test in kundeneigener Umgebung, persönliches Verkaufsgespräch, Individualisierung und Maßanfertigung von Produkten, Pre-Sales-Service, kundenspezifische Angebote und Angebotskombinationen.	Hoch

Abb. 5.3.8: „Vertriebstrichter" (Zingel, H.: Planung effektiver Werbestrategien, Erfurt 2001, S. 7)

Sich hervortun, einen Namen machen durch Werbung ist ein wirkungsvolles Instrument beim Engagement um die Gunst der Kunden. Hierbei kann nur der siegen, der eine gut durchdachte Strategie hat. Erst wenn das Ziel feststeht und die Richtung bestimmt wurde, können Details geplant werden.

Grundsätzlich lassen sich die Werbeziele in **ökonomische** Werbeziele (auch **strategische** genannt) und **kommunikative** Werbeziele (auch **operative** genannt) unterscheiden.

Zu den **ökonomischen Werbezielen** sind u. a. zu rechnen

- Steigerung von Umsatz oder Marktanteilen
- Erhöhung der Kunden- oder Kauffrequenz
- Steigerung der Handelsattraktivität

Als **kommunikative Werbeziele** strebt man an

- Steigerung von Aktualität und Bekanntheit
- Aufbau emotionaler Erlebniswelten
- Differenzierung von der Konkurrenz
- Aufbau und Absicherung des Markenimages
- Vermittlung von Informationen

Dabei stehen kommunikative und ökonomische Werbeziele untereinander in einer Mittel-Zweck-Beziehung. Anders formuliert: Kommunikative Werbeziele lassen sich als die Operationalisierung der ökonomischen Werbeziele auffassen.

Eindeutig zurechenbar und messbar ist der Werbeerfolg aber nur bei kommunikativen Werbezielen. Die Erhöhung des Bekanntheitsgrades durch eine Werbekampagne ist ebenso selbstverständlich, wie sich eine Veränderung von Markenimages oder des Informations-standes über ein Angebot messen lassen.

Beispiel:

Die abgebildete Fotografie mit dem Text „Ist die Katze gesund, freut sich der Mensch" ist ein klassisches Beispiel für

- eine zielgruppenorientierte Werbemaßnahme,
- Bilder, die emotionale, personenbezogene Reaktionen beim Käufer hervorrufen,
- das AIDA-Prinzip.

Aus dem Text „Ist die Katze gesund, freut sich der Mensch" und dem dazugehörenden Bild wurde eine Symbiose geschaffen, die jeden Katzenbesitzer und Katzenfreund rührt. Die Zielgruppe wird hier deutlich und unmissverständlich angesprochen. Dies sind Menschen, die eine Katze besitzen und die möchten, dass ihre Katze gesund ist und bleibt. Damit der Wunsch (auch wirklich) in Erfüllung geht ist es empfehlenswert der Katze das beworbene Futter in Dosen oder Alu-Verpackung (möglichst täglich) zu verabreichen. Als Dank dafür kommt beim Menschen dann Freude auf. Wer möchte nicht, dass sein Haustier gesund und er glücklich ist?

Selbstverständlich verfolgte das Unternehmen mit dieser zielgruppenorientierten Werbemaß-nahmen vorgegebene Marketing- und Werbeziele. Sechs wichtige davon sind zu nennen:

- Erhöhung der Erinnerung der positionierten Werbebotschaft
- Umsatzwachstum im zweistelligen Bereich
- Stärkung des Marken-Anspruchs: gesunde Ernährung für die Katze

- Etablierung von drei neuen Sorten im Markt
- Markenaktivierung durch promotionalen Anstoß
- Tendenzielle Verjüngung der Verwenderschaft

> Die Schwierigkeit liegt nicht darin, die neuen Ideen zu finden, sondern darin, die alten loszuwerden (John Maynard Keynes).

5.3.5.5 Werbemittel

Zustimmung zur Werbung steigt deutlich

Grundgesamtheit deutsche Bevölkerung ab 14 Jahre
32 709 Fälle der Stichprobe repräsentieren 66,2 Mio Personen

Einstellung zur Werbung (Feststellungen, Meinungen: stimme voll zu, weitgehend zu)	2006	2007	2008	2009
	Angaben in Prozent			
Werbung gibt manchmal recht nützliche Hinweise über neue Produkte	52,5	53,2	57,0	60,8
Werbung ist eigentlich ganz hilfreich für den Verbraucher	44,0	45,3	51,9	58,6
Werbung ist meist recht unterhaltsam	35,4	35,9	41,1	43,6
Ich sehe mir eigentlich ganz gern Fernsehwerbung an	33,1	33,3	35,6	37,2
Werbung im Fernsehen halte ich für recht informativ	38,4	36,6	40,6	43,2
Ich sehe mir eigentlich ganz gern Anzeigen in Zeitungen und Zeitschriften an	40,3	39,3	43,9	48,3
Anzeigen in Zeitungen und Zeitschriften halte ich für recht informativ	48,4	43,8	50,4	56,2

Quelle: VerbraucherAnalyse 2006, 2007, 2008 und 2009, Auftraggeber: Bauer Verlagsgruppe und Axel Springer AG (beide Hamburg), genaue Methodenbeschreibung im jeweiligen Code Plan/ZAW

In der Werbung wird häufig zwischen Werbemitteln und Werbeträgern unterschieden. Dabei gelten die Werbemittel als die konkreten Ausgestaltungen von Werbung, während die Werbeträger die sie vermittelnden Medien darstellen.

Werbemittel sind Kommunikationsmittel, die die gedankliche Werbebotschaft verkörpern. Unter Werbemitteln versteht man konkrete, sichtbar gemachte Werbebotschaften, die über einen oder mehrere Werbeträger an die Zielgruppe/n herangetragen wird.

Die Werbepraxis bedient sich außerordentlich zahlreicher Werbemittel von denen folgende, besonders anerkannt sind:

- Anzeigen in den Printmedien
- TV-Spots
- Radio-Spots
- Internetauftritte
- Bildschirmtexte
- Kataloge
- Plakate
- Prospekte
- Flugblätter
- Werbebriefe
- Werbefilme
- Fensterdekorationen
- Messe- und Eventstände

Weitere, nicht zu unterschätzende Werbearten sind

- die Mund-zu-Mund-Werbung (wichtigste, da effektivste und kostengünstigste Werbeart)
- Werbung über **Opinion Leader** (Meinungsführer – Personen, die innerhalb relevanter sozialer Gruppen über eine entsprechende Meinungsautorität verfügen)
- **Inhouse-Werbung** (Die Werbebotschaft wird im Unternehmen reflektiert. Diese Werbeart wird in stark frequentierten Betrieben wie in Hotels oder in öffentlichen Bereichen angewandt)

Die Werbewirtschaft unterscheidet bei den genannten Werbemitteln in

- visuelle (z. B. Anzeigen, Plakate, Prospekte),
- akustische (z. B. Radiospots, Kaufhauswerbung über Lautsprecher) und
- audiovisuelle (z. B. TV-Spots, IT-Spots, Kinowerbung).

Der Einsatz eines oder mehrere der genannten Werbemittel richtet sich nach der Zielgruppe, der Gestaltung der zu vermittelnden Information, sowie nach dem Werbeetat des Werbetreibenden.

- Umfassende Informationen vermittelt man am effektivsten durch Kataloge, Prospekte oder Werbebriefe.
- Für regionale Werbung eignen sich am besten die regionalen Printmedien, wie Tageszeitung und Wochenblatt.
- Für überregionale oder bundesweite Streuung sind TV-Spots, Radiospots und bundesweite Printmedien erste Wahl.

Ein weiterer Aspekt der den Einsatz eines bestimmten Werbemittels festlegt, ist die Werbeart. Hier sind zu unterscheiden:

Einführungs-/Eröffnungswerbung, die bei Existenzgründungen oder nach Umbauarbeiten usw. in Frage kommt
Erhaltungswerbung, eine das laufende operative Geschäft begleitende Aktionswerbung

Informationswerbung, aktuelle und verkaufsplanbezogene Bekanntmachung, z. B. über spezielle Angebotswochen (Hotel), oder zeitlich begrenzte Produkt- und Sortimentsangebote (Handel)

Erinnerungswerbung, hierunter fallen u. a. persönliche Briefe an ehemalige Kunden

Im Rahmen der Einführungs-/Eröffnungswerbung wird häufig auf regionale Tages- oder Stadtteilzeitungen bzw. Stadtmagazine zurückgegriffen. In dieser Phase des Lebenszyklus eines Unternehmens gilt es, durch optimale **Mediaselektion** (= Reichweite bzw. Kontakthäufigkeit des Mediums/der Medien in der Zielgruppe) einen möglichst großen Bekanntheitsgrad zu erringen. Ganz anders verhält es sich im fortgeschrittenen Stadium des Lebenszyklus eines Unternehmens, in dem auch eine Stagnation der Produktnachfrage eintreten kann. Hier kommt die genannte Erinnerungswerbung, also die gezielte Sachmittelwerbung zur Geltung, um Kunden zu reaktivieren bzw. die Nachfrage zu forcieren.

Wenn mehrere Werbemittel gleichzeitig eingesetzt werden, sollten diese in ihrer Grundaussage aufeinander abgestimmt sein. Dabei richten sich die Bedeutung und die Abstufung der Mittel nach deren Reichweite. Die Erfahrung hat gezeigt, dass es grundsätzlich besser ist sich auf ein oder wenige Werbemittel zu konzentrieren, denn die Chance neue Käuferschichten zu erreichen, nimmt mit der Anzahl der eingesetzten Werbemittel keinesfalls zu – im Gegenteil, sie nimmt ab.

Dabei stehen nicht nur die Erstellungs- und Vertriebskosten der Werbemittel im Focus, sondern vielmehr deren Effizienz. Das heißt: Wie viel Personen aus der in Frage kommenden Zielgruppe wurden erreicht? Kann man dies anhand von Telefonkontakten, postalischen Rückläufern oder Anfragen bestimmen, dann hat man auch die Möglichkeit die Werbekosten pro Kontakt zu ermitteln. Die Werbewirtschaft rechnet hier mit dem sog. **Tausender-Kontakt-Preis**. Dieser sagt aus wie hoch die Werbekosten für eintausend erfolgreiche werbliche Kontakte aus der Zielgruppe waren.

Um eine optimale Abdeckung des potentiellen Kundenkreises zu erreichen wird man sich der sog. **Streuwerbung** bedienen. Hierbei wird das Werbemittel, je nach gewünschter Reichweite über einen, mehrere oder alle Werbeträger an die Umworbenen herangetragen. Um eine optimale Ansprache der Zielgruppe durch Streuwerbung zu erreichen, muss das Einzugsgebiet des Unternehmens zuvor klar definiert sein. Bei dieser Werbeart ist es aber nicht möglich die Umworbenen namentlich anzusprechen und mit der Streuung gehen, je nach Reichweite, geringe bis beträchtliche Streuverluste einher.

Im Gegensatz zur Streuwerbung ermöglicht es die **Direktwerbung** Kunden individuell, also namentlich anzusprechen. Sie ist ein Element des Direktmarketing. Das am weitesten verbreitete Direktwerbemittel ist der **Werbebrief (Direct mail)**. Er ermöglicht am besten die Festigung der Kundenbindung und die Akquisition von Neukunden. Jedoch zeigt sich der größte Erfolg von Werbebriefen bei den sog. Altkunden. Wenn es gelingt die potentielle Zielgruppe klar zu definieren, dann ist bei dieser Werbeart mit nur ganz geringen Streuverlusten zu rechnen. Jedoch, aufgrund der Flut von Werbebriefen, die wöchentlich die Haushalte erreichen, können diese von den Kunden als aufdringlich und unerwünscht angesehen werden und eine negative Reaktion hervorrufen. Direktwerbung ist Kostenintensiver pro Kontakt (siehe: Tausenden-Kontakt-Preis) als Streuwerbung (Werbung in Massenmedien).

Doch durch die bewusste Auswahl und die direkte Ansprache der Kunden sehr oft kostengünstiger als allgemeine Werbung, verbunden mit relativ hohen Streuverlusten.

Im Gegensatz zur herkömmlichen Werbung ist **Online-Werbung** zeitlich ungebunden, da sie
rund um die Uhr empfangen werden kann. Als Voraussetzung benötigen die Umworbenen
lediglich einen Computer mit Internetzugang. Der Vorteil dieser Werbeart liegt in der Möglichkeit des Dialoges zwischen dem Werber und dem Umworbenen. Infolge der Auswertung
des Feedbacks auf eine Werbeaktion kann das Unternehmen seine Werbung kontinuierlich
aktualisieren und den Kundenerwartungen anpassen.

Resultat: Welche Werbemittel bei welchem Werbeträger zu welcher Werbeaktion in Anspruch genommen werden, ist die Anforderung an die Werbemittelstrategie. Voraussetzung
hierfür ist eine fundierte Budgetierung, um bei der Werbeträgerauswahl auch eine gezielte
Streuung zuzulassen.

Fazit: Das Quadratwurzelgesetz der Aufmerksamkeitswirkung!

Ein Begriff der in der Frühphase der Werbeforschung von Theodor König geprägt wurde.
Man geht dabei von der Annahme aus, dass die Aufmerksamkeit gegenüber einem Werbemittel proportional zur Quadratwurzel seiner Flächenausdehnung variiert. Eine große Anzeige zeigt gegenüber einer kleinen Anzeige eine entsprechend größere Wirkung!

> Schreiben ist leicht, man muss nur die falschen Worte weglassen
> (Mark Twain, Schriftsteller).

5.3.5.6 Werbeträger

Netto-Werbeumsätze Medien (Veränderungen in Prozent):

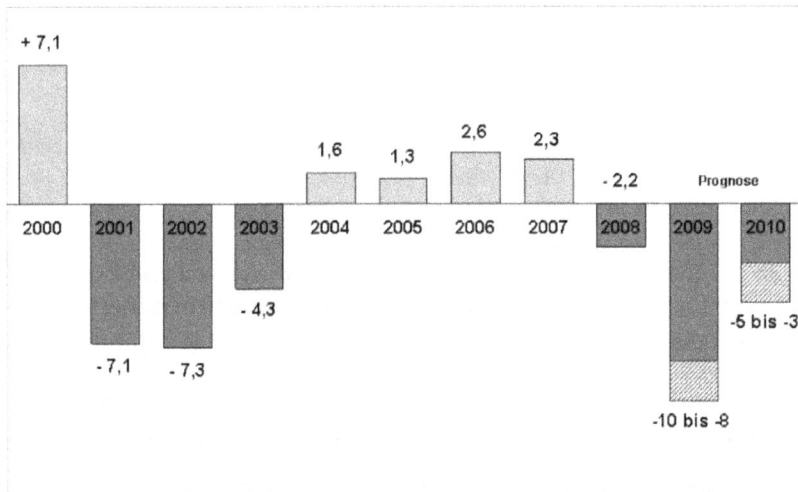

(Quelle: Zentralverband der deutschen Werbewirtschaft – ZAW)

Medien, die zur Übermittlung von Werbung genutzt werden, bezeichnet man als Werbeträger. Im Kommunikationsmodell sind Werbeträger die Kanäle, über die Werbebotschaften vom Sender zum Empfänger gelangen. Die abgebildete Tabelle (Abb. 5.3.9) verdeutlicht das vielfältige Angebot an Werbeträgern in Deutschland sowie das Entscheidungsproblem, das sich für den Werbenden daraus ergibt: Welcher der Werbeträger soll für eine Schaltung belegt werden?

Der älteste und nach wie vor meist genutzte Werbeträger findet sich im Druckbereich: die Zeitung. Neben der Tageszeitung zählen auch illustrierte Magazine, Wochen- und Anzeigenblätter sowie Programm- und Rätselzeitschriften zu den allgemein gebräuchlichen Werbeträgern. Aufgrund dieser reichhaltigen Auswahl an individuellen Zeitungen und Zeitschriften, kann der Werbetreibende seine Zielgruppe, direkt ansprechen. Das minimiert die Streuverluste und ergibt einen betriebswirtschaftlich rentableren „Tausender-Kontakt-Preis".

Unter den elektronischen Medien ist das Fernsehen mit seiner Vielzahl von Programmen der am stärksten nachgefragte Werbeträger. Hier bietet sich die Möglichkeit zahllose Werbeauftritte zu schalten. Danach folgen der Hörfunk und die mit dem Fernsehgerät abrufbaren Bildschirm- bzw. Videotexte

Ein weiterer wichtiger Werbeträger ist die sog. Außenwerbung (auch **Out-of-Home-Media** genannt). Hier sind es vor allen Dingen die großen Plakatwände, die sog. **Blowups** die in jeder Stadt an den nicht übersehbaren Stellen positioniert sind und die Verkehrsmittelwerbung, die sowohl die kommunalen als auch private Verkehrsmittel als Werbeträger nutzen. Auch die ältesten bekannten Außen-Werbeträger, die Litfaßsäulen sind zu nennen, wenngleich sie eher regionale Werbung (kulturelle Veranstaltungen) verbreiten. Ebenfalls unter Außenwerbung sind die Sonderwerbeformen wie Banden- Leucht- und Luftwerbung zu nennen.

Die deutlichsten Umsatzzuwächse verzeichnet derweil das Internet. Deshalb werden die Online Werbeträger zunehmend wichtiger für Werbeauftritte von Unternehmen. Ganz oben in der Gunst der Werbetreibenden finden sich die Suchmaschinen. Webkataloge, die einzelnen Dienste der verschiedenen Provider und die Angebote im Bereich E-Commerce können auch als Werbeträger im Internet eingesetzt werden.

Neben den statistisch erfassbaren Werbeträgern gibt es noch unzählige weitere, die man nicht immer sofort als solche wahrnimmt. Hierzu zählen z.B. Einkaufstüten oder -taschen, Produktverpackungen, Schaufensterauslagen sowie alle unter dem Begriff Give aways oder Streuartikel laufende Werbeträger wie Kalender, Schlüsselanhänger, Notizblöcke, Kugelschreiber u. ä. (**mehr als jedes zweite Unternehmen in Deutschland kommuniziert derzeit erfolgreich mit Werbeartikeln – und Werbeartikel sind die drittwichtigste Säule auf dem Werbemarkt – nach Fernseh- und Printwerbung**). Auch sog. prominente Personen können zu Werbeträgern werden. Seit man ihre Werbewirksamkeit erkannt hat steigerte sich die Zahl derer, die man in Werbekampagnen in den Focus stellte. Damit erreicht man, dass sie mit ihrem Namen für ein bestimmtes Produkt oder eine Dienstleistung werben.

Werbeträger sind Medien, die gewählt werden, um die im Werbemittel umgesetzte Werbebotschaft an den Umworbenen heranzutragen.

5.3.5.7 Werbeinvestitionen

Investitionen in Werbung nominal / in Mrd Euro / gerundet	2005	2006	2007	2008	2009
Gesamt Honorare, Werbemittel-produktion, Medienkosten	**29,60** + 1,3%	**30,23** +2,1%	**30,83** +2,0%	**30,67** - 0,5%	**28,84** -6,0%
davon Netto-Werbeeinnahmen der Medien	19,83 + 1,3%	20,35 +2,6%	20,81 + 2,3%	20,37 - 2,1%	18,37 - 9,8%

(Quelle: Zentralverband der deutschen Werbewirtschaft – ZAW)

Die Netto-Werbeeinnahmen aller erfassbaren Werbeträger betrugen 2009 rund 18,37 Milliarden Euro. Das ist das reine Streuvolumen, also die Werbung, die über die Medien verbreitet wird. Die Werbeinvestitionen der Werbetreibenden beliefen sich auf rund 28,84 Milliarden Euro. Die Werbeausgaben gingen im Vergleich zum Vorjahr konjunkturbedingt um 9,8 % zurück.

Es stellt sich die Frage, ob denn über 18 Milliarden Euro pro Jahr für die Werbung nötig sind. Dies kann, ja muss eindeutig bejaht werden, denn Werbung ist in marktwirtschaftlichen Wirtschaftssystemen notwendige Grundlage, damit es generell zu wirtschaftlichen Austauschprozessen kommen kann.

Werbung bahnt den Absatz der Unternehmen an die nachfragenden Verbraucher an und ist somit ein konstitutives Merkmal der freien Marktwirtschaft. Je entwickelter und komplexer diese ist, umso reichhaltiger ist das Angebot an Produkten und umso bedeutender wird die Werbung sowohl für den Anbieter, als auch für den Verbraucher und nicht zuletzt für die Wirtschaft. Die entstehenden Kosten regelt der Markt. Jeder hat das Recht für sein Produkt zu werben, auch wenn dieses Produkt schon auf dem Markt ist und sich nur unwesentlich von diesem unterscheidet (man spricht in solch einem Fall von homogenen = vergleichbaren Produkten). Würde man die Möglichkeit der Produktwerbung bei vergleichbaren Produkten einengen oder gar verbieten, so hieße das die Marktwirtschaft und damit den Wettbewerb zu reglementieren.

Werbeinvestitionen sind Aufwendungen, die zum Erwerb, zur Sicherung und Erhaltung von Einnahmen dienen und mit der zielgerichteten Planung, Durchführung und Kontrolle von Werbemaßnahmen verbunden sind.

Sie beinhalten nicht nur

- den **Werbeetat** für die Erstellung der Werbemittel (extern) und

- das Nutzen der Werbeträger, sondern auch

- die Kosten für die anteiligen Gemeinkosten der eigenen Werbeabteilung, die arbeitenden Personen und Sachwerte,

- sowie die Kosten für Entwurf und Herstellung von Werbemitteln (intern).

Die Geldmenge, die ein Unternehmen für die Bewerbung Ihres/r Produkte/s zur Verfügung stellt nennt man Werbeetat. Es ist üblich Jahres-Etats festzulegen, die sowohl die permanenten Werbekosten, als auch die voraussichtlichen Aufwendungen für Werbeaktionen für das Etat-Jahr beinhalten. Bei der Planung umfangreicher Kampagnen ist es aber möglich und sehr oft auch nötig mit Einzelbudgets zu arbeiten.

Netto-Werbeeinnahmen erfassbarer Werbeträger in Deutschland
in Mio Euro

Werbeträger	2005	Prozent	2006	Prozent	2007	Prozent	2008	Prozent
Tageszeitungen	4 476,60	- 0,6	4 532,90	+ 1,3	4 567,40	+ 0,8	4 373,40	-4,2
Fernsehen	3 929,55	+ 1,8	4 114,26	+ 4,7	4 155,82	+ 1,0	4 035,50	-2,9
Werbung per Post	3 398,12	0,0	3 318,87	- 2,3	3 347,30	+ 0,9	3 291, 55	-1,7
Anzeigenblätter	1 898,00	+ 3,4	1 943,00	+ 2,4	1 971,00	+ 1,4	2 008, 00	+1,9
Publikumszeitschriften	1 791,40	- 2,6	1 855,89	+ 3,6	1 822,48	- 1,8	1 693,09	-7,1
Verzeichnis-Medien	1 197,00	+ 0,1	1 198,60	+ 0,1	1 214,33	+ 1,3	1 224,70	+0,9
Fachzeitschriften	902,00	+ 4,3	956,00	+ 6,0	1 016,00	+ 6,3	1 031,00	+ 1,5
Außenwerbung	769,14	+ 6,8	787,43	+ 2,4	820,37	+ 4,2	805,38	-1,8
Online-Angebote	332,00	+ 22,5	495,00	+ 49,1	689,00	+39,2	754,00	+9,4
Hörfunk	663,71	+ 7,4	680,48	+ 2,5	743,33	+ 9,2	711,23	-4,3
Wochen-/ Sonntagszeitungen	252,80	+ 5,6	260,20	+ 2,9	269,70	+ 3,7	265,70	-1,5
Zeitungssupplements	91,00	+ 1,1	89,90	- 1,2	89,50	- 0,4	86,80	-3,0
Filmtheater	132,39	- 9,8	117,48	- 11,3	106,20	- 9,6	76,65	-27,8
Gesamt	19 833,71	+ 1,3	20 350,01	+ 2,6	20 812,43	+ 2,3	20 357,00	- 2,2

Abb. 5.3.9: Netto-Werbeeinnahmen erfassbarer Werbeträger (2006 – 2008)
(Quellen: ZAW Jahrbücher)

Die Abb. 5.3.9 – die Nettoangaben nach Abzug von Mengen- und Malrabatten sowie Mittlerprovisionen, Skonti, ohne Produktionskosten enthält – zeigt, wie sich die Werbeinvestitionen auf die einzelnen Werbeträger verteilen. Hauptwerbeträger in Deutschland sind demnach die Tageszeitungen. Allerdings wird deren Vorsprung vor dem Fernsehen von Jahr zu Jahr geringer. Tageszeitungen sind ein überwiegend regionales bzw. lokales Werbemedium. Hier schlagen vor allem die Anzeigen des regionalen Einzelhandels und die Rubrikenmärkte (Möbel, Kfz, Immobilien) zu Buche. Das Fernsehen rangiert als nationaler Werbeträger an zweiter Stelle, konnte aber in den vergangenen 20 Jahren die Werbeeinnahmen nahezu verdoppeln, was in der starken Zunahme neuer Sender begründet liegt.

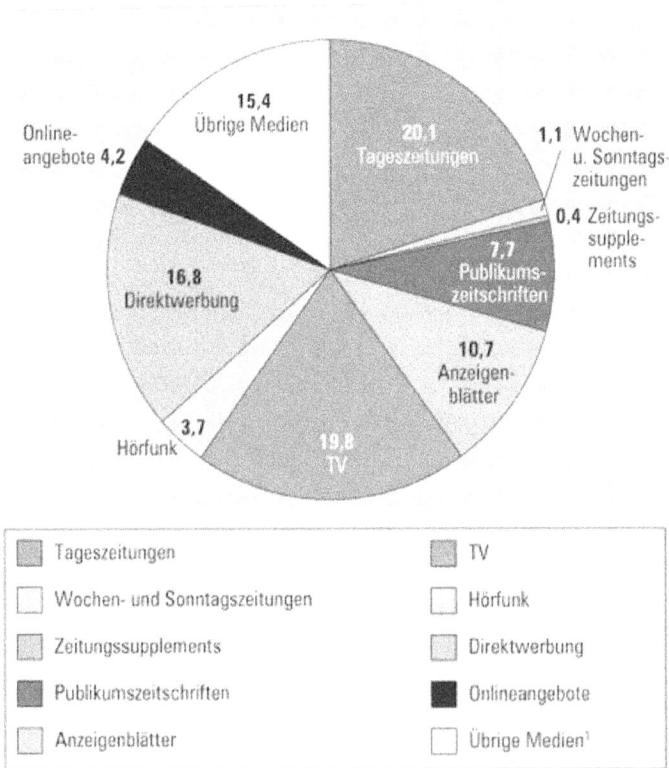

Abb. 5.3.10:   Werbeaufwendungen in Deutschland – Marktanteil der Medien in Prozent (Quellen: BZZV/ZAW)

Während die Abb. 5.3.9 (Netto-Werbeeinnahmen) die Werbeträger nach Kategorien aufführt, zeigt Abb. 5.3.10 die Marktanteile der Medien des vorletzten Jahres in Prozent. Unter die Rubrik „Übrige Medien" fallen die Verzeichnis-Medien sowie die Außen-, Fachzeitschriften- und Filmtheaterwerbung.

Firma	Dezember TEUR	2010 kum.* TEUR	2009 kum.* TEUR	2010 kum.* Anteile in %	2010 2009 +/- %
ABOVE-THE-LINE-MEDIEN	2.485.002	25.039.192	22.565.683	100,0	11,0
PROCTER+GAMBLE, SCHWALBACH	51.340	590.704	510.945	2,4	15,6
MEDIA-SATURN-HOLDING, INGOLSTADT	47.870	500.841	506.835	2,0	-1,2
FERRERO DT., FRANKFURT	38.510	396.755	343.443	1,6	15,5
ALDI, MUELHEIM	34.149	385.714	397.241	1,5	-2,9
UNILEVER DT., HAMBURG	33.018	348.742	308.360	1,4	13,1
L'OREAL HUP, DUESSELDORF	41.091	330.647	326.783	1,3	1,2
SPRINGER AXEL AG, HAMBURG	30.588	313.145	286.942	1,3	9,1
LIDL DIENSTLEISTUNG, NECKARSULM	47.259	258.947	346.634	1,0	-25,3
EDEKA ZENTRALE, HAMBURG	27.220	237.070	221.461	0,9	7,0
VOLKSWAGEN AG, WOLFSBURG	18.635	227.724	215.534	0,9	5,7

*   Kum. = Januar bis Dezember

Abb. 5.3.11: Die Top 10 der Werbetreibenden mit den höchsten Werbeausgaben
(Quelle: Nielsen Media Research)

Medien, die 1961 Bedeutung hatten, haben auch heute noch Bedeutung:

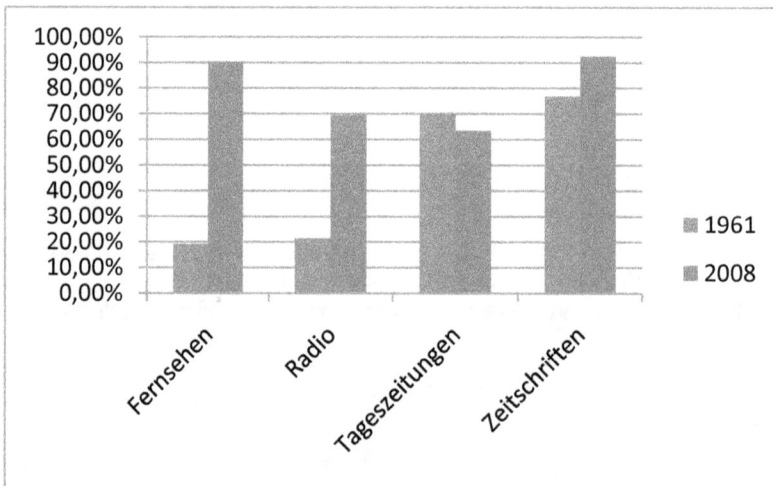

Basis: Bundesrepublik Deutschland, 1996: Bevölkerung 16 – 70 Jahre; 2008: Bevölkerung ab 14 Jahre

Abb. 5.3.12: Medienbedeutung 1961/2008 (Quelle: Allensbacher Markt- und Werbeträger-
analysen, AWA 1961, AWA 2008)

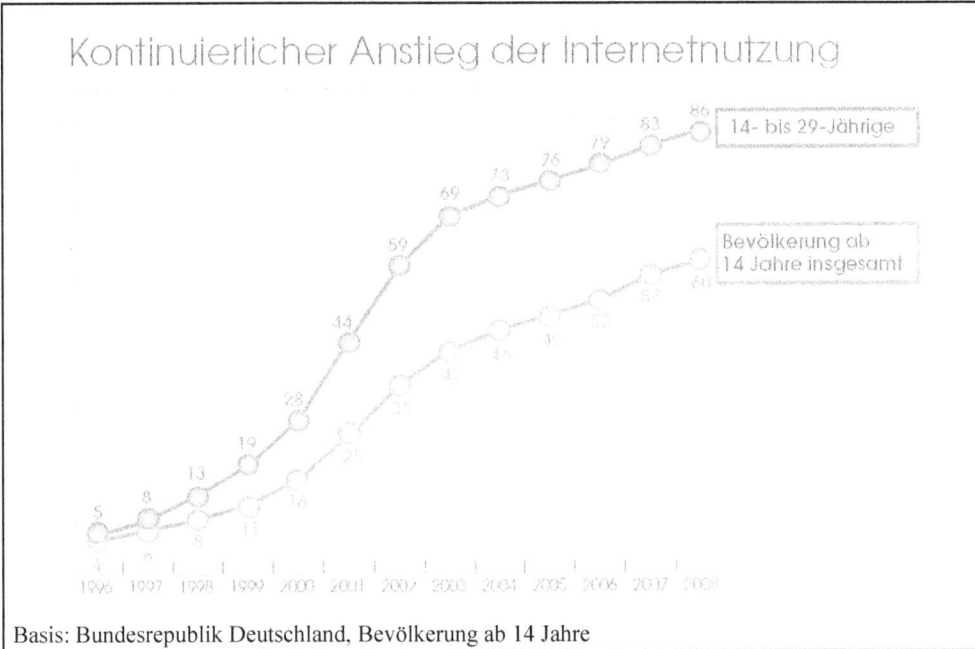

Basis: Bundesrepublik Deutschland, Bevölkerung ab 14 Jahre

Abb. 5.3.13: Anstiegskurven Internetnutzung (Quelle: Allensbacher Markt- und Werbeträgeranalysen, AWA 1961, AWA 2008)

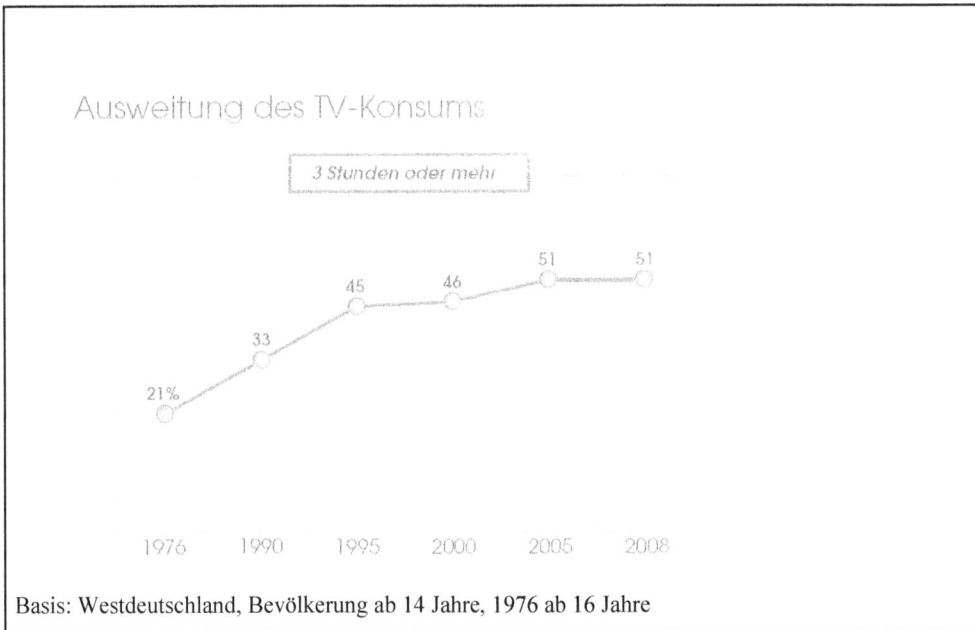

Basis: Westdeutschland, Bevölkerung ab 14 Jahre, 1976 ab 16 Jahre

Abb. 5.3.14:   Ausweitung des TV-Konsums (Quelle: Allensbacher Markt- und Werbeträger-analysen, AWA 1961, AWA 2008)

Die drei letzten Schaubilder zeigen deutlich, dass die Nutzung der elektronischen Medien kontinuierlich zunimmt, da die Vorteile dieser Systeme dem Nutzer eine höhere .Effektivität versprechen. Zu dem wichtigsten elektronischen Medium zählt ohne Zweifel die Bildschirmwerbung mit all ihren Facetten. Die Vorteile aller Systeme sind

- die bebilderte Unterstützung der Information,

- der Event-Charakter der ablaufenden Szenen,

- die Verlängerung der Verweildauer des Umworbenen, sowie

- die mit geringem Aufwand mögliche Reaktion auf Marktveränderungen oder andere Ereignisse.

Bildschirmwerbung, die über kleine, marktübliche TV-Bildschirme im Einzelhandel bereits sehr oft übertragen wird, kann auf öffentlichen Plätzen oder in großen Einkaufspassagen überdimensioniert auf Multi-Media-Wänden stattfinden.

Ein weiteres Informationsmodul sind die Kiosksysteme. Das sind Computeranlagen, die meist in Outdor-Terminals für die Allgemeinheit zur Verfügung gestellt werden. Sie geben dem Nutzer Informationen über den jeweils aktuellen Stand eines Angebotes.

Wer aufhört zu werben, um Geld zu sparen, kann ebenso seine Uhr anhalten, um Zeit zu sparen. (Henry Ford, Unternehmer)

5.3.5.8 Werbung international

> Internationale Werbung ist eine wichtige Voraussetzung für länderübergreifende Marke-
> tingstrategien. Ein Aspekt, der angesichts der ständig fortschreitenden Globalisierung
> immer wichtiger wird.

Zu den Instrumenten der internationalen Kommunikationspolitik zählt auch die internationale Werbung. Beide folgen der Unternehmensmaßnahme Informationen über sein Angebot zu
vermitteln, und sind einzig darauf ausgerichtet potentielle Kunden positiv zu beeinflussen,
um deren speziellen Bedürfnisse zu befriedigen. Der Kaufakt wird daher zu einem emotionalen Erlebnis, welches in unterschiedlichen Ländern auch unterschiedliche Reaktionen und
Bewertungen hervorruft. Aufgabe der Werbeabteilungen international operierender Unternehmen ist es nun, diese Länderdifferenzen in ihren Werbemitteln zu berücksichtigen. Im
Gegensatz zur regionalen oder nationalen Werbung hat die internationale Werbung in erster
Linie die Aufgabe länderspezifische Werte wie: Religion, politische Situation, Ernährung,
Klima, Kultur, Bildung oder/und Geschlechterdifferenzen in den Kontext des jeweiligen
Landes zu stellen.

Aufgrund dieser unterschiedlichen Werte ergeben sich auch unterschiedliche Werbestrategien, wie de Mooij/Marieke, Advertising Worldwide, analysierten: Japanische Werbung ist
weniger direkt. Sie würden keinen Konkurrenten bloß stellen, da es wichtig ist, nicht sein
„Gesicht zu verlieren". Amerikaner dagegen preisen die Vorteile ihres Produktes gegenüber
eines anderen offen an, oder vergleichen es mit anderen Motiven, z. B. Natur. Auch in japa-
nischer Werbung wird das Motiv Natur verwendet, doch steht es dort in einem ganz anderen
Zusammenhang, als in der amerikanischen Werbung. Die Natur wird verehrt in Form von
Bildern die Sonnenaufgänge, Sonnenblumen, Seen und blaue Himmel zeigen. In amerikanischen Spots dient die Natur dazu, auf „man made" Produkte aufmerksam zu machen. Japaner
sind der Tradition stärker verbunden und aus kulturellen Gründen ist ihnen der Vergleich mit
anderen Produkten verboten. Weitere Vergleiche haben gezeigt, dass Franzosen eher zur
Dramatik neigen und viel mit sexuellen Anspielungen arbeiten. Das Produkt wird oft mit
einem Event, einer Person, einem Ort verbunden.

Dagegen zeigen Amerikaner von allen westlichen Nationen am wenigsten Frauen in zwei-
deutiger Gestik und in China wird ganz darauf verzichtet, da eine sexuelle Anspielung als
verpönt gilt. Der Islam geht noch einen Schritt weiter und zeigt generell keine Frauen in der
Werbung. Die Spezialität der Briten hingegen ist ihr Humor, der auch am schwersten von
allen Komponenten auf andere Nationen übertragbar ist. Die Deutschen legen mehr Wert auf
Ehrlichkeit, Information und Rationalität, während die Italiener mehr zur Romantik neigen
und auf eine gestylte Werbung wertlegen.

Daher kann Werbung in einem Land erfolgreich sein und in dem Nächsten ein Fehlschlag,
wenn es unterschiedliche Werte hat, aus denen sich unterschiedliche Anforderungen ergeben.
Hinzu kommen die spezifischen Bedürfnisse des jeweiligen Landes, die sich aus den oben
genannten Punkten wie Infrastruktur, Klima oder soziale Struktur ergeben. Deutsche Familien bevorzugen z. B. ein größeres Auto und einen kleineren Zweitwagen für die Stadt, Amerikaner legen Wert auf Geräumigkeit, während Japaner beim Kauf eines Gebrauchtwagens

Wert darauf legen, dass alle Gegenstände, die der Vorgänger berührt haben könnte, ausgetauscht werden. Das Auto liefert einen Beitrag zum Lebensstil und aus diesem Grund mögen die Leute keine Kompromisse in Bezug auf Geschmack.

Die Globalisierung der Werbung ist nur eine Reaktion auf die zunehmende Globalisierung und der Gesellschaft im Allgemeinen. Erst durch die Angleichung der verschiedenen Länder aneinander, ist es realistisch geworden viele unterschiedliche Menschen mit einer identischen Werbekampagne anzusprechen. Die Bedürfnisse und Vorlieben der Verbraucher ähneln sich zunehmend, was wiederum als Reaktion auf die zunehmende Mobilität der Verbraucher im Zuge von Urlaubsreisen und den damit verbundenen Informationsaustausch zu verstehen ist.

Als internationale Werbung bezeichnet man also solche Werbemittel (Anzeigen, Plakate, TV- oder Funkspots), die in mehreren Ländern eingesetzt werden, wobei sie auf die Eigenarten der Empfänger so gut als möglich zugeschnitten sind.

Um nicht für jedes Land ein spezielles Werbemittel erstellen zu müssen, wird immer häufiger auf standardisierte Werbung gesetzt. Als standardisierte Werbung bezeichnet man Werbemittel deren Erstellung (layout), bis auf den Text in der jeweiligen Landessprache, einheitlich gestaltet ist.

Jedoch gibt es unter Praktikern und Theoretikern keine einheitliche Meinung darüber, ob man ein- und dieselbe Werbung in allen Ländern einsetzen kann oder, ob man für jedes Land eine eigene Werbung entwickeln muss. Gegner der Standardisierung sagen, dass die Werbung der Kultur des Landes angepasst werden muss, um überhaupt zu wirken. Das gelte besonders für emotionale Werbung, weil die Gefühls- und Erfahrungswelt der Menschen mit ihrer Kultur variiere.

Aus dieser Unsicherheit heraus wird häufig standardisierte Werbung entwickelt die um alle mutmaßlichen kulturspezifischen Elemente reduziert ist: Das Fotomodell, die Frisur, das rote Kleid, die Art, wie der Tisch gedeckt ist.

Dieses intuitiv vorsichtige Vorgehen ist mit dem Risiko verbunden, dass die Werbung nicht die erhoffte Wirkung erzielt und die Marke in den Augen der Empfänger nicht das intendierte Erlebnisprofil erhält.

5.3.6 Verkaufsförderung (Sales Promotion)

Verkaufsförderung ist die Analyse, Planung, Durchführung und Kontrolle meist zeitlich begrenzter und kurzfristig wirkender Aktionen mit dem Ziel, auf nachgelagerten Vertriebsstufen oder bei den Kunden durch zusätzliche Anreize Kommunikationsziele eines Unternehmens zu erreichen.

Alles was die direkte Verkaufsmaßnahme mittelbar oder unmittelbar unterstützt ist Verkaufsförderung. Verkaufsförderung umfasst Maßnahmen, Mittel und Methoden, die die eigene Verkaufsorganisation in ihren Aktivitäten unterstützt und motiviert. Ziel ist die Erreichung eines kontinuierlichen Absatzes der Produktion. Verkaufsförderung ist dabei das „Schmiermittel" das auf dem Weg zum Kunden die „Hemmschwellen" beiseite räumt. Es ist der – Treibsatz-, der dem Produkt auf diesem Weg immer neuen Ansporn gibt.

Im Gegensatz zur „klassischen" Werbung ist die Verkaufsförderung meist kurzfristig und taktisch sowie auf eine spezifische Situation ausgerichtet, etwa bei der Einführung eines neuen Produktes. Wenngleich die Unterschiede zwischen Werbung und Verkaufsförderung eindeutig sind, lehrt uns die Praxis, dass die Grenzen sich sehr oft verwischen, da nahezu jede Verkaufsförderungsmaßnahme von Werbung begleitet wird.

Die quantitative Zunahme von Verkaufsförderungen in den letzten Jahren zeigt wie wichtig und bedeutungsvoll diese absatzfördernde Kommunikation für die Unternehmen geworden ist. Ausschlaggebend hierfür ist sicherlich, dass die Verkaufsförderung im Vergleich mit herkömmlichen Werbemaßnahmen zielgruppeneffizienter eingesetzt werden kann. Dies bringt drei weitere Vorteile mit sich

- minimale Streuverluste,

- räumliche Eingrenzung und

- zeitliche Abgrenzung.

Nicht zuletzt haben die Unternehmen über verkaufsfördernde Maßnahmen die Möglichkeit durch kreative, neuartige und ausgefallene Aktionen im besonderen Maße auf sich aufmerksam zu machen.

Da sich der Einsatz von Verkaufsförderungsmaßnahmen nicht nur auf die Konsumgüterindustrie beschränkt, sondern auch im Dienstleistungs- und Investitionsgüterbereich immer größere Bedeutung gewinnt, haben diese sich, neben der Werbung, als sehr wichtiges Marketinginstrument profiliert. Man hat längst erkannt, dass erfolgreiche Verkaufsförderung nicht nur das Resultat eines schöpferischen Momentes ist, sondern das Ergebnis exakter Planung und sorgfältiger Durchführung.

Das Herstellen und Beibehalten des Kontaktes zu den Kunden sowie die Unterstützung des Handels in seinen Verkaufsbemühungen und nicht zuletzt die fortwährende Schulung der eigenen Verkäufer sind die maßgeblichen Komponenten erfolgreicher Verkaufsförderung. Dennoch sollte Verkaufsförderung nur in bestimmten Situationen, zum Beispiel für die Einführung eines neuen Produktes oder wenn Kontakte zu neuen Zielgruppen aufgebaut werden sollen, Einsatz finden.

Da diese Aktionen erst nach genauen **Market Research** (= **Marktanalyse**; das ist die systematische Sammlung, Aufbereitung und Interpretation von Daten über Märkte und Marktbeeinflussungsmöglichkeiten zum Zwecke der Informationsgewinnung für Marketingentscheidungen) und exakten Marketingvorgaben geplant werden, sieht sich das Unternehmen noch zusätzlich mit folgenden Fragen konfrontiert:

• Wie können Kontakte zu neuen Zielgruppen mit nur geringen Streuverlusten aufgebaut werden?

• Wie kann der Kommunikationsmix -Werbung, PR, Verkaufsförderung, persönlicher Verkauf- am effizientesten eingesetzt werden?

• Womit und wie können die Innen- und Außendienstmitarbeiter Unterstützung finden?

• Wodurch können Einkäufer, Einzelhandel und Verbraucher überzeugt werden?

• Auf welche Strategie bauen wir unsere Verkaufsförderung auf?

Eine Verkaufsförderungs-Konzeption legt Ziele, Aktionen und Kontrollmaßnahmen im Rahmen einer Kampagne fest. Hierzu sind die in diesem Buch dargestellten Studien zu Zielgruppen und Produkten sowie die Budgetanalysen als Voraussetzung erforderlich.

Für ganz neuartige Produkte jedoch, kann der Markt nicht erforscht werden, weil er ja noch nicht existiert: Die Menschen können sich nicht zu etwas äußern, das sie nicht kennen! Innovatoren und Pioniere können von ihren Kunden nicht erwarten, dass diese ihre Visionen verstehen.

Neben der Werbung, der Öffentlichkeitsarbeit (Public Relations) und dem persönlichen Verkauf ergänzt eine konsequente Verkaufsförderung (Sales Promotion) den Kommunikations-Mix eines Unternehmens. Man kann die Verkaufsförderung auch als Zwischenposition ansehen. Sie unterstützt die klassische Werbung und fördert den Verkauf. Deshalb interpretiert man Verkaufsförderung als Maßnahme, die dafür sorgen soll, dass am **POS** (**Point of Sale** = Verkaufspunkt) eine positive Kaufentscheidung des Kunden erfolgt. Denn

• Verkaufsförderung bietet dem Kunden immer eine Zusatzleistung an

• Verkaufsförderung ist immer eine parallele (Werbe-) Maßnahme

• Verkaufsförderung wird immer nur zeitlich begrenzt eingesetzt

• Verkaufsförderung erreicht mit ständig neuen innovativen und frappierenden Aktivitäten im Zusammenhang mit dem Offerieren eines neuen Produktes oder einer Dienstleistung einen intensivierten, zusätzlichen Kaufanreiz.

Innerhalb des Marketingkommunikations-Mixes ist die Verkaufsförderung zumindest als Äquivalent zur klassischen Werbung, mit folgenden Vorteilen anzusehen:

• sofortige kaufauslösende Wirkung

• nachprüfbare Ergebnisse,

- maximale Kundenansprache

- Imageunterstützung des „Corporate Identity".

Weitere positive taktische und strategische Ergebnisse sind:

- beschleunigter Warenabfluss

- Einflussnahme auf Kaufgewohnheiten

- neue Erstkunden generieren

- Erinnerungsfähigkeit an Produktverwender stärken

- Intensivierung der klassischen Werbung.

Als Einsatzmittel der Verkaufsförderung und zur Realisierung der Verkaufsförderungsziele können sämtliche – auch aus der Werbung bekannte – Kommunikationsmittel eingesetzt werden. Im Gegensatz zur Werbung unterscheidet sich jedoch der Werbeinhalt. Dieser ist bei der Verkaufsförderung auf kurzfristigen Einsatz und als unmittelbarer Absatz- und Kaufanreiz konzipiert.

Hier einige Werbemittelbeispiele (neben den klassischen Werbemitteln) für aktive Verkaufsförderung:

- Werbetafeln,

- Türstopper,

- Vorort-Verkostung

- Verkehrsmittelwerbung,

- Regalstopper,

- lebende Werbepuppen,

- Schaufensterplakate,

- Produktpräsentation,

- Flugblätter,

- Beipackinformationen

Bei der Ausarbeitung von Werbemitteln sind der Kreativität keine Grenzen gesetzt, wenn es darum geht, die Verkaufsförderungsziele zu erreichen. Durch die Reizüberflutung der heutigen Gesellschaft muss man davon ausgehen, dass nur eine unübersehbare und unüberhörbare Werbebotschaft, durch ein zielgerichtetes Medium, bei den Konsumenten ankommt und seine Wirkung nicht verfehlt.

Aufgrund dessen, dass bei Verkaufsförderungs-Aktivitäten sehr oft der persönliche Kontakt mit dem Kunden zustande kommt, tritt dieser aus der Anonymität der Zielgruppe heraus und gewinnt dadurch zunehmend an Bedeutung. Deshalb gehört zur aktiven Sales Promotion auch:

- das Verkaufsgespräch auf Verkaufsreisen, Messen oder Ausstellungen, sowie

- das Schaffen günstiger Bedingungen, z. B. das innovative Gestalten der eigenen Verkaufsfläche, die Organisation der Verkaufsadministration sowie das Erstellen von Verkaufshilfen, z. B. Displays oder Kundenstopper.

Findet Verkaufsförderung im eigenen Unternehmen statt, so spricht man von **In-House-Promotion**, außerhalb des Unternehmens von **Out-House-Promotion**.

Zur internen Verkaufsförderung (In-House-Promotion) zählen u. a.:

- Verkaufsaktive Warenpräsentation (evtl. mit Verkostung/Degustation),

- Hauseigene Historie (z. B. kleines Museum oder Bibliothek),

- Einsatz von Verkaufshilfen wie das Anbringen von Plakaten, Auslegen von Prospekten, Gästebuch oder Fotos,

- Hinweise auf Aktionstage/-wochen.

Zur externen Verkaufsförderung (Out-House-Promotion) zählen u. a.:

Unmittelbare Kontaktpflege des Unternehmers oder seiner Mitarbeiter z. B. durch attraktive Gästezeitung, Präsentation bei Messen und Ausstellungen sowie Versenden von Mailings.

Mittelbare Maßnahmen, wie die Inanspruchnahme von Reisemittlern, deren Aktivitäten unterstützt und gefördert werden.

Beispiel:

Eine besondere Chance und Herausforderung gleichermaßen ist im Rahmen der In-House-Verkaufsförderung, die Maßnahmen direkt vor den Augen des Gastes zu erbringen. Der Ort der Leistungserstellung z. B. das Flambieren eines Desserts im Restaurant oder das Frühstücksbuffet im Wintergarten, sind identisch mit dem sogenannten POS (Point of Sale). Hier wird die Zielgruppe ohne Streuverluste direkt angesprochen. Nirgendwo sonst hat man die Möglichkeit sein Unternehmen, seine Angebote und Leistungen so unmittelbar zu präsentieren.

Verkaufsförderung ist gekennzeichnet durch überwiegend kurzfristig wirkende Maßnahmen, ist aktionsgerichtet und will Handlungen auslösen. Sie gibt Impulse! Sie zielt in erster Linie auf Sofortreaktionen und kurzfristige Umsatzsteigerungen.

5.3.7 Öffentlichkeitsarbeit (Public Relations)

> „Wenn ein junger Mann ein Mädchen kennenlernt und ihr erzählt, was für ein großartiger Kerl er ist, so ist das Reklame.
>
> Wenn er ihr sagt, wie reizend sie aussieht, so ist das Werbung.
>
> Wenn sie sich aber für ihn entscheidet, weil sie von anderen gehört hat, er sei ein feiner Kerl, so ist das Public Relations."
>
> (A. Münchmeyer)

Das Sprichwort „Tue Gutes und rede darüber" passt zur Öffentlichkeitsarbeit wie kaum ein anderes. Wie bei vielen Alltagssituationen der Fall, so lebt auch die Öffentlichkeitsarbeit von der Publikation des positiven Ereignisses. Auch die Redewendung „Klappern gehört zum Handwerk" gehört in diese Selbstmarketing-Abteilung. Dass dies so ist bekräftigt auch Charles Mallory mit seiner Feststellung:

„Öffentlichkeitsarbeit ist ein wesentlicher Bestandteil effizienter

Marketing- und Werbestrategien."

Schon im Jahre 1937 findet sich bei Carl Hundhausen in seinem Artikel in der Zeitschrift „Die deutsche Werbung" eine Begriffsdefinition für Öffentlichkeitsarbeit wie folgt:

Public Relations ist die Kunst, durch das gesprochene oder gedruckte Wort, durch Handlungen oder durch sichtbare Symbole für die eigene Firma, deren Produkt oder Dienstleistung eine günstige öffentliche Meinung zu schaffen!

Allgemein ist also unter Public Relations (PR) die Öffentlichkeitsarbeit – soll heißen, die Pflege der Beziehung zur Öffentlichkeit – eines Unternehmens zu verstehen, denn Public Relations ist vordringlich im Rahmen einer integrierten Kommunikation zu betrachten. Darin kommt der PR die komplexe Aufgabe des Managements der Kommunikationsbeziehungen eines Unternehmens nach innen und außen zu.

5.3.7.1 PR – Das Werben um Vertrauen

Erfolgreiche Public Relations benötigt eine gründliche Vorbereitung. Deshalb ist es vor dem Beginn von konkreten Aktionen unerlässlich eine PR-Strategie zu entwickeln. Hierbei ist es wichtig folgende Fragen so ausführlich wie möglich zu beantworten:

- Was ist die Zielsetzung (Festlegung des Minimal- und Maximalergebnisses)?

- Was soll öffentlich gemacht werden (Abstimmung über die Eingrenzung der Produkt- und/oder Dienstleistungsinformation)?

- Welche Zielgruppe/n soll/en **wie** angesprochen werden (Festlegung der Werbeinhalte)?

- Hat ihr Unternehmen in der Vergangenheit bereits PR-Maßnahmen durchgeführt? Wenn ja, mit welchem Ergebnis und für welches Produkt/Dienstleistung? Gibt es Erfahrungswerte die man nutzen kann?

- Mit welchen Medien erreichen wir unsere Zielgruppe/n am sichersten (Festlegung der Medien mit den größten Streuwirkungen)

- Welches Budget steht für diese PR-Aktion zur Verfügung?

Nachdem diese Fragen geklärt sind ist es wichtig Personen zu benennen, die für Teilabschnitte verantwortlich zeichnen und kontinuierlich über die einzelnen Schritte der Durchführung berichten.

Vorrangiges Ziel der PR-Arbeit ist es, Verständnis und eine positive und vertrauensvolle Einstellung der Konsumenten gegenüber dem jeweiligen Leistungsprogramm des Unternehmens zu erhalten, zu fördern und einen Wettbewerbsvorteil vor der Konkurrenz zu sichern. Denn jeder Unternehmer beabsichtigt im betriebsinternen und außerbetrieblichen Bereich das Image und die Reputation des eigenen Unternehmens durch nachhaltige Strategie in der Öffentlichkeit zu festigen und zu steigern. Erfolgreiche PR ist nicht selten das Ergebnis von persönlichem Engagement des Unternehmers und seiner Mitarbeiter. Hierbei sind Kommunikationsfähigkeit und Kontaktstärke sowie sympathische Ausstrahlung von entscheidender Bedeutung.

Um einen hohen Bekanntheitsgrad und ein positives Image für sich und ihre Produkte zu erreichen, betreiben Unternehmen, Institutionen und Organisationen gewaltige Anstrengungen. Sie werben um Vertrauen bei ihren Kunden, ihren Investoren und den Bürgern in ihrem Umfeld. Besonders in Krisenzeiten sind sie besonders darum bemüht, durch Dialoge mit Kritikern und Befürwortern Interessen auszutauschen, um Akzeptanz für ihr Verhalten zu erreichen. Public Relations richten sich aber nicht nur an externe Personen, wie Kunden oder Öffentlichkeit (sog. externes Public Relations), sondern richten sich in gleichem Maße an unternehmensinterne Personen wie etwa Mitarbeiter (sog. internes Public Relations). Im Gegensatz zur klar erkennbaren Werbung oder Verkaufsförderung treten Maßnahmen zur Public Relations oft verdeckt auf, wenn etwa scheinbar redaktionelle Beiträge in Zeitschriften und anderen Medien in Wirklichkeit von PR-Textern verfasst worden sind.

Auf Wunsch des Deutschen Industrie- und Handelstages (DIHT) wurde 1951 der aus Amerika kommende Begriff „Public Relations" durch Albert Oeckl mit dem Begriff „Öffentlichkeitsarbeit" eingedeutscht. Heute ist der Begriff „Öffentlichkeitsarbeit" die gängigste Übersetzung für „Public Relations" und wird synonym dazu verwendet. Die wichtigsten Tätigkeiten praktischer Öffentlichkeitsarbeit sind die Herstellung und Pflege von Kontakten zu Multiplikatoren, wie beispielsweise zu den Medien, über die wiederum die Zielgruppen angesprochen und informiert werden sollen. Öffentlichkeitsarbeit für Unternehmen oder Institutionen ist entweder im eigenen Unternehmensbereich „**Inhouse**" angesiedelt oder wird durch „**Outsourcing**" als Dienstleistung, beispielsweise von PR-Agenturen übernommen.

Public Relations bauen auf Vertrauen und Verständnisbereitschaft in der Öffentlichkeit. Beides steht und fällt mit der Glaubwürdigkeit, mit der sich das Unternehmen nach innen und außen präsentiert. Ein Unternehmen, das über ein positives Image in der Öffentlichkeit verfügt, kann mit einem größeren Verständnis gegenüber Fehlentscheidungen oder bei aufkommenden Problemen, z. B. betriebsbedingte Warte- oder Lieferzeiten bei Reparaturen bzw. Konsumgüter, rechnen.

Alles muss von jemandem ins rechte Licht gerückt werden. Von alleine geschieht nichts!

5.3.7.2 Aufgaben und Ziele von PR

Die Aufgaben und Ziele von PR orientieren sich prinzipiell nach Auftraggebern und Zielgruppen. Die von James Grunig erarbeitete und von Horst Avenarius auf deutsche Gegebenheiten übertragene Gliederung der vier Public-Relations-Modelle (vgl. Abb. 5.3.15 „Public Relations – Die vier Modelle), die später von Grunig um ein zusätzliches Modell erweitert wurden, sind wegweisend.

Public Relations - Die vier Modelle

	Publicity	Informationstätigkeit	Überzeugungsarbeit	Dialog
Charakteristik	propagieren	mitteilen und verlautbaren	argumentieren	sich austauschen
Ziel/Zweck	Anschlusshandlung	Aufklärung	Erziehung	Konsens
Art der Kommunikation	Einwegkommunikation, stark verkürzte Aussagen	Einwegkommunikation, umfassende Mitteilungen	asymmetrische Zwei-Wege-Kommunikation, Berücksichtigung des Feed Back	symmetrische Zwei-Wege-Kommunikation, Meditation
Kommunikations-modell	Sender → Empfänger (Stimulus-Response)	Sender → Empfänger	Sender ↔ Empfänger	Gruppe ↔ Gruppe (Konvergentzmodell)
Art der Erforschung	quantitative Reich-weiten- und Akzeptanz-studien	Verständlichkeitsstudien	Evaluierung von Einstellungen, Meinungsforschung	Evaluierung des Vertrauens, Verhaltensforschung
typische Verfechter	P. T. Barnum	I. Lee	E. L. Bemays	J. F. Grunig, Berufsverbände
Anwender heute	Parteien, Veranstalter, Verkaufsförderer	Behörden, Unternehmen	Unternehmen, Verbände, Kirchen	Unternehmen, PR-Agenturen
Geschätzer Anteil der Anwendung	25%	35%	35%	5%

Abb. 5.3.15: Public Relations – Die vier Modelle (Avenarius, H.: Public Relations: Die Grundform der gesellschaftlichen Kommunikation, Darmstadt 2008, S. 85)

Das erwähnte fünfte Modell (Grunig) geht von der Vorstellung aus, dass ideale PR Win-Win-Situationen zwischen den Beteiligten (Organisation, Medien) herstellt – etwa indem PR-Mitteilungen von PR-Beauftragten auf Basis seriöser Recherche so verfasst werden, dass

Redakteure diese Nachrichten ohne weiteren Aufwand übernehmen können. Gegenseitiges Vertrauen ist hierbei Voraussetzung.

Die unterschiedlichen PR-Arbeitsfelder:

Die Aufgabengebiete von PR werden je nach Zugriff auf das Thema definiert von den

Interessen- und Anspruchsgruppen	zu vertretenden Gegenständen	bestimmten Ereignissen	geographischen Zuordnungen
Consumer Relations,	Product-PR	Event-PR	lokale PR
Partner Relations,	Personality-PR	Krisen-PR	regionale PR
Human Relations,	Unternehmens-PR	Messe-PR	Länder-PR
Investor Relations,	Public Affairs		internationale PR

Die Zielsetzung von PR ist grundsätzlich langfristig ausgerichtet, da der Aufbau eines positiven Images sowie eine Unternehmensakzeptanz kurzfristig auch nicht zu erreichen sind. Diese langfristige Strategie gibt dem Unternehmen aber die Möglichkeit unvorhersehbar aufgetretene Probleme besser zu kompensieren und in die Zielsetzung zu integrieren. Das heißt, wenn mögliche Probleme bekannt sind, kann man Vorsorge für eine schnelle, kostengünstige, effektive und nachhaltige Behebung treffen.

Beispiel:

Kommt es in einem ***-Restaurant aufgrund eines unachtsamen Mitarbeiters vor, dass einem Gast, während des Bedienvorganges Wein auf die Kleidung tropft, dann sind eine Entschuldigung der Bedienung mit dem Hinweis die Kosten der Fleckentfernung mittels Reinigung zu übernehmen eine Selbstverständlichkeit, die keiner Erwähnung bedürfen. Die eigentliche PR beginnt jetzt, indem der Gast die zusätzlichen, freiwilligen Leistungen des Unternehmens nach außen (in die Öffentlichkeit) durch Mundpropaganda trägt, denn solch ein kleines Missgeschick des Mitarbeiters bietet auch die Chance PR im Sinne des Unternehmens -ab jetzt ist es Chefsache- zu betreiben. Je nach Schadensumfang und nach Multiplikatoren am Tisch kann man dem Gast/den Gästen z. B.:

• Je einen Digestiv oder Kaffee nach Wahl pro Person (bis max. zwei Personen),

• eine zusätzliche Flasche Wein (selbstverständlich auch zum Mitnehmen),

• beim nächsten Besuch ein Menü kostenlos, oder

• eine Einladung zu einem bestimmten Event anbieten.

Eine Steigerung der Aufmerksamkeit bei dem/den „geschädigten" Gast/Gäste erreicht der Unternehmer dann, wenn er z. B. einen Strauß Blumen (evtl. mit Event-Eintrittskarten) und einem handgeschriebenen Entschuldigungsschreiben an dessen/deren Adresse sendet. Die

„Krönung" der PR-Arbeit wäre dann erreicht, wenn er dies persönlich überreichen würde. Jeder kann sich vorstellen welch eine positive Resonanz solch ein Verhalten nach sich ziehen würde. Die Kosten hierfür (Blumen und Eintrittskarten) sind allemal gut angelegt.

Den größten Fehler den PR begehen kann besteht darin, Tatsachen zu verschweigen, die eigene Meinung vehement zu verteidigen oder Fehler schönreden zu wollen. Dies hat immer den Verlust des Vertrauens und der Glaubwürdigkeit zur Folge. Die alte Volksweisheit *„Wer einmal lügt, dem glaubt man nicht, auch wenn er dann die Wahrheit spricht"* beschreibt die Konsequenzen fragwürdiger PR-Arbeit in aller Deutlichkeit.

Die steigende Bedeutung der PR in den vergangenen Jahren hat ihren Grund. Vor dem Hintergrund einer stetig zunehmenden Verständigungs- und damit Kommunikationskrise zwischen Unternehmen und Konsumenten, Betriebsführung und Arbeitnehmern oder Staatsmacht und Bürgern wurde es immer wichtiger zwischen den jeweiligen Kommunikatoren eine gesellschaftspolitische, spannungsfreie Ebene zu schaffen auf der die unterschiedlichen Meinungen ohne Verlust der eigenen Identität diskutiert werden können. PR hat deshalb die vorrangige Aufgabe Informationslücken zu schließen sowie komplizierte Sachinformationen für jedermann verständlich zu machen.

Hierzu muss Öffentlichkeitsarbeit, will sie erfolgreich sein, einige Grundansprüche erfüllen:

* uneingeschränkte Wahrheit (nichts schadet einer PR-Arbeit mehr, als eine entdeckte Unwahrheit).

* Deutlichkeit in der Aussage (die Zielgruppe/n müssen den PR-Inhalt nachvollziehen können).

* Überprüfbarkeit der Aussage (nur wenn die Informationen auf ihren Wahrheitsgehalt hin nachprüfbar sind, ist ein positives PR-Ergebnis dauerhaft möglich).

Fazit: Öffentlichkeitsarbeit (Public Relations) ist ein wichtiger Faktor im Marketing-Mix. Alle Unternehmen sollten der systematischen Öffentlichkeitsarbeit Aufmerksamkeit schenken. Mitarbeiter und Öffentlichkeit werden in zunehmendem Maße mündig und damit kritischer. Beide wollen ausreichend informiert, überzeugt und gewonnen werden. Erfolgreiche PR verlangt Fachwissen und bedeutet harte Arbeit. Aber die Mühen machen sich bezahlt: Ein guter Ruf ist wertvolles Kapital, das den Wert eines Unternehmens steigert. Daher ist folgende Maxime das Ziel jeglicher Öffentlichkeitsarbeit:

„Im Gespräch bleiben, ohne ins Gerede zu kommen."

Public Relations wollen Leistung zur Kenntnis bringen, Meinungen formen und festigen, Sympathien wecken, Verständnis für Anliegen und Standpunkte des Unternehmens erzeugen sowie einen guten Ruf und ein positives Image aufbauen.

5.3.8 Merchandising

Ursula von Bülow, die Juniorchefin des Seehotels „Schloss Sonnenbühl", hat sich kürzlich einen Kindheitstraum erfüllt und EURO-DISNEY, den großen Freizeitpark südlich von Paris besucht. Neben den vielfältigen Attraktionen hat sie besonders das riesige Angebot an Souvenirs begeistert. Alle bekannten Disneyfiguren gab es dort zu kaufen: Mützen, Schirme, ja sogar Schokolade mit den Motiven der Mickymaus und T-Shirts mit vielen lustigen Zeichnungen aus vielen Walt-Disney-Filmen.

Warum machen wir für unser Seehotel „Schloss Sonnebühl" nicht etwas Ähnliches, fragt sie sich. Auch bei uns gibt es eine ganze Menge Dinge, die man außerhalb des eigentlichen Hotel- und Restaurantgeschäfts verkaufen könnte und die die Gäste sicherlich gerne als Souvenir oder Geschenk mitnehmen würden.

Sie hat einen neuen Geschäftszweig für ihr Unternehmen entdeckt: das Merchandising (vgl. Dettmer/Hausmann/Kloss 2008, S. 216).

Der Begriff „Merchandising" ist abgeleitet aus dem Angloamerikanischen „to merchandise", was so viel wie „Handelsgüter verkaufen" oder „verkaufen, den Absatz steigern" oder aber auch „Verkaufsförderung" bedeutet. Daraus ist ein umfassender Begriff für alle Maßnahmen der Produktpolitik geworden. Im eigentlichen Sinn bedeutet Merchandising die Übertragung einer Marke oder eines Logos auf Produkte, die im alltäglichen Gebrauch weder mit der Marke noch mit dem Logo in Verbindung stehen. Aus dem Bekanntheitsgrad etablierter Marken wird durch die Verbindung ein verkaufsfördernder Effekt, sozusagen eine zusätzliche Wertschöpfung, für das Produkt geschaffen.

Bei Merchandising denken viele an Fan-Artikel wie Käppis, Schals, Trikots von Fußballvereinen oder Kleidungsstücke und Uhren von Automobilherstellern. Mit dieser Meinung liegen sie zwar richtig, jedoch ist Merchandising wesentlich vielfältiger. Denken wir zum Beispiel nur an die vielen Hotels, die mit Ihrem guten Namen Weine, Sekte, Badeartikel und vieles mehr ihren Gästen offerieren. Oder an die Getränkeindustrie, deren Ideenreichtum diesbezüglich keine Grenzen kennt. Beispielhaft sei hier nur Coca Cola genannt.

Tatsächlich hat „Merchandising" mehrfach inhaltliche Bedeutung:

- Zum einen bezeichnet es -die Verwendung angesehener Imageträger- für Produkte oder Unternehmen (Anfang 2007 ging die Umsatzkurve für den Berliner Zoo steil nach oben, indem er das Eisbärenjunge „Knut" durch Käppis, Sticker, Schals, T-Shirts und Plüschbären vermarktete)

- Zum anderen, und das ist wohl die eigentliche Ableitung des Wortes Merchandising, steht es, wie bereits erwähnt, für die Übertragung einer Marke. Und dies ist für Unternehmer vieler Branchen interessant und in den meisten Fällen auch sehr lukrativ.

Beispiel:

Ein Aftershave mit dem unbekannten Namen „Eau Visage" hätte vermutlich große Schwierigkeiten sich am Markt und somit beim Verbraucher durchzusetzen. Heißt dasselbe Produkt aber „Armani Eau Visage", dann wäre der Abverkauf aller Wahrscheinlichkeit nach ein Selbstläufer. Kein Wunder also, dass Armani seine Erfolgsmarke neben Mode und Accessoires auch für Kosmetika einsetzt.

Der Markentransfer ist allerdings nur dann glaubwürdig, wenn eine Identifikation mit der Stamm-Marke vorhanden ist. Das setzt eine, wenn manchmal auch weit entfernte, Verwandtschaft voraus. Armani passt gleichermaßen zu Mode und Kosmetik. Ein Toilettenpapier der Marke Armani dürfte es sehr schwer haben vom Kunden akzeptiert zu werden. In solch einem Fall könnte sogar Imageverlust die Folge sein.

Als Merchandising wird auch das international als **„Licensing"** bezeichnete Recht verstanden. Gegen entsprechende Lizenzgebühren wird der Bekanntheitsgrad prominenter Marken genutzt und werden Artikel verkauft, die in Abwandlung (oder auch nicht) des eigentlichen Produkts ein neues Produkt darstellen, das häufig Geschenk- oder Souvenircharakter hat. Beispiele hierfür sind die vielfältigen Verkaufsartikel erfolgreicher Sportler (Trikots, Tennisschläger, Sportschuhe usw.) oder Köche (Bücher, Fertiggerichte, Gewürze usw.) sowie bekannter Filme z. B. Harry Potter. Der Lizenznehmer verspricht sich durch die große Popularität des Ursprungsprodukts einen hohen Absatz und will zugleich vom Image dieses Produktes profitieren.

> Merchandising bezeichnet die Gesamtheit aller Maßnahmen, die der Absatzförderung dienen. Es ist das Konzept des Handels der optimalen Warenpräsentation und Kommunikation am Verkaufspunkt.

5.3.9 Sponsoring

> Das Management einer großen Hotelkette beschließt, eine Imagekorrektur im Erscheinungsbild des Konzerns vorzunehmen. Aus dem Trend der Vergangenheit zeichnet sich ab, dass die Hotelgäste zwar über ein überdurchschnittliches Einkommen verfügen, aber auch überdurchschnittlich alt sind. Ziel der Imagekorrektur ist, verstärkt die Zielgruppe der 25-40-jährigen zu gewinnen, ohne dabei das angestammte Gästepotential zu gefährden. Dafür soll das Image durch die Komponenten Sportlichkeit und Geselligkeit ergänzt werden. 20% des Etats für Kommunikationspolitik soll in das Sponsoring als Sonderwerbeformen fließen. Die Marketingabteilung wird beauftragt, ein entsprechendes Konzept zu entwickeln (vgl. Dettmer/Hausmann u.a. 1999, S. 423).

Als ein neues Kommunikationsinstrument in der Unternehmenspolitik wird Sponsoring, so wie es derzeit gehandhabt wird, schon seit ca. 40 Jahren in Deutschland eingesetzt. Da es in der deutschen Sprache kein vergleichbares Wort gibt, das die Vielfältigkeit des Sponsoring umschreibt, wurde „Sponsoring" in den Sprachgebrauch übernommen. Allerdings bleiben Missverständnisse im Gebrauch des Wortes nicht aus, da im Englisch-Deutsch-Wörterbuch Sponsoring mit Bürgen, Finanzieren, Fördern und Schirmherrschaft- bzw. Patenschaft übernehmen übersetzt wird. Die Verwendung dieses Kommunikationsmittels wurde erst Anfang der 80er Jahre systematisch im Sportbereich und später dann auch im kulturellen Bereich angewendet. Im weitesten Sinne kann man vergleichbare Formen schon in der antiken Welt finden.

Als Stammvater wird Gaius Maecenas, ein reicher römischer Ritter mit Interesse an Literatur genannt. Dichtern wie Horaz, Virgil und Properz ermöglichte er durch finanzielle Unterstützung ein unbesorgtes Arbeiten an ihren Werken. Ihm selbst verhalf es zu einem beträchtlichen Ansehensgewinn.

Was ist also allgemein unter dem Begriff „Sponsoring" zu verstehen?

Sponsoring bedeutet kurz ausgedrückt, dass Personen, gesellschaftliche Organisationen bzw. Institutionen, Ereignisse oder Medien gegen Nennung des Namens oder Produkts des Sponsors zu Werbeabsichten finanziell unterstützt werden.

Für Sponsoring kennzeichnend ist, dass die Vertragspartner festlegen in welchem Umfang und in welcher Form die gegenseitigen Leistungen erbracht werden sollen. Zum besseren Verständnis dieses Sachverhalts, bei dem der Sponsor ein Unternehmen ist und der Sponsornehmer ein Sportverein, ist nachfolgend ein klassisches Beispiel für beide Partner beschrieben.

	Gegenleistungen:	
	z. B. Freikarten,	
nutzt ⟶	**Werbung im Stadion** ⟵	bietet
	und Vereinsheim.	

UNTERNEHMEN   **SPONSORING**   **SPORTVEREIN**

	Leistungen:	
gibt ⟶	**z. B. Trikots,** ⟵	bekommt
	Sportschuhe,	
	Stadionausbau.	

Sponsoring ist eine neuere Form der Schaffung von Publicity für Unternehmen. Gerade die sportlichen, kulturellen und sozialen Aktivitäten von Personen bzw. Organisationen stehen im Vordergrund der redaktionellen Beiträge der Massenmedien. Durch Sponsoring versucht das Unternehmen, mittels optischer (Bilder, Texte) oder akustischer (Sprache, Musik) Zeichen in das redaktionelle Umfeld von Medien (z. B. Sportberichterstattung) zu gelangen. Es bedarf keiner Erläuterung, dass die mediale Wirkung der Sponsoring-Aktivitäten ein zentrales Motiv des Sponsors darstellt.

In der folgenden Checkliste werden die allgemeinen Vorteile des Sponsorings aufgeführt:

- Ansprache in einem attraktiven, nichtkommerziellen Umfeld teilweise hohe Reichweiten (z. B. bei Sportveranstaltungen)

- Vergleichsweise günstige Kosten bei gesellschaftlich wenig zugänglichen Zielgruppen

- Nutzung des Multiplikatoreffekts der Massenmedien

- (Grenzüberschreitende) Positive Imagewirkung

- Hohe Akzeptanz der Zielgruppe

- Ausweichmöglichkeit bei Ablehnung und/oder Verbot klassischer Werbung für bestimmte Produktgruppen

- Die Kommunikation kann zielgruppenspezifischer gestaltet werden. Streuverluste (wie bei der klassischen Werbung) können so vermindert werden

- Nutzung für anschließende Verkaufsförderungsaktivitäten

- Eignung zur Kundengewinnung und -bindung

- Große Vielfalt der räumlichen, sachlichen und zeitlichen Aktionsmöglichkeiten

- Schnell und Flexibel an veränderte Vermarktungsbedingungen anpassbar

- Steigerung der Motivation der Mitarbeiter

- Unterstützung der Event Marketing und **Corporate Image** Maßnahmen sowie der PR-Politik

Sponsoring ist also kein Mäzenatentum und der Sponsor kein edler Spender, der selbstlos Geld verschenkt. Beim Sponsoring treffen zwei Vertragspartner aufeinander bei dem der eine für jeden Cent eine Gegenleistung des anderen sehen will. Der Sponsor erwartet handfeste Resultate seines Engagements bei möglichst geringer Investition. Der Sponsornehmer möchte möglichst viel Geld bei möglichst wenig Einmischung. Somit ist Sponsoring eindeutig ein Geschäft auf Gegenseitigkeit. Je intensiver man sich mit den Beweggründen des Sponsors auseinandersetzt, desto besser kann man ihn motivieren sich zu engagieren, denn die drei wichtigsten Gründe weshalb Unternehmen Sponsoring betreiben sind:

1. Um ihre Bekanntheit zu steigern,

2. Um ihre Produkte zu bewerben und

3.   Um ihr Image zu verbessern

Die hervorzuhebenden Stärken des Sponsorings, im Gegensatz zu anderen Aktionen der Öffentlichkeitsarbeit und so wie die Unternehmen von der Allgemeinheit möglichst einge-schätzt werden möchten, werden in soziale Verantwortung, Volksnähe und Engagement deutlich gemacht. Sie vertrauen darauf, dass sich die Aktiven und Fans einer gesponsorten Sportart mit dem Unternehmen des Sponsors identifizieren und seine Produkte bevorzugen. Der Imagetransfer auf den Sponsor ist daher beachtlich.

Doch Vorsicht; stark kommerzialisierte Sportarten wie der Skisport oder die Formel 1 kön-nen, sofern sie nicht von Unternehmen gesponsort werden, die direkt oder indirekt mit der Sportart in Verbindung stehen (z. B. Ausrüster oder Zulieferer), auch negative Imagewerte transportieren. So wird, je nach Sportart, nach passendem und evtl. unpassendem Sponsoring unterschieden. Motorsportliche Aktivitäten werden eher mit Autofirmen, Ersatzteile, Kredit-instituten oder Raffinerien in Verbindung gebracht, während Tiernahrung, Betten- oder Mö-belhäuser unpassend sind. Bei Trendsportarten wie Kitesurfen, Freeclimbing, Paragliding oder Snowboarden sind Kooperationen mit Sportartikel-, Bekleidungs- oder Nahrungsmittel-firmen passender als beispielsweise alkoholische Getränke, Mineralöle oder Schmuck.

Kultursponsoring wird überwiegend von traditionsbewussten und exklusiven Unternehmen mit ausgeprägtem Image durchgeführt. Doch auch hier gibt es, je nach Kulturbereich Präfe-renzen. So unterschiedlich wie das kulturelle Angebot, so verschieden sind die Sponsoren. Während zu volkstümlichem Theater, Pop- oder Volksmusik eine Biermarke eher Verständ-nis findet, wird dieselbe Marke bei klassischer Musik, Musicals oder Malerei als unpassend wahrgenommen.

Beim Kultursponsoring kommt – im Vergleich zum Sportsponsoring – hinzu, dass es zum einen um eine positive Beeinflussung des Unternehmensimages durch die Demonstration gesellschafts- und sozialpolitischer Verantwortung und zum anderen um einen Transfer des Images des geförderten Kulturbereiches geht.

Neben den genannten Sport- und Kultursponsoring gibt es noch u. a.

- Vereinssponsoring (z. B. Banden-, Vereinsheft- oder Eintrittskartenwerbung),

- Mannschaftssponsoring (z. B. Trikot-, Jacken- oder Schuhwerbung),

- Einzelsportlersponsoring (z. B. Trikot-, Stirnband- oder Schuhwerbung),

- Sozio- und Umweltsponsoring (**Corporate Social Responsibility**),

- Name-Sponsoring (z. B. Allianz-Arena, AOL-Arena),

- Wissenschaftssponsoring (z. B. Jakobs Universität Bremen),

- Medien- und Programmsponsoring (z. B. …das Wetter wird Ihnen präsentiert von…)

Peter Philipp geht in diesem Zusammenhang auf den Verbraucher der jeweiligen angespro-chenen Zielgruppe ein und fasst die Entwicklung wie folgt zusammen:

Der Konsument der Neuzeit fühlt sich durch das Sponsoring durchaus angesprochen. Produktinformationen sind zwar immer noch wichtig, aber das Image eines Unternehmens und das Umfeld, in dem sich das Unternehmen bewegt, spielen eine noch größere Rolle. Wir haben es heute mit einem Verbraucher zu tun, der verstärkt nach der ökologischen Belastung der Produkte fragt und sich für das soziale Engagement des Unternehmens interessiert.

Fazit: Sponsoring beeinflusst die Kaufentscheidung in hohem Masse positiv!

Wenn Unternehmen zur Förderung von Gruppen, Personen und/oder Organisationen in sportlichen, kulturellen, kirchlichen, schulischen, wissenschaftlichen, ökologischen, sozialen oder ähnlich bedeutsamen gesellschaftspolitischen Bereichen Geld oder geldwerte Vorteile zur Verfügung stellen, spricht man von Sponsoring.

5.3.10 Product Placement

Schon 1983 fuhr der damalige James Bond-Darsteller Roger Moore im 007-Film „Octopussy" Kraftfahrzeuge der Marke BMW (zwei 5er-BMW und ein Motorrad) und im Film „GoldenEye" 1995 einen BMW Z3-Roadster. Medienvertreter wollten damals wissen wie viel BMW denn für die Präsentation ihrer Autos bezahlt habe. Die Antwort von BMW war: Es floss kein Geld und wir haben keinerlei Einfluss auf die Filmproduktion. Sinn und Zweck dieses Product Placements war die Marke BMW und das Produkt Z3 einer noch breiteren Öffentlichkeit bekannt zu machen. Es war eine reine **Win-Win-Situation**, denn BMW wiederum bewarb den Film in seinen Kampagnen und ersparte daher der Filmproduktion eine Menge Werbeaufwand in den Ländern, in denen BMW für den Z3 Werbung machte.

Die Zusammenarbeit zwischen der James Bond-Filmproduktion und BMW ging 1997 weiter in dem Film „Der Morgen stirbt nie". Damals wurde der neue BMW-Chopper R 1200 C in spektakulären Actionszene vorgestellt und 1999 im Film „Die Welt ist nicht genug" der neuentwickelte Prototyp des BMW Z8 Sportwagen.

Neben Merchandising, Sponsoring, oder Licensing zählt auch Product Placement zu dem Bereich der nichtklassischen Werbeformen, den sogenannten „below the line" Aktivitäten. Bei Product Placement handelt es sich um eine viel diskutierte Form der nach außen gerichteten Unternehmenskommunikation. Kurz:

> **Als Product Placement ist die gezielte Plazierung von**
> **Markenartikeln in der Handlung von Kinofilmen**
> **und Fernsehsendungen gegen Entgelt zu bezeichnen.**

Die wohl umfassendste Definition von Product Placement kommt von Geppert/Seufert/Zerdick; sie lautet:

„Product Placement ist eine aus den USA stammende Marketingstrategie, die in der systematischen und kommerziellen Vermittlung von Markenartikeln an Unternehmen der Film- und

Fernsehproduktion zum Zwecke des Einsatzes dieser Produkte im Rahmen vieler Formen der Unterhaltung besteht. Dazu zählen neben Spielfilmen, Serien und Fernsehshows, auch Theater und Zirkusvorführungen. Markenartikel werden dabei in die Handlung positiv integriert und für den Zuschauer gut sichtbar dargestellt. Eine kreative Einbindung ist daher aus Sicht der Unternehmen wünschenswert, aber keine Voraussetzung. Der verwendete Markenartikel ersetzt in den wenigsten Fällen eine reale oder notwendige Requisite und ist für den Fortgang der Handlung oftmals ohne Belang. Häufig wird auf die originäre Filmsubstanz Einfluss genommen. Einer der Hauptdarsteller demonstriert den Umgang mit dem Produkt. Ziel des Product Placement-Einsatzes ist es, für den dargestellten Markenartikel zu werben, wobei der Zuschauer diese Absicht nicht sofort erkennen sollte. Der Einsatz seines Markenartikels wird vom Hersteller in Form von monetären Zuwendungen oder Dienstleistungen honoriert".

Harbrücker und Wiedmann beziehen sich auf eine prägnante Definition: „Product Placement ist die gezielte Platzierung (Nennung und/oder optische Präsentation) als solcher erkennbarer werbefähiger Güter als „lebensechte" Requisiten in Spielfilmen, Hörspielen oder in Beiträgen des redaktionellen Teils des Fernsehens/Rundfunks, in literarischen Werken sowie bei öffentlichen Veranstaltungen".

Dennoch stellt sich allgemein die Frage: Ist Product Placement Werbung? Ja, oder Nein? Diese Frage ist klar mit nein zu beantworten, denn von Werbung werden bestimmte Reaktionen erwartet die Product Placement nicht erfüllen kann.

Zum Beispiel:

- Bei der Werbung wird in der Regel ein Produkt oder eine Dienstleistung beworben. Die Aussagen sind produktbezogen und mit positivem Hintergrund belegt.

- Werbung wird zielgruppenorientiert eingesetzt, um möglichst wenig Streuverlust zu generieren.

- Werbung möchte einen sofortigen Kaufanreiz schaffen. Das Produkt soll von den potentiellen Kunden schnellstens nachgefragt werden.

- Werbung benötigt Werbeträger (siehe Werbeträger) und kostet deshalb immer Geld.

- Werbung soll u.a. ein noch nicht vorhandenes Markenimage durch positive Produktinformationen aufbauen.

All dies kann Product Placement nicht, denn:

- Die Zielgruppe eines platzierten Produktes ist jeweils nur in kleiner Dosis zu erreichen, da die Zuschauer von Kinofilmen allgemein eine wesentlich kleinere Altersbandbreite (ca. 7-50 Jahre) als die Fernsehkonsumenten (ca. 6-85 Jahre) darstellen.

- Das darzustellende Produkt kann in den Film- oder Fernsehszenen lediglich kurzzeitig in seinem Gebrauchsumfeld aber ohne jeglichen positiven Kommentar oder Botschaft gezeigt werden.

- Zwischen der Fertigstellung des Produktes und der Film- bzw. TV-Präsentation vergehen, bis zur Festlegung eines geeigneten Sendeplatzes viele Monate, so, dass das Produkt zu spät zur Geltung kommt.

- Zum einen ist Product Placement durchaus auch ohne finanzielle Mittel möglich. Zum anderen sollten aber das platzierte Produkt oder die Herstellerfirma ein Grundimage besitzen, damit das Product Placement nicht ohne Wirkung bleibt.

Damit wird deutlich, dass Product Placement kein klassisches Werbe-Instrument ist. Es wird weder die Aussagevielfalt einer Werbekampagne erreicht, noch der Verwendungszweck des Produktes, aufgrund der fortlaufenden Filmszene, in ausreichendem Maße demonstriert.

Dennoch hat Product Placement seinen Platz in der breit gestreuten Kommunikationswelt gefunden.

Es stellt sich die Frage, wann es sich nicht um Product Placement sondern um Schleichwerbung handelt:

Product Placement in den Medien wird dann als Schleichwerbung und damit als Verstoß gegen den Rundfunkstaatsvertrag (§ 7, Abs. 6 RStV) betrachtet, wenn der Rundfunkveranstalter einen Werbezweck verfolgt der nicht der eigentlichen Zielsetzung des Rundfunks dient (politik-info.de).

Beim Product Placement werden Produkte aus dramaturgischen oder programmatischen Gründen gezeigt Autos, Lebensmittel usw. Diese Präsentation geschieht unentgeltlich.

Schleichwerbung liegt dann vor, wenn Waren oder Dienstleistungen „absichtlich" zu Werbezwecken in Sendungen platziert werden. Im Fall von Schleichwerbung werden Produkte so im Programm gezeigt oder erwähnt, dass der eigentliche im Sendeskript verordnete Zweck ihrer Darstellung nicht mehr eindeutig zu erkennen ist (politik-info.de).

Arten des Placement

Creative Placement

Beim Creative Placement werden die Produkte nicht nur als Requisite oder eindeutige Produktplazierung verwendet, sondern mit eigenen kleinen Szenen in die Handlung eingearbeitet. Die Akteure beschäftigen sich mit den Produkten und bewerten sie während der Handlung positiv (auch **Endorsement** genannt).

Zum **Beispiel**,

wenn der Hauptdarsteller einen Cognac einer bestimmten Marke trinkt und diese ganz nebenbei erwähnt wird oder, wenn in der TV-Serie „Das Traumschiff" das Kreuzfahrtschiff Astor und hierbei ausdrücklich der Schiffsname für einen kurzen Augenblick im Mittelpunkt der Handlung steht.

Corporate Placement

Mit der Veröffentlichung eines Firmenlogos oder der direkten Benennung eines Unternehmens bekommen diese die Möglichkeit innerhalb einer TV- oder Filmproduktion die Wogen ihres angekratzten Images, wie etwa Kosmetikkonzerne wegen Tierversuche, durch eine positiv dargestellte kundennahe Unternehmenskultur, ein wenig zu glätten. Corporate Placement unterstützt die PR-Arbeit eines Unternehmens wesentlich und trägt dazu bei, dass der Verbraucher den Firmennamen noch mehr verinnerlicht. Corporate Placement dient auch dem gezielten Imageaufbau einzelner Berufszweige.

Beispielhaft sind hier die TV-Produktionen „Hotel Paradies", „Ein Schloss am Wörthersee" oder „Der Millionär und das Zimmermädchen" genannt, in denen, aufgrund des Handlungsablaufes, das Image der Hotelberufe positiv dargestellt wird.

On-Set-Placement

Wenn präsentierte Artikel nur kurzzeitig und nur am Rande einer Handlung erscheinen, dann nennt man dies On Set Placement. Da der oder die Artikel innerhalb des Handlungsablaufs keine Rolle spielen, werden sie auch von den Konsumenten kaum wahrgenommen. Als Beispiel für ein On Set Placement sei hier ein Kriminalfilm genannt, bei dem der Kommissar als vermeintliches Beweisstück eine Telefonnummer die auf einem Teil einer Zigarettenschachtel einer bekannten Marke steht, findet und einsteckt. Die Szene hat keinerlei dramaturgische Bedeutung und nur ein Raucher oder Markenkenner wird in dem kurzen Szenenstück die Zigarettenmarke bewusst zur Kenntnis nehmen. Man könnte daher On Set Placement auch „stilles Placement" nennen.

Country-Placement (auch Location-Placement)

Rosamunde Pilcher verschafft der Touristikbranche durch ihre TV-Filme, die hervorragende Landschaftsbilder von England und Schottland zeigen, einen beachtlichen Buchungszuwachs in diese beiden Länder. Außerdem erfreuen sich England und Schottland an einer starken Zunahme von Touristen, da viele Fans die Drehorte einmal persönlich kennen lernen wollen.

Beispiele:

Country Placement wird auch realisiert in Serien wie „Das Traumschiff", „Die Schwarzwaldklinik", „Die Rosenheim Cops" oder „Der Bulle von Tölz", um nur einige zu nennen. In all diesen Serien werden oder wurden Landschaften oder Länder als Aktionshintergrund mit eingebaut.

Celebrity-Placement

Ohne das Tragen von Lifestyleprodukten wie Kleidung von angesagten Designern oder Uhren von namhaften Herstellern; dazu das Fahren imageträchtiger Autos kommen die sogenannten Promis heute nicht mehr in die Öffentlichkeit. Die Hersteller dieser Produkte machen es den Trägern auch leicht, indem sie ihnen diese kostenlos oder sogar gegen Honorar überlassen. Allerdings mit der Bedingung, dass sie die überlassenen Produkte auch im Privatleben benutzen. Die Hersteller erhoffen sich dadurch eine Glaubwürdigkeitssteigerung ihrer Produkte. Bekannte Beispiele sind erfolgreiche Sportler und vielbeschäftigte Schauspieler.

Generic-Placement

Generic-Placement bedeutet; Platzierung bestimmter Warengruppen einer Branche (ohne Erkennung der Marke oder des Produktnamens) in die Filmhandlung (z. B. das Tragen von Jeans, Rauchen von Zigaretten, Trinken von Champagner). Man nennt dies auch „**Testimonialwerbung**". Dabei werben Schauspieler als Vorbilder für die Nutzung der Produkte. Wie zum Beispiel bei der Serie „Das Traumschiff" das Interesse auf Kreuzfahrten oder ferne Länder gelenkt wird.

Image-Placement

Das Gesamtthema und der Inhalt eines Films werden auf das Produkt bzw. die Marke eines Unternehmens abgestimmt. Das Produkt/die Marke erreicht dadurch die größtmögliche Integration in den Ablauf des Films und eine Steigerung des Images.

• **Rechtliche Aspekte des Product-Placements**

Mit einem BGH-Urteil im Jahre 1996 (bezüglich des Bogner-Films „Feuer, Eis und Dynamit") wurde die „rechtliche Grauzone" von Verträgen bezüglich des Product-Placements in Filmen beendet, d. h. , wenn in einem Kinofilm das vom Zuschauer erwartete Maß an bezahlter Werbung überschritten wird, muss im Vorspann der Hinweis erfolgen: „Der Film enthält bezahlte Werbung".

„Das sogenannte Übermaß ist dann erreicht, wenn ein Film ungeachtet der dramaturgischen Absicht des Produzenten Namen, Kennzeichen, Produkte usw. von Unternehmen nicht nur flüchtig oder vorübergehend, sondern deutlich herausstellt und wiederkehrend in das Geschehen mit einbezieht, sodass sich der Film über weite Strecken als Werbefilm präsentiert."

Das Urteil stellt somit klar, dass eine Hinweispflicht nicht schon dann besteht, wenn überhaupt Placement vorkommt, sondern erst, wenn das Übermaß erreicht wird. Die Konsequenz ist: Product-Placement ist (mit oder ohne Hinweis im Vorspann) ein legales Geschäft und Spielfilme dürfen grundsätzlich so viel Placement enthalten, wie die Produzenten unterbringen können.

> Product Placement ist die im Austausch gegen Geld oder Vorteile vorgenommene Integration des Namens, des Produktes, der Verpackung, der Dienstleistung oder des Firmenlogos eines Markenartikels oder eines Unternehmens in Massenmedien, ohne dass der Rezipient dies als störend empfinden soll.

5.3.11 Eventmarketing

„Wer keine Visionen hat, vermag

weder große Hoffnungen zu erfüllen,

noch große Vorhaben zu verwirklichen."

Das aus dem Lateinischen -eventus- stammende Wort Event bedeutet auf Deutsch „Ereignis". Unter Ereignis können die unterschiedlichsten Veranstaltungen oder Aktionen verstanden werden. Viele sog. Feiern, musikalische, akrobatische, humoristische oder folkloristische Veranstaltungen oder Feste werden sehr oft als ein Event beworben. In der Werbebranche ist das Wort Event heutzutage kaum noch wegzudenken und mittlerweile wurden ganze Geschäftsbereiche, z. B. **Eventmanagement** oder Eventmarketing daraufhin gegründet.

Erfolgreiche Unternehmen betreiben eine aktive Kommunikation mit ihren Zielgruppen. Mittels Massenmedien kommunizierende Unternehmens- und Markenwelten werden für den Konsumenten so in Szene gesetzt, dass er langfristig emotional gebunden wird. Eventmarketing ist nun das innovative Kommunikationsinstrument, das die Aufgabe im sog. Unternehmenskommunikations-Mix übernommen hat.

Unter dem Begriff des Marketing-Events sind damit inszenierte Ereignisse in Form erlebnisorientierter- oder produktbezogener Veranstaltungen und Aktionen zu verstehen, die dem Adressaten (Kunden, Händler, Mitarbeiter usw.) firmen- und/oder produktbezogene Kommunikationsinhalte vermitteln, das heißt emotionale und physische Reize darbieten, die einen starken Aktivierungsprozess auslösen.

Unter dem Marketing-Mantel des Events versprechen Veranstaltungen ein Ereignis, das mit dem Gefühl der Einmaligkeit versehen ist, aber gleichzeitig die Sicherheit eines bis ins Detail ausgearbeiteten Plans bietet. Erfolgreiche Musicals wie „Cats" oder „Phantom der Oper" werden als sogenannte **Package-Angebote** gestaltet und bieten somit eine Erlebnisreise mit Sicherheitsgarantie. Ein Event soll das Einerlei des Alltags unterbrechen, ohne zugleich neue Unsicherheiten in Form von Organisationsproblemen für die Teilnehmer zu produzieren. Ein Event lockt mit ausgefallenen „**Locations**" und versucht, durch ungewöhnliche Orte die Erlebnissehnsucht der Gäste kurzfristig zu stillen.

Kommunikationsaufgaben eines Marketing-Events

Hierbei stellt sich die Frage: Welche Reaktionen soll das geplante Event bei der entsprechenden Zielgruppe erreichen? Daraus ergeben sich nachfolgende Aufgaben:

1. Information

Der Beginn eines Events steht ganz im Zeichen des AHA-Effektes. Am Beginn soll die Zielgruppe über eine Neuheit, zunächst allgemein, später im Detail informiert werden.

2. Emotion

Nachdem die Neuheit bekannt ist gilt es die vorteilhaften Eigenschaften hervorzuheben, um somit die Emotionen zu wecken und gleichzeitig die Neugier darauf zu erhöhen.

3.   Motivation

Jetzt kommt eine entscheidende Event-Aufgabe – das Motivieren. Das bedeutet, dass der Zielgruppe ein Motiv, ein Beweggrund für eine positive Reaktion gegeben werden muss.

4.   Aktion

Aktivierung der Zielgruppe. Jetzt zeigt es sich, ob das Event zielgruppenspezifisch organisiert war und zu Handlungen motivierte.

Diese vier klassischen Kommunikationsaufgaben können, ja dürfen nicht isoliert betrachtet werden, sondern sollten, besser müssen, um eine verstärkte Wirkung zu erzielen, kombiniert werden.

Reine Information kann nur den Verstand ansprechen. Pure Emotion wirkt zwar fesselnd, zeigt aber keine direkte Wirkung und lässt das Marketing-Event zur bedeutungslosen Party tendieren. Ohne aktive Teilnehmer kann man das Eventziel nicht erreichen und ohne Motivation halten die Teilnehmer nicht durch.

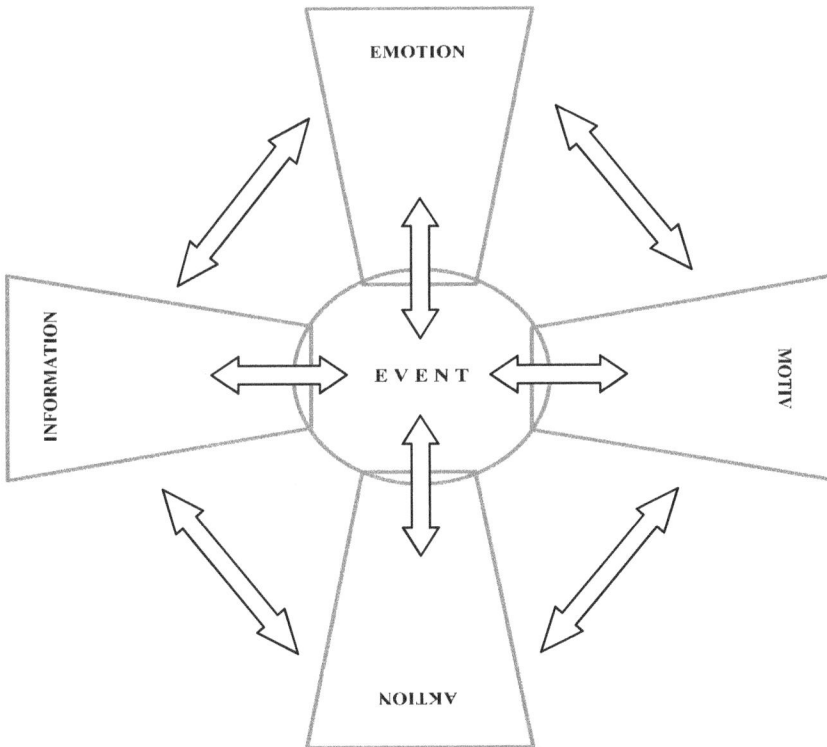

Abb. 5.3.16:   Kommunikationsaufgaben eines Marketing-Events

„Sage es mir, und ich vergesse es; zeige es mir, und ich erinnere mich; lass es mich tun, und ich behalte es." (Konfuzius, 551 479 v. Chr.)

5.3.12 Direct Marketing

Ausgaben für Direktmarketing bleiben konstant

Die deutschen Unternehmen machen trotz der Werbeflaute kaum Abstriche an ihren Ausgaben für Direktmarketing

Im vergangenen Jahr gaben deutsche Unternehmen 21,2 Mrd. Euro dafür aus, nur ein Prozent weniger als ein Jahr zuvor. Der gesamte Werbemarkt in Deutschland büßte dagegen sechs Prozent ein, wie eine im Auftrag der Deutschen Post AG erarbeitete Studie ergab.

Der leichte Ausgabenrückgang im Direktmarketing ist der am Montag veröffentlichten Untersuchung zufolge in erster Linie auf Handelsunternehmen zurückzuführen, die von der Konjunkturschwäche offenbar am stärksten getroffen wurden. Während der Handel 7,5 Mrd. Euro für Direktmarketing ausgab, wendeten die Dienstleisterfirmen rund neun Mrd. Euro auf und lagen damit an der Spitze aller Branchen.

In der Rangfolge der eingesetzten Direktmarketing-Instrumente stand im vergangenen Jahr der adressierte Werbebrief erneut an erster Stelle. Dafür wurden 7,1 Mrd. Euro ausgegeben. Einen deutlichen Ausgabenzuwachs verzeichnete als einziges Instrument das E-Mail-Marketing mit einem Anstieg von acht Prozent auf 1,3 Mrd. Euro.

Für das laufende Jahr prognostiziert die Studie ein verhaltenes Wachstum der Direktmarketing-Aufwendungen von etwa einem Prozent. Lediglich bei Internet und Bannerwerbung sei mit einem knapp sechsprozentigen Ausgabenzuwachs zu rechnen. Für den gesamten Werbemarkt erwartet der Zentralverband der deutschen Werbewirtschaft (ZAW) ein ebenfalls moderates Wachstum von einem Prozent.

(http://www.welt.de/print-welt/article409619/Ausgaben_fuer_Direktmarketing;   Eingesehen   am 17. November 2010)

Als Direct Marketing bezeichnet man innerhalb der Marktkommunikation des Marketing alle marktgerichteten Aktivitäten, die sich der direkten Kommunikation mit dem Kunden oder des Direktvertriebes bedienen, um eine direkte Ansprache der Zielgruppe, bevorzugt in Einzelansprache, zu erreichen. Hierunter fällt das sog. Dialog-Marketing:

Das **Dialog-Marketing**, das entgegen anderer unspezifischer Werbeaktivität sich intensiv auf die jeweiligen Wünsche der Kunden einstellt und ausgearbeitete Dienstleistungen und Produkte anbietet. Dabei setzt Dialogmarketing in erster Linie auf Vertiefung und Fortbestand der bestehenden Partnerschaften und dem Aufbau neuer Kundenbeziehungen. Hierbei steht grundsätzlich der Dialog „Unternehmen – Kunde" im Mittelpunkt. Man nennt Dialogmarketing daher auch **Direct-Response-Werbung oder One-to-One-Marketing.**

Beispiel – Dialog-Marketing:

Dialogmarketing Deutschland 2010 – die neuesten Zahlen zum Dialogmarketing
Fast kein Unternehmen möchte heutzutage noch auf den Dialog mit seinen Kunden verzichten. 2009 nutzen bereits vier von fünf Unternehmen mindestens ein Dialogmarketingmedium. Getrieben wird dieser hohe Nutzeranteil hauptsächlich vom Internetauftritt, den zwei Drittel aller Unternehmen als Werbemittel einsetzen. Dennoch hat der Sparkurs der Unternehmen auch vor dem Dialogmarketing nicht haltgemacht. Die durchschnittlichen Aufwendungen sind stark zurückgegangen, sodass das Gesamtbudget für Dialogmarketing deutlich gesunken ist. Mit 27,5 Mrd. Euro liegt das Marktvolumen 2009 damit auf dem niedrigsten Stand der letzten sechs Jahre. Der Rückgang fällt mit gut 8 Prozent stärker aus als im Gesamtwerbemarkt, der einen Rückgang um knapp 5 Prozent verzeichnet (Quelle: Deutscher Dialogmarketing Verband e.V. – DDV; Dialog Marketing Monitor Studie 22).

Eine ähnliche Betrachtungsweise wie beim **Direct Mailing** gilt für das **One-to-One-Marketing.** Dieser Begriff umfasst das Streben nach einer auf die jeweilige „Zielperson" vollkommen optimal zugeschnittenen Kommunikation (= **Individualkommunikation**). Dabei ist zu beachten, dass Unternehmensaktivitäten, die nicht den Wünschen der Kunden entsprechen, einen negativen Einfluss auf das Beziehungsnetzwerk haben. Nachfolgend einige Beispiele:

- Aufdringliches Telefonmarketing;

- Promotion-Aktionen in Einkaufsstraßen, bei denen die Verkäufer die Passanten aufdringlich verfolgen und ein „Nein" nicht akzeptieren wollen;

- Servicepersonal mit wenig Gespür für den Gast und die Situation. Zum Beispiel ein zu schnelles und aufdringliches Fragen nach dem Speisen- und Getränkewunsch, obwohl der/die Gast/Gäste in Ruhe auswählen möchten.

Ein werteorientiertes Kundenbindungs-Management geht äußerst sensibel mit den Wünschen und Erwartungen der Kunden um, denn nicht was das Unternehmen möchte steht im Vordergrund, sondern der Wunsch des Kunden. Bei überredeten Kunden stellt sich oft nicht die gewünschte Zufriedenheit ein, was dem Unternehmen oft mehr schadet als nützt.

Im Gegensatz zur klassischen Werbung, die sehr oft große Streuverluste beklagt, hat Direktwerbung eine hohe Zielgruppensicherheit (s.u.).

Die heutigen Kommunikationsmedien überbrücken Zeit und Raum komplett und machen somit eine Kommunikation in Echtzeit möglich. Diese Kommunikation der Gegenwart bedeutet vor allem interaktives Handeln wobei das Internet und der Mobilfunk wichtige Schlüsselpositionen einnehmen.

Das **Internetforum** versteht sich als Diskussionsplattform und ist ein virtueller Platz an dem Gedanken, Erfahrungen, Neuigkeiten und Meinungen ausgetauscht und archiviert werden können. Somit können Unternehmen unkompliziert und ohne zeitliche Eingrenzung ihre aktuellen Neuigkeiten den potentiellen Kunden vorstellen.

E-Commerce ist der virtuelle Einkaufsvorgang via Datenfernübertragung. Dabei wird über das Internet eine unmittelbare Handels- oder Dienstleistungsbeziehung zwischen Anbieter und potentiellem Kunden abgewickelt. E-Commerce bedeutet somit; etwas über das Internet zu verkaufen, Informationen auszutauschen oder dem Kunden eine umfassende Betreuung zu bieten.

Die Häufigste Anwendung von Direct Marketing kann in folgenden Branchen festgestellt werden:

Konventionelle (ältere) **Einsatzbereiche** sind die Produktions-, Investitionsgüter- und Pharmaindustrie, Verlage und Versandhandel. Dagegen sind vergleichsweise **neuere Einsatzbereiche** die Touristik, der Einzelhandel, die Finanzdienstleistungen, die Konsumgüter- und Kfz-Industrie, Behörden, Vereine und sonstige Institutionen.

Direct Marketing eignet sich aufgrund unbegrenzter Dialogfähigkeit und fast endloser Einsatzmöglichkeiten, speziell für die Vermarktung individueller und erklärungsbedürftiger Produkte. Allerdings bildet sich zwischenzeitlich immer mehr eine Zweiteilung des Marktes in Bezug auf Direct Marketing heraus. Zum einen sind es die Endverbraucher (**Business-to-Consumer**) und zum anderen der Handel und die Industrie (**Business-to-Business**).

Während der Endverbraucher sich in den überwiegenden Fällen mit produktbezogenen Individualinformationen zufrieden gibt, erwarten Handel und Industrie ergänzende Kriterien über das jeweils werbende Unternehmen.

Zielgruppenselektion

Individuelle Zielgruppen-Merkmale (Consumer)		Gruppenweise zugeordnete Merkmale
Allgemein demografische Merkmale: – Alter – Familiengröße (Haushaltstyp) – Familienphase – Familienstand – Geschlecht – Religion – Rasse – Sprache – Wohnort (-größe) – u. a.	**Bestands- und konsum-analytische Merkmale:** – Besitz, Vorrat an Gütern – Verbrauch, Verwendung von Gütern, Interesse daran – Konsumintensität, -wert – Konsumhäufigkeit – Konsumdauer – Konsumart – Konsumzeit – Konsumrhythmus – Konsumort/-region (!) – u. a.	– nach dem Ort, die Ortsgröße – nach dem Gebiet, der Einzugsbereich von Infrastrukturangeboten – Kaufkraftkennziffern – Bevölkerungsdichte – Verteilrouten, Besuchsrouten – nach dem Beruf, die Einstufung in Einkommensklassen
Sozioökonomische Merkmale: – Beruf – Berufsstellung – Bildung(sgrad) – Einkommen – Vermögen – Art des Wirtschafts-zweigs, in dem der Haushaltsvorstand seinen Beruf ausübt – soziale Schicht – u. a.	**Verhaltensorientierte Merkmale:** – Informationsverhalten – Mediennutzung – Freizeitverhalten – Mitgliedschaft in Organisationen, Vereinen – u. a.	

Abb. 5.3.17: Direct Marketing – Zielgruppenmerkmale
(http://wirtschaftslexikon.gabler.de/media/96/36265.png)

Eine individuelle Kundenansprache setzt den langfristigen Aufbau einer Datenbank voraus. Je nach Zielgruppe sind dabei die Möglichkeiten zur Datenerhebung sehr unterschiedlich (nach Kloss im Buch: Dettmer/Hausmann u.a.: Tourismus-Marketing-Management, München/Wien 1999, S. 460 f.):

- Im **Business-to-Business-Bereich** kann das Unternehmen einerseits **interne Datenquellen** nutzen, wie (Außendienst- und Messeberichte oder Reklamationen). Einfacher und kostengünstiger sind i.d.R. jedoch **externe Datenquellen** wie Bezugsquellennachweise, Verbände, Handelsregister, Telefonbücher oder Messekataloge. Üblich ist auch der Kauf von Adressen bei spezialisierten Adressenverlagen wie AZ Bertelsmann oder Schober-Direkt. Wichtig ist, dass die jeweiligen Entscheidungsträger ermittelt werden können, die für Einkauf und Beschaffung zuständig sind.

- Die Datengewinnung im **Business-to-Consumer-Bereich** kann ebenfalls über interne oder externe Quellen erfolgen. Interne Datenquellen beziehen sich aber nur auf die bereits bestehenden Kunden. Zur Gewinnung von Neukunden werden i.d.R. die Möglichkeiten der Massenkommunikation genutzt, in denen die Umworbenen aufgefordert werden, sich mit dem Unternehmen in Verbindung zu setzen. Dies kann mit Coupon-Anzeigen oder über die Bekanntgabe einer Telefonnummer erfolgen. Man nennt diese Art der Neukundengewinnung auch **Direct-Response-Marketing**. Eine andere Möglichkeit zur Gewinnung von Neukunden sind Kunde-wirbt-Kunde-Aktionen. Auf diese Weise ist es möglich, aus einer anonymen Masse von Zielpersonen Interessenten zu identifizieren.

Instrumente des Direct Marketing

Das Direct Marketing verfügt über eine Vielzahl sehr unterschiedlicher Instrumente. Die Wesentlichen sind in Abb. 5.3.18 dargestellt. Diese Instrumente sind in vielen Fällen gleichbedeutend mit den Medien, die das Direct Marketing nutzt (vgl. Abb. 5.3.19). Dabei lassen sich spezifische Direktwerbemedien von den klassischen Werbemedien unterscheiden, die ebenfalls für Direkt-Marketing-Aktionen genutzt werden können.

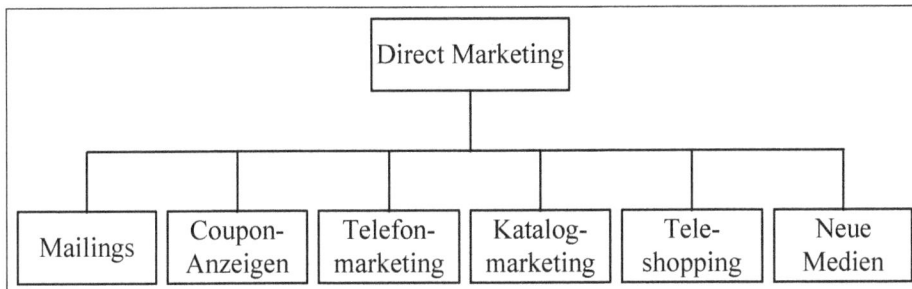

Abb. 5.3.18: Instrumente des Direct Marketing (Dettmer/Hausmann u.a.: Tourismus-Marketing-Management, München/Wien 1999, S. 463)

Direct Marketing hat sowohl Kommunikations- als auch **Distribution**sfunktionen.

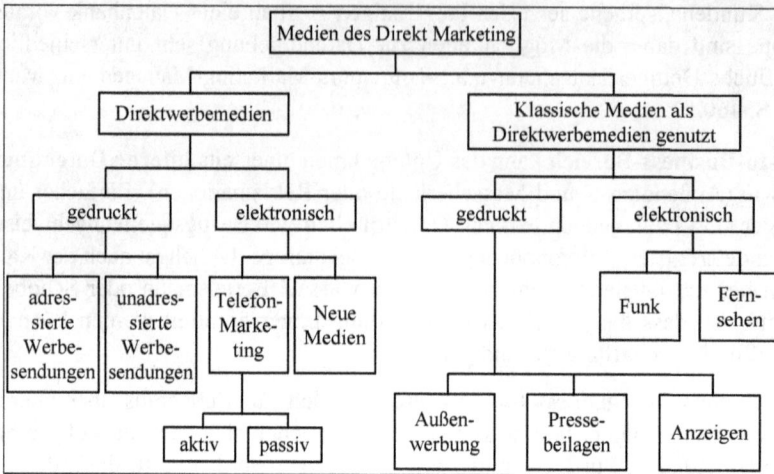

Abb. 5.3.19: Medien des Direct Marketing (Holland, H.: Direktmarketing, München 2009, S. 12)

Abb. 5.3.20 zeigt die Vielfalt an Aufgaben, die das Direct Marketing erfüllen kann. Auch beim Direct Marketing liegt das Hauptziel im Verkauf, sei es an bestehende oder neue Kunden. Daneben kann das Direct Marketing umfangreiche Aufgaben im Bereich der Kundenpflege und -betreuung erfüllen. Last but not least eignet es sich als **Akquisition**sinstrument. Vermehrt genutzte Instrumente im Direct Marketing sind **Callcenter.** Das persönliche Telefonat gibt dem werbenden Unternehmen die Möglichkeit zusätzliche Informationen (z. B. Vorlieben oder Abneigungen) über den Kunden zu erfahren. Auch ist eine, durch Argumente begründete Überzeugung oder Aufklärung des Kunden im Dialog wesentlich effektiver, als durch Mailings.

Abb. 5.3.20: Direct Marketing-Aufgaben (Holland, H.: Direktmarketing, München 2009, S. 12)

Entscheidend für den Kunden ist im Direct Marketing die Art der Zahlungsweise:

- Bei der **Vorauszahlung** wird die Ware erst dann verschickt, wenn sie bezahlt ist. Dies ist zwar für den Anbieter die sicherste Form, aber sehr kundenunfreundlich, denn der Kunde kann die Ware weder prüfen noch testen.

- Bei Zahlung per **Nachnahme** zahlt der Kunde wenn er das Paket erhält. Auch in diesem Fall hat er keine Möglichkeit die Ware davor zu prüfen oder zu testen.

- Der **Rechnungskauf** ist für den Kunden das angenehmste System, denn er muss erst nach Erhalt und Prüfung der Ware zahlen. Diese Zahlungsweise entspricht dem Spontankauf am ehesten, enthält aber ein hohes Zahlungsausfallrisiko für den Anbieter.

- Der Kauf per **Kreditkarte** gewinnt zunehmend an Bedeutung und ist für beide Seiten vorteilhaft. Der Anbieter muss zwar einen bestimmten Prozentsatz vom Umsatz an das Kreditkartenunternehmen abführen, hat dafür aber eine Zahlungsgarantie. Für den Kunden ist die Kreditkarte die einfachste Zahlungsform, außerdem wird der Betrag seinem Konto erst mit Zeitverzug belastet.

Vor- und Nachteile des Direct-Marketings	
Vorteile	**Nachteile**
Mittels Kennzahlen ist eine präzise Auswertung der Direktmarketingkampagne im Bezug auf Kosten und Nutzen ins Verhältnis zu setzen.	Direct-Marketing-Kampagnen wurden aufgrund von Kundenbeschwerden juristische Grenzen gesetzt.
Durch Kampagne-Rückläufer, mittels „**Direct- Response-Werbung**" ist eine gute Kundenselektion von „sehr interessant" bis „nicht interessant" möglich. Diese Differenzierung ist ein Erfolgsfaktor von **Database-Marketing**.	Aufbau und Pflege der Datenbank sind kostenintensiv, daher müssen Kampagnen auf die speziellen Kundenbedürfnisse ausgerichtet sein.
Direct-Marketing-Aktionen haben gegenüber klassischer Werbung kaum Streuverluste und sind daher bestens geeignet für einen effizienten Einsatz des Werbebudgets.	Übermäßige Stammkundenpflege verhindert Neukundenakquisition. Ohne adäquate Neukundengewinnung verringert sich der Kundenstamm und wird irgendwann aussterben.

Direktmarketing umfasst alle Marketingaktivitäten, bei denen Medien eingesetzt werden, mit der Absicht, eine interaktive Beziehung zu potentiellen Kunden aufzubauen, um diese zu einer persönlichen, ermittelbaren Reaktion (Response) zu veranlassen.

5.3.13   Persönlicher Verkauf

Beim direkten Verkauf von Produkten oder Dienstleistungen handelt es sich um einen zwischenmenschlichen und **interaktiven Prozess**, bei dem der Kunde vom Mitarbeiter des jeweiligen Unternehmens über dessen Angebot informiert und beraten wird, um danach einen Vertrag (Kaufvertrag) abzuschließen.

Der persönliche Verkauf (**Personal Selling**) zählt zum Bereich der Verkaufsförderung. Er ist ein Instrument der Kommunikationspolitik und des Direct Marketing. Die persönliche Kommunikation mit dem Kunden (**Face-to-face**) kann durch ihre Kreativität entscheidend den Verkaufserfolg beeinflussen. Darüber hinaus sind für erfolgreiche Verkaufsgespräche notwendig:

- die korrekte Kundenansprache,

- Einfühlungsvermögen,

- Sensibilität,

- taktvolles Beobachten des Kunden und reagieren auf seine Wünsche,

- situationsgerechte Frage- und Angebotstechnik, sowie

- Drang zur Selbstbestätigung, also Abschlüsse zu tätigen.

Einen nicht zu unterschätzenden Einfluss auf den Dialog zwischen Verkäufer und Kunden hat zusätzlich die Körpersprache, z. B. Gestik, Mimik, Körperhaltung, Blickkontakt. Durch die verbale und nonverbale Kommunikation wird also die gesamte Verkaufs-/ Gesprächsatmosphäre geprägt.

Wesentlich ist, dass der Verkäufer von der Qualität seiner angebotenen Leistung überzeugt ist, denn nur dann ist er in der Lage, ein für den Käufer überzeugendes Verkaufsgespräch zu führen. Für persönliche Verkaufsverhandlungen ist die Beachtung folgender Regeln sinnvoll:

- Sich ausreichend Sachkenntnis über die Produkte aneignen,

- Verständnis für Kundenanliegen demonstrieren und ernst nehmen,

- Positives Verhältnis zum Produkt zeigen,

- Kaufmotive der Kunden analysieren und auf diese eingehen,

- Kundeneinwände positiv behandeln,

- Kunden z. B. durch Videos oder durch Einsatz von Verkaufsmaterial aktivieren,

- Kunden bestätigen.

Beherzigt der Verkäufer diese Regeln, dann wird auch der Verkaufserfolg nicht ausbleiben, denn

„auch das beste Produkt verkauft sich nicht von alleine"

und

„in dir muss brennen, was du in Anderen entzünden willst."

Ist der Kauf zustande gekommen, hat der Verkäufer beim Käufer gegen so genannte **Nach-kaufdissonanzen** vorzubeugen, d. h. eventuell bestehende Zweifel an der Richtigkeit des Kaufes, die sich erst im Nachhinein einstellen können, müssen ausgeräumt werden. Dies kann beispielsweise durch Anrufe oder Briefe nach einem Kauf erreicht werden.

Ein konstruktives Verkaufsgespräch durchläuft im Allgemeinen vier (fünf) Phasen, und zwar

1. die Gesprächseröffnung,

2. die Bedarfsanalyse- und Vertrauensphase,

3. die Angebotsphase, sowie

4. die Abschlussphase,

5. die (Nachfassphase), um Nachkaufdissonanzen vorzubeugen.

Während eines gesamten Verkaufsgespräches ist von den jeweiligen Mitarbeiterinnen/ Mitarbeitern des Unternehmens darauf zu achten, dass die folgenden Verkaufshinweise unbedingt beachtet werden:

- Dem Gast ist nichts zu versprechen, was der jeweilige Betrieb nicht halten kann, denn es ist immer an das Wiederholungsgeschäft zu denken;

- sich niemals einen Vorteil gegenüber dem Gast verschaffen;

- es ist immer besser ein weiterführendes Verkaufsargument vorzubringen, als viele Worte zu machen;

- wichtig ist der Gast; niemals die eigene Position in den Vordergrund spielen;

- den Gast während des Verkaufsgespräches weder unterbrechen noch belehren;

- nicht versuchen im Verkaufsgespräch zu dominieren oder sich auf ein Streitgespräch einzulassen;

- nicht abfällig über Mitbewerber sprechen, sondern treffendere Argumente einbringen;

- bei Empfehlungen eigener Produkte ist übertreiben;

- während des Gespräches mit dem Gast keine negativen oder unhöflichen Ausdrücke verwenden.

Im Vordergrund bei den Marketinginstrumenten steht die Qualität der Produkte/ Dienstleistungen. Sie bestimmt maßgeblich das positive Erscheinungsbild des jeweiligen Unternehmens im Sinne der **Corporate Identity**. Selbstverständlich lassen sich Gewinne nicht nur durch freundliches Auftreten erzielen, sondern alle Umsätze eines Unternehmens sind im Rahmen der Umsatzplanung, Budgetierung und Kontrolle mit den Zielsetzungen weitestgehend in Einklang zu bringen. Der Erfolg des Verkaufspersonals lässt sich beispielsweise durch Umsatz- oder Mengenkontrolle überprüfen bzw. bewerten. Für die Mitarbeiter/Innen sollte dieses als Motivation und nicht als Kontrolle aufgefasst werden, wenn ihre Leistungen mit Hilfe von Kennzahlen bewertet werden.

Persönlicher Verkauf gilt im Rahmen der Einführungsphase eines neuen Produktes als wichtiges und effektives Instrument. Es soll in erster Linie Konsumenten durch den unmittelbaren Kontakt zum „Erstkauf" veranlassen.

5.3.14 Telefonmarketing

Einerseits ist das Telefonmarketing dem Direct Marketing zuzuordnen, andererseits dem persönlichen Verkauf. Denn es umfasst das Gewinnen von Gästen, deren Betreuung sowie der Auftragsabwicklung am Telefon. Dem Telefonmarketing kommt eine immer größere Aufmerksamkeit zu, so dass es hier als eigenständiges Kapitel behandelt wird.

Die Aktivitäten des Telefonmarketing kommen aus den USA und gewinnen im deutschsprachigen Raum immer mehr an Bedeutung. Als Telefonmarketing bezeichnet man den systematischen Einsatz des Telefons um Kunden zu gewinnen, an ein Unternehmen zu binden oder zu betreuen. Telefonmarketing bedeutet aber auch, dem Kunden Dienstleistungen wie Hotlines, Teleshopping und Telefonbanking zur Verfügung zu stellen. Telefonmarketing kann sich an Privatpersonen oder an andere Unternehmen richten.

Dabei wird zwischen aktivem und passivem Telefonmarketing unterschieden. Beim aktiven Telefonmarketing (Telemarketing), auch „**Outbound**" genannt geht der Anruf vom Unternehmen aus. Passives Telemarketing, auch „**Inbound**" genannt bedeutet, dass der Verbraucher das Unternehmen anruft.

Andere Ausdrücke für Telefonmarketing sind: Teleselling, Kaltakquise, Cold-Calling, Outbound-Telefonie, Kundenakquise oder Telefonverkauf.

Telefonmarketing bietet für den Verbraucher/Nutzer eine Vielzahl von Vorteilen:

- **Es wird Geld gespart**, da sich Fragen, Wünsche und Reklamationen mit einem Telefonat günstiger abwickeln lassen, als mit einem aufwändigen Schriftverkehr.

- **Es wird Zeit gespart:** Am Telefon können ihnen Fachleute sofort Auskunft geben und Sie können direkt nachfragen.

- **Es ist sehr persönlich:** Telefonservice garantiert eine individuelle Beratung und Betreuung (vgl. DDV-Deutscher Dialogmarketingverband e. V., Wiesbaden).

In Deutschland gibt es mehrere Serviceufnummern, die unter speziellen Vorwahlnummern erreichbar sind. Die gebräuchlichsten sind die 0800-Nummer, die 0180- und die 0900-Nummern.

Die Vorwahl 0800-Nummer ist für den Anrufer kostenlos (sog. **Free Call**).

Rufnummern die mit den Ziffern 0900 beginnen, ermöglichen dem Kunden, Dienstleistungen über das Telefon zu erhalten und diese über die Telefonrechnung zu bezahlen. Vorteile sind die schnelle Erreichbarkeit der Dienste und die bequeme Abrechnung.

Die Kosten für die Servicenummern 0180 (**Shared Cost-Dienste**) sind je nach der 5. Ziffer der Vorwahl (1 - 5) unterschiedlich und belaufen sich zwischen 0,039 €/Min. und 0,14 €/Min bzw. zwischen 0,06 €/Anruf und 0,20 €/Anruf (vgl. DDV – Deutscher Dialogmarketing Verband e. V., Wiesbaden; Stand 1/2010).

Telefonmarketingaufgaben werden in der Regel durch sog. **Call Center** durchgeführt. Call Center sind entweder unternehmensinterne Abteilungen, Tochter- oder Dienstleistungsunternehmen, die für Auftraggeber Telemarketingaufgaben wahrnehmen.

Wen dürfen Call Center-Mitarbeiter anrufen?

Privatpersonen, zu denen bislang keine Beziehung besteht, dürfen nur angerufen werden, wenn sie vorab ausdrücklich ihr Einverständnis gegeben haben. Dies kann durch Ausfüllen einer Informationskarte, mit der eine telefonische Betreuung angefordert wird, geschehen. Wenn man bereits Kunde ist, darf das Unternehmen anrufen.

Im gewerblichen Bereich ist Telemarketing möglich, wenn ein Einverständnis vorliegt, eine Geschäftsbeziehung besteht oder der „eigentliche Geschäftsbereich" betroffen ist, z. B. ein Großhändler bietet einem Computerhändler telefonisch neue Computer zum Verkauf an. Zulässig ist Telemarketing im „**Business-to-Business**-Bereich" auch, wenn ein schlüssiges Einverständnis vorausgesetzt werden kann, etwa bei Hilfsgeschäften, die dem eigentlichen Geschäftsgegenstand dienen und konkrete Anhaltspunkte für ein Interesse vorliegen.

Beispiel:

Dem Computerhändler wird ein neues Spezialprogramm für die eigene Lagerhaltung angeboten.

Wann dürfen Call Center-Mitarbeiter anrufen?

Alle im DDV (Deutscher Dialogmarketing Verband e. V.) organisierten Telefonmarketer haben sich einem Ehrenkodex verpflichtet, Privatpersonen nicht vor 8:00 Uhr morgens und nicht nach 20:00 Uhr abends sowie nicht an Sonn- und Feiertagen anzurufen.

Die telefonische Kontaktaufnahme mit potentiellen Kunden, Verbrauchern und Unternehmen zum Zwecke der Kundengewinnung bezeichnet man als Telefonmarketing. Dies ist eine besondere Form des Direktvertriebs bei dem sowohl das Verkaufsgespräch oder/und die Produktberatung, als auch der Vertragsabschluss in Teilen oder vollkommen am Telefon abgewickelt werden.

Aufgaben Kapitel 5.3:

1. Nennen Sie die Prozesse der Kommunikationspolitik.

2. Welche Ergebnisse erwartet man durch den Einsatz der Kommunikationspolitik?

3. Nennen Sie beispielhaft zehn Instrumente, die im Rahmen der Kommunikationspolitik eingesetzt werden können.

4. Was versteht man unter dem Begriff „Aufwandskontrolle"?

5. Benennen Sie anhand des Beispiels „Demnächst Wiedereröffnung eines Hotels nach umfassender Modernisierung" die einzelnen Stufen der Kommunikationsplanung.

6. Definieren Sie den Begriff „Feedback-Analyse".

7. Erklären Sie die Begriffe „Personale Kommunikation" und „Mediale Kommunikation" und geben Sie für beide Begriffe je ein Beispiel.

8. Bei den Alltagskommunikationen unterscheidet man in informierende-, unterhaltende-, befehlende- und beeinflussende Kommunikation. Zeigen Sie je ein Beispiel auf.

9. Man bezeichnet eine bestimmte Person als „opinion leader". Welche Eigenschaft unterstellt man dieser Person damit?

10. Benennen Sie die Instrumente der absatzfördernden Kommunikation und geben Sie für jedes Instrument drei Beispiele.

11. Erklären Sie den Begriff „Marketing Mix".

12. Es gibt mehrere ökonomisch verwertbare Methoden der Erfolgskontrolle kommunikativer Maßnahmen – nennen Sie zwei davon und geben Sie je ein Beispiel.

13. Was versteht man im eigentlichen Sinne unter dem Begriff „Werbung"?

14. Werbung kann sozialen Zwang oder psychischen Druck hervorrufen. Wie wirkt sich das aus? Geben Sie je ein Beispiel.

15. Erklären Sie die Begriffe: Werbebotschaft, Werbemittel und Werbeträger.

16. Die Wirkungsweise einer Werbebotschaft kann mit dem sog. AIDA-Prinzip erklärt werden. Welche Bedeutung haben dabei die vier Buchstaben A, I, D, A?

17. Erklären Sie die Begriffe „ökonomische Werbeziele" und „kommunikative Werbeziele" indem Sie je zwei Beispiele nennen.

18. Was sagt der Tausender-Kontakt-Preis aus?

19. Was bedeutet das Wort „Streuwerbung" und zu welchem Zweck wird sie eingesetzt? Verdeutlichen Sie die Antworten anhand eines Beispiels.

20. Welchen Vorteil genießt die Online-Werbung im Vergleich zur herkömmlichen TV-Werbung?

21. Welche Aufgabe haben Werbeträger?

22. Das Fernsehen ist der am stärksten nachgefragte elektronische Werbeträger. Welche zwei weiteren elektronischen Werbeträger folgen danach?

23. Blowups finden bei Out-of-Home-Media Verwendung. Erklären Sie diese beiden Begriffe.

24. Sowohl Werbeinvestitionen, als auch Werbeetat erfordern beide die Bereitstellung finanzieller Mittel. Wer benötigt eine größere Summe und warum?

25. Was bedeutet das Wort „Marketing"? Geben Sie hierzu eine betriebswirtschaftliche Erklärung.

26. Was versteht man unter einer Zielgruppenanalyse und für wen ist sie wichtig?

27. Leistungsaustausch und Absatzrealisierung beschreiben dieselbe Aktion, welche?

28. Warum kann ein in Deutschland über das Fernsehen ausgestrahltes Werbemittel sehr erfolgreich sein und in Japan dagegen bei den potentiellen Konsumenten keine Beachtung finden? Antworten Sie unter Verwendung eines Beispiels.

29. Welche Werbemittel werden als standardisierte Werbung bezeichnet?

30. Wie lauten die internationalen Bezeichnungen für Verkaufsförderung und Verkaufspunkt?

31. Welches deutsche Wort steht für „Market Research"?

32. Die Verkaufsförderung hat im Vergleich zur klassischen Werbung einige Vorteile. Nennen Sie drei.

33. Der Einsatz von Werbemitteln, die nicht den klassischen Werbemitteln zuzuordnen sind, finden bei aktiver Verkaufsförderung Verwendung. Welche sind dies? Nennen Sie drei Beispiele.

34. Verkaufsförderung kann durch sogenannte In-House-Promotion oder Out-House-Promotion durchgeführt werden. Erklären Sie diese beiden Begriffe anhand von je zwei Beispielen.

35. Wie lautet die internationale Bezeichnung für Öffentlichkeitsarbeit?

36. Die Redewendungen „Tue Gutes und rede darüber" und „Klappern gehört zum Handwerk" passen zur Öffentlichkeitsarbeit wie kaum andere. Erklären Sie warum?

37. Öffentlichkeitsarbeit für Unternehmen oder Institutionen ist entweder „Inhouse" oder wird mittels „Outsourcing" durchgeführt. Erklären Sie diese beiden Begriffe.

38. Die größten Fehler, die Öffentlichkeitsarbeit begehen kann haben immer den Verlust der Glaubwürdigkeit und des Vertrauens zur Folge. Welche Fehler sind das?

39. Interpretieren Sie den Ausspruch „Im Gespräch bleiben, ohne ins Gerede zu kommen".

40. Getränkehersteller, Autofirmen oder zum Beispiel Sportvereine betreiben intensives Merchandising. Nennen Sie von jedem genannten Unternehmen drei mögliche Merchandising-Artikel.

41. Sponsoring ist ein Kommunikationsinstrument in der Unternehmenspolitik. Nennen Sie drei wichtige Beweggründe weshalb Unternehmen Sponsoring betreiben.

42. Die klassische Werbung und Sponsoring sind sich in der Optik ähnlich. Dennoch bietet Sponsoring dem Sponsor viele Vorteile. Nennen Sie einige davon anhand eines charakteristischen Beispiels.

43. Welche Bedeutung haben die Begriffe: „Corporate Social Responsibility" und „Corporate Image"?

44. Product Placement wird überwiegend im Zusammenhang mit TV-, Film- und Theaterproduktionen genannt. Was bedeutet der Begriff Product Placement?

45. Beschreiben Sie eine typische Win-Win-Situation im Zusammenhang mit Product Placement.

46. Nennen Sie je ein Beispiel zu nachfolgenden Placement-Arten: Creative-Placement, Corporate-Placement, Country-Placement und Generic-Placement.

47. Welche vier Kommunikationsaufgaben hat ein Marketing-Event in Bezug auf die entsprechende Zielgruppe?

48. Welches Marketing wird auch Direct-Response-Werbung oder One-to-One-Marketing genannt?

49. Erklären Sie die Begriffe „E-Commerce" und „Individualkommunikation".

50. Bei der Zielgruppenselektion unterscheidet man in individuellen Zielgruppen-Merkmalen. Geben Sie je drei Beispiele für folgende Merkmale: Allgemein demografische Merkmale, Sozioökonomische Merkmale, Bestands- und konsumanalytische Merkmale sowie verhaltensorientierte Merkmale.

51. Welche zwei Marktgruppen sind in Bezug auf Direct Marketing gemeint, wenn man von „Business-to-Consumer" und „Business-to-Business" spricht?

52. Es gibt inzwischen eine größere Anzahl von Instrumenten des Direct Marketing. Nennen Sie drei davon.

53. Welche vier Zahlungsweisen gibt es für den Kunden beim Direct Marketing und welche ist für den Kunden die Vorteilhafteste?

54. Der persönliche Verkauf zählt zum Bereich der Verkaufsförderung. Wie wird der persönliche Verkauf international genannt?

55. Um ein überzeugendes Verkaufsgespräch zu führen muss der Verkäufer zum einen von der Qualität seiner angebotenen Leistung überzeugt sein und zum anderen bestimmte Re-

geln für die persönliche Verkaufsverhandlung beachten. Welche Regeln sind dies? Nennen Sie vier davon.

56. Telefonmarketing bietet für den Verbraucher bzw. Nutzer einige Vorteile. Zum Beispiel: „Es wird Geld gespart", „Es wird Zeit gespart" oder „Es ist sehr persönlich". Erklären Sie diese drei Aussagen.

57. Erklären Sie die Begriffe „Call Center" und „Free Call".

58. Die Verbindungskosten für die Servicenummer 0180 (plus 1 -5 als 5. Ziffer der Vorwahl) werden als sogenannte Shared Cost-Dienste abgerechnet. Was bedeutet das?

5.4   Preispolitik

Der Einzelhandel zeigt jedem Unternehmen und jedem Konsumenten täglich, welche enorme Bedeutung den Preisen und der Preispolitik der Unternehmen zukommt. Untrennbar mit den angebotenen Waren und Dienstleistungen verbunden, entscheiden sie über den Erfolg oder Misserfolg der Unternehmen und ihrer Konzepte wesentlich mit.

Das gilt selbstverständlich auch für das Hotel- und Gaststättengewerbe und die sonstige Tourismuswirtschaft. Dort wird zudem der Wettbewerb noch weit stärker überregional, national und international ausgetragen als im Einzelhandel oder bei vielen anderen Dienstleistungen.

Falsch kalkulierte und kommunizierte Preise hinterlassen meist unvermittelt drastische Wirkungen. Einerseits bleiben bei zu hohen Preisen verschreckte Kunden und Gäste weg. Andererseits decken bei zu niedrigen Preisen die erzielten Umsätze nicht die Kosten oder „erwirtschaften" zu niedrige Gewinne.

Die Preise in Vertrieb und Absatz spielen deshalb aus marketing- und betriebswirtschaftlicher Sicht eine **zentrale Rolle** im Unternehmen.

Zu einen sind sie das **Ergebnis** tief greifender betriebswirtschaftlicher Erfassung und Aufbereitung vieler betrieblicher Daten und Informationen aus der Buchführung, der Kosten- und Leistungs-Rechnung sowie der entsprechenden Managemententscheidungen.

Zum anderen sind die Preise selbst ein entscheidender **Einflussfaktor** auf die erzielbaren Umsätze, Kosten und Gewinne sowie den Mengenumfang der erstellten Leistungen. Sie prägen insofern in erheblichem Maße den gesamten Prozess der betrieblichen Leistungserstellung bzw. die Managemententscheidungen mit.

Weitere Gründe für die große Bedeutung der Preise bzw. der Preispolitik:

*   In vielen touristischen Destinationen in Deutschland stehen mittlerweile erhebliche Kapazitäten im Hotel- und Gaststättengewerbe zur Verfügung; typischer Weise liegt damit ein Verkäufermarkt mit korrespondierendem Verdrängungswettbewerb vor, der oftmals auch über die Preise ausgetragen wird.

*   Seit geraumer Zeit stagnierende Realeinkommen der Bevölkerung verengen die Spielräume für preispolitische Maßnahmen, insbesondere für (mitunter betriebswirtschaftlich sogar erforderliche) Preiserhöhungen.

*   Durch zunehmende Standardisierung der Angebote vor allem im Hotelbereich, aber auch im Gaststättenbereich (Wachstum der Marktanteile von Ketten, Kooperationen, Franchisesystemen, Hotelklassifizierung usw.) nehmen die Möglichkeiten der Produkt- und Leistungsdifferenzierung tendenziell ab.

*   Aufgrund der geringen und problematischen Markenbildung ist die Gäste- bzw. Gästebindung und -loyalität vergleichsweise gering ausgeprägt, das erschwert preispolitische Maßnahmen bzw. führt beim Preiswettbewerb zum „Preishopping".

- Die Zunahme der Absatz- und Vertriebswege vor allem über das Internet (Reiseportale, Hotelreservierungssysteme usw.) führen zum Teil zur Abkopplung der Preisgestaltung von den touristischen Leistungsanbietern zu den Absatz- und Vertriebsmittlern; das erfordert entsprechende Maßnahmen der Preissteuerung und -kontrolle der touristischen Leistungsanbieter gegenüber den Gästen.

5.4.1 Möglichkeiten der Preisbildung

Die **Funktion** des Preises aus **betriebswirtschaftlicher Sicht** besteht darin, mittel- und langfristig

- alle Kosten des betrieblichen Leistungsprozesses zu decken und

- einen möglichst hohen Gewinn zu erzielen.

Die Preisbildung für die Produkte und Leistungen der touristischen Leistungsanbieter wird sowohl von betrieblichen Bedingungen (Kostenstrukturen) als auch vom Markt (Konkurrenzsituation und -entwicklung, Nachfragesituation und -entwicklung) bestimmt.

Insofern lassen sich drei grundsätzliche Möglichkeiten der Preisbildung unterscheiden:

- kostenorientierte Preisbildung

- konkurrenzorientierte Preisbildung

- nachfrageorientierte Preisbildung

a) Die kostenorientierte Preisbildung

Auf der Grundlage der in der Buchführung sowie der Kosten-Leistungs-Rechnung erfassten und ermittelten Daten und Kennziffern werden zunächst alle Kosten erfasst und entsprechend der geplanten Gewinnziele die jeweiligen Gewinne kalkuliert, d.h. in der Regel erfolgt zunächst die Preisbildung auf der Vollkostenrechnung

Sie beruht deshalb zunächst auf den **internen Kostenstrukturen**, die sich aus den jeweiligen konkreten und individuellen betrieblichen Gegebenheiten ableiten und vom Betrieb wesentlich beeinflussbar sind. Sie berücksichtigt dabei (noch) nicht die Marktsituation des touristischen Leistungsanbieters.

Die kostenorientierte Preisbildung im Gastgewerbe erfolgt weitestgehend auf der Grundlage verschiedener Kalkulationsmodelle wie zum Beispiel:

- Kalkulation mit Kalkulationsfaktoren (vor allem bei Speisen und Getränken) unter Berücksichtigung von Schankverlusten

- Kalkulation mit Aufschlagsätzen (vor allem bei Speisen und Getränken)

- Zuschlagskalkulation (vor allem bei Speisen und Getränken)

- Divisionskalkulation (vor allem im Logisbereich, ggf. unter Nutzung von Äquivalenzziffern für die verschiedenen Zimmerkategorien)

- Kalkulation mit differenzierten Aufschlagbeträgen (vor allem bei Wein, Spirituosen, Sekt, Champagner)

- usw.

- **Berücksichtigung von Schankverlusten**

Bei der Kalkulation von Getränken, insbesondere von Bier, Wein, Cocktails und Spirituosen ist vor der Preiskalkulation zunächst eine rechnerisch-kalkulatorische Berücksichtigung der Ausschankverluste (z. B. bei Bier durch „Stand" in Bierleitungen, Anstich- bzw. Ansteckverluste) erforderlich

Beispiel: Fassbier
       - 50 l - Fass
       - Preis (brutto) 75,00 €
       - Ausschankverlust 4 %

Ohne Berücksichtigung der Schankverluste ergäbe sich eine Schankmenge von 150 Gläsern (0,33 l) und ein Wareneinsatz (netto) von **0,42 € pro Glas.**

Der Ausschankverlust kann nun in zweierlei Weise berücksichtigt werden.

a)   Verminderung der Gläsermenge

   100 % = 150 Gläser
     96 % = **144 Gläser**

Es können deshalb nur 144 Gläser á 0,33 l statt formal 150 Gläser ausgeschenkt werden.
Bei einem Nettopreis pro Fass von 63,03 € ergibt das einen Wareneinsatz von **0,44 €** / Glas.

b)   Erhöhung der Wareneinsatzkosten (Fass)

   75,00 € (entspricht 63,03 € netto) = 96 %
   65,65 € (netto)   = 100 %

Bei unterstellten 150 ausgeschenkten Gläser á 0,33 l ergibt sich bei einem Nettopreis pro Fass von 65,65 € ebenfalls ein Wareneinsatz von **0,44 €** / Glas.

Bei Wein, Cocktails und alkoholfreien Getränken wird ebenso verfahren.

- **Kalkulation mit Kalkulationsfaktoren**

Die Kalkulation mit Kalkulationsfaktoren ist nach wie vor in der Gastronomie weit verbreitet und gebräuchlich.

Ihr Vorteil ist die Einfachheit der Kalkulation und die problemlosen Möglichkeiten der sortimentsdifferenzierten Preiskalkulation (Mischkalkulation mit verschiedenen Kalkulationsfaktoren für verschieden Warengruppen).

Nachteil ist, dass die betriebsindividuellen Kostenstrukturen und -entwicklungen weitestgehend unberücksichtigt bleiben. Gleiche Kalkulationsfaktoren können so in unterschiedlichen Betrieben zu sehr unterschiedlichen Gewinnen, ggf. sogar Verlusten führen.

Weiterhin kann die Kalkulation mit Kalkulationsfaktoren bei höheren Wareneinsatzkosten unter Umständen zu solchen Preishöhen (bspw. bei Wein, Sekt, Champagner) führen, die die Preisakzeptanz drastisch vermindern und so den Absatz dieser Produkte erschweren.

Kalkulationsschritte:

Übliche Kalkulationsfaktoren (KF) für

- Speisen   (KF= **3 bis 5** je nach Warengruppe, Ø ca. 3)

- Getränke   (KF= **3 bis 10** je nach Warengruppe, bspw. Bier 4 bis 5, AFG 5 bis 10,
                    Kaffee, Tee ggf. mehr als 10, Wein 3 bis 4)

Schritte:

1) Nettoverkaufspreis = Wareneinsatzkosten x **KF netto**

2) Bruttoverkaufspreis = Nettoverkaufspreis + Umsatzsteuer

3) Kartenpreis = Bruttoverkaufspreis + / - sinnvolle verkaufspsychologische Rundung

- **Kalkulation mit Aufschlagssätzen**

Die Kalkulation mit Aufschlagsätzen ist in der Gastronomie ebenfalls weit verbreitet und gebräuchlich. Interessanterweise erstellt das Bundesministerium für Finanzen (BMF) Tabellen mit betriebstypenindividuellen Aufschlagsätzen für das Gastgewerbe, die die Finanzämter auch bei der Steuerlastermittlung zugrunde legen.

Vorteile der Kalkulation mit Aufschlagsätzen sind die Einfachheit der Kalkulation und die problemlosen Möglichkeiten der sortimentsdifferenzierten Preiskalkulation (Mischkalkulation mit verschiedenen Aufschlagsätzen für verschieden Warengruppen).

Nachteil ist auch hier, dass die betriebsindividuellen Kostenstrukturen und -entwicklungen weitestgehend unberücksichtigt bleiben. Gleiche Aufschlagsätze können so in unterschiedlichen Betrieben zu sehr unterschiedlichen Gewinnen, ggf. sogar Verlusten führen.

Weiterhin kann die Kalkulation mit Aufschlagsätzen bei höheren Wareneinsatzkosten als bei der Kalkulation mit Kalkulationsfaktoren unter Umständen zu Preishöhen (bspw. bei Wein, Sekt, Champagner) führen, die die Preisakzeptanz drastisch vermindern und so den Absatz dieser Produkte erschweren.

Kalkulationsschritte:

Übliche Aufschlagssätze (AS) für

- Speisen   (AS = **200 bis 500 %**, je Warengruppe, Ø ca. **300 %**)
- Getränke   (AS = **300 bis 1000 %** je Warengruppe, Bier 300 bis 400 %, AFG 400 bis
             900 %, Kaffee, Tee ab 1000 %, Wein 200 bis 300 %)

1) Nettoverkaufspreis = Wareneinsatzkosten + (**Wareneinsatzkosten x AS**)

2) Bruttoverkaufspreis = Nettoverkaufspreis + Umsatzsteuer

3) Kartenpreis = Bruttoverkaufspreis + / - sinnvolle verkaufspsychologische Rundung

**Zusammenhang zwischen Wareneinsatzquote, Bruttoertragsspanne (Deckungsbei-
tragsspanne), Aufschlagsätzen und Kalkulationsfaktoren**

Wareneinsatz-Quote	Bruttoertrags-Spanne	Aufschlagsatz	Kalkulations-faktor
10 %	90 %	900 %	10,0
20 %	80 %	400 %	5,0
25 %	75 %	300 %	4,0
30 %	70 %	233,3 %	3,33
35 %	65 %	185,7 %	2,86
40 %	60 %	150 %	2,5
45 %	55 %	122,2 %	2,22
50 %	50 %	100 %	2,0
60 %	40 %	66,6 %	1,67
70 %	30 %	42,9 %	1,43
= WEK / WU x 100 %	= 100 % - WEQ	= AQ - 100 %	= WU / WEK

Legende: WEK = Wareneinsatzkosten, WU = Warenumsatz, WEQ = Wareneinsatzquote
AQ = Aufschlagquote

- **Kalkulation mit Zuschlags- und Divisionskalkulation**

Zuschlags- und Divisionskalkulation beruhen auf den Daten und Informationen der betrieblichen Buchführung und Kosten- und Leistungs-Rechnung. Sie widerspiegeln deshalb die
konkreten und zeitnahen betriebsindividuellen Kostenstrukturen und -entwicklungen.

Ihr Vorteil ist demzufolge ihre jeweilige Anpassung an die konkreten betrieblichen Gegebenheiten und Entwicklungstendenzen. Nachteil ist der höhere Berechnungsaufwand sowie
die aufwändigere Gestaltung der Mischkalkulation.

Kalkulationsschritte (Vollkostenrechnung / Speisen und Getränke):

1) Ermittlung der Gemeinkosten in € (Ist oder Plan)

Gemeinkosten = Gesamtkosten − Wareneinsatzkosten oder
Gemeinkosten = Umsatz − (Gewinn + Wareneinsatzkosten)

2) Ermittlung des Gemeinkostenzuschlagsatzes und der
   Gemeinkosten pro Einheit in € (Portion oder Getränk)

$$\text{\textbf{Gemeinkostenzuschlagsatz}} = \frac{\text{Gemeinkosten} \times 100\,\%}{\text{Wareneinsatzkosten}}$$

Gemeinkosten pro Einheit =
Wareneinsatzkosten pro (Portion oder Getränk) x **Gemeinkostenzuschlagsatz**

Gesamtkosten pro Einheit = Wareneinsatzkosten + Gemeinkosten
(Portion oder Getränk)

3) Ermittlung des Gewinnzuschlagsatzes und des Gewinns in €

$$\text{\textbf{Gewinnzuschlagsatz}} = \frac{\text{Gewinn (Ist / Plan)} \times 100\,\%}{\text{Gesamtkosten}}$$

Gewinn pro Einheit = Gesamtkosten pro Einheit x **Gewinnzuschlagsatz**

4) Ermittlung Kalkulationspreis in €

   Kalkulationspreis = Selbstkosten + Gewinn

5) ggf. Ermittlung Bedienungszuschlag in € (Satz gegeben)

   Bedienungszuschlag = Kalkulationspreis x **Bedienungszuschlagsatz**

6) Ermittlung Nettoverkaufspreis in €

   Nettoverkaufspreis = Kalkulationspreis + Bedienungszuschlag

7) Ermittlung Bruttoverkaufspreis in €

   Bruttoverkaufspreis = Nettoverkaufspreis + Umsatzsteuer

8) **sinnvolle preispsychologische Rundungen** =   Kartenpreis / Inklusivpreis/
                                                       Endkundenpreis

Kalkulationsschema / Gesamtübersicht der Zuschlagskalkulation (F + B)
(Vollkostenbasis /Grundlage Wareneinsatzkosten)

Wareneinsatz	Gemeinkosten - zuschlagsatz =	$\dfrac{\text{Gemeinkosten} \times 100\,\%}{\text{Wareneinsatzkosten}}$
+ Gemeinkostenzuschlag	= Wareneinsatzkosten	x Gemeinkostenzuschlagsatz
= Selbstkosten		
	Gewinnzuschlagsatz =	$\dfrac{\text{Gewinn} \times 100\,\%}{\text{Selbstkosten (gesamt)}}$
+ Gewinnzuschlag	= Selbstkosten (gesamt)	x Gewinnzuschlagsatz
= Kalkulationspreis		
+ Servicepauschale*	= Kalkulationspreis	x Servicepauschale
= Nettoverkaufspreis		
+ Umsatzsteuer	= Nettoverkaufspreis	x Umsatzsteuersatz
= Bruttoverkaufspreis	**(= Inklusivpreis)**	
+ / - sinnvolle Rundungen		
= Endpreis ("Kartenpreis")		

* Das Bediengeld (Servicezuschlag) als Kalkulationsbestandteil ist dann zu berücksichtigen, wenn im Restaurantservice leistungsabhängige Arbeitsentgelte als Einzel- oder Gruppenleistungslöhnen gezahlt werden. Diese Einzel- oder Gruppenleistungslöhne werden im Regelfall abhängig von den erzielten Nettoumsätzen der einzelnen Servicemitarbeiter oder der Gruppen von Servicemitarbeitern gebildet und stellen die Personalkosten für den/die Servicemitarbeiter dar.

Die „Bediengeldsätze" liegen dabei im Regelfall zwischen **zehn und 15 Prozent des Nettoumsatzes** des Mitarbeiters (Einzelleistungslohn) oder des gesamten Bereiches (i.d.R. Bereich Restaurant) oder Betriebes (Gruppenleistungslohn). D.h., in dieser Höhe entsteht der „Entgelttopf", aus dem der Mitarbeiter (Einzelleistungslohn) oder alle Mitarbeiter des gesamten Bereiches oder Betriebes (Gruppenleistungslohn) entlohnt werden.

Betriebswirtschaftlich muss dann berücksichtigt werden, dass bei der Anwendung des Bediengeldes die Personalkosten für den Service, die ansonsten im Gemeinkostenzuschlag enthalten sind, dort heraus gerechnet werden müssen, damit keine doppelte Erfassung der Personalkosten für den/die Servicemitarbeiter entsteht.

Kalkulationsschema / Gesamtübersicht der Zuschlagskalkulation (Pauschalangebot/ Hotelpauschale)

(Vollkostenbasis /Grundlage Kosten der Reisevorleistungen)

Achtung: Kalkulationsschema zur Berechnung für jeweils **einen** Teilnehmer!

Reisevorleistungen (Flug, Hotel, Reiseleitung, Gästeführungen usw.) (Nettopreise bzw.- kosten)	Beispielsätze
+ Werbekostenzuschlag	8%
= **variable** Reisekosten	
+ Gemeinkostenzuschlag/ Projektmanagementkosten Verwaltungskosten	12%
= **Gesamtkosten**	
+ Gewinnzuschlag	10%
= **Nettoreisepreis** / Veranstalterpreis **netto**	
+ Umsatzsteuer	19%
= **Bruttoreisepreis** / Veranstalterpreis **brutto**	
+ Provision (bei Fremdvertrieb)	10%
= **Endkunden**reisepreis	
+ / - (preispsychologische Rundung)	
= **Katalogpreis / Angebotspreis pro Teilnehmer**	

Schema der Divisionskalkulation (Logis)

(Vollkostenbasis/ Kostenstellenrechnung)

Bei der Divisionskalkulation werden die Selbstkosten für die einzelnen Leistungseinheiten (insbesondere im Logisbereich) auf der Grundlage der Kosten-Leistungs-Rechnung und hier insbesondere der Kostenstellenrechnung oder Kostenträgerrechnung ermittelt.

Grundlage: Selbstkosten pro Übernachtung = $\dfrac{\text{Gesamtkosten Logisbereich (a)}}{\text{Anzahl der verkauften Zimmer (a)}}$

= **Selbstkosten pro Übernachtung**	
+ Gewinnzuschlag s.o.	
= **Kalkulationspreis**	
+ Umsatzsteuer	
= **Bruttoverkaufspreis**	(= **Inklusivpreis**)
+ / - sinnvolle Rundungen	
= **Endpreis ("Katalogpreis")**	

- **Retrograde Kalkulation**

Immer häufiger kommen gerade im Hotel- und Gaststättengewerbe die Gäste mit festen Preisvorstellungen oder Preisobergrenzen für die gewünschten Waren und Dienstleistungen.

So werden etwa bei einem Menü oder bei einem Büffet bereits konkrete (Höchst)preise genannt.

Zugleich müssen preispsychologische Aspekte bei der Kalkulation und Preisdifferenzierung
berücksichtigt werden, etwa in Form von „Schwellenpreisen". So werden Preise von 9,90 €
für ein Gericht oder 199,00 € für eine Hotelpauschale von den Gästen anders und in der Regel positiver angesehen als die zunächst von „unten" kalkulierten Preise von 10,25 € oder
214,00 €.

Hier bietet sich die retrograde („rückwärts gerichtete") Kalkulation an.

Beispiele:

a)
Aus einem Wareneinsatz von 2,26 € (lt. Rezeptur) ergibt sich bei einem Gemeinkostenzuschlagsatz von 240 % und einem Gewinnzuschlagsatz von 12 % ein Bruttoverkaufspreis von
10,24 € (gerundet 10,20 oder 10,30 €).
Günstiger wäre es, das Gericht für 9,90 anzubieten, daraus ergibt sich retrograd ein Wareneinsatz von 2,18 €.

Wareneinsatz Speisen	**2,26 €**	**2,18 €**
+ Gemeinkosten	5,42 €	5,24 €
= Selbstkosten	**7,68 €**	**7,43 €**
+ Gewinnzuschlag	0,92 €	0,89 €
= Nettoverkaufspreis	**8,61 €**	**8,32 €**
+ Umsatzsteuer	1,64 €	1,58 €
= Inklusivpreis (Bruttoverkaufspreis)	**10,24 €**	**9,90 €**

b)
Ein Gast bestellt ein Büffet für 60 Personen, der Inklusivpreis pro Person soll maximal 20,00
€ betragen.
Bei dem Gemeinkostenzuschlagsatz von 240 % und dem Gewinnzuschlagsatz von 12 %
ergibt sich ein höchstmöglicher Wareneinsatz von 264,81 €.

Wareneinsatz Büffet	**264,81 €**
+ Gemeinkosten	635,55 €
= Selbstkosten	900,36 €
+ Gewinnzuschlag	108,04 €
= Nettoverkaufspreis	1.008,40 €
+ Umsatzsteuer	191,60 €
= Inklusivpreis (Bruttoverkaufspreis) für das Büffet	**1.200,00 €**

Preiskategorien	Preisbestandteile		Zuschläge Quoten Sätze
Bruttopreis	Umsatzsteuer		Umsatz- steuersatz
Nettopreis	ggf. Bediengeld *	Deckungs-	Bedienungs- zuschlagsatz „Bediengeld"
	Gewinn		Gewinn- zuschlagsatz
Selbstkosten (preis)	Gemein- kosten	beitrag	Brutto- ertrags- spanne
	Wareneinsatzkosten		Waren- einsatzquote

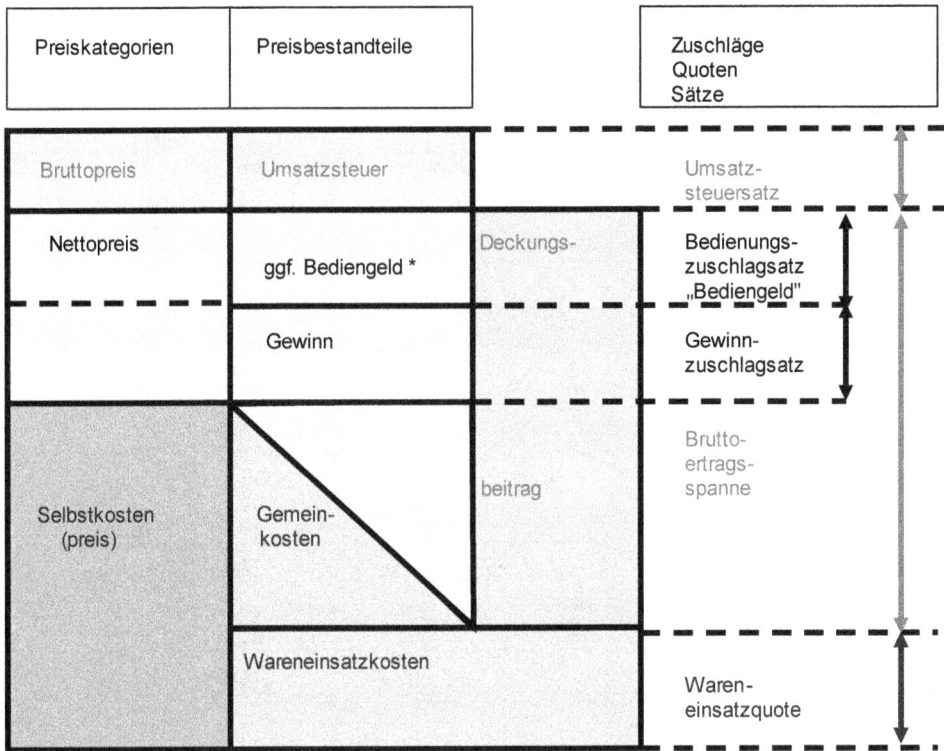

* de facto „Durchlaufposten" der Personalkosten für die Beschäftigten im Restaurantservice/ (Servicezuschlag)

Abb. 5.4.1: Übersicht zu den betriebswirtschaftlichen Begriffe bei der Preisbildung

- **Preiskalkulation und Kostenträgerrechnung**

Auch die Kostenträgerrechnung als Bestandteil der internen Kosten-Leistungs-Rechnung kann und sollte für die Preiskalkulation genutzt werden.

Das gilt insbesondere für den Logisbereich bei Anwendung der Divisionskalkulation zur Ermittlung der Selbstkosten pro verkauftem Zimmer oder pro Übernachtung. Die Zimmer bzw. Übernachtungen sind hier die „Kostenträger", d.h.. die zu erstellende Leistung, der mit der Divisionskalkulation die (Gesamt)kosten pro Zimmer zugeordnet werden.

Allerdings ergeben sich dabei Durchschnittswerte, die die Unterschiede in den Zimmerkategorien und -ausstattungen (z.B. Doppelzimmer und Suiten mit jeweils 2 Betten) nicht oder kaum erfassen. Damit werden zugleich die sich daraus ergebenden unterschiedlichen Selbstkosten nicht berücksichtigt.

Mit Hilfe von Äquivalenzziffern ist hier eine vergleichsweise einfache Kostendifferenzierung der einzelnen Zimmerkategorien möglich. (Vgl. Hausmann [Hrsg.] 2007, S. 221 ff.)

Grundlage sind zunächst die Selbstkosten für die Übernachtung im Doppelzimmer bei Doppelbelegung, da davon ausgegangen werden kann, dass diese Kosten am niedrigsten sind. Diese Selbstkosten werden deshalb zunächst mit dem Faktor 1,0 versehen.

Die unterschiedlichen Äquivalenzziffern müssen nun – u.a. anhand der Daten und Informationen aus der Buchführung/Kosten-Leistungsrechnung – so gestaltet werden, dass sie diese Kostenstrukturen möglichst genau wiedergeben.

Beispiel:

Im Hotel „Grüne Eiche" sind im Logisbereich folgende Daten und Informationen gegeben:

Selbstkosten gesamt: 2.400.000,00 €

Umsatz gesamt (netto):   2.880.000,00 €

A	B	C	D	E= C x D	SK pro	F = D x E/ Summe E
Zimmer-	**Anzahl**	**Äquivalenzzif.** (Aufwand/	**Übernacht.**	**Gewichtung**	**SK pro** Übernacht.	**SK pro** Zimmer
kategorie	Zimmer	Ü/Pers.)		Übernacht.	Übernacht.	
EZ 1	20	1,1	5.000	5500	41,71 €	41, 71 €
EZ 2						45,50 €
	30	1,2	8.400	10.800	45,50 €	
DZ (Belegung mit 1 Pers.)						60,66 €
	30	1,6	7.200	11.520	60,66 €	
DZ (Belegung mit 2 Pers.)						74,62 €
	60	1	27.800	27.800	37,31 €	
Suite (Belegung mit 2 Pers.)						113,74 €
	10	1,5	5.600	8.400	56,87 €	
Gesamt:	**150**		**54.000**	**63.300**		

SK = Selbstkosten

Vor der Anwendung der Äquivalenzziffernberechnung betrugen die Selbstkosten pro Übernachtung 44,44 €, d.h. pro Einzelzimmer 44,44 €, bei Übernachtung im Doppelzimmer mit einem Gast 44,44 € und bei den Doppelbelegungen in Doppelzimmer und Suite jeweils 88,88 €.

Da der Gewinnzuschlag bei 480.000,00 € Gewinn 20 % beträgt, ergeben sich folgende Zimmerpreise vor und nach der Anwendung der Äquivalenzziffern:

Zimmer-kategorie	Preis (netto) ohne Äquivalenzkennziffern	Preis (netto) mit Äquivalenzkennziffern
EZ 1	53,33 €	50,05 €
EZ 2	106,66 €	54,50 €
DZ (Belegung mit 1 Pers.)	53,33 €	72,80 €
DZ (Belegung mit 2 Pers.)	106,66 €	91,00 €
Suite (Belegung mit 2 Pers.)	106,66 €	139,39 €

Auch nach der Kostendifferenzierung mit den Äquivalenzziffern ergeben sich rechnerisch (D x F) wieder genau 2.400.000,00 € Selbstkosten im Logisbereich, allerdings nunmehr in anderer Struktur.

Die Verkaufspreise (netto) widerspiegeln so die differenzierten Kostenstrukturen weitaus realitätsnäher aus, als ohne die erfolgte Differenzierung der Selbstkosten pro Zimmerkategorie.

- **Möglichkeiten der Preisbildung mit Mischkalkulation und Festaufschlägen**

Die durchgängige Kalkulation mit einheitlichen Kalkulationsfaktoren und Aufschlagsätzen würde in den verschiedenen Warengruppen zu Preisen führen, die nicht nachfrage- und damit marktgerecht wären.

Bei einem einheitlichen Kalkulationsfaktor von 3 wären die Preise der Speisen zweifellos marktgerecht, diejenigen der Getränke aber häufig viel zu gering. Umgekehrt führt ein Kalkulationsfaktor von 5 zu marktgängigen Preisen etwa für Bier oder alkoholfreien Getränken, Speisen hätten dann aber oftmals zu hohe und damit wenig akzeptable Preise.

Analoges gilt bei der Verwendung von Aufschlagssätzen mithilfe der **Mischkalkulation,** d. h., der Anwendung **unterschiedlicher** Kalkulationsfaktoren/Aufschlagssätze für unterschiedliche Warengruppen) kann dieses Problem umgangen werden. Durch die unterschiedlichen Kalkulationsfaktoren/Aufschlagssätze lassen sich für die verschiedenen Warengruppen marktkonforme Preise kalkulieren. Dabei muss allerdings beachtet werden, dass die unterschiedlichen Deckungsbeiträge aus dem Absatz von Leistungen aus den unterschiedlichen Warengruppen insgesamt die betrieblichen Kosten decken und einen angemessenen bzw. den geplanten Gewinn erwirtschaften.

Eine zweite Möglichkeit, die Nachteile einheitlicher Kalkulationsfaktoren und Aufschlagsätze insbesondere bei hochwertigen Getränken (Wein/Sekt/Champagner, Spirituosen) zu umgehen, bieten – ggf. differenzierte – **Festaufschläge bzw. -beträge** (in Euro).

Dem liegt unter anderem die betriebswirtschaftliche Überlegung zugrunde, dass der Serviceaufwand **nicht** – wie bei der Anwendung von Kalkulationsfaktoren und Aufschlagsätzen unterstellt- mit steigenden Wareneinsatzkosten proportionale steigt, sondern de facto vergleichsweise unabhängig von ihnen ist.

Sofern der Serviceaufwand unabhängig von den Wareneinsatzkosten ist, liegt konsequenter-
weise nahe, ihn nicht als variablen Bestandteil bei der Preisbildung zu behandeln, sondern
Festaufschläge bzw. -beträge zu nutzen.

Bei den Festaufschlägen bzw. -beträgen ist eine Differenzierung möglich, die die u.U. unterschiedlichen sonstigen Kosten (bspw. bei der Lagerung und Warenpflege) berücksichtigen
können.

Damit werden bei höheren Wareneinsatzkosten exorbitante und damit meist unakzeptable
Marktpreise vermieden, wodurch zugleich eine überproportional höhere Absatzmenge insge-
samt, die geringeren Deckungsbeiträge pro verkaufter Leistungseinheit (bspw. pro Flasche
Wein) überkompensieren soll.

Beispiel für die Kalkulation mit differenzierten Festaufschlägen bzw. -beträgen bei Wein

	Festaufschlag je Flasche (€)	Wareneinsatz-kosten pro Flasche (€)	Karten-preis (€)	Karten-preis (€) bei KF = 3,5
WEK/ Wein bis 5,00 € pro Flasche	10,00 €	4,80 €	**14,80 €**	16,80 €
		3,90 €	**13,90 €**	13,65 €
WEK/ Wein 5,00 bis 10,00 € pro Flasche	12,00 €	6,00 €	**18,00 €**	21,00 €
		9,20 €	**21,20 €**	32,20 €
WEK / Wein / Champagner ab 10,00 €pro Flasche	30,00 €	27,00 €	**57,00 €**	94,50 €
		38,00 €	**68,00 €**	133,00 €

Im Beispiel sind die unterschiedlichen Kostenverläufe zwischen der Kalkulation mit dem
Kalkulationsfaktor 3,5 (analog mit Aufschlagsätzen) und der Verwendung differenzierter
Festaufschläge.

b) Die konkurrenzorientierte Preisbildung

Die konkurrenzorientierte Preisbildung orientiert sich an den Preisen der Konkurrenz im
eigenen Marktsegment („Feldstecherpreisbildung") und lässt zunächst die konkreten und
individuellen betrieblichen Gegebenheiten unberücksichtigt. Diese Konkurrenzsituation ist
für die touristischen Leistungsanbieter nur sehr begrenzt beeinfluss- und kontrollierbar.

Der entscheidende **Nachteil** der konkurrenzorientierten Preisbildung besteht darin, dass zwar
die Preise der Konkurrenzanbieter bekannt sind, aber nicht deren individuell betriebliche
Gegebenheiten und damit Kostenstrukturen. Vergleichbare Preise von Konkurrenzanbietern
und eigenen Leistungen können deshalb unter Umständen zu sehr differenzierten Gewinnen
oder gar Verlusten im eigenen Betrieb führen.

c) Die nachfrageorientierte Preisbildung

Die nachfrageorientierte Preisbildung orientiert sich an den Preisvorstellungen der Gäste (z.B. anhand von Buchungsanfragen, Ergebnissen der Marktforschung). Sie widerspiegelt wesentlich das Verhältnis von Angebot und Nachfrage auf dem Markt und dessen Entwicklung.

Wie bei der konkurrenzorientierten Preisbildung lässt die nachfrageorientierte Preisbildung zunächst die konkreten und individuellen betrieblichen Gegebenheiten unberücksichtigt. Ihr Vorteil ist zunächst die Einfachheit der Preisbildung und -differenzierung. Sie setzt allerdings zunächst eine konsequente und permanente Marktbeobachtung voraus. Nachteil ist auch hier, dass die betriebs**individuellen** Kostenstrukturen und -entwicklungen weitestgehend unberücksichtigt bleiben. Gleiche nachfrageorientierte Marktpreise können so in unterschiedlichen Betrieben zu sehr unterschiedlichen Gewinnen, ggf. sogar Verlusten führen.

Es muss zudem berücksichtigt werden, dass den Preisvorstellungen der Gäste keine ausschließlich rationalen und kostenorientierten Überlegungen zugrunde liegen, sondern viele individuelle Einflussfaktoren eine Rolle spielen:

- **Bedürfnis**strukturen und -entwicklung (abhängig von Bildungsgrad, Alter, Geschlecht und anderen soziodemografischen Faktoren)

- Entwicklung der **Einkommen** (nominal und real)

- Normen, Werte, Einstellungen (psychografische Faktoren)

- (preis)psychologische Faktoren
  - „Preisschwellen" (preispsychologische Rundungen, bspw. 9,90 €, 99,00 €)
  - Preisbewusstsein („Schmerzgrenzen")
  - Prestige- und Statusdenken, Image

- Substitutionsmöglichkeiten (Eigenleistungen, Alternativangebote)

- usw.

Ein bestimmtes Preisniveau hat insofern auch immer eine bestimmte Nachfrage zur Folge.

Bei der Preisbildung (und -differenzierung, s.u.) wird zunächst grundsätzlich davon ausgegangen, dass – vergleichsweise niedrige bzw. sinkende Preise die Nachfrage erhöhen und vergleichsweise hohe bzw. steigende Preise die Nachfrage vermindern.

Der Einfluss von Preisveränderungen auf das Nachfragevolumen lässt sich rechnerisch mit der der Nachfrageelastizität e des Preises ermitteln.

$$e = - \frac{\dfrac{\text{Mengenänderung}}{\text{Ausgangsmenge}}}{\dfrac{\text{Preisänderung}}{\text{Ausgangspreis}}}$$

Sofern e größer als 1 ist, liegt eine elastische Nachfrage vor, wenn e kleiner als 1 ist, liegt eine unelastische Nachfrage vor.

Beispiel:

Die Hotels A bis D nehmen Preisveränderungen bei ihren Zimmerpreisen vor. Im Gefolge erhöht oder vermindert sich die Nachfrage. Mit Hilfe der Berechnung der Elastizität kann man feststellen, ob sich die Preissenkungen oder -erhöhungen betriebswirtschaftlich positiv ausgewirkt haben.

	Hotel A	Hotel B	Hotel C	Hotel D
ursprünglicher Preis	60,00 €	75,00 €	60,00 €	65,00 €
neuer Preis	70,00 €	65,00 €	75,00 €	70,00 €
Veränderung (€)	10,00 €	10,00 €	15,00 €	5,00 €
Veränderung (%)	16,67%	13,33%	25,00%	7,69%
ursprünglicher Absatz (verkaufte Zimmer)	125	180	240	270
neuer Absatz	110	200	180	245
Veränderung (Zimmer)	15	20	60	25
Veränderung	12,00%	11,11%	25,00%	9,26%
ursprünglicher Umsatz	7.500,00 €	13.500,00 €	14.400,00 €	17.550,00 €
neuer Umsatz	7.700,00 €	13.000,00 €	13.500,00 €	17.150,00 €
Veränderung	2,67%	-3,70%	-6,25%	-2,28%
Elastizität	**0,72** unelastisch	**0,83** unelastisch	**1,00** neutral	**1,20** elastisch
Bewertung Preis	**positiv** Erhöhung	**negativ** Senkung	**negativ !** Umsatz !	**negativ** Erhöhung

Interpretation für das Hotel A:

Die Nachfrageentwicklung ist unelastisch, d.h. die Preiserhöhung von 16,67 % zieht einen Nachfragerückgang von nur 12 % nach sich, bzw. geht die Nachfrage nur um das 0,72-fache der Preiserhöhung zurück. Die Preiserhöhung hat sich positiv ausgewirkt, das ist auch an der Umsatzerhöhung von 200,- € nach der Preiserhöhung erkennbar.

Grundsätzlich ergeben sich folgende Wirkungen bzw. Ergebnisse:

Elastizität	Preissenkung	Preiserhöhung
elastische Nachfrage e > 1	günstig/gut, der Umsatz **steigt**, da die Nachfrageerhöhung die Preissenkung überkompensiert	ungünstig/schlecht, der Umsatz **sinkt**, da die Preiserhöhung den Nachfragerückgang nicht kompensieren kann
unelastische Nachfrage e < 1	ungünstig/schlecht, der Umsatz **sinkt**, da die Nachfrageerhöhung die Preissenkung nicht kompensieren kann	günstig/gut, der Umsatz **steigt**, da die Preiserhöhung den Nachfragerückgang überkompensiert

Es ist also sinnvoll, die Wirkungen von Preisdifferenzierungen und -aktionen in einem bestimmten Zeitraum zu erfassen und mithilfe der jeweiligen Elastizitäten zu ermitteln, ob die Preisdifferenzierungen und -aktionen tatsächlich zu den gewünschten Umsatz- und Gewinnerhöhungen beigetragen haben oder nicht, d.h. die Preissenkungen oder -erhöhungen betriebswirtschaftlich sinnvoll waren oder nicht.

5.4.2 Bildung der betriebsindividuellen Preise

Letztlich fließen bei der endgültigen, betriebsindividuellen Preisbildung für die Leistungen und Produkte sowohl Elemente und Überlegungen der kostenorientierten, der konkurrenzorientierten und der nachfrageorientierten Preisbildung ein. Kostenorientierte Preise, die die Preise der Konkurrenz und/oder die Preisvorstellungen ungenügend berücksichtigen, sind auf dem Markt meist nicht durchsetzbar. Umgekehrt kann eine ausschließlich Orientierung der Preisbildung an der Konkurrenz und / oder den Preisvorstellungen der Gäste fatale Folgen für die innerbetriebliche Kostendeckung und Gewinnerzielung haben.

Die Preisbildung wird in diesem Sinne bestimmt durch

- betrieblich beeinflussbare Faktoren (Kostengestaltung) und
- betrieblich nicht beeinflussbare Faktoren (Preise der Konkurrenz, Nachfrageentwicklung, ggf. steuerliche Regelungen).

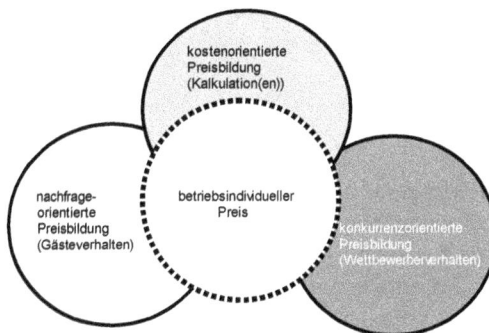

Abb. 5.4.2: Bildung der betriebsindividuellen Preise

5.4.3 Vor-, Zwischen- und Nachkalkulation von Veranstaltungen, Events und Incentives

Bei größeren Veranstaltungen, Events und Incentives sollten nicht nur die Preise (i.d.R. Preis pro Gast, Kartenpreis) bzw. der erwartete Umsatz, die Kosten, der Deckungsbeitrag und der Gewinn vorab geplant werden (insbesondere hinsichtlich der Preisbildung).

Bei längeren Planungszeiträumen bzw. längeren Zeitvorläufen können sich in der Vorbereitung und Durchführung Kosten- und Nachfrageveränderungen ergeben.

Kostenseitig sind beispielsweise Veränderungen der Wareneinsatzkosten durch Marktpreisschwankungen bei den Rohstoffen oder ein höherer bzw. niedrigerer Personalbedarf bei Abweichungen von der geplanten Gästezahl möglich.

Insofern sollten derartige umsatz-, kosten- und ertragsstarke Veranstaltungen, Events und Incentives in drei Schritten geplant und abgerechnet werden, um die tatsächlichen Umsätze, Kosten und Gewinne ermitteln zu können.

1. Schritt Vorkalkulation
⇩

- vorausschauende Kostenplanung insbesondere zur Budgetermittlung sowie zur Ermittlung der erforderlichen Teilnehmerzahl bzw. der erforderlichen Preise pro Gast/Kartenpreise für Distribution und Verkauf

2. Zwischenkalkulation
⇩

- die Zwischenkalkulation erfolgt kontinuierlich bzw. zu festgesetzten Terminen (bspw. entsprechend eines diesbezüglichen Termin- und Maßnahmenplans)
- die Zwischenkalkulation umfasst zugleich die laufende Kontrolle des Budgets und der Kosten anhand des Soll-Ist-Vergleiches sowie der geplanten und jeweils erreichten tatsächlichen Gästezahl (anhand der Buchungen bzw. Kartenverkäufe)
- die Zwischenkalkulation umfasst zudem ggf. anfallende Kosten -, Budget- und Preisanpassungen an Veränderungen, bspw. bei
  - veränderten Preisen der Lieferanten
  - veränderten Gästewünschen
  - unvorhersehbaren Ereignissen

3. Nachkalkulation
⇩

- die Nachkalkulation erfolgt nach der Veranstaltung, dem Event und oder Incentive anhand der nunmehr bekannten bzw. tatsächlichen Kosten und Einnahmen, dabei ist zu beachten, dass mitunter Rechnungen und/oder Zahlungsvorgänge teilweise mit erheblichem zeitlichen Abstand anfallen; d.h. die Nachkalkulation ist erst möglich, wenn **alle** konkreten und aktuellen Kosten bekannt sind.

- bei der Nachkalkulation erfolgt der Vergleich der geplanten Kosten und Umsätze mit den tatsächlichen Kosten und Umsätzen (PLAN-IST-Vergleich)
- die Nachkalkulation bildet die Grundlage für die Schlussrechnung zur Erfolgsermittlung
- die Nachkalkulation dient zugleich in ihrer Analyse- und Bewertungsfunktion dazu, Schlussfolgerungen für die Kosten- und Gewinnplanung künftiger Veranstaltungen, Events und Incentives zu ziehen bzw. die Ergebnisse entsprechend zu berücksichtigen.

Insbesondere in der Gemeinschaftsgastronomie ist es in größeren Betrieben üblich, täglich eine Vor- und Nachkalkulation für die Ermittlung der tatsächlichen Kosten (insbesondere der Wareneinsatzkosten) sowie der erzielten Umsätze und Deckungsbeiträge vorzunehmen und somit den täglichen konkreten Betriebserfolg zu ermitteln.

Dadurch können mit entsprechenden Managemententscheidungen kurzfristig entsprechende Anpassungen an die vorgegebenen Plandaten erreicht werden.

5.4.4 Bildung der Marktpreise

Die Marktpreise als Ergebnis von Angebot und Nachfrage nach bestimmten Produkten und Leistungen sind von erheblicher Bedeutung für die eigene Preisbildung. Sie kommen durch das – unkoordinierte und individuelle – Agieren aller Marktteilnehmer in einem bestimmten Marktsegment und in einer bestimmten Destination zustande und lassen sich insofern vom eigenen Betrieb bei unbeschränkter Konkurrenz nur bedingt beeinflussen. Aufgrund der polypolistischen Struktur (viele Anbieter, viele Nachfrager) als Regelfall in den touristischen Destinationen und der wachsenden Markttransparenz werden dort vollkommene Märkte mit entsprechender Bildung der Marktpreise (Gleichgewichtspreise) unterstellt.

Beispiel Marktpreisbildung (vereinfachte Darstellung) :

Angebot (Zimmer)	**Nachfrage (Zimmer)**
10 Zimmer zu mindestens 40 € Verkaufspreis	höchstens 10 Gäste, die 70 € zahlen
30 Zimmer zu mindestens 40 € Verkaufspreis	höchstens 20 Gäste, die 60 € zahlen
40 Zimmer zu mindestens 40 € Verkaufspreis	höchstens 40 Gäste, die 60 € zahlen
20 Zimmer zu mindestens 40 € Verkaufspreis	höchstens 30 Gäste, die 60 € zahlen

zu 70 € gibt es höchstens 10 Zimmerverkäufe (nachfragebegrenzt)
zu 60 € gibt es höchstens 30 Zimmerverkäufe (nachfragebegrenzt)
zu 50 € gibt es höchstens 40 Zimmerverkäufe (angebotsbegrenzt)
zu 40 € gibt es höchstens 10 Zimmerverkäufe (angebotsbegrenzt)

Bei einem Preis von **50 €** finden die meisten Käufe / Verkäufe statt, d.h. der Marktpreis (Gleichgewichtspreis auf dem vollkommenen Markt) beträgt 50 €.

Anbieter mit vergleichbarem Leistungsangebot, die über diesem Preis verkaufen wollen und Gäste, die unter diesem Preis kaufen wollen, kommen deshalb bei gegebener Markttransparenz mittel- und langfristig absatzseitig **nicht** zum Zuge.

Die Marktpreise sind deshalb wiederum ein wichtiger Ausgangspunkt der nachfrage- und der konkurrenzorientierten Preisbildung.

5.4.5 Strategische und taktische Preispolitik

Die strategische und taktische Preispolitik der Unternehmen haben unterschiedliche zeitliche und inhaltliche Bezüge.

Die strategische Preispolitik ist explizit oder implizit Bestandteil der Unternehmensvision und widerspiegelt sich damit in den langfristigen und dauerhaften Unternehmenszielen.

Das können beispielsweise folgende Ziele sein:

- Preisführerschaft im eigenen Marktsegment und in der eigenen Destination
- sonstige preisliche Dauerpositionierung im Wettbewerbsumfeld im eigenen Marktsegment und in der eigenen Destination
- Schaffung eines bestimmten Preisimages bei den Gästen („gutes Preis-Leistungsverhältnis", „preiswert", „ gut und günstig" usw.)
- Verbindung von strategischer Preispolitik und Produkt- und Leistungspolitik („Abschöpfungspreise" durch permanente Produkt- und Leistungsverbesserungen und -innovationen)
- Verbindung von Preispolitik mit den langfristigen Entwicklungs- und Wachstumszielen des Unternehmens (Erwirtschaftung entsprechender Gewinne oder Cash-Flows durch eine adäquate langfristig angelegte Preispolitik (bspw. hinsichtlich der Kostendeckung und Gewinnerwirtschaftung, der Preistransparenz und -klarheit, der Festlegung der Kalkulationsbasis für die Preise, die Preisgestaltung im Vertrieb)
- die Anpassung der Preispolitik des Unternehmens an das – vor allem zukünftig – zu erwartende Kauf-, Reservierungs- und Buchungsverhalten der Gäste (bspw. hinsichtlich der Vertriebswege, die Reservierungs- und Buchungszeiten, der Veränderung der Markttransparenz (bspw. Reservierungsportale und -systeme sowie Bewertungsportale im Internet), die Entwicklung der Gästebindung und –treue)

a) Varianten der strategischen Preispolitik

Für die Umsetzung der Unternehmensvision und/oder der angestrebten Unternehmensziele lassen sich einige Grundmuster der strategischen Preispolitik erkennen, deren Anwendung vor allem vom eigenen Marktsegment und von den konkreten Marktbedingungen in der eigenen Destination abhängt.

	Zielrichtung	Voraussetzung	Beispiele
Hochpreis-Politik	- besondere Produktqualität - Exklusivität - Prestigekäufe - Statuskäufe - Snob-Effekte	- geringe Preiselastizität der Nachfrage - hohe Servicequalität - positives Image des Unternehmens - neue/innovative Produkte/ Leistungen bzw. eine entsprechende Produkt- und Leistungspolitik	Fünf-Sterne-Hotels, gehobene Gastronomie
Niedrigpreis-Politik	- Massenabsatz für Massenprodukte (Kostendegression) - Preisführerschaft - Druck auf Konkurrenten - Erhöhung des Marktanteils - positives Preisimage („Dauertiefpreise")	- hohe Preiselastizität der Nachfrage - standardisierbare Produkte und Leistungen - hoher Bekanntheitsgrad der Produkte/ Leistungen, ggf. der Unternehmen - leistungsfähige Warenwirtschafts-, Preisbildungs- und Vertriebssysteme	Budgethotellerie, Fast-Food-Ketten, z. T. Full-Service- Systemgastronomie Gemeinschaftsgastronomie („Business, „Care"; „Education")
Marktpreispolitik	- Massenabsatz für Massenprodukte (Kostendegression) - Erhöhung des Marktanteils - Marktabschöpfung (bei steigenden Marktpreisen)	- hohe Preiselastizität der Nachfrage bei Preissenkungen - niedrige Preiselastizität der Nachfrage bei Preiserhöhungen - standardisierbare Produkte und Leistungen - hoher Bekanntheitsgrad der Produkte/ Leistungen, ggf. der Unternehmen - hohe Konkurrenzfähigkeit in der Produkt- und Leistungspolitik - leistungsfähige Warenwirtschafts-, Preisbildungs- und Vertriebssysteme	Drei- und Vier-Sterne-Hotellerie

	Zielrichtung	Voraussetzung	Beispiele
Preisdifferen-zierungs-Politik	- Absatz- und Umsatzsteigerung - Neugastgewin-nung, - (Stamm-)Gast-bildung und -bindung	- hohe Preiselastizität der Nachfrage - Möglichkeit der Produkt-, Leistungs- und Service differenzierung, - neue/innovative Produkte/ Leistungen und bekannte Produkte/ Leistungen - leistungsfähige Waren-wirtschafts-, Preisbil-dungs- und Vertriebs-systeme	Hotellerie Gemeinschafts-gastronomie („Business, „Care"; „Education"), teilweise klassische Individualgastronomie
Konditionen-Politik	- Absatzsteigerung - Neugastgewin-nung, - (Stamm)Gastbil-dung und -bindung - Liquiditäts-verbesserung	- (relativ) hohe Preiselasti-zität der Nachfrage - Möglichkeit der Produkt-, Leistungs- und Service-differenzierung - leistungsfähige Waren-wirtschafts-, Preisbil-dungs- und Vertriebs-systeme - leistungsfähiges innerbe-triebliches Controlling	Hotellerie Gemeinschafts-gastronomie („Business, „Care"; „Education") teilweise klassische Individualgastronomie

b) Die taktische Preispolitik

Die taktische Preispolitik widerspiegelt sich in den Marketingzielen, sie stellt das kurzfristige und unmittelbare Agieren und Reagieren des Unternehmens auf dem Markt dar.

Das können beispielsweise folgende Ziele sein:

- Reaktion auf kurzfristige preispolitische Maßnahmen der Konkurrenten, d.h. erhalten der Wettbewerbsfähigkeit
- Verkaufsförderaktionen des eigenen Unternehmens
- kurzfristige Erwirtschaftung von Deckungsbeiträgen (Zusatzangebote)

Beispiele für taktische preispolitische Maßnahmen sind unter anderem:

- Last-Minute-Preise von Pauschalen
- Stand-by-Tarife (im Beherbergungsgewerbe)
- Aktionspreise bei Verkaufsförderaktionen

5.4.6 Möglichkeiten der Preisdifferenzierung i. R. der Preisdifferenzierungspolitik

Preisdifferenzierung als preispolitisches Marketinginstrument liegt vor, wenn vom Anbieter für gleiche Produkte/Leistungen in Abhängigkeit von definierten Kriterien von unterschiedlichen Nachfragern unterschiedliche Preise gefordert werden. Ansatzpunkte ergeben sich daraus, dass der betriebsindividuelle Betriebspreis (Preisbildung) unter dem Marktpreis und/oder die Preisvorstellungen der Gäste über dem Marktpreis liegen.

Die Konsumentenrente stellt die Differenz zwischen dem höheren Preis, die Gäste für eine bestimmte Leistung oder Ware zu zahlen bereit sind (z. B. aufgrund besonderer individueller Wertschätzungen), und dem tatsächlichen Marktpreis dar. Die Produzentenrente stellt die Differenz zwischen dem höheren Marktpreis für eine bestimmte Leistung oder Ware und dem betriebsindividuellen Preis dar, zu dem ein Anbieter seine Leistungen und Waren gerade noch anbieten würde (z. B. aufgrund höherer Produktivität).

Mit der Preisdifferenzierungspolitik können deshalb Konsumentenrenten teilweise oder vollständig abgeschöpft und/oder Produzentenrenten teilweise oder vollständig realisiert werden.

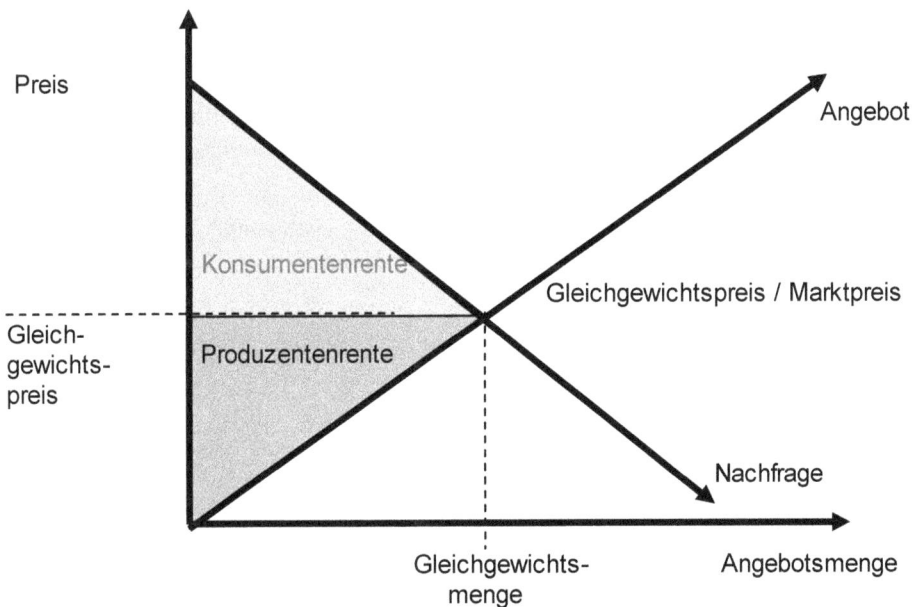

Der tatsächlich geforderte individuelle Verkaufspreis wird bei der Preisdifferenzierung gegenüber dem (ursprünglich) kalkulierten bzw. gebildeten Betriebspreis **bewusst und zielgerichtet** verändert.

Voraussetzungen für die Preisdifferenzierung:

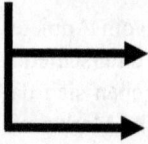

Möglichkeit der Nachfragesegmentierung (räumlich, zeitlich, sachlich, personell usw.)

vergleichsweise geringe Markt- und Preistransparenz für die Gäste (bspw. in einer Destination)

Preisdifferenzierungen erfolgen im Regelfall, um entweder

- mit niedrigeren Preisen als dem ursprünglichen Preis, Nachfragesteigerungen auszulösen; diese Preisdifferenzierung ist betriebswirtschaftlich allerdings nur erfolgreich, wenn eine hohe Nachfrageelastizität des/der Preise/s gegeben ist, da ansonsten Umsatz- und Ertragsrückgänge erfolgen (bspw. bei Frühbucherrabatten)

- mit höheren Preisen als dem ursprünglichen Preis, Nachfragespitzen zu nutzen; diese Preisdifferenzierung ist betriebswirtschaftlich allerdings nur erfolgreich, wenn eine niedrige Nachfrageelastizität des/der Preise/s gegeben ist, da ansonsten Umsatz- und Ertragsrückgänge erfolgen (z.B. „Messepreise", Hochsaisonpreise)

- mit niedrigeren Preisen als dem ursprünglichen Preis, in umsatzschwachen Zeiten Deckungsbeiträge zu erwirtschaften, die über die Deckung der variablen Kosten hinaus teilweise oder vollständig zur Deckung der Fixkosten beitragen; das ist betriebswirtschaftlich allerdings nur dann sinnvoll und möglich, wenn ein erheblicher Teil oder die gesamten Fixkosten im Betrieb durch die sonstige Leistungserstellung bereits gedeckt sind (z. B. bei Zusatzangeboten bzw. -geschäften)

Bei der Preisdifferenzierung lassen sich im Hotel- und Gaststättengewerbe unterschiedliche Differenzierungskriterien und -möglichkeiten unterscheiden.

Die Preisdifferenzierungsmöglichkeiten lassen sich zudem ggf. kombinieren, bspw. indem Skonti nur den Stammgästen eingeräumt werden (zeitliche und personelle Preisdifferenzierung).

Differenzierungs-kriterium	Differenzierungs-Möglichkeiten	Beispiele
zeitlich	Tageszeit Wochentage/Wochenende Saisonzeiten Buchungszeitpunkte Zahlungszeitpunkt	„Happy Hour", "Blue Hour" Saisonpreisstaffelungen Mittagsangebote Frühbucherrabatte Last-Minute-Rabatte Stand-by-Tarife Skonti (Zahlungsziele)
mengenmäßig	Mengenrabatte (Preisrabatte) Paketangebote (Naturalrabatte) Gratiszusatzleistungen (Naturalrabatte)	Mengenrabattstaffeln, 7 = 5, 14 = 10 (Übernachtungen oder Mindestaufenthalte in Tagen), Preisrabatte bei Menüs (günstiger als Einzelpreise) Kaffee und Kuchen im Paket kostenfreie Getränke oder Zusatz-leistungen jede 10. Nacht frei (Hotel)
räumlich	je nach Destination (Hotelketten) Standort in der Destination Attraktivität des Standortes Lage von Zimmern	Standort Innenstadtlage, Randlage, Natur, Aussicht, Meerblick Lärm/Ruhe
personell	Ziel- und Gästegruppen (Kinder, Schüler, Studenten, Senioren usw.) Stammgäste VIPs	kostenfreie Kinderangebote (bspw. bis 1,20 m, bis 12 Jahre), Upgrading bei Stammgästen, Seniorenpreise VIP-Preise
nach Verkaufsweg	direkte Verkaufswege indirekte Verkaufswege	Rabatte bei Internetbuchungen gegenüber anderen Vertriebswe-gen, Reisebürorabatte
nach Zahlungsart	Vorauszahlung Anzahlung Barzahlung Kartenzahlung Zahlung per Rechnung	Vorauszahlungsrabatte Barzahlungsrabatte Skonti (bspw. für Stammgäste)
nach Kapazitätsauslas-tung	Buchungszeitpunkte Buchungszeiträume Auslastungsgrade	Frühbucherrabatte Last-Minute-Rabatte Yield-Preise Preise für Zusatzangebote und -geschäfte

5.4.7 Deckungsbeitragsrechnung und Preisdifferenzierung

Die Preisbildung der betriebsindividuellen Preise erfolgt im Regelfall auf der Grundlage der **Vollkostenrechnung**. Dabei werden – ob gewollt oder ungewollt – anhand der geplanten Umsätze und Kosten bzw. Budgets bei einer ebenso geplanten Auslastung und/oder Gästezahl die Preise kalkuliert.

Diese Preise widerspiegeln allerdings betriebswirtschaftlich nur die Gesamtkosten und erzielbaren Umsätze an diesem einen geplanten Umfang der Leistungserstellung bzw. Auslastungspunkt.

Zwischen **Fixkosten**, d.h. Kosten, die **unabhängig** vom Umfang der Leistungserstellung sind (verkaufte Zimmer, verkaufte Speisen und Getränke usw.) und **variablen Kosten**, die **abhängig** vom Umfang der Leistungserstellung sind, wird dabei nicht unterschieden. Sofern diese Unterscheidung vorgenommen wird, wird deutlich, dass abhängig vom Umfang der jeweiligen Leistungserstellung jeder unterschiedlichen Umsatzgröße auch eine dazugehörende unterschiedliche Gesamtkostenhöhe gegenüber steht.

Die **Teilkostenrechnung** „konzentriert" sich zunächst auf die variablen Kosten und lässt die Fixkosten bzw. ihre Verteilung auf die erstellten Leistungen (bspw. verkaufte Zimmer, Speisen, Getränke) zunächst außer Acht.

Variable Kosten im Hotel- und Gaststättengewerbe sind unter anderem:

- Wareneinsatzkosten (Gastronomie, in der Hotellerie für das Frühstück)
- Energiekosten (Logisbereich in der Hotellerie, außer Grundgebühren)
- Wasser- und Abwasserkosten (Gastronomie, Logisbereich in der Hotellerie, außer Grundgebühren)
- Entsorgungskosten (außer Grundgebühren)

Graphische Darstellung:

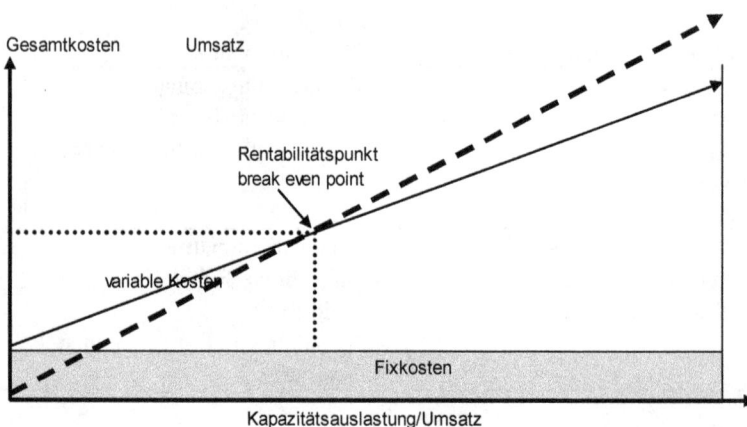

Abb. 5.4.3: Vergleichsweise niedrige fixe und hohe variable Kosten pro Leistungseinheit (Gastronomie)

Der Rentabilitätspunkt (d.h. die Gewinnzone) wird relativ schnell erreicht, die Gewinne steigen aber vergleichsweise nur mäßig an, da jede weitere Umsatz- und Gewinnerhöhung mit erheblichen weiteren variablen Kosten verbunden sind.

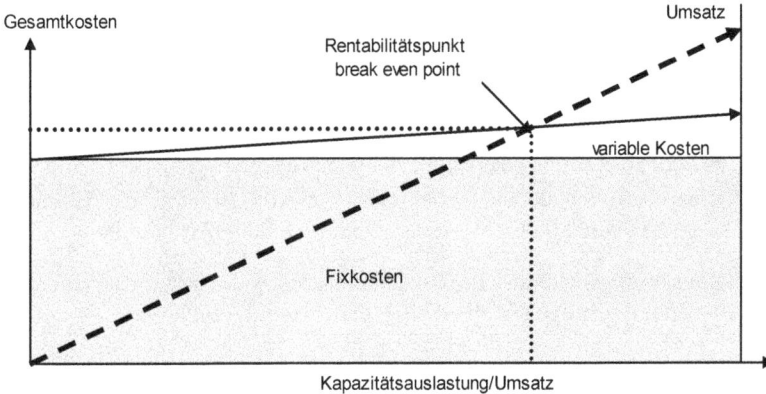

Abb. 5.4.4: Vergleichsweise hohe fixe und niedrige variable Kosten pro Leistungseinheit (z.B. im Logisbereich)

Der Rentabilitätspunkt (= break even point), d.h. die Schwelle zur Gewinnzone, wird relativ spät erreicht, die Gewinne steigen aber vergleichsweise stark an, da jede weitere Umsatz- und Gewinnerhöhung mit geringen weiteren variablen Kosten verbunden sind.

Sofern der erzielte Umsatz aus einer verkauften Leistung (bspw. verkaufte Zimmer, Speisen, Getränke) größer als die damit verbundenen variablen Kosten sind, trägt er zur Fixkostendeckung und ggf. darüber hinaus zur Gewinnerzielung bei.

Dieser über die variablen Kosten hinausgehende Betrag wird deshalb **Deckungsbeitrag** genannt.

		Beispiel:
	Verkaufspreis (Netto)	**9,80 €**
./.	**Wareneinsatzkosten**	./. **3,20 € Wareneinsatzkosten**
./.	**ggf. weitere variable Kosten**	./. **0,40 € sonstige variable Kosten**
=	**Deckungsbeitrag** (Deckung der Fixkosten – Gewinn)	= **6,20 € Deckungsbeitrag**

Näherungsweise bzw. vereinfacht ergibt sich der Deckungsbeitrag in der Gastronomie aus der Differenz von Verkaufspreis und Wareneinsatzkosten, da die sonstigen variablen Kosten vergleichsweise gering sind.

Im Logisbereich lassen sich die variablen Kosten näherungsweise und vereinfacht aus dem Vergleich der Umsatzentwicklung, den Gesamtkosten und der Entwicklung der verkauften Zimmer bestimmen.

Beispiel:

	Juni	Juli
verkaufte Zimmer	3000	2800
Gesamtkosten	120.000,00 €	118.000,00 €
Nettopreis/Zimmer	50,00 €	50,00 €

Die Differenz von 200 verkauften Zimmern entspricht einer Veränderung der Gesamtkosten von 2.000,00 €, d.h., es ergeben sich daraus variable Kosten von 10,00 € pro Zimmer. Zugleich betragen die Fixkosten 90.000,00 € pro Monat, d.h. 1.080.000,00 € im Jahr.

Die entsprechende Deckungsbeitragsrechnung bietet zusätzlich zur Kalkulation auf Vollkostenbasis weitere sinnvolle und notwendige Möglichkeiten der Preisdifferenzierung.

- **Deckungsbeitragsrechnung und Zusatzangebote**

Die Unterschiede zwischen Vollkostenrechnung und Teilkostenrechnung bzw. Deckungsbeitragsrechnung werden an folgenden Beispielen illustriert:

a) Gastronomie

Ein Reiseveranstalter erkundigt sich bei einem Gastwirt, ob dieser bereit ist, an fünf Werktagen pro Woche (durchschnittlich 22 Werktage / Monat) in den Monaten Mai bis September in der Zeit von 17:00 - 19:00 Uhr täglich durchschnittlich 40 Ausflugsgäste zu bewirten.

Da das Abendgeschäft ansonsten im Regelfall erst gegen 20:00 Uhr einsetzt, wäre der Gaststättenbetrieb dazu ohne zusätzlichen Personalaufwand in der Lage. Allerdings ist der Reiseveranstalter nur dann bereit zu diesem Geschäft, wenn der Menüverkaufspreis höchstens 10,90 € beträgt. Weiterhin sind folgende betriebswirtschaftliche Daten im Gaststättenbetrieb gegeben:

Gemeinkostenzuschlag (GKZ):	**240 %**
Gewinnzuschlag:	**18 %**
Fixkosten:	**20.000,00 €** (Monat)
Wareeinsatzkosten pro Menü:	**3,00 €**

Aus diesen Zahlen ergeben sich Selbstkosten von 10,20 € pro Menü und ein Nettopreis von 12,04 €. Bei konsequenter Anwendung der Vollkostenrechnung muss der Gastwirt das Angebot ablehnen, da er netto vom Reiseveranstalter nur 9,16 € erhielte und damit nicht einmal seine Selbstkosten gedeckt würden, sondern sogar noch ein Verlust von 1,04 € pro verkauftem Menü entstünde.

Das träfe allerdings nur dann zu, wenn der Gastwirt bis zum Angebot des Reiseveranstalters seine Fixkosten nicht oder nur teilweise gedeckt hätte.

Ist das Angebot des Reiseveranstalters dagegen ein „Zusatzgeschäft", d.h. sind die Fixkosten des Gastwirts schon weitgehend oder vollständig gedeckt, ergibt sich ein anderes Bild.

Jedes an den Reiseveranstalter verkaufte Menü erwirtschaftet einen Deckungsbeitrag von 6,16 €, der entweder dazu dient, (noch) die „restlichen" Fixkosten zu decken, oder im Falle ihrer Deckung zusätzlicher Gewinn pro verkauftem Menü darstellt.

Die **Preisuntergrenze** liegt bei der Vollkostenrechnung bei 10,20 € (Deckung der Selbstkosten), bei der Deckungsbeitragsrechnung zunächst bei 3,00 € (Deckung der variablen Kosten).

Zugleich wird damit aber deutlich, dass die Deckungsbeitragsrechnung hinsichtlich der Preisgestaltung nur für kurzfristige und oder zusätzliche Leistungsangebote geeignet ist, mittel- und langfristig bilden die Selbstkosten entsprechend der Vollkostenrechnung die Preisuntergrenze, da für die Existenzsicherung des Betriebes die dauerhafte und umfassende Deckung aller anfallenden Kosten erforderlich ist.

b) Hotellerie

Ein Hotel überlegt, einen neuen Vertriebsweg über ein provisionsbasiertes externes Reservierungssystem zu nutzen. Die Provision (de facto variable Kosten) beträgt dabei 12 %. Beim Hotel sind folgende Daten gegeben:

durchschnittlicher Zimmerpreis:	60,00 € (netto)
Gewinnzuschlagsatz:	10 %
Anteil der Fixkosten an Gesamtkosten:	70 %

Bei Zugrundelegen der Vollkostenrechnung ergibt sich nach Abzug der Provision ein Betrag von 52,80 €. Beim gegebenen Gewinnzuschlag entstünde rechnerisch ein Verlust von 1,75 € pro Zimmer, das über das Reservierungssystem verkauft wird.

60,00 € Nettoumsatz	60,00 € Nettoumsatz
- 7,20 € Provision	- 5,45 € Gewinn
52,80 € Nettobetrag	54,55 € Selbstkosten, **d.h. 1,75 € „Verlust"**

Geht das Hotel aber – richtigerweise – davon aus, dass auch bei Nichtverkauf für die Zimmer Kosten entstehen und nur ein geringer Teil der Zimmer über das System verkauft werden können und sollen, ergibt sich auch eine andere Situation.

Entsprechend der Deckungsbeitragsrechnung ergeben sich zunächst Gesamtkosten pro ver-kauftem Zimmer von 54,55 €, davon sind 38,18 € Fixkosten und 16,37 € variable Kosten pro Zimmer. Bei Deckung der variablen Kosten (16,37 €) und der Provision (7,20 €) ergibt sich ein Deckungsbeitrag von 36,43 €, der für die Deckung der Fixkosten und ggf. für die Ge-winnerzielung zur Verfügung steht. Umgekehrt ließe sich sagen, dass dem Hotel 36,43 € pro über das Reservierungssystem vermitteltes Zimmer entgingen, wenn es auf diesen Reservie-rungsweg verzichtete.

Zugleich ließen sich ggf. die Provision, d.h. Vertriebskosten des Reservierungssystems über eine Preiserhöhung kompensieren. Wenn unterstellt wird, dass bspw. 15 % der Zimmer über das Reservierungssystem vermittelt werden, dann ergäbe das eine Preiserhöhung von 1,8 % (12 % x 15 %) und einen neuen Verkaufspreis netto von 61,08 € bzw. einen vergleichsweise geringen Preisaufschlag von 1,08 € pro verkauftem Zimmer.

- **Zusatzangebote und Yield-Management**

Die Teilkosten- bzw. Deckungsbeitragsrechnung bietet zugleich die Möglichkeit, die Preis-differenzierung gezielt mit der Kapazitätsauslastung zu verbinden. Diese Form der Preisbil-dung und -differenzierung wird als Yield-Management bezeichnet.

Das Yield-Management ist eine Form der flexiblen Preisbildung und -differenzierung für Produkte und Leistungen von Unternehmen / Betrieben zur Nachfragesteuerung, die anhand der Entwicklung der realen Kapazitätsauslastung der betrieblichen Ressourcen und Ange-bots-potentiale bzw. der Verkaufsdaten mit dem Ziel der höchstmöglichen Erwirtschaftung von Deckungsbeiträgen bzw. des Gewinns erfolgt.

Grundsätzlich wird beim Yield-Management unterstellt, dass eine hohe Nachfrageelastizität des/der Preise/s gegeben ist, d.h. niedrige bzw. gestaffelte Preise „Einstiegs"preise die Nach-frage stimulieren.

Voraussetzungen zur Anwendung von Yield-Management

- relativ homogene „verderbliche" Leistungen (nicht „lagerfähig")
- schwankende Nachfrage, d.h. die Terminierung der Verkäufe ist möglich und wichtig
- die angebotenen Leistungskapazitäten sind vergleichsweise starr bzw. unflexibel bzw. kurz- und mittelfristig nicht veränderbar
- die Kapazitätsauslastung hat wesentlichen Einfluss auf die Entwicklung des Gewinns (hohe „Bereitschafts- bzw. Vorhaltekosten", d.h. Fixkosten)
- der Verkauf der Produkte und Leistungen erfolgt (weitgehend) im Vorverkauf (Reservie-rung, Buchung)

Beispiele:

- Verkehrsmittel (Züge, Flugzeuge, Schiffe, Busse usw.)
- Freizeitparks, Kinos, Kultureinrichtungen
- Hotels, Krankenhäuser, Kurkliniken

a) Beispiel Hotellerie (vereinfachte Darstellung):

Planzahlen für das Hotel A im Geschäftsjahr 2010:

- 120 Zimmer / 360 Tage geöffnet

- durchschnittlicher Verkaufspreis pro Zimmer 71,40 €, d.h. 60,00 € netto

- Selbstkosten pro Zimmer 45,00 €

- durchschnittliche Zimmerauslastung 60 % im Jahr, das entspricht einem Nettoumsatz im Jahr von 1.555.200,00 €

Bei den Zimmerpreisen werden auslastungsbezogen folgende Preisdifferenzierungen (Preisab- und Preiszuschläge in Prozent) vorgenommen:

Zimmer-auslas-tungsgrad bis auf	Preisab- und -zuschläge in %	Preis pro Zimmer € netto	Verkaufte Zimmer	Umsatz
10 %	- 12,0 %	52,80 €	4320	228 096,00 €
20 %	- 7,5 %	55,50 €	4320	239 760,00 €
30 %	- 3,75 %	57,75 €	4320	249 480,00 €
45 %	0 %	60,00 €	6480	388 800,00 €
60 %	+ 15 %	69,00 €	6480	447 120,00 €
über 60 %	+ 17,5 %	70,50 €		
Gesamt **(bis 60 %)**		59,93 € (Durchschnitt)	25 920	1 553 256,00 €

Die Preisdifferenzierung wurde so gestaltet, dass bei 45 % Auslastung der Umsatz die Kosten deckt (Rentabilitätspunkt) und bei 60 % Auslastung der geplante Gesamtumsatz (netto) erreicht wird (mit einer kleinen Abweichung).

Betriebswirtschaftliches Ziel war und ist es, durch die niedrigeren „Einstiegs"preise zunächst einmal die Nachfrage so zu stimulieren, dass möglichst rasch die Fixkosten gedeckt und dann die Gewinnzone erreicht wird. Nach dem Überschreiten des Rentabilitätspunktes (Deckung der Fixkosten und der variablen Kosten) steigen die Gewinne dann rasch an.

b) Planzahlen Hotelpauschale (Reiseveranstalter):

- durchschnittlicher Nettoverkaufspreis der Pauschale 350,00 €

- Ziel ist der Verkauf von (mindestens) 50 Pauschalen (geplante Bus- und Hotelauslastung), d.h., Umsatzziel sind 17.500,00 € (netto)

- Preisdifferenzierung nach dem Buchungszeitpunkt bzw. -zeitraum vor Beginn der Reise (Frühbucherrabatt, Last-Minute-Preis-Nachlässe)

- eine elastische Nachfrage bei Preissenkungen wird unterstellt

Wochen vor Buchung	Preisab- und -zuschläge (vom Durchschnitts- preis) in %	Preis pro Pauschale in €	Verkaufte Pauschalen	Umsatz
35	- 7,5 %	323,75 €	15	4 856,25 €
24	- 5,0 %	332,50 €	10	3 325,00 €
18	+ 15,0 %	**402,50 €**	10	4 025,00 €
9-17	+ 12,5 %	393,75 €	5	1 968,75 €
0-8	-5,0 %	332,50 €	10	3 325,00 €
Gesamt		350,00 € (Durchschnitt)	50	17 500,00 €

Achtung:

- Der Katalog(grund)preis beträgt 402,50 €, von ihm aus werden de facto die Preisab- schläge vor genommen!

Zusätzliche Umsatzeffekte können zum einen eintreten, wenn die Nachfrage durch die Preis- senkungen bei den Frühbucherrabatten überdurchschnittlich steigt.

Andererseits können auch die Last-Minute-Angebote zu zusätzlichem Umsatz und vor allem Gewinn führen, wenn bis dahin bereits mehr als die geplanten 40 Pauschalen verkauft wor- den sind.

Aufgaben Kapitel 5.4:

Fall 1: Preiskalkulation/Zuschlags- und Divisionskalkulation

Folgende betriebswirtschaftliche Daten liegen vom Hotel „Zur stillen Post" vor:	Angaben netto in 1000 €
Gesamtumsatz:	1228,0
Gewinn:	228,3
darunter Gewinn F & B	84,2
Übernachtungen	19116
Zinsen	98,5
Personalkosten	366,3
Mitarbeiter	18
Bediengeld (kein Gemeinkostenbestandteil)	15%
Warenumsatz F & B	701,8
Wareneinsatz F & B	177,4

1. Ermitteln Sie folgende betriebswirtschaftliche Kennziffern:
   a) Aufschlagsatz F + B (netto),
   b) Kalkulationsfaktor F & B (netto / mit Bediengeldzuschlag).
2. Ermitteln Sie mithilfe der Zuschlagskalkulation den Preis eines Gerichtes mit einem Wareneinsatz lt. Rezeptur von 2,31 € (Basis F + B).
3. Ein Busreiseveranstalter bietet dem Betrieb max. 12,00 € (netto) für ein Menü, wie hoch darf dann höchstens der Wareneinsatz pro Menü sein?
4. Ermitteln Sie, wie hoch der Wareneinsatz (gesamt) höchstens sein darf, wenn ein Endkunde für ein Buffet für 60 Gäste höchstens 20,00 € pro Person ausgeben will.
5. Ermitteln Sie mithilfe der Divisionskalkulation den durchschnittlichen Verkaufspreis pro Übernachtung sowie die zulässigen Selbstkosten bei einem Inklusivpreis von 49,50 €.
6. Sie können den Verkaufspreis des Gerichtes laut Aufgabe 2 auf 13,90 € erhöhen. Welchen zusätzlichen Gewinn pro Gericht können Sie dann erzielen?

Fall 2: Bildung von Marktpreisen
Ausgangspunkt: Zimmerpreis (3-Sternehotels, Destination ABC, 35. KW)

Nachfragen von Kunden (Zimmeranzahl und gebotener Preis)

Zimmer	Höchstpreis
80	80,00 €
210	70,00 €
270	60,00 €
240	50,00 €

Angebot der Hotels (Zimmeranzahl und geforderter Preis)

Zimmer	Mindestpreis
310	80,00 €
300	70,00 €
170	60,00 €
70	50,00 €

Ermitteln Sie den Marktpreis für diese Zimmerkategorie.

Einen Fall 3 zum Thema „Ermittlung von Elastizitäten ..." inkl. Lösungshinweise finden Sie unter dem folgenden Link (Downloadmöglichkeit aller Lösungshinweise):

http://www.oldenbourg-verlag.de/wissenschaftsverlag/marketing-management/9783486701500

5.5 Distributionspolitik

Angesichts der bestehenden Käufermärkte – auch in der Tourismuswirtschaft – sowie der Kleinteiligkeit, Vielzahl und Vielfalt der Unternehmen und Betriebe ist nicht (mehr) nur die Leistungserstellung eine existenzielle Frage. Für die Unternehmen stellt sich zunehmend das Problem, ob und wie die angebotenen Güter und Leistungen die angestrebten Zielgruppen überhaupt erreichen.

Die Zusammenhänge, aber auch Grenzen zwischen der Distributionspolitik und der Kommunikationspolitik – insbesondere der Werbung und der Direktkommunikation – sind dabei durchaus fließend.

Schwierigkeiten bereitet zudem in der Hotellerie die Situation, dass nicht einmal die „Hardware" dem Gast physisch präsentiert werden, sondern nur „beschrieben" und gezeigt werden kann. Die „Software", die gerade die Möglichkeiten bietet, sich von den Wettbewerbern durch besondere Servicequalität und Dienstleistungsmentalität abzuheben, kann überhaupt nicht vermittelt werden.

Diese Bedingungen sind in der Gastronomie nur wenig besser, allerdings können zumindest einzelne Produktgruppen ständig oder zeitweilig bei Verkaufsförderaktionen dem Gast direkt präsentiert werden.

Zugleich haben sich die Distributionskanäle durch die modernen Informations- und Kommunikationstechnologien vervielfacht; die Firmen und privaten Haushalte verfügen heute über eine Vielzahl von Kommunikationsendgeräten vom (Festnetz)Telefon und Fax über Handy (internetfähig) zum PC / Laptop mit Internetanschluss. Nach wie vor gibt es aber auch Printmedien wie Hotel- und Restaurantführer (auch auf CD) und die großen Informations- und Reservierungssysteme der Tourismuswirtschaft.

Die Präferenzen der einzelnen Zielgruppen für diese Distributionskanäle sind dabei sehr differenziert.

Die jüngere Generation nutzt immer weniger die „traditionellen" Informations- und Kommunikationswege im Printbereich. Unternehmen und Betriebe, die nicht im Internet zu finden sind, existieren faktisch für diese Gäste- und Kundenkreise nicht (mehr).

Aber auch die Postjunioren-Generationen wenden sich schneller und stärker den neuen Informations- und Kommunikationskanälen zu. Dabei werden die damit verbundenen Vorzüge wie – meist – bequeme und rasche Handhabung gern genutzt. Nicht zu unterschätzen ist auch die neue Qualität der Markt- und Angebotstransparenz insbesondere bei den Preisen und Leistungen, die sich für die Gäste und Kunden bietet.

Dieser Transparenz – verbunden mit den internetbasierten Bewertungsportalen – müssen sich Gastgewerbe und Touristik stellen, vielmehr aktiv agieren, statt oft nur zu reagieren.

Für die Gastronomen und Hoteliers bedeutet dies, entweder einzelne Distributionskanäle auszuwählen oder alle möglichen Distributionskanäle zu bedienen. Ersteres birgt das Risiko, an der Zielgruppe vorbei zu agieren, letzteres ist mit erheblichem finanziellem, materiellem und personellem Aufwand verbunden. Im Einzelhandel betragen die Distributionsaufwendungen schon bis zu 50 % des Nettoverkaufspreises.

Die Distributionsaufwendungen steigen aber auch im Gastgewerbe absolut und anteilig am Preis der Güter und Leistungen. Auch dieser Kostendruck muss deshalb professionell „gemanagt" werden.

Zudem zeigt sich, dass beispielsweise eine bloße Präsenz im Internet über eine eigene Web-Seite längst nicht mehr für den Vertriebserfolg ausreicht. Diese Präsenz – ggf. gleich verbunden mit Buchungs- und / oder Reservierungsmodulen – muss zugleich mit flankierenden Marketingmaßnahmen der Werbung, Öffentlichkeitsarbeit usw. unterstützt werden, wenn sie nicht eine der vielen „Grabstätten" im weltweiten Netz werden will. Hier wird aber auch die enge Verflechtung der Distributions- mit der Kommunikationspolitik deutlich, die in der Praxis häufig kaum zu trennen sind.

5.5.1 Distributionspolitik und ihre Besonderheiten im Gastgewerbe

Als Distributionspolitik werden nachfolgende alle Entscheidungen, Maßnahmen und Handlungen verstanden, die der Übermittlung von Gütern und Dienstleistungen in physisch-realer, ideeller und/oder damit verbunden in rechtlicher Form an den Gast bzw. Endkunden dienen.

Aus betrieblicher Sicht müssen sowohl die Kosten der einzelnen Vertriebswege als auch die Vertriebskosten insgesamt erfasst, aufbereitet, analysiert und bewertet werden, d.h. zunächst zeigt sich der Kostenaspekt.

Die Analyse und Bewertung der nutzbaren und genutzten Vertriebswege muss aber zugleich dahingehend erfolgen, ob die anvisierten Zielgruppen tatsächlich und im geplanten Umfang erreicht wurden bzw. werden.

Die Distributionspolitik umfasst deshalb vor allem

- die Festlegung und Nutzung von Distributionswegen und permanente Analyse und Bewertung der tatsächlichen Nutzung der Vertriebswege für die eigenen Güter und Leistungen durch die Kunden und Gäste

- die permanente Analyse und Bewertung der Aufwendungen / Kosten für die einzelnen Distributionskanäle als Grundlage entsprechender Managemententscheidungen

- die inhaltliche und optisch-ästhetische Gestaltung der Distributionsmittel

- die innerbetrieblich-organisatorisch effektive Gestaltung und Einbindung der Distributionspolitik und der Distributionskanäle in die Managementstrukturen und Betriebsabläufe

Besonderheiten der Leistungserstellung im Gastgewerbe und Konsequenzen für den Vertrieb

- die Leistung – insbesondere der Service- trägt in erheblichem Maße immateriellen Charakter

- die Erstellung der Leistung erfordert die unmittelbare bzw. lokale Anwesenheit des Kunden (Gastgewerbe),d.h. sie ist nicht transportfähig; der Kunde muss zur „Leistungs-erstellung" gebracht werden, nicht die „Leistungserstellung" zum Kunden

- die Nichttransportfähigkeit bzw. Ortsgebundenheit bedingt eine hohe Distributions- und Betriebsdichte der Anbieter (bspw. Gastgewerbe), deshalb findet im Gastgewerbe häufig Kooperationsbildung statt

- die Leistung ist in der Regel nicht lagerfähig

- die Leistung ist physisch nicht unmittelbar präsentierbar (kann nicht ausprobiert/geprüft werden)

- die Leistungen sind häufig komplexer Natur und befriedigen zugleich differenzierte Bedürfnisse (bspw. Gaststättengewerbe: Versorgung (Nahrung), Genuss, Atmosphäre, Begegnung/Kommunikation, Betreuung usw.)

Konsequenzen:

- die Leistungen / Produkt bestehen im Vertrieb gegenüber dem Kunden i.d.R. nur „virtu-ell" , sie können nicht zum Kunden transportiert werden

- die Leistungen / Produkte können gegenüber dem Kunden oft nur in abstrakter / stan-dardisierter Form angeboten werden, eine „Emotionalisierung" des Angebotes zur „sinn-lichen" Verstärkung der Kundenentscheidungen ist daher oft schwierig

- Werbung/ Öffentlichkeitsarbeit und Vertrieb sind stark und unmittelbar verbunden, auch um das genannte Problem des virtuellen und abstrakten Angebotes im Vertrieb mit den Mitteln der Werbung und Öffentlichkeitsarbeit zu verringern (sprachliche Formulierun-gen, gezielte Bildauswahl, Farbgebung usw.)

5.5.2 Distributionswege in Gastgewerbe und Touristik

Insbesondere aufgrund der neuen Informations- und Kommunikationstechnologien besteht bereits heute eine Vielzahl von potentiellen Vertriebswegen, die vor allem von der Hotelle-rie, aber auch vom Gaststättengewerbe genutzt werden können.

Dabei ist der Trend von Printmedien (Hotelführer, Restaurantführer, Kataloge usw.) hin zu den elektronischen Medien sowohl stark ausgeprägt als auch dauerhaft unumkehrbar.

Die Vertriebswege lassen sich zum einen in

- direkte Vertriebswege (direkte Kommunikationswege im Vertrieb zwischen Kunde/Gast und touristischem Leistungsträger (bspw. über hoteleigene Websites) und

- indirekte Vertriebswege (die Kommunikation im Vertrieb zwischen Kunde / Gast und touristischem Leistungsträger erfolgt über einen Reisemittler bzw. ein Drittunternehmen (bspw. Reiseveranstalter oder Reiseportal) einteilen.

Zugleich können insbesondere die indirekten Vertriebswege hinsichtlich des Vertriebskos-tenverlaufes, d.h. aus betriebswirtschaftlicher Sicht unterschieden werden in

- Vertriebswege mit leistungsunabhängigem Kostenverlauf (die Vertriebskosten hängen nicht oder kaum vom konkreten Buchungsumfang im jeweiligen Vertriebskanal ab, bspw. bei Hotelführern) und

- Vertriebswege mit leistungsabhängigem Kostenverlauf (die Vertriebskosten hängen vollständig bzw. weitgehend vom konkreten Buchungsumfang im jeweiligen Vertriebs-kanal ab, bspw. bei provisionsbasierten Vertriebswegen wie über Reiseveranstalter und -büros, externe IRS usw.).

unterschieden werden.

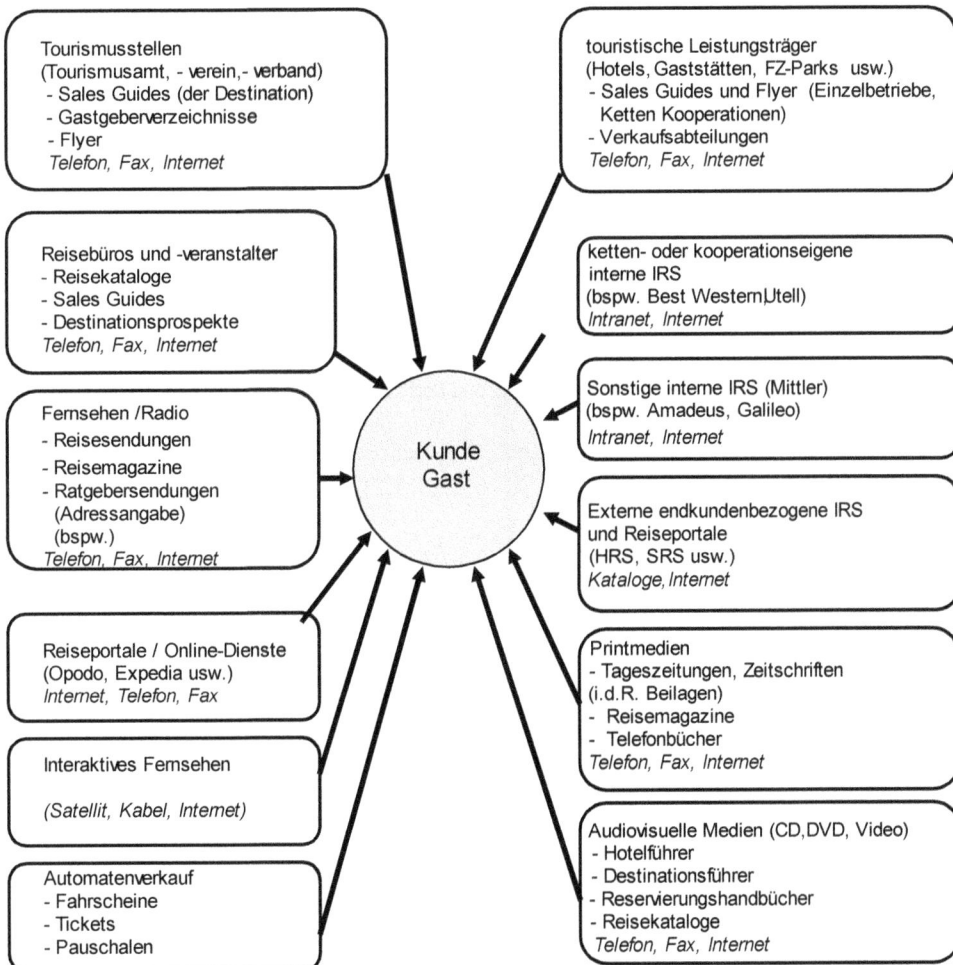

Tourismusstellen
(Tourismusamt, - verein,- verband)
- Sales Guides (der Destination)
- Gastgeberverzeichnisse
- Flyer
Telefon, Fax, Internet

touristische Leistungsträger
(Hotels, Gaststätten, FZ-Parks usw.)
- Sales Guides und Flyer (Einzelbetriebe, Ketten Kooperationen)
- Verkaufsabteilungen
Telefon, Fax, Internet

Reisebüros und -veranstalter
- Reisekataloge
- Sales Guides
- Destinationsprospekte
Telefon, Fax, Internet

ketten- oder kooperationseigene
interne IRS
(bspw. Best Western|Utell)
Intranet, Internet

Fernsehen /Radio
- Reisesendungen
- Reisemagazine
- Ratgebersendungen
(Adressangabe)
(bspw.)
Telefon, Fax, Internet

Sonstige interne IRS (Mittler)
(bspw. Amadeus, Galileo)
Intranet, Internet

Kunde Gast

Externe endkundenbezogene IRS
und Reiseportale
(HRS, SRS usw.)
Kataloge, Internet

Reiseportale / Online-Dienste
(Opodo, Expedia usw.)
Internet, Telefon, Fax

Printmedien
- Tageszeitungen, Zeitschriften
(i.d.R. Beilagen)
- Reisemagazine
- Telefonbücher
Telefon, Fax, Internet

Interaktives Fernsehen

(Satellit, Kabel, Internet)

Audiovisuelle Medien (CD, DVD, Video)
- Hotelführer
- Destinationsführer
- Reservierungshandbücher
- Reisekataloge
Telefon, Fax, Internet

Automatenverkauf
- Fahrscheine
- Tickets
- Pauschalen

IRS = (computergestützte und internetbasierte) Informations- und Reservierungssysteme

Abb. 5.5.1: Vertriebswege in Touristik und Gastgewerbe (Übersicht)

5.5.3 Auswahl der Distributionswege in Gastgewerbe und Touristik

Die Analyse und Bewertung der Aufwendungen / Kosten für die einzelnen Distributionskanäle als Grundlage entsprechender Managemententscheidungen beruht auf den entsprechenden betriebswirtschaftlichen Daten und Informationen.

Sie müssen deshalb in der erforderlichen Form und Differenzierung erfasst und aufbereitet werden. Denkbar wäre dafür ggf. auch eine Hilfskostenstelle „Vertriebskosten" innerhalb der Kostenstellen „Verkauf" oder „Marketing", sofern diese eigenständig bestehen oder ggf. innerhalb der Hauptkostenstellen „Restaurant / Food and Beverage" und / oder „Logis".

Insofern können und sollten auch „Bauchentscheidungen" in der Vertriebspolitik vermieden werden.

Beispiel:

Für das Hotel „Grüne Eiche" liegen zum Vertrieb folgende betriebswirtschaftlichen Daten und Informationen für den vergangenen Zeitraum vor (vereinfachte Darstellung):

Kapazität:	50 Zimmer
Zimmerpreis (Durchschnitt):	50,00 € netto
Zimmerauslastung:	60 % / 365 Öffnungstage

Vertriebsweg	fixe Kosten/p.a. in € (z. B. Grundgebühren)	var. Kosten/p.a. in % (Provisionssätze)	Reservierungen (Zimmerbuchungen)
IRS X	4 000 €		300
IRS Y	5 000 €		750
IRS Z	1 250 €		65
Reisebüro	100 €	12 %	230
Reiseveranstalter A	1 500 €	10 %	480
Reiseveranstalter B	2 100 €	12 %	1 020
Internet (eigene Web-Site)	1 020 €		640
Anzeigen (Zeitungen)	7 000 €		690
Tourismusstelle	360 €	10 %	540
Franchisegebühren (für internes IRS)	15 000 €	5 %	4 500

Aus diesen Daten soll ermittelt werden,

- welche Vertriebswege haben sich als kostengünstig erwiesen?
- Welche Vertriebswege haben sich als zu kostenintensiv erwiesen?
- Welche Vertriebswege sollten künftig nicht mehr genutzt werden?
- Welche Vertriebswege sind zukünftig Erfolg versprechend?

Aus den Daten und durch Berechnungen ergeben sich folgende Ergebnisse:

Vertriebs-weg	Fixe Kosten/p.a. in €	Variable Kosten/p.a. in %	Reservie-rungen (Zim-merbuch ungen)	Buchungs-umsatz	Variable Kosten (€)	Kosten pro Bu-chung
IRS X	4.000,00 €		300	15.000,00 €		13,33 €
IRS Y	5.000,00 €		750	37.500,00 €		6,67 €
ÎRS Z	1.250,00 €		65	3.250,00 €		19,23 €
Reisebüro	100,00 €	12%	230	11.500,00 €	1.380,00 €	6,43 €
Reisever-anstalter A	1.500,00 €	10%	480	24.000,00 €	2.400,00 €	8,13 €
Reisever-anstalter B	2.100,00 €	12%	1020	51.000,00 €	6.120,00 €	8,06 €
Internet (eigene Web-Site)	1.020,00 €		640	32.000,00 €		1,59 €
Anzeigen	7.000,00 €		690	34.500,00 €		10,14 €
Tourismus-stelle	360,00 €	10%	540	27.000,00 €	2.700,00 €	5,67 €
Franchise-gebühren (für inter-nes IRS)	15.000,00 €	5%	4500	225.000,00 €	11.250,00 €	5,83 €
Gesamt	37.330,00 €		9215	460.750,00 €	23.850,00 €	6,64 €

Im Durchschnitt aller Buchungen über die genannten Vertriebswege entstehen Kosten von **6,64 €** (gewichtetes arithmetisches Mittel) pro Buchung.

Ergebnis / Bewertung:

- die Vertriebskosten über das IRS Z liegen sehr deutlich über dem Durchschnitt und betragen fast 40 %

- der Kosten

- die Vertriebskosten über das IRS X liegen ebenfalls sehr deutlich über dem Durchschnitt

- die Anzeigen haben offenkundig ebenfalls nicht die erforderliche Rücklaufquote gebracht

- die Buchungen über die Reiseveranstalter (Kataloge) verursachten ebenfalls überdurchschnittliche Buchungskosten

- der Buchungsweg über die hoteleigene Web-Site wurde offenbar gut angenommen

Konsequenzen:

- der Vertriebsweg über das IRS Z muss entweder aufgegeben werden oder aber die Buchungszahlen durch entsprechende Marketingmaßnahmen deutlich forciert werden

- der Vertriebsweg über das IRS X muss ebenfalls aufgegeben werden oder aber die Buchungszahlen durch entsprechende Marketingmaßnahmen deutlich forciert werden

- die Anzeigen in den Printmedien müssen entweder die erforderliche Rücklaufquote steigern (ggf. durch entsprechende Marketingmaßnahmen wie Gewinnspiele o. ä.) oder aufgegeben werden

- die Buchungen über die Reiseveranstalter (Kataloge/Internet) müssen deutlich gesteigert werden

- der Vertriebsweg über die hoteleigene Web-Site muss durch weitere Marketingmaßnahmen weiter ausgebaut werden

Die Aussagekraft der Berechnungen lässt sich naturgemäß durch Zeitreihen-Vergleiche (IST-IST-Vergleiche) über mehrere Jahre deutlich verbessern, insbesondere hinsichtlich der Trendentwicklung bei den einzelnen Vertriebswegen.

Provisionsbasierte Vertriebssysteme in Form der computergestützten und internetbasierten IRS und über Reiseveranstalter (Katalog / Internet) nehmen insbesondere in der Hotellerie einen erheblichen Anteil – wenn auch in den einzelnen Unternehmen und Betrieben recht differenziert – am Vertrieb bzw. an den Buchungen ein. Dieser Anteil wird zukünftig wohl eher noch weiter wachsen.

Zum Teil werden diese provisionsbasierten Vertriebssysteme von meist mittelständischen Hotels (noch) aus vorgeblich betriebswirtschaftlichen Gründen noch nicht oder kaum genutzt.

Eine Ursache dafür ist, dass bei der betriebswirtschaftlichen Betrachtung die Vollkostenrechnung angewendet wird (vereinfachte Darstellung).

Beispiel Hotel „Grüne Eiche":

Zimmerpreis: 50,00 € (netto)

Provision für ein IRS: 12 % vom Nettozimmerverkaufspreis

intern kalkulierter Gewinnzuschlag: 10 %

Anteil Fixkosten an Gesamtkosten: 70 %

a) „ Klassisches Denken" (Vollkostenrechnung):

50,00 € Zimmerpreis netto	50,00 € Zimmerpreis netto
- 6,00 € Provision	- 4,50 € Gewinn
44,00 € Nettoerlös pro Zimmer	45,50 € Kosten pro Zimmer

Als Schlussfolgerung aus der Vollkostenrechnung ergibt sich, dass durch die Provision der Gewinn vollständig „aufgezehrt" wird und darüber hinaus sogar noch ein Verlust von **1,50 € pro über IRS verkauftes Zimmer** entsteht, da die Kosten pro Zimmer 1,50 € über dem Nettoerlös pro Zimmer bei Buchung über das IRS liegen.

Wird dagegen die Teilkostenrechnung genutzt, ergibt sich ein ganz anderes Bild.

Dabei wird berücksichtigt, dass vor allem aufgrund der Struktur des Betriebsvermögens im Hotel (sehr hoher Anteil des Anlagevermögens) sowie der geringen Wareneinsatzquote unabhängig von der Zimmerauslastung grundsätzlich hohe Fixkosten gegeben sind.

D.h. bei Nichtverkauf von Zimmern

- trotzdem hohe Fixkosten,
- fehlende Kostendeckung dieser Fixkosten (und auch der variablen Kosten)

Diese Überlegungen werden über die Teilkostenrechnung bei der Entscheidung über die Nutzung provisionsbasierte Vertriebssysteme angewendet:

b) „Teilkostendenken" (vereinfachte Darstellung):

Ausgangspunkt: **Fixkosten / Zimmer**, die unabhängig davon anfallen, ob das Zimmer verkauft wird oder nicht (45,45 € x 70 % = 31,82 €)

        50,00 €
    -    6,00 € (Provision)
    = 44,00 € (Nettoerlös pro Zimmer)
    - 13,63 € (variable Kosten (45,50 € ./. 31,82 €)

    = 30,37 € (Deckungsbeitrag zur Fixkostendeckung)

Daraus ergibt sich, dass

- jedes über das IRS verkaufte Zimmer mit 30,37 € zur Fixkostendeckung (ggf. zur Gewinnerzielung) beiträgt (Provision fällt nur im Erfolgsfall an) und umgekehrt

- diese 30,37 € entgehen dem Hotel „Grüne Eiche" beim „Vollkostendenken" bei seiner Kostendeckung (ggf. der Gewinnerzielung), wenn es auf die Buchungen über das IRS verzichtet.

Dabei ist zu berücksichtigen, dass nicht alle Buchungen über dieses IRS erfolgen, sondern es im Regelfall nur anteilig als Vertriebsweg genutzt wird.

Zugleich ist es für das Hotel „Grüne Eiche" betriebswirtschaftlich möglich und sinnvoll die Provisionen nicht „Gewinn mindernd" wirken lassen, sondern sie als Kosten in die Preise einzukalkulieren.

c) Anteil des IRS an den Gesamtbuchungen: 15 %

Lösung:

- Preiserhöhung (Ausgangspunkt Nettozimmerpreis) um ca. 1,8 % (12 % x 15 %) auf **50,90 €** (Preis um 1,8 % erhöht) oder

- 6,00 € (Ausgangspunkt Provision) x 15 %, das sind ebenfalls 0,90 € Preiserhöhung

Die Preiserhöhung um 0,90 € sollte durchaus realisierbar sein, selbst bei einem Anteil des IRS von 30 % ergäbe sich nur eine erforderliche Preiserhöhung um 1,80 € auf 51,80 €.

5.5.4 Informationstechnologie in der Distribution

Die Entwicklungen im Bereich der Informations- und Kommunikationstechnologien der letzten Jahrzehnte haben auch die Absatzwege im Tourismus beeinflusst und verändert. Buchungen werden vielfach über **Computer-Reservierungssysteme** (CRS) – in einem internationalen Kontext auch **Global Distribution System** (GDS) – oder Reservierungssysteme im Internet durchgeführt.

5.5.4.1 Computer-Reservierungssysteme

Computer-Reservierungssysteme sind Distributionssysteme für Reiseleistungen aller Art. Sie bieten Informationen über Preise, Verfügbarkeiten und Buchungsmöglichkeiten sowohl für Pauschalreisen als auch für einzelne Reisebausteine wie Flüge, Bahnfahrten, Mietfahrzeuge u. ä. Als Schnittstelle zwischen Reisemittler und Anbieter übernehmen CRS auch die Abrechnung der Kosten, die bei einer Buchung anfallen, und die Bezahlung der Anbieter touristischer Leistungen.

Der Einführung und Entwicklung von CRS lag der Wunsch der Reisemittler zugrunde dem Endkunden eine große Anzahl touristischer Leistungen verschiedener Leistungsträger anbieten zu können. Auch der Bedarf direkter Verfügbarkeitsprüfung und Buchung wurde durch die CRS Rechnung getragen. Der Informationsvorsprung der Reisemittler dem Endkunden gegenüber, den die Nutzung der CRS zunächst brachte, wird jedoch durch die zunehmende Anzahl von Internet-Reservierungssystemen nivelliert. Um den Reisemittlern dennoch einen Mehrwert zu bieten, werden immer häufiger Zusatzleistungen in die Systeme integriert. So werden z. B. Module für Front- und Backoffice-Unterstützung oder Tools zur Umsatzförderung oder Kostensenkung angeboten.

Auf dem weltweiten Markt haben sich vier CRS etabliert, deren Leistungsangebote und informationstechnologische Struktur vergleichbar sind: Amadeus, Sabre, Galileo und Wordspan; letztere sind mittlerweile von Travelport übernommen worden. Die einzelnen Systeme werden im Folgenden kurz vorgestellt.

Amadeus
Das führende CRS in Deutschland, mit dem ca. 85% der Reisebüros in Deutschland an ungefähr 45.000 PCs arbeiten, ist das Amadeus-System. Diese beherrschende Marktstellung in Deutschland ist auf den Verbund von Amadeus mit START zurückzuführen.

START (Studiengesellschaft zur Automatisierung von Reise und Touristik) wurde 1971 gegründet und bestand aus Vertretern der Unternehmen Deutsche Lufthansa, Deutsche Bundesbahn, Touristik Union International (TUI), der Amtlichen Bayerischen Reisebüro GmbH (abr), der Deutschen Reisebüro GmbH (DER) und der Hapag-Lloyd Reisebüro GmbH. Diese Studiengesellschaft hatte sich zum Ziel gesetzt, ein elektronisches Reisevertriebssystem für Deutschland zu schaffen. Im Juni 1979 nimmt das System, bei dem zunächst nur die Buchungen von TUI-Angeboten möglich sind seinen Betrieb auf. Zwei Monate später ist auch das Buchen von Lufthansa Flugtickets möglich und im folgenden Jahr kommen auch die Buchung von Tickets der Deutschen Bahn sowie die Sitzplatzreservierung hinzu.

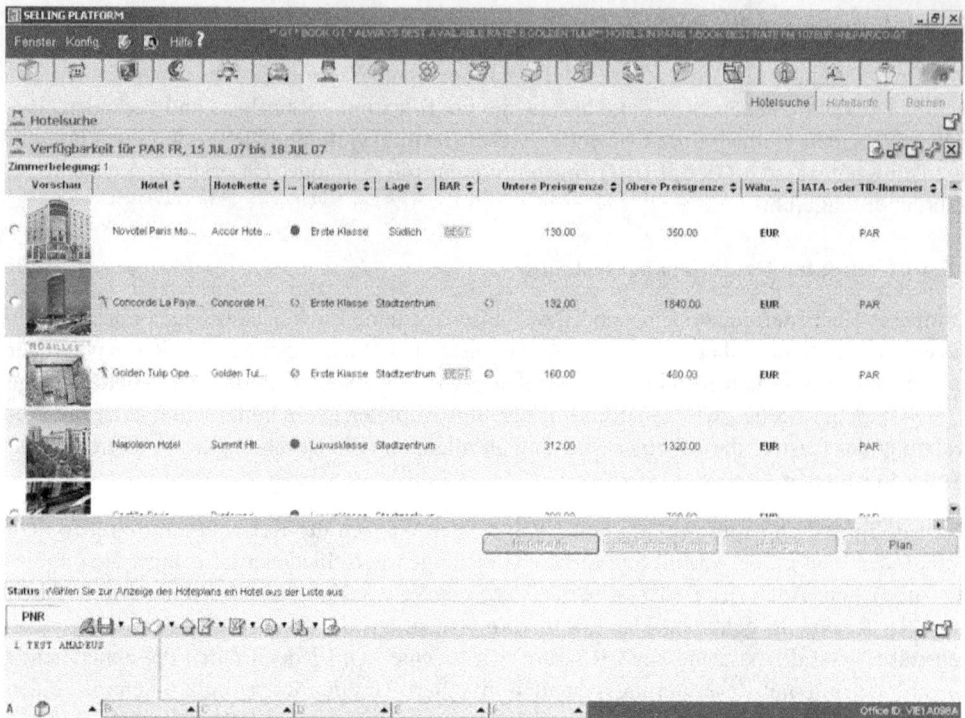

Abb. 5.5.2: Amadeus-Verfügbarkeitsanzeige Hotels (Amadeus Germany GmbH 2009d)

Um der amerikanischen Konkurrenz zu begegnen, unterschrieben Air France, Iberia, SAS und die Deutsche Lufthansa Ende der 80er Jahre Verträge zur Gründung eines internationalen CRS. Erste Buchungen über das neue System waren im Jahr 1992 möglich. Der Verbund der beiden Systeme START und Amadeus ermöglichte deutschen Reisebüros mit einem START-Anschluss automatisch auch den Zugriff auf das Amadeus-System. Die Reisemittler verfügten durch die gegenseitige Ergänzung der beiden Systeme über ein vollständiges Beschaffungs- und Distributionssystem von Reiseleistungen.

Die Verknüpfung der beiden Unternehmen wird in den folgenden Jahren jedoch immer enger und endet Mitte 2003 in der Integration der beiden Unternehmen in die neue Amadeus Germany GmbH.

Sabre
Bei Sabre (Semi-Automatic Business Research Environment) handelt es sich um das älteste der beschriebenen CRS. Die Idee zu diesem System geht auf eine zufällige Begegnung zwischen Cyrus Rowlett Smith, CEO von American Airlines, und R. Blair Smith, ein Senior Sales Manager von IBM zurück. Die beiden saßen auf einem Flug von Los Angeles nach New York nebeneinander und unterhielten sich über die Struktur der Tourismusbranche. Dabei entwickelten sie die Idee eines Reservierungssystems für Flüge, das jederzeit von überall erreichbar sein sollte.

1960 begann die Umsetzung dieser Vision: Mit einer Verarbeitungskapazität von 84.000 Telefonanrufen täglich war das System mit seiner Fertigstellung 1964 das größte private Datenverarbeitungssystem der Welt. Heute bezeichnet sich Sabre Travel Network selbst als das weltweit führende CRS (wie auch Amadeus und Galileo).

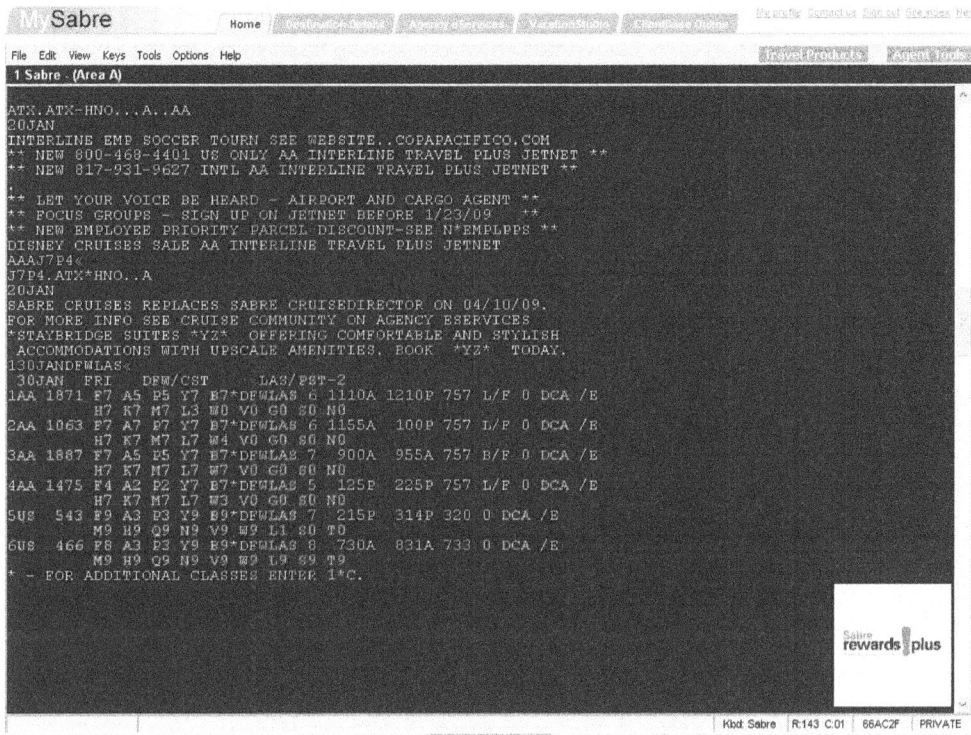

Abb. 5.5.3: Screenshot der Oberfläche MySabre
(http://www.sabretravelnetwork.com/home/products_services/products/mysabre)

Travelport
Travelport ist in den letzten Jahren zu einem der größten Anbieter von Global Distribution Systemen weltweit avanciert. Im Jahr 2007 übernahm Travelport, der alleinige Anteilseigner der Galileo International Corporation, den Wettbewerber Worldspan. Beide werden zurzeit als eigenständige Marken weitergeführt.

Galileo
Galileo ging aus dem 1971 von der United Airlines gegründetem Apollo CRS hervor. Das System, zunächst nur von den eigenen Verkaufsbüros von United Airlines verwendet, wurde für die vereinfachte, rechnergestützte Buchung von Flügen und Sitzreservierungen einge-führt. Fünf Jahre später wurde dieses System unter dem Namen Apollo Travel Services (ATS) auch an Reisebüros in Nordamerika und Japan vertrieben.

1987 gründeten British Airways, Swissair, KLM Royal Dutch Airlines, Alitalia and Covia (vormals Apollo Travel Services) in Großbritannien die Galileo Company Ltd. Zehn Jahre später fand dann der Börsengang der Galileo International Corporation statt.

Worldspan
Dieses amerikanische System wurde im Frühjahr 1990 ebenfalls von Fluggesellschaften (Northwest Airlines, Delta Air Lines und der ehemaligen Trans World Airlines) gegründet. Die einzelnen Reservierungssysteme der vorgenannten Fluggesellschaften (DATAS II und PARS) wurden zu einem einzigen zusammengefasst. Ende der 90er Jahre weitete Worldspan seine Tätigkeit auch nach Asien und Südamerika aus.

Worldspan entwickelte sich in den folgenden Jahren zu einem der vier größten Computer-Reservierungssysteme weltweit. Heute, nachdem es 2007 von Travelport übernommen wurde, wird es vorwiegend von Online-Plattformen für die Buchung von Flügen und Hotels verwendet.

5.5.4.2 Informations- und Reservierungssysteme

Lokale bzw. regionale Informations- und Reservierungssysteme (IRS) sind Varianten eines CRS auf lokaler bzw. regionaler Ebene. Ein solches System bietet i.d.R. die Möglichkeit Zimmer zu reservieren, liefert aber auch Informationen zu lokalen bzw. regionalen touristischen Angeboten.

Die einzelnen regionalen Systeme waren untereinander nicht kompatibel, sodass in Deutschland jahrelang viele sogenannte „Insellösungen" existierten. Mit der Touristischen InformationsNorm (siehe nächsten Abschnitt) versuchte man diesen Einzellösungen durch einheitliche Definitionen entgegenzuwirken.

Die Bemühungen der 1995 gegründeten Deutschland Informations- und Reservierungsgesellschaft (DIRG) ein einheitliches IRS für Deutschland zu entwickeln scheiterten. Im Jahr 2000 wurde diese Gesellschaft ohne ihr Ziel erreicht zu haben wieder aufgelöst.

5.5.4.3 Touristische InformationsNorm

Die Touristische InformationsNorm (TIN) wurde erstmals 1992 vom Deutschen Tourismusverband e.V. (DTV), zu der Zeit noch Deutscher Fremdenverkehrsverband, herausgegeben. In der TIN sind die unterschiedlichen Betriebsarten sowie die wichtigsten Begriffe im Tourismus definiert. Dies ist vor allem durch den Gebrauch der CRS notwendig, um eine Vergleichbarkeit der Angebote zu gewährleisten. Außerdem enthält die TIN ein Kapitel zu den rechtlichen Rahmenbedingungen im Deutschlandtourismus sowie Aussagen zu den organisatorischen und funktionalen Grundlagen der Buchbarkeit.

Hotels

Musterstadt Hotel am Hügel Am Musterberg 10 34567 Musterstadt Tel. +49 (0) 54 32 / 12 34, Fax 67 89 www.hotelamhuegel.com hotelamhuegel@aol.com	★★★S	A5	12	♿	110	20	43	2	62-82	37-55	12	24	...	Tagungshotel, Festsaal, Gruppen-Angebote, Bett- & Bike-Betrieb
Musterstadt Hotel am Hafen Am Musterberg 10 34567 Musterstadt Tel. +49 (0) 54 32 / 12 34, Fax 67 89 www.hotelmhafen.com hotelamhafen@aol.com	n.t.	A5	12	♿	110	20	43	2	62-82	37-55	12	24	...	Tagungshotel, Festsaal, Gruppen-Angebote, Bett- & Bike-Betrieb
Musterstadt-Teilort Hotel Residenz Garni Musterstraße 11 34567 Musterstadt-Teilort Tel. +49 (0) 54 32 / 12 34, Fax 67 89 www.residenzhotel.de info@residenzhotel.de	n.t.	D0	15	♿	50	8	25	1	77-140	45-65			...	Historisches Ambiente, ruhige idyllische Lage, Kaminzimmer, Altersleerzimmer

* Die aufgeführten Sterne sind das Ergebnis der Deutschen Hotelklassifizierung. Beherbergung Betriebe ohne Sternebezeichnung, die mit n.t. gekennzeichnet sind, haben an dieser freiwilligen Klassifizierung nicht teilgenommen. Ein Rückschluss auf ihren Standard ist damit nicht verbunden.

Abb. 5.5.4: Musterseite Gastgeberverzeichnis – Hotel (Quelle: DTV)

Wegen der zunehmenden Internetbuchungen wurden in der Überarbeitung im Jahr 2000 Musterverträge für Allgemeine Geschäftsbedingungen (AGB) für Veranstalter und Reisemittler im deutschen Tourismus sowie Hinweise zum aktuellen Stand der Klassifizierungssysteme in Deutschland hinzugefügt. In einer weiteren Überarbeitung wurden 2005 Mustertabellenköpfe für Gastgeberverzeichnisse (vgl. Abb. 5.5.4) sowie Hinweise zur Schaffung kundenorientierter Prozesse bei Information und Buchung im Internet hinzugefügt. Aus Gründen der Flexibilität wird die TIN nicht mehr als Printmedium, sondern online unter http://tin.deutschertourismusverband.de/ vertrieben.

5.5.4.4 Das Internet als Distributionskanal

Die stetig wachsende Anzahl an Internetnutzern und die immer stärkere Verbreitung des Online-Shoppings ist auch im Tourismus zu spüren. Das Internet als Verkaufsplattform für touristische Leistungen nicht mehr wegzudenken. So lag der Umsatzanteil des Online-Marktes in Deutschland im vergangenen Jahr, gemessen am Gesamtumsatz des Reisemarktes, bei 23 %. Die zahlreichen Online-Reiseportale, die entstanden sind, um dieser Entwicklung gerecht zu werden, haben in den letzten Jahren das Informationsmonopol der Reisemittler, das diese durch die Nutzung der CRS aufgebaut hatten, aufgebrochen. Der Kunde kann auf diesen Online-Portalen selber Informationen zur geplanten Reise sammeln und auch die Reiseleistungen einzeln oder pauschal ohne einen Reisemittler buchen. Theoretisch wird der Reisemittler dadurch nicht mehr benötigt, da der Kunde das Reiseprodukt ohne einen Wertverlust direkt buchen kann. Da der Reiseanbieter dadurch auch Kosten, wie Vermittlungsgebühren einspart, können dem Kunden sogar finanzielle Vorteile durch eine Online-Buchung entstehen, wenn diese Einsparungen ganz oder teilweise an den Kunden weitergegeben werden. Das Internet als Vertriebskanal bietet neben der Einsparung der Vermittlungsgebühren aber noch weitere Vorteile für Reiseanbieter:

- Über die vollständige Automatisierung von Geschäftsprozessen, wie Reservierung und Zahlungsabwicklung, können Prozesskosten eingespart werden.

- Durch spezielle Preisnachlässe für Online-Bucher kann der Direktvertrieb über das Internet gefördert werden.

- Restkapazitäten können besser ausgelastet werden, wenn über Last-Minute-Datenbanken kurzfristig aktuelle Angebote (international) kommuniziert werden.

In folgender Abbildung ist der steigende Trend bezüglich der Nutzung des Internets für die Informationsbeschaffung und auch die Buchung einer Reise dargestellt.

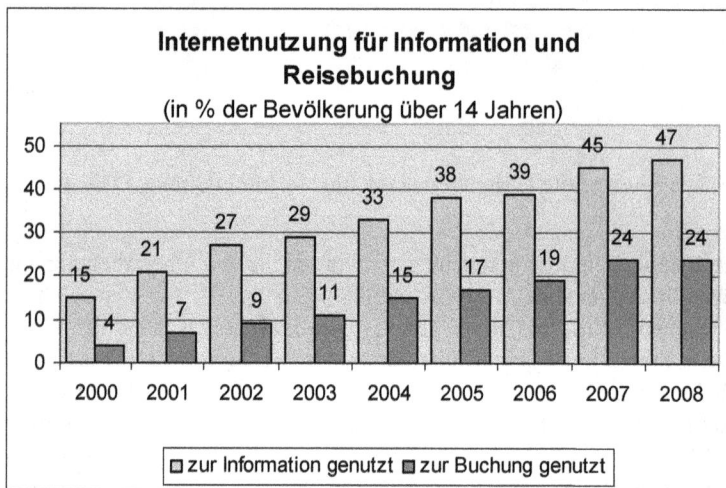

Abb. 5.5.5: Trends der Internetnutzung für Informationsgewinnung und Reisebuchung in Deutschland (vgl. F.U.R., RA 09 – erste Ergebnisse; zitiert nach , VIR 2009, S. 14)

Die Vorteile der Reisebuchung über das Internet liegen für den Kunden neben eventuellen Preisvorteilen und dem zeitunabhängigen Zugriff auf das Online-Angebot vor allem in der schnellen und einfachen Buchung sowie der großen Angebotsübersicht. Aber auch die Möglichkeit mit Hilfe von Reisebausteinen eine Reise selber zusammenzustellen lockt viele Kunden. Einigen Internetnutzern ist die Reisebuchung über das Internet jedoch zu unpersönlich. Für sie beginnt der Urlaub schon mit dem Besuch im Reisebüro. Aber auch die Angst vor einer Zahlung über das Internet und eventuellem Datenmissbrauch schreckt viele Kunden ab. In der nachfolgenden Abbildung sind die zehn häufigsten Gründe für und gegen eine Internetbuchung aus Sicht der Kunden zusammengefasst.

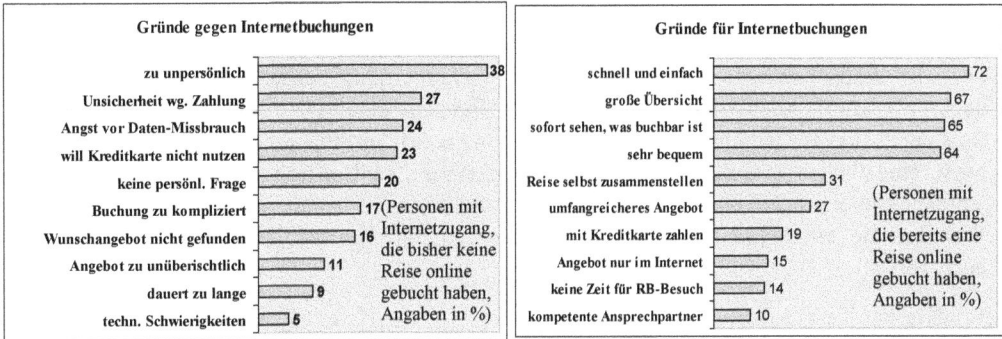

Gründe gegen Internetbuchungen

zu unpersönlich	38
Unsicherheit wg. Zahlung	27
Angst vor Daten-Missbrauch	24
will Kreditkarte nicht nutzen	23
keine persönl. Frage	20
Buchung zu kompliziert	17
Wunschangebot nicht gefunden	16
Angebot zu unüberischtlich	11
dauert zu lange	9
techn. Schwierigkeiten	5

(Personen mit Internetzugang, die bisher keine Reise online gebucht haben, Angaben in %)

Gründe für Internetbuchungen

schnell und einfach	72
große Übersicht	67
sofort sehen, was buchbar ist	65
sehr bequem	64
Reise selbst zusammenstellen	31
umfangreicheres Angebot	27
mit Kreditkarte zahlen	19
Angebot nur im Internet	15
keine Zeit für RB-Besuch	14
kompetente Ansprechpartner	10

(Personen mit Internetzugang, die bereits eine Reise online gebucht haben, Angaben in %)

Abb. 5.5.6: Gründe für und gegen Internetbuchungen aus Sicht der Kunden (vgl. F.U.R., RA 06 – VIR Exklusivanfrage; zitiert nach: VIR 2007 , S.14)

Die verschiedenen Vertriebswege für Reiseleistungen über das Internet werden in den folgenden Abschnitten näher betrachtet. Der Anteil der Buchungen der einzelnen Online-Vertriebswege lässt sich aus folgender Abbildung entnehmen.

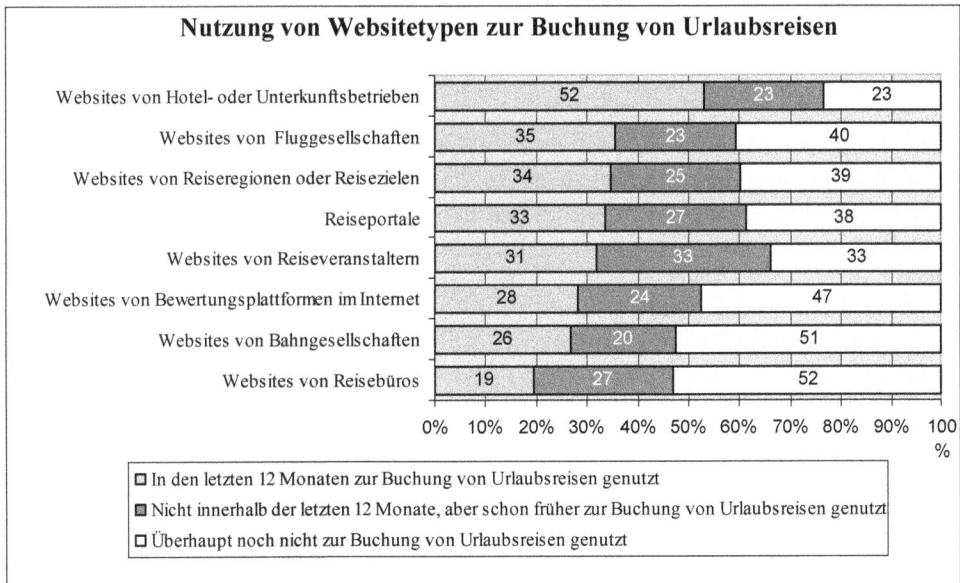

Nutzung von Websitetypen zur Buchung von Urlaubsreisen

Websitetyp	In den letzten 12 Monaten	Nicht innerhalb der letzten 12 Monate	Überhaupt noch nicht
Websites von Hotel- oder Unterkunftsbetrieben	52	23	23
Websites von Fluggesellschaften	35	23	40
Websites von Reiseregionen oder Reisezielen	34	25	39
Reiseportale	33	27	38
Websites von Reiseveranstaltern	31	33	33
Websites von Bewertungsplattformen im Internet	28	24	47
Websites von Bahngesellschaften	26	20	51
Websites von Reisebüros	19	27	52

0% 10% 20% 30% 40% 50% 60% 70% 80% 90% 100%

□ In den letzten 12 Monaten zur Buchung von Urlaubsreisen genutzt
■ Nicht innerhalb der letzten 12 Monate, aber schon früher zur Buchung von Urlaubsreisen genutzt
□ Überhaupt noch nicht zur Buchung von Urlaubsreisen genutzt

Abb. 5.5.7: Nutzung von Websitetypen zur Buchung von Urlaubsreisen (vgl. F.U.R., RA online 11/2008; zitiert nach VIR 2009 , S. 17)

Die eigene Webseite

Wie der vorstehenden Abb. 5.5.7 zu entnehmen ist, wird ein Großteil der Online-Buchungen über die Webseiten von Hotels oder anderen Beherbergungsbetrieben durchgeführt. Aber auch für Gastronomiebetriebe kann die eigene Webseite einen Distributionskanal darstellen. So kann analog zur Reservierung von Hotelzimmern auf der Seite eines Gastronomiebetriebs bspw. eine Tischreservierung angeboten werden. Aber auch Betriebe mit einem Außer-Haus-Verkauf entdecken die eigene Webseite als zusätzlichen Vertriebskanal. Sie bieten auf ihrer Webseite die Möglichkeit die Speisenkarte zu studieren und eine Bestellung direkt online aufzugeben.

Wichtig bei der Gestaltung der eigenen Webseite ist die Aktualität der Inhalte, nur so kann der Besucher der Webpräsenz auch tatsächlich zum Gast werden. Auch eine übersichtliche Menüführung und Navigationsstruktur sind beim Verkauf über die eigene Webseite notwendig. Wenn der Gast erst lange nach den gewünschten Informationen suchen muss, wird er die Webseite schnell wieder verlassen und keine Buchung durchführen.

Um Buchungen über den eigenen Internetauftritt zu ermöglichen, gibt es zwei Möglichkeiten: Entweder der Gast kann über ein Buchungssystem direkt Vakanzen einsehen und eine Reservierung durchführen, oder er kann über ein Kontaktformular oder eine E-Mail seinen Reservierungswunsch äußern.

Online-Reiseportale

Online-Reiseportale wie Expedia.de, Opodo.de, oder Lastminute.com vermitteln touristische Leistungen verschiedener Veranstalter. Die Marktanteile der fünf größten Portale in Europa finden sich in der folgenden Abb. 5.5.8. Das Angebotsspektrum der Online-Reiseportale ist vergleichbar mit dem eines Reisebüros vor Ort: Es können einzelne Reisebausteine wie Flüge, Hotels oder Mietwagen, aber auch Pauschalreisen gebucht werden. Zusätzlich bieten einige Portale auch die Möglichkeit Events in der Urlaubsregion zu buchen. Weiter wird ein reiches Informationsangebot zu den jeweiligen Urlaubsregionen, z.B. kulturelle Besonderheiten, mögliche Freizeitgestaltung, regionale Küche und das Wetter zur Reisezeit, um nur einige Kategorien zu nennen, bereitgestellt. Abgerundet wird das Online-Angebot von Erfahrungsberichten und Fotos von Kunden, die bereits vor Ort waren.

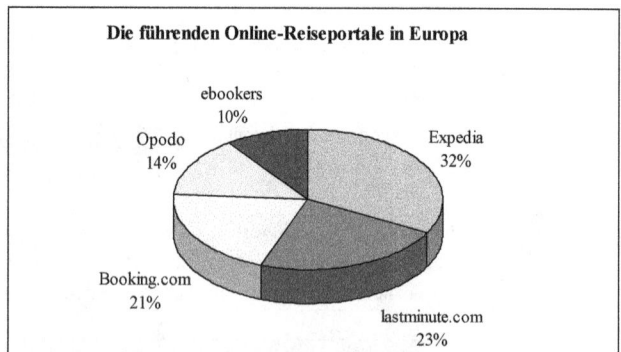

Abb. 5.5.8: Führende Online-Reiseportale in Europa (vgl. PhoCusWright`s European Online Travel Overview, Fourth Edition, November 2008; zitiert nach: VIR 2009 , S. 13)

Online-Reiseportale, die vergleichbare Angebote aufweisen, konkurrieren jedoch nicht nur untereinander, sondern auch mit den herkömmlichen Reisebüros. Letztere versuchen ebenfalls häufig durch eigene Internetauftritte mit Buchungsmöglichkeiten dem Online-Trend zu folgen. Eine weitere Konkurrentengruppe sind die Portale der Reiseveranstalter, die versuchen ihren Direktvertrieb über das Internet zu steigern.

Bewertungsplattformen

Neben den Online-Reiseportalen gibt es auch eigens eingerichtete Plattformen für die Bewertung touristischer Leistungen. Viele Reisende konsultieren vor einer Buchung solche Bewertungsplattformen, in denen Reisende nach vorgegebenen Kriterien ihr Hotel, den Urlaubsort oder auch ein Kreuzfahrtschiff bewerten. Neben der Benotung der Reiseleistung können die Urlauber auch eine Beschreibung ihrer Erfahrungen als Freitext formulieren. Zusätzlich können auf einer solchen Plattform auch Urlaubsbilder oder Reisevideos hochgeladen werden, um den eigenen Eindruck des Bewertungsobjektes noch zu unterstreichen. Da nicht jedes Hotel gleich gut für jede Zielgruppe geeignet ist, sind viele dieser Portale mittlerweile dazu übergegangen, die Bewertungen auch in diesem Hinblick aufzugliedern. Unterschieden werden bspw. die Zielgruppen Paare, Familien und Singles & Freunde.

Die Bewertungsplattformen bieten neben den subjektiven Informationen der Reisenden i.d.R. auch die Möglichkeit die bewertete touristische Leistung zu buchen.

Aufgaben Kapitel 5.5:

1. Ermittlung und Vergleich der Vertriebskosten

A. Aufgabenstellung

Folgende betriebswirtschaftliche Daten liegen vom Hotel „Zur stillen Post" vor:

Zimmeranzahl:	120
Zimmerpreis (netto):	70,00 €
Auslastung:	55%
Öffnungs-tage:	365

Vertriebsweg	Fixkosten (€)	Provi-sionen in %	Reservie-rungen (Buchungen Zimmer)	Bu-chungs-umsatz (€)	variable Kosten (€)	Kosten pro Buchung (€)
Reisebüro	500,00 €	12%	1240			
Reisever-anstalter A	4.500,00 €	10%	860			
Reisever-anstalter B	2.100,00 €	12%	2870			
Internet (eige-ne Website)	2.400,00 €		3820			
Anzeigen	12.800,00 €		2060			
Tourismus-verein	540,00 €	10%	2320			
IRS C	5.400,00 €	5%	2210			
IRS D	6.000,00 €	3%	2150			
IRS E	1.250,00 €	15%	3180			
Gesamt						

B. Teilaufgabe

a) Ermitteln Sie die Kosten pro Buchung für die einzelnen Vertriebswege.

b) Ermitteln Sie die durchschnittlichen Kosten pro Buchung insgesamt.

c) Ziehen Sie Schlussfolgerungen aus Ihren Berechnungen.

2. Vergleich von Voll- und Teilkostenrechnung bei der Nutzung von IRS.

Folgende weiteren betriebswirtschaftliche Daten liegen vom Hotel „ Zur stillen Post" vor (auch unter Nutzung von Ergebnissen aus der Aufgabe 1):

Anteil Fixkosten an den Gesamtkosten:	65%
Gewinnzuschlag:	14%
Provision IRS E:	15%

Teilaufgaben:

a) Ermitteln Sie mit der Vollkostenrechnung, welche Auswirkung die Provision auf die Gewinnerwirtschaftung hätte.

b) Ermitteln Sie mit der Teilkostenrechnung den Deckungsbeitrag, der mit einer Buchung über das IRS E erzielt wird.

c) Ermitteln Sie die Preiserhöhung, wenn die Provision als Kostenbestandteil in den Netto-zimmerpreis einkalkuliert wird.

3. Finden Sie heraus, welche Online-Reiseportale mit einem CRS zusammenarbeiten (Studieren Sie dazu z. B. Pressemitteilungen der entsprechenden Firmen oder die Firmengeschichten der betroffenen Reiseportale bzw. CRS-Anbieter).

4. Gestalten Sie analog zu Abb. 5.5.4 einen Eintrag im Gastgeberverzeichnis mit folgenden Angaben: 30 Einzelzimmer (80 - 130 € inkl. Frühstück), 160 Doppelzimmer (48 - 80 € p. P. inkl. Frühstück), Zuschlag Halbpension 15 €, Zuschlag Vollpension 35 €. Das Hotel hat ein Hotelrestaurant und eine Bar, 19 Konferenzräume und eine Tiefgarage. Alle Zimmer sind mit Klimaanlage und Fernseher ausgestattet und auf Wunsch kann Allergikerbettwäsche zur Verfügung gestellt werden. Weitere Ausstattung und verfügbare Services: Textilreinigung, Fitnessraum. Übernehmen Sie für die ersten fünf Spalten die Angaben aus dem ersten Beispiel der genannten Abbildung. Die Piktogramme für die Ausstattung finden Sie auf folgender Seite: www.dtv-tin.de.

5.6 Aufbau eines Marketingkonzepts

Der Aufbau eines Marketingkonzepts ist stets verbunden mit Überlegungen zu den Beziehungen zwischen den Marketingzielen, der Marketingstrategie und dem Marketing-Mix. Diese Beziehungen, die in diesen drei Ebenen in einer bestimmten Korrelation zu einander stehen und alle Entscheidungen, die auf jeder dieser Ebenen gefällt werden müssen, sind Gegenstand des Aufbaus einer Marketingkonzeption. In einem Marketingkonzept werden somit Informationen, Maßnahmen und Aktivitäten klar strukturiert dargestellt und beschrieben, die für Realisierung der angestrebten Ziele relevant sind.

Die Marketingziele geben vor, wohin sich das Unternehmen entwickeln möchte bzw. will.

Die Strategie legt den Weg fest, der zur Zielerealisierung beschritten werden muss und soll.

Im Marketing-Mix werden die Marketinginstrumente ausgewählt, entsprechend dem strategischen Weg kombiniert und zur Zielerealisierung eingesetzt.

Folgende Übersicht zeigt einen möglichen methodischen Weg beim Aufbau eines Marketingkonzepts in vier Stufen, der sich in der Praxis bewährt hat:

1. Stufe Was wollen wir erreichen?	**Marketingziele** (Formulierung des Endzustands)	„Wir wollen ..."
2. Stufe Wie wollen wir es erreichen?	**Marketingstrategie** (unter Beachtung der Marketinggrundregeln)	„...indem wir..." (Handlungsrahmen)
3. Stufe Welche Instrumente werden eingesetzt?	**Marketing-Mix** (Auswahl der Marketinginstrumente)	...indem wir..." (Kombination der Marketinginstrumente)
4. Stufe Was unternehmen wir, um es zu erreichen?	**Marketinginstrumente** (Festlegen der Maßnahmen)	Einsatz der Marketinginstrumente

1. Stufe: Marketingziele

Marketingziele werden in dieser Stufe zu Vorgaben, Maßstäben und Richtungsanweisungen für den Einsatz der absatzpolitischen Instrumentarien. Durch die exakte Formulierung und den Einsatz der Ziele wird es möglich, die geeigneten Handlungsalternativen zur Zielerreichung festzulegen. Ferner wird durch diesen Schritt eine Überprüfung, ob und wie die angestrebten Ziele auch tatsächlich erreicht wurden, erkennbar.

Obwohl die Marketingziele eine exponierte Stellung im Unternehmen besitzen, leiten sie sich aus den Unternehmenszielen ab

2. Stufe: Marketingstrategie – unter Beachtung der Marketinggrundregeln

Wie bereits bekannt, ist der gesamte marketingorientierte Prozess im Unternehmen ein Prozess, der sich aus einer Vielzahl von Teilprozessen zusammensetzt. Dabei leistet ein jeder dieser Teilprozesse im Zusammenhang der Zielerreichung im Unternehmen einen wichtigen Beitrag.
Die Marketingstrategien sind dabei die zentralen Bindeglieder zwischen den festgelegten Marketingzielen einerseits sowie den operativen Maßnahmen, Aktivitäten andererseits. Die operativen Maßnahmen und Aktivitäten können in diesem Zusammenhang, dass heißt, aus der Sicht der marketingorientierten Unternehmensführung, als taktische Vorgehensweise bei der Zielerreichung betrachtet werden, da sie sich auf die Realisierung laufender Maßnahmen, Aktivitäten innerhalb einer kurzfristigen Planungsperiode beziehen.

Somit sind marketingstrategische und marketingtaktische Überlegungen immer interaktiv miteinander verknüpft.

Marketingstrategisches Vorgehen heißt, die zeitliche Richtung bei Einsatz der Marketinginstrumente zum Erreichen der Zielsetzung vorzugeben.

Dabei ist die Nutzung der sogenannten „Marketinggrundregeln" eine effektive Orientierungshilfe für das Management im Unternehmen. Sie weisen im Gestaltungsprozess der Marketingstrategie den methodischen Weg dazu, nämlich:

- wie die Marketingziele,
- auf welchem Weg,
- mit welchem effektiven Aufwand und
- in welcher möglichst kurzen Zeit in konkrete Maßnahmen und Aktivitäten
  umgesetzt werden.

Damit wird die Anwendung der Marketinggrundregeln zu einem bedeutenden Führungsinstrument im gesamten Prozess konzeptionellen Handelns im Unternehmens.

Regel 1: Wettbewerbsvorteile herausarbeiten

> *„Je schwerer etwas fällt, desto größer die Freude, wenn's uns gelingt!"*
> *(Abraham Lincoln)*

Oberste Ziel bei Wahrnehmung dieser Regel muss es sein, dass alle Anstrengungen im Unternehmen darauf gerichtet sind, eine Höchstmaß an

- **Präferenz** = Bevorzugungs-Höchstmaß und
- **Goodwill** = Wertschätzung

bei seinen tatsächlichen und potentiellen Gästen/Kunden zu erreichen.

Wo sich „Wettbewerbsvorteile" in einem Unternehmen zeigen, orientiert sich das Management effektiver an seinen „Stärken", anstatt seine Kräfte auf die Beseitigung seiner „Schwächen" zu konzentrieren. Die Erfahrungen in der Praxis haben gezeigt, dass der Ausbau der
„Stärken" erfolgsversprechender ist als in die Beseitigung seiner „Schwächen" zu viel Kraft
zu investieren.

**Die für ein Unternehmen am wirkungsvollsten „Wettbewerbsvorteile" ergeben sich
durch die Gestaltung einzigartiger, unverwechselbarer Angebote, und zwar:**

Unique Selling Proposition (USP)

**Je besser es dem Unternehmen gelingt, sich bewusst über die Stärken seines Angebotes
von seinen Konkurrenten abzuheben, je intensiver bindet man die Gäste/Kunden an
das Unternehmen und erzeugt ein „Goodwill".**

Beispiele für USPs in gastronomischen Unternehmen:

„Wir sind das Restaurant am Ort mit warmer Küche von 07:00 bis 24:00 Uhr"

Wir sind das kinderfreundlichste Hotel in der Destination.
Unser Slogan lautet:
**Spiel, Sport, Freude für die gesamte Familie –
Kinder gebt eure Eltern bei uns ab, wir kümmern uns um sie**

„Wir sind das einzige Restaurant in der Region mit koscherem" Angebot

„Wir sind das Restaurant am Ort mit täglich wechselnder Speisekarte"

Wir sind das Restaurant mit dem Versprechen:
„Essen und Trinken Sie bei uns, was Sie wollen, aber bezahlen Sie, was Ihnen unser
Angebot Wert ist!"

Regel 2: Marktchancen aktiv nutzen

„Alle Augen schauen, wenige beobachten, die wenigsten erkennen!"
(Albert Sanchez Pinol)

Nur das Unternehmen wird seine Marktchancen effektiv nutzen können, dem es gelingt, über
eine gezielte Auswertung von Informationen, die das Unternehmen durch ständiges beobachten und analysieren des Marktgeschehens erhält, zu erfahren, was sich bezüglich der Gäs-
te/Kunden-Nachfrage und der Konkurrenten am Markt vollzieht.

Es ist in diesem „Käufermarkt" nicht zu erwarten, dass die Gäste/Kunden von selbst kommen. Es geht hierbei vielmehr darum, durch eine permanente Einflussnahme auf die Entwicklung von Bedürfnissen, Gäste/Kunden durch ein aktives Handeln zu gewinnen und zu
halten.

Dass heißt nichts anderes, als neue Bedürfnisse gezielt anzusprechen, aber auch bewusst zu wecken.

Das Bestreben, die Angebote des Unternehmens an den sich ständig wandelnden Bedürfnissen des Marktes auszurichten, verlangt eine permanente Bereitschaft und Fähigkeit, sich den Marktbedingungen anzupassen. Es bedeutet mehr als nur auf irgendwelchen Einwänden zu reagieren.

Der Erfolg eines Unternehmens hängt vor allem davon ab, inwieweit es dem Management des Unternehmens gelingt, den Markt bzw. die einzelnen Marktsegmente, die von dem Unternehmen bedient werden, mit zu gestalten oder bestehende Marktchancen aktiv zu nutzen.

Gegenüberstellung von Einflussfaktoren im Rahmen der Marktchancennutzung, dargestellt am Beispiel eines gastronomischen Unternehmens:

Einflussfaktoren, die genutzt werden können	Einflussfaktoren, die nicht oder nur bedingt genutzt werden können
Größe, räumliche und personelle Kapazitäten des Unternehmens, z. B. Möglichkeiten: • Beherbergung und Durchführung von Konferenzen und Banketts von Gästen in einem Hotelbetrieb, • Bewirtung von Gästen und Reisegesellschaften in einem Restaurantbetrieb.	**Auf Seiten der Gäste/Kunden, z. B.:** • Anzahl, • Einkommen, • Motive, • Einstellungen, • Gewohnheiten.
Verfügbare finanzielle Mittel und wirtschaftliche Durchschlagskraft des Unternehmens, z. B.: • Investitionen für Erweiterung, • Strategien im Rahmen der Kommunikationspolitik, • Übernahmen von anderen Unternehmen.	**Auf Seiten der Umwelt, z. B.:** • Geografische Lage des Unternehmens, • Topographie der Region, • Bevölkerungsstruktur, • Wirtschaftliche, politische Situation der Region, • Rechtsordnung.
Möglichkeiten in der Zusammenarbeit mit anderen touristischen Anbietern und touristischen Organisationen in der Region, z. B.: • Beherbergungsbetriebe, • Betriebe der Gastronomie, • Betreiber von Skiliften, Seilbahnen • Fluggesellschaften, • Bahngesellschaften, • Gesellschaften der Schifffahrt, • Reiseveranstalter usw.	**Auf Seiten der Konkurrenz, z. B.:** • Wirtschaftliche Leistungskraft des Unternehmens • Kooperationsbereitschaft, • Einstellung zum Marketing.

Einflussfaktoren, die genutzt werden können	Einflussfaktoren, die nicht oder nur bedingt genutzt werden können
Risikobereitschaft des Managements, z. B.: • Durchsetzungsfähigkeit im Rahmen neuer Ideen, • Verzögerung von Entscheidungen, • Risikoanalyse.	
Führungsqualität des Managements, z. B.: • Dynamik im Entscheidungsprozess, • Ideenreichtum bei der Umsetzung von Entscheidungen. • Anwendung des Führungsstils und der Führungsautorität.	

Regel 3: Einzelne Marktsegmente auswählen

> „Besser, mehr zu können als man macht, als mehr zu machen als man kann."

Die spezialisierte und damit begrenzte Leistungsfähigkeit eines Unternehmens macht es unmöglich, allen Ziel- und Bedürfnisgruppen am Markt gerecht zu werden. Aus diesem Grund ist es wesentlich effektiver, sich auf die Ziel- und Bedürfnisgruppen zu konzentrieren, die sich im Rahmen der Ergebnisse der Marketinganalyse heraus kristallisiert haben.

Erst dadurch wird es möglich, den festgelegten Ziel- und Bedürfnisgruppen zu bieten, was sie nicht nur erwarten, sondern auch dafür zu sorgen, über das Maß der Erwartungshaltung hinaus Leistungen zu offerieren, die den sogenannten „Aha-Effekt" bei den Gästen/Kunden Reaktionen erzeugen, z. B.:

• ein Goodwill gegenüber dem Unternehmen oder
• die absolute Zufriedenheit bei der Realisierung ihrer Erwartungen.

Einzelne Marktsegmente auswählen heißt, sich auf ein bestimmtes Nachfrageverhalten, sprich auf bestimmte Nachfragekategorien zu konzentrieren, z. B.:

• Konsumgewohnheiten (Übernachtung mit Frühstück, Halbpension, Vollpension, a-la-carte, Nutzung von Wäscheservice, Zimmerservice usw.)
• Tagestourismus (Wanderungen jeglicher Art, Besuch kultureller, sportlicher Einrichtungen und Veranstaltungen.)
• Reisegewohnheiten (Art und Zweck bzw. Anlass der Reise)
• bestimmte Bedürfnisse (Wellness, gesunde Ernährung, Aktivurlaub)
• Individual- bzw. Gruppentourismus usw.

Innerhalb der einzelnen Marktsegmente ist es notwendig, ein Höchstmaß an erforderlichen Leistungsangeboten zu erstellen.

Im Rahmen einer besseren Kosten-Nutzen-Relation macht sich eine klare Abstimmung hinsichtlich aller Maßnahmen und Aktivitäten notwendig, um somit eventuelle Streuverluste, z. B. beim Einsatz der einzelnen Kommunikationsinstrumente, zu vermeiden.

Regel 4: Konzentration der Kräfte

> „Hinter jedem Problem steckt ein noch viel größeres."
>
> **(Graf Fito)**
>
> Also: „Klammere dich nicht ans Problem, wenn du die Lösung suchst,
> sondern löse das Problem."
>
> **(in Anlehnung an Michael Marie Jung)**

Im Gastgewerbe sind für den Gast/Kunden nicht selten die Inanspruchnahme von Beherbergungs- und Bewirtungsleistung oft nur zwei Teilbereiche eines touristischen Gesamtangebots. In diesem Zusammenhang werden deutlich, dass für den Erfolg eines Unternehmens und in Anbetracht eines bedürfnisgerechten Angebots für die Zielgruppen, weitere Voraussetzungen zur Realisierung der Gesamtbedürfnisse der Zielgruppen durch das Unternehmen zu schaffen sind.

Das geschieht vor allem durch Abstimmung einzelner Angebotssegmente innerhalb eines Unternehmens, so z. B. zwischen den unterschiedlichen Leistungsbereichen, oder durch Abstimmung mit Anbietern außerhalb des Unternehmens im Rahmen kooperativer Vereinbarungen.

Mit einer solchen Konzentration der Kräfte können prinzipiell folgende Wirkungen erzeugt werden:

Wirkungsbereich	Erläuterungen, Beispiele
1. Spezialisierung	Konzentration auf Kernkompetenzen in einem Hotelbetrieb z. B. durch Outsourcing bestimmter Leitungen, wie: • Wäschedienst, • Parkpflege, • Zimmerreinigungsdienst, • Beförderungsdienste
2. Diversifikation	Gezielte Erweiterung des eigenen Leistungsangebots durch neue bzw. andere ziel- und bedürfnisgruppenorientierte Leistungen, wie: • Fitnessbereich • Wellness • Kultur • Spezialitätenrestaurant • behindertengerechte Ausstattung der Zimmer, der Verkehrswege im Hotelbetrieb • Pädagogische Betreuung für Kinder

Wirkungsbereich	Erläuterungen, Beispiele
3. Kooperation	Zielorientiertes Zusammenwirken mit rechtlich und wirtschaftlich selbständigen Unternehmen oder Betrieben vor Ort und der Region bei • gemeinsamen Werbeaktionen • dem gemeinsamen Erstellen von Pauschalangeboten • Einkaufsgemeinschaften • Verkaufsaktivitäten • dem gemeinsamen Nutzen von Sport- und Freizeitanlagen • dem gemeinsamen Nutzen von Reservierungssystemen • dem gemeinsamen Auftreten in der Öffentlichkeit, z. B. bei touristischen Fachmessen, Workshop • gemeinsamen Schulen des Verkaufspersonals usw.
4. Fusion	Zusammenschluss mit anderen Unternehmen der Branche zur Bildung einer Hotelkette oder Restaurantkette **oder** mit vor- und nachgelagerten Branchen wie Verkehrsträgern sowie Tagungs- und Veranstaltungsbereichen.

(vgl. Dettmer/Hausmann/Kloss (Hrsg.), Gästemarketing, Hamburg 2008, S. 97)

Fazit:

Mit der Konzentration der Kräfte verfolgt das Unternehmen zwei Hauptziele, und zwar:

• Verbesserung der eigenen betrieblichen Leitungsfähigkeit, Wirtschaftlichkeit und Rentabilität.

• Verbesserung der Marktstellung des eigenen Unternehmens im Vergleich mit der Konkurrenz in der gemeinsamen Region/Destination.

3. Stufe: Marketing-Mix – Auswahl der Marketinginstrumente

Es ist eine unumstrittene Tatsache, dass erfolgreiches Marketing im Unternehmen von einem systematischen Zusammenwirken der Marketinginstrumente, dem Marketing-Mix, abhängig ist.
In dieser Stufe, der operativen Ebene des Marketings werden die Marketinginstrumente ausgewählt und kombiniert.
Dabei müssen die Marketinginstrumente so aufeinander abgestimmt sein, dass die geplanten Ziele/Ergebnisse erreicht werden, um am Markt die gewünschten Wirkungen für das Unternehmen zu erzielen.

Folgende Übersicht verdeutlicht die Auswahl und Kombination der Marketinginstrumente nach Aspekten im Marketing-Mix:

Aspekte	Erläuterungen
Qualitativ	Hierbei geht es um die Art der Marketinginstrumente, die ein Unternehmen einsetzen kann, wie z. B. im Rahmen der • Leistung-/Produktpolitik • Preispolitik • Kommunikationspolitik • Distributionspolitik Die Anzahl der Marketinginstrumente, die eingesetzt werden können, unterliegen einem ständigen Innovationsprozess. Dass heißt, die Vielfältigkeit der Märkte, der permanente Wandel in den Wettbewerbsbedingungen, soziale Veränderungen führen dazu, dass immer wieder neue Instrumente entstehen. So zum Beispiel in der Kommunikationspolitik das „Sponsoring" oder die „Direktwerbung".
Quantitativ	Dabei geht es um die Bedeutung und Gewichtung beim Einsatz der einzelnen Marketinginstrumente innerhalb des Marketing-Mix. Es ist das Ergebnis von Entscheidungen im Rahmen der Marketingplanung. In diesem Prozess werden z. B. finanzielle Ressourcen bereitgestellt und auf die einzelnen Marketinginstrumente verteilt. Im Marketingbudget wird festgelegt, welche Mittel die Unternehmen beispielsweise für die Werbung oder für die Öffentlichkeitsarbeit zur Verfügung stellen.
Zeitlich	Beim zeitlichen Aspekt geht es vor allem um die Dauer und die Reihenfolge des Einsätzen der Marketinginstrumente in einer Planperiode. Reaktionen auf Veränderungen im Nachfrageverhalten der Gäste/Kunden, Maßnahmen der Konkurrenz oder kurzfristiger Veränderungen in den Rahmenbedingungen spielen nicht selten eine wichtige Rolle und erschweren das Handeln.

4. Stufe: Marketinginstrumente – Festlegen der Maßnahmen

Mithilfe der Marketinginstrumente werden in diesem Entscheidungsschritt die konkreten Maßnahmen und Aktivitäten für das Marketing gestaltet.

Besondere Aufmerksamkeit muss bei diesem Prozess vor allem darauf gelegt, dass die einzelnen Maßnahmen und Aktivitäten so gemischt werden, dass ein erfolgsversprechender Mix der Instrumente entsteht.

Aus diesem Grund ist es erforderlich, Antworten auf folgende Fragen zu bekommen:

- Welche Marketinginstrumente haben dominieren Einfluss auf die Umsetzung der Maßnahmen und Aktivitäten?

- Welche Marketinginstrumente beeinflussen die Umsetzung der Maßnahmen und Aktivitäten dabei komplementär?

- Welche Konsequenzen ergeben sich generell aus allen Festlegungen zur Umsetzung der
  Maßnahmen und Aktivitäten?

Fazit:

(1) Der Stellenwert bei der Auswahl und dem Einsatz der Marketinginstrumente
    in einem Unternehmen ist in der Realität oft sehr unterschiedlich.

(2) Die Unterschiede werden nicht selten bestimmt von solchen unternehmerischen Faktoren
    wie:
    - das Niveau und die Struktur des Marketing-Mix,
    - den Zielen, die das Unternehmen am Markt anstrebt,
    - den Strategien, mit denen das Unternehmen die Ziele erreichen will und der
    - Qualität der Entscheidungen, die in diesem Zusammenhang gefällt werden müssen.

(3) Jedes Unternehmen muss deshalb seine ganze Kraft dafür einsetzen, die Auswahl und
    den Einsatz der Marketinginstrumente optimal zu gestalten.

(4) Damit wird die unternehmensspezifische Ausrichtung auf ein optimales Marketing-Mix
    zu einer wichtigen Optimierungsaufgabe für jedes Unternehmen.

5.6.1   Umsetzung des Marketingkonzepts

Verschiedene Untersuchungen haben bewiesen, dass es äußerst vorteilhaft ist, wenn das
Marketingkonzept mittel- bis langfristig – etwa auf drei bis fünf Jahre – ausgerichtet ist.
Die im Marketingkonzept festgeschriebenen Ziele und Strategien sowie Maßnahmen und
Aktivitäten der einzelnen Instrumente sind nun in einem mittelfristigen Marketingplan um-
zusetzen.
Durch Festlegungen hinsichtlich der zu erwartenden Kosten und Erlöse sowie mit der Darstellung der Dringlichkeit/Priorität für jede einzelne Maßnahme bzw. Aktivität im mittelfristigen Marketingplan wird es möglich, alle Voraussetzungen für das jährlich zu erarbeitende
Maßnahmen- bzw. Aktivitäts-Paket zu schaffen.
Dass heißt, Jahresplan und Jahresbudget mit den genauen Kosten und Erlösen, werden zusammengestellt. Auf der Basis dieser konkreten Festlegungen für das Jahr sind beide Pla-
nungsdokumente verbindlich und bilden die Grundlage für die sich am Ende einer Planperiode anschließende Erfolgskontrolle.

Folgende verbindliche Fragen müssen durch den Jahresplan beantwortet werden:

- Welche Ziele sollen im Planungszeitraum erreicht werden, z. B. Positionierung am Markt, wirtschaftliche Ziele, Akquirierung neuer Zielgruppen?

- Für welchen Leitungsbereich sind welche Maßnahmen, Aktivitäten vorgesehen?

- Welcher Bereich, welche Personen sind für Vorbereitung, Durchführung und Ergebnisdarstellung verantwortlich?

- Welche Prioritäten sind vorgegeben und konkret einzuhalten?

- Mit welchen Kosten ist zu rechnen und welche Erlöse sind zu erwarten?

5.6.2 Kontrolle des Marketingkonzepts

Die Kontrolle des Marketingkonzepts steht in einer engen Beziehung zur Marketingplanung und stellt eine unvoreingenommene und vor allem kritische Überprüfung und Einschätzung der Maßnahmen und Aktivitäten dar, die im Marketingkonzept fest geschrieben sind.
In diesem Zusammenhang wird die Kontrolle des Marketingkonzepts zu einem dynamischen Prozess, das heißt, nach jedem Teilabschnitt der im Jahresplan fixierten Maßnahmen und Aktivitäten ist eine genaue Ergebnisdarstellung vorzunehmen.

Erst dadurch wird es möglich,

- eventuell auftretende Schwächen rechtzeitig zu erkennen und zu korrigieren

  sowie

- auf veränderte Situationen des Marktes schnell und flexibel zu reagieren, um die aus der Kontrolle der Maßnahmen und Aktivitäten erhaltene Ergebnisse als aktuelle Plandaten bzw. neue Ausgangsdaten der zukünftigen Planung wieder zur Verfügung zu stellen.

Fazit:

Die Kontrolle des Marketingkonzepts zeigt sich als Übergang von einem abgeschlossenen zu einem neuen Entscheidungsprozess. Sie erfüllt demzufolge eine sowohl diagnostische als auch prognostische Funktion.

Es ist wichtig zu erkennen und zu wissen, dass die reine Überprüfung vor gegebener Plandaten mit den erzielten Ergebnissen nicht in jedem Fall ausreicht. Es werden auf diesem Weg zwar Abweichungen deutlich gemacht, aber ihre Ursachen bleiben oft verborgen.

Aus diesem Grund wird im Rahmen der Kontrolle des Marketingkonzepts die Beurteilung aller Marketingpläne bezüglich ihrer Angemessenheit, Zielbezogenheit und vor allem Effizienz notwendig.

Aufgaben Kapitel 5.6:

1. Durch welche Beziehungen ist der Aufbau eines Marketingkonzepts gekennzeichnet?

2. Erläutern Sie den methodischen Weg beim Aufbau eines Marketingkonzepts.

3. Durch welche Marketinggrundregeln wird der Handlungsrahmen der Marketing-strategie innerhalb eines Marketingkonzepts bestimmt?

4. Was verstehen Sie unter Marketing-Mix im Rahmen der Marketingkonzeptgestaltung?

5. Welche Aufgabe hat die Kontrolle des Marketingkonzepts im Rahmen der Marketing-planung?

6. Für die von Ihnen lang geplante berufliche Neuorientierung, Einstieg in die Selbständig-keit, ist es Ihnen gelungen, die notwendigen Voraussetzungen zu schaffen. Das heißt, Un-tersuchungen zu den Rahmen- und Marktfaktoren, aber vor allem zu den persönlichen Voraussetzungen, wie Ausbau notwendiger Berufserfahrungen und Qualifikationen ha-ben Ihre Entscheidung für eine Existenzgründung in der mittelständigen Hotellerie mitge-tragen.

Basisinformation zum Hotelbetrieb:
- Das Hotel liegt an der Peripherie einer Großstadt, gute Verkehrsanbindung mit öffentlichen Verkehrsmitteln in Richtung Stadtzentrum, günstige Lage zum gut ausgebauten Bundesstraßen- und Bundesautobahnnetz.
- Günstige natürliche Gegebenheiten, wie Klima, Landschaft, Flora
- gut ausgebautes Netz von Wanderwegen und Klettermöglichkeiten
- 30 stilvoll eingerichtete Doppel- und Einzelzimmer
- 1 Hochzeitssuite
- Ein Restaurant mit einer Platzkapazität von 80 Plätzen
- eine Bauernstube mit regionaler Küche und einer Kapazität von 40 Plätzen
- ein Wellness-Bereich mit Sauna, Badebecken und Tepidarium
- 10 vollbeschäftigte Mitarbeiter

Entwickeln Sie auf der Grundlage der Ergebnisse aus der Marketinganalyse das Betreiber-Konzept, das Ihnen hilft, Ihren Wunsch in die Tat umzusetzen.
Beachten bei der Erarbeitung des Konzepts folgende methodische Hinweisen:

a) Formulieren der Unternehmens- und Marketingziele, wie
- Bestimmen der Unternehmensziele, z. B. monetär, nichtmonetär
- Ableitung der Marketingziele aus den Unternehmenszielen,
  z. B. nach quantitativen, qualitativen Aspekten
- Formulieren der Ziel- bzw. Bedürfnisgruppen

b) Marketingstrategie
- Erarbeitung der Unternehmens-Vision, des Unternehmens-Leitbildes
- Erarbeitung der tragenden Marketingidee, Positionierung am Markt

- Erarbeitung zeitlicher Vorgaben für die Richtung und den Einsatz der Marketinginstrumente unter Beachtung der Marketinggrundregeln
- Bestimmung des Einzugsgebietes, der Destination bzw. Quellmärkte

c) Auswahl der Marketinginstrumente im Marketing-Mix
- Erarbeiten von Leistungsangeboten für alle Leistungsbereiche des Unternehmens, wie F & B, Beherbergung, sonstige Leistungsbereiche
- Erarbeitung von Maßnahmen im Rahmen des Preispolitik, wie Preisdifferenzierung
- Erarbeitung einer Kommunikationsstrategie, wie Werbestrategie, Mediaplan, Jahresplan der Verkaufsförderung, Maßnahmen der Öffentlichkeitsarbeit
- Maßnahmen zur Gestaltung und Einsatz von Werbemitteln, Angebotsmitteln
- Gezielte Darstellung der Vertriebswege

d) Betriebswirtschaftliche Betrachtungen
- Erstellen einer Umsatz- und Ertragsvorschau für mindestens drei Geschäftsjahre
- Erstellen eines Investitions- und Finanzierungsplans
- Erstellen eines Personalbedarfsplanes
- Erstellen eines Lieferantenverzeichnisses

e) Rechtliche Betrachtungen
- Festlegen und begründen der Rechtsform
- Gewerbeanmeldung, Gewerbeerlaubnis
- Zusammenstellen der auf das Unternehmen zukommenden Abgaben und Gebühren
- Vertragsgestaltung, wie Miet- oder Pachtvertrag, Arbeitsverträge

f) Präsentation des Marketingkonzepts

Im Zusammenhang der Realisierung Ihres Vorhabens wird es unter anderem notwendig, die benötigten Finanzierungsmittel über Fremdkapital zu ordern. Um das zu ermöglichen, ist die Erarbeitung Ihres Marketingkonzepts in entsprechender Qualität eine wichtige Vorausset-zung und damit ein erster Schritt für den Erfolg.
Ein weiterer Schritt auf dem Weg des Erfolges ist nicht selten die Präsentation der Ergebnis-se Ihrer konzeptionellen Arbeit vor dem Auftraggeber, dass heißt in diesem Fall vor den Verantwortlichen der Finanzwirtschaft. Denn sie entscheiden über die Höhe, die Konditionen und darüber, ob Ihre Idee überhaupt finanzierbar ist.

Die Präsentation lebt immer von der unmittelbaren Situation und wird bestimmt durch:
- ein überzeugendes Präsentationsverhalten
- einen inhaltlich ausgefeilten Aufbau und
- einer gelungenen Visualisierung der Ergebnisse

Bei der Durchführung der Präsentation sollten Sie auf folgendes achten:
- Entwickeln Sie sich eine freundliche Begrüßungsformel.
- Achten Sie auf ein gepflegtes, dem Anlass entsprechendes, Äußeres.
- Beginnen Sie stets pünktlich.

- Nehmen Sie zu Beginn der Präsentation Blickkontakt zu den Zuhören auf.
- Sprechen Sie laut und deutlich, und versuchen Sie frei zu sprechen.
- Setzen Sie gekonnt Ihre Körpersprache ein.
- Vermeiden Sie Phrasen, Floskeln und verschleiernde Redewendungen.

g) Finden Sie einen positiven Abschluss.

6. Marketingcontrolling und -budget

„Ich weiß, dass die Hälfte meiner Werbeausgaben hinausgeschmissenes Geld ist. Ich weiß nur nicht welche Hälfte."

Dieses Einführungszitat wird **Henry Ford** (Ford Motor Company) zugeschrieben

Wie in dem vorliegenden Buch bereits ausführlich dargestellt, finden die operativen und strategischen Erfolgspotentiale eines Unternehmens ihren Niederschlag in seinem Marketingkonzept. Marketing wurde vorstehend „das Führungskonzept vom Markt her" definiert und wird mit Controlling als „Führungskonzept vom Ergebnis her" verknüpft. Da Marketing einen wesentlichen Teilbereich des Managements darstellt, wird diese Teilfunktion i. R. des Controlling durch die spezialisierte Form des Marketingcontrolling unterstützt. Liegt die Betriebsführung in der Hand des Unternehmers erfolgt i.d.R. keine Spezialisierung auf einzelne Managementaufgaben. In größeren Unternehmen ist dagegen bedingt durch die Komplexität der Aufgaben eine Spezialisierung des Managements auf einzelne Funktionsbereiche feststellbar. Im letztgenannten Fall werden dann häufig auch spezielle Controllingabteilungen gebildet, wie eben das Marketingcontrolling oder auch das Kostencontrolling. Unabhängig von der Betriebsgröße und der Organisation des Controlling sind die Ziele des Marketingcontrolling aber identisch, da jeweils die einzelnen Marketinginstrumente und ihr Zusammenspiel im Marketing-Mix untersucht werden.

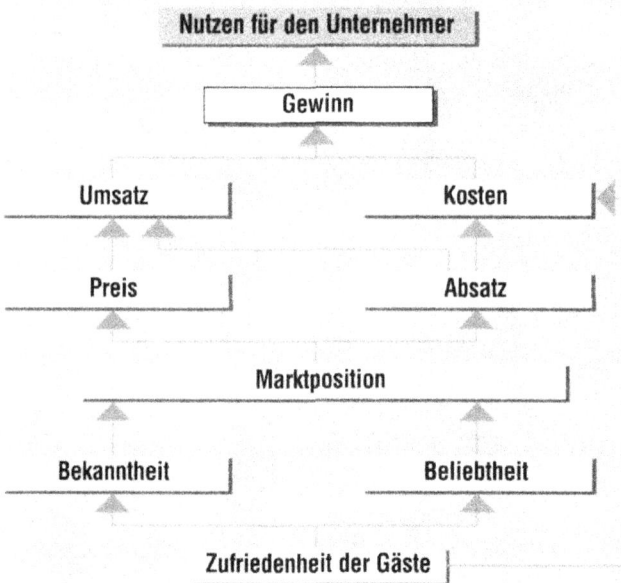

Abb. 6.1: Zielsystem eines touristischen Betriebes
(Dettmer/Hausmann/Kloss [Hrsg.] 2008, S. 259)

Zu unterscheiden vom Begriff Marketingcontrolling ist die Marketingkontrolle: Marketing-controlling umfasst die zielorientierte Planung, Steuerung und Kontrolle des Marketing:

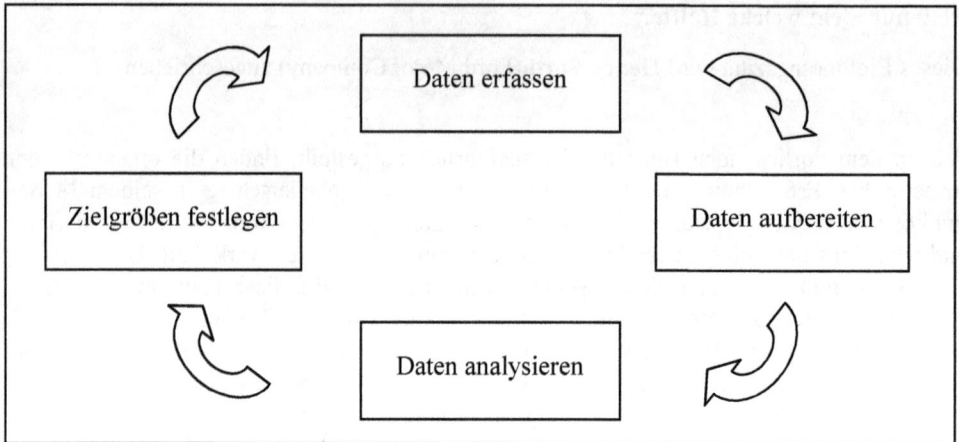

Abb. 6.2: Kreislauf des Controllingprozesses (vgl. Hausmann [Hrsg.] 2007, S. 2)

Die Erfolgskontrolle im Marketing ist also ein Teilbereich des Marketingcontrolling.

Eine der Hauptaufgaben des Marketings liegt im Herausbilden und Pflegen der Marktpositi-on. Die Marktposition des touristischen Unternehmens gründet sich auf emotionalen Nutzen-aspekten der Gäste (vgl. Abb. 6.1). Werden ihre Bedürfnisse zufriedenstellend erfüllt, er-wächst aus den positiven Erfahrungen der Gäste ihre Zufriedenheit.

Zufriedene Gäste tragen ihre positiven Erfahrungen weiter, so wächst wiederum die Be-kanntheit und damit stärkt sich die Marktposition des Unternehmens durch die sog. Mund-propaganda.

Die Zielgrößen des Marketingcontrolling sind daher einerseits qualitativer Natur; anderer-seits besteht der Nutzen für den Unternehmer im Realisieren eines angemessenen Gewinns, der durch die positive Differenz von Umsatz und Kosten entsteht. Hier zeigt sich der Zu-sammenhang zwischen den Teilbereichen Marketing- und Kostencontrolling. Die Zufrieden-heit der Gäste erfordert eine qualitativ hochwertige Leistung. Eine Steigerung der Qualität geht aber i.d.R. mit erhöhten Kosten einher. Eine qualitativ einwandfreie Leistung rechtfer-tigt aus Sicht des Gastes aber auch einen höheren Preis. Die Zielgrößen des Marketingcon-trolling sind dementsprechend auch quantitativer Natur.

Die qualitativen und die quantitativen Zielgrößen des Marketing stehen also in einem engen Zusammenhang und sind interdependent; eine aus Sicht des Gastes starke Marktposition führt in der Praxis nämlich häufig zu höheren Verkaufspreisen und zu einem höheren Ge-winn.

6.1 Möglichkeit der Datenerfassung und -aufbereitung über Marketing-Informationssysteme

„Ein Mitarbeiter, der nicht alle Informationen hat, kann keine Verantwortung übernehmen. Ein Mitarbeiter aber, der alle Informationen hat, kommt nicht drum herum, die volle Verantwortung zu übernehmen."

(Jan Carizon, ehemaliger Präsident SAS)

Die vorstehende Äußerung des langjährigen Präsidenten der skandinavischen Fluglinie SAS, die als ein äußerst service-und dienstleistungsorientiertes Unternehmen gilt, umschreibt in zwei Sätzen das Grundproblem vieler Unternehmen:

Mangelnde Informationen und Kenntnisse über das eigene Unternehmen und über die Mitbewerber. Aber auch wenn über umfangreiche Informationen sowie Kenntnisse verfügt werden kann, ist das noch nicht der Garant für erfolgreiches Agieren; vielmehr müssen die Informationen auch analysiert und kommuniziert werden.

Mitarbeiter eines touristischen Unternehmens vermögen nur dann das Vorgehen der Geschäftsleitung (z. B. durch Handlungsanweisungen oder Zielvorgaben an die Mitarbeiter) zu verstehen, wenn sie die Informationen besitzen, die die Entscheidungsgrundlage für dieses waren.

Auch heute noch, in einer Zeit, die sehr stark von Arbeitsteilung geprägt ist, werden dem Mitarbeiter oftmals nur die Information kommuniziert, die für seinen speziellen Arbeitsbereich nötig sind. Die Arbeitsschritte werden isoliert von anderen Arbeitsschritten erledigt und der Mitarbeiter wird nicht beurteilen können, ob er die ihm übertragenen Aufgaben nicht noch besser machen könnte. Im Dienstleistungssektor führt eine derartige Arbeitsweise keinesfalls zu einer optimalen Zufriedenstellung des Gastes und zu einem erfolgreichen Marketing.

Jedes touristische Unternehmen sollte in der Lage sein, jederzeit über den Abwicklungszyklus seiner Dienstleistungen und allen dazugehörenden Prozessen sowie über alle betriebs- und entscheidungsrelevanten Informationen zu verfügen, also eine Möglichkeit Daten zu erfassen und strukturiert aufzubereiten; dazu eignen sich Marketing-Informationssysteme.

Marketing-Informationssysteme, auch MAIS genannt, sind Expertensysteme (DSS – Decision-Support-System), wobei die Akteure eines Marketing-Informationssystems Personen sind, die sich mittels technischer Einrichtungen und Verfahren zur

- Gewinnung,
- Zuordnung,
- Analyse,
- Bewertung und Weitergabe

zeitnaher und zutreffender Informationen gegenseitig bei der Entscheidungsfindung und Erledigung der Tätigkeiten unterstützen.

Die Aufgabe von Marketing-Informationssystemen ist die Bereitstellung notwendiger Informationen zur Durchführung von Erfolgsanalysen, die somit als Basis für Marketingentscheidungen im Unternehmen dienen.

In Unternehmen können sowohl reine Berichtssysteme (Reporting Systems), die Informationen periodisch im Offline-Betrieb bereitstellen, als auch Online arbeitende Auskunfts- und Abfragesysteme eingesetzt werden. Neben stochastischen (vergangenheitsorientierten) Daten sind vielfach auch Prognosen für Aussagen bzw. Entscheidungen verfügbar, die auf die Zukunft orientiert sind.

Nachfolgend werden die wichtigsten Schritte beim Aufbau eines Marketing-Informationssystems dargestellt und nach und nach abgehandelt:

1.   Grundüberlegungen zum Marketing-Informationssystem; Nutzen und Gefahren

2.   Grundlegende Fragen zur Beschaffung und Verarbeitung von Daten und Informationen

3.   Relevante Informationen

4.   Methoden der Informationsbeschaffung

5.   Checkliste über mögliche Informationsquellen

6.   Haupteinsatzgebiet der Marketing-Informationssysteme.

Abb. 6.3: Aufbau eines Marketinginformationssystems in Schritten (vgl. Dettmer/ Hausmann/Kloss 2008, S. 48 f.)

1. Grundüberlegungen für ein Marketing-Informationssystem zur Befriedigung des Informationsbedarfes sind:

- Bestimmen der Träger informatorischer Aufgaben,

- Festlegen der Informationswege zwischen den Mitarbeitern,

- Vergebene von Informationsrechten und Informationspflichten,

- Festschreiben der Methode der Informationsbearbeitung.

Im Vorfeld empfiehlt sich die Abwägung bzw. Gegenüberstellung von Vor- und Nachteilen sowie von Nutzen und Gefahren beim Initiieren eines Marketing-Informationssystems, und zwar alleine aus der Überlegung heraus, dass die Anforderungen von touristischen Betrieben untereinander oftmals trotz der Branchenzugehörigkeit sehr unterschiedlich sein können. Nachstehend werden einige wichtige Vorteile/Nutzen sowie Nachteile/Gefahren von Marketing-Informationssystemen aufgelistet:

Vorteile und Nutzen von Marketing-Informationssystemen:

- Die relevanten Informationen sind schneller verfügbar, für die Entscheidungsfindung besser aufgearbeitet und werden systematisch erfasst.

- Die relevanten Informationen werden innerhalb einer Unternehmenseinheit, einer Abteilung, zentral für die Zugriffsberechtigten oder für alle Mitarbeiter gespeichert und sind entsprechend zentral abrufbar.

- Durch das systematische Erfassen und Aufbereiten wird die Basis für Analysen gegeben; so kann Sicherheit beim Entscheiden entstehen, durch

  → höhere Qualität der Entscheidungen,

  → schnellere Entscheidungsfindung.

Nachteile und Gefahren von Marketing-Informationssystemen:

- Hoher Zeit- und Kostenaufwand,

- Gefahr des Erfassens und Verarbeitens unwichtiger Informationen,

- Gefahr des Nichtbenutzens durch benutzerunfreundliche Gestaltung,

- Gefahr einer einseitigen Entscheidungsfindung, die nur auf dem Marketing-Informationssystem beruht,

- falsches Gefühl der vollkommenen Sicherheit,

- Gefahr einer mangelnden Flexibilität der Systeme.

2. Grundlegende Fragen zur Beschaffung und Verarbeitung von Daten und Informationen:

- Ausgangslage; Ereignis, das den Anstoß zur Datenbeschaffung und -verarbeitung gibt

- Zielsetzung und Aufgabenstellung

- Eingrenzung des Informationsproblems

- wirklich erforderliche Informationen (nach dem Nutzen, den die Information bringt, muss gefragt werden)

- Relevanz und Dringlichkeit der Informationen (Wertigkeit und Priorität)

- Datenherkunft (Verfügbarkeit, Informationsquellen und Methoden)

- Kosten der Informationen (Wirtschaftlichkeit)

- Verantwortlichkeit für die Datenbeschaffung

- Termine

- Datenaufbereitung und -auswertung in Qualität und Quantität

- Präsentation von Ergebnissen und Schlussfolgerungen

3. Relevanz der Information

Zunächst ist zu bestimmen, welche Informationen als relevant für den jeweiligen Betrieb gelten. Exemplarisch für ein Hotel könnten relevante Informationen sein:

Alle personenbezogenen Daten von Restaurant- und Hotelgästen, die für die Förderung des Geschäftes und des Umsatzes wichtig sind; diese Informationen können über ein Kundenprofil erfasst werden.

4. Methoden der Informationsbeschaffung

- Primärforschung (field research [s. S. 54 f.])

- Sekundärforschung (desk research [s. S. 54])

5. Checkliste über mögliche Informationsquellen

Erstellen einer Checkliste über die möglichen Informationsquellen der Sekundärerhebung für ein Marketing-Informationssystem.

Innerbetriebliche Quellen, z. B.:

- Informationen des Rechnungswesens und des Verkaufs

- Informationen aus den verschiedenen Unternehmensbereichen/Abteilungen

- Erfahrungswerte aus dem Umgang mit den Gästen und Lieferanten

- Ideen/Verbesserungsvorschläge von Mitarbeitern und Gästen

- Marketinginformationen (durch die eigene Marketingabteilung)

Außerbetriebliche Quellen, z. B.:

- bestehende Studien von Marktforschungsinstituten

- bestehende Studien von Verbänden und Wirtschaftsorganisationen, z. B. DeHoGa, VDR – Verband deutscher Reisestellen, DTV – Deutscher Tourismus Verband, DHK – Deutscher Kur- und Heilbäderverband.

6. Haupteinsatzgebiete der Marketing-Informationssysteme

Ganz allgemein haben die Marketing-Informationssysteme mit der Informationserfassung und -aufbereitung ihren Haupteinsatz in folgenden Bereichen:

- Abwicklungszyklus aller Aufträge des Betriebes (Auftragsgewinnung und -durchführung sowie Abrechnung und Kontrolle),

- für die Marktforschung (systematische Durchführung und Erhebung von Daten sowie die Auswertung bereits vorhandener Daten),

- Analyse der Mitbewerber (s. Kapitel 3.7.2.3),

- Produkt- und Angebotsanalyse,

- Verkaufs und Vertriebserfolgsanalyse,

- Preisgestaltung,

- Qualitätsüberprüfung.

Marketing-Informationssysteme werden angesichts zunehmender Komplexität in vielen wirtschaftlichen und gesellschaftlichen Bereichen immer bedeutender, um die Informationsflut zu kanalisieren und die Aktualität der Informationsversorgung gegenüber dem Nutzen der Informationen in einer problem- und organisationsgerechten Aufarbeitung zu fördern. Im Marketingcontrolling können sie Basis für die Datenanalyse und somit das fundierte festlegen von Marketingzielgrößen sein.

6.2 Erfolgsanalyse mittels Effizienzkriterien und ihre Ergebnisse

Erfolgsanalysen im Marketing sind nicht ganz einfach durchzuführen. Dies verdeutlicht z. B. das einführende Zitat zu diesem sechsten Kapitel (s. S. 291), das auf die Kontrolle der Werbeausgaben als Teil der Marketingausgaben gerichtet ist. Am einfachsten ist es natürlich bei einer Buchung nachzufragen, wie der Gast auf das Unternehmen gekommen ist; nur ist dies eben auch nur ein kleiner Teilbereich einer möglichen Erfolgskontrolle im Marketing als Teilbereich des Marketingcontrolling.

6.2.1 Soll-/Ist-Vergleiche

Marketingkontrolle ist die letzte Phase der Marketingplanung und dient der systematischen und objektiven Beurteilung des Marketings eines Unternehmens. Soll-/Ist-Vergleiche spielen dabei eine besondere Rolle.

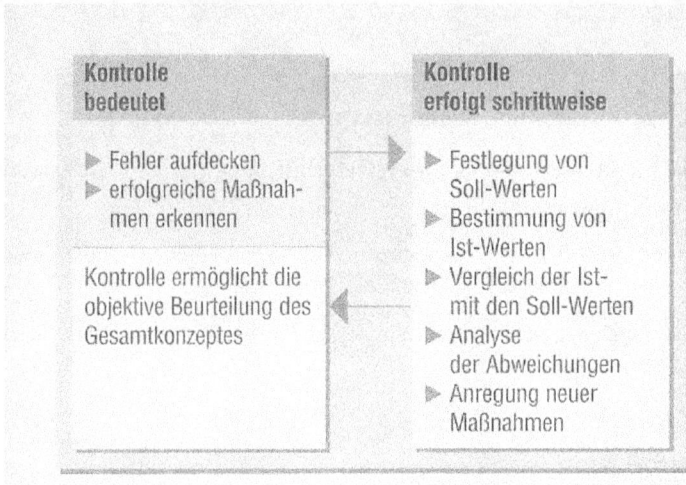

Abb. 6.4: Bedeutung der schrittweisen Kontrolle (Dettmer/Hausmann (Hrsg.) 2010, S. 290)

Soll-/Ist-Vergleiche dienen dem Ermitteln von Abweichungen zwischen den geplanten Zielen und dem tatsächlich erreichten Zustand; dazu werden die Planzahlen (Sollzahlen) den Ist-Zahlen gegenübergestellt.

Soll/Ist-Analysen werden für Vergleiche in den unterschiedlichsten Bereichen herangezogen, mit deren Hilfe können beispielsweise die geplanten mit den tatsächlich erreichten Umsatz- oder Gewinnzahlen unter Abwägung der durchgeführten Marketingmaßnahmen verglichen werden. Auch kann einfach festgestellt werden, ob das Marketingbudget planmäßig eingesetzt wurde.

Die Ergebniskontrolle ist mit einem Soll-/Ist-Vergleich nicht abgeschlossen. Treten Abweichungen in einem Vergleich auf, dann müssen die Ursachen dafür ermittelt werden. Diese Ursachen können beispielsweise Fehler von Mitarbeitern, mangelhaftes Material oder Fehler in der Organisation sein.

6.2.2 Arten und Instrumente der Analyse von Marketingdaten

Im Marketing werden vier Arten der Analyse von Marketingdaten unterschieden; diesen werden unterschiedliche Instrumente zugeordnet:

```
                    ┌─────────────────────────┐
                    │   Arten der Analyse von │
                    │      Marketingdaten     │
                    └─────────────────────────┘
```

Jahresplananalyse

- Umsatzanalyse
- Marktanteilsanalyse
- Analyse des Verhält-
  nisses der Ausgaben
  zum Umsatz
- Finanzanalyse
- Beobachten des
  Auftretens/Verhaltens
  von Unternehmen/
  Gästen/Anbietern

Effizienzanalyse

Studien der Effizienz

- des Verkaufsstabs
- der Absatzförderung
- der Werbung
- der Distribution

Gewinnanalyse

**Gewinnbeitragsschätz-
ung für einzelne**
- Produkte
- Gebiete
- Absatzwege
- Buchungs-/Auftrags-/
  Abnahmegrößenord-
  nungen (z. B. Kontin-
  gente)
- Marktsegmente bzw.
  Gästegruppen

Strategische Analyse

- Marketingrevision
- Bewertung der
  Marketingwirksamkeit

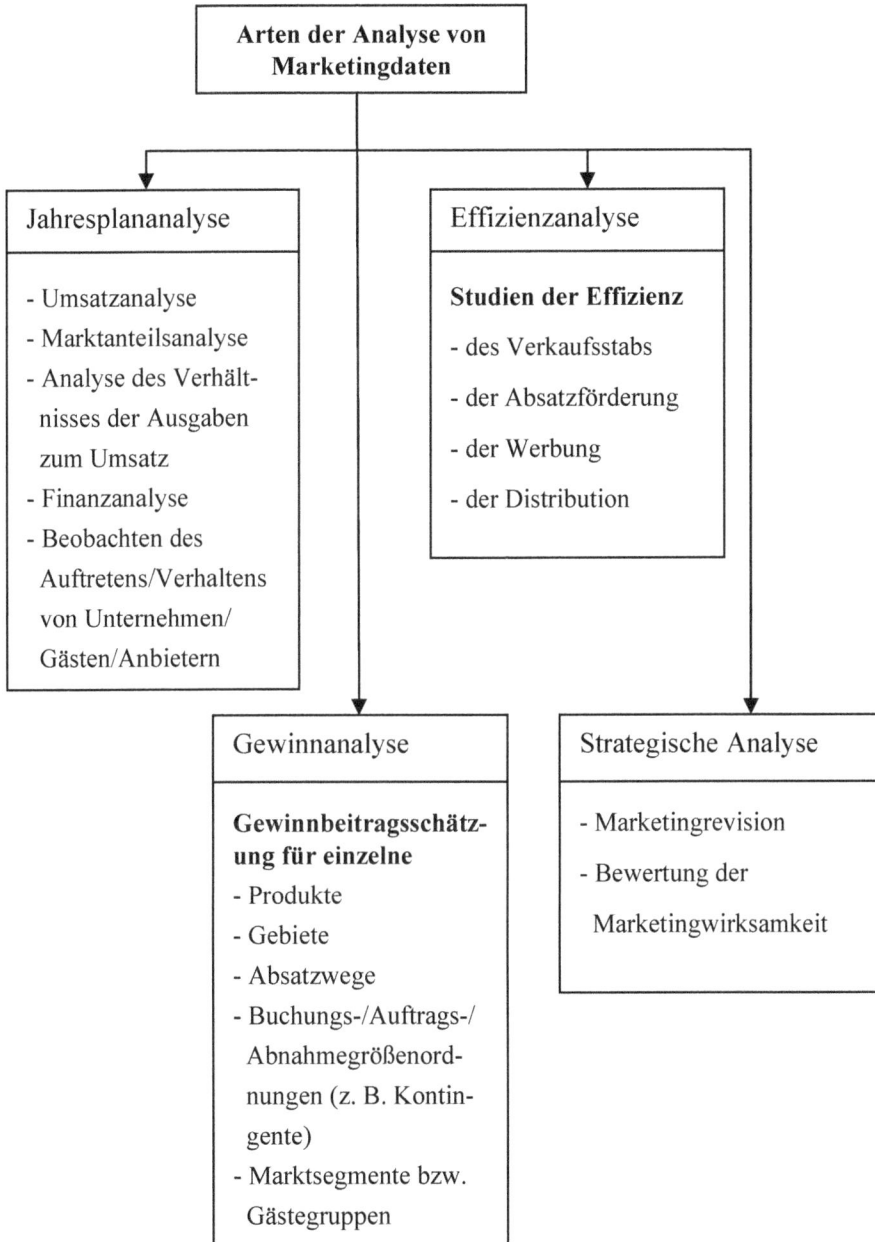

Abb. 6.5: Marketinganalysearten (vgl. Dettmer/Hausmann (Hrsg.) 2010, S. 290)

Die obligatorisch durchgeführten, permanenten Soll-/Ist-Vergleiche im Bereich Marketing und ihre diesbezüglichen Ergebnisse ermöglichen ein schnelles und gezieltes Eingreifen in

Marketingprozesse. Dazu können die sechs nachstehenden **Analyseinstrumente** genutzt werden:

a)   Die (kurzfristige) **Erfolgsrechnung** nach dem Abteilungsprinzip bzw. nach dem **Schema der sog. Betriebswirtschaftlichen Auswertung** (BWA):

Umsatz-erlöse	Zimmervermietung Warenumsatz sonstige	Erlöse gesamt
Betriebs-bedingte Kosten	Warenkosten Speisen/Getränke (=Wareneinsatz)	./. Wareneinsatz
		= Rohertrag
	Personalkosten Energiekosten Steuern, Versicherungen, Beiträge, Betriebs- und Verwaltungskosten	./. Betriebskosten
Anlage-bedingte Kosten	Mieten und Pachten Instandhaltung Abschreibungen Zinsen für Fremdkapital	= Betriebsergebnis I ./. anlagenbedingte Kosten gesamt
		= Betriebsergebnis II + Abschreibungen ./. Tilgungen
		= Cashflow

Abb. 6.6: Schema der BWA (Dettmer/Hausmann (Hrsg.) 2010, S. 290)

b)   Die **Kennzahlenrechnung** nach Kennziffern der Umsatz- und Kostenstruktur.

c)   Die **Deckungsbeitragsrechnung** eignet sich zur Aufdeckung von Schwachstellen im Unternehmen. Sie wird eingesetzt, um die Deckungsbeiträge einzelner Leistungen zu ermitteln, den Punkt festzustellen, ab dem das Unternehmen Gewinne erwirtschaftet (= break-even-point oder Gewinnschwelle) und um die Preisuntergrenzen zu ermitteln.

d) Die **Portfoliomatrix** als Instrument der Diagnose und Prognose.

e) In der **Gewinneinflussanalyse** werden die Gewinneinflussfaktoren unterschieden nach kostenorientierten Einflussgrößen (fixe Kapazitäts- und Bereitschaftskosten sowie variable Leistungskosten) und marktorientierten Einflussfaktoren (Preise für Zimmer, Speisen und Getränke sowie Anzahl der Gäste und Zimmerbelegung). Dabei reagiert der Gewinn gastgewerblicher Unternehmen unterschiedlich bei Maßnahmen, die kostenorientierte bzw. marktorientierte Einflussgrößen betreffen.

f) Die **Rentabilitätsprognosen** werden als vorausschauende Wirtschaftlichkeitsberechnungen neuer Projekte erstellt. Auf Grundlage der sachgerecht eingeschätzten Erlöse und Kosten wird der wirtschaftliche Erfolg für fünf Jahre hochgerechnet.

Als Analyseinstrumente dienen darüber hinaus im Wesentlichen:

- Statistiken,

- Grafiken,

- Checklisten,

- Wirtschaftlichkeitsberechnungen,

- Wirkungsanalysen einzelner Marketinginstrumente, z. B. eingelöste Rabattcoupons aus einer Verkaufsförderungsaktion (Verteilung eines Faltblattes mit Rabattcoupons an einem zentralen Ort, z. B. Einkaufszentrum) zeigen den Erfolgsgrad dieser Maßnahme.

Der Einsatz der vorgenannten Analyseinstrumente ist abzustimmen auf

a) die Marktsituation und

b) die Unternehmensgröße.

Als Ergebnis der Datenanalysen kommt es zu einer **Zielgrößenfestlegung als letztem Schritt**:

Die entscheidende festzulegende Zielgröße, von der sich alle weiteren Zielgrößen ableiten lassen, ist das **Marketingbudget**. Hier sollte der in Abb. 6.2 dargestellte durchgeführte Prozess die Informationen erbracht haben, um ein fundiertes Budget festlegen zu können. Denn häufig zu findende Orientierungspunkte und Richtwerte, wie „das Werbebudget sollte 5 % vom Umsatz betragen", sind für die Höhe des einzuplanenden Budgets meist wenig hilfreich für ein individuelles Unternehmen. Nur wenn Budgets auch eingehalten werden können, also realistisch sind, sind sie für das Unternehmen und alle Stakeholder sinnvoll und werden akzeptiert. Eine solche Budgetierung im Marketing lässt sich ohne ein funktionierendes Marketingcontrolling nicht zielführend realisieren.

6.3 Marketingbudget

Im Ergebnis der Marketingplanung i.V.m. dem Marketing-Controlling (s.o.) werden die erarbeiteten Marketingziele in verbindliche Maßnahmen und Aktivitäten überführt.

> **„Kein Schritt im Prozess der**
> **Marketingbudgetplanung,**
> **der sich lohnt,**
> **ist leicht!"**

6.3.1 Budgetplanung

Durch das Management des Unternehmens erfolgt mit der Zuordnung der Soll-Ergebnisse, die Festlegung der Verantwortlichkeit für die tatsächliche Zielerreichung in einem mittelfristigen Marketingbudget, um so festzulegen, welche finanziellen Mittel in Detail für die einzelnen Instrumente und für eine definierte Planperiode benötigt werden.

In diesem Zusammenhang wird es erstmalig möglich, alle finanziellen Konsequenzen des Marketingkonzepts hinsichtlich Erlös, Aufwand und zu erwartender Ergebnisse zu erkennen.

Damit wird das Marketingbudget zu einem projektorientierten Kostenplan für eine konkrete Planperiode in einem Unternehmen und zu einer Gewinn- und Verlustrechnung im Rahmen des Marketing-Controllings. Das bedeutet nichts anderes, als dass die Budgetplanung im Zusammenhang aller zu treffenden Entscheidungen, z. B. der Koordinierung aller Maßnahmen und Aktivitäten im Unternehmen, sowohl auf der strategischen als auch auf der operativen Ebene ansetzt.

Folgende Übersicht verdeutlicht das:

Ebene	Erläuterungen, Beispiele
Strategische	• Überprüfung der generellen Finanzierbarkeit der geplanten Maßnahmen und Aktivitäten. • Hinweis auf eventuelle Konsequenzen in den betroffenen Bereichen und Abteilungen im Rahmen der strategischen Marketingplanung.
Operative	Ermittlung der konkreten Höhe des Budgets für die verschiedenen Instrumente, Maßnahmen und Aktivitäten, z. B.: • Kosten für Entwicklung neuer Produkte und Leistungen • Kosten für Werbung, Verkaufsförderung, Öffentlichkeitsarbeit • Besonderer Aktionen, Sponsoring • Preisreduzierung, Preisdifferenzierung usw.

Fazit:

Das Marketing-Budget ist ein **Kostenplan** zur Erfassung aller **Ausgaben** für eine Planperiode.

Das Marketing-Budget enthält die konkrete **Budgethöhe** und die **Aufteilung** des Budgets nach **sachlichen** und **zeitlichen** Gesichtspunkten.

6.3.2 Budgetgestaltung

Ist die Höhe des Marketing-Budgets festgelegt und durch das Management des Unternehmens bestätig, werden nun die finanziellen Mittel unter sachlichen und zeitlichen Gesichtspunkten auf die Marketinginstrumente zur Realisierung der Maßnahmen und Aktivitäten im

Jahres-Budget verteilt.

Überlegungen in diesem Zusammenhang erfolgen häufig unter folgenden Aspekten,

- Orientierung an den Konkurrenten am Markt, im Marktsegment

- umsatz- oder gewinnbezogen

- Orientierung am Budget des vergangenen Planjahres

- Finanzmittel, die zur Verfügung stehen

- Verpflichtungen aus Kooperationsvereinbarungen und Kooperationsverträgen

- Ausgabe von Mitteln für Mitgliedschaft in Verbänden und Vereinen im Tourismus

Beispiel für die Berechnung eines Werbebudgets für ein Hotel

Orientierungshilfen für die Berechnungen:

Umsatz (brutto):	1 318 340 €
Werbekostenbudget:	3,5 % vom Umsatz
Werbebudget:	46 141,90 € (brutto)
	39 777,50 € (netto)

Mögliche finanzielle Aufwendungen für Werbeaktion:

- Personalkosten bei Eigenwerbung für Konzepterstellung, Kontrolle und Abrechnung

- Konzeption und Gestaltung der Werbemittel und bei Fremdwerbung

- Produktion der Werbemittel und (Flyer, Prospekte, Handzettel, Web-Sites, Plakate)

- Streuung der Werbemittel (Porto, Inserierungskosten, Verteilung, Kommunikationskosten Telefon, Internet)

- Kauf, Herstellung bzw. Abschreibung eigener Werbeträger (Schaukasten, Vitrinen, Speisenkarten, Give-Aways)

- Eventuell Nutzung von Urheber- und Markenrechten (Wort-Bild-Marke, Signets, Bilder, Musik)

Wichtige Kennziffern für die Mediawerbung:

Tausend-Kontakt-Preis (TKP):

$$\frac{\text{Preis je Anzeige/Spot (Schaltkosten)} \times 1000}{\text{Anzahl Leser/Hörer/Seher je Nummer/Spot}}$$

Streuverlust:

Anteil der Leser/Hörer/Seher, die entweder die Werbebotschaft nicht interessiert, die sie nicht Wahrnehmen und/oder das Produkt/die Leistung nicht nachfragen

Werbeerfolgskontrolle:

Grundprinzip:

$$\frac{\begin{array}{l}\text{Werbebeeinflussender Umsatz}\\ ./.\ \text{werbeloser Umsatz}\end{array}}{= \text{Umsatzerfolg für Werbung}}$$

Beispiel für ein Planungsformular im Bereich Werbung

Ziel Warum?	Ziel-gruppe Für wen, mit wem?	Maßnahmen Was?/Wie?/ Wo?	Termin Beginn/ Ende Wann?	Kosten Wie viel?	Erlöse Wie viel?	Realisa-tion durch wen?	Kontrolle durch wen?

6.4 Exkurs: Gästebeschwerden als Datenbasis/Beschwerdemanagement

In der Einleitung zu diesem sechsten Kapitel findet sich die Feststellung:

„Zufriedene Gäste tragen ihre positiven Erfahrungen weiter, so wächst wiederum die Bekanntheit und damit stärkt sich die Marktposition des Unternehmens durch die sog. Mundpropaganda."

Hier kann natürlich auch der Umkehrschluss gezogen werden, der in der Praxis seiner Wirkung noch verstärkt zur Geltung kommt: Unzufriedene Gäste tragen ihre negativen Erfahrungen nach einschlägigen Marktforschungsergebnissen noch deutlich stärker weiter als zufriedene Gäste ihre positiven Erfahrungen; forciert wird diese Tatsache noch durch die Nutzung von Bewertungsplattformen im Internet. Das bedeutet, dass jedes Unternehmen gut beraten ist, ein Beschwerdemanagement anzuwenden und die Daten aus diesem Bereich im Marketingcontrolling zu nutzen.

Damit die Managemententscheidungen möglichst friktionslos ablaufen, sind die nachstehenden Managementfehler im touristischen Geschäft zu vermeiden:

1. Qualität ist nicht mit der Zufriedenheit der Gäste zu verwechseln, z. B. Stammgäste lassen sich nicht nur mit zufriedenstellenden touristischen Leistungen an eine Destination binden, Preiserhöhungen setzen ein steigendes Qualitätsniveau voraus; allein das Vermeiden von Dienstleistungsfehlern ist nicht automatisch dem Qualitätsmanagement gleichzusetzen.

2. Das Top-Lower-Management darf niemals aufhören sich fortzubilden. So sind ständig adäquate Veranstaltungen, wie Messen, Kongresse, Seminare usw. zu besuchen, Fachzeitschriften/-literatur dem Personal zur Verfügung zu stellen, Innovationen sind zu unterstützen, z. B. Einführung flexibler Arbeitszeiten oder aktueller Informationstechniken.

3. Fehlerhaftem Zeitmanagement ist entgegenzuwirken, z. B. dürfen Manager selbst nicht vergessen zu delegieren, um frei von Routinearbeiten und offen für Dispositionen zu sein, ebenfalls darf trotz ständiger Dienstleistungsbereitschaft in touristischen Arbeitsfeldern nicht sorglos, planlos oder gar verschwenderisch mit der Zeit umgegangen werden.

4. Rationalisierungen sind nicht voreilig durchzuführen, d.h. Lean-Management ist nicht in jedem Fall für eine dauerhafte Kostensenkung geeignet; im Unternehmen muss immer die Gastorientierung im Vordergrund stehen, also die Bedürfnisse der Touristen/Gäste und entsprechende Möglichkeiten am Markt. Weiterhin sind die Mitarbeiter in Entscheidungen/Rationalisierungsüberlegungen einzubeziehen.

5. Nicht durchschnittliche Angebote und Leistungen eines touristischen Unternehmens und seiner Mitarbeiter, sondern Spezialisierung und Profilierung müssen im Vordergrund stehen. Man darf nie „Schlendrian mit Schlendrian" am Markt vergleichen, sondern Benchmarking steht im Vordergrund.

6. Total Quality Management (TQM) ist nicht immer und überall in der Tourismusbranche angesagt, denn die ISO 9000 kann beispielsweise die Gastlichkeit nicht durch Qualitätshandbücher vorschreiben.

7. Manager sind nicht gleichzeitig Coachs bzw. Trainer im Unternehmen, d.h., die Teamfähigkeit kann in Vorgesetztenfunktionen schnell verloren gehen.

8. Fehlende Motivation, fehlendes Empowerment kann dazu führen, dass die Verbindung zwischen Unternehmensmanagement, den Gästen, der Öffentlichkeit, dem Personal und den Lieferanten untergraben wird. So dürfen weder autoritäres Führungsverhalten, unangebrachte und ständige Kontrolle der Mitarbeiter, divergierende/wankelmütige Entscheidungen usw. eintreten; hieraus entwickelt sich schnell nachlassendes Engagement aller Beteiligten bis hin zur „inneren Kündigung".

9. Fehlende Kreativität, Betriebsblindheit, konventionelles Denken, Überheblichkeit, zu große/unangebrachte Zufriedenheit hemmen die Unternehmensentwicklung.

10. Verfehltes Traditionsbewusstsein als „Hemmschuh" für die lernende Organisation eines Tourismusunternehmens. Nicht zuletzt durch ein Ausruhen auf sogenannten „bewährten Strukturen" können Managemententscheidungen tangiert werden, was Routine und die bekannte Betriebsblindheit hervorruft resp. nach sich zieht. Agieren statt Reagieren ist hier angesagt. Moderne Managementansätze wie Changemangagement, Benchmarking, Reengeneering, TQM usw. werden abgelehnt ohne derartige Ansätze für das eigene Unternehmen zu prüfen (zu den genannten Managementformen empfiehlt sich als ergänzende Literatur: Dettmer, H. (Hrsg.): Managementformen im Tourismus, München und Wien 2005).

Um in derartigen Fällen reagieren bzw. agieren zu können, gilt es, ein gastfreundliches Beschwerdemanagement als Bestandteil einer gästeorientierten Qualitätspolitik aufzubauen. Letztere ist eine wichtige Voraussetzung für ein langfristig attraktives Angebot im Tourismus.

Gästeorientierte Qualitätspolitik ist jedoch keine Garantie für eine gleichbleibende Zufriedenheit der Gäste/Touristen. Trotz großer Mühen lassen sich nicht immer alle Gäste zufriedenstellen, Beschwerden treten auf. Da nicht alle Beschwerden das Management tatsächlich erreichen, gilt es, neben dem Nachgehen vorliegender Fälle/Probleme/Mängel ein Controlling für diesen Bereich aufzubauen.

Ein gastfreundliches Beschwerdemanagement kann Friktionen, z. B. im Ablauf des Service, eruieren und anschließend die Grundlage dazu bilden, die aufgedeckten Mängel im Kreise der Mitarbeiter/innen zu besprechen. Dadurch lässt sich langfristig der Abbau von Unzufriedenheit fördern resp. erreichen, das Image anheben und damit letztlich auch der Absatz/Umsatz erhöhen.

Natürlich sind die meisten Mitarbeiterinnen und Mitarbeiter eines Unternehmens gegenüber Beschwerden von den Gästen a priori nicht immer positiv eingestellt. Beispielsweise fürchten Tourismusfachleute im Gästekontakt Situationen, in denen sie von aufgebrachten Gästen beschimpft werden. Ebenso fühlen sich z. B. die Rezeptionisten oder der Buchhalter durch

Beschwerden auf nicht zutreffende und unzulässige Weise kritisiert. Das Personal ist auch verärgert, weil jede Bearbeitung von Gästeproblemen Zeit kostet und andere Ressourcen einzusetzen sind, die eigentlich für diesen Zweck nicht eingeplant waren und häufig auch nicht zur Verfügung stehen; gleichzeitig geraten dadurch die vom Management aufgestellten Zeit- und Kostenpläne durcheinander, denn die Mitarbeiter müssen sich um nicht eingeplante Probleme kümmern; das alles lohnt sich jedoch, denn:

Beschwerden sind eine große und oftmals nicht wiederkehrende Chance des touristischen Unternehmens, die stille Unzufriedenheit der Gäste oder die hervorgebrachte negative Kritik noch rechtzeitig in positive Signale umzuwandeln, bevor die Gäste das kritisierte Unternehmen vielleicht für immer verlassen. Daraus lassen sich also die Ziele des Beschwerdemanagements ableiten:

1. Qualitätsurteile von Gästen sind zu überprüfen und gegebenenfalls nachträglich zu verbessern.

2. Die Beschwerdeäußerung der Gäste ist soweit wie möglich zu initiiren; nur durch eine hohe Quote geäußerter Beschwerden lassen sich gezielt Verbesserungen der Gästeurteile anstreben.

3. Herstellen von (Beschwerde-) Zufriedenheit.

4. Umsetzen und Verdeutlichen einer gästeorientierten Unternehmensstrategie.

5. **Auswerten und Bearbeiten der in Beschwerden enthaltenen Informationen**.

6. Reduzieren interner und externer Fehler sowie der damit verbundenen Kosten durch **Zielfestlegungen** (auf Basis des Vorpunktes).

Die genannten Ziele des Beschwerdemanagements lassen sich allerdings nur erreichen, wenn für unzufriedene Gäste leicht zugängliche Beschwerdemöglichkeiten geschaffen werden, eine sach- und problemgerechte Beschwerdereaktion und -bearbeitung erfolgt und diese **systematisch ausgewertet** wird.

Managementaufgaben können auf zwei unterschiedlichen Ebenen verlaufen; beide haben zum Ziel, die Gäste zu binden, und zwar über das Vorhalten eines erhöhten Leistungsangebotes resp. -wertes im Gästeempfinden. Daraus resultiert wiederum eine gesteigerte Gästezufriedenheit. Zufriedenheitsmanagement stärkt entsprechend die Beziehung zum Gast und stabilisiert das Beschwerdemanagement, also die zweite Ebene im Rahmen der Geschäftsbeziehungen. Schließlich kann Unzufriedenheit der Gäste dazu führen, das letztere nicht mehr loyal zum Tourismusunternehmen stehen oder anders ausgedrückt diesem den „Rücken kehren" und damit zum Wettbewerber abwandern. Grafisch veranschaulicht lässt sich eine Gästebindungsstrategie wie folgt ausdrücken:

Zufriedenheitszustand	Gästebindungsstrategie	
	aktuelle Gäste	
	zufriedene Gäste	unzufriedene Gäste
Strategisches Ziel	Stärkung der Gästebeziehung	Stabilisierung gefährdeter Beziehung
Managementebene	Zufriedenheits-management	Beschwerde-management

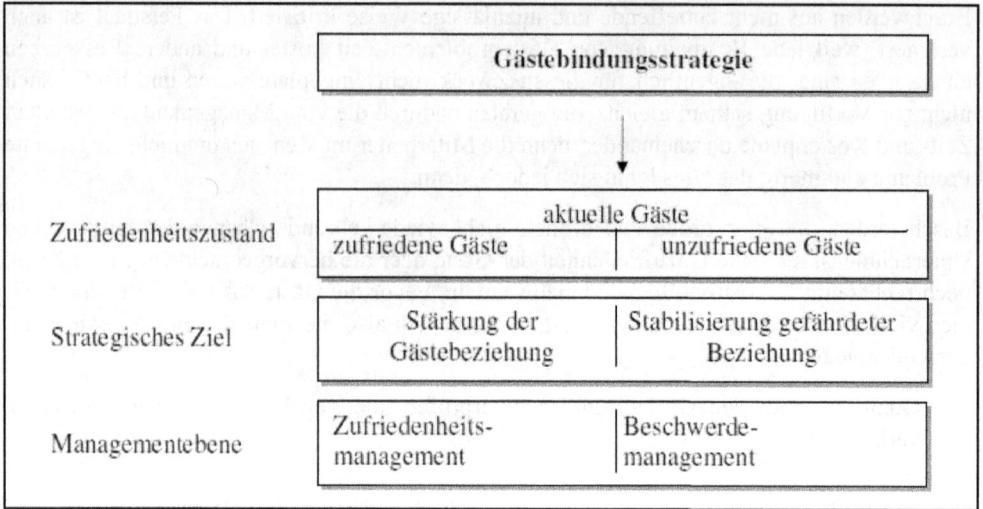

Abb. 6.7: Gästebindungsstrategie (Dettmer, H. [Hrsg.]: Managementformen im Tourismus, München und Wien 2005, S. 239)

Als vorrangige Aufgabe ist abzuleiten, dass alle Bemühungen um den Gast/Touristen in ein effizientes Gästemanagement münden.

Nachdem die Beschwerden auf Grund mündlicher oder schriftlicher Äußerungen dem Management vorliegen, gilt es diese adäquat zu bearbeiten und darauf zu reagieren. Hilfreich wäre es, wenn im Rahmen eines Beschwerdemanagement/Controlling überprüft würde, inwieweit die Beschwerden sach- und gästegerecht bearbeitet wurden.

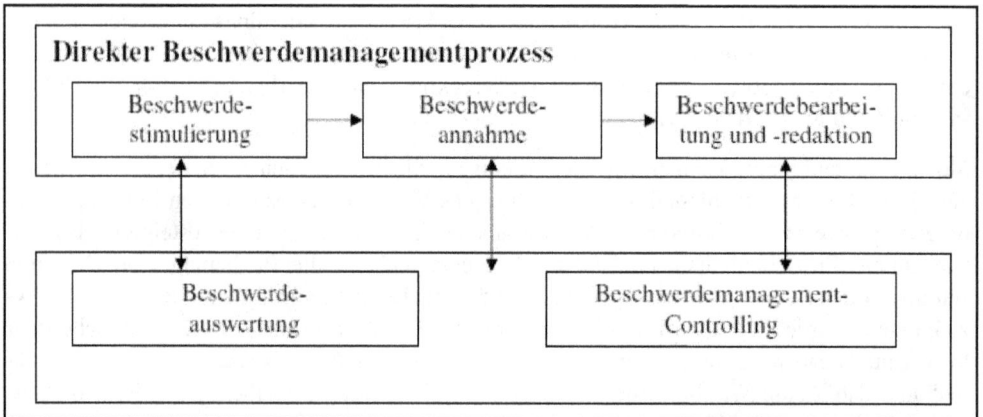

Direkter Beschwerdemanagementprozess

Beschwerde-stimulierung	→	Beschwerde-annahme	→	Beschwerdebearbeitung und -redaktion

Beschwerde-auswertung		Beschwerdemanagement-Controlling

Abb. 6.8: Beschwerdemanagementprozess (vgl. Strauss, B.; Seidel, W.: Beschwerdemanagement, München/Wien 2007, S. 62)

Der dargestellte Managementprozess hat natürlich nur seine Gültigkeit, wenn der Gast seine Mitteilung beim Verlassen des Unternehmens schriftlich hinterlässt bzw. das Unternehmen anschreibt. Wenn jedoch der Gast seine Beschwerden persönlich dem Personal vorträgt, so muss es oberstes Prinzip sein, die Unzufriedenheit des Gastes unmittelbar abzubauen und eine befriedigende Lösung noch während des Aufenthaltes des Gastes für ihn zu erzielen. Für das Marketing-/Beschwerdecontrolling sind Daten und Inhalt der Beschwerde zu erfassen. Um den Beschwerden des Gastes gerecht zu werden, wäre es auch zielführend, wenn die entsprechenden Mitarbeiter für einen bestimmten Zeitraum „aussteigen", um die Gästebeschwerden so schnell wie möglich zu beheben. Sollte dem nicht entsprochen werden, so könnte dies dazu führen, dass die Gäste sich ein noch negativeres Urteil vom Unternehmen bilden. Es kann nicht angehen, dass beispielsweise bei einer nicht funktionierenden Toilettenspülung auf Handwerker verwiesen wird, die erst in zwei Tagen wieder zu erreichen sind. Damit direkte Abhilfe geschaffen werden kann, müssen die Mitarbeiter sofort reagieren können; sie müssen also über eine entsprechende Kompetenz im Beschwerdefall verfügen. Ferner ist es wichtig, dass über alle Beschwerden ein Protokoll angefertigt wird (s.o.). Dadurch lässt sich zu der o.g. Datenverwendung erkennen, wie sich das Personal gegenüber Gästen verhält, wenn es zu Beschwerden kommt; damit dient dieses Beschwerdeprotokoll als Controllinggrundlage und als Instrument der Mitarbeiterführung.

Wichtig ist, dass in dem Protokoll alle wesentlichen Kriterien der Beschwerde erfasst werden, diese also vollständig schnell und strukturiert aufgenommen wird.

Im Rahmen der Auswertung von Beschwerden ist zu bedenken, dass jede aktiv bearbeitete und genutzte Information über Beschwerden für Verbesserungen stehen kann. Schließlich soll auf diese Weise das Auftreten von Gästebeschwerden dezimiert resp. vermieden werden und im nächsten Schritt durch Zufriedenheit der Gäste eine noch stärkere Anbindung realisiert werden.

Die entscheidenden Aspekte einer gastfreundlichen Beschwerdepolitik lassen sich in acht Merksätzen zusammenfassen:

1. Beschwerden stellen keinen Zusammenbruch des Unternehmens dar, sondern bieten die Chance von Verbesserungen;

2. Ein unstrukturiertes und von den Mitarbeitern falsch angegangenes Aufnehmen von Beschwerden von Gästen führt unweigerlich zum Verlust dieser;

3. Gäste sind mit ihren Beschwerden an kompetentes Personal unmittelbar in Verbindung zu bringen;

4. Beschwerdemanagement ist auch Qualitätsmanagement, insofern ist allen Gästen von vornherein eine bestimmte Qualitätsgarantie zu geben;

5. Das Personal hat immer interessiert und aufgeschlossen gegenüber allen Beschwerden von Gästen zu reagieren;

6. Auf eine Beschwerde eines Gastes ist immer sofort zu reagieren, wenn möglich sollte noch während des Gästeaufenthaltes die Beschwerde „aus der Welt geschafft werden";

7. Beschwerdemanagement umfasst auch Personalbeurteilung;

8. Die Kausalität von Beschwerden ist soweit wie möglich zu ergründen (Marketingcontrolling!).

Aufgaben Kapitel 6:

1. Interpretieren Sie das im Text genannte Zitat von Henry Ford (Ford Motor Company): „ Ich weiß, dass die Hälfte meiner Werbeausgaben herausgeschmissenes Geld ist. Ich weiß nur nicht welche Hälfte."

2. Rabatt- oder Sonderpreiscoupons werden in der gastgewerblichen Praxis häufig auf den Weg zum möglichen Gast gebracht.
   a) Nennen Sie ein Beispiel.

   b) Warum ist der Erfolg einer solchen Marketingmaßnahme leicht zu kontrollieren?

3. Ordnen Sie die Analyseinstrumente
   a) Erfolgsrechnung,

   b) Deckungsbeitragsrechnung,

   c) Kennzahlenrechnung,

   d) Portfoliomatrix,

   e) Gewinneinflussanalyse,

   f) Rentabilitätsprognose und

   g) Wirkungsanalysen einzelner Marketinginstrumente

   nach den verschiedenen Marketinganalysearten (s. Abb. 6.5). Begründen Sie Ihre Zuordnung.

4. Neugewinnung und Wiedergewinnung von Gästen sind ein existenzielles Ziel im Tourismus. Stellen Sie die Elemente des Gästemanagements sowie deren Interdependenzen grafisch dar.

5. Im vorstehenden Text wurden zehn Managementfehler benannt, die tunlichst von den Führungskräften im Tourismus zu unterlassen sind. Führen Sie zu jedem dieser fehlerhaften Ansätze zielführende Korrekturen an, um weitgehend einwandfreie Managemententscheidungen herbeizuführen.

6. Kennzeichnen Sie den Begriff „Budgetplanung".

7. Erläutern Sie, was auf der strategischen und operativen Ebene der Budgetplanung überprüft wird.

7. Recht

Wenn sich Tourismus-Marketing darum bemüht, für die verschiedenen touristischen Leistungsträger, z. B.

- Beherbergungsbetriebe
- Reiseveranstalter und -mittler
- Transportunternehmen oder
- Tourismusorte, -regionen und touristische Zielgebiete,

eigenständiges Marketing und spezifische Marketingstrategien zu entwickeln, kann dies vollständig nur gelingen, wenn auch die jeweiligen rechtlichen Rahmenbedingungen und Regelungssysteme berücksichtigt werden.

7.1 Standortbestimmung

> Die Marketingabteilung des Reiseveranstalters „Premium-Reisen" erhält den Auftrag, eine Marketingstrategie zu entwickeln, die „Premium-Reisen" entsprechend den definierten Unternehmenszielen die Qualitätsführerschaft am Markt sichert, insbesondere eine optimale kundenorientierte Reklamationspolitik festzulegen.
>
> Die Marketingabteilung fragt sich, auf welche touristische Teilleistungen einer Pauschalreise sich die Beschwerden von Reisekunden am häufigsten beziehen und ob die betroffenen touristischen Leistungsträger nicht verpflichtet werden können, möglichst frühzeitig selbst zur Mängelbeseitigung aktiv zu werden, um die Reklamationspolitik zu optimieren. Gibt die jeweilige Vertragsbeziehung zu den Leistungsträgern insoweit rechtliche Möglichkeiten?

Die Marketingabteilung des Reiseveranstalters „Premium-Reisen" wird ihren Auftrag nur erfüllen können, wenn sie sich klarmacht, welches vertragliche Geflecht zwischen den an der touristischen Leistungskette Beteiligten besteht.

Im Bereich der Pauschalreise zeigt die touristische Wertschöpfungskette die folgenden typischen Zusammenhänge:

- Unterkunft/Beherbergungsunternehmen
- Incoming- Agentur
- Transportunternehmen
- Reiseveranstalter
- Reisebüro/ Reisemittler

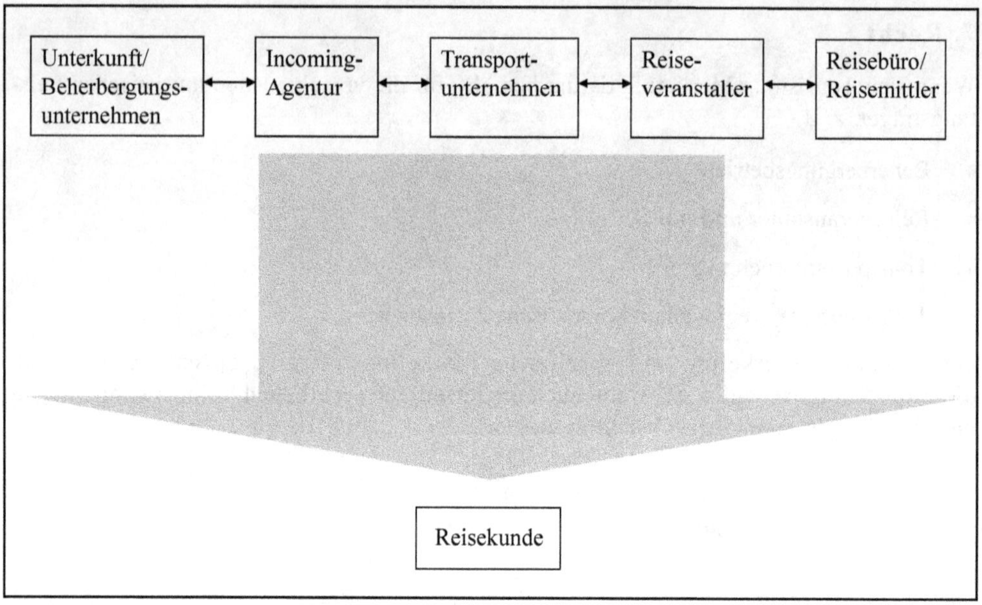

Abb. 7.1: Touristische Wertschöpfungskette

Ganz allgemein hängt die Ausgestaltung der Beziehungen zwischen den einzelnen Marktteilnehmern davon ab, welche Art von „Reise" Gegenstand ist:

Geht es um eine   Urlaubsreise

                          Dienstreise

                          Bildungsreise oder

                          einen Aktivurlaub?

Wird eine Pauschalreise mit einem Reiseveranstalter oder eine Individualreise in Eigenregie
durchgeführt?

Erfolgt die Unterbringung in einem Hotel, einer Pension, auf einem Campingplatz oder in
einem Freizeitpark?

Ist das Beförderungsmittel PKW, Flugzeug, Bus, Bahn oder Schiff? Kommt die Vertragsbeziehung zwischen Reisendem und Reiseveranstalter oder mit dem Beförderungsunternehmen
unmittelbar oder über einen Reisemittler zustande?

Die nachfolgende Darstellung muss Schwerpunkte setzen. Es wird nicht möglich sein, auf
jede der angesprochenen rechtlichen Varianten in den Beziehungen der Teilnehmer am touristischen Markt einzugehen.

Die nachfolgende Darstellung zeigt im Überblick die verschiedenen Vertragsbeziehungen der touristischen Leistungskette der Pauschalreise, um dann auf dieser Grundlage das eigentliche Pauschalreiserecht näher darzustellen.

Da „Premium-Reisen" ein Reiseveranstalter ist, wird sich die Marketingabteilung mit der Vertragsbeziehung zu den touristischen Leistungsträgern näher befassen.

7.2 Beteiligte am Abwicklungsprozess „Pauschalreise" und deren typische Vertragsbeziehungen

> Bruno Badefroh hat durch die Vermittlung eines Reisebüros bei seinem Reiseveranstalter eine Flugpauschalreise nach Mallorca gebucht. Beim Hinflug verbrüht ihn die Stewardess mit heißem Kaffee, als das Flugzeug während des Getränkeverteilens in eine Turbulenz gerät. Bruno Badefroh fragt sich, ob er wegen seiner Verletzungen gegen die Fluggesellschaft vorgehen kann.

Bruno Badefroh muss sich zunächst Klarheit über die Vertragsbeziehungen verschaffen, die zwischen ihm als Pauschalreisendem, dem Reiseveranstalter, dem Reisemittler und den touristischen Leistungsträgern bestehen, zu denen auch die Fluggesellschaft gehört. Diese Beziehungen ergeben folgende „Beziehungspyramide":

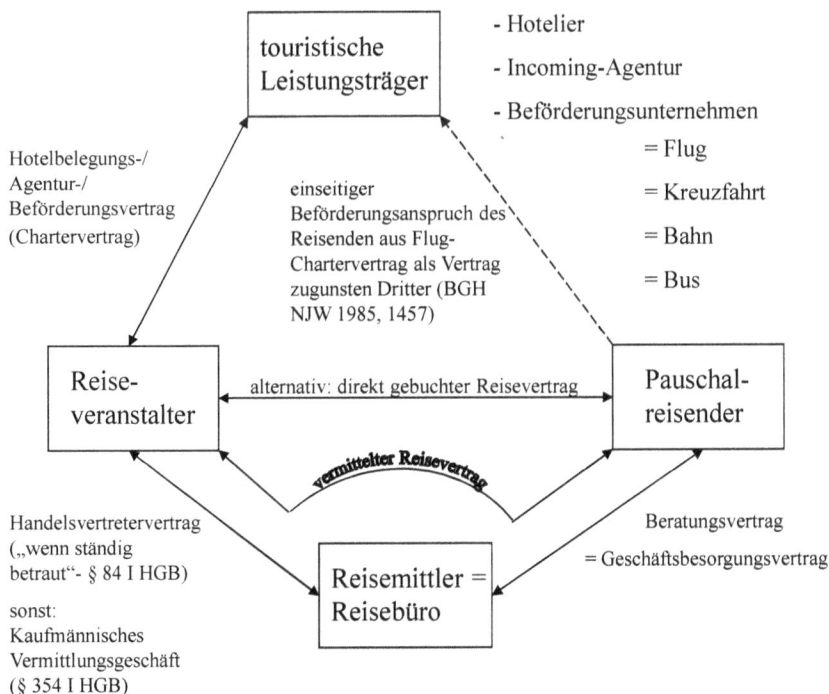

Abb. 7.2: Typische „Beziehungspyramide"

7.2.1 Vertragsbeziehung Reiseveranstalter zum Pauschalreisenden

Wer als Vertragspartner des Reisenden eine Gesamtheit von Reiseleistungen in eigener Verantwortung zu erbringen verspricht und dafür einen Gesamtpreis, den Reisepreis fordert, ist Reiseveranstalter im Sinne der §§ 651 a ff. BGB. Es kommt dabei nicht darauf an, ob der Anbieter dieser Gesamtheit von Reiseleistungen gewerblich tätigt und auf Gewinnerzielung ausgerichtet ist oder nicht. Auch Reiseangebote von Fremdenverkehrsvereinen, Kirchengemeinden, Schulen, Volkshochschulen, Sport- und sonstigen Vereinen, Zeitungen bei Leserreisen usw. können den Anbieter zu einem Reiseveranstalter im Sinne des Gesetzes mit allen Konsequenzen machen. Diese Konsequenz tritt ausnahmsweise nur dann nicht ein, wenn unmissverständlich und ausdrücklich dem Reisekunden gegenüber deutlich gemacht wird, dass das jeweilige Reiseangebot nur vermittelt wird, vielmehr ein anderes (Reise-) Unternehmen die Reise als eigene durchführt – § 651 a Abs. 2 BGB.

Der Reisevertrag ist ein Vertrag eigener Art, der dem Werkvertrag nachgebildet ist. Wie beim Werkvertrag ist auch beim Reisevertrag ein konkreter Erfolg geschuldet, nämlich die vollständige, fehlerfreie Erbringung der versprochenen touristischen Leistungen in einer Weise, dass je nach Zuschnitt der Reise der versprochene „Erfolg" eintritt:

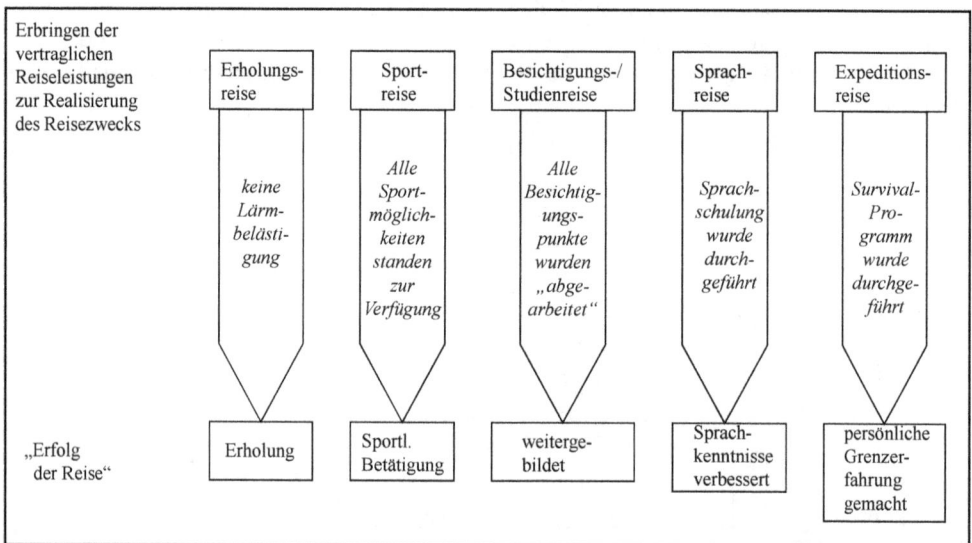

Erbringen der vertraglichen Reiseleistungen zur Realisierung des Reisezwecks	Erholungsreise	Sportreise	Besichtigungs-/ Studienreise	Sprachreise	Expeditionsreise
	keine Lärmbelästigung	*Alle Sportmöglichkeiten standen zur Verfügung*	*Alle Besichtigungspunkte wurden „abgearbeitet"*	*Sprachschulung wurde durchgeführt*	*Survival-Programm wurde durchgeführt*
„Erfolg der Reise"	Erholung	Sportl. Betätigung	weitergebildet	Sprachkenntnisse verbessert	persönliche Grenzerfahrung gemacht

Abb. 7.3: Reiseerfolg – je nach Zuschnitt der Reise und dem verfolgten Reisezweck

Zum Zustandekommen des Reisevertrags und seine Abwicklung insbesondere beim Auftreten von Reisemängeln und sonstigen Störungen – siehe nachfolgend Kap. 7.3.4.

7.2.2 Vertragsbeziehung Reiseveranstalter zum Reisemittler

Soweit Reiseveranstalter ihre Reiseprodukte nicht über eigene Buchungsstellen/Reisebüros und nicht direkt an den Reisekunden vertreiben, bedienen sie sich der Hilfe von professionellen Reisemittlern.

Nach der Definition in Art. 2 Nr. 3 der EG-Pauschalreise-Richtlinie (90/314/EWG) vom 13.6.1990 ist es Aufgabe des Reisemittlers, die vom Reiseveranstalter zusammengestellte Pauschalreise zu verkaufen oder zum Verkauf anzubieten. Diese Reisemittler sind regelmäßig Reisebüros, die als selbständige Kaufleute auf der Basis von Handelsvertreterverträgen (§§ 84 ff. HGB) an den Reiseveranstalter gebunden und ständig damit betraut sind, die Reisepakete und sonstigen touristischen Leistungen dieses Reiseveranstalters nach dessen Vorgaben und zu dessen Preisen zu „verkaufen" (BGH, NJW 1982, 377).

Das Reisebüro tritt insoweit dem Kunden gegenüber im fremden Namen, nämlich des Reiseveranstalters auf, für dessen Rechnung es handelt.

Soweit Reisebüros sozusagen „bei Gelegenheit" Pauschalangebote eines Reiseveranstalters vermitteln, ohne ständig damit betraut zu sein, liegt ein kaufmännisches Vermittlungsgeschäft vor (§ 354 Abs. 1 HGB).

In beiden Fällen erhält der Reisemittler für sein Tätigwerden Provision, üblicherweise einen vorher vereinbarten Prozentsatz des vom Reisekunden zu entrichtenden Reisepreises.

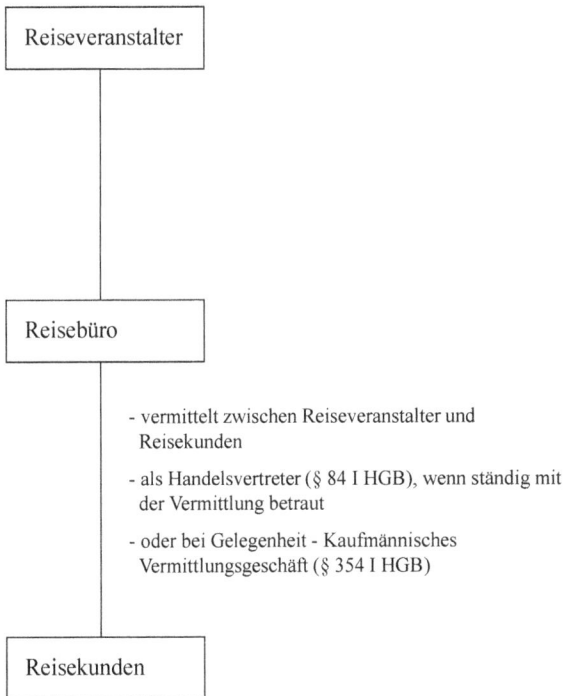

Abb. 7.4: Verhältnis Reiseveranstalter – selbständiges Reisebüro

Neben der Vermittlung von vorgefertigten Pauschalreiseangeboten der Reiseveranstalter „verkaufen" Reisebüros eine ganze Palette fremder touristischer Einzelleistungen, seien dies Bahn-/Bus-Fahrkarten, Flugtickets, Fährpassagen pp. oder auch Reiseversicherungen. Das Reisebüro fungiert insoweit als Verkaufsstelle des jeweiligen touristischen Leistungserbringers.

Ein jegliches der vorgenannten Vermittlungsgeschäfte bringt es mit sich, dass der Vermittler den Reisekunden im Interesse des touristischen Leistungsanbieters und auch im eigenen Interesse berät (zum Beratungsverhältnis Reisekunde/Reisebüro siehe nachfolgend Kap. 7.2.3) und Zusatzhandlungen wie Platzreservierungen vornimmt.

Sobald das Reisebüro selbst in eigener Verantwortung touristische Leistungen bündelt und zum Gesamtpreis verkauft, wird es selbst zum Reiseveranstalter – wie nachfolgend in Kap. 7.3 dargestellt.

Der Begriff „Reisebüro" erschöpft sich also nicht in der Vermittlung von touristischen Leistungen; auch die Tätigkeit als Reiseveranstalter im Rahmen von sogenannten „Eigenveranstaltungen" gehört zum Reisebüro (vgl. Abb. 7.5).

Wenn Reisebüros als Handelsvertreter eines Reiseveranstalters auftreten, in dessen Namen und auf dessen Rechnung sie Pauschalreisen vermitteln, trifft das Risiko, also Gewinn oder Verlust aus dem vom Reisebüro vermittelten Vertragsabschluss grundsätzlich den Reiseveranstalter. Das Reisebüro als Handelsvertreter trägt weder Lagerhaltungs-, Vorausdispositions-, Vertragserfüllungs- noch Preisrisiko. Aus dieser Risikoverteilung resultiert das weitgehende Weisungsrecht des Reiseveranstalters gegenüber dem Reisebüro als Handelsvertreter, womit der Reiseveranstalter die Möglichkeit zur Risikosteuerung hat. Es können konkrete Vorgaben bestehen, wie der Reisemittler Kunden für den Reiseveranstalter zu werben hat (Marketingstrategie) oder welchen vertraglichen Inhalt die ausgehandelten Geschäfte haben sollen (insbesondere Erfüllung von Informationspflichten des Reiseveranstalters gegenüber dem Reisenden oder die Einbeziehung der Allgemeinen Geschäftsbedingungen des Reiseveranstalters in den einzelnen Reisevertrag). Auch Klauseln, die dem Reisemittler eine Gebietsausschließlichkeit übertragen, sind möglich. Schließlich ist dem Reisemittler regelmäßig die Verpflichtung auferlegt, die Pauschalreisen nur zu den vom Reiseveranstalter vorgegebenen Preisen zu verkaufen (Preisbindung).

Derartige Vorgaben haben wettbewerbsbeschränkenden Charakter und sind deshalb auf ihre Vereinbarkeit mit dem deutschen und europäischen und Kartellrecht zu überprüfen.

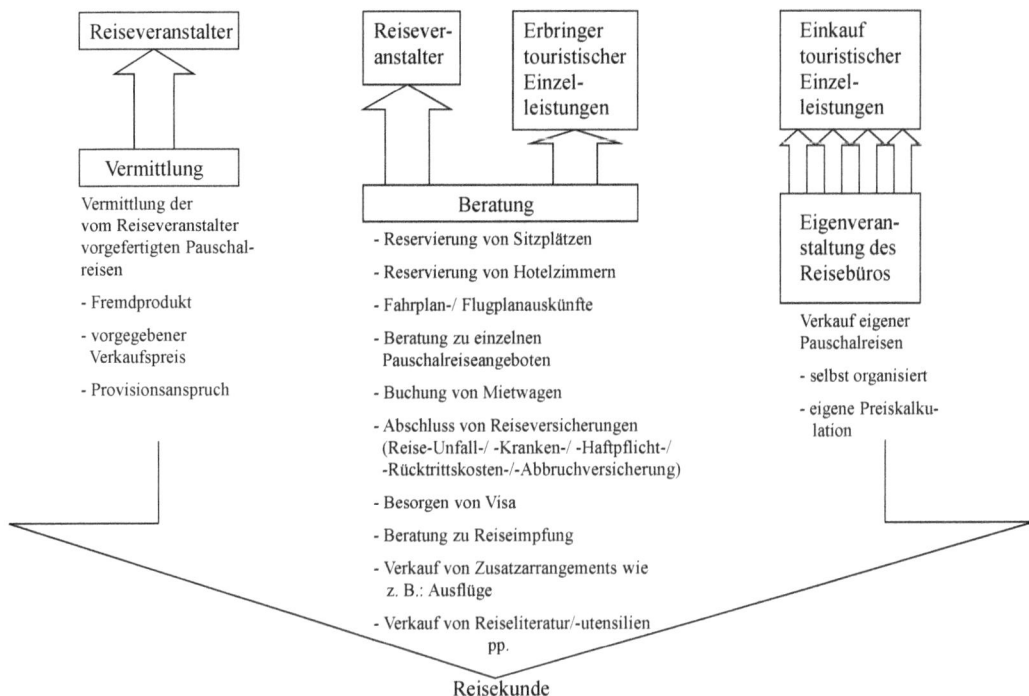

Abb. 7.5: Tätigkeitsfelder des Reisebüros

7.2.3 Vertragsbeziehung zwischen Reisemittler und Pauschalreisendem

Die Rechtsbeziehung zwischen Reisebüro und Pauschalreisendem wird juristisch überwiegend als Geschäftsbesorgungsvertrag i.S. der §§ 675, 663 ff. BGB angesehen (vgl. Palandt-Sprau, BGB, Einführung vor § 651 a, Anm. 6; BGH NJW 1974, 1242; RRa 2006, 170; RRa 2006, 266; LG Göttingen, NJW-RR 1990, 1307).

Der Reisemittler hat dem Reisenden unabhängig davon richtige und vollständige Auskünfte zu geben. Gem. § 651 k Abs. 3 Satz 4 BGB ist er verpflichtet, den Sicherungsschein des Reiseveranstalters auf seine Gültigkeit hin zu überprüfen, wenn er ihn dem Reisenden aushändigt. Weder Reiseveranstalter noch Reisemittler dürfen Zahlungen des Reisenden auf den Reisepreis fordern oder annehmen, wenn dem Reisenden noch kein Sicherungsschein übergeben wurde (§ 651 k Abs. 4 Satz 1 BGB).

Aus der Verordnung (EG) Nr. 2111/2005 vom 14.12.2005 ergibt sich sodann auch für den Reisemittler die Pflicht, dem Reisenden die Information darüber zu geben, welche Fluggesellschaft den Ferienflug tatsächlich durchführt.

Der Geschäftsbesorgungsvertrag zwischen Reisendem und Reisemittler kommt regelmäßig formlos durch konkludentes Verhalten zustande. Reiserecht findet auf diese Rechtsbeziehung keine Anwendung. Der Reisemittler schuldet im Rahmen der Reisevermittlung nicht die vertragsmäßige Durchführung der Reise, dies ist Sache des Reiseveranstalters. Der Reisemittler hat aber einzustehen für die ordnungsgemäße Beratung und ggf. Vermittlung wie ein ordentlicher Reisebürokaufmann (vgl. OLG München MDR 1984, 492; LG Hannover NJW-RR 1987, 497; LG Frankfurt NJW 1980, 1230).

Soweit die Beratung des Reisebüros auf den Abschluss eines Reisevertrages mit einem Reiseveranstalter zielt (vgl. Abb. 7.5), mit dem das Reisebüro als Handelsvertreter verbunden ist, lassen sich folgende Phasen der Beratung unterscheiden:

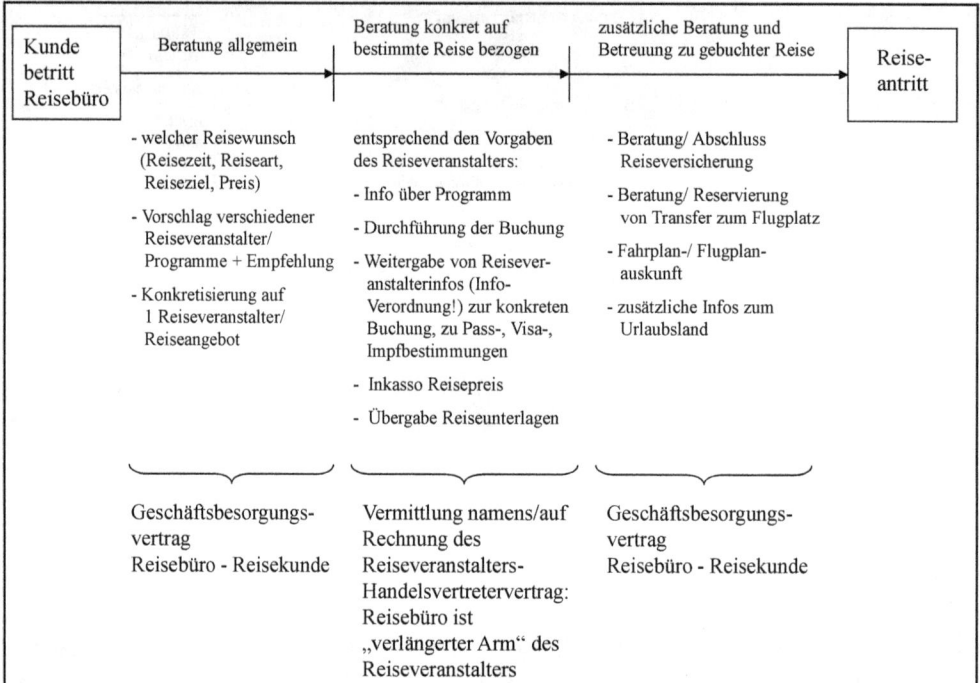

Kunde betritt Reisebüro	Beratung allgemein	Beratung konkret auf bestimmte Reise bezogen	zusätzliche Beratung und Betreuung zu gebuchter Reise	Reise- antritt
	- welcher Reisewunsch (Reisezeit, Reiseart, Reiseziel, Preis) - Vorschlag verschiedener Reiseveranstalter/ Programme + Empfehlung - Konkretisierung auf 1 Reiseveranstalter/ Reiseangebot	entsprechend den Vorgaben des Reiseveranstalters: - Info über Programm - Durchführung der Buchung - Weitergabe von Reiseveranstalterinfos (Info-Verordnung!) zur konkreten Buchung, zu Pass-, Visa-, Impfbestimmungen - Inkasso Reisepreis - Übergabe Reiseunterlagen	- Beratung/ Abschluss Reiseversicherung - Beratung/ Reservierung von Transfer zum Flugplatz - Fahrplan-/ Flugplanauskunft - zusätzliche Infos zum Urlaubsland	
	Geschäftsbesorgungsvertrag Reisebüro - Reisekunde	Vermittlung namens/auf Rechnung des Reiseveranstalters-Handelsvertretervertrag: Reisebüro ist „verlängerter Arm" des Reiseveranstalters	Geschäftsbesorgungsvertrag Reisebüro - Reisekunde	

Abb. 7.6: Phasen der Beratung und Vermittlung eines Pauschalreisevertrages

Das Reisebüro hat heute regelmäßig mit einer Vielzahl von Reiseveranstaltern „Agenturverträge" im Sinne des Handelsvertreterrechts abgeschlossen (s. oben Kap. 7.2). Es muss sich also für jeden dieser Reiseveranstalter/Handelsherrn aktiv um Reisevertragsabschlüsse bemühen (§ 86 HGB). Haben Kunde und Reisebüro im Rahmen des Beratungsgesprächs das Reisearrangement eines bestimmten Veranstalters ausgesucht, wechselt das Reisebüro mit dieser Auswahlentscheidung des Reisekunden sozusagen seine Rolle: es tritt nun als Erfüllungsgehilfe (§ 278 BGB) dieses Reiseveranstalters auf, eine Funktion, die sich aus dem Handelsvertreterrecht ableitet. Für die Pflicht zur Unterrichtung über Pass-/Visa-Bestimmungen: BGH, RRa 2006, 170). Der Geschäftsbesorgungs-/Beratungsvertrag mit dem Kunden bleibt parallel als eigenständiges Rechtsverhältnis bestehen (Nies, RRa 1997, 211 f.).

Das vermittelnde Reisebüro haftet für den Erfolg seiner Vermittlungstätigkeit. Dies ist eine verschuldensabhängige Erfolgshaftung. Sowohl im Beratungsbereich als auch im Bereich konkreter Vermittlungstätigkeit hat das Reisebüro die Sorgfalt eines ordentlichen Kaufmannes zu beachten. Werden Beratungsfehler gemacht oder tritt der Vermittlungserfolg schuldhaft nicht ein, liegt eine Verletzung des Beratungsvertrages vor.

Der geschuldete Erfolg des Beratungs- und Reisevermittlungsvertrages besteht darin, dass das Reisebüro mit der Sorgfalt eines ordentlichen Kaufmanns

- die gewünschte Beratung zu den vom Kunden geäußerten Reiseabsichten erbringt,
- die vermittelten konkreten Reiseleistungen besorgt,
- die dazu erforderlichen Beratungen und Informationen gibt,
- alles tut, damit der Reisevertrag ordnungsgemäß bis zum Reiseantritt abgewickelt wird.

Dies sind die vertragstypischen Hauptpflichten des Vermittlers. Jeder schuldhafte Pflichtverstoß gegen den Geschäftsbesorgungsvertrag kann Ansprüche aus dem Recht der Geschäftsbesorgung (§§ 675, 663 ff. BGB) oder Schadenersatzansprüche wegen der schuldhaften Verletzung vertraglicher Nebenpflichten (§ 280 Abs. 1 BGB) auslösen. Denn der Kunde darf aufgrund der Ausbildung des Reisebüroexpedienten zum Reiseverkehrskaufmann davon ausgehen, dass er im Reisebüro sachkundig beraten wird (vgl. Führich aaO., Rz. 717).

Für die vertragsgemäße Erfüllung des eigentlichen Pauschalreisevertrages hat der Mittler natürlich nicht einzustehen; dies ist ausschließlich Sache des Reiseveranstalters. Die Vermittlungstätigkeit ist mit Abschluss des Pauschalreisevertrages, spätestens mit Reiseantritt beendet. Sollte die Reise vom Reisenden, z. B. gemäß § 651 i BGB vor Reiseantritt „storniert" werden, ist die Geltendmachung von Stornokosten/Stornopauschalen gegenüber dem kündigenden Reisekunden ausschließlich Sache des Reiseveranstalters. Das gleiche gilt für die Geltendmachung von Gewährleistungs- oder Schadenersatzansprüchen wegen Reisemangels während der Reise oder nach Beendigung der Reise; auch diese Auseinandersetzung hat ausschließlich zwischen Reisekunden und Reiseveranstalter zu erfolgen.

Für die Haftung des Reisemittlers im Bereich der schuldhaften Verletzung der Sorgfalts- und Informationspflichten aus dem Beratungs- und Vermittlungsvertrag lassen sich folgende Gruppen bilden:

- **fehlerhafte Auskünfte** z. B. falsche Auskunft über Passvorschriften, falsche Fahrplan-, Fährplan- oder Flugplanauskünfte

- **Verletzung von Hinweis- und Aufklärungspflichten** z. B. Unterlassen der Benachrichtigung des Reisekunden über etwa aus der Fachpresse in Erfahrung gebrachte Umstände, die die vermittelte Reiseleistung beeinträchtigen können oder über bisher unbekannte Gefahren wie Kriege, Epidemien, außergewöhnliche Unfallgefährdungen, der fehlende Hinweis auf Risiken der Nichtbeförderung bei Graumarkttickets oder Nichtinformation über Einreise-, Durchreise-, Impfbestimmungen, fehlende Aufklärung über dem Reisemittler bekannt gegebene Abweichungen zwischen Angebot und Inhalt des Reisepaketes oder der gebuchten Reiseleistungen.

- **fehlerhafte Preisberechnung** Das Reisebüro haftet dem Kunden für Schäden, wenn es irrtümlich den Preis für Reiseleistungen falsch berechnet hat.

- **fehlerhafte Weiterleitung von Daten und Unterlagen**, z. B. fehlerhaftes Weiterleiten des Vertragsangebotes an den Reiseveranstalter; nicht rechtzeitiges Aushändigen der Reiseunterlagen des Veranstalters an den Kunden; Falschbuchung (vgl. Führich aaO, Rz. 722 ff.).

Soweit des Reisebüro seinem Kunden haftet, richtet sich der Umfang der Haftung nach den allgemeinen Vorschriften der §§ 249 ff. BGB. Die Haftung bezieht sich auf alle unmittelbaren und mittelbaren Nachteile aus dem schädigenden Verhalten des Reisebüros, auch entgangener Gewinn (z. B. wenn ein Geschäftstermin versäumt wird), Verdienstausfälle und alle Mehrkosten für zusätzliche Übernachtungen, Fremdbeförderung, Stornokosten sowie für fehlgeschlagene Aufwendungen für Visa und Impfungen (vgl. Führich aaO., Rz 736 f).

7.2.4 Vertragsbeziehung Reiseveranstalter zu seinen touristischen Leistungsträgern

Je nach Zuschnitt der vom Reiseveranstalter zusammengestellten Pauschalreise besteht eine Vielzahl von Rechtsbeziehungen zu den touristischen Leistungsträgern (s.o. Abb. 7.2). Der Reiseveranstalter „verkauft" letzten Endes mit Abschluss des Reisevertrages die gebündelten Versprechungen seiner touristischen Partner, dass diese die vereinbarten Beförderungs-, Hotelunterbringungs- und Verpflegungsleistungen zu dem mit dem Reisekunden vereinbarten Reisetermin auch erbringen. Dass diese Versprechen erfüllt werden, ist eines der hauptsächlichen unternehmerischen Risiken des Reiseveranstalters, da ausschließlich er dem Kunden gegenüber einzustehen hat, wenn gebuchte Reiseleistungen nicht oder nicht richtig/nur teilweise erfüllt werden.

Der Reiseveranstalter hat daher ein überragendes Interesse daran, die Vertragsbeziehungen zu seinen touristischen Leistungsträgern so gut wie möglich abzusichern. Es werden deshalb regelmäßig umfangreiche Vertragswerke abgefasst.

Es geht um Charterverträge für Flugzeuge und Kreuzfahrtschiffe mit vielen Millionen Euro Vertragsvolumen mit den unterschiedlichsten Regelungsvariationen wie wet lease, dry lease, Vollcharter, Teilcharter, Einzelplatz-, Zubucher-Verträge, Garantie-Verträge pp.

Im Hotelbereich kann sich die Absprache auf einen kompletten Pachtvertrag für die gesamte Hotelanlage beziehen; oder es liegt z. B. ein Zubucher-, Garantie- oder Festmiete-Belegungsvertrag vor.

Ähnliche Vertragskonstellationen und -varianten finden sich auch bei den sonstigen Leistungsbeziehungen des Reiseveranstalters zu seinen Leistungsträgern.

Zu diesen Vertragsbeziehungen sei auf die spezielle Literatur hingewiesen (vgl. Hinweis auf Quellen und weiterführende Literatur in diesem Buch).

7.3 Grundlagen des Pauschalreiserechts

> Bruno Badefroh liest in der Wochenendbeilage seiner Tageszeitung unter der Rubrik „von privat an privat" eine Kleinanzeige, in der für den Sommer eine Ferienwohnung in der Toskana angeboten wird. Er wählt die ebenfalls angegebene Kontakt-Telefonnummer und reserviert zwei Wochen im Juni, beantragt Urlaub bei seinem Arbeitgeber und bereitet sich auf die Reise vor. Eine Woche vor Abreise informiert ihn sein Kontaktmann, die Ferienwohnung könne leider nicht zur Verfügung gestellt werden, weil der Vermieter selbst in dieser Zeit die Ferienwohnung nutzen will. Bruno Badefroh ist sauer. Er überlegt, ob er nicht nach Reiserecht Ersatzansprüche hat.

7.3.1   Zustandekommen des Reisevertrages/Inhalt/Vertragspflichten

Bruno Badefroh hat dann reiserechtliche Ansprüche, wenn er über die Nutzung der Ferienwohnung einen Pauschalreisevertrag in Sinne der §§ 651 a ff. BGB abgeschlossen hat.

7.3.1.1 Begriff des Reisevertrages

Aus § 651 a Abs. 1 BGB lässt sich der Begriff des Pauschalreisevertrages in der Weise ableiten, dass durch ihn der Reiseveranstalter verpflichtet wird, dem Reisenden eine Gesamtheit von Reiseleistungen (Reise) zu erbringen. Der Reisende ist verpflichtet, für die zusammengefassten Reiseleistungen den vereinbarten Gesamtpreis zu zahlen.

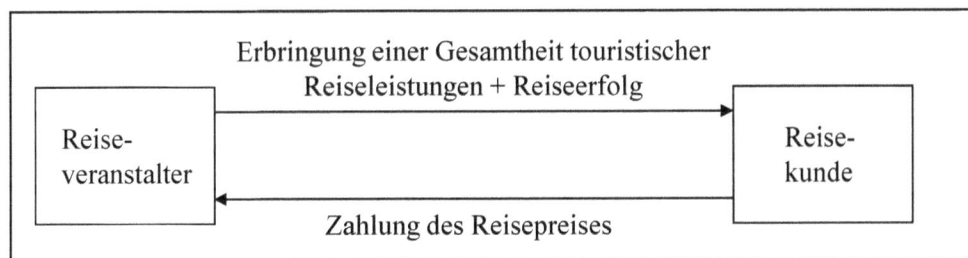

Abb. 7.7: Vertragspflichten der Parteien des Reisevertrages

Diese Gesamtheit von Reiseleistungen, die der Reiseveranstalter als eigene Leistung anbietet, enthält mindestens zwei touristische Hauptleistungen, die einander zugeordnet und zusammengefasst werden. Entscheidend für die Tätigkeit eines Reiseveranstalters ist der Umstand, dass er die touristischen Teilleistungen zu einem Ganzen, zu einem „Paket" bündelt. Die eigentliche unternehmerische Leistung des Reiseveranstalters besteht in dem Organisationsaufwand, mit dem er sich die einzelnen touristischen Leistungen „einkauft" und so miteinander verbindet, dass der versprochene Reiseerfolg auch erreicht wird. Der Reiseerfolg ist je nach Reiseart unterschiedlich. Dies kann die Erholung bei der Erholungsreise sein oder bei der Studienreise das Bildungserlebnis, bei der Sportreise die Möglichkeit, sich sportlich zu betätigen (vgl. Abb. 7.3).

Als touristische Hauptleistungen gelten z. B.

---

touristische Hauptleistungen

- Beförderung und Unterkunft mit Verpflegung

- Kreuzfahrt mit Verpflegung

- Flug und Wohnmobil

- Unterkunft und Sprachschule

Keine Bündelung touristischer Hauptleistungen liegt vor, wenn zu einer Hauptleistung weitere Nebenleistungen erbracht werden, die lediglich untergeordnete Bedeutung haben, z. B.

---

touristische Hauptleistung und unbedeutende Nebenleistung

- Flug mit Bordverpflegung

- Fähre mit Unterbringung an Bord

- Autoreisezug

- Beförderung im Schlafwagen

- Beförderung mit Reiseversicherung

Das touristische Leistungsbündel bietet der Reiseveranstalter zum Gesamtpreis an, d.h., der Preis für die jeweiligen Einzelleistungen ist im Gesamtpreis nicht mehr zu erkennen, sondern im vom Reiseveranstalter kalkulierten Pauschalpreis enthalten.

Von der Regel, dass Gegenstand eines Pauschalreisevertrages nur ein solches Paket touristischer (Haupt)-Leistungen sein kann, ist die Rechtsprechung (BGH NJW 1985, 906) insoweit abgewichen, dass dann, wenn nur eine touristische Hauptleistung Gegenstand des Vertrages ist (z. B. Vermietung einer Ferienwohnung an einen Reisenden) das Pauschalreiserecht analog angewendet werden kann, wenn die Ferienwohnung im Katalog eines kommerziellen Reiseveranstalters ausgeschrieben und angeboten wird. Der Reiseveranstalter sei insoweit aufgetreten wie beim Angebot von echten Pauschalreisen und es entspreche der Interessenlage des Reisenden, dass er dann auch wie ein Pauschalreisender unter die Anwendung des Pauschalreiserechts gestellt wird.

Bruno Badefroh im Ausgangsfall hat dennoch keine reiserechtlichen Ansprüche.

Denn er hat mit der Ferienwohnung in der Toskana nur eine einzige touristische Leistung gebucht, und zwar von privat und nicht von einem katalogmäßig anbietenden Reiseveranstalter. Ihm stehen allenfalls die allgemeinen schuldrechtlichen (vor allem mietrechtlichen) Ansprüche zu, ggf. nach italienischem Zivilrecht.

7.3.1.2 Vertragspartner des Reisevertrages

In Kapitel 7.1 ist dargestellt, welche Beteiligte am touristischen Abwicklungsprozess welche vertraglichen Funktionen übernehmen. Daraus ergab sich die Feststellung, dass eine direkte vertragliche Beziehung im Rahmen des Pauschalreisevertrages nur besteht zwischen dem Reiseveranstalter und seinem Kunden, dem Reisenden. Reiseveranstalter ist jeder, der eine Gesamtheit von touristischen Reiseleistungen als eigene Leistung anbietet, der sich also nach dem Inhalt des Vertrages dazu verpflichtet, dem Reisenden die einzelnen Reiseleistungen vollständig zu erbringen und die Reise erfolgreich durchzuführen. Auf die Gewerbs- oder Geschäftsmäßigkeit dieser Tätigkeit kommt es nicht an. Schon die einmalige und auch nur gelegentliche Durchführung einer Reise im vorbeschriebenen Sinne reicht aus, um den betreffenden Organisator in die Rolle des Reiseveranstalters im Sinne des Gesetzes zu bringen. Auch der Veranstalter von Pfarrgemeindefahrten, der Sportverein bei der Organisation von Jugendfreizeiten pp. ist Reiseveranstalter im Sinne des Gesetzes. Er muss die übernommenen Leistungen vollständig erbringen, hat sein Insolvenzrisiko regelmäßig gem. § 651 k BGB abzusichern und ist bei Nichterbringung den reiserechtlichen Gewährleistungs- und Schadenersatzansprüchen ausgesetzt.

Das Reisebüro, das den Reisenden bei der Auswahl der in Betracht kommenden Reiseangebote berät, um dann den Reisevertrag anzubahnen und seinen Abschluss zu vermitteln, hat nur für die ordnungsgemäße Vermittlung gerade zu stehen; Verantwortlich für den vermittelten Reisevertrag wird das Reisebüro nicht.

Natürlich ist es dem Reisebüro unbenommen, als unabhängiger Unternehmer selbst Reiseleistungen zu bündeln und zum Gesamtpreis „zu verkaufen"; es wird dann im Rahmen von „Eigenveranstaltungen" selbst zum Reiseveranstalter im Sinne des Gesetzes.

Vertragspartner des Reiseveranstalters ist der Reisende, also derjenige, der mit dem Reiseveranstalter im eigenen Namen einen Vertrag über eine bestimmte Gesamtheit von Reiseleistungen abschließt.

Bei Gruppenbuchungen erklärt der Buchende regelmäßig – stillschweigend durch sein Verhalten oder ausdrücklich -, dass er in Vertretung der anderen angemeldeten Personen handelt. Über den Buchenden als Vertreter kommen also die einzelnen Reiseverträge direkt und unmittelbar zwischen dem Reiseveranstalter und jeder der angemeldeten Personen zustande. Denkbar ist jedoch auch, dass der Buchende im eigenen Namen zugunsten aller angemeldeten Personen Reiseverträge abschließen will. Dies wird angenommen z. B. bei Incentive-Reisen. Direkter Schuldner des Reisepreises für alle angemeldeten Personen ist in diesem Falle das buchende Unternehmen; nur von ihm können ggf. die reiserechtlichen Ansprüche geltend gemacht werden. Die angemeldeten Firmenmitglieder, denen die Incentive-Reise zugutekommen soll, erhalten nach den Grundsätzen des Vertrages zugunsten Dritter lediglich einen eigenen Leistungsanspruch gegenüber dem Veranstalter (vgl. Führich, a.a.O., Rz. 120 f, 635).

Anders bei der Familienreise:

Bei einer Buchung z. B. des Familienvaters für seine Familienangehörigen wird im Zweifel angenommen, dass lediglich der Buchende, der sogenannte Anmelder, ausschließlicher Vertragspartner des Reiseveranstalters wird. Seine mitreisenden Angehörigen hingegen haben lediglich die Vorteile aus diesem Vertrag, ohne selbst Vertragspartner zu sein. Die gleichen Grundsätze gelten bei Lebenspartnerschaften (vgl. Führich, a.a.O., Rz. 634).

7.3.1.3 Inhalt des Reisevertrages

Der Inhalt des konkreten Pauschalreisevertrages wird bestimmt durch die Angaben des Reiseveranstalters in der Reiseausschreibung (Katalog, Prospekt, Zeitungsanzeige, Flyer, Internet). Wichtige vertragliche Absprachen finden sich regelmäßig in Allgemeinen Geschäftsbedingungen des Reiseveranstalters soweit sie zum Gegenstand des Reisevertrages gemacht werden.

Da der moderne Tourismus mit seinem Massengeschäft von Standardisierung geprägt ist, wird der Reiseveranstalter kaum sein vorgefertigtes Reiseprodukt einzelvertraglich ändern wollen. Dennoch sind natürlich individuelle Sondervereinbarungen möglich. Solche Sonderwünsche des Reisenden, die er bei der Buchung über das Reisebüro dem Reiseveranstalter mitteilt (z. B. Zimmer mit Meerblick, besondere Verpflegungswünsche) werden Vertragsbestandteil, wenn der Veranstalter diese Sonderregelung akzeptiert und idealerweise per Reisebestätigung auch bestätigt.

Der Vertragsinhalt wird sodann dokumentiert in der schriftlichen Reisebestätigung (§ 6 Abs. 1 u. 2 BGB-Informationsverordnung – BGB-Info-VO), welche die „harten Fakten" der konkreten Reisebuchung wiedergibt.

Regelmäßig wird die Reise so gebucht werden, wie sie im Print- oder Internetkatalog ausgeschrieben ist. Nun ist der Katalog zum einen das hauptsächliche Werbemittel des Reiseveranstalters, zum anderen werden die Leistungsbeschreibungen im Katalog im Rahmen des einzelnen Reisevertrages Vertragsbestandteil. Der Reiseveranstalter wird also zum einen mit schönen Bildern und positiven Aussagen versuchen, das Publikum anzusprechen, damit es sich näher mit dem Produkt und dem Programm dieses Veranstalters befasst. Rechtlich gesehen beinhaltet der Katalog zum anderen die Aufforderung des Veranstalters an das Publikum, möglichst eine Reise zu buchen (invitatio ad offerendum), das eigentliche Vertragsangebot des Veranstalters auf Abschluss des Reisevertrages enthält der Katalog nicht. Dennoch wird über die einzelne Ausschreibung im Katalog vor der Buchung regelmäßig nicht mehr im Reisebüro oder über das Reisebüro mit dem Veranstalter verhandelt. Sie wird zur Grundlage der Buchung gemacht. Konkret vereinbart werden lediglich die entscheidenden Eckpunkte einer Buchung wie Zeitpunkt, Zeitdauer der Reise, welches Hotel, welche Verpflegungsart, welche Beförderungsart und sonstige Nebenleistungen. Dies bedeutet, dass die konkrete Leistungsbeschreibung bei Abschluss des Vertrages in den Vertragsinhalt einbezogen wird. Der Reiseveranstalter muss sich an seinen Aussagen im Katalog festhalten lassen (§ 4 Abs. 2 BGB-Info-VO). Hat er zu viel versprochen, wird der Reisevertrag mangelbehaftet. Eine solche falsche, irreführende Aussage im Werbemedium Katalog unterfällt außerdem dem Verbot der §§ 3, 5 UWG (s. u. Kapitel 7.4).

In diesem Spannungsfeld des Kataloges: einerseits Werbemedium, andererseits verbindliche Leistungsbeschreibung hat sich eine besondere „Katalogsprache" herausgebildet. Es werden Umstände der verschiedenen touristischen Objekte zwar beschrieben. Jedoch wird ein optimistischer Sprachstil verwendet. Die Rechtsprechung akzeptiert auf der Grundlage von § 13 BGB, §§ 2 Abs. 2 und 3 Abs. 2 UWG diesen Sprachstil mit der Begründung, das deutsche Reisepublikum sei durchaus reiseerfahren und als mündige Bürger in der Lage, den wahren Gehalt solcher Aussagen zu ergründen und die richtigen Schlüsse daraus zu ziehen.

So bedeutet z. B.:

- „Kurzer Transfer vom Flughafen zum Hotel, dass das Hotel vermutlich in unmittelbarer Flughafennähe liegt, also mit entsprechendem Fluglärm zu rechnen ist
- „aufstrebender Ort" oder „Ort mit zunehmender touristischer Bedeutung", dass sich dieser touristische Ort noch im Aufbau befindet, also mit starker Bautätigkeit und wenig ausgebildeter Infrastruktur zu rechnen ist
- „Verkehrsgünstige Lage" oder „zentral gelegen", dass das Hotel mitten in der Stadt liegt mit entsprechender Straßen- und Verkehrslärmbelästigung
- „Strandnah", dass das Meer durchaus viele Kilometer entfernt sein kann
- „Blick aufs Meer", dass kein direkter Zugang zum Strand besteht, man aber durchaus aufs Meer blicken kann
- „Direkt am Meer", dass das Hotel zwar in Wassernähe liegt, aber etwa auf einer Klippe, der eigentliche Badestrand also einige Kilometer entfernt sein kann
- „Naturstrand", dass der Strand eben naturbelassen ist, man also mit Steinen, Felsen und Geröll rechnen muss
- „Badeschuhe zu empfehlen", dass an diesem Strand etwa mit spitzen Steinen, Seeigeln oder rutschigen Algen zu rechnen ist
- „lebhaft", dass dieses Haus nichts für erholungssuchende Urlauber ist: hierher reisen junge Leute, jede Nacht dröhnt die Disco bis zum frühen Morgen
- „Kinderfreundliches Haus", dass auch dieses Hotel keine Oase für Ruhebedürftige ist
- „Ruhige, idyllische Lage", dass hier Erholung gewährleistet ist, weil es keinerlei Unterhaltungsmöglichkeiten gibt
- „Einfache, zweckmäßige Zimmer", dass mit karg möblierten Kammern im Jugendherbergsstil zu rechnen ist
- „Neu eröffnetes Hotel", dass kaum mit bereits funktionierendem Service gerechnet werden kann; vielmehr sind noch nicht alle Anlagen des Hotels fertiggestellt
- „Im erweiterten Ortsbereich", dass das Hotel weit abgelegen liegt und man auf Busse oder Taxis angewiesen ist
- „Musik unterstützt die Urlaubsatmosphäre", dass mit Musikgedudel von morgens bis spät in die Nacht zu rechnen ist.

Maßstab für die Grenze der Zulässigkeit solcher Angaben, die der Auslegung bedürfen, sind der Grundsatz der Prospektwahrheit und Prospektklarheit (siehe § 4 Abs. 1 BGB-Info-VO), sowie die Verbote von unlauterer und irreführender Werbung (§§ 2 Abs. 2 und 3 Abs. 2, 5 UWG – s. u. Kapitel 7.4). Wird diese Grenze überschritten, hat dies reiserechtliche wie auch wettbewerbsrechtliche Konsequenzen.

7.3.1.4 Informationspflichten des Reiseveranstalters

Über die Verpflichtung des Reiseveranstalters hinaus, das eigentliche touristische Leistungspaket fehlerfrei zu erbringen, bestehen eine Reihe von Informations- und Organisationspflichten des Veranstalters. Einzelheiten bestimmt die Verordnung über die Informations- und Hinweispflichten nach bürgerlichem Recht (BGB-Info-VO) vom 05.08.2002 (BGBl. I 3002, dort die §§ 4 bis 11) i.V.m. 651 a Abs. 3 BGB (Darstellung nach: DRV e.V. 2002, S. 11):

INFORMATIONSPFLICHTEN gem. § 651 a Abs. 3 BGB

Im Prospekt	Bei Buchung	In der Reisebestätigung	Rechtzeitig vor Reisebeginn
stets: deutlich lesbare.klare und genaue Angaben über 1 Reisepreis 2 Höhe der Anzahlung 3 Fälligkeit d. Restzahlung	stets: Übermittlung von Allgemeinen Reisebedingungen (sofern vorhanden)	stets: schriftliche Reisebestatigung 1 Reisepreis 2. Höhe der Anzahlung 3 Fälligkeit der Restzahlung	
Verweisungsmöglichkeit (soweit zwischenzeitlich keine Änderungen)			
Soweit für die Reise von Bedeutung: a) Bestimmungsort b) Transportmittel (Merkmale u. Klasse) c) Unterbringung (Beschreibung und Einstufung) d) Mahlzeiten e) Reiseroute f) Einreise- und Gesundheitsfordernisse für Inländer g) evtl. Mindestteilnehmerzahl und Datum bis wann diese erreicht sein muß	Einreisebestimmungen und gesundheitspohzeiliche Formalitäten	a) Endgültiger Bestimmungsort.[1] ggf "Dauer d Einzelaufenthalte b) Transportmittel (Merkmale und Klassen c) Unterbringung (Beschreibung und Einstufung) d) Mahlzeiten e] Reiseroute f) Tag, voraussichtliche Tageszeit, Ort von Abreise u Rückkehr g} Mindestteilnehmerzahl h) Besuche, Ausflüge u. sonstige Leistungen i) Preisänderungsvorbehalt m. Berechnungs'aktoren]) Zusätzliche Gebühren z B. Airport-tax k) Sonderwünsche des Reisenden 1) Name u Anschrift d. RVA u ggf. des Versicherers m) Möglichkert des Abschlusses einer Reiserückkintts- sowie Rückführungsversicherung bei Unfall o. Krankheit sowie Name u. Anschnft des Versicherer? n) Obliegenheiten des Reisenden zu Mängelrüge u Abhilfeverlangen m. Fristsetzung vor evtl Selbsthilfe u. Recht zur Kündigung d Reisevertrages, Ausschluss- u. Verjährungsfristen gern §651 g BGB o) Angabe d. Stelle gegenüber der Ansprüche geltend gemacht werden müssen	a) Abfahrts-u Ankunftszeiten, Zwischenstationen u. Anschlussverbindungen b) Sitzplatz (nur bei vorab festgelegten Platzen) c] Name, Anschrift u Telefonnummer der ortlichen Vertretung d RVA's, falls nicht vorhanden, andere Hilfe vor Ort bzw. Notrufnr des RVA's d) (nur bei Auslandsreisen erkennbarer Minderjähriger) Unternchtung der bei Buchung angegebenen Person, wie unmittelbare Verbindung mit dem Kind bzw dem vor Ort Verantwortlichen hergestellt werden kann.
ABER. Änderungsvorbehalt möglich: Z.B Änderungen vorbehalten, maßgeblich st die Reisebestatigung		Last-minute-Buchungen Bei Last-minute-Buchungen (weniger als 7 Werktage zwischen Buchung u. Reisebegmn] entfallen sämtliche in dieser Sparte aufgeführten Angaben für die Reisebestätigung, außer den mit n) u o) gekennzeichneten Info's über Fristen u Adressaten.	

Abb. 7.8: Informationspflichten gem. § 651 a Abs. 3 BGB i. V. m. §§ 4 bis 8 BGB-Info-VO

Maßgebliche Hauptleistungspflicht des Reisenden ist die Zahlung des vereinbarten Reisepreises. Es hat sich eingebürgert, dass die Reiseveranstalter über ihre Allgemeinen Reisebedingungen den Reisepreis schon vor Reiseantritt fällig stellen, also zu einem Zeitpunkt, zu dem der Reiseveranstalter dem Reisenden selber noch keine Leistungen erbracht hat. Regelmäßig wird eine geringe Anzahlung (zur Zeit 20 % des Reisepreises zulässig; Urteil des OLG Köln, RRa 2005, 282) bei Vertragsabschluss fällig, der restliche Reisepreis kurz vor Reiseantritt (ab ca. 6 – 8 Wochen vorher), wenn der Reiseveranstalter die Reiseunterlagen aushändigt und wenn feststeht, dass die Reise wie gebucht durchgeführt wird und nicht mehr, etwa wegen Nichterreichens der Mindestteilnehmerzahl, vom Reiseveranstalter abgesagt werden kann. Der Bundesgerichtshof hat in zwei „Vorkasse"-Entscheidungen (1986 und 1987) diese Praxis akzeptiert. Ein Risiko des Reisenden aus dieser Fälligkeitsregelung, nämlich, dass der Reiseveranstalter nach Zahlung des Reisepreises zahlungsunfähig wird, die Reise also nicht mehr durchführen kann, ist mit § 651 k BGB aufgefangen. Diese Vorschrift verpflichtet den Reiseveranstalter, sein Insolvenzrisiko über eine spezielle Versicherung dem Reisenden gegenüber abzusichern (s. u. Kap. 7.3.4.10).

7.3.2 Bedeutung der Allgemeinen Reisebedingungen

Da die Geschäftsabwicklung des Reiseveranstalters dadurch geprägt ist, dass er eine Vielzahl gleichartiger Vertragsabschlüsse tätigt, legt er diesen Vertragsabschlüssen Allgemeine Geschäftsbedingungen (AGB) zugrunde (Allgemeine Reisebedingungen). In ihnen formuliert er diejenigen Vertragsbestimmungen vor, die er für die Abwicklung der einzelnen Reiseverträge für wesentlich erachtet.

Es finden sich vor allem folgende Regelungskomplexe:

* Buchungsverfahren (Reiseanmeldung, Reisebestätigung)
* Fälligkeit des Reisepreises (Betrag und Zahlungszeitpunkt für Anzahlung und Restzahlung des Reisepreises)
* Leistungs- und Preisänderungsvorbehaltsklauseln
* Stornoregelungen und Höhe der Stornokosten (Prozentsatz des Reisepreises abhängig vom Zeitpunkt des Rücktrittes vor dem vertraglich vereinbarten Reisebeginn; differenziert nach den verschiedenen Reisearten)
* Rücktritts- und Kündigungsvorbehalte für den Reiseveranstalter (Nichterreichen der Mindestteilnehmerzahl; Ausschluss eines störenden Reiseteilnehmers von der Reise)
* Haftungsbegrenzung für vertragliche Schadenersatzansprüche
* Pflichtinformationen durch den Reiseveranstalter, insbes. zu Mängelrügen am Urlaubsort und zur Geltendmachung von Gewährleistungs- und Schadenersatzansprüchen
* Abkürzung der Verjährungsfrist

Damit die Allgemeinen Reisebedingungen ihre Wirkung im Rahmen des einzelnen Reisevertrages entfalten können, müssen sie in diesen einbezogen werden. Sie müssen also dem Kunden als Text auch ausgehändigt werden (§ 6 Abs. 3 BGB-Info-VO; BGB RRa 2009, 131). Der Kunde muss sodann mit ihrer Geltung einverstanden sein. Diese Einverständniserklärung kann ausdrücklich erfolgen oder konkludent durch schlüssiges Verhalten, wenn etwa der Kunde in Kenntnis der Reisebedingungen den Reisevertrag abschließt, Anzahlung und Restzahlung leistet und schließlich verreist (Führich, a. a. O., Rz. 679).

Die Reisebedingungen unterliegen der Inhalts- und Wirksamkeitskontrolle durch die §§ 305 ff. BGB. Unklare Formulierungen gehen zu Lasten des Reiseveranstalters. Individualabreden gehen AGB vor.

Einen Überblick über das reiserechtliche Regelungskonzept gibt Abb. 7.9.

7.3.3 Besondere Rechte des Reisenden vor Reisebeginn

Abweichend von dem Grundsatz des Vertragsrechts, wonach einmal abgeschlossene Verträge von den beiden Vertragspartnern auch einzuhalten sind (pacta sund servanda), geben die §§ 651 b, 651 i BGB dem Reisenden besondere Rechte, sich vor Reiseantritt vom Reisevertrag zu lösen. Pauschalreisen werden regelmäßig längere Zeit vor Reiseantritt gebucht. Häufig tritt der Fall ein, dass sich in der Zeit zwischen Vertragsabschluss und Reisebeginn im privaten Lebensbereich des Reisenden Dinge ergeben, die seinen Entschluss, im Rahmen der gebuchten Reise in Urlaub zu fahren, nachträglich beeinflussen.

Deshalb kann der Reisende gem. § 651 b Abs. 1 S. 1 BGB bis zum Beginn der Reise vom Veranstalter verlangen, dass ein Dritter an seiner Stelle in die Rechte und Pflichten aus dem Reisevertrag eintritt und den konkreten Reisevertrag 1:1 übernimmt. Der Reisende muss dieses Verlangen nicht begründen. Ein besonderes Einverständnis des Veranstalters ist hierfür nicht erforderlich – im Gegensatz zum sonstigen Schuldrecht: dort ist grundsätzlich kein Vertragspartner berechtigt, dem anderen Vertragsteil einen neuen Vertragspartner aufzuoktroyieren. Denn jeder Vertragspartner wählt im Rahmen der Vertragsfreiheit mit Bedacht aus, mit wem er welche vertraglichen Beziehungen eingeht. Hier spielen Umstände wie Vertrauenswürdigkeit und Kreditwürdigung eine bedeutende Rolle.

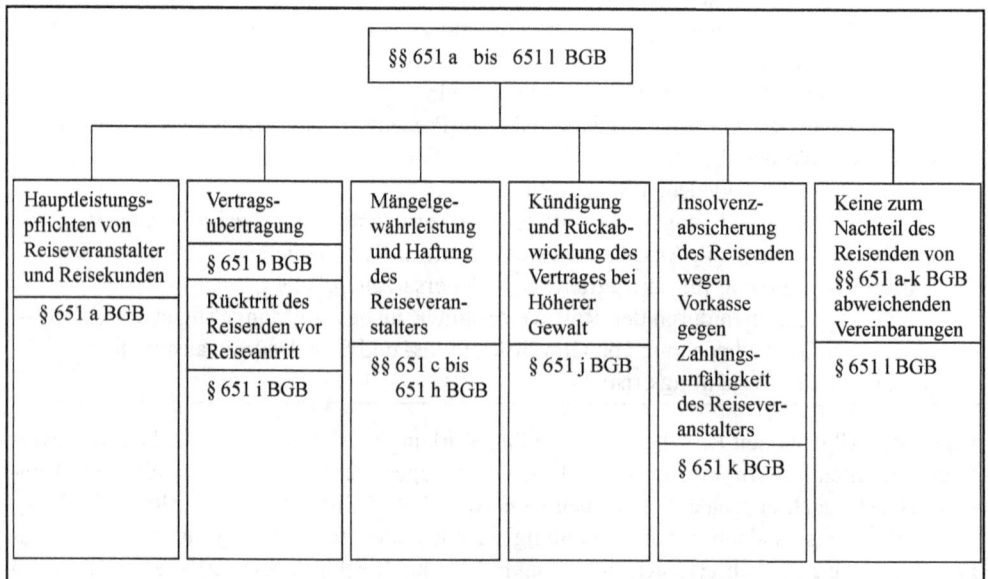

Abb. 7.9: Reiserechtliches Regelungskonzept

Der Gesetzgeber des § 651 b BGB hat dennoch das einseitige Lösungsrecht des Reisenden vom Vertrag zugelassen, weil es dem Veranstalter regelmäßig gleichgültig ist, welche Individualpersonen konkret an den von ihm ausgeschriebenen Reisen teilnehmen.

Dem Veranstalter steht lediglich ein Widerspruchsrecht zu, wenn er erkennt, dass die ihm nun angebotene Ersatzperson den besonderen Reiseerfordernissen nicht genügt oder ihrer Teilnahme gesetzliche Vorschriften oder behördliche Anordnungen entgegenstehen (§651 b Abs. 1 Satz 2 BGB).

Ist z. B. eine Trekking-Tour im Himalaya gebucht, welche bei den Teilnehmern sportliche Fitness voraussetzt, kann der Reiseveranstalter widersprechen, wenn statt eines gebuchten Teilnehmers, der diese Voraussetzung erfüllt, die schon betagte Tante teilnehmen soll. Oder es wird bei einer Gruppenreise eine Ersatzperson angeboten, die die Homogenität der Gruppe stören würde, z. B. wird für den Teilnehmer an einer Jugendfreizeit als Ersatzperson der zwar immer noch rüstige, aber doch schon etwas ältliche Onkel angeboten.

Als Rechtsfolge der Vertragsübertragung haften sowohl der Dritte als auch der ursprünglich gebuchte Reisende dem Reiseveranstalter als Gesamtschuldner für den Reisepreis und die durch den Personenwechsel entstandenen Mehrkosten (§ 651 b Abs. 2 BGB).

§ 651 i Abs. 1 BGB gibt zum anderen dem Reisenden das Recht, jederzeit vor Reisebeginn ohne besonderen Grund vom Reisevertrag zurückzutreten. Einer besonderen Begründung für den Rücktritt bedarf es nicht. Wie bei jedem Rücktritt wird auch hier der Vertrag rückabgewickelt, d.h. der Reiseveranstalter verliert den Anspruch auf den vereinbarten Reisepreis und muss diesen – soweit schon gezahlt – zurückzahlen. Als Ausgleich dafür kann der Reiseveranstalter jedoch eine angemessene Entschädigung verlangen, den Ersatz der sogenannten Stornokosten.

Die Entschädigung muss angemessen sein. Für die Bestimmung ihrer Höhe bietet das Gesetz zwei Möglichkeiten an: die konkrete und die abstrakte Berechnung. Die Höhe der angemessenen Entschädigung bestimmt sich bei konkreten Berechnungsmethoden nach dem Reisepreis unter Abzug des Wertes der vom Reiseveranstalter ersparten Aufwendungen sowie danach was der Reiseveranstalter durch die anderweitige Verwendung der Reiseleistungen erwerben kann (§ 651 i Abs. 2 BGB).

Da es für den Reiseveranstalter einen enormen verwaltungstechnischen Aufwand bedeuten würde, bei der Vielzahl der Stornierungen in jedem Einzelfall entsprechend seiner Kalkulation und der weiteren Verwendung dieser konkreten Reise den Einzelschaden auszurechnen, gehen die Reiseveranstalter üblicherweise nach der abstrakten Berechnungsmethode vor. Sie vereinbaren über ihre Allgemeinen Reisebedingungen bestimmte Stornopauschalen. Die Höhe der pauschalierten Stornokosten richtet sich nach der Art der Reise und dem Zeitpunkt der Stornierung im Verhältnis zum Datum des Reiseantritts. Die Pauschalsätze müssen durchschnittlichen Erfahrungswerten des Reiseveranstalters entsprechen, also abbilden, welchen Schaden er gewöhnlich hat, wenn er alles über alles gerechnet stornierte Reisen mal wieder verwenden kann und mal nicht (§651 i Abs. 3 BGB). Über die Allgemeinen Reisebedingungen darf dem Reisenden jedoch nicht der Nachweis abgeschnitten werden, dass in seinem konkreten Einzelfall der als Stornopauschale geltend gemachte Stornierungsschaden nicht oder nicht in der geltend gemachten Höhe eingetreten ist (§ 309 Ziff. 5 a) und b) BGB).

Gegen das Risiko, im Falle einer Stornierung Stornoschaden erstatten zu müssen, kann sich der Reisende durch Abschluss einer Reiserücktrittskosten-Versicherung absichern.

7.3.4 Mängelgewährleistung und Haftung/Kündigungsrechte

Ist die vertraglich geschuldete Reiseleistung mangelhaft, stehen dem Reisekunden vielfältige Gewährleistungs- und Schadenersatzansprüche zur Verfügung:

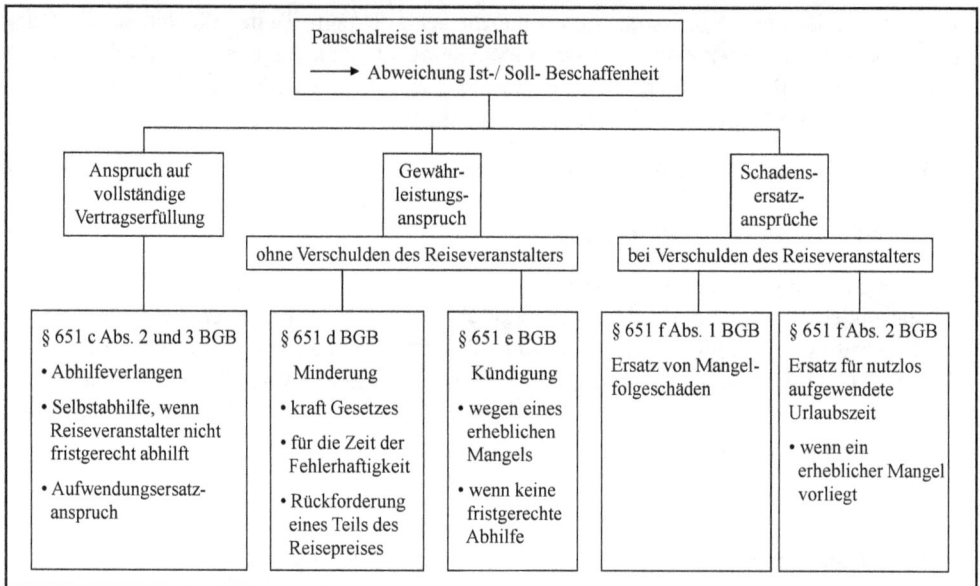

Abb. 7.10: Ansprüche des Reisenden bei Reisemängeln

7.3.4.1 Reisemangel

§ 651 c Abs. 1 BGB verpflichtet den Reiseveranstalter, die Reise so zu erbringen, dass sie die zugesicherten Eigenschaften hat und nicht mit Fehlern behaftet ist, die den Wert oder die Tauglichkeit zu dem gewöhnlichen oder nach dem Vertrag vorausgesetzten Nutzen aufheben oder mindern.

Voraussetzung dafür, dass ein Mängelgewährleistungsanspruch durchgesetzt werden kann, ist,

- dass ein wirksamer Pauschalreisevertrag besteht
- dass die geschuldete Reise mangelhaft ist und
- dass die gesetzlichen Mängelgewährleistungsrechte wirksam ausgeübt worden sind

Nach dem von der Rechtsprechung gebildeten Fehlerbegriff ist die Reise fehlerhaft, wenn die tatsächliche Ist-Beschaffenheit merklich von der vertraglich geschuldeten Soll-Beschaffenheit abweicht und dadurch die Reise nicht nur unwesentlich beeinträchtigt wird. Mit welcher Beschaffenheit der Reiseveranstalter zu leisten verpflichtet ist, folgt aus dem zwischen dem Reisenden und dem Reiseveranstalter vereinbarten Vertragsinhalt. Der Umfang des vertraglich geschuldeten Leistungsprogrammes der Reise ergibt sich aus der Leistungsbeschreibung im Reisekatalog, den Angaben zur Reise in der Reisebestätigung und ggf. aus verbindlichen Zusagen und Zusicherungen des Reiseveranstalters. Zu den Preis- und Reiseangaben im Prospekt und den notwendigen Angaben der Reisebestätigung, insbesondere die Angaben über den Reisepreis und dessen Zahlungsmodalitäten, machen §§ 4 und 6 Abs. 1 BGB-Info-VO Mindestangaben zur Pflicht. Für den Vertragsinhalt bedeutsam sind außerdem ergänzende Umstände, die sich aus dem Zweck und dem Nutzen des geschlossenen Reisevertrages und den nach der Verkehrssitte berechtigten Erwartungen des Reisenden an den Reiseerfolg ergeben. Das Leistungsprogramm des Veranstalters ist also auch vom Reisecharakter z. B. als Erholungsreise, Seniorenreise, Vergnügungsreise, Abenteuerreise, Besichtigungsreise, Studienreise, Sprachreise, Kreuzfahrt, Billigreise oder Fortuna-Reise geprägt und außerdem von den Landesüblichkeiten des Reiselandes.

Sind die tatsächlich erbrachten Reiseleistungen nicht so, wie sie nach dem vereinbarten Inhalt des Reisevertrages sein müssten, ist die Reise fehlerhaft, es liegt ein Reisemangel vor.

Die Reise ist also fehlerhaft, wenn:

- eine einzelne Reiseleistung überhaupt nicht oder schlecht erbracht wird,
- der vertraglich vereinbarte Zweck verfehlt wird,
- einzelne Reiseleistungen nicht sachgerecht aufeinander abgestimmt sind (Koordinierungsmangel) oder
- Verhaltenspflichten des Reiseveranstalters wie Aufklärungs-, Mitteilungs- oder Sorgfaltspflichten missachtet werden.

Wegen eines solchen Fehlers kann der Reisende nun die Mängelgewährleistungsansprüche des Reisevertragsrechts geltend machen.

Das Einstehenmüssen des Reiseveranstalters hat jedoch dort eine Grenze, wo die Reise durch Umstände gestört wird, die dem allgemeinen Lebensrisiko des Reisenden zuzuordnen sind. Der Reisende hat insoweit keine Ansprüche gegen den Reiseveranstalter.

Das allgemeine Lebensrisiko des Reisenden umfasst Fälle, die nicht reisespezifisch sind. Dazu gehört das allgemeine Unfallrisiko im Straßenverkehr, die allgemeine Gefahr eines Überfalls oder Diebstahls in der Urlaubsregion, die allgemeine Wetterlage, das Läuten von Kirchenglocken oder Lärm aus einem Kindergarten, Ausrutscher auf nassen Fliesen, Kopfstoß an Balken im Poolbereich, Stolperkante eines über dem Boden haltenden Fahrstuhls.

Auch erstreckt sich das vom Reiseveranstalter geschuldete Leistungsprogramm der Reise regelmäßig nicht auf das Umfeld des Reiseziels. In der Regel übernimmt der Reiseveranstalter etwa durch seine Prospektbeschreibung keine Gewähr dafür, dass der öffentliche Strand sauber oder das Meer zum Baden unbedenklich ist. Der Reisende muss heutzutage auch Umweltrisiken wie allgemeine Verschmutzung des Mittelmeeres, Luftverschmutzung, Probleme der Abfallentsorgung in südlichen Ländern oder überfüllte verschmutzte öffentliche Strände hinnehmen.

Auch Umstände der höheren Gewalt wie Naturkatastrophen, Luftraumsperre, Epidemien, Krieg oder innere Unruhen berechtigen nicht zu Mängelgewährleistungsansprüchen. § 651 j BGB gibt hierzu eine abschließende Sonderregelung.

Das Einstehenmüssen des Reiseveranstalters hat seine Grenze darüber hinaus dort, wo der Ablauf der Reise durch bloße Unannehmlichkeiten, die sich bei der Massenware „Pauschalreisen" nicht vermeiden lassen, gestört wird. Solche für den Reisevertrag nicht relevanten Abweichungen sind beispielsweise gesehen worden in

- Verspätung bis zu vier Stunden bei Flugreisen
- früher Rückflug mit zumutbarer Verkürzung der Nachtruhe
- unprogrammmäßige Zwischenlandung mit entsprechender Verlängerung der Reisezeit
- unfreundlicher Service
- fünf Kakerlaken im Zimmer bei einem südlichen Reiseziel
- Ameisen im Bungalow auf Zypern
- Spinnweben
- Flöhe in den Tropen
- drei Geckos auf Hawaii
- Stimmen aus Nachbarzimmer und vereinzelte Tanzveranstaltungen
- 40 % Anteil einer Jodelgruppe bei Kreuzfahrt
- körperliche Anstrengung bei Studienreise
- normaler Straßenlärm bei Stadthotel
- gelegentliches Hundegebell

(vgl. Führich aaO., Rz. 259 bis 262)

Mängel im Sinne von § 651 c Abs. 1 BGB sind vielmehr spürbare Abweichungen von den vereinbarten Reiseleistungen, typischerweise z. B.:

- nicht vertragsgerechte Unterbringung (Hotel/Pension entspricht nicht der gebuchten Kategorie; die Unterbringung muss wegen Überbuchung in einem anderen als dem vereinbarten Hotel erfolgen)
- erhebliche Lärmbelästigung durch Baumaßnahmen, Verkehr oder Discothek
- den Urlaubsaufenthalt beeinträchtigende Schwierigkeiten bei der Strom- und Wasserversorgung
- Mängel des Hotels und seiner Einrichtungen (mangelhafte Ausstattung der Zimmereinrichtung, Schmutz und fehlende Reinigung, erheblicher Ungezieferbefall, nicht ausreichende oder eintönige Verpflegung, Ausfall des Aufzugs, verschmutzter Swimmingpool, nicht bespielbare Tennisplätze, Kinderspielplatz mit nicht verkehrssicherem Spielgerät)
- verschmutzter Hotelstrand, fehlende Sonnenschirme und Liegen, obwohl zugesichert
- bei Studien- und Besichtigungsreisen: Nichteinhaltung des Reiseprogramms und Ausfall von Besichtigungspunkten, unzulängliche Qualifikation des Studienreiseleiters

- bei Abenteuer- und Expeditionsreisen: erhebliche Änderung der Reiseroute, fehlende Ausrüstungsgegenstände, Fehlen der zugesagten Jagd- oder Besichtigungsmöglichkeiten.

Die Grenzen der Einstandspflicht von Reiseveranstaltern zeigt die folgende Abbildung:

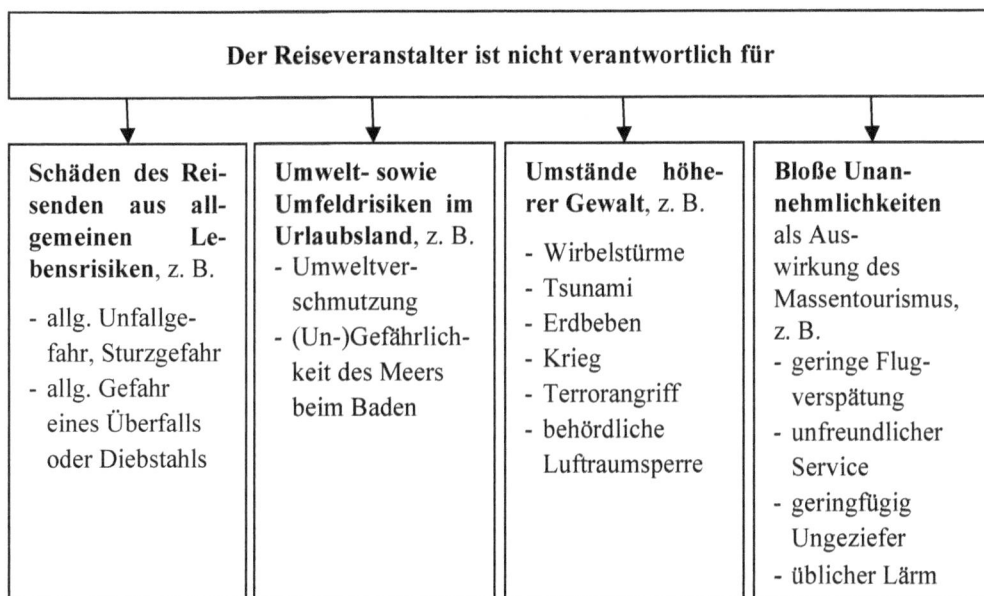

Der Reiseveranstalter ist nicht verantwortlich für			
Schäden des Reisenden aus allgemeinen Lebensrisiken, z. B. - allg. Unfallgefahr, Sturzgefahr - allg. Gefahr eines Überfalls oder Diebstahls	**Umwelt- sowie Umfeldrisiken im Urlaubsland**, z. B. - Umweltverschmutzung - (Un-)Gefährlichkeit des Meers beim Baden	**Umstände höherer Gewalt**, z. B. - Wirbelstürme - Tsunami - Erdbeben - Krieg - Terrorangriff - behördliche Luftraumsperre	**Bloße Unannehmlichkeiten** als Auswirkung des Massentourismus, z. B. - geringe Flugverspätung - unfreundlicher Service - geringfügig Ungeziefer - üblicher Lärm

Abb. 7.11: Grenzen der Einstandspflicht des Reiseveranstalters

Zusammenfassend lässt sich folgende quantitative Rangfolge von Reisebeeinträchtigungen aufstellen, mit jeweils unterschiedlichen Rechtsfolgen:

- unerhebliche Mängel sind vom Reisenden nach Treu und Glauben hinzunehmen und lösen keine Gewährleistungsansprüche aus

- einfache Reisemängel

  bei ihnen hat der Reisende mehrere Gewährleistungsrechte:

  - Abhilfeanspruch (§ 651 c Abs. 2 BGB)
  - Recht auf Selbstabhilfe und Kostenerstattung (§ 651 c Abs. 3 BGB)
  - Reisepreisminderung (§651 d BGB)
  - Schadenersatzanspruch bei Verschulden (§651 f Abs. 1 BGB)
  - erhebliche Beeinträchtigung der Reise
  der Reisende hat das Recht

  - zur Kündigung des Reisevertrages (§651 e BGB)
  - bei Verschulden: Schadenersatz wegen nutzlos aufgewendeter Urlaubszeit (§ 651 f Abs. 2 BGB) zu verlangen.

Die gleichen Mängelgewährleistungsansprüche stehen dem Reisenden zu, wenn der Reise zugesicherte Eigenschaften fehlen, die mit dem Reiseveranstalter vereinbart waren. Eigenschaften sind die tatsächlichen und rechtlichen Verhältnisse und Beziehungen, sofern sie nach der Verkehrsanschauung für die Wertschätzung der Reise von Bedeutung sind.

Solche individuell ausgehandelten Zusicherungen ergeben sich insbesondere aus den Angaben in der Reisebestätigung. Aber auch die konkreten Eigenschaftsangaben in den Reiseprospekten, Reisebeschreibungen im Internet und Informationsheften des Veranstalters haben die Qualität von Eigenschaftszusicherungen. Denn der Reisende ist bei der Auswahl seines Urlaubsziels auf die Informationen des Reiseveranstalters im Reiseprospekt u. ä. angewiesen. Der Reiseveranstalter weiß auch, dass der Reiseprospekt, sei es als Print oder im Internet, die wichtigste Informationsquelle für den Reisenden ist und nimmt damit ein besonderes Vertrauen in die Richtigkeit und Verlässlichkeit der Angaben im Reisekatalog für sich in Anspruch.

Allerdings haben bloße Werbesprüche wie „Hol Dir die Sonne" und allgemeine Anpreisungen wie „Hervorragende Landschaft" erkennbar nicht die Bedeutung, dass hiermit besondere vertragliche Eigenschaften zugesichert werden (vgl. LG Frankfurt NJW 1983, 237).

7.3.4.2 Mängelgewährleistungsansprüche des Reisenden/Mängelrüge, Abhilfeverlangen

Der Reisende kann bei Auftreten von Mängeln vom Reiseveranstalter Abhilfe, also Mängelbeseitigung verlangen. Die Abhilfe darf vom Reiseveranstalter verweigert werden, wenn sie einen unverhältnismäßigen Aufwand erfordern würde (§ 651 c Abs. 2 BGB). Das Abhilfeverlangen ist an den Reiseveranstalter bzw. an seine örtliche Vertretung am Urlaubsort zu richten, grundsätzlich nicht unmittelbar an den Leistungsträger (z. B. Rezeption im Hotel). Keinesfalls ist das Reisebüro Adressat des Abhilfeverlangens bzw. der Mängelanzeige, da regelmäßig die Rolle des Reisebüros als Vermittler der Reise in dem Moment endet, in dem alle Vorbereitungshandlungen zum Antritt der Reise erbracht sind und die Reise angetreten ist.

7.3.4.3 Abhilfe, Selbstabhilfe, Aufwendungsersatz

Auf das Abhilfeverlangen des Reisenden hin wird der Reiseveranstalter bzw. seine Reiseleitung vor Ort den gerügten Mangel möglichst umgehend beseitigen lassen (z. B. Reparatur der defekten Dusche, Reinigung des Swimmingpools).

Ist diese Art von direkter Abhilfe nicht möglich, kann Abhilfe auch dadurch erfolgen, dass der Reiseveranstalter dem Reisenden ohne Mehrkosten für diesen ganz konkret eine Ersatzleistung anbietet. Diese Ersatzleistung muss mindestens gleichwertig, kann aber höherwertiger sein. Der Reiseveranstalter wird diese Art der Mängelbeseitigung dann anbieten, wenn der Mangel selbst nicht beseitigt werden kann, wie z. B. bei Hotelüberbuchung oder bei Lärmbelästigung durch Baumaßnahmen in Hotelnähe. Soweit diese Art der Mängelbeseitigung für den Reisenden zumutbar ist, muss er die Ersatzleistung als modifizierte Vertragserfüllung auch annehmen.

Ist der Reiseveranstalter nicht bereit oder in der Lage, innerhalb einer vom Reisenden bestimmten, je nach den Umständen angemessenen Frist den Mangel zu beseitigen, ist der

Reisende berechtigt, selbst Abhilfe zu schaffen und Ersatz der erforderlichen Aufwendungen zu verlangen. Einer Fristbestimmung bedarf es nicht, wenn die geforderte Abhilfe vom Reiseveranstalter verweigert wird oder eine Abhilfe objektiv nicht möglich ist oder auch, wenn die sofortige Abhilfe durch ein besonderes Interesse des Reisenden geboten ist (§651 c Abs. 3 BGB). Allerdings darf der Reisende nicht zu Lasten des Reiseveranstalters unangemessene Aufwendungen tätigen. Vielmehr müssen sich die Aufwendungen entsprechend der Verpflichtung des Reisenden zur Schadensminderung (§ 254 BGB) im erforderlichen Rahmen einer gleichwertigen Ersatzleistung bewegen.

Greift der Reisende zum Recht der Selbstabhilfe, kann er Ersatz der erforderlichen Aufwendungen verlangen (§ 651 c Abs. 3 BGB). Zu den Aufwendungen zählen die Mehrkosten der unmittelbaren Mängelbeseitigung, die der Reisende hat wie etwa Mehrkosten für das ersatzweise genommene Hotel, Restaurant oder die Ersatzbeförderung per Linienflug. Auch die übrigen Vermögensopfer des Reisenden zur Besorgung einer Ersatzleistung, wie zusätzliche Kommunikationskosten, müssen vom Reiseveranstalter erstattet werden. Ist eine gleichwertige Ersatzleistung nicht erreichbar, kann der Reisende auch die Kosten für eine höherwertige Leistung verlangen, solange diese Mehrkosten das vertretbare Maß nicht übersteigen und er zuvor versucht hat, eine gleichwertige Ersatzleistung zu erhalten. Erforderlich können die Reinigungskosten für ein verdrecktes Appartement sein, die Kosten für die gleichwertige Ersatzunterkunft unter Einschluss der Umzugskosten für Bus oder Taxi, die Kosten für ein Restaurant bei schweren Verpflegungsmängeln oder die Kosten eines Linienfluges am gleichen Tag, wenn der Transferbus den Abflugtermin des Charterfluges verpasst. Das Risiko der Gleichwertigkeit der Selbstabhilfe und der Erstattungsfähigkeit der damit verbundenen Kosten trägt der Reisende (vgl. Führich aaO., Rz. 279 a m.w.N.).

Der Reisende hat das Recht, vom Veranstalter einen Vorschuss für die zu erwartenden Aufwendungen für die Selbstabhilfe zu verlangen (§ 637 Abs. 2 BGB).

7.3.4.4 Minderung und Kündigung

Ist die Reise mangelhaft, so mindert sich der Reisepreis kraft Gesetzes (§ 651 d Abs. 1 BGB). Der Reisende hat Anspruch auf Rückzahlung eines Teils des Reisepreises: aus dem Soll-Ist-Vergleich ergibt sich bei Reisemängeln, dass der Reiseveranstalter mehr versprochen hat, als er tatsächlich erbringt, der Reisende also mehr an Reisepreis bezahlt hat, als er tatsächlich an Leistung bekommt. Die Differenz hieraus ist im Wege der Minderung vom Reiseveranstalter zurückzuerstatten.

Zeitlich kann die Minderung für die Dauer der mangelhaften Leistung geltend gemacht werden, bei einem Dauermangel für die Dauer der gesamten Reise. Hilft der Reiseveranstalter oder der Reisende selbst im Wege der Selbstabhilfe dem Mangel ab, tritt eine Reisepreisminderung nur für die Zeitdauer der Mangelsituation ein.

Der Minderungsanspruch entfällt gem. § 651 d Abs. 2 BGB, wenn der Reisende es schuldhaft unterlässt, den Mangel sofort dem Reiseveranstalter anzuzeigen. Die Mängelanzeige ist damit eine formelle Voraussetzung für ein Minderungsverlangen.

Unterlässt der Reisende schuldhaft die Mängelanzeige, entfallen jegliche Gewährleistungs- und Schadenersatzansprüche aus Reisevertrag (BGH NJW 1985, 132).

Bezugsgröße für die Höhe der Minderung ist grundsätzlich der Gesamtreisepreis, da der Mangel einer Reiseleistung in der Regel auch den Wert der anderen Reiseleistungen beeinträchtigt. Die mangelhafte Einzelleistung strahlt also auf die Gesamtreise aus (vgl. Führich aaO., Rz. 299 m. w. N.).

So jedoch die Gesamtreise aus verschiedenen, voneinander inhaltlich getrennten Teilreisen zusammengesetzt ist (z. B. eine Woche Kreuzfahrt in der Karibik, eine Woche Hotel- und Badeurlaub auf einer Karibikinsel), kann ausnahmsweise die Minderungsberechnung auf den Teilreisepreis für die jeweils von der Mangelhaftigkeit betroffene Teilreise bezogen werden.

Für die Berechnung der Minderung ist der Reisetagespreis (=Reisepreis dividiert durch die Anzahl der Reisetage) zugrundezulegen, von dem aus dann ein prozentualer Abschlag vorgenommen und mit der Zahl der beeinträchtigten Tage multipliziert wird (vgl. Tempel, Die Bemessung der Minderung der Vergütung in Reisevertragssachen, NJW 85, 102).

Liegt z. B. ein kleinerer Reisemangel vor, der mit 5 % Minderungsanteil vom Reisepreis zu bewerten ist und dauert die Mangelsituation sechs Tage an, ist also der Gesamtreisepreis durch die Zahl der Aufenthaltstage zu dividieren; aus dem so ermittelten Reisetagespreis sind 5 % zu errechnen und mit 6 zu multiplizieren. Dieser Wert ist der geltend zu machende Minderungsbetrag.

Schwierig ist jedoch zu ermitteln, welcher konkrete Minderungs-Prozentsatz der Minderungsberechnung zugrundezulegen ist. Entscheidend sind immer die Umstände und Gegebenheiten der jeweiligen Reise. Es ist ein objektiver Maßstab anzulegen, wobei die Art der Leistung eine Rolle spielt: Mängel der Hotelunterbringung sind bei einem Badeurlaub im Hotel schwerwiegender als Mängel bei der Hotelunterkunft während einer Studienreise mit häufig wechselnden Übernachtungsorten. Auch spielt z. B. eine Rolle, ob es sich um eine „Billigreise" oder um eine Luxusreise handelt. Es ist der Versuch gemacht worden, die Höhe der Minderung zu schematisieren, z. B. mit der sogenannten „Frankfurter Tabelle zur Reisepreisminderung" (NJW 1985, 113 ff., Ergänzung auf den Stand 1.1.1994: NJW 1994, 1639) oder der „ADAC-Tabelle zur Preisminderung bei Reisemängeln" DAR-Beitrag 9/2010).

Derartige Versuche zur Schematisierung können nicht generell zur Grundlage der Entscheidung gemacht werden, wie hoch der berechtigte Minderungsanspruch ist; sie können allenfalls Anhaltspunkte für die konkrete Einzelfallentscheidung geben. Im Streitfall wird der jeweilige Minderungs-Prozentsatz seitens des Gerichts geschätzt (§ 651 d Abs. 1 i. V. m. § 638 Abs. 3 BGB).

Der Minderungsanspruch ist weiterhin unabhängig davon, ob der Reiseveranstalter den Mangel schuldhaft herbeigeführt oder sonst in von ihm zu vertretender Weise verursacht hat. Mängelgewährleistungsansprüche sind grundsätzlich verschuldensunabhängig.

Hat der Mangel zu einer erheblichen Beeinträchtigung der Reise oder zur Unzumutbarkeit geführt, die Reise weiter fortzusetzen, liegt ein wichtiger Grund für die Kündigung des Reisevertrages durch den Reisenden gem. § 651 e BGB vor.

Die Kündigung ist erst zulässig, wenn der Reiseveranstalter eine ihm vom Reisenden bestimmte angemessene Frist hat verstreichen lassen, ohne Abhilfe zu leisten (§ 651 e Abs. 2 Satz 1 BGB).

Rechtsfolgen der Kündigung:

* Der Reiseveranstalter verliert seinen Anspruch auf den schon vor Reiseantritt vereinnahmten Reisepreis und muss ihn zurückzahlen.
* Er kann jedoch für die bereits erbrachten oder bis zur Beendigung der Reise noch zu erbringenden Reiseleistungen Entschädigung verlangen: dies kann der Reisende mit der Einwendung verhindern, die vom Reiseveranstalter schon erbrachten oder bis zur Beendigung der Reise noch zu erbringenden Leistungen hätten infolge der Aufhebung des Vertrages für ihn kein Interesse mehr.
* Ab dem Zeitpunkt der Kündigung hat der Reiseveranstalter gem. § 651 e Abs. 4 BGB dafür Sorge zu tragen, dass der Reisende unverzüglich zum Ausgangspunkt der Reise zurückbefördert wird. Die dadurch eventuell entstehenden Mehrkosten fallen dem Reiseveranstalter zur Last.
* Soweit der Reisende zur Selbstabhilfe für die umgehende Rückreise greift, hat er wegen der Mehrkosten ebenfalls einen Erstattungsanspruch.

7.3.4.5 Rücktritts- und Kündigungsrechte des Reiseveranstalters

Vor Reiseantritt hat der Reiseveranstalter das Recht, vom Reisevertrag zurückzutreten, wenn er in der konkreten Reiseausschreibung die Durchführung der Reise mit deutlichen Hinweisen davon abhängig gemacht hat, dass eine bestimmte Mindestteilnehmerzahl erreicht wird.

Bei Nichterreichen dieser ausgeschriebenen oder in Ausnahmefällen auch behördlich festgelegten Mindestteilnehmerzahl ist der Veranstalter verpflichtet, gegenüber dem Reisenden unverzüglich und eindeutig den Rücktritt vom Reisevertrag zu erklären. Der Reisende erhält dann den eingezahlten Reisepreis unverzüglich zurück.

Schließlich kann der Reiseveranstalter nach Antritt der Reise den Reisevertrag fristlos kündigen, wenn ein Reisender trotz Abmahnung die Durchführung der Reise so erheblich stört, dass seine weitere Teilnahme dem Reiseveranstalter und/oder den anderen Mitreisenden nicht zumutbar ist (z. B. Randalieren oder notorischer Verstoß gegen Sicherheitsbestimmungen). Im Falle einer solchen fristlosen Kündigung steht dem Reiseveranstalter der Reisepreis weiterhin zu; er hat jedoch ersparte Aufwendungen oder Vorteile durch anderweitige Verwertung von Reiseleistungen zu erstatten (Führich aaO., Rz. 360, 361).

7.3.4.6 Schadenersatzansprüche

Der Reisende kann neben dem Anspruch auf Minderung auch Schadenersatz gegenüber dem Reiseveranstalter wegen eines Reisemangels geltend machen (§ 651 f Abs. 1 BGB).

Anders als die verschuldensunabhängigen Gewährleistungsansprüche setzt der Anspruch auf Schadenersatz – wie immer, so auch hier – voraus, dass der Mangel vom Reiseveranstalter fahrlässig oder vorsätzlich herbeigeführt worden ist. Von dieser Schadenersatzpflicht sind alle durch die Nichterfüllung des Vertrages entstandenen Schäden einschließlich aller Mangelfolge- und Begleitschäden erfasst, die in einem ursächlichen Zusammenhang mit dem

Reisemangel stehen und die begrifflich über den Minderungsanspruch hinausgehen. Die sich aus § 651 f Abs. 1 BGB ergebende Schadenersatzpflicht des Reiseveranstalters erfasst Vermögensschäden (z. B. nutzlose Aufwendungen und Mehrkosten infolge des Mangels), Sachschäden (z. B. Verlust oder Beschädigung von Reisegepäck), wie auch Körperschäden (z. B. Verletzung bei Benutzung von Hoteleinrichtungen, die nicht verkehrssicher sind; Gesundheitsschäden wegen verdorbener Speisen).

Im Zusammenhang mit Körperschäden kann zudem ein angemessenes Schmerzensgeld verlangt werden (§ 651 f Abs. 1 i. V. m. § 253 Abs. 2 BGB).

Voraussetzung auch für den Schadenersatzanspruch ist die Mängelanzeige mit Abhilfeverlangen gegenüber dem Reiseveranstalter.

Hat bei der Schadensentstehung ein Mitverschulden des Reisenden mitgewirkt, ist dieses bei der Bemessung des Schadenersatzes als Abzugsposten zu berücksichtigen (§ 254 BGB).

Der Reiseveranstalter hat nicht nur für eigenes Verschulden und das seiner Mitarbeiter einzustehen, sondern auch für das Verschulden aller Personen, die er zur Erfüllung und Erbringung der Reiseleistungen benötigt. Dies sind insbesondere die Angestellten der verschiedenen touristischen Leistungsträger, die er als seine Erfüllungsgehilfen einsetzt (§ 278 BGB).

Neben dem Anspruch auf Minderung oder Schadenersatz wegen konkreter Schäden steht dem Reisenden aus § 651 f Abs. 2 BGB ein Schadenersatzanspruch für nutzlos aufgewendete Urlaubszeit zu. Es handelt sich um Ersatz eines immateriellen Schadens. Der Reisende kann hiernach als Schadenersatz eine angemessene Entschädigung in Geld verlangen, wenn die Reise vereitelt oder erheblich beeinträchtigt war, sofern der Reiseveranstalter die Umstände, durch die die Reise vereitelt oder erheblich beeinträchtigt worden ist, zu vertreten hat. Die Reise ist vereitelt, wenn sie nicht stattgefunden hat. Sie ist erheblich beeinträchtigt, wenn alle aufgetretenen Mängel eine Minderung des Reisepreises um etwa 50 % rechtfertigen. Die Beeinträchtigung muss also so schwerwiegend gewesen sein, dass der Zweck der Reise nicht erreicht wurde und die gesamte Urlaubszeit beeinträchtigt ist; die Beeinträchtigung einzelner Urlaubstage, auch wenn diese erheblich gewesen sein mag, wird regelmäßig für einen Schadenersatzanspruch nach § 651 f Abs. 2 BGB nicht ausreichen.

Die zu ersetzende angemessene Entschädigung hat den jeweils vertanen Zeitabschnitt der Reise zu bewerten und alle Umstände des Einzelfalles zu erfassen. Die Schwere der Beeinträchtigung und die Schwere des Verschuldens des Reiseveranstalters sowie der Reisepreis haben hier eine entscheidende Rolle zu spielen. Während früher anhand des Nettoeinkommens des Reisenden versucht wurde, die Entschädigung nach der Größenordnung eines unbezahlten Ersatzurlaubs zu bemessen, ging die Rechtsprechung später überwiegend zu Tagessatzsystemen über (z. B. zuletzt LG Frankfurt/Main, RRa 2003, 25). Der Bundesgerichtshof (BGH) zog dem jedoch den Reisepreis als Bemessungsgrundlage für den Schadenersatz aus § 651 f Abs. 2 BGB vor: als geeigneter Maßstab für die Bemessung der Entschädigung sei vielmehr auf den Reisepreis abzustellen, zu dem die Entschädigung in einem angemessenen Verhältnis zu stehen habe (BGH, RRa 2005, 57). Daraufhin gab das Landgericht Frankfurt/Main sein Tagessatzsystem zugunsten der Orientierung am Reisepreis auf (LG Frankfurt/Main, RRa 2006, 71).

7.3.4.7   Schadenersatzansprüche aus unerlaubter Handlung wegen Verletzung von Verkehrssicherungspflichten

Neben § 651 f Abs. 1 und 2 BGB können deliktische Schadenersatzansprüche geltend gemacht werden, wenn nach Maßgabe der §§ 823 ff. BGB das Leben, der Körper, die Gesundheit, die Freiheit, das Eigentum oder ein sonstiges Recht durch den Reiseveranstalter schuldhaft und widerrechtlich verletzt wird.

Im Vordergrund steht hier die Verletzung von Verkehrssicherungspflichten des Veranstalters durch diesen, die zu Personen- oder Sachschäden führt. Nach dem Balkonsturz-Urteil des BGH (NJW 1988, 1380) hat der Reiseveranstalter nicht nur die Pflicht zur sorgfältigen Auswahl der für die Erfüllung des Reisevertrages eingesetzten Leistungsträger, sondern auch die Pflicht, regelmäßig den jeweiligen Umständen entsprechend seine Leistungsträger und deren Leistungen wenigstens durch Sichtkontrollen zu überwachen und dabei entdeckte Mängel umgehend abzustellen. Nach Auffassung des BGH schafft der Reiseveranstalter Gefahrenquellen, wenn er dem Reisenden im Verlauf einer Reise den Zugang z. B. zu Beförderungsmitteln und Unterbringungseinrichtungen ermöglicht: Er schaffe dadurch eine potentielle Gefahrenlage, so dass er verpflichtet sei, die nötigen Vorkehrungen zum Schutze der Reisenden zu treffen. Er hafte dementsprechend, wenn er pflichtwidrig und schuldhaft diese Überprüfungspflichten zur Beseitigung von Gefahrenzuständen nicht erfüllt. Er habe diese Pflichten selbst oder durch seine Angestellten z. B. Reiseleiter zu erfüllen.

Der Reiseveranstalter muss also konkret alle notwendigen und ihm zumutbaren Sicherheitsvorkehrungen treffen, um Schaden vom Reisenden während einer Pauschalreise abzuwenden. Ihn treffen insoweit umfangreiche Obhuts- und Fürsorgepflichten, Gefahrenkontrollpflichten, Auswahl- und Aufsichtspflichten und Organisationspflichten.

Hierzu gehört ausdrücklich auch die Informationsbeschaffung (Erkundigungen) und/oder Informationsweitergabe (Erteilung von Hinweisen) über objektiv bestehende Gefahren im Zielgebiet bzw. entsprechend drohende Gefahren (BGH, NJW 2002, 3700; LG Hannover, RRa 2004, 261).

Diese umfangreichen Informationspflichten bestehen schon dann, wenn z. B. bei einem Wirbelsturm eine Eintreffwahrscheinlichkeit von 1:4 im fraglichen Reisegebiet (z. B. Karibik, Mexiko) gegeben ist.

Der Verstoß des Reiseveranstalters gegen die ihn treffenden Informationspflichten führt zunächst zu Minderungsansprüchen (§ 651 d Abs. 1 BGB). Schuldhafte Pflichtverletzungen in Bezug auf Informationsbeschaffung und -weitergabe über objektiv bestehende Gefahren führen außerdem zu einem Schadenersatzanspruch aus § 651 f Abs. 1 und/oder Abs. 2 BGB. Ein solches Verhalten entspricht nicht den Sorgfaltsanforderungen, die an einen ordentlichen Reiseveranstalter zu stellen sind (§ 347 Abs. 1 Handelsgesetzbuch – HGB).

Eine Delikthaftung des Reiseveranstalters für Dritte, also für Verrichtungsgehilfen (§ 831 BGB) scheidet jedoch regelmäßig aus, da die Leistungsträgers des Reiseveranstalters, z. B. der Hotelier und dessen Angestellten, nicht als Verrichtungsgehilfen des Reiseveranstalters angesehen werden können: es fehlt an der dafür erforderlichen Abhängigkeit und Weisungsgebundenheit gegenüber dem Reiseveranstalter.

Ein Einstehenmüssen des Reiseveranstalters für Dritte im Bereich der unerlaubten Handlung kommt nur in Betracht, wenn der Schädiger ein Angestellter des Reiseveranstalters (z. B. Reiseleiter) ist.

7.3.4.8 Haftungsbegrenzungsmöglichkeiten des Reiseveranstalters

Gem. § 651 h Abs. 1 BGB kann der Reiseveranstalter durch Vereinbarung, also etwa über die Allgemeinen Reisebedingungen, gegenüber dem Reisenden seine Haftung für Schäden, die nicht Körperschäden sind, auf den dreifachen Reisepreis beschränken, soweit er den Schaden des Reisenden weder vorsätzlich noch grob fahrlässig herbeigeführt hat. Für Körperschäden haftet er jedoch unbeschränkt.

Erfasst sind also Sachschäden, die der Reiseveranstalter bzw. seine Erfüllungsgehilfen bei normaler Fahrlässigkeit verursacht haben. Soweit grobe Fahrlässigkeit oder Vorsatz vorliegt, haftet der Reiseveranstalter unbeschränkt.

Ebenfalls auf den dreifachen Reisepreis kann der Reiseveranstalter etwa über seine Allgemeinen Reisebedingungen die Haftung für Sachschäden beschränken, soweit er deshalb haftet, weil einen Leistungsträger z. B. Hotelier, Transfer-Unternehmer bzw. deren Mitarbeiter ein Verschulden trifft.

Diese Haftungsbegrenzungsmöglichkeiten erfassen vertragliche, nicht aber deliktische Schadenersatzansprüche.

Nach § 651 h Abs. 2 BGB kann sich der Reiseveranstalter auch auf gesetzliche Haftungsbeschränkungen berufen, die zugunsten eines seiner Leistungsträger eingreifen, wenn diese Beschränkungen auf internationalen Abkommen beruhen. Der Reiseveranstalter soll mangels fehlender Rückgriffmöglichkeit nicht schärfer haften, als der ansonsten alleine verantwortliche Leistungsträger, wenn dessen Haftung durch internationale Übereinkommen beschränkt oder ausgeschlossen ist.

Solche Haftungsbeschränkungen enthalten z. B. das Montrealer Übereinkommen für den internationalen Luftverkehr, die Anlage zu § 664 HGB für den internationalen Seeverkehr sowie das Übereinkommen über den internationalen Eisenbahnverkehr (COTIF/CIV).

7.3.4.9 Rückabwicklung des Reisevertrages infolge Höherer Gewalt

§ 651 j BGB gibt sowohl dem Reiseveranstalter als auch dem Reisenden das Recht zur Kündigung des Vertrages, wenn die Reise infolge bei Vertragsabschluss nicht vorhersehbarer Höherer Gewalt erheblich erschwert, gefährdet, beeinträchtigt oder unmöglich gemacht wird. Entscheidend ist, ob das Ereignis der Höheren Gewalt in dieser Weise auf die ganz konkrete Reise einwirkt bzw. einzuwirken droht.

Höhere Gewalt ist ein von außen kommendes, keinen betrieblichen Zusammenhang aufweisendes, auch durch die äußerste, vernünftigerweise zu erwartende Sorgfalt nicht abwendbares Ereignis (BGHZ 100, 185, 188).

Als Höhere Gewalt kommen nicht vorhersehbare Ereignisse in Betracht wie

Naturereignisse (z.B. Wirbelstürme, Erdbeben, Lawinen, Tsunamis), Kriege oder Kriegsge-
fahren, Epidemien.

Wird der Reisevertrag aus Gründen der höheren Gewalt gekündigt, hat der Reiseveranstalter
den Reisepreis zurückzuzahlen, kann aber für die schon erbrachten oder bis zum Reiseende
noch zu erbringenden Leistungen eine angemessene Entschädigung verlangen und diese
einbehalten. Der Reiseveranstalter muss die notwendigen Maßnahmen für die Rückabwick-
lung bzw. Rückbeförderung des Reisenden treffen. Die Mehrkosten für die Rückbeförderung
sind von Reiseveranstalter und Reisendem je zur Hälfte zu tragen, die übrigen Mehrkosten
fallen dem Reisenden alleine zur Last.

Die Kündigung wegen Höherer Gewalt kann auch schon vor Antritt der Reise erklärt werden, wenn entsprechende Ereignisse im Zielgebiet eingetreten sind oder einzutreten drohen.
In diesem Falle hat der Reiseveranstalter den vollständigen Reisepreis zurückzuerstatten.

7.3.4.10 Insolvenzabsicherungspflicht für den Reiseveranstalter

Da der Reiseveranstalter regelmäßig den Gesamtreisepreis, aufgeteilt in Anzahlung und
Restreisepreis, vor Reiseantritt kassiert, hat er nach § 651 k BGB sicherzustellen, dass der
Reisende im Falle der Zahlungsunfähigkeit oder der Eröffnung des Insolvenzverfahrens über
das Vermögen des Reiseveranstalters den gezahlten Reisepreis, soweit Reiseleistungen ausfallen, erstattet bekommt und ggf. die Kosten für die vorzeitige Rückreise zurückerhält.
Sonst hätte im Falle der Insolvenz des Reiseveranstalters der Reisende nur einen Erstattungsanspruch gegen die Insolvenzmasse des Reiseveranstalters; er würde allenfalls eine Quote
auf seinen Anspruch erhalten oder sogar mit seinem Rückzahlungsanspruch vollkommen
ausfallen.

Dieses Risiko gleicht § 651 k BGB aus. Der Veranstalter hat die Absicherung seines Insol-
venzrisikos nachzuweisen und dem Kunden schon bei Leistung der Anzahlung Zug-um-Zug
einen Sicherungsschein auszuhändigen, der einen direkten Anspruch gegen den vom Reiseveranstalter beauftragten Sicherungsgeber gibt. Dies wird regelmäßig eine Insolvenzversi-
cherung sein oder eine Bank über eine entsprechende Bankbürgschaft. Entscheidend ist, dass
der Sicherungsschein einen unmittelbaren Leistungsanspruch gegen den Sicherungsgeber
verschafft.

Tritt die Insolvenz oder die Zahlungsunfähigkeit während der Reise ein, muss der Reisepreis
erstattet werden, soweit Reiseleistungen ausfallen. Die Erstattung muss auch erbrachte, aber
nutzlose Reiseleistungen umfassen, insbesondere die Beförderung, wenn der Urlaub vor Ort
gar nicht erst angetreten werden konnte oder abgebrochen werden musste.

Auch hat der Sicherungsgeber die notwendigen Aufwendungen des Reisenden für die Rückreise zu erstatten. Darunter sind nicht nur die reinen Rückreisekosten zu verstehen, sondern
auch Aufenthalts-, insbesondere Hotelkosten bis zur Rückreise sowie Transferkosten (EuGH
TRT 1998, 67).

Tritt die Insolvenz oder die Zahlungsunfähigkeit vor Reiseantritt ein, ist der Reisepreis zu erstatten, soweit er an den Reiseveranstalter geleistet und in der Insolvenzmasse verschwunden ist.

Üblicherweise wird der Sicherungsschein ein Teil der Reisebestätigung sein, die bei Vertragsabschluss ausgehändigt wird; teilweise wird auch mit separaten Sicherungsscheinen gearbeitet, die dem Reisenden bei Vertragsschluss ausgehändigt werden. Die textliche Fassung des Sicherungsscheins ist in § 9 und Anl. zu § 9 BGB-Info-VO festgelegt:

Muster

für den Sicherungsschein

(ggf. einsetzen Ordnungszeichen des Kundengeldabsicherers und des Reiseveranstalters)

**Sicherungsschein
für Pauschalreisen**

gemäß § 651 k des Bürgerlichen Gesetzbuchs

für

(einsetzen: Namen des Reisenden, die Wörter „den umseitig bezeichneten Reisenden" oder die Nummer der Reisebestätigung)1*

(ggf. einsetzen: Geltungsdauer des Sicherungsscheins)2*

Der unten angegebene Kundengeldabsicherer stellt für (einsetzen: die Wörter „für den umseitig bezeichneten Reiseveranstalter" oder: Namen und Anschrift des Reiseveranstalters) gegenüber dem Reisenden; sicher, dass von ihm erstattet werden -.

1. der gezahlte Reisepreis, soweit Reiseleistungen infolge Zahlungsunfähigkeit .oder Eröffnung des Insolvenzverfahrens über das Vermögen des Reiseveranstalters ausfallen, und

2. notwendige Aufwendungen, die dem Reisenden infolge Zahlungsunfähigkeit oder Eröffnung des Insolvenzverfahrens über das Vermögen des Reiseveranstalters für die Rückreise entstehen.

vorstehende Haftung des Kundengeldabsicherers ist begrenzt. Er haftet für alle durch _____ in einem Jahr insgesamt zu erstattenden Beträge nur bis zu einem Betrag von 110 Mio. Euro. Sollte diese Summe nicht für alle Reisenden ausreichen, so verringert sich der Erstattungsbetrag in dem Verhältnis, in dem ihr Gesamtbetrag zu dem Höchstbetrag steht. Die Erstattung fälliger Beträge erfolgt erst nach Ablauf des Jahres (Angabe des Zeitraums), in dem der Versicherungsfall eingetreten ist.3*

Bei Rückfragen wenden Sie sich an: (mindestens einsetzen: Namen, Anschrift und Telefonnummer der anzusprechenden Stelle; falls diese nicht für die Schadensabwicklung zuständig ist, auch Namen, Anschrift und Telefonnummer der dafür zuständigen Stelle).

(einsetzen: Namen, ladungsfähige Anschrift des Kundengeldabsicherers) Kundengeldabsicherer

1* Amtl. Anm.:	Diese Angaben können entfallen. In diesem Falle ist folgender Satz einzufügen: „Dieser Sicherungsschein gilt für den Buchenden und alle Reiseteilnehmer."
2* Amtl. Anm.:	Falls der Sicherungsschein befristet ist, muss die Frist mindestens den Zeitraum vom Vertragsschluss bis zur Beendigung der Reise umfassen.
3* Amtl. Anm.:	Dieser Absatz entfällt bei Kundengeldabsicherungen, bei denen die Haftungsbeschränkung nach § 651 k Abs. 2 BGB nicht vereinbart wird.

Der Versicherer oder das Kreditinstitut kann seine Haftung für die von ihm in einem Kalenderjahr insgesamt nach § 651 k BGB zu erstattenden Beträge auf 110 Millionen Euro begrenzen. Übersteigen sodann die in einem Jahr von diesem Versicherer oder diesem Kreditinstitut insgesamt zu erstattenden Beträge die genannte Höchstgrenze, so verringern sich die einzelnen Erstattungsansprüche der Reisenden in dem Verhältnis, in dem der Gesamtbetrag zum Höchstbetrag steht. Der Sicherungsgeber wird also im Falle eines Schadens zunächst an den geschädigten Reisenden eine Abschlagszahlung leisten und den Verlauf des Versicherungsjahres abwarten. Wird die Höchstgrenze überschritten, wird er pro rata entsprechende Abzüge machen (§ 651 k Abs. 2 BGB).

Die Insolvenzabsicherungspflicht trifft jeden Reiseveranstalter, d.h. jeden, der eine Gesamtheit von Reiseleistungen zum Gesamtpreis als Paket anbietet (§ 651 a Abs. 1 BGB). Es ist dabei gleichgültig, ob es sich um einen kommerziellen Reiseveranstalter oder um einen Gelegenheitsveranstalter handelt.

Ausgenommen von der Insolvenzabsicherungspflicht gem. § 651 k Abs. 6 BGB sind nur solche Reiseveranstalter, die gelegentlich, also höchstens ein bis zwei Reisen im Jahr und außerhalb ihrer gewerblichen Tätigkeit veranstalten. Angesprochen sind hier in erster Linie Vereine, Kirchengemeinden, karitative Organisationen oder Jugendorganisationen. Ebenfalls ausgenommen von der Insolvenzabsicherungspflicht sind Reisen, die nicht länger als 24 Stunden dauern, keine Übernachtung einschließen und deren Reisepreis 75,00 Euro nicht übersteigt. Solche Tagesreisen führen regelmäßig Veranstalter von sogenannten „Kaffeefahrten" durch. Schließlich sind von juristischen Personen des öffentlichen Rechts veranstaltete Reisen von der Insolvenzabsicherungspflicht befreit, da aus der Sicht des Gesetzgebers insoweit kein Insolvenzrisiko besteht. Gemeint sind der Staat (Bund, Länder, Gebietskörperschaften, die Gemeinden und Kreise) sowie die sonstigen Körperschaften, Anstalten und Stiftungen des öffentlichen Rechts, also z. B. staatliche Schulen, kommunale Volkshochschulen, staatliche Hochschulen, Kirchen und kommunale Fremdenverkehrsämter.

7.3.4.11 Einlassungs-/Ausschlussfrist, Verjährung

Ansprüche aus Reisevertrag (§§ 651 c bis 651 f BGB) sind vom Reisenden innerhalb eines Monats nach dem vertraglich vereinbarten Reiseende beim Reiseveranstalter geltend zu machen. Nach Ablauf der Frist kann der Reisende Ansprüche nur erheben, wenn er ohne Verschulden an der Einhaltung der Frist verhindert war.

Wird diese Ausschlussfrist versäumt, sind die Rechte des Reisenden mit Fristablauf ausgeschlossen. Die Ausschlussfrist umfasst sämtliche vertraglichen Ansprüche des Reisenden, nicht nur die auf Minderung oder Schadenersatz und Entschädigung wegen nutzlos aufgewendeter Urlaubszeit, sondern auch die Ansprüche auf Erstattung von Mehrkosten und Rückzahlung des bereits geleisteten Reisepreises bei Kündigung des Vertrages nach §§ 651 i und 651 j BGB, die auf § 651 e Abs. 3 und 4 verweisen (Führich aaO., Rz 440). Die Ansprüche sind beim Reiseveranstalter, keinesfalls beim Reisebüro anzumelden.

Die Anspruchsanmeldung muss deutlich zum Ausdruck bringen, dass der Reisende eine Erstattung oder eine Schadenersatzzahlung erwartet; es reicht nicht hin, dass man sich allgemein z. B. über die schlechten Leistungen eines Reiseleiters beschwert. Man muss sämtliche

Mängel aufführen, derentwegen der Reisende Ansprüche geltend macht. Nur so kann der Reiseveranstalter konkret überprüfen, ob die Anspruchsstellung berechtigt ist und ggf. entsprechende Nachforschungen im Zielgebiet durchführen.

Gem. § 651 g Abs. 2 BGB verjähren Ansprüche des Reisenden aus dem Reisevertrag in 2 Jahren ab dem Zeitpunkt des vertraglichen Reiseendes. Der Ablauf der Verjährungsfrist ist für den Zeitraum gehemmt, der vom Eingang des Anspruchsschreibens bis zur abschließenden Zurückweisung der Ansprüche durch den Reiseveranstalter vergeht.

Der Reiseveranstalter kann über seine Reise-AGB gemäß § 651 m Satz 2 BGB die Verjährungsfrist auf 1 Jahr abkürzen, eine rechtliche Möglichkeit, von der die Reiseveranstalter regelmäßig Gebrauch machen. Soweit im Wege der Anspruchskonkurrenz deliktische Ansprüche geltend gemacht werden, verjähren diese im Rahmen der Regelverjährung des § 195 BGB in 3 Jahren ab dem Zeitpunkt, in welchem der Verletzte von dem Schaden und der Person des Ersatzpflichtigen Kenntnis erlangt hat. Ohne diese Kenntnis tritt Verjährung spätestens in 30 Jahren, beginnend mit der Begehung der Handlung, der Pflichtverletzung oder dem sonstigen, den Schaden auslösenden Ereignis (§ 199 Abs. 2 BGB), ein.

7.3.4.12 Gastschulaufenthalte

Auf Schülerreisen im Rahmen von internationalen Gastschulaufenthalten, die einen mindestens dreimonatigen Aufenthalt im jeweiligen Ausland umfassen, sind die Regeln des Pauschalreiserechts (§§ 651 a ff. BGB) anzuwenden. § 651 l BGB legt insoweit die spezifischen Pflichten des Reiseveranstalters fest, den Schüler in einer Gastfamilie unterzubringen und seine Betreuung vor Ort und den Schulbesuch im Gastland zu organisieren.

Den Gastschüler trifft die gesetzliche Obliegenheit zur Mitwirkung am Gelingen des Gastschulaufenthaltes (§ 651 l Abs. 2 Nr. 1 BGB).

7.4   Wettbewerbsrecht

Urteil zu Wettbewerbsverstoß:

> Ein Elektro-Discounter warb in Zeitungsanzeigen mit einem nur am 03.01.2007 gewährten attraktiven Preisnachlass für Digital- und Videokameras. Hierbei waren nur solche Artikel rabattiert, die an diesem 03.01.2007 tatsächlich auch in der jeweiligen Filiale vorrätig waren. Die Werbung enthielt aber keinen ausdrücklichen Hinweis darauf, dass nur im Laden vorrätige Produkte rabattfähig waren, nicht jedoch solche, die an diesem Tage von einem Kunden erst bestellt wurden. Ein Verbraucherschutzverein verlangte daher von dem Elektro-Discounter, diese Werbemaßnahme künftig zu unterlassen. Es sei irreführend und deswegen unlauter, für Elektroartikel in der Werbung mit einem Rabatt zu werben, ohne darauf hinzuweisen, dass der Rabatt nur für im Laden tatsächlich vorhandene Geräte eingeräumt wird. Das Oberlandesgericht Stuttgart (Urteil vom 19.07.2007, 2 U 24/07, WRP 2007, 1115) gab ihm Recht.

7.4.1 Überblick über Wettbewerbsrecht

Im vorbeschriebenen Streitfall ging es um das Werbeverhalten eines Marktteilnehmers, also um eine Handlung im geschäftlichen Verkehr. Durch dieses fühlte sich ein Verbraucherschutzverein namens der Gesamtheit aller Verbraucher beeinträchtigt, weil das Werbeverhalten aus deren Sicht geeignet war, den Wettbewerb negativ zu beeinflussen.

Die marktwirtschaftliche Ordnung kann nur funktionieren, wenn Wettbewerb besteht und die Anbieter von Waren und Dienstleistungen die Möglichkeit haben, mit geeigneten Mitteln um Kunden zu werben.

Das Kartellrecht mit dem Gesetz gegen Wettbewerbsbeschränkungen (GWB-Kartellgesetz) bzw. im EU-Bereich die Art. 81 und 82 EGV (Vertrag zur Gründung der Europäischen Gemeinschaft in der Fassung des Vertrages von Amsterdam vom 02.10.1997) stellen sicher, dass der freie Wettbewerb erhalten bleibt. Das Bundeskartellamt in Bonn bzw. die EU-Kommission in Brüssel haben insoweit die Aufgabe darüber zu wachen, dass der freie Wettbewerb nicht durch Unternehmensfusionen oder etwa durch

- die mittelbare oder unmittelbare Festsetzung der An- oder Verkaufspreise oder sonstiger Geschäftsbedingungen

- die Einschränkung oder Kontrolle der Warenentwicklung und des Warenabsatzes

- die Aufteilung der Märkte oder Versorgungsstellen

- die Anwendung unterschiedlicher Bedingungen bei gleichwertigen Leistungen gegenüber Handelspartnern, die dadurch benachteiligt werden

- die an den Abschluss von Verträgen geknüpfte Bedingung, dass die Vertragspartner zusätzliche Leistungen annehmen, die weder sachlich, noch nach Handelsbrauch in Beziehung zum Vertragsgegenstand stehen (Art. 82 EGV)

in nicht tolerierbarer Weise behindert, eingeschränkt oder verfälscht wird.

Wer im freien Wettbewerb in Konkurrenz mit anderen Anbietern erfolgreich operieren will, muss seine Waren oder Leistungen oder deren Vorzüge im Vergleich zu Konkurrenzprodukten dem Publikum optimal darstellen, muss also Werbung betreiben.

Dies ist marktwirtschaftlich erwünscht und so lange keinerlei Beschränkung unterworfen, so lange Werbung nicht mit unlauteren Mitteln betrieben wird. Hierüber wacht das Gesetz gegen den unlauteren Wettbewerb (UWG).

Auch das Markengesetz zum Schutz von am Markt eingeführten Firmenbezeichnungen, Titeln, schlagwortartigen Produktbezeichnungen und Warenzeichen gehört in diesen Regelungsbereich.

Das UWG-Recht will alle Teilnehmer am Markt, sowohl die Anbieter vor Konkurrenten wie auch die Verbraucher vor Aktivitäten schützen, die unlauter sind, insbesondere vor sittenwidrigen oder irreführenden Werbemaßnahmen.

Um mit allgemein gehaltenen Formulierungen möglichst viele Tatbestände und Lebenssachverhalte zu erfassen, verwendet der Gesetzgeber generalklauselartige Tatbestandsbeschreibungen. So kann der Gesetzeswortlaut von allzu detaillierten Merkmalen freigehalten und die Gefahr ungewollter Einengung des Anwendungsbereiches der Norm gebannt werden.

Auch das UWG ist nicht in der Lage, alle denkbaren Einzelfälle unlauterer, sittenwidriger Werbung oder irreführender Werbeaussagen im Gesetz zu benennen, um sie zu verbieten. Es zeigt in § 3 UWG zu „unlauteren geschäftlichen Handlungen" und in § 5 UWG zu „irreführende geschäftliche Handlungen" Tatbestände mit unterschiedlichen Voraussetzungen und Verboten unlauterer geschäftlicher Handlungen gegenüber Mitbewerbern oder sonstigen Marktteilnehmern oder gegenüber Verbrauchern auf, die mit ihren allgemein gehaltenen Formulierungen alle zu regelnden Sachverhalte, auch solche, die künftig erst aufscheinen, erfassen sollen, soweit sie nicht schon in den Auflistungen der §§ 4, 5 a, 6 und 7 UWG erfasst sind. In einem Anhang zu § 3 Abs. 3 UWG sind zusätzlich 30 typische Sachverhalte unzulässiger geschäftlicher Handlungen zusammengestellt.

7.4.2 Schutzzweck des Gesetzes gegen den unlauteren Wettbewerb (§ 1 UWG)

Zum 29.07.2009 wurde das Gesetz gegen den unlauteren Wettbewerb (UWG) an die Richtlinie 2005/29/EG vom 11.05.2005 über unlautere Geschäftspraktiken im binnenmarktinternen Geschäftsverkehr zwischen Unternehmen und Verbrauchern angepasst.

Die Neufassung hat folgende Regelungstechnik:

- Festlegung der Zweckbestimmung des Gesetzes, § 1 UWG;

- Definitionen zu den im Gesetz verwendeten Rechtsbegriffen wie „geschäftliche Handlung" oder „Marktteilnehmer", § 2 UWG;

- Generalklausel, die das grundsätzliche Verbot unlauterer geschäftlicher Handlungen statuiert, § 3 UWG;

- Katalog von Beispielen unlauterer geschäftlicher Handlungen, § 4 UWG, mit denen die Generalklausel des § 3 UWG konkretisiert wird;

- Definition irreführender geschäftlicher Handlungen, § 5 UWG und der Irreführung durch Unterlassen, § 5 a UWG;

- Definition und Einzeltatbestände vergleichender Werbung, § 6 UWG;

- Begriffsbestimmung und Einzeltatbestände unzumutbarer Belästigung durch Werbemaßnahmen, § 7 UWG;

- Sanktionssystem mit Regelungen zur Beseitigung unzulässiger geschäftlicher Handlungen und zu Unterlassung, Schadenersatz, Gewinnabschöpfung und Verjährung von Ansprüchen aus dem UWG, §§ 8 bis 11 UWG;

- Verfahrensrechtliche Vorschriften insbesondere zur Anspruchsdurchsetzung, Veröffentlichungsbefugnis, sachlichen und örtlichen Gerichtszuständigkeit, Einrichtung von Einigungsstellen, §§ 12 bis 19 UWG;

- „Black List" mit 30 geschäftlichen Handlungen, die gegenüber Verbrauchern stets unzulässig sind, Anhang zu § 3 Abs. 3 UWG.

Der **Schutzzweck des UWG ist in § 1 des Gesetzes** klar beschrieben.

Bezweckt wird, der

- **Schutz der Mitbewerber:** geschützt wird die wettbewerbliche Entfaltungsfreiheit. Das Maß an Schutzbedürftigkeit für den betroffenen Mitbewerber ergibt sich aus einer Abwägung und Bewertung der Interessen des Handelnden, des betroffenen Mitbewerbers und der sonstigen Marktteilnehmer und des Interesses der Allgemeinheit an einem unverfälschten Wettbewerb.

- **Schutz der Verbraucherinnen und der Verbraucher**: geschützt wird die Entscheidungsfreiheit der Verbraucher, sowie die sonstigen Rechte und Rechtsgüter eines Verbrauchers. Es gilt das Verbraucherleitbild des durchschnittlich informierten, aufmerksamen und verständigen Durchschnittsverbrauchers, der das Werbeverhalten mit einer der Situation angemessenen Aufmerksamkeit verfolgt und nicht auf jede reklamehafte Übertreibung hereinfällt.

- **Schutz der sonstigen Marktteilnehmer:** also Schutz aller Personen, die neben Mitbewerbern und Verbrauchern als Anbieter oder Nachfrager von Waren oder Dienstleistungen tätig sind.

- **Schutz der Allgemeinheit:** geschützt wird der Wettbewerb als Institution. Die Allgemeinheit hat ein Interesse an einem unverfälschten Wettbewerb.

Wie der Eingangsfall zeigt, wird mit Mitteln des UWG verhindert, dass Verbraucher durch eine ungenaue und damit irreführende Werbeaussage im Vertrauen auf einen Einkaufsvorteil eine Bestellung tätigen, obwohl es für die Bestellung nicht vorrätiger Waren gar keinen Einkaufsvorteil gibt. Das Verbot einer solchen Werbung ist geeignet, die Verbraucherinteressen zu schützen, schützt aber auch den lauteren Mitbewerber, der nicht in irreführender Weise versucht, Kundenströme in seine Verkaufsläden zu lenken.

Die **Anwendung des UWG** setzt voraus:

- **Vorherige geschäftliche Handlung:** sie zielt vor allem auf die eigene Absatzförderung, aber auch auf das Handeln von Personen, die den Wettbewerb eines fremden Unternehmens fördern wollen, sowie Handlungen im Nachfragewettbewerb.

- **Marktbezogenes geschäftliches Verhalten** eines Unternehmens wird nach den Maßstäben des Lauterkeitsrechts gemessen.

- Vorliegen eines **konkreten Wettbewerbsverhältnisses**: insbesondere zwischen dem Zuwiderhandelnden und dem benachteiligten Unternehmen, entweder weil sie den gleichen Abnehmerkreis bzw. Lieferantenkreis haben oder aber ein Wettbewerbsverhältnis zwischen Unternehmen verschiedener Wirtschaftsstufen besteht.

Beispiel:

> Ein Großhändler beschränkt sich nicht auf seine Wirtschaftsstufe, sondern verkauft seine Ware direkt an Endverbraucher.

Es genügt schon ein mittelbares Wettbewerbsverhältnis. Daher können auch Unternehmen verschiedener Branchen in eine wettbewerbliche Beziehung zueinander treten, ohne dass der Absatz der beiderseitigen ungleichartigen Waren beeinträchtigt wird. Das Wettbewerbsverhältnis wird in diesem Falle durch die konkrete Werbeaussage begründet.

Beispiel:

> Es stellt eine wettbewerbswidrige Behinderung dar, wenn ein Unternehmen für seinen Kaffee als Geschenk mit dem Hinweis „statt Blumen Onko-Kaffee" wirbt.

Der Kommunikationsweg, auf dem die Werbemaßnahme erfolgt, ist gleichgültig. Erfasst sind nicht nur Printmedien, sondern insbesondere auch das wettbewerbsrechtliche Handeln mittels elektronischer Kommunikationsdienste, wie etwa Telefon, Telefax, E-mail, SMS oder die Werbung mittels Internetportalen.

7.4.3   Verbot unlauterer geschäftlicher Handlungen

Nach **§ 3 Abs. 1 UWG** gilt: „Unlautere geschäftliche Handlungen sind unzulässig, wenn sie geeignet sind, die Interessen von Mitbewerbern, Verbrauchern oder sonstigen Marktteilnehmern spürbar zu beeinträchtigen."

Die Generalklausel hat eine Auffangfunktion, falls die Beispielskataloge der §§ 3 Abs. 2, Black List als Anhang zu § 3 Abs. 3 sowie 4, 5, 5 a, 6 und 7 UWG nicht alle relevanten wettbewerbsrechtlichen Sachverhalte erfassen.

Denkbar ist ja ein Marktverhalten außerhalb dieser Beispielstatbestände, das entweder dort nicht erfasst oder neu entwickelt wird. Dies ist insbesondere denkbar, wenn durch Werbemaßnahmen bzw. geschäftliche Handlungen die Menschenwürde verletzt wird. Oder aber es tauchen neuartige Wettbewerbshandlungen auf, für die sich aus den Beispielstatbeständen keine Bewertungsmaßstäbe ableiten lassen.

Mit § 3 Abs. 1 UWG wird aber eine Bagatellgrenze eingezogen. Das UWG greift erst dann ein, wenn unlautere geschäftliche Handlungen die Interessen von Mitbewerbern, Verbrauchern pp. spürbar beeinträchtigen. Es muss also um eine Wettbewerbsmaßnahme von einem gewissen Gewicht für das Wettbewerbsgeschehen und die Interessen der geschützten Personenkreise gehen.

Präzisiert werden die generalklauselartige Beschreibung unlauterer geschäftlicher Handlungen in § 3 Abs. 1 UWG durch die „Black List" im Anhang zu § 3 Abs. 3 UWG. Dort sind insgesamt 30 geschäftliche Handlungen aufgeführt, die gegenüber Verbrauchern stets unzulässig sind,

so z. B.

- die unwahre Angabe, der Unternehmer werde demnächst sein Geschäft aufgeben oder seine Geschäftsräume verlegen;

- die Angabe, durch eine bestimmte Ware oder Dienstleistung ließen sich die Gewinnchancen bei einem Gewinnspiel erhöhen;

- das Angebot einer Ware als „gratis", „umsonst" oder „kostenfrei", wenn hierfür gleichwohl Kosten zu tragen sind;

- die Übermittlung von Werbematerial unter Beifügung einer Zahlungsaufforderung, wenn damit der unzutreffende Eindruck vermittelt wird, die beworbene Ware oder Dienstleistung sei bereits bestellt.

7.4.4 Beispielstatbestände unlauterer geschäftlicher Handlungen

§ 4 UWG zählt Beispielstatbestände auf, die typische Unlauterkeitshandlungen zum Gegenstand haben. So wird die Generalklausel des § 3 UWG präzisiert und eine größere Transparenz geschaffen.

Es handelt sich bei diesen Beispielsfällen nicht um eine abschließende Aufzählung, jedoch haben sie Bindungswirkung, weil ein Rückgriff auf die Generalklausel ausgeschlossen ist, soweit dies mit den in den Beispielstatbeständen niedergelegten Wertungen und Kriterien unvereinbar wäre. Nicht ausgeschlossen hierdurch ist, dass in Zukunft andere, neue, bisher nicht vorhersehbare Unlauterkeitssachverhalte aufkommen, die dann über eine solche Generalklausel des UWG angegriffen werden können.

Ob eine Unlauterkeit im Einzelfall vorliegt, entscheidet sich danach, ob die jeweilige geschäftliche Handlung geeignet ist, die im einzelnen genannten Tatbestandsmerkmale zu erfüllen. Nicht entscheidend ist, ob es tatsächlich zu einer Beeinträchtigung im Einzelfall gekommen ist; es genügt schon die Möglichkeit einer Beeinträchtigung.

§ 4 Ziffer 1 UWG

Hiernach sind solche geschäftlichen Handlungen unlauter, die geeignet sind, die Entscheidungsfreiheit der Verbraucher oder sonstiger Marktteilnehmer durch Ausübung von Druck oder durch sonstigen unsachlichen Einfluss zu beeinträchtigen.

Jede Werbung beinhaltet letzten Endes natürlich eine Einflussnahme. Verboten sind jedoch solche Einflussnahmen auf Kaufinteressenten, die über das normale Maß hinaus gehen und keinen sachlichen Zusammenhang mit dem beworbenen Produkt aufweisen.

Beispiel:

> Es wird eine sogenannte Verkaufsfahrt durchgeführt mit angeblich attraktivem Ausflugsprogramm. Die Werbung richtet sich vor allem an ältere Verbraucher. Die Fahrt endet bei einem Landgasthof, von dem aus ein Wegkommen mit öffentlichen Verkehrsmitteln kaum möglich ist. Im Rahmen der Verkaufsveranstaltung wird den Teilnehmern damit gedroht, sie von der Rückbeförderung auszuschließen, wenn nicht etwas gekauft würde.

Beispiel:

> Ein Spielzeughersteller veranstaltet zur Förderung seines Absatzes ei-
> nen Kindergarten-Malwettbewerb, bei dem die ausgelobten Gewinne
> dem Kindergarten zugutekommen. Die Eltern sehen sich genötigt, ihre
> Kinder an dem Malwettbewerb teilnehmen zu lassen, um dem Vorwurf
> mangelnder Hilfsbereitschaft und fehlender Solidarität mit der Gemein-
> schaft des Kindergartens zu entgehen. Da sich die Kinder aber bei dem
> Wettbewerb intensiv mit den Spielzeugen des Herstellers befassen
> müssen und dementsprechend ihre Eltern nachhaltig zum Kauf gerade
> dieser Figuren anregen, sehen sich die Eltern im Ergebnis dem morali-
> schen Kaufzwang ausgesetzt, gerade die Spielsachen dieses Herstellers
> zu erwerben.

Verboten in diesem Zusammenhang sind alle Werbeaktionen, die auf potentielle Kunden
einen psychischen Kaufzwang ausüben.

Beispiel:

> Die verbilligte/kostenlose Beförderung von Kaufinteressenten zum La-
> denlokal löst einen psychologischen Kaufzwang aus, der den Kaufinte-
> ressenten in seiner Entschlussfreiheit so stark beeinträchtigt, dass er
> meint, anstandshalber sozusagen als Gegenleistung etwas kaufen zu
> müssen. Eine solche Einflussnahme ist wettbewerbswidrig.

Erfasst sind auch die Fälle des „übertriebenen Anlockens".

Wettbewerbswidrig insoweit ist jede Werbung, die die Entschlussfreiheit des Kunden durch
sachfremde Erwägungen beeinflusst, etwa dadurch, dass der Kunde sich mit Blick auf einen
interessanten geldwerten Vorteil zum Vertragsabschluss entschließt. Der Kunde wird durch
den versprochenen Vorteil schon im Vorfeld des Geschäftsabschlusses von einer sachkundi-
gen Prüfung der verschiedenen Angebote nach Qualität und Preiswürdigkeit abgelenkt, wobei der Wettbewerb zum Nachteil der Mitbewerber verfälscht ist.

Beispiel:

> Werbeaussage: „Jeder Kunde, der 10 Gegenstände kauft, nimmt an der
> Verlosung eines Mercedes Cabrio teil".

§ 4 Ziffer 2 UWG

Sodann sind geschäftliche Handlungen unlauter und somit wettbewerbswidrig, die geeignet
sind, geistige oder körperliche Gebrechen, das Alter, die geschäftliche Unerfahrenheit, insbesondere von Kindern und Jugendlichen oder die Leichtgläubigkeit, Angst oder Zwangslage
von Verbrauchern auszunutzen.

Beispiel:

> Bei unbestellten Hausbesuchen oder während einer öffentlichen Frei-
> zeitveranstaltung werden Vertragsabschlüsse getätigt, ohne dass der
> Verbraucher auf sein gesetzliches Widerrufsrecht hingewiesen wird.

Beispiele:

> Werbung mit dem Slogan „Brillanten kontra Inflation" oder mit dem Hinweis „Sie sollten Ihr Geld retten", wodurch der Eindruck erweckt werden soll, der Werbende könne den Umworbenen vor der Inflation schützen.

> Oder: die Werbeaussage für ein Pflegemittel mit dem Hinweis: „Damit Mensch und Natur eine Chance haben", ohne dass diese Werbeaussage näher erläutert und begründet wird.

> Oder: die Werbung für ein „Handbuch für Selbständige oder Unternehmer" unter Verwendung von Briefumschlägen, die einen hervorgehobenen Warnhinweis auf bereits wirtschaftlich gescheiterte Unternehmen enthalten mit der deutlich markierten Frage: „Sind Sie der Nächste?"

§ 4 Ziffer 3 UWG

Getarnte Werbung, die sogenannte Schleichwerbung, ist nicht nur im Recht der elektronischen Medien nach den entsprechenden Rundfunk-Staatsverträgen, sondern auch nach § 4 Ziffer 3 UWG ausdrücklich als unlauter verboten. Wettbewerbswidrig handelt insoweit, wer den Werbecharakter von geschäftlichen Handlungen verschleiert.

Beispiel:

> Verbot der redaktionellen Werbung und Verletzung des Gebotes der Trennung von Werbung und redaktionellem Text, wenn also z. B. in einer Tageszeitung aufwändig über die Neueröffnung eines Einkaufsmarktes berichtet wird ohne kenntlich zu machen, dass die Daten dieses Artikels aus diesem Markt stammen, der den Artikel letztes Endes sogar wie eine Werbeanzeige bezahlt.

> Oder: Briefumfragen bei Verbrauchern, die den Eindruck einer wissenschaftlich fundierten Markt- und Meinungsforschung mit dem Ziel genereller Auswertung erwecken, obwohl es in Wahrheit nur darum geht, die Wünsche bestimmter Verbraucher zu ermitteln, um sie dann gezielt zu umwerben. Die Auftraggeber einer solchen Umfrage verschaffen sich dadurch einen Wettbewerbsvorsprung vor ihren Mitbewerbern, die sich nicht derartiger Praktiken bedienen.

> Oder: Product Placement – also die Erwähnung oder Darstellung von Waren, Dienstleistungen, Unternehmenskennzeichen, Marken, Werbeslogans oder Tätigkeiten eines Unternehmens in einem redaktionell oder künstlerisch gestalteten TV- oder Radiobeitrag, wenn der für den Beitrag Verantwortliche die Absicht hat, für das Unternehmen zu werben und die Allgemeinheit über den eigentlichen Zweck der Erwähnung oder Darstellung irregeführt werden kann.

§ 4 Ziffern 4 und 5 UWG

Unlauter sind Verkaufsförderungsmaßnahmen wie Preisnachlässe, Zugaben oder Geschenke, bei denen die Bedingungen für ihre Inanspruchnahme nicht klar und eindeutig angegeben sind oder Preisausschreiben und Gewinnspiele mit Werbecharakter, bei denen die Teilnahmebedingungen nicht klar und eindeutig gefasst sind. Es gilt also ein absolutes Transparenzgebot. Gerade Gewinnspiele haben eine erhebliche Missbrauchsgefahr deshalb, weil durch eine Werbung mit solchen Maßnahmen die Kaufentscheidung beeinflusst wird, oft jedoch, z. B. bei Kundenbindungssystemen, hohe Hürden für die Inanspruchnahme des versprochenen Vorteils aufgestellt werden.

Beispiel:

> Bei Preisnachlässen in Form eines Gutscheins muss angegeben sein, welchen Erlöswert der Gutschein hat, auf welche Waren- oder Dienstleistungskäufe er sich bezieht, in welchem Zeitraum er eingelöst werden muss. Bei Kundenbindungssystemen muss klar angegeben werden, welchen Wert ein Rechnungsfaktor, wie z. B. „Bonuspunkt", „Bonusmeile" hat.

§ 4 Ziffer 6 UWG

Wettbewerbswidrig sind kaufabhängige Preisausschreiben und Gewinnspiele, wenn die Teilnahme von Verbrauchern an einem Preisausschreiben oder Gewinnspiel von dem Erwerb einer Ware oder der Inanspruchnahme einer Dienstleistung abhängig gemacht wird, sofern nicht das Gewinnspiel oder das Preisausschreiben naturgemäß mit der Ware oder Dienstleistung verbunden ist. Denn die Maßnahme zielt darauf ab, die Spiellust auszunutzen und das Urteil des Verbrauchers an der Werthaltigkeit der Ware oder Dienstleistung zu trüben.

Beispiel:

> Bei einem Gewinnspiel wird darauf hingewiesen, man könne die Gewinnchance deutlich erhöhen, wenn man ein bestimmtes Buch erwerben und bei der Lösung der Gewinnfrage einsetzen würde.

Es besteht ein grundsätzliches Kopplungsverbot. Verboten sind also z. B. Preisausschreiben, bei denen ein Etikett, eine Warenquittung oder ein Teil der Warenverpackung beigefügt werden muss oder aber die Werbeaussage, jeder hundertste Käufer erhalte ein Geschenk. Oder: die Teilnahmekarte für ein Gewinnspiel ist auf der Produktverpackung abgedruckt oder die Gewinnauszahlung wird von einer Bestellung abhängig gemacht.

§ 4 Ziffern 7 und 8 UWG

Unlauter handelt darüber hinaus, wer die Kennzeichen und Waren, die persönlichen oder geschäftlichen Verhältnisses eines Wettbewerbers herabsetzt oder verunglimpft oder über ihn Tatsachen behauptet oder verbreitet, die geeignet sind, den Betrieb des Unternehmens oder dessen Kredit zu schädigen.

Angesprochen sind Geschäftsehrverletzungen, Schmähkritik und „Anschwärzen". Sinn und Zweck solcher – verbotener – geschäftlicher Handlungen ist das subjektiv gefärbte Anpreisen der Vorteile der eigenen Ware oder Leistung verbunden mit unwahren Behauptungen über die Person oder Ware der Konkurrenten.

Vergleichende Werbung ist zwar grundsätzlich zulässig, jedoch nur, wenn sie weder die Waren noch die Dienstleistungen der betroffenen Mitbewerber herabsetzen, noch irreführende Angaben gemacht werden.

Beispiele:

> Verballhornung der Marke Marlboro in „Mordoro" oder der Marke adidas in „adihasch" oder der Marke Deutsche Post in „Deutsche Pest" oder der Marke BMW in „Bums Mal Wieder" oder der Marke Lufthansa in „Lusthansa".

Unlauter ist auch der Vertrieb von Präservativen als Scherzartikel mit dem Aufdruck „Mars macht mobil, bei Sex, Sport und Spiel" bzw. mit dem Aufdruck „Es tut NIVEA als das erste Mal".

Weitere Beispiele:

> Ein Zeitungsverlag behauptet über das Konkurrenzblatt, es tauge nur als „Toilettenpapier" oder ein Sender bezeichnet seinen Konkurrenzsender als „Schmuddelsender", der sich für seine Schmuddelkampagne eines Schmuddelblattes bediene.

§ 4 Ziffer 9 UWG

Ein weiterer Unlauterkeitssachverhalt ist das Ausbeuten fremden Rufs, das sogenannte „Schmarotzen". Der gute Ruf, das Image eines fremden Unternehmens oder einer fremden Ware, Leistung oder Kennzeichnung wird häufig zu Wettbewerbszwecken auszubeuten versucht. Für das gute Image ist wesentlich, dass das Publikum mit dem Unternehmen oder seiner Ware über den bloßen Bekanntheitsgrad hinaus eine eigene Wert- oder Gütevorstellung verbindet. Wer diese Position für sich ausnutzen will, versucht die Vorstellung des Publikums für eine bestimmte Ware auf die eigene Ware zu übertragen und den fremden guten Ruf somit auszubeuten. Das Publikum wird dann entweder über die betriebliche Herkunft einer Ware irre geführt, mit der es eine besondere Gütevorstellung verbindet, oder es wird durch Nachahmung der fremden Ware oder Kennzeichnung der Gefahr der Verwechslung der beiderseitigen Waren ausgesetzt.

So wurde z. B. das Angebot von Billigimitaten einer Rolex-Uhr, damit Käufer bei Dritten „Eindruck schinden" können, als unlauter angesehen. Hier wird zwar nicht der Käufer, wohl aber das Publikum, das bei den Käufern die Uhren-Nachbildungen sieht, zur irrigen Vorstellung über die Echtheit verleitet, was wiederum der Anreiz zum Kauf einer solchen Nachahmung ist.

§ 4 Ziffer 10 UWG

Auch gezielte Behinderungen von Mitbewerbern, sei es durch Preiskampf oder Boykott sind unlauter und verboten. Zwar ist jeder Kaufmann in der Gestaltung und Bemessung seiner Verkaufspreise frei.

Unzulässig ist jedoch die gezielte Unterbietung eines Mitbewerbers alleine in der Absicht, diesen vom Markt zu verdrängen.

Ein solcher Verdrängungswettbewerb ist z. B. zu vermuten, wenn ein Unternehmer ohne sachlichen Grund, etwa ohne dass Liquiditäts- oder Absatzschwierigkeiten vorliegen, seine Ware unter seinem Einstandspreis und gleichzeitig erheblich unter dem üblichen Verkaufspreis abgibt.

Verboten sind sodann Boykottmaßnahmen, die gezielt einen bestimmten Mitbewerber vom Markt verdrängen. Der Boykottierer ruft andere Unternehmen auf, zum Nachteil des Boykottierten diesen vom üblichen Geschäftsverkehr abzukoppeln, etwa beim Warenabsatz, beim Materialnachschub, bei Beförderungsleistungen oder bei Krediten.

In die gleiche Richtung gehen unzulässige Diskriminierungsmaßnahmen. Diskriminierung ist die sachlich nicht gerechtfertigte unterschiedliche Behandlung von Personen im geschäftlichen Verkehr. Die Diskriminierung kann durch den Preis, durch Rabatte oder Konditionen, durch Liefersperren oder Bezugssperren erfolgen.

Die Beeinträchtigung der wettbewerblichen Entfaltungsfreiheit eines Mitbewerbers ist ebenfalls als unlauter verboten:

Beispiel:

> Ein Unternehmer lässt Werbeplakate kleben. Angeblich „versehentlich" werden bei dieser Aktion die Werbeplakate des Mitbewerbers überklebt.

Unlauter sind sodann Auftragsmanipulationen, wenn z. B. an Ärzte ein Software-Programm überlassen wird und dieses Programm automatisch bei Rezepterstellung das vom Arzt eingegebene Original-Arzneimittel nach Betätigen der Eingabetaste durch ein Parallelimport-Produkt ersetzt oder wenn z. B. ein Autobusunternehmer die für einen Mitbewerber eingerichteten Haltestellen kurz vor der fahrplanmäßigen Abfahrt des Busses dieses Mitbewerbers mit einem eigenen Bus anfährt und die dort wartenden Fahrgäste aufnimmt.

§ 4 Ziffer 11 UWG

Unlauter ist schließlich, einer gesetzlichen Vorschrift zuwider zu handeln, die auch dazu bestimmt ist, im Interesse der Marktteilnehmer das Marktverhalten zu regeln.

Beispiel:

> Ein Hotel verschafft sich durch einem nach § 1 Personenbeförderungsgesetz nicht genehmigten Flughafen-Zubringerdienst einen unzulässigen Wettbewerbsvorsprung vor anderen Hotels, die auch Fluggäste be-

herbergen, jedoch wegen des Genehmigungserfordernisses keinen eigenen Zubringerdienst einrichten.

Oder:

Ein Reiseveranstalter kassiert die Reisepreise vor Reiseantritt, ohne gleichzeitig den in § 651 k BGB vorgeschriebenen Sicherungsschein zu übergeben. Er verschafft sich einen Wettbewerbsvorteil dadurch, dass er die Versicherungsprämie für den Sicherungsschein einspart, um so Gelder für zusätzliche Werbemaßnahmen zu haben oder seinen Gewinn zu steigern.

7.4.5   Verbot irreführender geschäftlicher Handlungen und deren Beispielsfälle

Nach § 5 UWG ist verbotener unlauterer Wettbewerb jegliche irreführende geschäftliche Handlung. Es sind hiernach jegliche irreführende Angaben, die ein Gewerbetreibender über geschäftliche Verhältnisse in geschäftlichem Verkehr oder zu Zwecken des Wettbewerbs macht, verboten, die geeignet sind, einen nicht unerheblichen Teil der betroffenen Verkehrskreise über das Angebot irrezuführen und Fehlvorstellungen von mutmaßlicher Bedeutung für die Kaufentscheidung hervorzurufen (§ 5 Abs. 1 UWG).

Die Reichweite dieses Irreführungsverbots orientiert sich am Leitbild eines durchschnittlich informierten und verständigen Verbrauchers, der das Werbegeschehen mit einer der Situation angemessenen Aufmerksamkeit verfolgt und nicht auf jede reklamehafte Übertreibung hereinfällt. Unter Angaben versteht man objektiv nachprüfbare Aussagen mit Worten, Zahlen, Zeichen oder bildlichen Darstellungen, nicht aber reine Werturteile oder bloße reklamehafte Anpreisungen. Auch das Verschweigen einer Tatsache kann irreführend sein.

Solche Werbeaussagen können sich beziehen auf

- Beschaffenheit, Ursprung, Herstellungsart oder Preisbemessung einzelner Waren/ gewerblicher Leistungen oder des gesamten Angebots
- Preislisten
- die Art des Bezugs oder die Bezugsquelle von Waren
- den Besitz von Auszeichnungen
- den Anlass oder den Zweck des Verkaufs
- die Menge der Vorräte.

Keine Angaben in diesem Sinne sind nicht nachprüfbare Anpreisungen, z. B. die Slogans

„Die schönsten Blumen der Welt"

„R-Uhren kaufen Sie am besten bei W – oder kennen Sie eine bessere Adresse?"

„Mutti gibt mir immer das Beste" – Werbespruch für Babybrei

„Das strahlendste Weiß meines Lebens" – Werbespruch für Waschmittel

„Die oder keine" – Werbespruch für Waschmaschine

„Kaffee ohne Koffein gleicht einem Auto ohne Benzin"

„Unzerreißbares Kinderbuch".

Wettbewerbsrechtlich erfasst sind alle Angaben, die sich an eine unbegrenzte Anzahl von Personen richten in allen Erscheinungsformen von Werbung, in welchem Medium auch immer.

Dies können z. B. sein:

Werbeanzeigen, Werbeanschläge, Preislisten, Prospekte, Etiketten, Zeitungen, Geschäftskarten, Anzeigen im Adress- oder Telefonbuch, Homepage im Internet, Werbeankündigungen, Werbefilme, Werbefunksendungen, Leuchtreklame-Werbung, Sandwichmänner, das Aussehen einer Ware oder ihre Aufmachung.

Unlauter war z. B. die lautmalerische Umrahmung einer Rundfunkwerbung für Teigwaren mit Hühnergegacker, das den Eindruck vermittelte, die Nudeln seien unter Verwendung von Frischei hergestellt worden, was aber unzutreffend war. Tatsächlich wurden die Nudeln mit Trockenei hergestellt. Auch die lautmalerische Umrahmung dieser Rundfunkwerbung sollte eine konkrete Information übermitteln, stellte also eine „Angabe" im rechtlichen Sinne dar.

Nach § 5 UWG sind eine große Anzahl typischer Fallgruppen von Werbeaussagen ausdrücklich verboten, so z. B.:

- **Verbotene Werbung mit Selbstverständlichkeiten**, so dass das unkundige Publikum, das die Selbstverständlichkeit nicht erkennt, fälschlicherweise annimmt, die beworbene Ware habe einen Vorzug gegenüber der Konkurrenz (Beispiele: „Bei uns – alle Preise inklusive Mehrwertsteuer", obwohl die Endpreise aller Marktteilnehmer die Mehrwertsteuer enthalten müssen; „Steinhäger – doppelt gebrannt", was bei Steinhäger gesetzlich vorgeschrieben ist; „Nescafé – Reiner Kaffee", weil Kaffee-Extrakt nach der Kaffeeverordnung nur aus gemahlenem reinem Kaffee bestehen darf).

- **Verbotene Alleinstellungswerbung**, wenn das Publikum irriger Weise annimmt, der Betreffende habe für sich alleine eine Spitzenstellung auf dem Markt. So z. B. bei dem Slogan „Die meist gelesene Zeitung", was objektiv nicht stimmt; oder: „R. bietet bessere Produkte", was objektiv unzutreffend ist.

- **Irreführung über die Beschaffenheit**, also über die der Ware oder Leistung innewohnenden tatsächlichen oder rechtlichen Eigenschaften, insbesondere die tatsächliche stoffliche Substanz. Verboten ist die Werbung mit „Natürlichem Mineralwasser", wenn tatsächlich Kohlensäure künstlich zugeführt wurde; von „Apfelsaft", wenn tatsächlich der Saft nicht aus frischen Äpfeln gepresst ist; von „Goldschmuck", wenn dieser nur vergoldet ist; von „Echten Zuchtperlen", da Zuchtperlen keine echten Perlen sind.

- **Irreführung über geografische Herkunft**: die Ursprungsangabe weist auf eine bestimmte geografische Herkunft und auf die natürliche Verbundenheit mit diesem Gebiet hin; sie suggeriert häufig eine bestimmte Warenqualität. Irreführend ist somit die Werbung mit „Schweizer Schokolade", die in Deutschland hergestellt wurde; mit „Steinzeug Serie Westerwald" aus Taiwan; mit „Das echte Eau de Cologne", wenn dieses nicht in Köln hergestellt wurde; mit „Nürnberger Lebkuchen", der nicht in Nürnberg gebacken wurde; eine Bierflasche, auf deren Etikett ein Mönch ein überschäumendes Bierglas erhebt, wenn das Bier tatsächlich nicht aus einer Klosterbrauerei stammt; wenn auf Seifenstücken der Kölner Dom abgebildet ist, die Seife aber nicht aus Köln stammt.

- **Irreführung über Vorratsmenge oder Lieferbarkeit**: „Sofort lieferbar" ist irreführend, wenn das Kfz erst bestellt und dann beim Großhändler abgeholt werden muss; „Solange der Vorrat reicht", wenn die angebotenen Waren erst in Tagen oder Wochen geliefert werden.

- **Irreführung über Verkaufsanlass oder Verkaufszweck**, so z. B. bei „Umständehalber" oder „Gelegenheitskauf", wenn ein normaler Händlerverkauf vorliegt.

Ergebnisse von Warentests

Bei der Werbung mit Warentests ist mindestens anzugeben, wann und durch wen der Test durchgeführt wurde und wo die Ergebnisse des Tests vom Verbraucher eingesehen werden können.

Werbung mit Preisnachlässen

Die Werbung mit Preisnachlässen, die in Wirklichkeit nicht gewährt werden, ist ausdrücklich verboten. Mit dem Slogan „Vorher 100,00 Euro, jetzt nur noch die Hälfte" darf nur geworben werden, wenn vorher auch tatsächlich für diesen Artikel, diese Leistung 100,00 Euro verlangt worden waren – wenn auch nur für eine kurze Zeit.

Wer als Ausgangspreis einen „Mondpreis" angibt, der dann angeblich sensationell gesenkt wird, verstößt gegen das Gebot, dass bei der Werbung mit Preissenkungen der angegebene Ausgangspreis tatsächlich eine angemessene Zeitlang gefordert sein muss, was der Werbetreibende zu beweisen hat.

Warenvorrat für mindestens zwei Tage

Der Kunde wird irregeführt, wenn kein angemessener Warenvorrat für mindestens zwei Tage vorhanden ist. Denn es wird – widerlegbar – vermutet, dass ein angemessener Vorrat in der Regel dann nicht vorliegt, wenn der Vorrat nicht die Nachfrage von zwei Tagen deckt.

Die Angabe „Solange der Vorrat reicht" ist nicht ausreichend, wenn nicht eine angemessene Menge des beworbenen Artikels zur Verfügung steht.

7.4.6 Irreführung durch Unterlassen, § 5 a UWG

Da bei Beurteilung, ob das Verschweigen einer Tatsache irreführend ist, insbesondere deren Bedeutung für die geschäftliche Entscheidung nach der Verkehrsauffassung sowie die Eignung des Verschweigens zur Beeinflussung der Verbraucherentscheidung zu berücksichtigen sind (§ 5 a Abs. 1 UWG), handelt unlauter, wer die Entscheidungsfähigkeit von Verbrauchern dadurch beeinflusst, dass er eine Information vorenthält, die im konkreten Fall unter Berücksichtigung aller Umstände einschließlich der Beschränkungen des Kommunikationsmittels wesentlich ist (§ 5 a Abs. 2 UWG).

Als besonders irreführend wird die Nichtweitergabe von wesentlichen Informationen an den Verbraucher zu dem Zeitpunkt angesehen, zu dem der Verbraucher das jeweilige Geschäft abschließen will und kann. Dabei gelten gem. § 5 a Abs. 3 UWG folgende Informationen als wesentlich, sofern sie sich nicht ohnehin unmittelbar aus den Umständen ergeben:

- alle wesentlichen Merkmale der Ware oder Dienstleistung in angemessenem Umfang,

- die Identität und Anschrift des Unternehmers,

- der Endpreis bzw. der konkrete Weg zur Endpreisberechnung sowie gegebenenfalls alle Liefer- und Zustellkosten bzw. die Tatsache, dass solche zusätzlichen Kosten anfallen können,

- Zahlungs-, Liefer- und Leistungsbedingungen sowie das Verfahren zum Umgang mit Beschwerden,

- das Bestehen von Rücktritts- oder Widerrufsrechten.

7.4.7   Vergleichende Werbung

Gemäß § 6 UWG ist vergleichende Werbung jede Werbung, die unmittelbar oder mittelbar einen Mitbewerber oder die von einem Mitbewerber angebotenen Waren oder Dienstleistungen erkennbar macht (§ 6 Abs. 1 UWG).

Eine solche vergleichende Werbung ist nicht automatisch unlauter, sie wird jedoch unzulässig, wenn der Vergleich sich z. B. nicht objektiv auf eine oder mehrere wesentliche, relevante, nachprüfbare und typische Eigenschaften oder den Preis dieser Waren oder Dienstleistungen bezieht (§ 6 Abs. 2 Ziffer 2 UWG).

In gleicher Weise unlautere vergleichende Werbung liegt gemäß § 6 Abs. 2 Ziffern 1, 3 bis 6 UWG vor, wenn der Vergleich

- sich nicht auf Waren/Dienstleistungen für den gleichen Bedarf oder dieselbe Zweckbestimmung bezieht; es werden „Äpfel mit Birnen" verglichen;

- eine Verwechslungsgefahr hervorruft zwischen dem Werbenden und einem Mitbewerber oder zwischen den von diesen angebotenen Waren/Dienstleistungen oder den von ihnen verwendeten Kennzeichen;

- den Ruf des von einem Mitbewerber verwendeten Kennzeichens in unlauterer Weise ausnutzt oder beeinträchtigt;

- die Waren/Dienstleistungen oder die persönlichen oder geschäftlichen Verhältnisse eines Mitbewerbers herabsetzt oder verunglimpft oder

- eine Ware/Dienstleistung als Imitation oder Nachahmung einer unter einem geschützten Kennzeichen vertriebenen Ware/Dienstleistung darstellt.

Sinn und Zweck der Werbung ist zwar das subjektiv gefärbte Anpreisen der Vorteile der eigenen Ware oder Leistung. Häufig verbindet sich dies jedoch mit einer Bezugnahme auf die Person oder Leistung eines Mitbewerbers. Unwahre oder nicht erweislich wahre Behauptungen über die Person oder Ware des Konkurrenten sind jedoch verboten. Vergleichende Werbung ist zwar grundsätzlich zulässig, jedoch nur, wenn sie weder Waren oder Dienstleistungen der betroffenen Mitbewerber herabsetzt, noch irreführende Angaben enthält.

7.4.8 Unzumutbare Belästigungen, § 7 UWG

Geschäftliche Handlungen, insbesondere Werbemaßnahmen sind verboten, wenn durch sie ein Marktteilnehmer, insbesondere Verbraucher in unzumutbarer Weise belästigt wird. Dies gilt insbesondere für Werbung, obwohl der angesprochene Verbraucher oder sonstige Marktteilnehmer erkennbar diese Werbung nicht wünscht (§ 7 Abs. 1 UWG).

Eine unzumutbare Belästigung ist immer anzunehmen (§ 7 Abs. 2 UWG):

- bei unbestellter Brief- und Briefkasten-Werbung;

- bei „Kalt-Akquise", also der Werbung mit einem Telefonanruf bei einem Verbraucher ohne dessen vorherige ausdrückliche Einwilligung bzw. gegenüber einem sonstigen Marktteilnehmer ohne dessen mutmaßliche Einwilligung. Erfasst werden hier auch sogenannte Lock- oder Pinganrufe, bei denen die Verbindung nach einmaligem Klingeln unterbrochen wird, um den Angerufenen zu einem kostenpflichtigen Rückruf zu veranlassen;

- bei Werbung unter Verwendung einer automatischen Anrufmaschine, eines Faxgerätes oder elektronischer Post ohne ausdrückliche Einwilligung des Adressaten; gerade aufgrund der Kostentragung durch den Beworbenen ist diese Form des Direktmarketings für den Werbenden besonders attraktiv, aber verboten;

- bei Werbung mit einer Nachricht, bei der die Identität des Absenders oder die Adresse des Absenders, in dessen Auftrag die Übermittlung der Nachricht erfolgt, verschleiert oder verheimlicht wird oder keine gültige Adresse vorhanden ist, an die der Empfänger ohne Kosten für ihn eine Aufforderung zur Einstellung solcher Nachrichten richten kann (Verbot anonymer Direktwerbung).

Eine unzumutbare Belästigung gemäß § 7 Abs. 3 UWG wird bei Werbung mittels elektronischer Post nur dann **nicht** angenommen, wenn

- ein Unternehmen im Zusammenhang mit dem Verkauf einer Ware/Dienstleistung vom Kunden dessen e-mail-Adresse erhalten hat;

- der Unternehmer die elektronische Postadresse des Kunden im Zusammenhang mit dem Verkauf eigener ähnlicher Waren/Dienstleistungen erhalten hat und sie nun für die Werbung für ähnliche Waren/Dienstleistungen verwenden darf;

- der Kunde der Verwendung seiner elektronischen Postadresse nicht widersprochen hat;

- der Kunde bei der Erhebung seiner elektronischen Postadresse und bei jeder Verwendung klar und deutlich darauf hingewiesen wird, dass er der Verwendung jederzeit kostenfrei widersprechen kann.

Allerdings ist nicht jede belästigende Werbung unzulässig, sondern nur eine solche, die in vorbeschriebenem Sinne besonders aufdringlich und intensiv ist. So werden Werbebeilagen in Zeitungen, unbestellte Vertreterbesuche, Unterbrechung von TV-Spielfilmen durch sogenannte „Werbeblöcke" oder geschmackloses Werben toleriert.

Wettbewerbswidrig ist eine Werbemaßnahme jedoch immer dann, wenn in die Individualsphäre des Verbrauchers ohne vorherige Einwilligung spürbar eingegriffen wird.

Dies gilt grundsätzlich auch im gewerblichen Bereich oder bei der Ausübung eines selbständigen Berufes. Auch dort sind z. B. unbestellte und unabgesprochene telefonische Anrufe zu Werbezwecken nicht ohne weiteres hinzunehmen, da sie im Hinblick auf die Störung der beruflichen Tätigkeit ebenfalls als belästigend empfunden werden.

7.4.9 Rechtsfolgen unlauterer Werbemaßnahmen oder geschäftlicher Handlungen

Jeder, der im Sinne des Gesetzes unlauter wirbt, kann auf Beseitigung und Unterlassung der Werbemaßnahmen und bei (grundsätzlich immer angenommener) Wiederholungsgefahr auf Unterlassung in Anspruch genommen werden. Der Anspruch auf Unterlassung besteht bereits dann, wenn eine Zuwiderhandlung droht.

Berechtigt zur Geltendmachung solcher Ansprüche ist zunächst jeder Mitbewerber desjenigen, der mit unlauteren Mitteln wirbt. Derartige Verstöße können aber auch von allen Wirtschafts- und Verbraucherverbänden sowie von den Industrie- und Handelskammern bzw. Handwerkskammern aufgegriffen und unterbunden werden (§ 8 UWG).

Handelt der unlauter Werbende vorsätzlich oder fahrlässig, ist er den Mitbewerbern zusätzlich zum Ersatz des daraus entstehenden Schadens verpflichtet (§ 9 UWG).

Schließlich sind die vorgenannten Wirtschafts- und Verbraucherverbände berechtigt, die Herausgabe des Gewinns aus der unlauteren Werbemaßnahme zu verlangen, wenn der Werbetreibende vorsätzlich gehandelt hat und hierdurch auf Kosten einer Vielzahl von Abnehmern ein Gewinn erzielt wurde (§ 10 UWG).

Die Ergebnisse eines solchen Gewinnabschöpfungsverlangens stehen dem Bundeshaushalt zu.

Beispiel:

Planmäßiges Abschöpfen überhöhter Verbindungsgebühren von Mobiltelefonanbietern, missbräuchliche Ausnutzung einer erteilten Abbuchungsermächtigung.

Oder:

Missbräuchliche Verwendung von Tarifen eines Energielieferunternehmens zum Nachteil seiner Kunden, die er qua Abbuchungsermächtigung mit überhöhten Energiekosten belastet.

7.4.10 Strafbare Werbung

Wettbewerbsverstöße sind grundsätzlich mit zivilprozessualen Mitteln zu ahnden. Derartige Streitigkeiten werden vor den Zivilgerichten ausgefochten.

Besonders gefährliche wettbewerbswidrige Verhaltensweisen erfordern jedoch strafrechtliche Sanktionen, wobei regelmäßig schon der Versuch strafbar ist..

Dies gilt zunächst für die **vorsätzlich irreführende Werbung** in öffentlichen Bekanntmachungen oder in Mitteilungen, die für einen größeren Personenkreis bestimmt sind.

Der insoweit Irreführende hat die Absicht, den Anschein eines besonders günstigen Angebots hervorzurufen. Auch wenn bei Vorliegen dieser Voraussetzungen regelmäßig der Tatbestand des Betruges gemäß § 263 StGB erfüllt sein wird, ergibt sich parallel eine Strafbarkeit aus § 16 Abs. 1 UWG. Verstöße gegen § 7 Abs. 1 i. V. m. Abs. 2 Nr. 2 UWG werden als Ordnungswidrigkeit mit Bußgeld bis 50.000,00 € geahndet (§ 20 UWG).

Strafbar ist auch der **geschäftsmäßige Aufbau von sogenannten Schneeball-Systemen**, bei denen Verbraucher zur Abnahme von Waren oder Dienstleistungen durch das Versprechen veranlasst werden, sie würden entweder vom Veranstalter selbst oder von einem Dritten besondere Vorteile erlangen, wenn sie andere zum Abschluss gleichartiger Geschäfte veranlassen, die ihrerseits entsprechende Vorteile erhalten sollen (§ 16 Abs. 2 UWG).

Bestraft wird außerdem, wer als Angestellter eines Unternehmens ein **Geschäfts- oder Betriebsgeheimnis**, das ihm im Rahmen des Dienstverhältnisses anvertraut oder zugänglich gemacht worden ist, unbefugt einem anderen zum Zwecke des Wettbewerbs, aus Eigennutz, zu Gunsten eines Dritten oder in der Absicht, dem Inhaber des Unternehmens Schaden zuzufügen, mitteilt. In gleicher Weise wird bestraft, wer sich derartige Geschäfts- oder Betriebsgeheimnisse, auf welchem Wege auch immer, verschafft und unbefugten Dritten zugänglich macht (§ 17 UWG).

Auch die **Verwertung oder Weitergabe von Zeichnungen, Modellen, Schablonen, Schnitten, Rezepten oder ähnlichem** zu Zwecken des Wettbewerbs oder aus Eigennutz an unbefugte Dritte ist strafbar, wenn diese Vorlagen im geschäftlichen Verkehr anvertraut worden waren (§ 18 UWG).

Wer einen **anderen zum Vertragsbuch verleitet,** macht sich ebenfalls strafbar (§ 19 UWG). Im Verleiten zum Vertragsbruch liegt ein unmittelbarer Angriff auf die wettbewerbliche Betätigung des Mitbewerbers. Hierzu gehören das Abwerben von Beschäftigten wie auch das Abwerben von Kunden.

Das Abwerben von Kunden gehört zwar zum Wesen des Wettbewerbs, da ein Gewerbetreibender seinen Kundenkreis gewöhnlich nur auf Kosten von Mitbewerbern vergrößern kann. Er darf dies auch mit allen lauteren Mitteln tun.

Jedoch können besondere Umstände hinzukommen, die das Abwerben von Kunden als wettbewerbswidrig und auch strafbar erscheinen lassen.

Beispiele:

Wettbewerbswidrig ist es z. B., wenn ein Adressbuchverlag mit Ausschnitten von Inseraten aus dem Adressbuch eines Mitbewerbers dessen Kunden abzuwerben versucht, die irrtümlich glauben, bei der bisherigen Firma zu inserieren.

Oder:

Man verwendet auf unlautere Weise beschaffte Kundenlisten zur Werbung im Kundenkreis des Mitbewerbers.

Aufgaben Kapitel 7:

1. Kommt das Reisevertragsrecht (§§ 651 a bis m BGB) auf alle touristischen Aktivitäten von Verbrauchern zur Anwendung?

2. Wie unmittelbar wirkt eine EU-Richtlinie, z. B. die EG-Pauschalreiserichtlinie, im Rechtssystem von Deutschland? Welches sind die Rechtssetzungsmöglichkeiten der EU und wie wirken sie jeweils im Rechtssystem der EU-Mitgliedsstaaten?

3. Welche Vertragsbeziehungen bestehen typischerweise zwischen einem Reiseveranstalter und einem Reisebüro als seinem Reisemittler; nach welchen gesetzlichen Vorschriften regelt sich dieses Verhältnis?

4. Welche Fallgruppen der schuldhaften Verletzung von Sorgfalts- und Informationspflichten aus dem Geschäftsbesorgungsvertrag zwischen Reisebüro und Reisekunden lassen sich bilden, die zu Schadenersatzansprüchen des Kunden gegen das Reisebüro wegen Verletzung vertraglicher Nebenpflichten führen?

5. Wie lautet die Definition für einen Pauschalreisevertrag im Sinne von § 651 a BGB und wer ist Reiseveranstalter?

6. Gibt es Ausnahmen, bei denen das Pauschalreiserecht entsprechend angewendet wird, ohne dass ein Pauschalreisevertrag im Sinne vorstehender Definition vorliegt?

7. Welche Funktion und rechtliche Stellung hat das Reisebüro bei der Vermittlung von Pauschalreisen?

8. Wenn ein Anmelder für eine Mehrheit von Personen „bucht": Wer wird Vertragspartner des Reiseveranstalters?

9. Die Verordnung über die Informations- und Nachweispflichten von Reiseveranstaltern unterscheidet vier Phasen der Informationsvermittlung an den Reisenden: Welche sind dies?

10. Was sind Allgemeine Reisebedingungen und wie werden sie zum Gegenstand des Reisevertrages gemacht?

11. Wann liegt ein Reisemangel vor?

12. Woraus ergibt sich der konkrete Inhalt des Reisevertrages?

13. Nennen Sie die Gewährleistungs- und Schadenersatzansprüche des Reisenden bei einfachen und bei erheblichen Reisemängeln.

14. Kommt es für die Geltendmachung von Mängelgewährleistungsansprüchen auf die Frage an, ob der Reiseveranstalter etwas für die Mangelsituation kann?

15. Welche Konsequenzen hat es, wenn der Reisende versäumt, während der Reise Mängel anzuzeigen und Abhilfe zu verlangen?

16. Kann der Reisende bei eingetretenen Schäden neben den reiserechtlichen Ansprüchen auch sonstige Schadenersatzansprüche geltend machen?

17. Was versteht man unter höherer Gewalt?

18. Wer muss das Risiko der eigenen Insolvenz dem Reisenden gegenüber absichern?

19. R. bucht einen Safari- und Jagdurlaub. Kurz vor der Abreise erfährt er, dass im vorgesehenen Jagdgebiet infolge langer Trockenheit die Tiere sich verzogen haben. Muss R. trotzdem reisen oder was hat er für rechtliche Möglichkeiten?

20. R. hat eine Flugreise nach Portugal gebucht; Gegenstand des Reisevertrages ist auch der Zubringerflug von Hamburg nach Frankfurt, von wo aus dann der eigentliche Flug nach Portugal startet. Nach der Planung der Flugverläufe des Reiseveranstalters hat R. eine halbe Stunde Zeit, um in Frankfurt von einer Maschine zur anderen zu kommen. R. verpasst die Maschine nach Portugal, weil er in dem Menschengewühl am Frankfurter Flughafen es nicht schafft, rechtzeitig zum Abfertigungsschalter des Fluges nach Portugal zu kommen. R. fliegt mit Linie hinterher und macht die Zusatzkosten gegenüber dem Reiseveranstalter geltend – mit Recht?

21. R bucht eine Badereise ans Schwarze Meer. Kurz vor Reisebeginn ereignet sich der Reaktorunfall in Tschernobyl. R. möchte nun den Reisevertrag kündigen, fürchtet aber, sehr hohe Stornogebühren zahlen zu müssen, weil der Reisebeginn kurz bevorsteht. Ist die Befürchtung berechtigt?

22. R. hat eine Reise gebucht, wird jedoch vier Wochen vor Reisebeginn krank. Es handelt sich um einen Badeurlaub in Spanien. Sein gleichaltriger Kollege erklärt sich bereit, statt des R. die Reise anzutreten, damit R. die Reise nicht gebührenpflichtig stornieren muss. R. erklärt dem Reiseveranstalter, dass sein Kollege statt seiner die Reise antreten will und bereit ist, den Reisepreis zu zahlen. Der Reiseveranstalter akzeptiert den Vorschlag nicht, wertet die Erklärung des R. als Stornierungserklärung im Sinne von § 651 i BGB und erhebt eine Stornoforderung von 60 % des Reisepreises. Muss R. zahlen?

23. R. hat einen Hotel- und Badeurlaub auf Barbados gebucht. Bei seiner Ankunft erfährt er, dass sein gebuchtes Hotel ausgebucht ist. Auch im gebuchten Urlaubsort ist keine Ersatzunterkunft verfügbar; jedoch bietet ihm der Reiseveranstalter ein Hotel gleicher Ausstattung in etwa 40 km Entfernung vom ursprünglichen Urlaubsort an, wenn auch etwas abseits vom Badestrand. R. ist wütend. Er reist sofort wieder zurück und macht reisevertragliche Ansprüche geltend. Welche? Mit Recht?

24. R. macht mit seiner Freundin eine Kreuzfahrt durch die Karibik auf einem Luxus-Kreuzfahrtschiff. Es herrscht Hochsaison; das Schiff ist ausgebucht. Leider wird der Kreuzfahrtgenuss unter karibischer Sonne dadurch empfindlich gestört, dass sich das in der Nachbarkabine befindliche ältere Ehepaar zu jeder denkbaren Tages- und auch Nachtzeit lautstark streitet. Auch Einrichtungsgegenstände gehen das eine oder andere Mal zu Bruch. Da die Kabinenwände eher dünn sind, werden R. und seine Begleiterin unfreiwillig in das Geschehen akustisch einbezogen. R. und seine Begleiterin fühlen sich

empfindlich gestört. Haben sie – wenn ja, welche – Ansprüche gegen den Reiseveranstalter?

25. R., der eine heftige Abneigung gegen Ungeziefer jeglicher Art hegt und beim Anblick von Ungeziefer heftige Ekelgefühle hat, begibt sich auf Fotosafari nach Kenia. Die Reise an sich ist wunderbar, die Wildtiere bereit, sich fotografieren zu lassen. Der Urlaubsgenuß des R. ist jedoch dadurch empfindlich gestört, dass die Bungalows, die ihm im Verlaufe der Safari zugewiesen werden, regelmäßig auch von kleinen Gekkos bewohnt werden, die eigentlich friedlich an der Außen-Hauswand „kleben", um Fliegen zu jagen. R. erkennt sofort „Ungeziefer", empfindet Ekelgefühle und reklamiert bei der Reiseleitung. Die Reiseleitung bemüht sich das eine um das andere Mal, die Gekkos zu verjagen, jedoch mit wenig Erfolg, weil diese dazu neigen, immer wieder zurückzukommen. R. setzt die Safari bis zu Ende fort, nicht ohne nach Rückkehr zu Hause unverzüglich erhebliche Minderungsansprüche und Ansprüche wegen entgangener Urlaubsfreude geltend zu machen – mit Recht?

26. R. bucht einen Badeurlaub auf Sri Lanka. Am Urlaubsort angekommen, plagt ihn nach einigen Tagen die Langeweile, so dass er über seinen Reiseveranstalter bzw. dessen örtliche Reiseleitung einen mehrtägigen Ausflug ins Hinterland von Sri Lanka bucht, um die dortigen Sehenswürdigkeiten zu besichtigen. Der Reiseveranstalter tritt deutlich erkennbar als Vermittlungsagentur des Ausflugsunternehmens auf. Leider ereignet sich am zweiten Tag des Ausflugs ein schwerer Verkehrsunfall mit dem Ausflugsbus, in dem R. sitzt. R. erleidet erhebliche Körperverletzungen, muss stationär behandelt werden, bricht seinen Urlaub ab und fliegt vorzeitig nach Hause zurück. Zu Hause macht er fristgerecht Schadenersatzansprüche gegen den Reiseveranstalter geltend. Besteht eine Haftpflicht?

27. Was ist eine Generalklausel?

28. Welche unterschiedlichen Regelungsziele haben einerseits kartellrechtliche Vorschriften (GWB), andererseits wettbewerbsrechtliche Vorschriften (UWG)?

29. Welche Schutzzwecke hat die Generalklausel des § 1 UWG?

30. Was ist der Regelungsgehalt von § 3 UWG?

31. Ein Busunternehmen wirbt für eine „4 ½ Tage-Fahrt nach Berlin", die am ersten Tag um 23.00 Uhr mit der Abfahrt beginnt und am „5." Tag spät abends mit der Rückkunft enden soll: also eigentlich nur 4 Tage und 1 Stunde (nämlich die des Abfahrttages). Unter welchem Gesichtspunkt ist diese Werbung unzulässig?

32. Ein pharmazeutisches Unternehmen wirbt in Zeitungsanzeigen mit dem Arzneimittel „X" und dem Text „Bei Kopfschmerzen und Zahnschmerzen, Monatsbeschwerden, Kater; bewährt auch bei Erkältung und Grippe". Das werbende Unternehmen macht nicht deutlich, dass das Arzneimittel nicht gegen die eigentliche „Grippe", sondern allenfalls gegen die sogenannten grippalen Infekte eingesetzt werden kann. Nach welchen Vorschriften unzulässig?

33. Ein Buchclub verfasste Anschreiben, durch die vermeintlich geworbene neue Mitglieder zur Bestätigung ihres Beitritts aufgefordert werden. Mit den Worten „Letzte Auftragsbe-

stätigung" werden auch Adressaten angeschrieben, die tatsächlich eine Beitrittserklärung nie abgegeben haben. Unter welchem Gesichtspunkt ist die Werbung verboten?

34. Ein Fachgeschäft für Heimwerkerartikel wirbt in Anzeigen für kostenlose Bastelkurse, die im eigenen Geschäftslokal veranstaltet werden sollen. Gleichzeitig weist das Unternehmen in seiner Werbung darauf hin, dass die Bastelarbeiten kostenlos mit nach Hause genommen werden dürfen, obwohl sie von den Kursteilnehmern aus Material angefertigt werden, welches das Fachgeschäft zur Verfügung stellt. Unter welchem Gesichtspunkt ist die Werbung unzulässig?

8. Projekt-Management

Das immer rasanter wirkende Entwicklungstempo in der modernen Gesellschaft und hier besonders die komplexen Auswirkungen durch eine immer effektivere Marketing-Management-Tätigkeit verdeutlichen, dass so genannte traditionelle Organisationsformen in diesem Prozess für die Realisierung der Aufgaben in einem modernen Unternehmen nicht mehr ausreichen.

Bedeutende, aber auch scheinbar weniger bedeutende Aufgaben lassen sich gemeinsam, d. h., in gemeinsamer Projekttätigkeit oftmals effektiver bearbeiten und somit lösen.

Möglichkeiten, die sich aus dieser Gemeinsamkeit ergeben, zeigen sich nicht selten auch darin,

- schnell auf sich ergebende Chancen und Bedrohungen am Markt zu reagieren und

- Probleme über Abteilungsgrenzen hinaus zu lösen.

> **„Klammere dich nicht ans Problem, wenn du die Lösung suchst."**
>
> (Graf Fito)

Darüber hinaus kann es durch ein systematisches Projekt-Management zu positiven Effekten in der Personalentwicklung und Motivation bei den Mitarbeitern im Unternehmen kommen.

Bedauerlicherweise werden diese Chancen von einigen Unternehmen und Organisationen noch unzureichend wahrgenommen, sodass es immer noch zu Defiziten in diesem Zusammenhang kommt, wie folgende Beispiele deutlich machen:

- Bei der Auswahl der Projektthemen wird nicht systematisch vorgegangen, klare Vorgaben hinsichtlich notwendiger Kriterien gibt es kaum oder gar nicht.

- Oft werden Projekte ohne einen konkreten Projektauftrag begonnen, Prioritäten werden nicht gesetzt, von einem Projektportfolio ganz zu schweigen.

- Das Management bzw. der Auftraggeber lässt sich nicht regelmäßig über den Projektfortschritt berichten.

- Festgelegte Meilensteine als verbindliche Ergebnisse für die Zwischenabrechnung des Projektauftrags gibt es nicht.

- Der Projektleiter trägt nur Verantwortung für die Realisierung der Aufgaben, verfügt aber über keinerlei Befugnisse.

- Das Projektteam wird auf „Zuruf" zusammengestellt, jedoch nicht von der täglichen Arbeit in ihren Funktionsbereichen entlastet.

- Der Projektverantwortliche und die Mitglieder des Projektteams verfügen nicht ausreichend über Kenntnisse in der modernen Projektarbeit.

- Für die Abwicklung eines Projektauftrags gibt es im Unternehmen keine internen Richtlinien und Standards bzw. Regeln.

- Es fehlt ausnahmslos die Unterstützung hinsichtlich der Nutzung und Anwendung moderner Methoden, Mittel und Techniken.

Um zu einer wirklich effektiven Projektarbeit zu kommen, sollte im Unternehmen zunächst allgemein Antworten auf solche Fragen gefunden werden, wie

- Warum und wozu wird Projekt-Management im Unternehmen eigentlich gebraucht?

- Was versteht man unter Projekt-Management?

- Was ist eigentlich das Besondere am Projekt-Management?

- Was sind die Besonderheiten im Rahmen der zu lösenden Aufgaben im Projekt-Management?

- Welche Ziele werden mit dem Projekt-Management verfolgt usw.?

Hierzu einige mögliche Antworten:

„Projekte sind Sonderaufgaben oder Vorhaben, die durch Neuartigkeit bzw. eine gewisse Einmaligkeit bestimmt werden."

„Unter Projekt-Management im Unternehmen sind alle organisatorischen Verfahren und Techniken zu verstehen, die mit der erfolgreichen Realisierung eines Projekts verbunden sind."

„Projekte sind unter zeitlichen, sachlichen, räumlichen und sehr komplexen Gesichtspunkten zu realisieren und in diesem Zusammenhang oft mit einem nicht geringen Risiko behaftet."

Im Projekt-Management sind Aufgaben zu bewältigen, die in der Regel weder mit Routineabläufen zu tun haben, noch nach einem vergleichbaren Problem zu lösen sind."

„Mit jedem Projekt werden spezielle Ziele verfolgt, die sich aus den konkreten Konstanten des Projektauftrags zu Kosten, Terminen und Qualitäten ergeben, dies wird auch als das magische Dreieck im Projekt-Management betrachtet."

Aus diesen allgemeinen Antworten lassen sich nun konkrete Aufgaben ableiten. So z. B. wird deutlich, dass eine effektive Realisierung von Projektaufträgen ein spezielles Führungskonzept notwendig macht. Geht es im Kern doch darum, mit Hilfe dieses Führungskonzepts den Projektauftrag zum Erfolg zu führen.

Denn durch das Projektmanagement werden im Rahmen der Gestaltung seiner speziellen Projektmanagementprozesse und seiner projektspezifischen Eigenschaften (z. B. Einmaligkeit, zeitliche Begrenzung, Stakeholderorientierung) in der Projektrealisierung im Wesentlichen die in der folgenden Übersicht dargestellten Tätigkeits- und Wissensbereiche abgedeckt.

Tätigkeitsbereiche/ Wissensbereiche	Erläuterungen
Integrationsmanagement	Hierbei werden die verschiedenen Elemente eines Projektes durch Einhaltung von Projektmanagement-Standards koordiniert.
Inhalts- und Umfangmanagement	Es sorgt dafür, dass die gesetzten Projektziele erreicht werden. Darüber hinaus ist es dafür verantwortlich, bei notwendig werdenden Abweichungen von den ursprünglichen Zielen, die im Projektverlauf auftreten können, in das Projekt einzusteuern oder Neuplanungen diesbezüglich zu veranlassen.
Terminmanagement	Ist auf die Einhaltung des gesamten Zeitrahmens gerichtet.
Kostenmanagement	Ist auf die Einhaltung des geplanten Budgets gerichtet, den Verlauf der Kosten mit Hilfe der Projektkosten-rechnung.
Qualitätsmanagement	Umfasst die Standardisierung von Projektmanagement-Prozessen, Dokumentation der Arbeiten und Ergebnisse und Maßnahmen.
Personalmanagement	Beschäftigt sich mit der effizienten Zuordnung der Ressourcen nach Kompetenzen und verfügbaren Kapazitäten bezogen auf die Projektaufgaben und auf die Projektteamentwicklung.
Kommunikationsmanagement	Bezieht sich auf die positive Gestaltung der Kommu-nikationsbeziehungen im Rahmen der Projektreali-sierung und schließt dabei alle Beteiligte und Betroffene mit ein. Nimmt oft bis zu 50 % der Projektarbeit in Anspruch.
Risikomanagement	Beschäftigt sich mit den Risikoanalysen, präventiven Maßnahmen und Konzepte für den Notfall.
Beschaffungsmanagement	Orientiert auf die Zusammenarbeit und Integration mit am Projekt beteiligten Partnern und Lieferanten.

8.1 Kennzeichnung des Projektmanagements

„**Projektmanagement definiert sich endsprechend DIN 69901 als die Gesamtheit von Führungsaufgaben, Organisations-Maßnahmen, Techniken und Mittel, die für die Abwicklung eines Projekts notwendig werden.**"

Der Grad der „Komplexität", der „Dringlichkeit", der „Neuheit" und nicht zuletzt der häufig erhöhte Grad des „Risikos" im Rahmen der Projektrealisierung macht es unbedingt erforderlich, sich intensiv mit Kenntnissen zur Projektarbeit als Methode auseinander zu setzen.

Das gilt nicht nur für die Projektverantwortlichen, sondern auch und vor allem für die an der Realisierung des Projektauftrags beteiligten Mitarbeiter, Spezialisten aus allen Funktionsbereichen.

Denn mit der Projektrealisierung können einzelne, in der Regel jedoch mehrere Personen (Spezialisten) befasst sein.

Im Zusammenhang mit der Nutzung der Instrumente bzw. Werkzeuge im Projekt-Management reichen diese von einfach bis hin zu komplex strukturierten Organisationsformen, z. B. extra für diesen Zweck gebildete Projektteams im Unternehmen bzw. außerhalb des Unternehmens oder extra für diesen Zweck erarbeitete Projekt-Managementsoftware.

Dies gilt auch und im besonderen Maße für den touristischen Marketing-Management-Prozess, geht es doch bei der Realisierung aller Projekte im Kern darum, den Auftraggeber bzw. Kunden ein unwiderstehliches Angebot an Leistungen und Produkten nicht nur zu bieten, sondern auch zu garantieren.

Das bedeutet unter anderem:

- Sich permanent der Entwicklung neuer Produkt- und Leistungsideen zu stellen.

- Noch schneller als bisher bereit zu sein, auf Veränderungen am Markt oder seiner Segmente zu reagieren.

- Und sich, wenn nötig, zu ständigen Innovationen zu zwingen.

Was macht die Realisierung einer Aufgabenstellung eigentlich zum Projekt?

Von Projekten sollte erst dann gesprochen werden, wenn bestimmte Merkmale erkennbar sind, und zwar wenn:

- Aufgabenstellung im Sinne ihrer Realisierung „Einmaligkeit" verdeutlicht,

- ein konkretes Ziel mit Zielvorgabe definiert ist,

- zeitliche, finanzielle und personelle Rahmenbedingungen gestellt sind

- eine klare Abgrenzung zu anderen Vorhaben erkennbar wird,

- eine projektspezifische Organisation erarbeitet worden ist und

- die Realisierung des Projektauftrags „Komplexität" dcutlicht macht.

Durch die Berücksichtigung der Projektemerkmale wird es den Projektverantwortlichen bzw. den Projektteammitgliedern möglich, ein stets anhängendes Risiko realistisch zu betrachten und einzuschätzen.

Darüber hinaus wird es möglich, im Rahmen der Projektorganisation alle notwendigen organisatorischen Schritte zu erfassen und vorzunehmen, z. B. durch:

- klare Strukturierung der komplexen Aufgabe,

- klare Gliedrung hinsichtlich Überschaubarkeit und Handhabbarkeit der Aufgaben,

- Abstimmung der einzelnen Funktiuonsbereiche, der Spezialisten,

- klare Bestimmung der Ergebnisse, der Qualitäten bezüglich des Projektuaftrags.

- zeitliche Festlegungen zur Realisierung des Projekts.

- Bestimmung der Kosten zu Festlegung des Budgets.

Dass heißt auch:

(1) Für die Projektorganisation sind generell noch weitere Aufgaben auszuarbeiten, so z. B.:

- **Projektprämissen** (der Projektleitung und dem Projektteam werden im Projket-auftrag alle projektrelevanten Anforderungen vorgegeben.)

- **Projektplanung** (sie um fasst die unmittelbare Planung des Personals, der Termine, der benötigten Sachmittel, der Kosten für das jeweilige Projekt usw.)

- **Projektdesign** (hierzu gehören die Gestaltung des Projektablaufs ebenso wie die Einbindung des jeweiligen Projekts in die Aufbauorganisation sowie die Stellung von Projektleiter und Projektteam.)

(2) In der Projektorganisation werden alle Maßnahmen, Schritte zusammengefasst und dann als Ziele formuliert, die sich für die Realisierung des konkreten Projektauftrags dafür eignen, z. B.:

- Spezifische Produkt- und Leistungsziele, oder

- Termin- und Kostenziele.

Dabei gelten folgende grundsätzliche Bedingungen:

- Alle Ziel müssen vollständig definiert sein, d. h., sie sind klar, eindeutig und prägnant zu beschreiben und zu formulieren.

- Alle Ziele müssen messbar sein, um festzustellen, ob sie erreicht wurden.

- Einzelne Ziele dürfen sich nicht widersprechen.

- Zielerreichung muss eindeutig terminiert sein.

(3) Um in einem Unternehmen ein effektives Projektmanagement zu verankern und zu gewährleisten, sind entsprechende Rahmenbedingungen und vor allem Spielregeln notwendig:

Folgende Übersicht gibt dafür einige Beispiele:

Bereich	Erläuterungen
Organisation	Organisatorische Verankerung, Zuordnung des Projektmanagements im Unternehmen muss eindeutig geklärt werden, so z. B.: • Beschreibung von klaren Rollen, Kompetenzen, Verantwortlichkeiten, Befugnissen. • Einrichtung einer zentralen Organisationseinheit im Unternehmen für das Projektmanagement, wie Project Management Office; Project Competence Center usw.
Methodik	Auswahl, Festlegung, Definition von z. B.: • Standards • Instrumenten • Methoden • Richtlinien und • Prozessen, die in der Projektrealisierung zur Anwendung kommen sollen. Die Methodik wird in der Regel für die jeweilige Organisation festegelegt und in einem Produkthandbuch dokumentiert.
Qualifizierung	In diesem Bereich geht es darum, • Führungskräfte • Projektleiter • Projektmitarbeiter auf ihre Rollen im Rahmen der Projekttätigkeit durch entsprechende Qualifizierungsmaßnahmen vorzubereiten. Qualifizierungsmöglichkeiten können sein: • Training-on-the-Job • Projekt Coaching
Software	Hierbei geht um das Schaffen IT gestützter Strukturen, um beispielsweise einen effizienten Informations- und Kommunikationsfluss während der gesamten Projektrealisierung zu gewährleisten und darum, die Projektplanung und Projektsteuerung über den gesamten Projektverlauf zu unterstützen.

8.2 Projektphasen

Jede Projektrealisierung verläuft in der Regel anders. Trotzdem oder gerade deshalb ist es sinnvoll, anhand eines bestimmten Algorithmus den grundsätzlichen Ablauf eines Projektes darzustellen. Hat man sich dazu entschieden, spricht man von einem Projektphasenmodell.

Das Projektphasenmodell wird in der Anwendung zu einer standardisierten Darstellung des gesamten Projektverlaufs, in dem die einzelnen Projektphasen in zeitliche Abschnitte gegliedert werden und sich gegenüber den anderen Projektabschnitten sachlich abgrenzen. So ist man unter anderem ständig in der Lage, sich zu jeder Zeit über den Projektablauf zu informieren.

Im Rahmen der Gestaltung der Projektphasen kommt es besonders darauf an, dass die einzelnen Projektphasen genau

- benannt werden,

- überschaubare und somit klar abgerenzte Aufgaben enthalten

- angestrebte Ergebnisse eindeutig definiert und

- im Projektteam unmissverständlich abgeklärt werden.

Sind all diese Voraussetzungen erfüllt, ergeben sich folgende Vorteile in der Arbeit mit dem Projektphasenmodell:

- Durch die Gestaltung von Projektphasen können Entscheidungsmöglichkeiten für zunächst unüberschaubare Aufgaben geschaffen werden.

- Die anstehenden Aufgaben können konkret aufgeteilt und dann realisiert werden.

- Bei Teillösungen wird es im Hinblick auf das Gesamtziel möglich, sie schnell und ohne großen Aufwand in die Gesamtaufgabenstellung zu integrieren.

- Die Projektkontrolle wird erleichtert.

- Durch die konkrete Planung der Projektphasen kann das Risiko minimiert werden.

- Durch die Gestaltung von Projektphasen ist ein systematisches Vorgehen möglich, dass heißt, anstehende Probleme werden schnell erkannt, über mögliche Lösungen kann schnell nachgedacht und die besten Lösungen können schnell umgesetzt werden.

Folgende Übersicht beschreibt ein allgemeines Projektphasenmodell mit den notwendigen Arbeitsschritten:

Bezeichnung der Phasen	Inhaltliche Erläuterungen
Phase 1: Projektdefinition	• Projektanalyse (Welche Probleme, welche Potentiale müssen betrachtet werden?) • Welche Ziele sollen geklärt werden? (Inhalte, Kosten, Ausmaß der Ziele, zeitliche Aspekte usw.) • Ergänzung genannter Aussagen durch Machbarkeitsstudie.
Phase 2: Projektplanung	• Organisation des Projektteams • Festlegen von Aufgabenpläne, Ablaufpläne, Terminpläne, Kostenpläne, Kapazitätspläne, Kommunikationspläne • Qualitätsplanung • Meilensteine setzen • Risikomanagement
Phase 3: Projektdurchführung, Projektkontrolle	• Kontrolle des Projektfortschritts und Reaktion auf projektstörende Einflüsse, die sich im Prozess der Projektdurchführung ergeben • Eventuelle Abweichungen führen dann zu Planungsänderungen und Korrekturen.
Phase 4: Projektabschluss	• Ergebnisse werden dokumentiert, präsentiert und dem Auftraggeber übergeben. • Projektteam wird entlastet.

(vgl. Dettmer, H.; Hausmann, Th.; Kloss, I. [Hrsg.]: Gästemarketing, Hamburg 2008, S. 313)

8.2.1 Projektdefinition

Die Projektdefinitionsphase dient der Vorbereitung eines Projekts und schafft so die Voraussetzung für eine erfolgreiche Projektrealiserung. Alle am Projekt Beteiligte setzen sich z. B. im Rahmen eines "Kick-Off-Meetings" aktiv mit der Projektidee auseinander, lernen sich kennen, erfahren die Spielregeln der Zusammenarbeit und werden über ihre Rollen informiert. Ist im Vorfeld die Projektleitung nicht bestimmt worden, sollte dies jetzt geschehen.

Dabei werden die Ziel- und die Rahmenbedingungen geklärt, Vorgaben für die nachfolgende Projektkplanung werden erarbeitet.

Mit einer sorgfältigen Projektdefinition wird somit die Vorraussetzung für einen erfolgreichen Projektverlauf geschaffen. Treten in dieser Phase bereits Fehler auf, ziehen sie sich in der Regel durch den gesamten Projektverlauf und führen nicht selten zum Scheitern des Projekts.

Zur Projektdefinition gehören folgende Arbeitsschritte:

Schritt 1: „Gründung des Projekts"

- Am Anfang eines jeden Projekts steht immer der Projektantrag. In ihm werden alle revanten Angaben zum Projektauftrag wie Aufgabenbeschreibung, Termin- und Kostenziele sowie die Verantwortlichkeiten festgeschrieben.

- Mit der Bestätigung und Verabschiedung durch den Projektauftraggeber wird der Projeketantrag zu einem offiziellen Dokument, nämlich zum Projektauftrag.

- Inhaltliche Schwerpunkte des Projektauftrags sind:

  - Beschreibung des genauen Projektthemas, der konkreten Aufgaben?

  - Festlegungen der generellen Projektziele wie Sinn, Hintergründe, Bedeutung für das Unternehmen, Erreichbarkeit hinsichtlich Qualität und Quantität.

  - Festlegungen zu Projektverantwortlichkeit wie Projektleiter bzw. Projektteam.

  - Festlegungen zu den zu erarbeitenden Ergebnissen.

  - Festlegungen zu den Projektkosten, zum verfügbaren Budget.

  - Festlegungen zum zeitlichen Ablauf wie Beginn und Abschluss des Projekts bzw. zu den Meilensteinen.

  - Festlegungen zu eventuellen sonstigen Rahmenbedingungen.

  - Festlegungen zur Dokumentation und Präsentation der Projektergebnisse.

  - Unterschrift: Auftraggeber, Projektleiter

Schritt 2: „Definition des Projektziels"

In diesem Schritt wird nun das Projektziel eindeutig und konkret definiert, dass heißt, gemeinsam mit dem Projektauftrageber werden aufeinander aufbauend

- ein Anforderungkatalog,

- ein Pflichtenheft und

- eine Beschreibung der Leistungen erarbeitet.

Zu diesem Schritt gehört es ebenfalls, für eventuell notwendig werdende Änderungen bzw. Aktualisierungen, die im Projektverlauf auftreten können, Wege und Methoden festzulegen, um diese möglichen Änderungen bzw. Aktualisierungen nicht nur zu berücksichtigen, sondern um sie bei Notwendigkeit vor allem auch einarbeiten zu können.

Schritt 3: „Organisation des Projekts"

- Es werden die organisatorischen Voraussetzungen für die Projektrealisierung geschaffen. Projektverantwortliche, Projektmitglieder, aber auch beteiligte Gremien werden ernannt und deren notwendige Kompetenzen und Befugnisse bestimmt.

- Es wird die passende Projektorganisation ausgewählt und festgelegt, z. B. Linien, Stablinien-, Martix-Projektorganisation bzw. Task-Force.

- In diesem Zusammenhang sei angemerkt, dass die Matrix-Projektorganisation sehr häufig genutzt wird, da die begrenzten personellen Resourcen eines Unternehmens nur höchst selten eine andere Organisationsform zulassen.

- Abschließend erfolgt die Festlegung aller Maßnahmen für die Ablauforganisation zur Bestimmung der einzelnen Entwicklungsetappen, z. B. „Pflichtmeilensteine".

8.2.2 Projektplanung

Werden mit der Projektdefinition die Voraussetzungen für eine erfolgreiche Projektgestaltung geschaffen, so wird die Projektplanung zu einer wichtigen Hauptaufgabe im gesamten Projektvorhaben. Die Projektplanung begleitet zugleich auch immer die Projektdurchführung, dass heißt, sie wird durch ihre Planungsansätze, ihre einzelnen Maßnahmen, zum eigentlichen Qualitätsparameter der Projektdurchführung.

Darüber hinaus hat sie in diesem Zusammenhang unter anderem auch die Aufgabe, bei nicht mehr kompensierbaren Planabweichungen mit entsprechden Um- und/oder Neuplanungen zu reagieren.

Das Vorgehen in der Planungsphase hängt stets von der Art und der Größe eines Projektes ab. Gemeinsam ist ihnen jedoch in der Planungsphase eines, nämlich:

Zu Beginn gilt es, auf folgende allgemeine Fragestellungen die richtigen Antworten zu finden, die im Rahmen aller näheren Betrachtungen hinsichtlich der Planungsansätze konkret beantwortet werden müssen.

- Was soll getan werden?

- Wie soll es getan werden?

- Wann soll es getan werden?

Sind die entsprecheden Antworten gefunden, wendet man sich nun den **Planungsansätzen** in der Projektplanung zu.

Folgende Planungsansätze haben sich bewährt.

8.2.2.1 Projektstrukturplanung

Je komplexer die Aufgabenstellung ist, desto wichtiger wird es, alle Projektabläufe festzulegen und dabei noch Übersicht zu behalten.

Aus diesem Grund beginnt die Projektplanung stets mit der Projektstrukturplanung, dass heißt mit der Ermittlung aller Tätigkeiten, die im Anforderungskatalog oder Lasten- bzw. Pflichtenheft festgehalten sind. Die sich hierbei ergebenen Strukturen, wie beispielsweise Produkt-/Leistungsstruktur, zeitliche Projektstruktur oder Kostenstruktur, stellen die Grundpfeiler einer zielorientierten Projektentwicklung dar, auf die alle weiteren Planungsschritte aufbauen.

Ziel der Projektstrukturplanung ist es also, das Gesamtprojekt in überschaubare und abgrenzbare Aufgaben zu zerlegen, um somit einen Übersicht über alle anfallenden Maßnahmen und Aktivitäten zu bekommen.

Übersicht über die Zuordnung von Aufgaben in einem Projektstrukturplan:

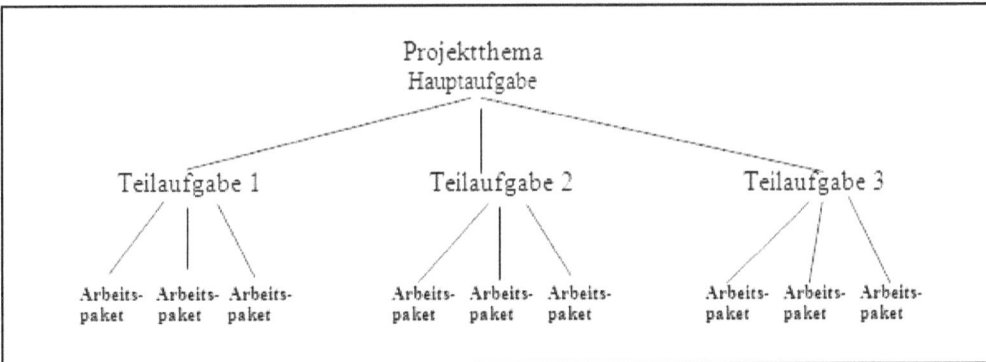

Das bedeutet:

Alle Aufgaben werden in planbare und kontrollierbare Aufgaben gegliedert, und es werden die Beziehungen zwischen den einzelnen Aufgaben deutlich gemacht, das heißt:

(1) An der Spitze des Strukturplans steht die Formulierung der **Hauptaufgabe**, das Projektthema, das Ergebnisziel (z. B. Marketinganalyse als Voraussetzung für die Entwicklung eines Marketingkonzepts im Unternehmen als Hauptaufgabe).

(2) Darunter stehen die hierachisch geordneten Teilaufgaben (z. B. Analyse der Rahmen- und Marktfaktoren als Teilaufgaben der Marketinganalyse).

(3) Dann werden die Aufgaben, die in der Regel nicht mehr zerteilt werden, die **Arbeitspakete,** festgelegt (z. B. Analyse der Ziel- und Bedürfnisgruppen, der Konkurrenz und des eigenen Betriebes).

Jedes Arbeitspaket ist eine klar definierte Aufgabe mit mindestens folgenden inhaltlichen Merkmalen:

- Welches Ziel, welches Ergebnis soll mit diesem Arbeitspaket erreicht werden?

- Welche konkreten Maßnahmen, Aktivitäten hinsicht Inhalt und Umfang gehören zur Realisierung dieses Arbeitspakets?

- Wer ist verantwortlich, welche Mitarbeiter sind an der Realisierung dieses Arbeitspakets beteiligt?

- Wie hoch ist der Aufwand, z. B. Stunden, der für die Realisierung nötig ist?

- In welchen Zeitraum soll das Arbeitspaket bearbeitet werden?

- Wann soll die Realisierung des Arbeitspakets gestartet werden, wann soll es abgeschlossen sein?

- Was sind die Anschlusspakete, an welches Arbeitspaket schließt sich dieses Arbeitspaket an?

Ist dies erfolgt, werden im Anschluss daran die Maßnahmen und Aktivitäten geordnet, in eine hierachische Gliederung gebracht und in einem Projektstrukturplan zusammengefasst.

Die so gebildeten Aufgabenstrukturen können nun unter zwei verschiedenen Gliederungsprinzipien betrachtet werden.

Es besteht die Möglichkeit, die Projektaufgabe

(1) **objektorientiert** zu gliedern, dass heißt, in diesem Fall zerlegt man den Projektgegenstand in seine einzelnen Komponenten, wie Baugruppen oder sogar Einzelteile oder

(2) man gliedert den Projektgegenstand nach dem **Funktionsprinzip**, z. B. Bereich Entwicklung, Beschaffung, Absatz

Die Darstellung eines Projektstrukturplans ist generell abhängig von der Projektaufgabe und den Gegebenheiten. In diesem Zusammenhang hat sich die Visualisierung in Organigrammform nicht nur durchgesetzt, sondern vor allem bewährt. Denn es wird dadurch sowohl eine bessere Transparenz als auch eine bessere Überschaubarkeit der einzelnen Aufgaben mit ihren benötigten Resourcen ermöglicht.

In der nachfolgenden Übersicht wurde die Planung eines Banketts in seine einzelnen Teilprojekte und -aufgaben aufgegliedert. Zunächst wurden als Teilprojekte die Menüzusammenstellung, die Tafelplanung und die Planung der Musik und Unterhaltung identifiziert. In Anschluss wurden diese wiederum in Arbeitspakete unterteilt, die im Rahmen des Teilprojekts anfallen.

Menüzusammen-stellung	Tafelplan	Musik und Unterhaltung
mehrere Menüvorschläge erstellen	Wahl des passenden Raumes (Größe)	mit Veranstalter Art der Musik und Unterhaltung absprechen
korrespondierende Getränkevorschläge	Vorschläge für die Tafelform erstellen	Band- oder Alleinunterhaltervorschläge
Menüvorschläge an Veranstalter senden	Vorschläge mit Veranstalter absprechen	Buchung der gewünschten Band
Menükarten erstellen und drucken	Tischordnung erstellen	Art der Entrichtung der GEMA-Gebühr klären

(Dettmer, H.; Hausmann, Th.; Kloss, I. [Hrsg.]: Gästemarketing, Hamburg 2008, S. 315)

8.2.2.2 Projektablaufplanung

Nachdem im Rahmen der Projektstrukturplanung alle Aufgaben in planbare und vor allem kontrollierbare Aufgaben gegliedert und im Projektstrukturplan dargestellt wurden, wird nun die Reihenfolge der einzelnen abzuarbeitenden **Arbeitspakete** bestimmt, das heißt, es wird eine Einschätzung hinsichtlich des Aufwandes de einzelnen Arbeitspakete vorgenommen.

Hierbei geht es darum festzulegen bzw. zu überprüfen,

- nach welcher logischen Vorgehensweise die einzelnen Arbeitspakete abgearbeitet werden sollen?

- Ob die Möglichkeit besteht, dass einzelne Arbeitspakete parallel zu bearbeiten sind?

- Welcher unmittelbare Zeitbedarf für die Realisierung der einzelnen Arbeitspakete einzuplanen ist?

- Welche Kosten, Kapazitäten für die einzelnen Arbeitspakete benötig werden?

- Welche Qualitäten laut Projektauftrag einzuhalten sind?

- Welche Meilensteine gesetzt werden?

> Hat man die entsprechenden Antworten gefunden und die notwendigen Entscheidungen getroffen, ist erkennbar, inwieweit die festgelegten Arbeitspakete der Zielsetzung des Projektauftrags entsprechen.
>
> Erst jetzt lassen sich die Termine besser planen, die Kosten besser schätzen, die benötigten Kapazitäten besser bestimmen und Kontrollen leichter und effizienter durchführen.

Falls jedoch an dieser Stelle erkannt wird, dass Unzulänglichkeiten in diesem Prozess aufgetreten sind, ist der Projektstrukturplan zu ergänzen bzw. zu aktualisieren.

Beginnen Sie also erst dann die Aufgaben der einzelnen Arbeitspakete zu definieren, wenn der Projektstrukturplan feststeht.

Terminplanung

Die Projektterminplanung ist dafür verantwortlich und gibt Auskunft darüber, zu welchem Zeitpunkt und von wem welche Arbeitsergebnisse im Rahmen der zu realisierenden Arbeitspakete zu erfolgen haben und wann sie vorliegen müssen.

Im dafür vorgesehenen Projektterminplan werden solche Festlegungen getroffen, wie

- Anfangs- und Endtermin,

- Verantwortlichkeit,

- Erarbeitet von bzw. unter Mitarbeit von.

Der Projektablaufplan

Projekttitel: ....

Projektbeginn/-ende: ....

Arbeitspakete				
1 ...				
2 ...				
3 ...				
4 ...				
5 ...				
6 ...				
7 ...				
8 ...				

Zeitschiene

(Dettmer, H.; Hausmann, Th.; Kloss, I. [Hrsg.]: Gästemarketing, Hamburg 2008, S. 315)

Kostenplanung

Zu einer guten Projektplanung gehört, dass ein genaues Budget bzw. das genaue Kostenziel festgelegt wird. Denn jede Projektrealisierung braucht finanzielle Mittel, um damit die Kosten für die Einsatzmittel, etwaige Fremdleistungen, wie die Nutzung und den Einsatz externe Spezialisten, aber auch um eventuelle Investitionen abzudecken.

Auf der Grundlage des Projektablaufplans werden nun den einzelnen Maßnahmen und Aktivitäten die geplanten Kosten zugeordnet. Es hat sich als äußerst vorteilhaft erwiesen, diese Kosten für jedes Arbeitspaket in einem Kostenplan zu erfassen.

Planen Sie die Projektkosten angemessen, ökonomisch und effizient.

Klären Sie vor Beginn eines Projekts, die Höhe und ob Ihnen ein Budget zur Verfügung steht.

Erarbeiten Sie den Kostenplan zu den Teilaufgaben und. zu den Maßnahmen bzw. Aktivitäten, die Kosten verursachen.

Verfolgen Sie den Kostenverlauf, um stets den Überblick zu behalten.

Ergreifen Sie eventuelle Maßnahmen zur Kostenreduzierung usw.

Kapazitätsplanung

Im Rahmen der Kapazitätsplanung, auch Einsatzmittelplanung genannt, werden die für einen optimalen Einsatz vorhandenen und für die Projektrealisierung zur Verfügung stehenden Betriebs- und Sachmittel sowie das infrage kommende Personal zugeordnet, dass heißt:

- Wie viele Betriebsmittel werden benötigt?

- Welche genauen Sachmittel müssen zur Verfügung stehen?

- Welche Mitarbeiter und mit welchen Kenntnissen, Fertigkeiten und Kompetenzen wirken an der Projektrealisierung mit?

Die Kapazitätsplanung soll nicht nur einen optmalen Einsatz des vorhandenen Personals und der verfügbaren Betriebs- und Sachmittel gewährleisten, sondern auch und vor allem Engpässe bzw. Leerläufe in diesem Zusammenhang vermeiden helfen.

Es sind niemals mehr Kapazitäten zu planen, auch aus Sicherheitsgründen nicht, als tatsächlich vorhanden sind bzw. als tatsächlich benötigt werden, denn einmal geplante Kapazitäten werden auch genutzt bzw. verwendet.

Zwischen dem Ende einer Aktivität und dem Beginn einer anderen Aktivität ist immer genügend Pufferzeit für die Erholung besonders belasteter Teammitglieder einzuplanen.

Qualitätsplanung

Projektbegleitend steht die Qualitätsplanung für die Qualitätssicherung aller zu erbingenden Leistungen endsprechend der Vereinbarungen im Projektauftrag. Das bedeutet, es geht bei der Qualitätsplanung schwerpunktmäßig um die Planung aller Anforderungen hinsichtlich der Sicherung, der Lenkung und der Überprüfung der Qualitäten.

Dabei ist jede zu erbringende Leistung so eindeutig zu beschreiben und in einem Qualitätssicherungsdokument niederzuschreiben, dass bei Übergabe an den bzw. bei Abnahme durch den Auftraggeber durch Messung der Ergebnisse die vereinbarte Qualität direkt und unmissverständlich möglich wird.

Um das zu garantieren, ist eine sorgfältige Fehlerverhütung durch eine permanente Kontrolle im gesamten Projektverlauf notwendig.

Mögliche Hilfsmittel in der Qualitätsplanung bieten z. B.:

- DIN-Normen

- Bewertungen von Lieferanten und Spezialisten.

Planung der Meilensteine

Unter einem „Meilenstein" ist nach DIN 69900 „ein Ereignis besonderer Bedeutung" zu verstehen. Für einen optimalen Projektverlauf ist es üblich und von Vorteil, diese „besonderen Ereignisse" zur Realisierung eines Projekts in Zwischen- oder Teilziele zu gliedern. Gründe dafür sind unter anderem, dass diese Ziele (Meilensteine) immer an bestimmte geplante und damit festgelegte Ergebnisse, Maßnahmen oder Aktivitäten innerhalb des gesamten Projektverlaufs gebunden sind. Denn durch die Planung von Meilensteinen wird der gesamte Projektablauf in mehrere und vor allem überschaubare Zwischenziele bzw. Projektabschnitte eingeteilt.

Erst wenn im Projektverlauf, dass heißt, dem jeweiligen einzelnen Projektabschnitt die geplanten Zwischen- oder Teilziele erfolgreich bearbeiten wurden, wird das Projekt fortgeführt.

Wurden jedoch nicht alle geplanten Teilergebnisse in der geforderten Qualität realisiert, wird eine notwendige Überarbeitung (Rework) ausgesprochen. Im schlimmsten Fall bekommt das Projekt ein „Stopp" und wird eingestellt.

Die Arbeit mit Meilensteinen wird somit zu einem unverzichtbaren Bestandteil im gesamten Projektmanagement, dass heißt, Meilensteine werden zu wichtigen Entscheidungs-, Kontroll- und Überwachungsterminen.

Für die Durchsetzung und Realisierung der Meilensteine ist es unumgänglich, sogenannte **Meilensteinpläne, Meilensteinberichte** zu erarbeiten. Durch sie wird es möglich, in jeder Projektphase den Stand der Dinge zu kontrollieren, zu erfahren, ob die eingeschlagene Richtung beibehalten werden kann oder ob die Richtung geändert werden muss, bis hin zu der

Entscheidung, das Projekt abzubrechen, weil der wirtschaftliche Schaden eine Fortführung nicht mehr zulässt.

Im **Meilensteinplan** werden alle Meilensteine des Projekts bzw. aller Teilprojekte zusammengefasst. Er strukturiert das Gesamtprojekt, indem er eine zeitliche Festlegung von Teilzielen vornimmt.

In einem Meilensteinplan sollten neben den Terminen für den Projektbeginn und den Projektabschluss auch wichtige Ereignisse, z. B.

- Review-Beratungen,

- Verfügbarkeit der einzelnen Teilergebnisse,

- zusätzlich notwendig werdende Maßnahmen im Rahmen der Beschaffung von Sach- und Betriebsmitteln, von Spezialisten oder

- Notwendigkeiten von Tests bzw. Experimenten, angegeben werden.

Im **Meilensteinbericht** werden dann der Erfüllungsstand bzw. der Erfüllungsgrad des angestrebten Projektziels oder der angestrebten Projektteilziele dokumentiert

Er bildet eine notwendige Voraussetzung zur „Sorgfaltsprüfung" im Rahmen des Projektverlaufs und eine wichtige Grundlage für die Projektbewertung durch den Projektverantwortlichen und den Projektauftraggeber.

Beispiel für die Festlegung von Meilensteinen:

Ausgangssituation

Ein Hotelbetrieb ist einem intensiven Wettbewerb, gekennzeichnet durch stagnierende Ankunfts- und Übernachtungszahlen in der Destination, ausgesetzt. In einem Positionspapier haben sich die Gesellschafter deshalb in einem ersten Schritt dazu entschieden, die Marktsituation zu analysieren, um geeignete Maßnahmen und Aktivitäten zur Beseitigung der Situation einleiten zu können.

Zur Realisierung der Aufgabe wurde im Unternehmen eine Projektarbeitsgruppe einberufen. Alle organisatorischen Maßnahmen hierzu, z. B. der Projektauftrag und die Projektteambildung, wurde eingeleitet und abgeschlossen.

Hauptaufgabe :   Marketinganalyse

Teilaufgabe   :   Analyse der Rahmen- und Marktfaktoren

Arbeitspakete :   Analyse der Quellmärkte bezüglich der Ziel- und Bedürfnisgruppen, Analyse der Konkurrenzsituation.

Meilenstein	Beschreibung
M1	Kickoff-Meeting
M2	Erfassen der Informationen zu den Quellmärkten, den Ziel- und Bedürfnisgruppen sowie der Konkurrenz liegen vor.
M3	Erfasstes Informationsmaterial ist verdichtet, aufbereitet und bewertet.
M4	Ergebnisse der Analyse sind für den Auftraggeber zusammengestellt und für die Präsentation vorbereitet.
M5	Präsentation der Ergebnisse vor Auftraggeber ist erfolgt.
M6	Projektabnahme ist erfolgt.

8.2.2.3 Risikoanalyse

Obwohl im Rahmen der Projektplanung alle Voraussetzungen für den Erfolg eines Projekts, wie die Festlegung klarer Ziele und das Erstellen der erforderlichen Termin-, Kapazitäts- und Kostenpläne geschaffen wurden, ist kein Projekt vor Risiken gefeit. Es kann immer wieder geschehen, dass auf Grund eines unvorhergesehenen Ereignisses eine oder mehrere Ziele plötzlich und völlig unerwartet gefährdet sind. Eventuell steht das Projekt sogar vor dem Scheitern.

Um solche Situationen zu bewältigen, gilt es rechtzeitig Vorsorge zu betreiben, dass heißt, in der Lage zu sein, mögliche unvorhergesehene Ereignisse rechtzeitig zu erkennen, um mit entsprechenden Handlungsoptionen darauf zu reagieren. Dabei leistet die Kenntnis über das Risikomanagement wichtig Hilfestellung, denn

Risikomanagement ist der Teil im Projektmanagement, der sich mit der Identifizierung, der Analyse, der Bewertung, der Festlegung von Maßnahmen zur Beseitigung von Risiken und mit deren Überwachung für die geplante Projektabwicklung beschäftigt.

Selbst wenn man nicht alles in der Hand haben kann, ist es doch möglich, einem negativen Projektverlauf vorzubeugen.

Mögliche Reaktionen beim Managen von Risiken:

- Spüren Sie rechtzeitig die Risiken auf und besprechen sie die Risiken im Projektteam.

- Ordnen und bewerten Sie die Risiken, nicht jedes Risiko gefährdet gleichermaßen das Projekt.

- Treffen Sie Risikovorsorge durch Ableiten von Maßnahmen zur Beseitigung bzw. Minimierung von Risiken.

Folgende Vorgehensweise hat sich bewährt:

- Beschreiben Sie das mögliche Risiko.

- Stellen Sie konkret die Ursachen und mögliche Auswirkungen dar.

- Legen Sie Maßnahmen bzw. Aktivitäten zur Beseitigung bzw. Minimierung und Überwachung fest.

- Besprechen Sie das Ergebnis ihrer Risikoanalyse mit Ihrem Auftraggeber. Nehmen Sie die Risiken in den Projektauftrag auf, falls Sie zum Entschluss kommen, das Projekt ist insgesamt mit Risiken behaftet und eventuell zum Scheitern verurteilt.

Mit einer vorausschauenden Risikoanalyse und der Ableitung der Analyseergebnisse als Vorsorgemaßnahme wird es möglich, vorbeugend und rechtzeitig auf die nicht immer auszuschließenden Risikofaktoren zu reagieren.

Die Einstellung des Unternehmensmanagements und der Projektauftraggeber gegenüber Risiken ist die Grundlage für ein wirksames Risikomanagement.

Risiken müssen bewusst wahrgenommen und kommuniziert werden.

Es ist vorteilhaft, risikopolitische Grundsätze als Handlungsrahmen für das Risikomanagement im Unternehmen festzulegen.

8.2.3 Projektdurchführung und Projektkontrolle

Nach Erstellen aller Planungsunterlagen beginnt die wichtigste Phase in der Projektrealisierung, und zwar die Projektdurchführung. Sie wird dabei stets von der Projektkontrolle begleitet. Denn es kommt nicht selten vor, dass Ereignisse und Abläufe nicht immer so eintreten wie sie als gedanklicher Vorsatz geplant wurden. Abweichungen vom realen Projektablauf („IST") und der erstellten Planung („SOLL") sind dann oft das Ergebnis.

Durch eine ständige den Projektablauf begleitende Projektkontrolle wird erreicht, dass mögliche Abweichungen von den Planvorgaben frühzeitig erkannt werden. Das wiederum macht es möglich, Änderungen bei den Planvorgaben vorzunehmen oder innerhalb der Projektsteuerung geeignete Maßnahmen bzw. Aktivitäten – und dies natürlich bei Einhaltung der Planvorgaben – zu ergreifen.

Die Projektkontrolle ist damit die Voraussetzung für eine effiziente Projektsteuerung und umfasst folgende Aufgabenbereiche:

Aufgabenbereiche	Inhaltliche Schwerpunkte
Terminkontrolle	• Gibt Gesamtüberblick über Einzelaufgaben mit ihren Abhängigkeiten. • Plan-Ist-Vergleich, Plan-Plan-Vergleich für Trendermittlung bei eventueller Terminverschiebung und Terminaktualisierung, z. B. bei einem Meilenstein. • Nutzung der Trendanalyse
Aufwands- Kostenkontrolle	• Kontierung der Stunden (Erfassung der personen-, aufgaben- und zeitbezogenen anfallenden Entwicklungsstunden. • Rechnungsprüfung und Bestellwertfortschreibung (Einhaltung des Entwicklungsbudgets)
Sachfortschrittskontrolle	• Für Projektleiter und Entwickler wichtigste, aber auch schwierigste Kontrolle, da hierfür keine unmittelbaren Messgrößen zur Verfügung stehen, die einen direkten Bezug haben. • Bewertungsmöglichkeiten in der Regel über Vergleiche ähnlicher Sachfortschrittsbezüge.
Qualitätssicherung	• Gliedert sich in Qualitätsplanung, Qualitätslenkung, Qualitätsprüfung. • Verhütung von Fehlern durch rechtzeitige Prüfung aller Planungsdokumente • Gezielte Fehlerbehebung in der Realisierungsphase. • Nutzung aktueller Normvorschriften, z. B. ISO 9000.
Konfigurationsmanagement	• Stellt eine projektübergreifende Unterstützung in der Projektarbeit dar. • Übernimmt die Verwaltung einzelner Entwicklungsergebnisse in den jeweiligen Reifezuständen, z. B. Meilensteine. • Überwachung, Steuerung von notwendigen Änderungen bzw. Aktualisierungen bei einzelnen Projektabschnitten.

(vgl. Dettmer, H.; Hausmann, Th.; Kloss, I. [Hrsg.]: Gästemarketing, Hamburg 2008, S. 317)

8.2.4 Projektabschluss

> „Beginnen ist Stärke –
>
> vollenden können ist Kraft."
>
> Johann Wolfgang von Goethe

In dieser, der letzten Phase der Projektrealisierung wird das Projekt formell beendet. Um jedoch zu einem erfolgreichen Abschluss zu gelangen, ist es zwingend erforderlich, sich Gedanken darüber zu machen, welche Aufgaben und in welcher Reihenfolge abzuarbeiten sind.

Die mit dem Projektabschluss verbundenen Aufgaben lassen sich am besten dadurch bestimmen, wenn man sich folgende Fragen beantwortet:

- Wodurch wird und muss ein Projekt abgeschlossen werden?

- Welche Aktivitäten sind damit verbunden?

- Wie werden die Mitglieder der Projektgruppe entlastet?

Folgende Übersicht verdeutlicht die Vorgehensweise in dieser Projektphase:

Aufgabenbereiche	Inhaltliche Schwerpunkte
Prozessdokumentation (Abschlussbericht)	• Dokumentiert alle Ergebnisse und Ereignisse des Projekts als Zusammenfassung. • Gibt Aufschluss darüber, welches Problem zu lösen war (IST-Zustand), welche Lösung angewendet wurde (SOLL-Zustand). • Formuliert Gründe für den eingeschlagenen Lösungsweg • Dokumentiert die Wirtschaftlichkeit der Ergebnisse und Ereignisse usw.
Produktabschlussanalyse	Nachkalkulation mit dem Ziel: • Überprüfung der Wirtschaftlichkeitsberechnung auf Einhaltung. • Überprüfung von Abweichungen bei Terminen und Kosten, bei Leistungs- und Qualitätsmerkmalen hinsichtlich ihrer Ursachen und möglichen Abhilfen.

Erfahrungssicherung	• Systematische Sicherung gemachter Erfahrungen durch Sammeln entsprechender Daten. • Bildung von Kennzahlen und Aufbau eines Kennzahlensystems. • Einrichtung einer Erfahrungsdaten-Bank zum Messen von Aufwandschätzungen und Nutzen.
Produktabnahme	• Vor Abnahme durchlaufen Ergebnisse einen Abnahmetest. • Übergabe und Übernahme der Dokumentation an den Auftraggeber, ist in einem Ergebnisabnahmebericht festzuhalten (eventuell mit Hinweise auf mögliche Betreuung der Produkte und Leistungen).
Projektauflösung	• Führung eines Abschlussgesprächs mit Auftraggeber als Feedback zur gesamten Projektrealisierung. • Entlastung des Projektteams (Projektleiter, Mitarbeiter, mitarbeitende Gremien). • Überleitung der durch das Projekt gebundener Ressourcen, z. B. in andere Projekte.

(vgl. Dettmer, H.; Hausmann, Th.; Kloss, I. [Hrsg.]: Gästemarketing, Hamburg 2008, S. 317)

8.3 Präsentation des Projekts

Präsentationen werden im Rahmen des Projektmanagements und im Besonderen beim Projektabschluss zu einem zentralen Kommunikationsinstrument sowohl gegenüber dem eigenen Unternehmen als auch gegenüber dem Auftraggeber und seiner unmittelbaren Öffentlichkeit.

Eine Präsentation ist somit eine Kommunikationsveranstaltung, bei der einem ausgewählten Teilnehmerkreis erarbeitete und für die Präsentation vorbereitete Inhalte vorgestellt werden.

Die Präsentation lebt immer von einer konkreten Situation und orientiert sich an allgemeingültigen Regeln, wie

• einem ausgefeilten Aufbau,

• einer gelungenen Visualisierung und

• einem gekonnten Präsentationsverhalten.

8.3.1 Hinweise zum Aufbau einer Präsentation

Der Aufbau einer Präsentation gestaltet sich in drei Phasen, und zwar:

• der Phase für die Eröffnung,

• der Phase für den Hauptteil und

• der Phase für den Abschluss.

Methodische Hinweise für die Eröffnung:

- Zu Beginn dieser Phase steht zunächst die Begrüßung in sachlicher und persönlicher Form, das heißt, wählen Sie je nach Teilnehmerkreis die entsprechende Anredeweise. Achten Sie hierbei besonders auf den „Sie-Standpunkt".

- Nun gilt es, sich selbst vorzustellen. In diesem Zusammenhang ist es vorteilhaft, wenn man sich zu dem, was man über seine eigene Person sagen will, einen Steckbrief erarbeitet hat. Das erleichtert das Vorstellen und gibt Ihnen die Möglichkeit, sich besser auf die Inhalte zu konzentrieren.

- Nennen Sie den Anlass, dass Thema, das Ziel der Veranstaltung.

- Geben Sie den methodisch-organisatorischen Rahmen der Veranstaltung bekannt, damit die Teilnehmer wissen, wohin die „Reise geht". Z. B.: „Was sind die inhaltlichen Schwerpunkte der Präsentation? Wie ist der zeitliche Ablauf?

Methodische Hinweise für den Hauptteil:

- In dieser Phase wird den Teilnehmern der Inhalt (das Thema) systematisch vorgestellt.

- Überlegen Sie sich, wie viel Inhalte ihre Teilnehmer in der geplanten Zeit aufnehmen können. Konzentrieren Sie sich dabei auf das Wesentliche, überfordern Sie niemanden.

- Gestalten Sie Ihre Gedanken und Argumente so, dass die Aufmerksamkeit und Konzentration der Teilnehmer immer gegeben sind. Gliedern Sie Ihren Stoff durch Fragen, durch kurze und prägnante Abschnitte, durch kurze Pausen, durch Wechsel in den Visualisierungs-Hilfen und Präsentations-Methoden.

Methodische Hinweise für den Abschluss:

Unter dem Motto: „Der erste Eindruck kann entscheidend sein, aber der letzte Eindruck bleibt", ist der Abschluss einer Präsentation ein wichtiger Bestandteil der Gesamtpräsentation!

Deshalb ist es wichtig, sich mit den folgenden Fragen zu beschäftigen, um die Präsentation zu einem erfolgreichen Abschluss zu bringen:

- Mit welchen Worten soll die Präsentation beendet werden? Erarbeiten Sie sich hierfür, z. B. auf einer Karteikarte, die passen Worte schriftlich aus.

- Welche Kerngedanken sollen und müssen in die Zusammenfassung?

- Mit welchen eventuellen Argumenten bzw. Einwänden müssen Sie während einer Diskussion rechnen und wie sollten sie ihnen begegnen?

- Wie beabsichtigen Sie eine Diskussion zu beenden usw.?

8.3.2 Visualisierung der Projektergebnisse

In dieser Phase geht es vor allem um eine sorgfältige Planung und Auswahl der zum Einsatz vorgesehenen Präsentationsmedien, z. B.:

- Pinwand

- Flip-Chart

- Overhaed-Projektor

- Power-Point.

Eine erfolgreiche Visualisierung bedarf im Vorfeld einer Präsentation gründlicher Überlegungen, denn mit ihrer Hilfe sollen Sachaussagen, Gefühle und Prozesse wirkungsvoll dargestellt werden.

Es soll jedoch nicht der Eindruck entstehen, dass durch diese optische Dokumentation von Sachverhalten auf das gesprochene Wort gänzlich verzichtet werden kann.

Ganz im Gegenteil, erst durch die Kombination der Elemente

- bildhafte Darstellung einerseits und

- rhetorische Umsetzung durch das gesprochene Wort andererseits

werden Voraussetzungen im Rahmen einer Präsentation dafür geschaffen, die laut Projektauftrag zu erarbeitenden Ergebnissen überzeugend zu vermitteln.

Dabei übernimmt die Visualisierung folgende Aufgaben, nämlich:

- die Aufmerksamkeit der Zuhörer zu erhöhen und beizubehalten,

- die Teilnehmer in die Präsentation mit einzubeziehen,

- den Redeaufwand zu reduzieren,

- wesentliche Aussagen besonders deutlich zu machen,

- Informationen besser erfassbar zu machen,

- die Teilnehmer zu Stellungnahmen und Meinungen zu ermutigen.

Grundsätzlich ist vor jeder Präsentation zu prüfen, ob alle Präsentationsmittel vorhanden und vor allem ob sie funktionsbereit sind.

8.3.3 Präsentationsverhalten

In dieser Phase wird deutlich, wie exakt und effektiv Sie sich auf Ihre Aufgabe nicht nur vorbereitet, sondern eingestellt haben. Nun liegt es allein an Ihnen, an Ihren Fähigkeiten, ihren Zuhörerkreis sowohl sachlich/fachlich zu überzeugen, als auch für Ihre Person zu gewinnen.

Im Folgenden werden einige Hinweise für das Verhalten während einer Präsentation aufgezeigt:

- Achten Sie auf ein dem Anlass angemessenes Äußeres.

- Stimmen sie sich positiv ein, denken Sie an etwas Schönes.

- Beginnen Sie stets pünktlich, sprechen Sie laut und deutlich ohne die Stimme zu überziehen.

- Nehmen Sie zu Beginn der Präsentation Blickkontakt zu Ihren Zuhören auf, und halten Sie diesen während der gesamten Präsentation aufrecht.

- Sprechen Sie frei mit Hilfe eines Skripts bzw. Spickzettels.

- Setzen Sie Ihre Stimme gekonnt ein, variieren Sie in Lautstärke, Sprechtempo und Stimmlage.

- Formulieren Sie kurze, aber prägnante Sätze.

- Vermeiden Sie verschleiernde Redewendung, Floskeln wie „man müsste", ich würde sagen", ich würde meinen".

- Weisen Sie bei visuellen Informationen mit der Hand direkt auf die Information.

- Finden Sie einen gekonnten Abschluss, appellieren Sie an dieser Stelle, wenn Sie Ihre Zuhörer zum Handeln auffordern wollen.

- Formulieren Sie am Ende Ihrer Präsentation einen persönliche Dank an die Zuhörer, z. B. für die Aufmerksamkeit, für die Teilnahme.

8.4 Projektmanagement und Teamarbeit

> **Das Interessante an der Teamarbeit liegt nicht an der Teamarbeit an sich, sondern vielmehr in seinen gruppendynamischen Effekten.**
> **Das heißt,**
> **nicht die Leistungen des Einzelnen, sondern erst**
> **die Fähigkeiten und die Anstrengungen aller Teammitglieder bringen durch den Synergieeffekt den Erfolg.**
>
> **Der Teamarbeit gehört die Zukunft, nicht weil das Team produktiver, sondern auch deshalb, weil die Lernfähigkeit im Team effektiver ist.**

Wer tagtäglich mit Kollegen, mit Mitarbeitern zusammenarbeitet, weiß, welch höchst empfindliches und störanfälliges soziales Gefüge ein Team verkörpert. Jeder ist und bleibt in seiner Persönlichkeitsstruktur einmalig und besitzt eine mehr oder weniger deutlich abgegrenzte Stellung innerhalb dieser Gemeinschaft.

Und die Gruppe wacht natürlich mit Argus-Augen darüber, dass keiner unangemessen aus der Reihe tanzt. Wer sich an diese ungeschriebene Gesetze hält, wird mit positiven Reaktionen belohnt, wer nicht, wird zwangsläufig zur Ordnung gerufen.

Diese gruppendynamischen Prozesse laufen oft nach ihren eigenen Regeln ab und verdeutlichen schon nach kurzer Zeit im Team die einzelnen Rollen ihrer Mitglieder bzw. machen die wahren Führungsautoritäten sichtbar.

Nicht selten bestimmen hierbei solche Persönlichkeitsmerkmale wie „Tüchtigkeit“ und „Beliebtheit“ die Stellung des Einzelnen in der Gruppe.

In der Projektarbeit speziell spielen somit Kenntnisse über das Wirken dieser Mechanismen im Rahmen der Teamzusammensetzung und der Teamarbeit eine wesentliche Voraussetzung für den Projekterfolg.

Das bedeutet vor allem, dass der Teamgedanke eine tragende Säule für die Projektrealisierung bildet. Denn es kommt nicht nur auf die besonderen Fähigkeiten des Projektleiters, des Projektverantwortlichen, sondern auch auf die besonderen Fähigkeiten der einzelnen Projektteammitglieder an.

Bei der Wahrnehmung der Aufgaben durch das Projektteam ist besonders darauf zu achten, dass die Aufgaben durch Richtlinien bzw. Regeln unterstützt werden. Das bedeutet jedoch nicht, dass das Projektteam in seiner Tätigkeit eingeschränkt wird, sondern vielmehr, das es im Rahmen des Projektverlaufs frei über den Einsatz von Methoden bzw. Instrumenten entscheiden kann und darf.

Für einen erfolgreichen Projektverlauf ist es wichtig, dass bei der Zusammensetzung des Projektteams folgende Hinweise beachtet werden:

Der Projektleiter, Projektverantwortliche muss bereit sein, mit Überblick und ohne Scheu Verantwortung zu übernehmen. Er muss planerisch, organisatorisch und wirtschaftlich fit sein sowie über ein souveränes Auftreten verfügen und sollte

- einen kooperativen Führungsstil demonstrieren, über fachliche und soziale Autorität verfügen,

> **Aber Achtung:**
> **„Wer auf seine Autorität pochen muss,**
> **hat sie schon verloren."**

- eine positive Kommunikationsfähigkeit besitzen,

- in der Lage sein, Menschen einzuschätzen, anzuleiten, zu motivieren, zu führen,

- seine Methodenkompetenz effektiv zum Einsatz bringen,

- über ein geeignetes Maß an Durchsetzungsvermögen verfügen,

- in der Lage sein, diplomatisch geschickt zu agieren, um das Projekt nicht nur nach innen, sondern auch – wenn notwendig – nach außen positiv zu vertreten,

- zu treffende Entscheidungen und Arbeitsergebnisse festhalten und durch Dokumentationen sichtbar und verfügbar machen.

Der Projektleiter wird damit zur zentralen Figur, bei der alle Fäden zusammenlaufen und er muss durch seine Tätigkeit garantieren, dass die Arbeit im Team koordiniert und der Kontakt zum Projektauftraggeber aufrecht erhalten bleibt.

> **Die Kunst, Mitarbeiter zu motivieren, zu führen, besteht darin, dass man ihnen**
> **genau die Aufgaben stellt bzw. zuteilt, die helfen ihre Persönlichkeit und die Sache**
> **zu entwickeln.**

Die einzelnen Teammitglieder sollten nicht nur auf Grund ihrer fachlichen Fähigkeiten, sondern auch auf Grund ihrer Einstellungen und Verhaltensweise, zueinander passen.

Die Besetzung der einzelnen Rollen für die Projektrealisierung geschieht stets auf der Basis entsprechender fachlicher und sozialer Kompetenzen der Gruppenmitglieder.

Konkurrenzdenken und Konkurrenzverhalten zwischen den Gruppenmitgliedern ist strikt zu vermeiden.

Die Orientierung auf das Wir-Gefühl, der Teamgedanke, während des gesamten Projektverlaufs steht dabei absolut im Vordergrund.

Jedes Teammitglied erkennt den anderen als gleichwertigen Partner an.

Mögliche Meinungsverschiedenheiten werden als Informationsquelle und nicht als Störfaktor betrachtet.

In der Projektteamarbeit geht es vor allem um die Mobilisierung physischer und psychischer Kräfte beim Finden von Problemlösungen.

Dabei tritt in einem echten Projektteam über die gemeinsame Aktivität, auch wenn es nur für einen begrenzten Zeitraum im Rahmen des Projektauftrags ist, ein besonderes Gefühl der Zusammengehörigkeit auf, das nicht selten in eine Team-Euphorie führt, wenn man mit der Komplexität der zu lösenden Aufgaben fertig geworden ist.

In solchen Situationen lässt sich das sogenannte **„Wir-Gefühl"** festigen und ausbauen. Diese Wirkung sollte in der Projektarbeit nicht unterschätzt werden.

Beispiele für die Entstehung möglicher Krisen im Team:

Mögliche Situation	Erläuterungen
„Unzufriedenheit, die Stimmung im Team leidet"	Entsteht häufig dadurch, dass in einer Projektgruppe nicht alle Projektmitglieder gleich motiviert sind. Problematisch wird es dann, wenn sich diese Situation über einen längeren Zeitpunkt hinzieht und auf andere Mitglieder ansteckend wirkt. **Mögliches Reaktionsprofil:** Gründe ermitteln durch Führen persönlicher Gespräche bzw. im Projektteam mit dem Ziel: „Aufbau eines neuen Motivationssystems bei allen Projektmitgliedern."
„Scheinbare Eifersüchteleien im Team"	Einzelne Projektmitglieder haben das Gefühl, der Projektleiter bevorzugt einzelne Mitglieder in der Projektgruppe. Schnell sind sich alle übrigen Gruppenmitglieder einig: Der „Chef" hat Lieblinge. Nicht selten ist diese Reaktion jedoch voreilig und falsch. **Mögliches Reaktionsprofil:** Problem in der Gruppe oder in persönlichen Gesprächen direkt ansprechen, um für klare Fronten zu sorgen.
„Scheinbarer Konkurrenzkampf im Team, jeder gegen jeden"	Nicht in jeder Projektgruppe herrschen Freundschaft und sozialer Respekt vor. Oft arbeiten Gruppenmitglieder gegeneinander statt miteinander. Der Informationsfluss ist gestört, einige versuchen selbstsüchtig ihr „Süppchen" zu kochen. Die Erfahrung zeigt, dass häufige Ursachen hierfür Neid, Antipathie oder Eifersüchteleien sind und weniger sachliche Probleme. **Mögliches Reaktionsprofil:** Unbedingt die Ursachen ergründen. Persönliche Gespräche und mit der Gruppe führen. Keine Cliquenbildung dulden, bei Notwendigkeit Aufgaben neu verteilen oder Gruppe neu strukturieren.

Mögliche Situation	Erläuterungen
„Das Team hat den Eindruck, es wird in seiner Handlungs-weise gebremst"	Jemand in der Projektgruppe bringt nicht die erwartete Leistung, die anderen Gruppenmitglieder müssen die Arbeiten mit erledigen bzw. eventuelle Fehler ausbügeln. Die häufigste Einschätzung des Teams: Dem betreffenden Gruppenmitglied wird unterstellt, er wolle nicht oder bringe bewusst nicht die geforderte Leistung. **Mögliches Reaktionsprofil:** Durch persönliche Gespräche herausfinden, ob die Einschätzung des Teams richtig oder ob es eine Fehleinschätzung ist. Eine mögliche Ursache könnte z. B. seien: „Gruppenmitglied ist durch Aufgabe psychisch überfordert oder hat fachliche Defizite. Dann entweder den Betreffenden durch einen Anderen ersetzen, oder ihn durch Schulungen auf den geforderten Leistungstand bringen, wenn möglich.
„Harmonie im Team, zu viel davon lähmt alle"	Freundschaft und Solidarität unter Gruppenmitgliedern ist anstrebenswert. Voraussetzung allerdings ist aber, dass die Kritikfähigkeit darunter nicht leidet bzw. falsch verstanden wird. Privates und somit individuelle Interessen dürfen nicht zum Maßstab des Handelns in der Projektgruppe werden. **Mögliches Reaktionsprofil:** In der Projektgruppe müssen klare Prioritäten gesetzt sein. Aufgaben und Verantwortlichkeiten so verteilen, dass für alle das Arbeiten attraktiv ist.
„Routine macht sich im Team breit oder nichts geht mehr"	Die Arbeit wird zwar getan, aber die meisten der Gruppenmitglieder sind gelangweilt. **Mögliches Reaktionsprofil:** Ergründen, warum dieser Zustand eingetreten ist. Ursachen können z. B. seien: • Arbeit ist zu starr eingeteilt • Aufgaben sind im Niveau zu gering • es gibt einfach zu wenig zu tun. Aufgaben besser strukturieren. Kreativität der Gruppenmitglieder bei der Neustrukturierung der Aufgaben mit einbeziehen.
Ärger im Team, einer/ eine spielt sich als Chef/Chefin auf	Ein Gruppenmitglied schaut demonstrativ auf die Uhr, wenn jemand nach seiner Meinung zu spät kommt. Diese Person mischt sich in die Tätigkeit der anderen ein, vergreift sich im Ton und macht sich selbst zum „Sprecher" für das Projektteam. **Mögliches Reaktionsprofil:** In diesem Fall helfen zarte Andeutungen meist nichts, denn dieses Projektmitglied ist davon überzeugt, im Recht zu sein. Das gesamte Team muss dem betreffenden klar machen, dass es so nicht gehen kann. Denn jedem Einzelnen sind seine Kompetenzen und Verantwortlichkeiten zugeordnet. Niemand hat Anspruch, wenn nicht ausdrücklich festgelegt, auf Sonderrechte.

8.5 Themenbereiche im touristischen Marketing-Projektmanagement

Wie wir bereits feststellen konnten, sind Projekte immer etwas Besonderes, ihre Realisierung lässt sich in der Regel kaum durch Routineabläufe bewältigen – ein spezielles Führungskonzept ist also notwendig.

> Innovationskraft, Risikobereitschaft
> und die Fähigkeiten
> sind die Startbedingungen
> für ein erfolgreiches Projektmanagement.

Projektmanagement ist immer verbunden mit der Realisierung anspruchsvoller Aufgaben, eine besondere Herausforderung hinsichtlich der Planung, Integration und Steuerung des Projektprozesses.

Folgende Übersicht verdeutlicht Themenbereiche für den Marketing-Management-Prozess im Tourismus.

Marketinganalyse

- Analyse der Rahmenfaktoren
- Analyse der Markfaktoren

Informationsbeschaffung und -bewertung für einzelne Abteilungen im Unternehmen oder abteilungsübergreifend innerhalb eines Unternehmens.

Strategisches Marketing, Entwicklung neuer Ziele

- Aufbau einer strategischen Erfolgspositionierung
- Unternehmensphilosophie, Unternehmensvision, Unternehmenskultur, Unternehmensleitsätze,
- Unternehmensziele,
- Marketingziele,
- Marketingplanung (Auswahl und Einsatz der Marketinginstrumente),
- Marketinggrundregeln.

Operatives Marketing

- Entwicklung und Gestaltung neuer Produkt- und Leistungsideen,

- Gestaltung der Preispolitik, preispolitischer Strategien,

- Entwicklung und Gestaltung der Kommunikationspolitik, wie Unternehmensidentität („Corporate Identity"), Werbestrategien, Strategien der Verkaufsförderung und dem persönlichen Verkauf, Öffentlichkeitsarbeit (PR) und ihre Instrumente,

- Entwicklung und Gestaltung der Vertriebs- oder Distributionspolitik, wie Gestaltung indirekter und direkter Distributionswege usw.

Controlling

- Instrumente, Funktionen,

- Entwicklung und Anwendung neuer Methode,

- Trends usw.

Marketingrecht

- Besonderheiten,

- Veränderungen,

- besondere Wirkungsbereiche im Tourismus usw.

Erarbeitung einer Marketingkonzeption, dargestellt am Beispiel der:

- Existenzgründung,

- Sanierung eines bestehenden Konzepts,

- Übernahme eines Unternehmens,

- Konzept für ein touristisches Marketing in einer Destination.

Mögliche methodische Vorgehensweise im Rahmen der Konzepterarbeitung:

1. Schritt: Analyse der Ausgangssituation, sammeln und bewerten der Informationen mit Hilfe der Rahmen- und Marktfaktorenanalyse

Zum Beispiel:

- Untersuchungen zum Standort, zur Destination,

- den eigenen Betrieb durchleuchten, Unternehmerprofil überprüfen,

- Gästenachfrage, Gästebedürfnisse untersuchen,

- Konkurrenz untersuchen.

2. Schritt: Ziele setzen, Marketinggrundregeln beachten

Zum Beispiel:

- Auswahl und Festlegen des Marktes,

- Auswahl und Festlegen der Marktsegmente,

- Auswahl und Festlegen der zu befriedigenden Bedürfnisse,

- Auswahl und Festlegen der Dienst- und Sachleitungen,

- Auswahl und Festlegen preispolitischer Instrumente und Strategien.

3. Schritt: Entwicklung der Marketingstrategie, Marketingplanung

Zum Beispiel:

- Positionierung am Markt,

- Formulieren der tragenden Marketingidee,

- Auswahl und Einsatz der Marketinginstrumente,

- Leistung richtig gestalten,

- wirkungsvolle Preisbildung, Preisstrategie,

- gezielter Einsatz von Maßnahmen der Werbung, der Öffentlichkeitsarbeit und der Verkaufsförderung,

- gezielte Auswahl geeigneter Verkaufswege.

4. Schritt: Betriebswirtschaftliche Betrachtungen

Zum Beispiel:

- Erarbeiten eines Lieferantenverzeichnisses,

- Erstellen eines Personalplanes und Ermittlung der Personalkosten,

- Erstellen eines Inventarverzeichnisses,

- Ermitteln des Kapitalbedarfs, seine mögliche Deckung,

- Finanzierung, Finanzierungsarten,

- Erstellen eines Erfolgsbudgets für das 1. Jahr nach Realisierung der Maßnahmen.

5. Schritt: Rechtliche Betrachtungen

Zum Beispiel:

- Festlegen der Rechtsform des Unternehmens,

- Erarbeiten notwendiger Gründungsdokumente bei Gesellschaften,

- Gewerbeanmeldung, Gewerbeerlaubnis,

- Handelsregister laut HGB,

- Spezielle Anforderungen an das Betreiben eines Gaststättengewerbes (persönliche Voraussetzungen, zu erwartende Auflagen),

- Gebühren,

- Verträge in Gastronomie, Hotellerie, Tourismus.

6. Schritt: Präsentation der Marketingkonzeption vor Auftraggeber

(nähere Erläuterungen siehe Anschnitt 8.3)

Aufgaben Kapitel 8:

1. Was versteht man unter Projektmanagement?

2. Was sind die Besonderheiten im Rahmen der zu lösenden Aufgaben im Projektmanagement?

3. Welche Ziele werden mit dem Projektmanagement verfolgt?

4. Welche Tätigkeits-/Wissensbereiche finden im Projektmanagement Anwendung?

5. Erläutern Sie kurz, durch welche Inhalte diese Tätigkeits- und Wissensbereiche gekennzeichnet sind.

6. Stellen Sie dar, durch welche Merkmale ein Projekt gekennzeichnet ist.

7. Was ist unter dem Begriff „Projektprämisse" zu verstehen?

8. Nennen und erläutern Sie wichtige Rahmenbedingungen für ein effektives Projektmanagement.

9. Im Rahmen einer systematischen Projektrealisierung wird es notwendig, eine Strukturierung des Projekts vorzunehmen:
   a) Worauf beziehen sich die inhaltlichen Schwerpunkte der einzelnen Projektphasen?
   b) Welche Zusammenhänge sind zwischen den einzelnen Projektphasen relevant?

10. Welche methodischen Arbeitsschritte sind bei der Projektdefinition zu berücksichtigen?

11. Welche Schritte werden in der Projektplanung durchlaufen?

12. Welche Funktion muss die Projektstruktur erfüllen und in welche Aufgaben gliedert sie sich im Rahmen der Projektplanung?

13. Stellen Sie für die folgenden Projektplanungsinstrumente die inhaltlichen Schwerpunkte dar:
   a) Projektablaufplan,
   b) Terminplanung,
   c) Kostenplanung,
   d) Kapazitätsplanung.

14. Welche Bedeutung haben „Meilensteine" für die Projektrealisierung und worauf richtet sich ihr Inhalt?

15. Welche Aufgaben erfüllen der „Meilensteinplan" und der „Meilensteinbericht" in der Projektplanung?

16. Welche Aufgabe hat die Risikoanalyse im Rahmen der Projektplanung?

17. Stellen Sie dar, welche ständigen Kontrollmaßnahmen im Rahmen der Projektdurchführung, Projektsteuerung erforderlich werden.

18. Welche wesentlichen Aufgaben ergeben sich im Zusammenhang mit dem Projektabschluss?

19. Erläutern Sie allgemeingültige Regeln für eine Präsentation.

20. Stellen Sie wichtige Verhaltensweise im Rahmen einer Präsentation dar.

21. Projektarbeit ist immer auch Teamarbeit. Durch welche gruppendynamischen Prozesse wird unter anderem die Qualität dieser Tätigkeit bestimmt?

22. Nennen und erläutern Sie mögliche Situationen, die zu Krisen in der Teamarbeit führen können.

23. Wodurch zeichnet sich ein guter Teamleiter aus?

24. Für die von Ihnen lang geplante berufliche Neuorientierung, Einstieg in die Selbständigkeit, ist es Ihnen gelungen, die notwendigen Voraussetzungen zu schaffen. Das heißt, Untersuchungen zu den Rahmen- und Marktfaktoren, aber vor allem zu den persönlichen Voraussetzungen, wie Ausbau notwendiger Berufserfahrungen und Qualifikationen haben Ihre Entscheidung für eine Existenzgründung in der mittelständigen Hotellerie mitgetragen.

Basisinformation zum Hotelbetrieb:
- Das Hotel liegt an der Peripherie einer Großstadt, gute Verkehrsanbindung mit öffentlichen Verkehrsmitteln in Richtung Stadtzentrum, günstige Lage zum gut ausgebauten Bundesstraßen- und Bundesautobahnnetz.
- günstige natürliche Gegebenheiten, wie Klima, Landschaft, Flora
- gut ausgebautes Netz von Wanderwegen und Klettermöglichkeiten
- 30 stilvoll eingerichtete Doppel- und Einzelzimmer
- eine Hochzeit-Suite
- ein Restaurant mit einer Platzkapazität von 80 Plätzen
- eine Bauernstube mit regionaler Küche und einer Platzkapazität von 40 Plätzen
- ein Wellness-Bereich mit Sauna, Badebecken und Tepidarium
- 10 vollbeschäftigte Mitarbeiter.

Entwickeln Sie auf der Grundlage der Ergebnisse aus der Marketinganalyse das Betreiber-Konzept, das Ihnen hilft, Ihren Wunsch in die Tat umzusetzen.

Beachten Sie bei der Erarbeitung des Konzepts folgende methodische Hinweise:

1. Formulieren der Unternehmens- und Marketingziele, wie
- Bestimmen der Unternehmensziele, z. B. monetär, nichtmonetär
- Ableitung der Marketingziele aus den Unternehmensziele, z. B. nach quantitativen, qualitativen Aspekten
- Formulieren der Ziel- bzw. Bedürfnisgruppen

2. Marketingstrategie
- Erarbeiten der Unternehmens-Vision, des Unternehmens-Leitbildes
- Erarbeiten der tragenden Marketingidee, Positionierung am Markt
- Erarbeiten zeitlicher Vorgaben für die Richtung und den Einsatz der Marketinginstrumente unter Beachtung der Marketinggrundregeln

- Bestimmen des Einzugsgebietes, der Destination bzw. Quellmärkte

3. Auswahl der Marketinginstrumente im Marketing-Mix

- Erarbeiten von Leistungsangeboten für alle Leistungsbereiche des Unternehmens, wie F & B, Beherbergung, sonstige Leistungsbereiche
- Erarbeitung von Maßnahmen im Rahmen der Preispolitik, wie Preisdifferenzierung
- Erarbeitung einer Kommunikationsstrategie, wie Werbestrategie, Mediaplan, Jahresplan der Verkaufsförderung, Maßnahmen der Öffentlichkeitsarbeit
- Maßnahmen zur Gestaltung und Einsatz von Werbemitteln, Angebotsmitteln
- Gezielte Darstellung der Vertriebswege

4. Betriebswirtschaftliche Betrachtungen

- Erstellen einer Umsatz- und Ertragsvorschau für mindestens drei Geschäftsjahre
- Erstellen eines Investitions- und Finanzierungsplans
- Erstellen eines Personalbedarfsplans
- Erstellen eines Lieferantenverzeichnisses

5. Rechtliche Betrachtungen

- Festlegen und begründen der Rechtsform
- Gewerbeanmeldung, Gewerbeerlaubnis
- Zusammenstellen der auf das Unternehmen zukommenden Abgaben und Gebühren
- Vertragsgestaltung, wie Miet- oder Pachtvertrag, Arbeitsverträge

6. Präsentation des Marketingkonzepts

Im Zusammenhang mit der Realisierung Ihres Vorhabens wird es unter anderem notwendig, die benötigten Finanzierungsmittel über Fremdkapital zu ordern. Um das zu ermöglichen, ist die Erarbeitung Ihres Marketingkonzepts in entsprechender Qualität eine wichtige Voraussetzung und damit ein erster Schritt für den Erfolg.

Ein weiterer Schritt auf dem Weg des Erfolges ist nicht selten die Präsentation der Ergebnisse Ihrer konzeptionellen Arbeit vor dem Auftraggeber, dass heißt in diesem Fall vor den Verantwortlichen der Finanzwirtschaft. Denn sie entscheiden über die Höhe, die Konditionen und darüber, ob Ihre Vorhaben überhaupt finanzierbar ist.

Erarbeiten Sie sich für die Präsentation ein Skript.

Denken Sie daran, jede Präsentation lebt immer von der unmittelbaren Situation und wird bestimmt durch:

- einen inhaltlich ausgefeilten Aufbau
- ein überzeugendes Präsentationsverhalten
- eine gelungene Visualisierung der Ergebnisse

Hinweise für die Durchführung der Präsentation:

- Legen Sie sich eine freundliche Begrüßungsformel zurecht.
- Achten Sie auf ein gepflegtes, dem Anlass entsprechendes, Äußeres.
- Beginnen Sie stets pünktlich.
- Nehmen Sie zu Beginn der Präsentation Blickkontakt zu den Zuhören auf.
- Sprechen Sie laut und deutlich, und versuchen Sie frei zu sprechen.
- Setzen Sie gekonnt Ihre Körpersprache ein.
- Vermeiden Sie Phrasen, Floskeln und verschleiernde Redewendungen.
- Finden Sie einen positiven Abschluss.

Verzeichnis der Quellen und weiterführende Literatur

Aerni, M.; Bruhn, M.: Integrierte Kommunikation, Zürich 2008

Amadeus Germany GmbH: Amadeus Germany - führend im Reisevertrieb. 2009a, URL http://www.amadeus.com/de/x51210.xml – Überprüfungsdatum 2009-08-15

Amadeus Germany GmbH: Amadeus Selling Platform – Reisebüros. 2009b, URL http://www.amadeus.com/de/x24510.html – Überprüfungsdatum 2009-08-15

Amadeus Germany GmbH: Chronik : Die Geschichte von Amadeus Germany. 2009c, URL http://www.amadeus.com/de/x51211.html – Überprüfungsdatum 2009-08-15

Amadeus Germany GmbH: Hotel. 2009d, URL http://www.amadeus.com/at/images/generic/aco/at/hotel_neu.jpg – Überprüfungsdatum 2009-08-15

Avenarius, H.: Public Relations: Die Grundform der gesellschaftlichen Kommunikation, Darmstadt 2008

Barth, K.; Theis, H.-J.: Hotel-Marketing, Wiesbaden 1998

Becker, J.; Marketing-Konzeption, München 2001

Berger, R.: Handlungskonzept für die Neuausrichtung des Tourismus in Schleswig-Holstein (Langfassung), Kiel 2006

Bieger, Th.: Management von Destination und Tourismusorganisation, München/Wien 2008

Bittner, R.: Tourismus der Zukunft. Boomende Urlaubsformen, Dominierende Zielgruppen, Verändertes Reiseverhalten, Saarbrücken 2006

Bloos, J.: Marketing, Würzburg 1994

Bober, S.: Marketing-Praxis in der Gemeinschaftsgastronomie, Frankfurt/M 2001

Böckermann, R.: Personalwirtschaft. Arbeitsbuch für das praxisorientierte Studium, Köln 2003

Brincken, van den, Ch.: Marktforschung im Tourismus: Der Singel-Source-Ansatz als innovatives Instrument zur Messung von Marktdaten im Tourismus; in: Haedrich, G.; Kaspar, C.; Klemm, K.; Kreilkamp, E.: Tourismus-Management, Berlin und New York 1998, S. 169 ff.

Bruhn, M.; Integrierte Unternehmens- und Markenkommunikation, Stuttgart 2005

Bundesverband Digitale Wirtschaft (BVDW) E.V.: Standardwerbeformen I BVDW - Bundesverband Digitale Wirtschaft. 2007a, URL http://www.ovk.de/online-werbung/werbeformen/standardwerbeformen.html – Überprüfungsdatum 2009-08-17

Bundesverband Digitale Wirtschaft (BVDW) E.V.: Affiliate Marketing I BVDW - Bundesverband Digitale Wirtschaft. 2007b, URL http://www.ovk.de/online-werbung/werbeformen/affiliate-marketing.html. – Überprüfungsdatum 2009-08-17

Bulitta, E.; Bulitta, H.: Das große Lexikon der Synonyme, GmbH, Frankfurt am Main 2007

Camp, R. C.: Benchmarking, München 1994

Danielson, J.; Sonntag, U.: Urlaubsarten, Datenbasis: Die Reiseanalyse RA 2002 Urlaub und Reisen, F.U.R Forschungsgemeinschaft Urlaub und Reisen e.V., Kiel/Hamburg 2003

de Mooij, M.: Advertising Worldwide, New York u.a. 2000

DEHOGA (Hrsg.): Jahrbücher 2007-2009

della Schiava, M.; Hafner, H.: Service-Marketing im Tourismus, Wien 1995

Dettmer, H. (Hrsg.): Managementformen im Tourismus, München und Wien 2005

Dettmer, H.; Glück, E.; Hausmann, Th. u.a.: Tourismustypen, München/Wien 2000

Dettmer, H.; Hausmann, Th. (Hrsg.): Betriebswirtschaftslehre für das Gastgewerbe, Hamburg 2010

Dettmer, H.; Hausmann, Th. (Hrsg.): Hotel – Theorie und Praxis, Hamburg 2007

Dettmer, H.; Hausmann, Th. (Hrsg.): Wirtschaftslehre für Hotellerie und Gastronomie, Hamburg 2009

Dettmer, H.; Hausmann, Th. u.a.: Tourismus 1. Tourismuswirtschaft, Köln 1998

Dettmer, H.; Hausmann, Th. u.a.: Tourismus 2. Hotellerie und Gastronomie, Köln 2000

Dettmer, H.; Hausmann, Th. u.a.: Tourismusbetriebswirtschaft 2, Wien 1999

Dettmer, H.; Hausmann, Th. u.a.: Tourismus-Marketing-Management, München/Wien 1999

Dettmer, H.; Hausmann, Th., Schulz, J.: Tourismus-Management, München und Wien 2008

Dettmer, H.; Hausmann, Th.; Kloss, I. (Hrsg.): Gästemarketing, Hamburg 2008

Deutscher Reise Verband – DTV [Hrsg.], Fakten und Zahlen zum deutschen Reisemarkt 2007, Berlin 2008

Diller, H. (Hrsg): Vahles Großes Marketing Lexikon, Band 1 und Band 2, München 2001

Diller, H. (Hrsg.): Vahlens Großes Marketing Lexikon, Band 2, München 2001

Diller, H.: Grundprinzipien des Marketing, Erlangen 2007

Drechsel, W.: Regionale Tourismuskonzepte in den neuen Bundesländern; in: Seitz, E.; Wolf, J. (Hrsg.): Tourismusmanagement und -marketing, Landsberg/Lech 1991

Dreyer, A.; Dehner, Ch.: Kundenzufriedenheit im Tourismus, München/Wien 2003

DTV: Hotels. 2005, URL http://www.dtv-tin.de/download/hotels.pdf – Überprüfungsdatum 2009-08-15

Engel, J.-F.; Roth, G.: Animation – Lust oder Frust?; in: Bethge, H.-J.; Groos, W.H.;

Freyer, W. Naumann, M.; Schröder, A.: Geschäftsreisetourismus: Geschäftsreisemarkt und Business Travel Management, Dresden 2006

Freyer, W.: Tourismus-Marketing: marktorientiertes Management im Mikro- und Makrobereich der Tourismuswirtschaft, München 2009

Freyer, W.; Groß, S.: Gästebefragungen in der touristischen Marktforschung, Dresden 2006

Freyer: Tourismus, München/Wien 2006

Friedrichsen, M.; Friedrichsen, S.: Fernsehwerbung – Quo vadis?: Auf dem Weg in die digitale Medienwelt, Wiesbaden 2004

Fritz, W.: Internet-Marketing und Electronic Commerce. Grundlagen, Rahmenbedingungen, Instrumente; mit Erfolgsbeispielen, Wiesbaden 2000

Führich, E.: Handbuch Reiserecht: Reisevertrags-, Reiseversicherungs- und Individualreiserecht, München 2010

FUR: Reiseanalyse RA 09 - Erste Ergebnisse. 2009, URL http://www.fur.de/fileadmin/user_upload/Reiseanalyse_RA09_Erste_Ergebnisse.pdf – Überprüfungsdatum 2009-08-15

FUR: RA online 11/2008.Informationsquellen, Online-Information und -Buchung für Urlaubsreisen, 2008, zitiert nach: VIR 2009

F.U.R., RA 06 – VIR Exklusivanfrage, 2006, zitiert nach: VIR 2009

Galileo International, L. L. C.: Über uns: Galileo intern. URL http://www.galileo.de/ueber_uns.php – Überprüfungsdatum 2010-08-16

Gee, Ch. Y.; Makens, J. C.; Choy, D.: The travel industry, New York 1997

Gerke, T.: Tourismuswerbung : Marketing für Reisebüros, Reiseportale, Reiseveranstalter, Verkehrsträger und Destinationen, Landsberg am Lech 2006

Gilles, C.: DTV-TIN. URL http://tin.deutschertourismusverband.de/ – Überprüfungsdatum 2010-08-16

Glogner, P.: Empirische Methoden der Besucherforschung, in: Klein, A. (Hrsg.): Kompendium Kulturmanagement. Handbuch für Studium und Praxis, München 2008, S. 591 ff.

Götz, K.; Birzle-Harder, B.: Reise- und Urlaubsstile – Zielgruppen für nachhaltigen Tourismus. Ergebnisse einer sozialwissenschaftlichen Marktanalyse im Rahmen des Projekt INVENT, Institut für sozial-ökologische Forschung (ISOE), Frankfurt am Main 2004

Götze, W.; Deutschmann, Ch.; Link, H.: Statistik. Lehr- und Übungsbuch mit Beispielen aus der Tourismus- und Verkehrswirtschaft, München 2002

Grothues, U.: Marketing im Hotel- und Gaststättengewerbe, Dordmund 2006

Grünig, R.: Planung und Kontrolle – Ein Ansatz zur integrierten Erfüllung der beiden Führungsaufgaben, Bern, Stuttgart, Wien 2002

Haedrich, G.; Kaspar, C.; Klemm, K.; Kreilkamp, E.: Tourismus-Management, Berlin und New York 1998

Hahn, H.; Kagelmann, H. J. (Hrsg.): Tourismuspsychologie und Tourismussoziologie: Ein Handbuch zur Tourismuswissenschaft, München 1993

Hammann, P.; Erichson, B.: Marktforschung, Stuttgart u.a. 2006

Hammann, P.; Lohrberg, W.: Beschaffungsmarketing, Stuttgart 1986

Harbrücker, U.; Wiedemann, U.: Product-Placement – Rahmenbedingungen und Gestaltungsperspektiven Mannheim 1987

Harlander, N.; Heidack, C.; Köpfler, F.; Müller, K.-D.: Personalwirtschaft, Landsberg/Lech 1994

Hartmann, H. u.a.: Materialwirtschaft, Teil 1, Bad Homburg vor der Höhe 1998

Hartmann, R.; Schmidt, A.: Benchmarking im Tourismus – Die Besten setzen die Maßstäbe, http://www.fvw.de/index.cfm?MID=86 Market Trends/Innovationskongress in Berlin 2004, Einsehdatum: 3. Januar 2009

Haß, G.: Sportsponsoring – Begriffe und Definitionen, Entwicklung eines Sportsponsoringkonzepts, Bedeutung, Probleme und Lösungsansätze, München 2007

Hausmann, Th. (Hrsg.): Rechnungswesen/Controlling in Hotellerie und Gastronomie, Hamburg 2007

Hausmann, Th.: Tourismusmarketing; in: Dettmer, H.; Hausmann, Th u.a.: Tourismus 1. Tourismuswirtschaft, Köln 1998

Hausmann, Th.: Touristische Markt- und Marketingforschung, Stuttgart 2008

Hausmann, Th.; Schulz, J. M.: Gästeorientierung, Stuttgart 2008

Heinrich, J.: Medienökonomie, Bd.1, Mediensystem, Zeitung, Zeitschrift, Anzeigenblatt, Wiesbaden 2001

Henselek, H.: Hotelmanagement, München/Wien 1999

Henze, A.: Marktforschung. Grundlage für Marketing und Marktpolitik, Stuttgart 1999

Himmelreich, F.-H.: Arbeitsmarktanalyse; in: Strutz, H. (Hrsg.): Handbuch Personalmarketing, Wiesbaden 2001, S. 31 ff.

Holland, H.: Direktmarketing, München 2009

Horner, J.; Swarbrooke, S.: Marketing Tourism, Hospitality and Leisure in Europe, Boston 1996

Horx, M.: Future Fitness, Frankfurt am Main 2003

Horx, M.: Trendbuch, Bd. 1 – Der erste große deutsche Trendreport, Düsseldorf 1995

Horx, M.: Trendbuch, Bd. 2 – Megatrends für die späten neunziger Jahre, Düsseldorf 1996 a

Horx, M.; Wippermann, Ch.: Was ist Trendforschung? Düsseldorf 1996

Hoyler, M.; Kegele, M.: Die Hotel- und Gastromacher, Stuttgart 2004
http://www.fur.de/downloads/Reiseanalyse_2007.pdf, Einsehdatum: 18. März 2008

http://www.worldspan.com/home.asp?fPageID=667&fBUCatID= – Überprüfungsdatum 2010-08-16

Hüttner, M.; Schwarting, U.: Grundzüge der Marktforschung, München 2002

Janich, N.: Werbesprache, Tübingen 2010

Jung, H..: Personalwirtschaft, München Wien 2008

Kaspar, C.: Die Tourismuslehre im Grundriss, Bern u.a. 1995

Kassner, D.: Projektkompetenz, Braunschweig 2009

Klein, A.: Besucherbindung im Kulturbetrieb. Ein Handbuch, Wiesbaden 2008

Klosa, A.; Kunkel-Razum, K.; Scholze-Stubenrecht, W.; Wermke, M.: Duden. Das Fremdwörterbuch, Augsburg 1999

Koschnick, W. J.: Standardlexikon Werbung-Verkaufsförderung-Öffentlichkeitsarbeit, Heidelberg 1996

Kotler, P. u. a.: Marketing-Management, Stuttgart 2001

Kotler, P.; Armstrong, G. ; Saunders, J. ; Wong, V.: Grundlagen des Marketing, München 2007

Kotler, P.; Bliemel, F.: Marketing-Management, München 2006

Kräher, A.: Corporate Events. Ein Erfolgsinstrument des Eventmarketings, Hamburg 2009

Kunow, I.; Litke, H.-D.; Schulz-Wimmer, H.: Projektmanagement, Planegg 2009

Kuß, A.: Marktforschung : Grundlagen der Datenerhebung und Datenanalyse, Wiesbaden 2007

Kuß, T. u.a.: Käuferverhalten: eine marketingorientierte Einführung, Stuttgart 2000

Kutsch, H. B: Repräsentativität in der Online-Marktforschung: Lösungsansätze zur Redukti-on von Verzerrungen bei Befragungen im Internet, Diss., Köln 2007

Laux, H., Liermann, F.: Grundlagen der Organisation – Die Steuerung von Entscheidungen als Grundproblem der Betriebswirtschaftslehre, Berlin, Heidelberg, New York 2005

Lohmann, M.; Aderhold, P.; Zahl, B.: Urlaubreisetrends 2015, Kiel 2004

Magyar, K. M.: Marketingweisheiten und Marketingbosheiten, Landsberg 1991

Martin, A.: Personalforschung; in: Strutz, H. (Hrsg.): Handbuch Personalmarketing, Wiesba-den 2001, S. 17 ff.

Mayer, H. O.: Interview und schriftliche Befragung. Entwicklung, Durchführung, Auswer-tung, München 2009

Meffert, H. u. a.: Marketing: Grundlagen marktorientierter Unternehmensführung, Konzepte, Instrumente, Praxisbeispiele, Wiesbaden 2007

Meffert, H.: Marketing, Wiesbaden 2000

Meffert, H.; Bruhn, M.: Dienstleistungsmarketing. Grundlagen – Konzepte – Methoden, Wiesbaden 2006

Meyer, J.-A.; Hoffmann, F.: Erfolgsfaktoren in der Gastronomie, Berlin 2002

Müllenmeister, H. M.: Tourismus – Gewinn oder Verlust von Identität? Die Wechselwirkun-gen von Kultur und Tourismus; Beitrag: Rettet die Kultur vor den Rettern, Bensberg 1998

Müller, H.: Service Marketing, Berlin u.a. 1995

Noll, R.: Explosive Stimmung, in: Heidelberger Handbuch, lose Blattsammlung, Stuttgart 1987 ff., O 2-7

O. V.: Online-Auftritt als Chance : Die eigene Unternehmens-Homepage wirft im Dschungel der Online-Aktivitäten immer neue Fragen auf; in: Gastronomie 2008, Nr. 4, S. 26–27

O. V.: Verkaufsförderung – die Strategie der Wahl in der Produktkrise, Coaching Berlin

Report, 29. Juli 2009

Oehme, W.: Methoden der Unternehmensführung, Wiesbaden 1993

Opaschowski, H.: Deutschland 2020 – Wie wir morgen leben – Prognosen der Wissenschaft, Wiesbaden 2004

Opaschowski, H.: Tourismusanalyse 2007, B.A.T. Freizeit-Forschungsinstitut GmbH, Hamburg 2007

Peples, W. ; Bruns, J.: Marktforschung: Verfahren, Datenauswertung, Ergebnisdarstellung, Düsseldorf 2008

Philipp, P.: Die Interessen der Sponsoren. Entwicklung des „Social-Sponsorings, Berlin 1997

Phocuswright: European Online Travel Overview, 4. Auflage, November 2008, zitiert nach: VIR 2009

Pieske, R.: Benchmarking in der Praxis, Verlag Moderne Industrie, Landsberg/Lech 1997

Pompl, W.: Touristikmanagement 1, Beschaffungsmanagement, Berlin u.a. 1997

Pompl, W.; Lieb, M.: Qualitätsmanagement im Tourismus, München/Wien 1997

Raab, G. ; Unger, A. ; Unger, F.: Methoden der Marketing-Forschung : Grundlagen und Praxisbeispiele, Wiesbaden 2004

Raab-Steiner, E.; Benesch, M.: Der Fragebogen. Von der Forschungsidee zur SPSS-Auswertung, Wien 2008

Reiseanalyse 2007, (F.U.R.), Berlin 2007

Romeiß-Stracke, F. u.a.: Abschied von der Spaßgesellschaft. Freizeit und Tourismus im 21. Jahrhundert, Amberg 2003

Rosenstiel, von, L.; Kirsch, A.: Psychologie der Werbung, Rosenheim 1996

Roth, P.: Kultursponsoring. Meinungen, Chancen und Probleme; Konzepte, Beispiele. Landsberg am Lech 1998

Sabre Travel Network: Alle Lösungen für Reisebüros. URL http://de.eu.sabretravelnetwork.com/home/products_services/travel_agency/all_agency_solutions/ – Überprüfungsdatum 2010-08-15

Sabre Travel Network: Sabre Travel Network – Geschichte. URL http://de.eu.sabretravelnetwork.com/home/about/history/ – Überprüfungsdatum 2010-08-15

Sabre Travel Network: Screenshot MySabre. 2009c, http://www.sabretravelnetwork.com/home/products_services/products/mysabre)

Schaetzing, Edgar E.: Die zehn größten Managementfehler in Hotellerie und Gastronomie – und wie man sie vermeidet, in: Hotel Restaurant, Stuttgart 8/97

Schelle, H.: Projekte zum Erfolg führen, München 2007

Schmidt, F.: Strategisches Benchmarking, Lohmar/Köln 2000

Schnell, R.; Hill, P.; Esser, E.: Methoden der empirischen Sozialforschung, München 2008

Schumann, S.: Repräsentative Umfrage, Konstanz 2009

Schweiger, G.; Schrattenecker, G.: Werbung, Stuttgart 2009

Seifert, J. W.: Visualisieren, Präsentieren, Moderieren, Offenbach 2000

Seitz, E.; Meyer, W.: Tourismusmarktforschung. Ein praxisorientierter Leitfaden für Touristik und Fremdenverkehr, München 2006

Seyrek, T.: Stand und Tendenzen in der Online-Marktforschung, München 2007

SHV/SWV/DEHOGA/ÖHV (Hrsg.), Marketing der Gastfreundschaft, Bonn u.a. 1992

Siegert, G.: Werbung in der Medien- und Informationsgesellschaft. Eine kommunikationswissenschaftliche Einführung, Wiesbaden 2010

Sistenich, F.: Eventmarketing. Ein innovatives Instrument zur Metakommunikation in Unternehmen, Wiesbaden 2000

Smeral, E.: Die Zukunft des internationalen Tourismus. Entwicklungsperspektiven für das 21. Jahrhundert, Wien 2003

Starsetzki, Th.: Rekrutierungsformen und ihre Einsatzbereiche; in: Theobald, A.; Dreyer, M.; Starsetzki, Th.: Online-Marktforschung : Theoretische Grundlagen und praktische Erfahrungen, Wiesbaden 2003, S. 41 ff.

Strauss, B.: Augenblicke der Wahrheit; in: Absatzwirtschaft, Heft 6/91, S. 96 ff.

Strauss, B.; Seidel, W.: Beschwerdemanagement, München/Wien 2007

Strutz, H. (Hrsg.): Handbuch Personalmarketing, Wiesbaden 2001

Tietz, B.; Zentes, J.: Die Werbung der Unternehmung, Wiesbaden 1986

Travelport: Travelport.com – History. URL http://www.travelport.com/about/history.aspx – Überprüfungsdatum 2010-08-16

Travelport: Travelport.com – Global Statistics. 2010, URL http://www.travelport.com/about/GlobalStatstics.aspx – Überprüfungsdatum 2010-08-30

TUI Interactive GMBH: TUI.com -Hotelrundgänge. 2009, URL http://www.tui.com/hotelrundgaenge/hotelrundgaenge/ – Überprüfungsdatum 2009-08-17

Unger, F.: Marktforschung, Heidelberg 1997

URL http://www.worldspan.com/home.asp?fPageID=7&fBUCatID= – Überprüfungsdatum 2010-08-16

VIR: Daten & Fakten zum Online-Reisemarkt 2007. URL http://www.v-i-r.de/cms/upload/downloads/vir/v-i-r-daten-und-fakten-2-2007.pdf – Überprüfungsdatum 2009-08-15

VIR: Daten & Fakten zum Online-Reisemarkt 2010 : 5. Ausgabe. URL http://www.v-ir.de/download-mafo-datenfakten/df-2010-web.pdf

VIR: Daten & Fakten zum Online-Reisemarkt 2009

Vossen, R.: Zukunftsmärkte: Was das Marketing über den Kunden der Zukunft wissen sollte, Düsseldorf/Berlin 2002

Weis, H. Ch.: Marketing, Ludwigshafen 2009

Winter, E.; Monsena, R.; Roberts, L.: Gabler Wirtschaftslexikon, Wiesbaden 2009

Woll, A.: Wirtschaftslexikon, München 2008

Worldspan, L. P.: Worldspan 1968-1999. 2006a, URL http://www.worldspan.com/home.asp?fPageID=667&fBUCatID= – Überprüfungsdatum 2009-08-16

Worldspan, L. P.: Worldspan History. 2006b, URL http://www.worldspan.com/home.asp?fPageID=7&fBUCatID= – Überprüfungsdatum 2009-08-16

Zerr, K.: Online-Marktforschung – Erscheinungsformen und Nutzungspotentiale; in: Theobald, A.; Dreyer, M.; Starsetzki, Th.: Online-Marktforschung : Theoretische Grundlagen und praktische Erfahrungen, Wiesbaden 2003, S. 7 ff.

Zingel, H.: Planung effektiver Werbestrategien, Erfurt 2001

Juristische Fundstellen/Literatur

Palandt, O.; Sprau, H.: Bürgerliches Gesetzbuch, München 2010

Führich, E.: Reiserecht, München 2010

NJW = Neue Juristische Wochenschrift (Zeitschrift)

RRa = Reiserecht aktuell (Zeitschrift)

NJW-RR = NJW-Rechtsprechungs-Report Zivilrecht (Zeitschrift)

MDR = Monatsschrift für Deutsches Recht (Zeitschrift)

DAR = Deutsches Autorecht (Zeitschrift)

TRT = Touristik Rechts-Tipp (Zeitschrift)

D15/D30656

Sachwortverzeichnis